말의 마지막 노래

말의 마지막 노래
또 하나의 말의 문화사

울리히 라울프

강영옥 옮김

Das letzte Jahrhundert der Pferde: Geschichte einer Trennung
by Ulrich Raulff

역자 강영옥(姜令鈺)
덕성여자대학교 독어독문학과를 졸업하고 한국외국어대학교 통역번역대학
원 한독과에서 공부한 후에 여러 기관에서 통번역 활동을 했으며 수학 강사
로 학생들을 가르치기도 했다. 현재 번역 에이전시 엔터스코리아에서 출판
기획자 및 전문번역가로 활동 중이다.
옮긴 책으로『자연의 비밀 네트워크』,『물리학자의 은밀한 밤 생활』,『과학
자 갤러리』,『교양인을 위한 화학사 강의』(공역),『슈뢰딩거의 고양이』,『다
윈 할아버지의 진화 이야기』,『나는 이기적으로 살기로 했다』,『아름답거
나 혹은 위태롭거나』,『상처 주지 않는 대화』 등이 있다.

편집, 교정_김미현(金美炫)

말의 마지막 노래 : 또 하나의 말의 문화사

저자 / 울리히 라울프
역자 / 강영옥
발행처 / 까치글방
발행인 / 박후영
주소 / 서울시 용산구 서빙고로 67, 파크타워 103동 1003호
전화 / 02 · 735 · 8998, 736 · 7768
팩시밀리 / 02 · 723 · 4591
홈페이지 / www.kachibooks.co.kr
전자우편 / kachibooks@gmail.com
등록번호 / 1-528
등록일 / 1977. 8. 5
초판 1쇄 발행일 / 2019. 12. 5

값 / 뒤표지에 쓰여 있음

ISBN 978-89-7291-699-4 93900

이 도서의 국립중앙도서관 출판예정도서목록(CIP)은 서지정보유통지원시스템 홈페이지
(http://seoji.nl.go.kr)와 국가자료종합목록시스템(http://www.nl.go.kr/kolisnet)에서 이용하실 수 있
습니다. (CIP제어번호 : CIP2019045171)

차례

긴 이별

20세기 중반의 농촌에서 자랐다는 것은 그가 옛날 사람이라는 뜻이다. 물론 수백 년 전과는 차이가 있는 옛날이지만 말이다. 원래 농업 구조는 변화가 더디게 나타나기 때문에 농촌은 느린 속도로 돌아갔다. 반면 도시 아이들이 성장하는 환경은 달랐다. 도시의 환경은 기계와 기계의 파괴로 인한 폐허 그 자체였다. 정체 상태에 있던 농촌은 100여 년 동안 기술적 근대로 도약하기를 거부해왔다. 그러나 19세기 중반에 드물게 실험적 예외 상태를 보이며(과학의 발달과 함께 발명품이 많았다는 의미/옮긴이) 대다수의 농기계가 수치상으로 증가했다. 기계는 더 작고, 더 실용적이며, 더 일상적인 대상으로 변했다. 이제 기계는 중세의 공성무기나 「쥐라기 공원」의 공룡처럼 거대한 존재가 아니었다. 소형 트랙터에 대형 기계가 끌려다니는 광경은 흔히 볼 수 있었다. 19세기까지만 하더라도 거대한 증기기관은 극소수의 사람들에게만 알려져 있었다. 20세기 중반 15마력 내지 20마력이었던 트랙터의 이름은 펜트, 도이츠, 란츠, 파운처럼 짧고 인상적이었다. 낡은 란츠의 표면에 녹색으로 페인트칠을 한 예외적인 경우도 있었다. 그러나 200마력의 막강한 성능에다가 방음 상자까지 장착된 현대의 트랙터에 비하면 당시의 트랙터는 부서질 듯한 메뚜기와 같았다.

덜컹거리는 트랙터의 움직임과 소음은 19세기의 낭만적 풍경과는 맞지 않았다. 농촌 기계화의 선구자로 트랙터가 등장한 사실을 제외하면 농촌에는 그다지 변화가 많지는 않았지만, 여전히 농촌을 지키고 있던 존재가 있었다. 바로 말이었다. 가장 넓은 지역에 보급된 승용마와 역용마로는 원산지가 벨기에인 냉혈종 중종마(heavy horse) 브라반트, 온혈종 경종마(light horse) 트라케너, 힘센 냉혈종 하플링거가 있었다. 이들은 비좁고 구불구불한 거리는 물론이고 밭의 경사면과 산골짜기를 활보했다. 지금도 나는 추운 겨울날 말의 입에서 하얗게 피어오르던 김과 따끈따끈한 옆구리, 무더운 여름날 갈색 가죽과 황토색 갈기에서 스멀스멀 풍기던 향이 떠오른다. 또 사각형의 철못이 박혀 있는 말의 발바닥을 보았을 때의 충격이 여전히 생생하다.

외양간에는 농작물과 공장에서 일자리를 구하지 못해서 소일거리로 입에 풀칠을 하며 사는 농부들이 만들어놓은 공간이 있었다. 이 고상하고 작은 공간은 오직 말들을 위한 곳이었다. 더 많은 공간을 차지했던 암소, 큰뿔소, 송아지, 돼지, 닭은 냄새도 더 고약하고 시끄러웠다. 다른 가축들은 천민 신세였던 반면에 말은 희귀하고 값어치 있고 몸에서 좋은 냄새가 났다. 먹는 모습도 점잖았다. 그러나 말은 한번 병에 걸리면 심하게 앓았고 특히 산통(수 분, 수 시간의 간격을 두고 주기적으로 반복하는 복통/옮긴이)이 심했다. 말이 얼마나 생명력이 넘치는 동물이었던지 말발굽에는 늘 염증이 있었다. 그들은 아름다운 머리로 고갯짓을 하여 동의를 표시하고, 귀로는 불신 혹은 의심을 표현했다. 말들에게는 자신들만의 성역이 있었다. 돼지나 거위는커녕 소들도 착각하여 말들만의 고유한 성역에 들어가는 일은 단 한 번도 없었다. 그러나 소, 특히 양이 많았던 목초지에 가시철조망을 쳐서 말들만의 공간을 만들 생각을 했던 농부는 없었다. 약간의 목재와 전기 울타리만 있으면 말들을 위한 공간을 충분히 만들 수 있었기 때문이다. 사람들은 귀족처럼 기품이 넘치는 말들을 우리에 가둬놓지 않았고 말은 도망치지 않는다는 맹세를 떠올렸다.

1950년대 중반의 어느 날 할아버지와 나는 언덕에 서 있었다. 우리는 언덕에서 우리 집 뜰과 그 주변의 농촌, 심지어 저 멀리 활엽수림까지 뚫고 가느다랗게 굽이치는 길을 바라보고 있었다. 갑자기 방금 전까지 외로운 농촌 풍경에 흐르고 있던 적막이 깨지고 곱사등이 개미처럼 생긴 물체가 끙끙거리며 천천히 언덕으로 올라가는 모습이 보였다. 이 물체의 정체는 우리 쪽으로 점점 가까이 다가오고서야 밝혀졌다. 바로 삼촌의 구식 메르세데스 디젤 차였다. 이 무거운 디젤 차는 올림포스의 신처럼 위엄 있는 자태로 우리 앞으로 다가왔다. 할아버지는 디젤 차를 보고 '탈곡기' 같다는 경멸적인 발언을 하셨다. 내 사촌처럼 운전대를 잡은 그는 길에서 벗어나 목초지를 가로질러 우리를 향해 오고 있었다. 촉촉한 풀밭에 도달한 지 몇 분되지 않아 그는 핸들을 통제하지 못했다. 차는 측면이 부서져 기우뚱하더니 미끄러져, 말의 목초지를 에워싸고 있는 전기 울타리를 들이받았다. 결국 차는 검푸른 연기로 뒤덮여 나무 그루터기 앞에서 멈췄다. 연기가 걷히자 올림포스의 신 제우스가 나타나서 번개를 칠 것만 같았다. 전기 울타리에 갇힌 차는 패러데이의 새장(Faraday Cage : 전도성이 가장 뛰어난 동이나 은 같은 금속으로 만들어진 새장을 상상하면 된다. 외부의 전기장이 내부로 흘러드는 것을 차단한다/옮긴이)이 뒤집힌 모양새였다. 쇠로 만들어진 많은 부품들을 보니 좌석에 앉는 순간 감전이 될 것만 같았다.

운전자와 자동차를 구하려는 모든 노력이 실패로 돌아갔을 때에 구세주처럼 브라반트가 나타났다. 메르세데스 디젤 차의 뒤쪽 범퍼 앞에 초긴장 상태로 있던 브라반트가 만신창이가 된 차를 괴력으로 뒤집어 일으켜세운 것이다. 누구나 아는 윌리엄 터너의 그림 "전함 데메테르"가 있지 않은가. 그 그림과 달리 우리의 상황은 처음 전쟁터로 떠날 때의 자신만만함은 온데간데없이 사라지고 돛대가 꺾인 배가 부두로 끌려오는 광경을 방불케 했다.

역설적이게도 바로 이 순간 역사의 한 장이 새로 쓰였다. 자동차에 밀려 역사의 뒤안길로 사라졌던 군마에게 마지막 기회가 찾아온 것이다. 구세계 는 다시 한번 분발했다.

이 시기에 사실상 모든 것은 결정되어 있었다. 인간과 말은 이미 서로 다른 길을 걷기로 했다. 자동차를 선택한 인간은 자동차에 맞추어 계획을 세우고 도로를 포장했다. 문자 그대로 말은 자동차에게 추월당한 것이다. 미국의 국무장관이었던 콘돌리자 라이스의 표현을 빌리면 이런 냉정한 현 실은 '역사의 로드킬(the roadkill of history)'이었다. 역사라는 자동차가 치 고 간 대상은 말이었다. 수백 년 동안 인류는 패자인 말의 운명을 승자의 울타리에서 짓밟히는 모습으로 그려왔다. 19세기에서 20세기로의 전환기 에 역사에 유린당한, 좀더 정확히 표현해서 역사라는 차에 치인 대상은 다 름 아닌 말이었다. 역사가 기록된 이래 말은 인간을 도와서, 가장 위험한 적인 다른 인간을 무찌르는 존재였다. 지금 우리는 새로운 승자의 등장으로 말이 길가로 쫓겨나는 모습을 보고 있다. 화약은 600년 동안 인류의 가장 중요한 전쟁무기였으나 말의 입지를 위협하지는 않았다. 그런데 전쟁무기 의 기계화로 인해서 불과 100년 만에 말은 구시대의 유물 신세로 전락하고 말았다. 최근의 역사에서 말은 패자 중의 하나였다.

각각이 동역학적 힘과 동물적 힘을 대변하는 인간과 말의 결별 과정은 평탄하지 않았다. 말을 타고, 달리고, 마차를 몰던 인간이 하루아침에 동력 차(Draisine : 운전할 수 있는 달리는 기계/옮긴이)와 자동차(Automobil)를 능숙하게 다루는 것은 불가능했다. 인간과 말의 결별은 150년이 넘는 기간 동안 여러 단계를 거쳐 진행되었다. 이 기간은 서로 다른 분야의 기술자들 이 증기기관 차량과 자동차의 바퀴 실험에 열을 올리던 19세기 초에서부터, 열기관으로 움직이는 엔진 동력차가 동력장치로서 말을 수치상으로 능가할 때까지의 20세기 중반까지에 해당한다. 놀랍게도 이 기간의 초반에는 말의 수요가 오히려 증가세를 보이다가 감소했다. 제2차 세계대전이 끝날 무렵인 후반에 접어들어 말의 수요는 급격히 줄어들었다. 말의 마지막 시대에 말은 인류사에서 퇴출을 당하면서도 여전히 사람들의 숭배를 받았다. 독일의 만하임과 슈투트가르트에 열기관 엔진이 딸그락거리며 달리고 있었을지라도, 이 시대는 인간이 말에게 가장 의존한 시기였다.

인간과 말의 삶이 분리되기 시작한 150년의 기간인 '말의 마지막 시대'는 새로운 주제를 찾기 귀찮다거나 다루기에 쉬워 보여서 선택한 주제는 아니다. 이론대로라면 말의 시대는 '길고도 긴 19세기', 즉 100년의 기간에 걸쳐 서서히 막을 내렸다. 19세기는 나폴레옹에서 시작하여 제1차 세계대전을 끝으로 막을 내렸다. 이후 교통에서 군대에 이르기까지 말을 필요로 하는 견인력(차량이나 가축이 끌어당기는 힘/옮긴이) 기반의 기술체계가 열기관과 전동기체계로 전환되었다. 실제로 이 전환 과정은 오랜 기간에 걸쳐 진행되었다.[1] 두 차례의 세계대전 이후 말의 수요는 다시 한번 급증했다가, 1950년대 이후에 저가로 견인력이 제공되면서 유럽에서 말이 급격히 줄어들었다. 예정되어 있던 인간과 말의 결별이 본격적으로 시작된 것이다.

역사학자의 관점에서 보면, 인간과 말의 결별은 농경문화의 종말을 의미하는 역사적 대사건이다. 동역학과 기술의 진보로 대변되는 서양 문명일지라도 20세기 중반까지는 여전히 농촌 마을, 시장, 가축의 무리, 논밭 등의 농경문화 구조가 강하게 남아 있었다. 여기에서 50년을 더 거슬러 올라간 20세기 초반만 하더라도, 목가적인 자연공간으로부터 말이 퇴장했다는 긴장감이 더욱 두드러진다. 프랑스의 철학자 미셸 세르는 "1900년에는 대부분의 사람들이 농업과 식료품 산업 분야에 종사했다. 이제 프랑스를 비롯한 선진국에서는 전 국민 중에서 농민의 비중이 1퍼센트도 되지 않는다. 신석기 시대 이후 가장 중대한 역사적 변혁이 한창 진행 중임을 알 수 있다"라고 했다.[2]

산업화가 진척된 국가에서 전통적인 생활 및 노동 방식에 극단적 변화가 일어난다는 관점에서 보면, 인간과 말의 결별을 기정사실로 받아들여야 할 것이다. 아날로그 세계에서 인간이 퇴출되는 시기가 도래하리라는 관점처럼 말이다. 니체는 이 상황을 신은 죽었다고 표현했다. 이것은 절대적으로 믿고 있던 초월적 영역의 상실을 의미한다. 이제 사람들은 내세의 영향력에서 벗어났다고 느끼기 시작했다. 21세기의 사람들도 이와 유사한 불편함을 느끼고 있다. 현세마저 잃을 듯한 상실감 말이다.

고대 로마의 '문화'의식이 남아 있는[3] 프랑스와 같은 전통적인 농업국가에서는 농사의 혼란이 특히 극적으로 여겨졌다. 포도주와 과일의 신 디오니소스가 물러나면서 오랫동안 유지되어온 인간적인 삶의 세계가 사라졌다. 인간과 말의 결별은 농경 세계가 사라지고 있음을 보여주는 신호였다. 프랑스의 예술사가 겸 소설가인 장 클레르는 "나는 사라진 민족에 속하는 사람이다. 내가 태어났을 때만 하더라도 프랑스 국민의 60퍼센트가 농민이었는데 이제 2퍼센트도 되지 않는다. 머지않아 사람들이 20세기의 가장 중요한 사건이 프롤레타리아의 등장이 아니라 농민 계층의 상실이라는 사실을 깨닫는 날이 올 것이다"라며 농경문화가 사라지는 현실을 탄식했다.[4] 생산자인 농민이 사라지면서 농민의 앞에 있던 짐승들도 사라져갔다. "1950년대 말에 가장 먼저 자취를 감춘 짐승은 말이었다. 말의 이용 가치가 사라지면서 농촌에서 말을 구경하기가 힘들어졌다."[5]

역사철학의 관점에서 인간과 말의 이별은 단일노동 공동체의 해체를 의미한다. 한쪽이 일방적으로 강요당하기는 했으나, 두 종의 생물은 이 공동체의 노동을 책임져야 했다. 헤겔은 이러한 상황을 '역사의 창작물'이라고 표현했다. 오랜 노동 공동체의 해체에는 기이한 우연이 작용하는데, 여기에는 사변적 해석이 필요하다. 이러한 해체는 정확하게 헤겔의 『역사철학강의(*Vorlesungen über die Philosophie der Weltgeschichte*)』[6]에서 언급된 시기에 진행되며, 20세기 중반 "역사의 종말"이라는 사상에서 언급된 시기와는 차이가 있다.[7] 19세기 초반에 시작해서 20세기 중반에 완전히 막을 내린 말의 시대는 정확하게 150년이다. 헤겔이 1807년 프랑스의 황제를 "말을 탄 세계정신"(우주나 세계를 지배하는 통일적, 창조적 원리가 되는 정신 세계 영혼이라고도 한다/옮긴이)이라고 간주한 시점으로부터 탈역사(posthistoire)에서 아르놀트 겔렌의 사상이 풍미하던 1950–1960년대까지이다.

철학자이자 인류학자인 겔렌은 인류의 역사를 크게 세 시대로 구분한다. 기나긴 선사시대가 끝나면서 농경시대가 시작되었고, 산업화로 농경시대가 끝나고 후기 역사시대로 넘어갔다.[8] 겔렌에 이어서 라인하르트 코젤렉도 2003년에 처음으로 '말의 시대'를 언급하면서, 과거를 말 이전 시대, 말의 시대, 말 이후 시대로 구분했다.[9] 코젤렉이 연대기에 따라서 단순하게 세 시대로 구분한 이유는 새로운 관점에서 세계의 역사를 해석할 수 있다는 확신이 있었기 때문이다. 그래서 그는 "모든 시대 구분은 미래의 전망을 나열하고 문제를 제기하며 시작된다. 그래서 나는 구 역사, 중간 역사, 신 역사 사이의 경계가 전부 나타나는 역사 구분방식을 채택한다"고 했다.[10]

나는 코젤렉의 관점에서 말의 시대의 종말에 대해서 살펴보려고 한다. 다만 코젤렉과는 달리 상대적으로 가늘고 길게 늘어져 있던 과도기 구간을 중점적으로 다룰 것이다. 이 구간에는 역사상 유례없는 독특한 퇴장이 있었다. 러시아 저널리스트이자 작가인 아이작 바벨은 이 과정을 '탈마(脫馬)의 역사'라고 표현했는데,[11] 실제로 탈마의 역사가 나타난 기간이 뚜렷하게 존재하며, 여기에는 역사적인 힘이 있다. 탈마의 역사는 교체 및 전환 과정의 결과로 나타난 현상으로, 100년이 넘는 기간 동안 느린 속도로 진행되었고 어떤 측면에서는 아직 끝나지 않았다고 볼 수 있다. 오랫동안 말의 시대에 드리웠던 그늘이 2003년 코젤렉의 내러티브에만 있는 것은 아니다. 이 그늘은 우리의 이야기, 일상의 이미지, 우리의 언어 표현에도 있다. 실제로 말의 시대의 종말은 상대적으로 긴 시간 영역에 걸쳐 현실 영역의 온갖 실물과 관찰을 통해서 진행되어왔다. 지구의 역사상 자연에 순응했던 존재들 중에서 인간을 제외하면, 말만큼 전체사(histoire totale)에 강요당하는 삶을 살았던 존재도 없다.

기술의 역사, 교통의 역사, 농업의 역사, 전쟁 및 도시의 역사, 에너지의 역사 등 다양한 장르의 무수히 많은 역사에서 말은 주인공으로 등장한다. 물질세계의 "실제" 역사와 더불어 지식의 역사, 기호의 역사, 예술의 역사, 아이디어 및 개념의 역사 등 별도의 서술이 필요한 역사들도 봇물 터지듯 밀려든다. '소리의 역사'와 같은 역사 기술에서는 말을 핵심 모티프로 해서 과거에 존재했던 생물들이 낸 소리의 흔적을 찾는다. 여기에서 다룬 모든 내러티브는 충분히 설득력이 있다. 이 내러티브에 등장하는 말들은 과거에 언젠가 존재했던 것들로, 가축 사육의 산물일 수도 있고 연구의 대상 혹은 예술의 창조물일 수도 있다. 그 무엇도 말처럼 현실적이고 보편적으로 통용되기에 좋은 존재는 없다. 벽의 그래피티, 은유, 꿈의 그림자는 피와 살로 이루어진 존재보다 현실감이 넘칠 수 없다. 역사는 현실 세계와 정신세계가 어우러진 공간이다. 이것은 말에게만 국한된 이야기가 아니다. 프랑스의 역사가인 쥘 미슐레는 역사의 초기에는 물질적인 존재는 물론이고 영적인 존재도 희미하게 나타났다고 한 적이 있다. 이것은 말의 역사를 서술할 때에 적용해야 할 일종의 내기이다. 물질적이고 감각적인 두 가지 측면 그리고 오늘날에는 지적인 측면이라고 표현하는 영적 측면 간의 내기라고 해야 할 것이다.

* * *

말의 시대 초기에는 역설이 존재했다. 이것은 태곳적부터 존재해온 모든 역사에 대한 역설이었다. 지적 능력은 뛰어나지만 신체적 능력은 떨어지는 포유류인 인간이 강인한 체력을 자랑하는 포유류인 말을 지배했다. 인간은 말을 길들이고 사육하면서 말과 친해졌고 이 관계를 자신에게 유리하게 이용했다. 놀랍게도 인간과는 정반대 성향인 말의 천성이 인간의 목적을 달성하는 데에 도움이 되었다. 인간과 달리 말은 도주성 동물이다. 관능미에 대한 관심이라는 측면에서 말과 인간이 경쟁하지 않는다면(거세하지 않은 투쟁마의 성적 욕구는 유명하지 않은가), 전쟁도 싸움도 일어나지 않을 것이다. 약탈 본능은 육중한 체구의 초식 동물인 말에게는 낯선 것이다. 그러나 민첩한 속도 덕분에 말은 사냥꾼이나 육식 동물로부터 생명의 위협을 느낄 때 재빨리 도망을 칠 수 있다. 바로 이 점을 다른 포유류, 특히 인간이 눈여겨본 것이다. 말은 인간에게 단백질을 제공하는 존재가 아니다. 또한 그전까지 단 한번도 승용 및 역용 동물로 주목을 받아본 적이 없었다. 역사의 뒤뜰에서 황소와 나귀가 짐을 나르며 역용 동물의 입구를 가로막고 있었다. 달리는 속도가 빠른 도주성 동물이라는 사실이 밝혀지면서 말은 역사와 자연의 공생관계라는 측면에서 최고의 동물이 되었다. 일부 지역에서는 낙타와 코끼리가 역용 동물로 이용되기도 했으나, 말이 6,000년 동안 역용 동물로 최고의 자리를 지켜왔다는 주장에는 별다른 이견이 없다.

말이 역사에 등장하며 기여한 최고의 업적은 '속도'였다. 독일의 역사가이자 문화철학자인 오스발트 슈펭글러는 이 점을 정확하게 꿰뚫고 있었다. 6,000여 년의 세월 동안 말은 인간에게 강력한 가속과 빠른 속도 체험을 가능하게 하며 아랍 지역의 낙타와 역용 동물로서 보조를 맞춰왔다. 말을 타고 하는 여행은 신속함과 동일한 의미로 통했다. 그러나 드라이지네 방식의 자동차 발명 이후 5세대, 엔진 구동 방식의 비행기 발명 이후 4세대가 지나면서 말은 점점 잊혀갔다. 말은 탁월한 성능을 발휘하는 '속도 기계'였다. 이러한 장점 없이는 영토 싸움에서 인간의 조력자로서 주도권을 장악할 수 없었을 것이다. 말 덕분에 인간은 더 많은 영토를 정복하고 통치력을 확장할 수 있었다. 말은 통치자들이 세력을 확보하고 탄탄히 다질 수 있는 수단이었던 셈이다. 이 상황을 니체에 이어 슈펭글러는 '위대한 정치'라고 표현했다. 말을 이용하면서 인간에게는 무력 정치, 대대적인 정복 정책을 추진할 수 있는 길이 열렸다. 속도 기계였던 말은 1순위의 전쟁 기계로 변했다. 말은 거리 개념을 파괴하며 소통할 수 있는 공간의 범위를 확장하는 데에 기여했다. 말은 길들이고 사육하기 쉬운 데다가 인간이 직접 달리는 속도를 통제할 수 있었다. '동물 벡터(vector)'로서 말은 '정치적' 동물로 변해가며 호모 사피엔스의 가장 중요한 동반자가 되었다.

이쯤에서 다시 앞에서 언급했던 역설로 돌아가려고 한다. 실제로 말이 동물 벡터로서의 역할을 수행하기 위해서 시민들의 승용마와 역용마가 군마로 바뀌는 경우도 적지 않았다. 평화를 사랑하는 초식 동물인 말은 자신의 본능을 부정하며 인간을 전투에 끌어들이고 자욱한 먼지 위에 떨어진 적들을 짓밟았다. 겁이 많고 도주성 동물인 말은 자신의 천성과는 정반대의 모습으로 변해가며 포식자인 인간의 무리를 짓밟는 공포의 화신이 되어야 했다. 누가 바퀴 밑이나 말발굽 아래에 깔리기를 바라겠는가? 말은 자신들의 노획물인 인간들끼리의 싸움에 육체적으로 우월한 무기로서 전장에 투입되었다. 이것은 인간과 말이 '켄타우로스 동맹'을 맺으며 활시위를 당기던 말의 시대에 나타난 독창적인 변증법이었다.

말과 인간의 역사적인 동맹과 비교할 때, 인간이 개입했던 다른 모든 동맹은 깨지기 쉽고 덧없기 그지없었다. 가령 신과 인간은 단 한번도 이 정도의 안정적인 관계를 유지한 적이 없었다. 그럴수록 말의 시대는 점점 끝을 향해 가고 있었다. 말과 인간의 동맹관계가 최고의 밀착력과 전파력을 보일수록 둘의 관계는 밑도 끝도 없이 몰락을 향해 가고 있었다. 이 관계는 소리가 날듯 말듯 조용히, 대부분의 동시대인들이 눈치채지 못하는 사이에 해체되어갔다. 희곡의 주인공이 파멸하면서 6세기 말 켄타우로스 공동체는 고통도 소리도 없이 사라져갔다. 이후에 일어난 일에 대해서는 사티로스극이라고 칭할 수 없다. 오랜 동맹관계 중 한 쪽인 인간이 자동차, 비행체, 휴대용 컴퓨터 등 짧은 다리를 가진 각종 기계와 새로운 관계를 맺기 시작하는 동안, 말은 스포츠 및 치료 기기, 특권의 상징, 여성의 사춘기를 의미하는 보조 인물로 변신하며 역사 속으로 사라졌다. 간혹 말은 고대 공포의 서랍 속에 갇혀 있다가 튀어나와 공포스러운 존재가 되기도 했다. 이를테면 시위하는 노동자들을 짓밟거나 쇼핑 구역의 시위자들을 쫓아낼 때, 서랍 속에 갇혀 있던 고대의 공포스러운 말의 이미지가 튀어나왔다.

19세기에 말은 문학과 도상학에서 마지막으로 상승과 몰락을 체험했다. 말의 마지막 시대에 명작 소설의 배경은 깊은 바다가 아니라 농촌이었고, 대부분은 말이 등장했다. 생동감 넘치는 힘줄과 혈관을 강조하며 말을 모티프로 하고 말 이야기를 하는 소설이 주를 이루었다. 스탕달, 오노레 드 발자크, 귀스타브 플로베르, 레프 톨스토이, 스티븐슨의 소설을 보면 알 수 있듯이, 이것은 당대 도시 소설가들에게도 나타난 현상이었다. 19세기 역사의 원동력이었던 자유, 인간의 위대함, 연민과 같은 모든 위대한 사상은 물론이고 동시대인들이 발견했던 역사의 암류, 리비도, 무의식, 섬뜩함으로 인해서 인간은 다시 말에게로 관심을 돌렸다. 말은 스핑크스와 같은 존재는 아니었으나 19세기의 위대한 사상 및 이미지 전달자요, 생각의 조력자이자 언어 치료사였다. 말은 인간에게 아이디어를 제공하는 도주성 동물이자 고뇌를 짊어진 동물이었다.

내가 앞으로 다룰 말과 인간이 이별하게 된 역사의 배경에는 '승화'(본능적 욕동 에너지가 자아와 초자아에게 보다 용납될 수 있는 목표를 위해서 전환되는 것을 일컫는 용어/옮긴이)의 절차가 진행되고 있다. 기계화된 문명의 압력을 받으며 오랜 세월 탄탄하게 유지되어온 말의 세계, 마부, 기병대가 해체되면서 말은 허구와 허상의 존재가 되고 말았다. 말은 근대의 유령이 되었다. 말이 세상 속에서 가치를 잃어갈수록 인간의 머릿속에서 말은 유령과 같은 존재가 되었고, 결국 인간은 말에게서 등을 돌렸다. 독일의 역사학자 헤르만 하임펠은 1956년 울름에서 있었던 역사학자의 날에 이것은 순수한 역사적 전통을 상실한 대가인지 모른다며 "말과 함께 카를 대제와의 연결 고리를 상실했다"고 한탄했다.[12]

마르크스와 헤겔의 이론을 자유롭게 인용하자면, 역사극은 한 시대가 끝났을 때에 희극으로 복귀될 수 있다. 말의 시대가 끝에 다다랐을 때에도 마지막으로 희극의 빛이 불타고 있었다. 유혹하듯이 위아래로 찰랑거리는 붉은 말의 꼬리로부터 희극이 탄생하는 동안 그뒤에서 역사의 문이 닫힌다. 1957년 스위스의 극작가 겸 소설가인 막스 프리슈는 『호모 파버(*Homo Faber*)』를 발표한다. 켄타우로스들의 험난한 시절은 끝나고 이제 카우보이 바지를 입은 사춘기 여학생 아마조네가 등장한다. 프리슈는 섬세한 윤곽 묘사에 치중한다. "등 뒤에 달랑달랑 매달려 있는 붉은색 포니테일, 검은 스웨터 아래 두 개의 견갑골, 깡마르고 긴장한 등 사이의 오목하게 파인 부분, 엉덩이, 종아리 위로 접어올린 검은 바지 사이로 보이는 사춘기 소녀의 발목."이 모든 것은 순간적인 특징으로, 등, 엉덩이, 종아리는 폭풍이 요동치는 사춘기 소녀의 상징이자 처녀성과 동물성을 연결하는 요소이다. 이렇게 7년이 흐르고 포드 '무스탕'과 함께 서부 개척에 적합한 장치가 등장했다. 오랜 말의 시대가 막을 내리고 새 시대가 열릴 역사의 징후가 꿈틀거리며 손짓하고 있었다. 이 징후와 함께 오랜 말의 시대가 막을 내리고 새 시대가 열렸다.

* * *

인간과 켄타우로스 동맹을 맺으며 말이 쌓았던 위대한 업적은 후기 말의 시대에 들어서 급속도로 잊혔다. 사실상 말은 역사의 '저주의 몫'(조르주

바타유의 저서『저주의 몫[la part maudite]』을 말한다/옮긴이)이 아니라 배척과 매장을 당한 편, 사람들의 기억에서 잊힌 편에 있었다. 실제로 말이 속해 있는 영역은 방대하고 복잡하다. 지금 나는 말의 역사에 관한 모든 측면을 단숨에 토해내고 싶은 유혹을 주체할 수 없다. 실체와 사상, 소설과 보충마, 재갈과 충동적 본능을 가진 운명의 관계에 독자들이 흠뻑 빠지도록 부추기고 싶다. 이런 접근방식은 미학적 관점에서는 매혹적이지만 유용성이 떨어진다. 이것을 고려하여 나는 정확한 체계를 정립하기 위해서 모든 역사를 순서대로 다루는 병렬적 서술방식을 택했다. 이 책은 총 4개의 영역으로 구성되어 있다.

제1부의 주제는 도시, 도로, 사고, 시골 의사, 기병대, 에너지 등 '실물의 역사'이다. 제2부에는 말과 동물에 관한 지식의 형태, 감정가, 사육사, 화가, 연구자들이 만들어온 형태, 그중에서 아직 완전히 잊히지 않고 현재까지도 부분적으로 존재하는 지식의 역사가 소개되어 있다. 제3부에서는 19세기에 전개된 권력, 자유, 위대함, 연민, 테러에 관한 대표적 사상들을 다룰 것이다. 이 순서에는 말이 변환자로서 중요한 역할을 해온 에너지, 지식, 파토스라는 '세 가지 경제 구조'가 반영되어 있다. 제4부와 결론에서는 그동안 내가 듣고, 읽고, 체험한 말과 인간의 역사를 정리하여 설명하려고 한다. 나는 세 가지 경제 구조를 벗어나지 않는 범위에서 다른 역사학자들이 말과 말의 역사를 다루는 방식을 적용하고, 나의 개인적인 의견도 제안하며 최대한 체계적으로 설명할 것이다.

어디에 초점을 맞추어 전체 역사를 다룰 것인가? 비극과 희극 중에서 어떤 형식으로 설명할 것인가? 상승과 몰락 중에서 어느 부분을 중점적으로 다룰 것인가? 문화비판적 어조와 침착하고 체계적인 어조 중에서 어떤 것을 선택할 것인가? 인간과 말이 '이별하게 된 역사'와 관련하여 이별의 미학적 형태는 쉽게 결정할 수 있다. 이것이 인간의 생활 영역, 자연에 가까운 문명, 세련된 문화, 아날로그 세계와의 이별과 같은 의미인가? 인간과 말이 서로 다른 길을 걷게 된 지 50년이 지났다. 이 모든 것에 '희극 형태의 에필로그'를 강요할 수는 없지 않은가? 두 가지 형태 모두 매혹적이고 무대 효과 측면에서도 확실하다. 상승과 몰락, 이 두 형태에는 감정이 많이 들어간다. 그렇다면 이 두 형태는 얼마나 많은 통찰력을 줄 수 있을까? 역사가 어떻게 전개되고 우리에게 무엇을 말하려는지 알고 싶은 사람은 부드럽고 열린 형태를 택하는 편이 낫다. 비교 연구의 비중이 클수록 결론에 쓸 내용이 줄어든다.

어쨌든 말의 역사에서 결론은 없다. 나는 우리가 다룰 대상을 설명하려면 '전체사'를 소환해야 한다고 앞에서 언급했다. 나는 단지 이런 고민을 하던 초기에 준비해놓았던 것들을 글로 다시 풀어놓는 것뿐이다. 지금 내가 소리 높여 외치고 있는 대상에 대해서 그동안 얼마나 아는 것이 없었던가! 이제 말이 잉크의 물결로 흘러 들어와 인쇄 문학의 대양을 이룬다. 나는 이 책을 집필하기 전까지 인쇄물의 미궁 속에서 헤매다가 대립과 모순이 통합되는 새로운 단계에 도달하려는 모험을 한 적이 없었다. 기록보관실은 마치 멀리 떨어진 꿈속의 세계와 같다. 말이 탄생한 곳은 트로이가 아니라 알렉산드리아였다. 알렉산드리아는 도서관의 환영이다. 그곳은 예술가, 소설가, 지식인의 모든 생각이 집대성되어 있는 곳이며, 이미지와 텍스트로 형태를 표현하는 사람이라면 한번쯤은 미치광이가 되기 직전까지 빠져들 곳이다. 도서관이라는 공간 속에서 이들은 마구간, 마장, 초원과 같은 거친 세계를 재발견하려고 안간힘을 쓸 것이다.

그런데 도서관 속의 지식이 전부는 아니다. 인식론적 문제를 깊이 파고들다 보면 서술 가능성 자체에 의문이 생기기 마련이다. 200년 내지 300년의 말의 역사를 서술하는 사람은, 다양하고 문화마다 고도로 차별화된 맥락에서 말의 역할을 다룬 두꺼운 참고 문헌들을 접하게 된다. 그는 한걸음을 뗄 때마다 일목요연하게 정리하는 것이 불가능하다고 여겨졌던 연구 논쟁의 심연 속으로 들어가게 된다. 이런 논쟁이 계속 반복될지는 모르지만 말이다. 가령 북아메리카 인류학에서 인디언의 100년 역사를 연구한다면, 그것을 짧게 요약하는 것은 불가능하다. 이 주제와 관련해서 미국의 문화인류학자 프란츠 보애스는 첫 발을 내디뎠고, 독일의 소설가 카를 마이는 착륙했다. 이러한 통합적 관점의 연구가 어렵다는 것을 모든 저자들, 특히 세계사 연구자들은 잘 알고 있다. 그래서 나는 탁자에 카드를 늘어놓듯이 각주를 최대한 많이 달아놓았다. 기존의 평가에 대한 질문에 대해서는 답을 주었다기보다는 그냥 다룬 수준이다. 더 많이 알려는 지식욕보다는 바람이 담겨 있는 질문들이기 때문이다. 연구와 전문서적의 담론을 시끌벅적하게 떠들수록 주인공의 다른 측면을 놓치기 쉽다. 말[馬]은 말[言]을 할 수 없기 때문이다.

나폴레옹 전쟁기에 활약한 프랑스의 군인 미셸 네는 "말에게 조국은 없다(Le cheval n'a pas de patrie)"고 했다. 그렇다고 해서 과거의 역사를 다루는 이 책에 말이 남아 있을 권리가 없을까? 내가 19세기의 역사에 관한 책을 집필해보겠다는 생각을 한 지 20년이 넘었다. 고민 끝에 택한 주인공은 나폴레옹, 메테르니히, 오토 폰 비스마르크처럼 잘 알려진 위인이 아니라, 당대의 숨은 영웅인 말이다. 당시 나는 역사의 주인공을 글과 소리로 표현할 수 있기를 꿈꾸었다. 이 꿈은 대상이 불확실하고 자료가 부족해서가 아니라, 담론을 담을 수 있는 저장 공간이 부족해서 좌절되었다. 사람들은 마구간이라는 공간을 문자로 완벽하게 표현할 수 없다는 사실을 인정하지 않고 도서관에서 수집한 자료들로만 글을 쓰려고 한다. 말 문학과 세계문학에서 많은 독자들로부터 공감을 얻는 작가들이 있다. 가령 테오도르 시다리의 『기마대 말에 관한 회고록, 본인 구술(Mémoires d'un cheval d'escadron, dictées par lui-même)』(파리, 1864), 영국의 작가 존 밀스의 『경주마의 생애(Life of a Racehorse)』(1865), 영국의 아동문학가 애나 슈얼의 『블랙 뷰티

(*Black Beauty*)』(1877), 러시아의 시인이자 소설가 겸 극작가인 톨스토이의 『홀스토메르(*Der Leinwandmesser*)』(1886), 마크 트웨인의 『말 이야기(*A Horse's Tale*)』(1907), 영국의 소설가이자 시인 겸 비평가인 데이비드 로런스의 『세인트 몰(*St. Mawr*)』(1925), 영국의 소설가 마이클 모퍼고의 『전쟁마(*War Horse*)』(1982) 등의 소설에서 말은 주인공이자 1인칭 단수로 등장한다. 도서관에는 아직 말이 살아남아 있다. 물론 사람들이 말의 특별한 지능이나 감정 세계에 가까워질 수 없다고 단정 짓기는 어렵다. 부족하기는 하지만 나는 결론에서 말과 가까워질 수 있다는 가능성을 살짝 내비치려고 한다. 집필 초기에 품었던 나의 바람은 무너졌지만 말이다. 내가 처음 시도한 말을 주제로 한 책이 나를 말로 재탄생시키기까지는 시간이 조금 걸릴 것이다. 지금 독자들의 손에 들려 있는 책은 말을 주제로 한 책이 아닌, 말의 시대가 막을 내렸음을 알리는 어느 역사학자의 책이다. 이 책에서는 말과 인간이 함께 역사를 만들어간다. 이 책을 통해서 역사는 쓰는 것이 '아니라' 만들어가는 것이라는 사실을 기억하기를 바란다. 단순히 역사를 써내려간다는 관점에서는 두 가지 주제 중에서 하나만을 '다루게' 된다. 인간의 삶만 다루면 이외의 다른 것들은 읽어내기 어렵다.

오랫동안 나는 이 책이 역사학자들을 위한 책이 될 것이라고 생각해왔다. 이 책은 그동안 역사의 주인공을 놓치고 인식의 기회를 낭비한 모든 이들을 위한 것이다. 나의 책을 읽고 무엇인가 새롭게 시작했다는 소식을 듣게 된다면 기쁠 것이다. 나는 아름답지만 겸손하지 않은 헌사를 남기려고 한다. 이 책은 모두를 위한 책이면서 그 누구를 위한 책도 아니다. 이 말은 절반은 맞고 절반은 틀리다. 사실 나는 말을 사랑하고 잘 아는 나의 어머니를 위해서 이 책을 썼다. 안타깝게도 이제는 이 책이 어머니의 마음에 들지 확인할 길이 없다. 어머니가 세상을 떠나신 지 10년이 지난 지금, 어머니께 의견을 구하고 싶어도 구할 수 없기 때문이다.

제1부

켄타우로스 동맹 : 에너지

내가 말 6필을 살 수 있는 능력이 되면
말 6필의 힘이 전부 내 것이 될까?
나는 질주를 하면서 진정한 남자가 된다.
내가 24개의 다리를 가질 수 있다면 얼마나 좋을까.

— 괴테의 『파우스트(*Faust*)』 제1부 중에서

19세기에 켄타우로스 상(像)은 상징적인 존재였다. 그리스 신화의 어떤 영웅도 켄타우로스처럼 이 시대의 흐름에 어울리지는 않았다. 그는 더 강력한 에너지를 주겠다는 약속의 마법에 걸려 있는 듯했다. 19세기는 인간이라는 피조물보다 탁월한, 말-인간의 시대이다. 켄타우로스는 탁월한 정력가이자, 신화라는 동물원 속 괴물, 주연을 즐기고 폭력을 일삼는 거친 사내였다. 켄타우로스를 식사에 초대하는 사람은 그릇이 깨지는 것 이상의 각오는 해야 했다. 다른 어떤 신화에서도 켄타우로스처럼 아무 때나 폭력을 휘두를 가능성이 있는 야생마는 없다. 속도와 충동이 폭발하는 기계인 켄타우로스는 그가 가진 인간의 영리함과 책략으로 말의 힘, 거친 투쟁욕을 계획적인 충동과 결합시킨다. 켄타우로스의 공격성은 오직 폭발적 에너지로만 발산된다. 발굽이 달린 광인의 세계에서 여성은 노획물이자 로마인들과 술판을 벌인 후에 납치를 당해 질질 끌려가는 사비니 여인과 같은 존재이다. 켄타우로스의 세계에도 아름다운 여인이 말 위에 오를 때에 정중하게 손을 건네는 신사들이 있다.[1] 다음 순간에 그는 그녀와 광란으로 나뒹굴고, 공기는 불꽃 튀는 색정적 에너지로 진동한다. 오비디우스 시대 이후로 그는 연애에 관해서 배운 것이 없었다.

자신이 절반은 인간임을 처음으로 안 젊은 켄타우로스는 좌절감을 맛본다. 자신의 신체 중 절반은 결함이 있음을 깨달은 것이다. 프랑스의 시인 모리스 드 게랭은 "언젠가 나는 켄타우로스들이 많이 찾지 않는 골짜기 아래로 내려간 적이 있었다. 그때 나는 한 인간을 발견했다"고 했다. "내가 그토록 경멸했던 얼굴을 처음 대면한 순간이었다. 이 모습이 나의 반쪽이라고 스스로에게 말했다. 의심할 것도 없이 그것은 켄타우로스였다. 신들이 질질 끌고 다니기 위해서 곤경에 빠뜨리고 강등시킨 존재 말이다."[2] 그는 자신의 비천함과 약함을 잘 알고 있었다. 그래서 그는 자신의 또다른 반쪽인 말을 길들이고, 사육하고, 보호하고, 동적 존재로서 말의 동물적 습성을 훈련시켰다. 켄타우로스의 인간적 습성과 동물적 습성이 단단하게 결합될수록 조종자의 에너지와 힘, 속도는 커졌다. 말의 시대가 서서히 저물어갈 무렵, 새로운 형태의 켄타우로스 문화가 부활하여 이 관계는 사라지지 않고 명맥을 유지했다. 카우보이와 인디언들은 미국 서부 지역을 차지하기 위해서 몽골, 코사크, 맘루크(Mamlūk : 군인 엘리트층을 형성한 이슬람 사회의 백인 노예/옮긴이)처럼 말을 타고 싸웠다. 이것은 여러 세대에 걸쳐서 어린이들의 뇌를 세뇌하여 식민화하듯 구시대를 현실에 융합시키려는 마지막 환상이었다.

초창기 자동차가 덜덜거리며 거리를 굴러다닐 때부터 말 타기와 말을 타고 여행하는 시대는 끝날 것이라는 논쟁이 있었다. 이 논쟁이 시작된 계기는 자연재해였는데, 이것이 발명의 시대를 불러왔다. 1815년 인도네시아 발리의 동쪽 지역에 있는 탐보라 산의 남쪽 하늘에서 화산이 폭발한 후에 남쪽 하늘이 검은 연기로 완전히 뒤덮였고 이듬해에는 북쪽 하늘도 어두워졌다. 그 여파로 기온이 급강하하면서 흉년이 이어지고 기아가 심각해졌으며 귀리 가격이 폭등했다. "식량인 곡식과 건초가 부족해지자 사람들이 말을 도살해 말고기를 먹으면서 식량난이 해소되었다."[3] 독일의 물리학자이자 기술사가인 한스 에르하르트 레싱의 인상적인 묘사처럼 이 시기는 발명의 시대였다. 1817년 카를 드라이스는 "걷는 기계(Laufmaschine)"의 최초 모델을 선보이며 이 기계를 "말이 없어도 달릴 수 있는 기계"라고 설명했다. 드라이스는 켄타우로스 동맹은 애초부터 일방적으로 맺어진 관계이기 때문에 일방적인 해체도 가능할 것이라고 생각했다. 말의 시대가 끝날 것이라는 논쟁에 불이 붙은 이상 완전히 잠잠해질 수는 없었다. 19세기 말엽 전기 엔진과 열기관 엔진이 발명되면서 기존 동력의 해체 및 교체 과정이 시작되었다. 그때까지 그는 발명가 정신과 기술에 대한 환상에 붙들려 살았다.

1935년 한 작가가 오랜 세월을 버티다가 몰락의 길을 걷게 된 말의 세계를 애도하며 『기수의 책(Reiterbuch)』이라는 책을 발표했다. 발표 당시 무명 작가였던 그는 독일의 의사이자 심리분석가인 알렉산더 미처리히로, 『기수의 책』은 그의 첫 작품이었다. 원래 독일의 소설가 에른스트 윙거의 측근이었던 그는 변절하여, 민족 볼셰비즘의 아버지라고 불리는 에른스트 니키쉬의 측근이 되었다. 미처리히는 기수의 "형상"을 변용하고 수천 년에 걸쳐 변화해온 행군의 발자취를 쫓았다. 모든 산 위에는 역사의 여명과 달콤한 엘레지(elegy) 톤이 깔려 있다. "큰 무대의 조명은 더 이상 준마와 기수를 비추지 않는다.……리듬에 맞춘 말의 행진은 멈췄고 발굽의 흔적도 사라졌다. 말의 영역은 축소되었다.……이제 사람들은 엔진의 리듬에 맞추어 새로운 흔적 위를 다닌다."[4]

미처리히의 역사적 "관점"은 기계와 엔진 문명에 대한 비판으로 이어졌다. 인간의 영원한 "도구"인 검과 말은 자연 상태에서 힘을 증대하고 강화할 수 있고 "원천적 사고의 영감"을 주었던 반면,[5] "기계는 인간으로부터 살아 있는 표현을 앗아갔다.……인간은 형상의 표현과 움직임에 중립성을 부여하면서 장치 안으로 숨어버렸다."[6] 현재의 "신체 보철물"에는 소외당하고 약한 존재만이 웅크리고 있었다. "보철물을 더 많이 사용할수록 보철물의 도움을 받는 형상 그 자체는 약해진다."[7] 미처리히의 에필로그에서 기수는 말에 뛰어 올랐다가 자동차 속의 작은 공간으로 사라진다. 미처리히의 대사와 사고 패턴을 바탕으로 1930년대 보수적 문화와 기술을 비판적 맥락에서 해석하면, 기술은 보철학, 기술적으로 생성된 에너지의 중립성, 물체의 무기력화를 뜻한다. 한편 윙거의 『노동자들(*Arbeiters*)』의 각주와 공격적인 '테크노 비전'에 관한 감성적인 낱장 달력이 서로 대비된다.

다음 장(章)에서 나는 다양한 생활 영역에서 에너지 제공자인 말이 어떻게 기계로 대체되고 중앙 통제 시스템(식량, 운송, 교통, 군사……)이 발달하게 되었는지를 '실물 역사의 측면'에서 다루려고 한다. 나는 엘레지나 문화비판적 어조는 배제하고 글을 풀어가려고 한다. 켄타우로스 동맹의 해체는 말이 완전히 모습을 감추게 된 현상과 관련이 없다.[8] 사실은 그 정반대이다. 1970년대 25만 필로 독일에서 역대 최저치를 기록했던 말의 수는 다시 증가하여 현재는 100만 필이 넘는다. 독일에서 정기적으로 승마 스포츠를 즐기는 국민도 100만 명이 넘는데, 여성의 비율이 상당히 높다. 현재 독일의 말 산업 종사자는 30만 명에 달한다. 이들은 말 훈련, 치료, 직업 훈련, 말 사육 등으로 돈을 번다. 또한 이들은 승마 장비 판매, 강의, 마상무술 경기나 승마휴가 상품기획, 말 전문지 기고 등의 활동을 한다. 역(驛)의 서점에는 말과 기수에 관한 24종의 정기간행물이 공급되고 있다. 또한 독일의 여러 대학에서는 마학 전공 과정이 개설되어 있고, 베를린, 오스나브뤼크, 뉘르팅겐에서는 학사 학위 과정을, 괴팅겐에서는 석사 학위 과정까지 마칠 수 있다.

말의 시대가 막을 내린 후, 생업으로 말 산업에 종사하는 사람들 외에는 말을 진지한 대상으로 생각하는 사람이 없다. 단순히 스포츠나 여가 활동으로 말을 타는 정도이다. 오늘날 인간과 말의 관계는 애호가, 말 동호회, 스포츠 동호회를 통해서 맺어진다. 반면 인간과 말이 더 탄탄한 관계를 맺어왔던 켄타우로스 동맹은 이미 해체되었다. 켄타우로스 동맹은 필요의 법이 지배하는 옛날 방식의 연합이었다. 인간과 말은 운명으로 엮인 동반자였다. 서로 각자의 길을 걷기로 하기 전까지는 말이다. 이렇게 되기까지의 과정과 그후 어떤 일이 벌어졌는지 다음 장에서 자세히 살펴보려고 한다.

말의 지옥

철도가 발명된 이후 말의 달리기 속도가 점점 떨어지고 있다.
— 테오도르 폰타네의 『슈테힐린(*Stechlin*)』 중에서

단테와 트리콜론

오랫동안 지병을 앓았던 프리드리히 실러는 1805년 5월에 세상을 떠나면서 유작으로 장편의 희곡을 남겼다. 이때 구상 중이었던 작품들 중의 하나가 『경찰(*Die Polizey*)』이었다. 이 비극의 배경은 삼엄한 경계와 정보 통제 시나리오가 판치던 혁명 이전의 파리이다. 중심에는 막강한 권력자인 경찰서장의 사무실이 있다. 경찰서장의 진짜 적은 범죄의 소굴인 어둠의 세계가 아니라 밤의 도시에서 꾸며지는 음모이다. 이 희곡에서는 사건의 무대인 파리가 강력한 영향을 끼치는 연기자가 된다. 요절한 작가들이 구상 중이던 작품이 대개 그렇듯이 경찰을 주제로 한 희곡 프로젝트 『경찰』에서도 실러는 운문(韻文) 집필 작업을 시작도 못 했기 때문에 현재 그가 창작한 구절은 전해지지 않는다. 표현주의 산문 작품들은 희곡의 골격처럼, 교훈적인 내용과 기괴한 발견들로 장식된 채 발췌 구절들을 빽빽이 눈앞에 펼쳐놓는다. 그중 가장 멋진 구절은 "여성의 낙원, 남성의 연옥, 말의 지옥"이다.[9)]

실러는 독자들에게 깊은 인상을 남길 트리콜론(Trikolon : 유사 어구를 세 번 반복하는 세 가지 나열법/옮긴이)을 찾지 못했기 때문에 운율만 살짝 바꾸었다. 그가 인용한 구절은 프랑스의 작가 루이 세바스티앵 메르시에의

"여성의 낙원, 남성의 연옥, 말의 지옥(le paradis des femmes, le purgatoire des hommes & l'enfer des chevaux)"이다.[10] 파리를 배경으로 한 이 희곡에서 실러는『파리의 풍경(Tableau de Paris)』의 인용 구절과 관찰을 통해서 자신의 재능을 아낌없이 발휘한다. 그는 메르시에의 시에서 영감을 받아서, 현대적 이미지의 경찰조직을 거대한 기계로, 도시의 이미지를 밤의 영매인 몰렉으로 표현한다. 또한 인구통계학적 상관관계를 해석하는 메르시에의 통찰력을 놓치지 않고, 다음 문장에 '말의 사망률, 매년 2만 마리'라는 메모를 남긴다.[11] 이 내용 역시 "수도의 인구"라는 메르시에의 글에서 인용한 것으로, 파리에서 남성이 여성보다 빨리 사망한다는 사실을 입증하기 위한 자료로 넣은 것이었다. 메르시에는 파리 하층민의 생활을 알리기 위해서 여성의 낙원, 남성의 연옥이라는 표현을 썼다. 파리에서 남자보다 더 일찍 죽는 존재는 말과 날아다니는 곤충인 파리뿐이었다.

그런데 이 멋진 인용구의 원작자는 메르시에가 아니다. 메르시에가 태어나기 200년 전부터 여성, 남성 그리고 말의 수를 비교하는 풍토가 있었다. 이 내용을 최초로 다룬 인물은 1558년 보나방튀르 데 페리에로 알려져 있다. 페리에의 31번째 소설은『새로운 콩트와 유쾌한 한담(Nouvelles recreations et joyeux devis)』이라는 제목으로 그의 사후에 발간되었는데, 이 책에 "파리는 여성의 천국, 노새의 지옥, 청원자의 연옥"이라는 구절이 등장한다.[12] 16세기 말엽 존 플로리오는『두 번째 열매(Second Fruits)』라는 작품에서 처음으로 전통적 역할 분담이라는 주제를 다루었다. 여기에도 여성의 천국, 남성의 연옥, 말의 지옥이라는 구절이 나온다.[13] 그로부터 30년 후인 1621년 영국의 작가 로버트 버턴은 영국과 이탈리아의 상황을 대조하기 위해서 영국은 여성의 낙원이자 말의 지옥이라는 표현을 인용했다. 모든 상황이 영국과는 정반대로 돌아가고 있던 이탈리아는 말의 천국이었다.[14] 그러나 이 인상적인 표현을 세상 사람들에게 널리 알린 인물은 메르시에였다. 한편 벽화에 지옥이 그려질 때에 떠오르는 인물은 단테이다. 그리고 우리의 기억 속에는 단테의 트리콜론이 콕 박혀 있다. 물론 '고객들'은 이것을 선별적으로 이용하지만 말이다.

함부르크의 참사회원 F. J. L. 마이어는 1802년 프랑스 여행 이후 『수도 파리와 프랑스 내륙 도시로부터의 편지(*Briefe aus der Hauptstadt und dem Inneren Frankreichs*)』를 발표했다.15) 이 책에서 그는 프랑스 경찰의 특성을 칭찬하는 한편 파리의 말 관리 실태를 비판했다. 파리 시민들은 헐값으로 말을 이용하지만 말과 마차의 상태는 처참하다는 것이었다. 이제 여성, 남성, 사망률, 인구 통계학적 상관관계는 사라지고 말의 비참함만 남는다. 이 표현은 19세기 파리의 문헌에 잇달아 등장하는 토포스(Topos : 몇 개의 모티프를 반복하면서 관습화된 문구/옮긴이)였다.

이 구절은 「교양 있는 독자를 위한 코타스 모르겐블라트(*Cottas Morgen-blatt für gebildete Leser*)」의 파리 통신원이었던 에두아르트 콜로프의 기사에서 재등장한다. 콜로프는 1838년에 "파리의 마차"에 관한 기사와 교통지옥 파리의 사진을 함께 싣는다. "이른 아침부터 늦은 저녁까지 파리의 거리를 쉴 새 없이 가득 메운 마차를 보면 보행자가 보도에서 걸어 다닐 수 있다는 사실이 놀라울 따름이다. 지붕이 열리는 카브리올레, 영업용 전세 마차, 델타, 뤼테티엔, 틸버리, 사륜 경마차, 지붕이 있는 마차, 쿠페, 란다우식 사륜마차, 마차, 양두 마차, 사두 우편 경마차, 육두 급행 우편마차 등 각종 마차들이 밤낮으로 파리 곳곳을 달리다가 차축이 손상되고 차가 전복되어, 파리에서만 수천 건의 사고가 발생했다. 이런 맥락에서 '말의 지옥'이라는 별명과 함께 '여성의 천국'이라고 불려온 파리는, 사실 '보행자의 지옥'이라고 부르는 것이 더 정확하다.16)

한편 아랍의 외교관들과 작가들도 말의 지옥이라는 표현을 사용했다. 이슬람의 고위관리인 이드리스 이븐 무함마드 알 암라우이가 1860년에 모로

코의 술탄 무함마드 4세의 특사로 나폴레옹 3세의 궁정에 파견된 적이 있었다(1859-1873). 그는 몇 년 전에 프랑스에 다녀간 전임 특사이자 학식이 높은 이집트의 지도층 인사 셰이크 리파 라피 알 타흐타위의 공식을 수용했다.[17] 암라우이는 파리의 인구 통계에는 관심이 없었지만 교통 상황에는 관심을 조금 보였다. 그는 '여성의 천국'과 '말의 지옥'이라는 공식을 다른 관점에서 진지하게 받아들였다. 파리의 여성들은 집안에서는 물론이고 심지어 담장 밖에서도 자신의 권리를 주장했다.[18] 사회적으로 막강한 파리 여성들의 위상을 본 동양 사람 암라우이는 이것이 문화적 위협이 될 낌새를 눈치채고 서양 문화와 거리를 둘 것을 권했다. 반면 프랑스의 말에 대해서 아랍인 전문가는 무시하는 듯한 눈빛으로 바라보았다. "이곳에서는 우리 나라의 말처럼 우수한 품종의 말을 본 적이 없다."[19]

무뎌진 감각

프랑스 혁명 직전인 1780년대의 파리 풍경을 묘사한 메르시에의 파리 파노라마는 산문이나 에세이로 구성되어 있어서 그림책을 읽는 듯한 인상을 준다. 전체 이미지는 소동으로 가득 찬 일련의 개별 이미지들로 나뉘며, 소음, 혼잡, 분주함, 몸짓, 간혹 향기와 악취 등이 느껴진다. 메르시에의 세밀한 묘사에서는 아동서에서처럼 친숙한 얼굴과 익숙한 장면이 포착된다. 그중에는 그의 희곡인 『파리의 풍경』의 숨은 주인공들도 있다. 온갖 인물과 사물로 가득 찬 도시 풍경의 구석구석에서 우리는 그 주인공을 만날 수 있다. 메르시에의 에세이에서는 정신, 사치, 경제, 도시 상황과 관습, 거주자의 건강 등을 살펴볼 수 있는데, 분야와 주제를 막론하고 말이 등장한다.

이 순간, 메르시에의 대도시 이미지는 공동의 공간을 나눠 쓰는 두 종의 생물이 등장하는 소설이 된다. 이제 『파리의 풍경』은 밀집된 생활 공동체를 다룬 에세이에서 명예와 비참함(grandeurs et miseres)을 주제로 한 우화가 된다. 한 공간, 즉 비오톱(biotop)에 여러 종의 생물이 함께 사는 상태를 '군집' 혹은 '군취'라고 한다. 이 책에서는 두 종의 생물이 비오톱에서 함께 살아간다. 역사적인 관점에서 보면 개, 고양이, 쥐, 비둘기 등의 공동 거주자들은 별다른 역할을 하지 않는다. 반면 도시라는 공간에서 인간과 말의 공존은 2인 가구로 실현된다. 물론 시골에서는 인간과 동물이 가까이 밀착되어 살아간다. 심지어 인간과 동물은 옛날부터 한 지붕 아래 혹은 시노이키스모스(synoikismos)라는 주거공동체에서 살아왔다. 말이 농가에서 인간과 함께 지내는 유일한 동물은 아니었다. 인간은 쥐, 이, 다른 기생충은 말할 것도 없고 소, 황소, 양, 염소, 돼지, 거위, 닭과 함께 지냈다. 인간과 동물의 삶 사이에는 아주 얇은 벽만이 존재했기 때문에 서로가 먹고 말하는 소리를 듣고, 서로의 냄새를 맡고, 날아다니는 파리를 함께 잡았다. 말과 인간 또한 공동생활의 공간에서 서로 밀착되어서 땀 냄새를 풍기며 살아가고 있었지만, 종의 다양성이 줄어드는 도시에서 인간과 말의 사이는 오히려 멀어지고 있었다. 그러나 실제로는 도시의 주거 공간이 점점 좁아져서 말과 인간은 공동생활을 할 수밖에 없는 상황에 내몰렸다. 이 공간은 두 종의 생물을 하나의 운명공동체로 엮어주었다.

이런 상황에서 충돌과 반발이 발생하지 않을 수 없다. 18세기 후반과 19세기에 나온 파리에 대한 보고서에는 비좁음과 악취, 보행자의 위험, 말이 끄는 마차의 소음이 도시를 감싸고 있다고 쓰여 있다. 유럽에서는 지금도 말이 함께 사는 도시가 어떤 모습이고 어떤 냄새를 풍기는지 알 수 있다. 지금도 빈과 로마에 가면 영업용 마차의 말이 꾸벅꾸벅 졸면서 관광객을 기다리고 있는데, 이것이 당시 파리의 풍경이다. 그러나 누가 19세기 도시의 모습과 냄새가 이러했으리라고 상상할 수 있겠는가? 신문배달부가 소형 오토바이를 타고 밤거리를 지나는 소리, 트램이 선로를 지나갈 때의 소리,

택시의 경적 소리, 버스가 급정거할 때의 귀가 찢어질 듯한 소리는 누구나 잘 안다. 그러나 마부가 채찍으로 말을 때리는 소리, 마차 바퀴가 굴러가는 소리, 아직 잠이 깨지 않은 이른 새벽에 원형 포석 위를 도망치듯 달리는 말발굽 소리를 그 누가 상상할 수 있겠는가? 말과 인간, 이 두 종의 생물이 지나치게 가까운 거리에 있을 때, 잔인한 마부가 지친 말에게 채찍질을 할 때, 도시의 소음은 견디기 어려워진다. 독일의 철학자 아르투어 쇼펜하우어는 이 채찍 소리를 두뇌 노동자의 명상을 방해하는 "가장 무책임하고 추악하고 끔찍한 소리"라고 비판했다. "갑자기 들려오는 날카로운 소리는 머리가 쪼개지는 듯한 두통을 일으키며 사고력을 말살시킨다. 이때 머릿속에서 생각과 비슷한 것들이 맴돌고 있다면 정말 고통스러울 것이다.……이런 소음은 말에게도 부정적인 영향을 끼친다. 오랫동안 심한 채찍질에 시달려온 말은 감각이 무뎌져 가벼운 채찍질에는 아무 반응도 하지 않는다. 이제 말은 채찍을 맞아도 속도를 내지 않는다. 빈 차로 손님을 기다리는 영업용 마차를 끄는 말은 더 천천히 달린다. 끊임없이 채찍질을 당해도 이미 감각이 무뎌진 말들에게는 채찍질이 아무런 효과도 발휘하지 못한다."[20]

말, 마부, 마차가 내는 굉음에는 리듬이 있고, 이 리듬에 맞추어 도시는 전율한다. 메르시에는 매 순간 도시의 소음이 어떻게 변하는지를 묘사한다. 이른 아침부터 한 시간 단위로 도표에 기록되는 소리가 달라진다. 가장 소음이 심각한 때는 오후 5시 무렵이다. 이 시간대에는 모든 마차들이 동시에 우르르 쏟아져 나와서 속도 경쟁을 하는 통에 도로가 마차로 꽉 막혀 있다. 저녁 7시가 되면 소음이 잦아들면서 도시는 고요해진다. 노동자들은 걸어서 집으로 돌아간다. 그러다가 9시가 되면 다시 소음이 들린다. 부르주아들이 마차를 타고 극장에 갈 시간이기 때문이다. 공연이 끝나고 부르주아들이 귀가할 자정이 되면 마차의 소음이 다시 정적을 깨뜨린다. 새벽 1시가 되면 6,000명의 농부들이 채소, 과일, 꽃을 실은 화물 마차를 타고 도시로 몰려온다. 그리고 새벽 2시부터는 늦은 밤 귀가하는 사람들을 실은 짐차와 마차 소리가 파리지앵들의 잠을 깨운다……21) 메르시에의 책을 읽다 보면 마차의 떠들썩한 소음, 느린 걸음으로 도로 위를 달리는 말발굽 소리가 들려오는 것은 물론이고, 도시의 동물 거주자인 말 떼가 일으킨 소음 때문에 잠을 깬 도시인들의 예민함이 그대로 느껴진다.22) 이렇게 리듬화된 일상생활의 소음은 오랫동안 바뀌지 않을 것이다. 그로부터 100년 후 에밀 졸라는 『파리의 복부(Le Ventre de Paris)』를 발표한다. 이 작품에서 졸라는 공회당을 밤낮으로 둘러싼 소음이 도시를 지옥으로 만들고, 공회당 안은 언제나 소음이 존재한다고 썼다.

13명당 말 1필

1766년 1월 18일 빅투아르 광장의 변두리에서 말 한 필이 끄는 마차의 마부와 점잖은 신사 사이에 싸움이 붙었다. 경찰은 이 사건의 경위를 조사하고 기록으로 남겼다.23) 마부는 고객이 하차할 수 있도록 마차를 세웠는데, 신사는 왜 앞으로 가지 않느냐고 불같이 화를 내며 마차에서 내렸다. 마차에서 내리자마자 이 신사는 검으로 말에게 폭력을 가하고 배를 찔렀다. 결국 신사는 마부에게 손해 배상을 하고 말의 치료비까지 책임져야 했다. 성마른 성격의 이 신사는 판결문에 서명을 했다. 후손들의 기억 속에 잔혹함의 대명사로 각인된 이 신사는 사드 후작이었다.

18세기 중반의 파리는 말의 수도였다. 정치, 경제, 문화적 부흥기에 있던 파리는 프랑스 혁명으로 잠시 성장이 주춤하다가 이내 회복되었다. 이때 파리는 그야말로 말 천지였다. 말이 없는 파리는 상상조차 할 수 없었다. 말은 파리가 선보여서 세계를 놀라게 한 모든 새로운 형태의 상징정치와 실질적인 전쟁, 문화적 패권주의, 금융과 상품, 뉴스의 빠른 회전, 예술과

유행의 확산, 재물과 생활양식의 소개 등에 필요한 경제적 수단과 동력 에
너지의 근간이었다. 말의 시대의 전성기인 1880년 파리에는 무려 8만여 필
의 말이 있었다.[24] 파리는 말들로 넘쳐났다. 1789년 혁명 전 프랑스의 목초
지에는 200만 필의 말이 있었다. 그러던 것이 1850년에는 300만 필로 급증
했다. 약간의 변동은 있었지만 제1차 세계대전 때까지 이 수치가 유지되었
다.[25] 프랑스가 독일에게 알자스로렌 지방을 빼앗기지 않았더라면 세계대
전 직전 무렵 프랑스의 말의 수는 380만 필에 달했을 것이다. 물론 이 기간
에 프랑스의 인구도 증가했다. 1852년 3,650만 명이었던 인구가 1906년에
는 4,100만 명으로 증가했다.[26] 이 기간 동안의 말과 사람의 수를 비교하면
1퍼센트포인트 정도의 변동이 있었을 뿐이다. 프랑스 국민 13명당 말 1필을
소유하고 있었다.

  그러나 프랑스가 말이 가장 많은 나라는 아니었다. 19세기 영국에서는
인구 10명당 말 1필을, 미국은 4명당 말 1필을, 오스트레일리아는 2명당
말 1필을 소유했다. 19세기 말 런던에는 무려 30만 필의 말이 있었다.[27]
물론 19세기의 도시에서는 역사상 말의 수요가 가장 많이 증가했다. 그러나
한 국가를 기준으로 했을 때보다 인구가 밀집된 대도시를 기준으로 했을
때에는 국민 1인당 말 보유량이 더 적었다. 또한 미국의 예를 보면 알 수
있듯이 지역 간에도 차이가 있었다. 인구가 밀집한 동부 연안의 대도시보다
인구 밀도가 낮은 중서부의 도시에서 국민 1인당 말의 수가 더 많았다.[28]
1900년 뉴욕처럼 말 1필당 26.4명꼴로 절대 수치가 황당하기 짝이 없는 곳
도 있었다. 이 수치대로라면 맨해튼과 같은 도시에서는 13만 마리의 말이
동시에 거리를 달리고 있는 셈이었다.[29] 뉴욕의 브로드웨이에 말 사체와
마차가 즐비하다면 행인은 어떤 기분이겠는가?[30] 1900년 뉴욕의 거리에서
는 어떤 냄새가 풍겼겠는가? 말이 매일 1,100톤의 대변과 27만 리터의 소변
을 배출하고, 사람들이 매일 실어 날라야 하는 말의 사체가 20여 구씩이나

된다면 어떻겠는가?[31] 그런데 런던은 이것과는 비교도 되지 않을 만큼 높은 수치를 나타냈다. 매년 2만6,000필의 말이 식료품 공장에서 고양이 사료로 가공되었다.[32] 당시 사진에는 세기말 인간과 말이 강요라도 당한 듯이 서로 밀착되어 있는 모습이 남아 있다.

한 종의 생존은 다른 종의 죽음이다. 기계화 바람이 불어닥친 19세기의 도시는 말에게 건강한 환경이 아니어서 도시 생활을 하는 말은 금세 기력이 쇠해졌다. 말이 도시의 교통 수단으로 사용되면서 말의 근육, 힘줄, 말발굽, 관절, 견인력에 무리가 생겼다. 이렇게 혹사당한 말은 가벼운 짐을 드는 곳으로 팔려갔다가 말년에는 농촌으로 버려졌다. 말은 보통 5살에 도시에 왔고 평균 수명은 10년이었다. 승합마차를 끄는 말도 사정은 같았다. 반면 트램을 끄는 말은 4년밖에 일을 하지 못했다.[33] 많은 말들이 몸이 마비되어 죽었다. 수의사들의 총에 맞아 안락사를 당해야 하는 슬픈 운명이었다. 1887년과 1897년 사이에 뉴욕 소재의 미국 동물학대 방지협회 직원은 매년 1,800-7,000마리의 말을 총으로 쏘아 죽였다. 사람들이 흔히 상상하는 것과 달리 말의 사체는 하수로에 방치되지 않았다. 당시에 이미 사체 처리 방식도 기계화되어 있었다. 마력(馬力 : 짐마차를 부리는 말이 단위 시간에 하는 일을 실측한 것으로, 1마력은 1분동안 말이 한 일이다/옮긴이)으로 작동되는 기중기가 말을 들어올려 수레에 담으면 덮개가 씌워진 후에 처리장으로 옮겨졌다.[34] 말고기를 먹는 유럽 국가의 도시에서 세 다리로 절뚝거리며 도살장으로 끌려가는 말의 무리는 흔한 광경이었다. 프랑스에서는 말 소유자들이 도살 직전인 말의 털을 깎아서 따로 챙겨놓았다. 19세기 중반 이후 파리 시민들은 털까지 깎아 벌거숭이 상태로 도살장에 말을 보내는 무정한 행위에 대해서 분노하기 시작했다.[35]

도시 교통의 확산과 기계화로 말의 소비가 증가하면서 도시와 도시 주변 농촌의 관계에도 변화가 생겼다. 도시 거주자를 위해서 채소, 고기, 우유를 납품하는 사람뿐만 아니라 도시 외곽의 지역 농부들까지 말 사육과 사료 재배를 시작했다. 말 산업이 수익성이 높은 새로운 사업이라는 사실을 발견했던 것이다. 미국의 역사학자 클레이 맥셰인과 조엘 A. 타르는 "말을 기반으로 한 경제에는 막대한 토지, 노동력, 자본이 요구되었다.……말이 주도하는 경제에는 방대한 면적의 땅이 필요했다. 말들이 마음껏 돌아다니기 위한 목초지와 식량을 경작하기 위해서였다"라고 말했다.[36] 1900년 미국의 도시 지역에는 300만 필의 말이 있었다. 이 말들이 매년 800만 톤의 건초와 약 900만 톤의 귀리를 먹어치웠다. 사료 생산을 위해서 4만8,500제곱미터의 땅, 말 1필당 1만6,100제곱미터의 땅이 필요했다.[37]

시내 교통에서만 말의 이용이 증가한 것이 아니었다. 18세기 말 농촌 지역에서 말은 황소와 당나귀를 제치고 견인력 제공 동물 1위에 올랐다. 말이 1위를 차지할 수 있었던 요인으로 도로망과 도로 포장의 확충 및 개선,[38] 차량(자동차, 마차)과 쟁기나 써레, 나중에는 절삭 도구와 같은 농기구 기술이 발달한 것을 꼽을 수 있다. 시간 절약이 돈을 버는 지름길이었기 때문에 속도는 경제성을 높이는 최우선적 요소가 되었다. 황소보다 견인력이 월등히 뛰어났던 말은 속도 경쟁의 승자가 되었다. 말의 수요가 꾸준히 증가하면서 말 전문 사육장과 농가의 수도 늘어났다. 말 사육은 19세기 중반 대부분의 유럽 및 북아메리카 지역 국가의 중점 산업이었다. 이것은 육류, 곡물, 양모 등 다른 농산물에 비해서 제도적 가치가 높았다.

근대 경제에서 말은 단백질, 탄수화물, 섬유보다 중요하고 근본적인 요소인 에너지를 제공했다. 말이 제공하는 에너지는 변환이나 전환 과정을 거치지 않고 직접 불러들일 수 있는 순수한 에너지였다. 미셸 푸코에 의하면, 교육제도가 학생이나 대학생을 양산하고, 징벌제도가 현대적 징벌체계의 죄수를 양산하듯이 현대 농경체계는 우리에게 잘 알려진 단백질, 지방, 탄수화물, 무엇보다도 동물 운동 에너지를 양산한다. 19세기에 말은 가장 중요한 에너지 공급자였다. 에너지 머신인 말은 확장되어가는 도시에서 현대적 운송 및 교통체계보다 우수한 견인력을 제공했다. 물론 호모 하빌리스(손재주 있는 사람이라는 뜻의 화석 인류/옮긴이)가 몸놀림이 뛰어난 동물인 말을 훈련하고 사육하려면 사회 및 기술적 제반 조건이 필요했다.

시스템의 오류

19세기의 수도였던 파리는 교통의 수도이기도 했다. 그래서 교통사고에 관한 이야기가 자주 등장할 수밖에 없었다. 교통에 관한 대화를 나누다 보면 자연스럽게 사고에 관한 이야기가 이어졌다. 동력 에너지를 제공하는 주체가 말이든 황소든 기관차든 열기관이든 상관없이, 기술적 수단과 신속함의 대가와 위험을 다룬 글에서 주제는 하나로 압축되었다. 이것은 이카루스에서 시작하여 초음속 제트 여객기인 콩코드로 끝나지 않았다. 어떤 형태든 이동을 하면 사고의 위험과 특정 형태의 사고를 가져오기 마련이다. 기술의 역사에서는 기술의 "허와 실"을 다루는 데에 한 장(章)을 할애한다. 이때 반드시 다루는 주제가 사고이다. 기술의 실체는 충돌, 사고, 시스템의 붕괴를 통해서 드러나기 때문이다.

이와 관련하여 믿을 만한 소식통인 메르시에는 풍부한 과거 자료를 제공한다. 그는 『조심! 조심!(Gare! Gare!)』[39]에서 "사륜차와 기수들이 일으킨 사고 현장에서 경찰은 가만히 서 있었다"고 썼다.[40] 메르시에는 자신의 실제 경험에서 아이디어를 얻어, 파리의 교통체계에 대한 자신의 비판적 입장을 정당화한다. (전해지는 이야기에 의하면) 그는 도시에서 연쇄 충돌 사고를 당한 적이 있었다. "나는 1770년 5월 28일 대형 사고를 목격했다. 희미한 불빛이 흐르는 거리로 무시무시한 인파가 쏟아지고, 도로가 차들로 꽉 막혀서 일어난 사고였다. 하마터면 나는 목숨을 잃을 뻔했다. 이 사고로 12-15

명의 사람이 현장에서 즉사하거나 후유증으로 사망했다. 다른 마차와 충돌하여 바닥으로 세 번이나 내동댕이쳐지는 바람에 나는 처참하게 압사할 뻔했다."[41)]

파리는 위험한 장소가 되어 있었다. 그 원인은 18세기 후반부터 19세기까지 일부 거주자들이 저질렀던 범죄가 아니라, **켄타우리즘의 심화**, 마차 교통, 인간과 말이 밀착되어 함께 살아갈 수밖에 없는 환경에 있었다. 19세기에는 달리는 말, 전복된 마차, 과속운전, 연속 충돌 등으로 인한 도시와 고속도로에서의 사고가 지속적으로 증가했다. 1867년 뉴욕에서는 마차 사고로 일주일에 평균 4명의 사망자가 발생하고 40명의 보행자가 부상을 당했다. 다른 국가의 수도에서도 마차 사고율은 지금의 자동차 사고율보다 훨씬 더 높았다.[42)] 자동차가 도로로 밀려들기 시작한 20세기 초에도 대부분의 교통사고는 말의 사용과 남용으로 인한 것이었다. 1903년 프랑스에 등록된 사고의 53퍼센트가 마차로 인한 사고였다. 그중 3분의 1은 도시에서, 3분의 2는 국도에서 발생했다.[43)] 세기 전환기 미국의 통계에 의하면, 연간 75만 건의 사고와 손실이 발생했다.[44)] 19세기 문헌의 도시 묘사와 여행 문학에는 배려심 없는 운전자, 술 취한 마부, 전복된 마차, 부상당한 행인과 죽음의 불안에 떠는 여행객에 대한 불만들이 메아리친다. 여행객들이 가장 두려워하는 존재는 강도가 아니라 그들의 친한 친구인 말이었다.

사실 사고를 일으킨 진범은 말이 아니라 마력을 기반으로 한 **교통체계**였다. 차량, 마부, 기타 기계장치뿐만 아니라 인간(마부, 기수, 여행객, 운수업자, 경찰관)도 교통체계에 속했다. 게다가 도로망과 그것의 상태, 이 체계 내에서 움직이는 부품의 속도 제어 문제도 사고를 일으키는 데에 상당한 역할을 했다. 사고의 원인을 파헤치고 싶다면 **켄타우로스 시스템** 전체를 살피는 동시에 여러 요소들이 조화를 이루며 어우러져 있는 마차 교통의 세부적인 부분, 상호 작용, 표현을 살펴보아야 한다. 먼저 동물의 성격을 살펴보

자. 말은 조바심이 많은 도주성 동물이기 때문에 쉽게 부끄럼을 타고 도피 반사에 굴복한다. 말의 시야에 다른 동물, 회오리 바람에 날아오른 신문 등 갑작스런 움직임이 포착되는 순간 일은 이미 벌어져 있다. 말은 겁을 내고 당황하여 달아난다. 이것은 말에게 치명적인 결과를 초래할 수 있다. 혼잡한 인파에 밀려서 다른 말무리의 사이로 떠밀릴 수 있기 때문이다. 1823년에 뉴욕 역사상 가장 큰 마차 사고가 있었는데, 이 사고는 패닉에 빠진 말의 행동이 연쇄적인 충돌로 이어져서 벌어진 것이었다.[45]

인간은 말을 총화와 대포 소리에 적응시켰듯이 교통과 도시 생활에도 적응시켰다. 물론 두 상황의 맥락은 조금 다르다. 말을 사육하고 길들이는 방법은 특별했다. 인간은 새로운 상황, 점점 복잡하고 신속하게 변화하는 체계에 자신의 생활을 맞춰가야 했고, 자신이 이용하는 동물도 현대적 교통 공원에 맞게 길들여야 했다. 그런데 마부는 술에 취해서 신을 모독하는 저주의 말을 내뱉고 주변 사람에 대한 배려 없이 마차를 운행했다. 마부는 더 이상 단순한 윤리적인 분노의 대상이 아니라 **위험** 그 자체였다. 사람들은 마부의 객기를 잠재워야 했고, 경찰의 지원을 받아서 마부에게 법을 지킬 것을 권고해야 했으며, 시비가 붙으면 마부를 법정에도 보내야 했다. 마차 운행 속도를 규제하려는 노력은 르네상스 시대로 거슬러 올라간다. 1539년에 프랑수아 1세는 최초로 왕국의 도시와 도로에서의 과속, 추월, 급커브로 인한 사고 위험을 공포했다.[46] 17세기 후반 이후에는 과속과 난폭 운전에 대한 경찰의 제재가 시작되었다. 1780년 무렵 영국과 프랑스에서 처음으로 '라투르의 물체'[47]가 등장했다. 여기에서 라투르의 물체는 사회적인 요구와 기술적인 보호 수단을 매끈하게 연결해준다. 보행자 보호의 필요성에 맞게 도로 높이에 차이를 두어 도로를 두 부분으로 나누는 것이다. 쉽게 말해서 이것은 보행자와 차량이 다니는 길을 구분하기 위해서 연석으로 모서리를 높게 만들어놓은 인도이다. 이 구조 덕분에 차가 양방향으로 오고

갈 수 있게 되었다.[48]

보도와 차도를 구분하는 손바닥 너비의 연석은 이로부터 수십 년 후에 전 도시로 보급되어, 총 수백 킬로미터에 달하게 되었다. 물론 이것이 도시 건축과 관련하여 대도시와 거주자들의 켄타우로스화가 진전되고 있음을 보여주는 유일한 특징은 아니다. 19세기의 도시가 말을 농경체계의 중심부로 끌어올리면서 농촌 생태계와 농업 경제에 근본적인 변화를 일으켰듯이, 말은 도시 생태계와 건축에도 변화를 가져왔다. 인간은 대도시에서 살면서 노역을 하는 수천수만 마리의 말들에게 먹이와 물뿐만 아니라 잠잘 곳까지 제공해야 했다. 요즘 사람들은 19세기 도시의 모습을 좀처럼 상상하기 어렵다. 당시의 마구간은 대개 나무와 벽돌로 대충 지어졌기 때문에 도시의 위생 상태나 화재 보호 측면에서 위험한 요소들이 많았다.[49] 1867년 보스턴 전역에는 평균 7.8마리의 말을 수용할 수 있는 마구간이 총 367곳이었다. 이런 유형의 마구간이 도시 곳곳에 퍼져 있었다. 노역용 말과 운반용 말은 항구와 역 근처에 살았던 반면, 부자들의 승용마, 마차용 말은 주인의 생활 반경 내에 있어야 했다.[50] 마부의 집에는 마차를 둘 수 있는 헛간이 있었고, 이 구조는 아직도 도시 주택의 뒤뜰에 남아 있다. 이와 유사하게 주택이나 주택 단지 중심부에는 대개 마구간이 있었다. 대부분의 마구간은 1층이나 2층 구조로 지어졌고, 간혹 4층으로 된 마구간도 있었다. 팜 레인에 있는 런던 최대의 승합마차 마구간의 안채는 널찍한 2층 구조에 최대 700마리의 말을 수용할 수 있었다.[51] 오랜 세월 인간과 말이 함께 지내온 환경을 보면 알 수 있듯이 마구간 건축 양식에는 귀족들의 생활방식이 반영되어 있다. 대표적인 예가 말이 성으로 들어갈 수 있게 만들어놓은 말 계단이다. 이처럼 도시의 켄타우로스화가 강화된 19세기에는 건축 구조에도 변화가 일어났다.

말을 위한 시설도 늘어났다. 19세기 중반 이후 유럽과 미국의 대도시에는 말 전용 식수대가 추가로 설치되었다. 1890년까지 미국 동물학대 방지협회에서 설치한 식수대만 100개 이상이었다.[52] 그중에서 기업가 존 후퍼의 유언으로 1894년 뉴욕의 웨스트 155번가에 설치한 식수대가 가장 정교했다. 예술가 조지 마틴 후스가 설계한 분수대에는 대형 식수대 옆에 개를 위한 작은 물통과 시민들을 위한 수도꼭지들이 일렬로 늘어서 있었다.[53]

황금기

도시와 농촌, 기술, 사회, 사치 등 여러 요소들이 팽팽하게 대립하는 영역에 새로운 강자가 등장했다. 마력을 기반으로 하는 경제에서 건초와 물 이외에 중요한 연료는 귀리였다. 귀리는 단백질이 풍부할 뿐만 아니라 소화가 잘 되어 소화기관이 예민한 말과 동물의 먹이로 적합했다. 게다가 귀리짚은 영양가가 풍부했다. 말의 수가 증가하면서 귀리는 말의 주식이자 소화가 잘 되는 영양식으로 급부상했다. 그러나 말이 역사에서 사라지면서 귀리도 점점 모습을 감추었다.[54] 18세기의 귀리 경기는 최근 식물 연료로 주목받으며 호황을 누리는 옥수수 경기와 비슷했다. 귀리는 말의 신체에 활력을 주고 말의 가죽에 윤기를 주었기 때문에 귀족 계층은 귀리집약적 말 사육을 했다. 프랑스의 역사학자 다니엘 로슈는 "1780년대에는 귀족 혈통 말의 수가 4,000필에 달해서 파리는 명마 전시장이나 다름없었다. 파리는 말을 가장 세련된 기술로 관리하는 장소이기도 했다"라고 말했다.[55]

　19세기 도시에는 새로운 형태의 위험뿐만 아니라 미학도 등장했다. 도시는 초라하고 비참한 피조물들로 넘치는 동시에 움직임이 빠르고 아름다운 동물과 호화로운 마차로 가득 채워졌다. 말과 마차는 자신의 우월함을 내보이기 위한 **과시적 소비**의 대상이 되었다. 미국의 사회학자이자 경제학자인 소스타인 베블런은 "빠른 말은 가격이 비싸고 낭비하기 좋은 대상이지만 노역용으로는 적합하지 않다. 이런 말은 기껏해야 힘과 민첩함을 과시할 때에만 효용가치를 가진다. 적어도 미학적 측면은 만족시킨다. 어쨌든 그 안에 중요한 효용가치가 있다는 사실은 인정해야 한다"라고 말했다.[56] 고객들의 갈망은 수공업자와 기업인들의 발명 의지를 자극했다. 18세기 말엽 메르시에는 해를 거듭할수록 새로운 스타일의 마차들이 많아지는 것을 보며 눈이 휘둥그레졌다. 1838년 콜로프는 파리의 거리를 다니는 마차를 전부 묘사하면 책 한 권은 족히 나올 것이라고 말했다.[57] 카브리올레와 영업용 전세 마차만 해도 기존 모델을 살짝 변형한 것들이 셀 수 없이 많았다. 대개 지붕이 뚫린 각종 '잡종 마차들'이었다. 프랑세즈, 파리지앵, 에올리앵, 제피린, 아탈랑트, 카브리올레 콩퇴르는 숱하게 많은 유사 모델과 경쟁업체의 마차 중 스테디셀러로, '한 가문의 가장, 할머니, 연인들의 분신과 같은 마차'였다.[58]

말의 시대가 막을 내리기 직전인 1941년, 이탈리아의 작가 마리오 프라츠는 다시 한번 마차의 시대와 "어떤 자동차도 만들 수 없는" 마차의 귀족적인 우아함 그리고 "엄숙하고 일정한 리듬"을 찬양했다. 그는 호화찬란한 마차가 그토록 오랫동안 사라지지 않을 수 있었던 이유를 "고상한 귀족과 같은 말들이" 휘몰아치는 북소리에 몸에 상처를 입고 짓밟혀 감각이 마비되는 상황에서도 선택받은 동물이라는 "외적 상징"을 꿋꿋이 지켜냈기 때문이라고 했다. "구식 기병대가 현대의 문턱에서 비참한 최후를 맞이할 때에도 그러했다. 그 옛날 마차의 행렬은 아테네 여신의 대축제에서 젊은 기사들이 두르는 띠처럼 우아했다. 인간과 말이 끝없이, 말할 수 없이 아름답고, 우아하고, 경쾌한 지상의 춤을 추며 행진하는 곳 같았다.……빈은 '네 개의 바퀴'로 돌아가는 도시였다. 지붕이 없는 마차 안에는 빈의 미녀들이 자랑하듯 우아하게 차려입고 앉아 있었다."[59]

당시 예술계의 유행은 정교한 차이를 주는 것이었다. 그러나 이런 본능적 욕구에는 객관적인 근거가 없었다. 오직 유행과 심미적 측면만으로 차별화한 예술은 100년이나 지속되었다. 미국 최대의 마차 및 자동차 제조업체 스튜드베이커는 1910년에 115개 모델의 이륜 구동 경차와 다양한 모델의 마차를 생산했다. 이러한 수치의 그늘에 가려진 채 말의 시대는 서서히 저물어가고 있었다. 1895년부터 '말 없이 운행하는 마차'를 개발해왔던 스튜드베이커는 자동차 생산으로 사업 방향을 전환했다.[60]

도시는 농업과 군대 외에 19세기 최대의 말 수요자였다. 당시의 군대는 프랑스든 그 외의 국가든 나폴레옹 군대의 규율을 따랐다. 나폴레옹의 군대는 특히 기병대와 기마 포병대 위주로 군 병력을 확충했다. 1900년 프랑스 군대의 상비군이 소유한 말은 14만5,000필이었는데, 군대 소집 이후 짧은 시간 내에 35만 필로 급증했다.[61] 증기기관이 이미 발명된 후였으나 선진국 농촌 지역에서의 말 사용량은 꾸준히 증가했다. 1834년 특허를 출원한 제초기 같은 기계는 말 사용량을 감소시키기는커녕 오히려 증가시켰다. 이로부터 50년 후에 캘리포니아에 등장한 최초의 콤바인은 20-40마리의 동물을 끌 수 있는 동력을 가지고 있었다. 스위스의 건축사가 지그프리드 기디온은 이에 대하여 "오벨리스크를 옮기는 데에 필요한 말의 수에 해당하는 동력이었다"고 표현하며 고대의 역작을 상기시켰다.[62] 농기계 덕분에 인간은 노동력을 절약할 수 있었지만 동물 노동력은 더 많이 투입해야 했다. 19세기 농업의 핵심 목표는 (도시 교통용, 군대용, 광산 노역용) 말을 키우고 영양분을 공급하는 것이었기 때문에, 마력 에너지를 기반으로 하는 경제 구조 내에서 돌고 도는 순환이 나타났다.

도시의 말 수요는 화물 운송과 여객 수송 위주였다. 서유럽과 북아메리카에서 도시가 급성장함에 따라 저렴한 비용으로 정확한 시간에 지정된 구간을 운행하는 대중 교통 마차가 등장했다. 승합마차는 파리에서 1820년대 중반 이후, 런던에서 1830년대 이후 처음 운행되었고, 비슷한 시기에 미국에서도 등장했다. 1833년 뉴욕은 이미 "승합마차의 도시"라고 불릴 정도였다.[63] 1830년대에 새로운 교통 수단인 승합마차가 미국의 도시 교통망을 거의 장악했다. 맥셰인과 타르의 표현처럼 승합마차는 "운임은 지불할 수 있지만 마차를 소유할 수는 없는"[64] 일부 계층, 이른바 대중을 위한 교통 수단이었다. 운임이 하락한 만큼 중산층과 하위층의 여객이 늘어나면서 도시의 승합마차 교통량도 증가했다. 1800년대 후반에는 철도마차, 즉 선로에서 운행되는 마차들 간의 경쟁에 불이 붙었다. 철도마차는 승객에게 안정성을 제공하고 역용 동물의 에너지 소비량을 줄일 수 있었다. 게다가 철도마차는 승합마차보다 3배나 많은 승객을 운송할 수 있었다. 이것은 운임에도 영향을 끼쳤다. 선로는 눈에 띄지 않게 도시의 이미지를 바꿔놓고 있었다. 그로부터 수십 년 후에 고층 건물들이 도시의 수직 라인을 바꿔 놓았듯이 말이다. 불과 1만2,000여 필의 말과 노새의 동력으로 운행하는 뉴욕의 철도마차의 연간 승객 수송량은 1880년 무렵 1억6,000만 명을 넘어섰다.[65] 승객의 수, 역용 동물, 마차, 선로의 길이도 소규모 도시의 그것을 훨씬 더 웃돌았다. 이것은 도시의 교외화(대도시로 인구와 산업 및 각종 기능이 집중됨에 따라 발생하는 문제를 해소하기 위해서 주거지와 공장이 도시 외곽으로 이주, 확산되는 현상/옮긴이)가 진행되고 있었다는 뜻으로 해석할 수 있다.[66] 대중교통 수단이 확충되면서 외곽 지역에 거주하는 도시 근무자의 통근이 가능해진 것이다.

유럽과 일본은 조금 늦게 이 대열에 합류했다. 뒤늦게 대도시화에 진입한 베를린은 기술의 근대화가 폭풍처럼 몰아닥치기 직전까지 세계의 흐름을 따라가지 못하고 있었다. 베를린에서는 1846년에 최초로 베를린과 외곽 지역인 샤를로텐부르크 구간을 운행하는 승합마차가 등장했다. 초창기 승합마차는 적은 운행 횟수로 시작해서 1860년대에는 전성기를 구가했다. 그러다가 철도마차와의 경쟁으로 (1865년 이후에) 수그러들었다. 더 신속하고 안전하고 운임이 저렴한 기차가 등장하면서, 보행자보다 딱히 빠르다고 보기 어려운 철도마차(평균 5.6km/h)는 시내 전용 교통 수단으로 밀려났다. 승합마차를 도입한 지 75년이 된 1923년 8월 25일, 포츠다머 플라츠 역에서 할렌제 역으로 향하는 마차를 마지막으로 베를린에서의 철도마차 운행은 종료되었다. 짧았던 도시 철도마차의 전성기는 순식간에 지나가버렸다.[67]

19세기에 말 관련 산업이 폭발적으로 성장하면서 도시 거주자의 생활 및 이동 방식에 변화가 일어났다. 또한 그 결과 새로운 산업 영역과 직업군이 탄생했고, 기존과는 다른 신분의 잣대가 적용되면서 사회적 계급 구조에 변화가 일어났다. 프랑스의 역사학자 장 피에르 디가르는 "말의 편재(遍在)로 수레꾼, 마부, 흉갑기병, 박피공, 조마사, 경기병, 농장 노동자, 말 거래상, 편자공, 마구간지기, 마구간 감독, 우편마차 마부, 수의사 등은 19세기 사회의 친숙한 인물이 되었다.……말은 사회 곳곳으로 진출하며 문화 전반으로 스며들었다"라고 말했다.[68] 말을 사육하고 훈련하고 이용하려면 전문 지식과 노련함을 갖추어야 했다. 이제 말에 관한 지식은 귀족들만의 전유물이 아니었다. 19세기에 등장한 '말을 잘 다루는 사람'은 혈통은 불분명하지만 새로운 유형의 인간상이었다.[69] 민주주의의 전도사인 '말을 좋아하는 사람'은 부지불식간에 역사의 장으로 발을 내디뎠다.

그럼에도 19세기는 말의 황금기가 아니었다. 견인력을 제공하는 보편적인 수단이자 전쟁터의 투사, 광산의 노역 동물이었던 말은 정말로 심하고, 처참하고, 고통스럽게 희생자로 전락했다. 19세기는 말의 수요와 사용량이 역대 최고로 증가한 시기였고, 20세기에도 이런 시기가 잠시 있었다.[70] 그러나 19세기에는 말을 소비만 하는 것이 아니라 혹사하고 도살도 했다. 또한 사람들은 말을 연구하고, 사육하고, 보호하며, 경이로움을 느꼈다. 이들은 19세기 나름의 방식으로 말을 사랑했다. 말은 노동자와 함께 가장 중요하고 보편적으로 사용할 수 있는 에너지 제공 수단으로서 경제의 중심부로 들어왔다. 양극단을 오가는 이 중심부에서 자신의 소망과 열정, 감수성, 아름다움에 대한 감각을 표현하려는 욕망의 체계가 새롭게 재편되었다. 그러나 우리에게 이 체계, 즉 경제와 생태계, 기술, 미학과의 촘촘한 네트워크를 켄타우로스 시스템으로 관찰할 마음만 있다면, 19세기가 이 시스템의 황금기였음을 알 수 있다. 정확하게 말해서 19세기 후반은 말의 시대 중에서 황금기였다. 1840년 말엽에 말에 대한 수요는 다시 급증했다. 그러나 세기말 시대 전환기에 접어들자, 자동차와 전차 등 기술이라는 경쟁자의 양적, 질적 힘이 막강해지면서 말의 시대는 해체의 조짐을 보였다. 황금기는 반세기도 채우지 못하고 끝이 났다. 1903년 파리에서는 70여 곳이 넘는 공장이 자동차를 생산하고 있었다.71)

에너지의 가격

18세기와 19세기의 산업혁명을 다룰 때에 사람들은 일반적으로 수많은 기술 발명품, 증기기관, 다축 방적기(spinning jenny), 이것으로부터 촉발된 생산방식, 작업 효율, 생활양식의 변화를 떠올리기 마련이다. 이러한 측면에서 21세기를 살아가는 현대인들은 여전히 마르크스의 후손이다. 게다가 기술로 대변되는 근대의 생활을 연구하는 역사학자인 기디온은 시야를 넓혀 걷기, 앉기, 주거, 음식, 죽음 등 인간의 기본 과정에 기계화가 일으킨 변화를 이해하는 법을 독자들에게 알려준다.72) 상세한 묘사와 익명의 역사를 좋아했던 기디온도 자신의 가치를 철저히 무시당한 채 근대의 산파 역할을 강요당해온 말의 업적은 제대로 평가하지 못했다. 말은 지금까지 그 가치를 인정받지 못했던 거대한 규모의 몰락한 대륙처럼 지난 수십 년간 프랑스와 미국의 역사 기술에서 자신의 존재가 발견될 날만을 기다리고 있다. 이것은 새로운 생태학적, 인류학적, 이미지 연구, 사상사적 정보를 바탕으로 한 사실주의를 위해서 소중한 과제이기도 하다.

생산의 산업화와 일상생활 영역의 기계화로 인해서 에너지 수요가 급증했다. 물과 바람을 활용하는 증기력, 전기의 생산과 이용, 화석 연료의 생산량 증가와 효율적인 이용으로 그 수요를 충당할 수 있었지만, 에너지 수요의 대부분을 차지하는 동력 에너지는 여전히 역용 동물이 책임져야 할 몫이었다. 새로운 제품, 원료, 시장과 함께 사람, 상품, 뉴스, 즉 커뮤니케이션에 대한 수요가 급증하면서, 견인력과 운송을 위해서 사용할 수 있는 에너지에 대한 수요 또한 증가했기 때문이다. 둔중한 증기 경운기와 증기 트랙터를 보면 짐작할 수 있겠지만, 증기기관을 선로와 연결하기만 하면 이런 수요를 충족시킬 수 있었다. 또한 오토와 디젤이 상대적으로 크기가 작은 열기관을 발명한 덕분에 도로 교통은 비약적으로 발전했다. 이제 말은 (농촌 구석에서 역까지) 공간적 거리뿐만 아니라, 100년이 넘는 시간차를 극복해야 했다. 18세기 말엽 교통 속도가 임계점에 도달한 이후, 오랫동안 견인력에서 말과 우위를 다퉈왔던 황소가 느린 속도 탓에 경쟁에서 밀리면서 말은 도로의 왕으로 등극했다. 수백 년 동안 귀리 엔진은 기계화된 세계에서 그 무엇으로도 대체할 수 없고 보편적으로 사용되어온 전원함이었다.

말의 작업 성능을 측정할 수 있게 된 지 300년이 넘었다. 사람들은 힘의 크기를 측정할 때 일률(일의 효율을 나타내는 양/옮긴이)을 비교한다. 이때 말의 힘이 비교 기준으로 사용된다. 1688년 7월 10일 파리의 과학 아카데미 회원들은 말과 인간의 힘을 비교했다.[73] 특수장치로 측정한 결과 말은 1초에 75킬로그램의 물체를 1미터 들어올릴 수 있었다. 이것은 7명의 사람에 해당하는 일률로, 쉽게 말해서 말 한 마리가 일곱 사람 분의 일을 할 수 있다는 뜻이다. 켄타우로스의 반쪽인 말의 힘을 또다른 반쪽인 인간의 힘으로 나타낸 것이다. 그러나 순질량으로 계산하면 무게가 감소하므로 인간은 이 실험 조건에 맞지 않는다. 게다가 성인의 평균 몸무게가 75킬로그램은 아니지 않은가? 현재 대부분의 나라에서 차량 엔진 출력을 측정하는 단위를 킬로와트로 대체했을지라도, 1m/s당 75킬로그램이라는 비율, 즉 옛 단위인 마력의 흔적은 여전히 남아 있고 제임스 와트는 마력의 발명자로 여겨진다(와트는 증기기관의 일률을 측정하기 위한 노력의 일환으로, 말 한 마리가 주어진 시간에 할 수 있는 일의 양을 체계적으로 측정했다/옮긴이). 익숙함, 명료함, 두 종의 생물을 비율로 표현한 숫자의 마법이 '마력'이라는 단위를 지금까지 유지시켜온 것이다. 말 한 마리가 일곱 사람의 일을 감당한다!

마력은 힘을 측정하는 기준으로 사용될 뿐만 아니라 가격을 매길 수도 있었다. 농사, 화물 및 여객 운송, 우편, 광산에 필요한 동력을 제공할 수 있는 대상은 다름 아닌 말이었다. 다른 대체 수단이 없는 한, 말은 견인력을 제공하는 보편적인 수단으로 손색이 없었다. 1880년대에 최초의 전차가 등장하고 그로부터 20년 후에 자동차(잇달아 버스, 화물 차량, 각종 궤도 차량이 등장했다)가 등장하면서, 귀리 엔진으로 움직이는 말은 비판의 대상이 되었다. 철도는 말에 비해서 일률, 속도, 내구성이 월등했지만 이 성능을 실현하기까지는 두 세대가 걸렸다. 19세기의 마지막 세대들이 말이 관리 비용이 비싼 엔진이었다는 사실을 깨달으면서 그동안 말에게 쌓아왔던 신뢰가 무너졌다. 말이 생산하는 '동물 에너지'는 전기나 열기관으로 생산하는 에너지보다 훨씬 비쌌다. 1899년 「독일 교통 전문지(*Deutschen Verkehrszeitschrift*)」에는 "기계력(기계로 일하는 힘/옮긴이)이 말을 선로에서 완전히 쫓아낸 것은 아니다. 이제 도로에서 말을 몰아내기 시작한 단계이다. '기계로 움직이는 말'인 자동차는 말보다 가볍고, 강력하고, 내구성이 강하고, 청결하고, 운전하기 쉽고, 일정한 조건을 갖추면 말보다 관리 비용이 훨씬 더 저렴하다. 자가운전자들이 훨씬 더 저렴한 비용으로 운행할 수 있는 조건만 충족되면 역용 동물로서의 말은 도로에서 모습을

감추게 될 것이다"라는 내용의 기사가 실렸다.[74]

엔진으로 구동되는 트랙터와 비교할 때, 농촌에서는 적당한 비용으로 배불리 먹이고 저가 구매가 가능한 말이 수지 타산이 잘 맞았다. 반면 도시와 운송 분야에서 말은 기계 동력으로 움직이는 차량에게 밀리기 시작했다. 엔진 차량은 다음의 세 가지 측면에서 말보다 우월했다. 첫째, 엔진 차량은 더 적은 비용으로 더 높은 성능을 제공했기 때문에 경제적이었다. 도시에서는 먹이와 물을 구매하고 마구간을 관리하는 데에 많은 비용이 들었다. 둘째, 기능적으로 우월했다. 말은 예민한 동물이기 때문에 도시 교통 수단으로 몇 년밖에 사용할 수 없었고, 기계처럼 사용된 부품이나 망가진 부품을 교체할 수 없었다.[75] 셋째, 환경적이고 위생적이었다. 말의 대소변은 환경을 오염시켰다. 말의 배설물에 꼬이는 파리 떼는 19세기 도시의 골칫거리였다. 오늘날 자동차가 도시 환경에 유해물질을 퍼뜨리는 장본인이자 오염원 취급을 받듯이, 19세기 도시에서 말은 도시의 청결 및 위생 상태를 해치는 주범으로 간주되었다. 요즘 표현을 빌리면 말은 세기 전환기에 경제적, 생태학적으로 너무 넓은 범위에 환경 발자국을 남겼다. 빌헬름 2세였다면 틀림없이 자동차의 확산이 일시적인 현상일 뿐이고 말의 미래를 믿는다고 주장했을 테지만 말이다. 그러나 19세기가 신석기 시대 이후 최대의 에너지 변환기가 되는 것은 이제 시간문제였다.

2013년에 있었던 뉴욕 시장 선거유세에서 두 후보가 선거가 끝나면 아직은 쓸 만한 수십 대의 마차를 도시에서 치워버릴 것이라고 선포했을 때에 이 장면이 데자뷰처럼 떠올랐다. 동물보호주의자들이 나쁜 공기, 거친 포장도로 등을 거론하며 이런 주장을 하는 한편, 현지의 부동산 전문가들은 다른 관점의 이점을 강조했다. 이를테면 허드슨 강 유역에 위치한 고전주의 양식의 2층 마구간은 매력적인 입지 조건이므로, 그 지역의 말을 전부 처분해서 도시를 깨끗하게 유지하고 싶은 고객들에게는 매력적인 투기 장소라는 점을 부각한 것이다. 항상 그렇듯이 도시의 말을 처리하는 문제로 논쟁에 불이 붙었다. 독일의 일간지인 「쥐드도이체 차이퉁(*Süddeutsche Zeitung*)」의 통신원은 분명히 "미래를 위해서 뉴욕에서 시작된 가장 현대적인 트렌드는 19세기이다"라고 기사를 쓸 것이다.[76]

시골에서의 사고

참새의 신

1950년대 말엽 베스트팔렌의 작은 지역을 두 패거리가 장악하고 있었다. 하나는 숲 패거리였고, 다른 하나는 마을 패거리였다. 두 패거리는 이제 갓 열 살을 넘긴 소년들로 조직되어 있었다. 선량한 소년들은 김나지움을 다녔고 불량한 소년들은 패거리에 들어갔다. 그중에는 김나지움에 다니면서 패거리 활동을 하는 소년들도 있었다. 이 패거리들은 서열이 뚜렷하지 않은 어리숙한 사교 모임이었다. 두목 한 명이 나머지 아이들을 자기가 원하는 대로 휘두르는 것이 전부였다. 그러나 입회 의식만큼은 강렬했다. 숲 패거리의 입회 의식에 대해서는 정확하게 알려진 바가 없지만, 마을 패거리에 관한 정보는 조금 남아 있다. 담력 테스트의 대상은 고상한 단체에 입회하기 전, 신적인 존재들에게서 나온 것이자 당시 생활의 깊은 곳으로부터 꺼내온 물체였다. 담력 테스트는 패거리 회원들의 눈앞에서 그 지역의 유명한 토산품을 먹는 것이었고, 그 토산품은 다름 아닌 말똥이었다.

이것은 1960년대에 흔히 볼 수 있는 풍경이었다. 그로부터 10년 후에는 분뇨통이 비어가고 말들이 사라져서 검증을 할 다른 물체를 찾아야 했지만 말이다. 1960년대는 말의 시대가 이미 막을 내린 때였다. 당시 마을에서

'말똥'을 먹는 풍습이 사라진 것은 결코 우연이 아니었다. 이와 유사한 부수적 현상이 일어나는 가운데, 낙원은 이미 한번 폐쇄되었다. 1960년대 독일에서 말의 수는 걷잡을 수 없이 빠른 속도로 감소했다. 1950년 독일에는 150만 필 이상의 말이 있었지만, 1970년대에는 6분의 1 수준인 25만 필로 감소했다. 제1차 세계대전 이전의 독일에 400만 필의 말이 있었다는 사실과 비교하면 이러한 감소세는 훨씬 심각한 문제인 것처럼 보인다. 제2차 세계대전 이후 독일에 남아 있는 영토는 많지 않았지만, 당시에는 국토의 전 면적에 말이 고루 분포했다.

물론 1960년대 이후에도 독일에는 말이 있었다. 심지어 1970년대 이후에는 말의 수가 다시 늘어난 적도 있었다. 당시 말은 여가 상품이자 사춘기 여성의 영혼의 인도자로서 제2의 전성기를 구가했다.[1] 그러나 조랑말 농장은 현실 세계의 가장자리에 있는 또다른 세상이었다. 1960년은 텔레비전이 독일인의 거실을 점령한 해이기도 했다. 텔레비전 시리즈는 말을 간접적으로 만날 수 있는 조랑말 농장이나 다름없었다. "퓨리", "보난자", "미스터 에드" 등 말[言]을 할 줄 아는 말이 주인공으로 나오는 흥미진진한 텔레비전 시리즈들이 시청자들의 마음을 사로잡았다. 마을과 숲의 저편에서 새로운 말의 세계와 새로운 자연 체험의 여명이 밝아왔다. 인간과 말의 협력관계에 대한 역사적 진실은 인간이 그중 절반을 차지한다는 사실뿐이다. 남은 반쪽인 말은 미디어가 제공하는 순간적 현실로 빠져들어갔다. 말이 이미지가 되어버린 것이다. 1960년대는 베스트팔렌의 몇몇 낙후된 시골 이외의 지역에서는 말의 시대가 이미 끝이 난 때로, 말은 보호구역에서 거주하는 미국 서부 지역의 인디언과 같은 존재였다.

1960년 텔레비전이 농촌의 거실로 상륙하면서 텔레비전 시리즈의 말들이 인기를 얻는 동안 지푸라기가 깔린 마구간의 상자에서 잠을 자던 말들은 점점 사라져갔다. 이미 오래 전부터 농공산업 공간으로의 변화가 일어난 지역에는 끝없이 펼쳐진 들판, 집약적인 비료의 사용, 대규모 기계식 영농이 시작되면서 인간과 말이 소리 소문 없이 이별의 길을 걷고 있었다. 어느 날 아침 마구간에는 말 한 마리만 덩그러니 남아 있었다. 간혹 농부가 와서 마구간 밖으로 말을 데리고 나온 뒤에 아이들을 말의 등 위에 태웠다. 말이 떠난 자리는 주차장으로 바뀌고 더 강력한 성능의 새 트랙터가 자리를 잡았다. 아직 마을의 삶이 전통적인 선로 위에서 흘러가고, 작은 구획에서 문 앞의 분뇨 더미와 뒤뜰에 쌓아둔 똥으로 구식 농사를 짓는 곳에서는 다른 지역과 달리 말과의 이별이 더 느리고 성대하게 이루어졌다. 청년들은 '올해의 마을' 의식의 하이라이트인 부활절 말 타기 행렬에 참여했다. 말이 역사 속으로 사라진 지금도 알고이 지방의 몇몇 마을에서는 부활절에 말 타기 의식을 거행한다. 옛날과 차이가 있다면 젊은이들이 말 대신 트랙터를 타고 부활절 의식을 치른다는 것이다.

1960년 이후에는 말똥을 구경하는 것조차 힘들어지면서 마을 청소년들에게 전통 의식을 심어주기가 어려워졌다. 게다가 참새 무리도 쉽게 볼 수 없게 되었다. 말이 있는 곳에는 시골이든 도시든 프랑스의 신처럼 참새가 살았다. 말똥에는 참새의 위에서 소화되고도 남는 것이 있을 정도로 찌꺼기가 많이 섞여 있었다. 바로 말이 가장 좋아하는 먹이인 귀리였다. 귀리는 다른 종의 곡식들보다 유독 겉껍질이 단단해서 말똥에 알갱이가 그대로 남아 있었다. 유럽의 참새들은 몸집이 큰 짐승의 무리와 함께 아프리카의 사바나를 방랑하는, 코뿔소와 물소의 공생 동물인 작은 새들처럼 살았다. 물론 유럽의 참새들은 좀더 거리를 두고 말똥을 매개로 수백 년 동안 말과 공생관계를 맺어왔지만 말이다. 참새의 눈에 말은 마치 사랑스러운 신처럼 보였을 것이다. 말의 퇴장은 참새에게 그만큼 슬픈 일이었다. 말의 시대가 저물어가면서 유럽 참새들의 주식은 고갈되었다.

말과 참새가 같은 비중으로 사라지면서 귀리 경작도 감소했다. 20세기까지 귀리는 독일에서 호밀 다음으로 가장 중요하고 많이 재배되는 작물 중의 하나였다. 현재 독일의 작물 재배에서 귀리의 비중은 매우 낮다. 19세기와 제1차 산업혁명의 물꼬를 튼 철도가 등장하기 수십 년 전까지 귀리는 독일에서 가장 중요한 사료 작물로 승승장구하고 있었다. 월등한 속도를 자랑하는 말이 힘은 세지만 움직임이 느린 황소를 몰아내고 수레채를 차지했을 때, 튼튼한 도로망과 도로가 결합하며 여객 및 도로 교통이 나날이 발전했을 때, 가축을 사육하거나 과실수를 경작하는 농가에서는 "도로가 포장되었으니 역용마를 마련해야지. 역용마로 쓰려면 마구간에 있는 말을 잘 먹여야 해"라는 반응을 보였다.[2) 귀리 소비량이 가장 많은 곳은 유럽의 기병대였다. 실제로 19세기 독일 기병대의 말들은 1일 할당량으로 정해진 건초에 5킬로그램의 귀리를 더 먹어치웠다.

농민 공동체의 목초지, 소위 "공동체"의 숲 사용방식에도 변화가 생겼다. 오랫동안 사람들이 공동으로 사용해온 공유지가 선진적인 방식으로 분할되면서 기존의 공동 사용방식은 사라졌다. 1968년에 생태학자인 개릿 하딘은 이 현상을 "공유지의 비극"이라고 표현했다. 경작방식의 변화와 집약화로 새로운 역용 동물이 도입되었다. 농민 경제는 점점 큰 시장(육류 가격 및 곡물 가격) 위주로 돌아갔다. 새로운 운송수단이 제공되면서 토지의 활용체계, 프랑스인들이 말하는 농지제도에 혁명이 일어난 것이다. 그 중심에는 더 빠른 속도로 움직이는 주체인 말이 있었다.

경제 기반과 생활 터전 전반에 걸쳐서 변화가 일어났다. 토지의 사용방식에 생긴 변화는 형식에서 직관적으로 재표현되었다. 정확하게 말해서 풍경이라는 직관 형식(Anschauungsform)에 변화가 생겼다. 토지에서 경제 및 생태학적 사실을 수치화하여 나타내듯이, 미학적 범주에서는 **풍경**이 표현되기 때문이었다.

진흙탕에 빠진 마부

스위스의 역사학자이자 예술사가인 야코프 부르크하르트는 풍경의 발견을 르네상스와 함께 인간이 진입한 새로운 세계의 특징 중의 하나라고 규정한다. 단테와 페트라르카를 시초로, 자연은 미학적으로 즐기는 주체로 이해되었다. 시골 출신의 철학자인 요아힘 리터는 실제적인 자연 행동과 미학적인 자연 상태 사이의 대립관계에 대해서 "자연은 사용된 것과 사용되지 않은 것으로 구분된다.⋯⋯자유롭게 느끼고 관찰을 통해서 밖으로 표출되는 것과의 관계에 풍경으로서 자연이 존재한다"고 했다.[3] 게오르크 지멜은 좀더 극단적으로 풍경을 '예술품'이라고 표현하며, "우리가 풍경을 개별적인 자연의 대상물을 합쳐놓은 것으로 보지 않는다면, 초기 상태의 예술작품을 가지게 되는 것이다"라고 했다.[4] 리터의 역사 개요가 가르쳐주듯이, 실제로 그 역할을 한 것은 예술가들, 풍경을 처음으로 발견하고, 형태화하고, 회화의 장르에 넣은 시인과 화가들이었다. 18세기 이후 풍경은 지리학의 범주에서도 "토지 표면을 형상화한 전형적인 구조"로 묘사되었다.[5]

독일의 경제학자이자 사회학자인 베르너 좀바르트도 19세기 독일의 국민경제 역사를 서술할 때에 이런 관점을 취하며 풍경을 주관적으로 인식되는 자연의 단면으로 다루었다.[6] 그러나 국민경제학적 관점에서 자연은 역사와 경제 행위의 특징을 가지며 인간의 노동과 산업의 흔적을 통해서 형성된다. 풍경의 형태학을 통해서 농업의 역사와 기술의 진전을 읽을 수 있다. 좀바르트의 독일 경제사는 일종의 로드 무비인 옛날 영화를 떠오르게 하는 오프닝 시퀀스로 시작된다. 좀바르트는 책의 처음 20쪽을 마치 100년 전의 독일로 돌아가서 마차로 전국을 일주하는 광경을 휴대용 카메라로 찍는 것처럼 시작한다. 마차 여행은 불안하며, 갑자기 이미지가 툭 튀어나오기도 하고 흔들리기도 해서 끊임없이 불만이 터져 나온다.

넓게 트인 신작로도 별로 없고 도로의 대부분이 처참하게 망가진 배경에서 글은 시작된다. "꼼짝 못하고 발이 묶인 마차에 관한 소식이나 늪에 빠져 사망한 우편마차의 시종에 대한 소식이 가끔 들려온다."[7] 길과 마차의 상태는 모두 처참하다. "마차는 그 당시 가장 사랑받는, 소재가 풍부한 위트의 대상 중의 하나였다."[8] 좀바르트는 독일의 저널리스트 루트비히 뵈르네의 고전인 「연체동물과 근족충의 자연사에 관한 논문」 중에서 풍자적인 "독일의 우편 달팽이에 관한 연구"를 인용했다. 무례한 말투로 시작하는 이 글은 이미 우편마차 마부에 대해서 풍자적 인상을 풍긴다. 그러나 "우편마차에 대한 내 생각을 글로 완벽하게 풀어내는 것은 불가능했다. 우편마차가 충돌하는 순간 글로 풀어낼 동기도 함께 무너졌기 때문이다"라고 말했듯이, 뵈르네는 마부에 대한 자신의 생각을 한 마디로 표현할 수 없었다.[9]

이리저리 흔들리는 여행자는 냉담하게 마부, 말, 짐꾼, 역참장, 동승객 등 우편마차와 관련된 모든 이들에게 조소를 퍼붓는다. 이들은 속도가 점점 떨어지는 큰 달팽이집의 일부이다. 뵈르네는 『우편마차 통계(Statistik des Postwagens)』(뵈르네는 '통계'를 '정체이론[停滯理論]'으로 변형시켰다)에서 프랑크푸르트에서 슈투트가르트까지의 운행 시간을 40시간으로 계산했다. 여기에는 총 14곳에서의 휴식 시간 15시간도 포함되어 있기 때문에, 일부 구간에서 우편마차는 걸음이 빠른 보행자의 속도를 유지하며 운행되어야 했다. 그런데 뵈르네는 도로 상태에 대해서는 전혀 언급하지 않는다. 뵈르네의 마차 여행에서는 포장 상태가 불량한 구간이나 악천후보다는 마부들의 게으름이 더 문제였기 때문이다. 반면 괴테의 여행기에는 지방이나 그 지역의 종파가 달라질 때에 도로 사정이 악화되었다고 기록되어 있다. 다음은 괴테의 세 번째 스위스 여행에서 있었던 일이다. 괴테가 튀빙겐을 지나 가톨릭 지역인 헤힝엔의 호엔촐레른 가문의 거리에 도착했을 때에 마차가 불안하게 흔들리기 시작했다. "뷔르템베르크를 벗어나자마자 길이 험해졌다.……길이 험하기 때문에 최초의 성인인 '네포무크의 요한(홍수 피해자들의 수호성인/옮긴이)'이 오랫동안 다리 위에 머물러 있어야 했다."[10]

그런데 도로 사정이 좋지 않을 때에만 말이 미끄러지는 것은 아니다. 길 한복판에 무고하게 목숨을 잃은 생물 하나만 있어도 마차는 멈춘다. 아일랜드의 작가 로런스 스턴의 『감성적 여행(A Sentimental Journey)』에는 우편 마차를 끌고 가던 몸집이 작은 프랑스 말 비데가 죽은 당나귀를 보고 깜짝 놀라는 장면이 있다. 비데는 자신의 친구인 당나귀의 사체를 그냥 지나치지 못하고 마부를 내동댕이친다. 마부는 욕설을 퍼부으며 다시 마차에 뛰어올라서 말에게 채찍질을 하며 멈추었던 길을 다시 가라고 명령한다. "비데는 길 저쪽에서 다른 쪽으로 날쌔게 도망갔다. 그는 뒷걸음치더니 여기저기 곳곳을 살피고는 죽은 당나귀가 있는 곳을 지나갔다. 죽은 당나귀의 머리 위에 꽃이 있었다. 비데는 뒷발로 서서 반항했다. 내가 '비데가 당나귀에게 놓고 간 것이 꽃인가요?'라고 물었더니, 마부는 '나리, 이 말은 세상에서 가장 고집이 센 말입니다'라고 말했다."[11] 그렇게 고집이 센 짐승이라면 요릭(햄릿에 나오는 인물/옮긴이)의 조언대로 마음대로 하도록 내버려두면 된다. 그리고 실제로 그런 일이 벌어진다.

경제적 관점에서 토지는 농경지 혹은 초지, 잡목림 혹은 산업지대로 볼 수 있다. 이런 관점에서 토지는 보편적인 특성을 지닌 지대이다. 한편 지대는 인간의 움직임과 돌파 의지를 자극하고 막는다는 의미가 내포되어 있는 개념이다. 지대로서 토지에는 거리, 너비, 벌어진 틈이라는 개념이 내포되어 있다. 바위, 산, 강, 늪은 통행이 가능하다. 얕은 강, 오목 팬 길, 숲 속의 개간지는 통행이 불가능하다. 우거진 숲, 황무지, 진흙탕이 마차와 행인의 통행을 막기 때문이다. 근대식 도로 건설의 초창기인 18세기 후반 다리와 터널이 있는 넓은 도로가 뚫리기 전까지, 길은 구불구불하고 수천 가지 장애물이 존재하는 공간이었다. 미궁 속을 헤매던 인간은 체계 없이 돌아가고 인간과 대립하며 고집을 부리는 자연과 합의를 했다. 다른 말로, 길은 거리를 극복하려는 의지와 자연에 대한 억제할 수 없는 저항을 수학 공식 없이 표현한 복잡한 함수였다. 길은 머뭇거리며 구불구불한 상태로 인간의 의지를 마지못해 쫓아왔으나, 철도 선로의 건설은 자연의 철벽 같은 방어를 돌파하는 계기가 되었다.[12] 아직도 국도에는 굴곡이 많은 장애물 경마 코스에 대한 기억이 남아 있다. 장애물 경마 코스에는 강, 산, 숲, 골짜기 사이에 작은 띠를 만들며 구불구불 이어지는 오래된 길이 나온다.[13]

참모 장교였던 카를 폰 클라우제비츠는 지대의 개념을 자세히 살필 때에는 지형의 상태를 항상 염두에 두라는 글을 썼다. 그의 글을 통해서 우리는 세 가지 방향을 잡을 수 있는데, 이것은 지형의 영점에 가까운 순수하고 자유로운 영역을 구분하는 기준이 된다. 지형의 상태를 구분하는 첫 번째 기준은 땅의 형태, 즉 융기와 침하 상태이고, 두 번째 기준은 숲, 늪, 바다를 통한 자연 현상, 마지막 세 번째 기준은 문화가 창작한 것이다.[14] 시골의 마차는 횡단해야 할 지대를 불경스럽게 삼위일체로 표현하며 자연에 맞서 싸워야 한다. 마부석의 참모부인 마부는 역용 동물인 말이 꾀를 부리지 않고 피곤함을 이겨낼 수 있도록 진두지휘해야 한다. 문자 그대로 마부는 지대의 특성상 나타나는 장애물과 길에서의 충돌이 자연이 우리에게 첫 번째로 주는 적이라는 것을 안다. 클라우제비츠는 지대의 고저, 우거진 숲, 문화적 요소의 존재 여부를 염두에 두어야 한다며 "이 세 가지 경우에 모두 해당할 때에 전쟁은 더 복잡하고 정교해진다"고 썼다.[15] 시골 마차가 처한 상황도 모든 우편마차가 고독한 별동대로 투입되었던 전쟁과 다를 것이 없다. 길모퉁이 뒤에는 불화요인이 도사리고 있다. 예기치 못한 낙석, 가을 폭풍에 쓰러진 나무들, 길가의 당나귀 사체 등으로 인해서 전쟁은 점점 복잡하고 정교해진다.

클라우제비츠는 "전쟁터에서는 인간에게 상품을 고르듯이 다양한 선택권이 주어지지 않는다"는 사실을 깨달았다.[16] 우리가 지대를 횡단할 때에도 같은 원칙이 적용되지 않을까? 길을 선택할 수 있는 자유가 언제나 주어지는 것은 아니다. 선택의 여지없이 오직 한 길만 가야 한다면? 어둠과 악천후의 영향 안에 놓인다면? 클라우제비츠는 전시 상태에서 "불화"란 어떤 상황인지를 설명하려고 음침한 밤길을 걷는 한 여행객의 예를 든다. "낮 시간 내내 달렸지만 두 정거장이 남아 있는 여행객을 떠올려보자. 그는 우편마차로 4–5시간을 달려야 목적지에 도착한다. 이런 것은 문제도 아니다. 목적지 바로 전 역에 도착했는데 멀쩡한 말은커녕 부실한 말 한 필도 찾을 수 없다. 험준한 산악지대, 망가진 길이 나타나고, 곧 어두운 밤이 찾아온다. 갖은 고생 끝에 한 정거장만 더 가면 목적지에 도착하고 자신이 원하던 숙소를 찾을 수 있다는 사실에 그는 기쁠 따름이다."[17] 이런 것이 전쟁이다. 한 가지 일이 틀어지면 또다른 문제들이 생긴다.

특히 땅과 날씨가 동맹을 맺으면 상황은 더없이 처참해진다. 바퀴로 굴러가는 별동대인 마차에게 진흙탕은 최악의 적이다. 진흙탕을 보지 못하고 지나친 마부만큼 가련한 사람이 있을까! "연애담에 열을 올리는 동안 마부는 우리의 등 뒤에서 도자기병에 담긴 술을 비우느라 진흙탕을 보지 못하고, 주인을 잃은 말과 바퀴는 애처롭게 진흙탕에 빠져 허우적대고 있다. 뒤늦게 말이 달리지 않는다는 사실을 깨달은 마부는 계속 달리라며 말에게 더 심하게 채찍질을 한다. 노련한 말은 달려보려고 애쓰지만 점점 더 진흙탕 속으로 빠져들 뿐이다. 마부는 쉰 목소리로 말에게 소리를 지르고 야수처럼 채찍질을 하지만 그래봤자 소용이 없다. 말은 이미 숨이 턱까지 차오른 상태이다. 저주에 걸린 듯이 사륜 쌍두마차는 꼼짝도 하지 않는다. 우리는 마차에서 내리며 더 심한 채찍질을 하고 욕설을 내뱉는다. 저주받은 진흙탕 속 바퀴는 감옥보다 더 단단한 벽에 갇혀 있다."[18] 이런 실체 가운데, 두 명의 기수, 슬롭 박사와 그의 하인 오바댜가 샌디홀로부터 멀리 떨어지지 않은 지저분한 길에서 충돌을 겪으며 일련의 사건들은 막을 내린다. 슬 롭 박사의 몸은 약 30센티미터 깊이의 진흙탕 속에 빠지고 만다.[19]

좀바르트는 이런 상황을 19세기 독일 경제사에서 어떻게 서술했을까? "꼼짝 못하고 발이 묶인 마차에 관한 소식이나 늪에 빠져 사망한 우편마차 의 시종에 대한 소식이 가끔 들려온다"가 바로 그것이다.[20] 독일 국방군 보고서에는 1941년 러시아에서 험악한 지형과 악천후가 합세했을 때의 위 력에 관한 첫 경험이 쓰여 있다. 그러나 그해 5월에 사망한 좀바르트는 여 기에서 글을 멈추었다. 이 보고서를 읽었다고 해도 그는 놀라지 않았을 것 이다. 좀바르트는 정복자가 거대한 자연의 힘에 맞설 수 없었다고 말했을 것이고, 그의 친구 카를 슈미트는 노모스(인위적인 법률 및 습관/옮긴이)가 진창에 처박혔다고 냉소적으로 인용했을 터이니 말이다.

시골 의사

19세기는 진짜 나폴레옹과 모조 나폴레옹과 같은 전 세계를 평정한 인물들 이외에도 혁명가, 시인, 연구자가 선물처럼 쏟아진 시대였다. 그러나 기구 운행자와 같은 일상의 영웅을 간과해서는 안 될 것이다. 정의의 시대에 개 개인은 잊히기 십상이다. 엔지니어, 철제 다리와 유리 궁전의 건설자들은 19세기의 진정한 영웅이라고 할 수 있다. 어느 때부터인가 사람들은 위대한 의사, 연구자, 발명가, 인도주의적 영웅의 진가를 재발견했다. 철학자는 20 세기 이론적 사상체계의 발명자이면서 경고자였다. 한 사람만이 여전히 초 라한 연구실에 웅크리고 앉아서 한밤중에 울리는 종소리에 귀를 기울이고, 후세에 길이 남을 발견을 고대하고 있었다. 19세기와 20세기의 문학, 발자 크, 플로베르, 프란츠 카프카의 장편소설과 단편소설은 우리에게 영원불멸 의 명작으로 남아 있다.

말을 타고 다니는 시골 의사는 완벽하게 켄타우로스적 속성을 지닌 존재이다. 기병을 제외하면 시골 의사만큼 말에 대한 의존도가 높은 존재도 없다. 말을 타지 않는다면 시골 의사는 아마 시장에 나온 차 중에서 가장 작고 조작하기 쉬운 소형차를 이용할 것이다. 신속하고 다루기 쉽다는 편리함 때문에 그는 체면도 포기한다. 돈벌이가 시원치 않은 시골 의사의 형편에 말 두 필 혹은 네 필이 끄는 마차를 굴리기는 어렵기 때문에, 그는 말 한 필이 끄는 마차로 달린다. 시골 의사는 근대의 히포크라테스(그리스어로 '말을 길들이는 사람'이라는 뜻이다)일 뿐만 아니라, 왕진을 다니면서 시골을 계몽하는 역할도 했다. 발자크는 시골 의사와 기병장교를 대비한다. 기병장교가 이탈리아, 이집트, 러시아, 프랑스에서의 마지막 출정 기간에 이르기까지 나폴레옹의 군대가 이끄는 모든 전투에 참전하는 반면, 시골 의사는 크레틴병과 태만함에 빠진 시골 주민들을 치료하기 위해서 끊임없이 왕진을 다닌다.

카프카는 시골 의사를 불안함에 내몰려 쫓기는 존재로 묘사하며, 성욕을 자제하지 못하는 이미지로 전환한다. 성적 욕망에 불타오르고 폭력적인 마구간지기, 통통하게 살이 오른 말, "강한 정력으로 앞을 향해서 내달리는 짐승",[21] 처음에는 "기꺼이 응했으나" 두려움에 사로잡혀 쫓기는 소녀 로자 등을 통해서 말이다. 최종 목적지인 환자의 집에 도착했을 때, 시골 의사는 심각한 부상을 당해 환자 옆에 드러눕는 신세가 된다. 그의 머리 위로는 여전히 말의 머리가 그림자처럼 흔들리고 있다. 마지막에 환자의 집에서 도망칠 때에 그는 "말이 다른 어떤 것으로도 묶여 있지 않아서 마차가 길을 잘못 들 수 있으나, 그럼에도 말의 고삐를 느슨하게 잡아끌며 말 위에 오른다." 그러나 마차는 이미 잘못된 길에 들어서 있다. 말의 주인인 시골 의사는 지상의 마차와 지하의 말과 함께 가장 불운한 시대의 냉담함 속에 방치된 채, 음울한 땅에 발로 차여 내동댕이쳐진 불운의 화신이다. 한편 독일의 극작가이자 소설가 하인리히 폰 클라이스트의 『미하엘 콜하스(*Michael Kohlhaas*)』의 주인공 미하엘 콜하스 역시 이 텍스트의 틈새로 상황을 지켜보고 있다.[22]

문학작품의 등장인물들 가운데 가장 유명한 시골 의사는 단연 샤를 보바리이다. 19세기 중반 루앙에서 멀지 않은 노르망디의 작은 마을의 의사인 샤를은 형편이 넉넉하지 않다. 그와 주머니 사정이 비슷한 남자들은 돈을 벌러 나가야 하기 때문에 집을 자주 비운다. "비가 오나 눈이 오나 샤를은 울퉁불퉁한 길을 말을 타고 달렸다."[23] 샤를은 아내 에마가 그토록 꿈꿔왔던 마부를 부릴 형편이 되지 않기 때문에 말 등에 안장을 얹고 직접 말을 타고 다니는 수밖에 없었다. 간혹 그는 젊은 아내를 위해서 구입한 경마차를 몰고 다니기도 했다. "새로 산 전등과 물튀김막이를 꿰매어 보수한 중고 마차는 개폐식 지붕이 달린 이륜 경마차와 비슷했다."[24] 이런 면만 보면 샤를은 이 세상에서 가장 불운한 사내라는 인상을 준다. "샤를은 말의 엉덩이 끝에 바짝 앉아 팔을 쭉 펴고 달렸다. 작은 말은 그에게는 너무 큰 수레채 사이를 두리번거리며 달리고 있었다. 움직일 때마다 헐렁한 고삐가 말의 엉덩이와 마찰하고 몸은 땀으로 범벅이 되었다. 개폐식 지붕이 달린 이륜 경마차 뒤쪽에 끈으로 단단히 묶여 있는 짐 상자와 마차는 일정한 간격으로 거세게 부딪히고 있었다."[25]

보바리라는 시골 의사의 이름은 의도적 장치이다. 보바리(Bovary)라는 이름이 '소'라는 뜻의 보비스(bovis)처럼 들리지 않는가?[26] 보바리는 미숙한 인물이다. 플로베르는 그의 우둔함을 강조하기 위해서 우아한 자태의 남성들과 그를 대비한다. 이들은 "입에 담배를 물고 웃음을 흘리며" 말을 타듯이 뻔뻔스럽게 춤을 춘다.[27] 에마의 첫 외도 상대인 로돌프는 이런 야비한 유형의 남자이다. 그는 말에 올라탄 에마가 육감적 향락에 빠져들게 하기 위해서 그녀와 단둘이 나간다. "고개를 살짝 내리고……그녀는 리듬에 몸을 맡기고 안장 위에서 흐느적거리며 몸을 흔들어댄다."[28] 플로베르는 에마와 로돌프가 기존의 관습과 죄악의 경계선과 같은 빛과 어둠을 구분 짓는 숲 가장자리의 경계선을 넘기 전의 상황을 "말들이 숨을 헐떡이고, 안장가죽에서 삐걱거리는 소리가 났다"고 묘사하고 있다.[29] 색깔, 소리, 움직임, 냄새 등 전체 분위기를 자극하는 빛과 소음은 다시 한번 머뭇거리게 만들지만 더 이상 멈출 수 없다는 신호이다. 저녁 때에 종착점에서 또 한번 말들이 등장한다. "용빌에 도착했을 때 그녀는 자신의 말을 춤추는 걸음으로 도로 포장석 위를 걷게 한다."[30]

샤를은 배우자에 대한 신의를 저버린 에마에게 분노하고 상심하지만 사회와 직장 생활도 순탄하지 않다. 원래 위생병이었다가 의사가 된 샤를에게 겨우 마친 수련의 과정이 남긴 흔적보다 더 심한 패배감을 맛보게 한 사건이 있었다. 이 일은 히폴리트라는 마구간지기의 발을 치료하는 과정에서 벌어진다.[31] 이 소년의 "발바닥은 넙적한 데다가, 발바닥 피부는 주름이 많고, 힘줄은 억세고, 발가락은 딱딱하고, 발톱은 거뭇거뭇하다. 게다가 소년의 발바닥은 말발굽이 박혀 있는 것처럼 단단했지만 사슴처럼" 아직 팔딱팔딱 살아 있다.[32] 마을에서 유일하게 의학 지식이 있는 약사인 오메는 소년이 아픈 상태이고 치료를 받아야 한다고 결론 내린다. 샤를은 직접 제작한 수술대에서 소년의 아킬레스건을 찌른다. 수술 결과는 처참하다. 소설의 중반부이자 로돌프와의 애정행각이 끝난 이 시점에 플로베르는 상징적이고 신화적으로 촘촘히 짜여 있는 조직을 창조한다. 시골 의사가 바늘을 찌르는 치명적인 순간이 마치 부싯깃에 불이 붙듯 스치고 지나간다.

한편 영국의 시골 의사, 정확하게 말해서 아일랜드 출신의 수의사가 있다. 1880년대에 두 번째로 공기압축기를 발명한 존 보이드 던롭이라는 발명가이다. 원래 수의사였던 그는 빅토리아 여왕과 절친한 사이였던 것으로 알려져 있다. 제대로 포장되지 않은 도로에서 마차를 타고 다니면서 불편함을 느껴왔던 그는 한 가지 아이디어를 냈다. 바퀴에 공기를 집어넣는 것이었다. 고무공에 공기를 가득 채워 여러 차례 실험을 한 끝에 발명한 것이 바로 고무 타이어이다. 던롭은 이 발명품을 1887년에 처음으로 대중에게 공개했다. 그로부터 2년 후에 벨파스트 크루저 사이클링 클럽의 대표인 윌리 흄은 던롭이 발명한 고무 타이어를 장착한 자전거를 타고 아일랜드와 영국 일주에 성공한다. 자전거는 경주마를 제치고 승승장구했다. 던롭의 발명품 덕분에 시골 의사도 더 신속하고 안전하게 왕진을 다닐 수 있게 되었다. 몇 년 후에 자동차가 발명되면서 시골 의사는 초창기 자동차의 주요한 이용객이 되었다. 시골 의사라는 직업을 가진 사람에게 신속성은 사치가 아니라 생존에 필요한 것이었다. 의사에게는 다른 사람의 생명을 구해야 할 막중한 임무가 있기 때문이다.

작품 속 등장인물로서의 말

말이나 마차를 타고 다니는 의사는 기수나 마부가 사고를 당할 때에 불려 다니기 일쑤이다. 말은 겁이 많고 소심한 동물이기 때문에 본능적으로 도피 반사를 따른다. 말이 질주를 시작한 후에는 이를 쉽게 말릴 수 없다. 이름이 말해주듯이 테세우스와 아마존의 여왕 히폴리타 사이에서 낳은 아들인 히폴리투스는 말에 대해서 잘 알았다. 게다가 히폴리투스에게는 확실히 어머니로부터 물려받은 특성이 있었다. 말을 탈 수 없는 아마조네는 자격 미달이었다. 그럼에도 히폴리투스는 다른 올림포스 신들의 음모에 빠져서 그리스 신화의 전형적인 사고의 희생양이 되고 만다. 사랑, 증오, 복수는 작품을 이끌어가는 장치이다. 이야기는 포세이돈이 무시무시한 바다 괴물을 보내어, 히폴리투스의 마차를 끌던 말에게 겁을 주어 말이 질주하는 것으로 끝난다. 마차가 올리브 나무 앞에서 미끄러지면서 마부는 죽음을 맞는다.

질주하는 말은 기수에게는 공포, 마차 여행을 하는 사람에게는 악몽과 같은 존재였다. 그러나 기계화된 운송 시대 이전의 모든 여행에서 위험 요소는 말뿐만이 아니었다. 열악한 도로 사정, 악천후, 어둠도 마찬가지였다. 마부와 같은 인력의 게으름과 음주벽도 위험을 가중시켰다. 마차 자체에 문제가 생길 수도 있었다. 마차에 브레이크가 잘 걸리지 않거나 차체가 중심을 잡지 못해 기우뚱하다가 진흙탕 깊숙이 빠져 꿈쩍도 하지 않는 일이 생길 수도 있었다. 말이 질주하여 발생하는 사고에서 전복되거나 부서진 마차는 르네상스 초기 이후 여행 문학의 토포스였다. 1420년대에 제작된 울리히 리헨탈의 유명한 연대기 동판의 소재는 1414년 아를베르크에서 대립 교황 요한 23세의 마차가 전복된 사고이다. (실제 상황을 바탕으로 하지 않았을 가능성이 있지만) 역사적 사실을 스냅 사진처럼 표현하는 방식은 지금도 사용되는데, 리헨탈이 이 기법을 사용한 이유는 당시 사람들이 그만큼 사고에 대해서 관심이 많았기 때문이다. 여행의 위험성에 대한 게오르그 크리스토프 리히텐베르크의 풍자 혹은 1821년 카를 이머만의 우스꽝스러운 여행 묘사 없이는, 독일의 마차시대의 관한 어떤 여행기나 문화사 전시도 완성될 수 없다.[33] 영국의 비평가 겸 소설가인 토머스 드퀸시가 묘사한 두 마차 간의 충돌 사고는 환상의 세계를 맴돌고 있다. 한밤중에 큰길을 달리는 육중한 우편마차와 말 한 필이 끄는 경마차의 사고를 다룬 드퀸시의 작품은 수사적 과장은 심하지만, 문학적 **서스펜스**의 역작이라는 평가를 받고 있다.[34]

소름 돋는 사고와 기적적인 구조(救助)에 관한 소식은 18세기의 일화집과 달력의 소재로 자주 등장했다. 1799년에 요한 프리드리히 코타의 『말 애호가, 나무 시렁, 말 사육사, 마의, 궁정 마구간 감독관에 관한 일기(*Taschenbuch für Pferdeliebhaber, Reuter, Pferdezüchter, Pferdeärzte und Vor gesezte groser Marställe*)』는 다양한 소식을 숨 가쁜 속도로 전한다. "뉴캐슬에서 온 루트브레트 람베르트라는 영국인이 말을 타고 샌드포트의 석조 다리를 건너고 있었다.……다리 위에서 이 남자가 말이 가던 길의 방향을 강제로 돌리려고 하자, 예민하고 몸놀림이 빠른 말이 갑자기 하늘 위로 붕 날아오르며 남자의 행동을 막았다. 눈 깜짝할 사이에 말은 난간을 건너 물에 빠졌다. 다행히 다리에 드리워져 있던 물푸레나무의 가지 덕분에 남자는 죽음을 모면했다. 지나가던 사람이 나뭇가지에 아슬아슬하게 매달린 채 두려움에 떨고 있던 남자를 보고 구해주었기 때문이다. 말은 강가의 화단 6미터 아래로 추락하여 현장에서 즉사했다."[35]

문학 기록물뿐만 아니라 연대기 회화에서도 추락과 충돌 사고를 다루고 있으며, 유튜브에 접속하면 가장 최근의 소식을 내려받을 수 있다. 말, 마차, 짐마차 사고와 관련해서 상상할 수 있는 모든 것이 담긴 유럽의 도해집은 이런 사진과 비디오의 역사적 배경을 구성하고 있다. 『엑스 보토(Ex voto)』라고 불리는 유럽 도해집의 시대적 배경은 말의 시대가 저물어갈 무렵인 18세기 후반에서 20세기 중반이다. 공포와 기적이 담긴 이 카탈로그를 넘기다 보면 알퇴팅 같은 유명한 가톨릭 성지를 지나거나 민속학 콜렉션이나 다름없는 오스트리아 잘츠부르크 남부의 헬브룬 사냥 별장[36]을 만날 수도 있다. 감사와 중보 기도를 소재로 하는 작은 봉납화에는 자연의 질서 내에서 말로 인해서 발생할 수 있는 사고의 가능성과 초자연적 세계인 마리아와 성인을 통한 구원이라는 민간신앙이 녹아 있다. 여기에서는 전복된 마차, 마차와 함께 굴러가는 마부, 도망치는 말 등의 소재가 화려한 색채를 통해서 입체적으로 표현된다. 짐마차와 함께 돌진하는 말과 바퀴에 깔린 마부를 나타낸 그림의 가장자리에서 모자가 굴러떨어지고 있다. 또한 짐마차를 끌며 담을 뛰어넘는 두 마리의 역용마, 산산조각이 난 마차, 부상당한 마부, 한 마구간에 있는 세 마리의 말과 말발굽 아래편에 있는 소년 한 명, 깜짝 놀라서 서둘러 오는 두 명의 성인 남자, 말과 말에 탄 마부, 전복되어 부서진 마차, 충돌하는 짐칸과 마차, 골짜기 사이로 미끄러지는 마차와 마부, 바닥으로 미끄러지는 마부, 빠져 나오려고 안간힘을 쓰는 말 그리고 마차와 오토바이의 충돌 사고, 바닥에 내동댕이쳐진 운전자와 부상을 당해 무릎이 꺾인 말 등이 있다.

1970년에 독일의 교통사고 사망자 수가 2만 명에 육박한 이후, 자동차 교통의 안전을 보장하고 사고 후유증을 줄일 수 있는 기술이 발달한 덕분에 교통안전 수준은 현저히 개선되었다. 마차 도로 교통에서는 이런 노력을 기울인 지 200년이 훨씬 넘었다. 당시에도 현대와 유사한 체계의 교통법규와 통제조치가 있었다. 차이가 있다면 그때에는 통제된 기동 장치의 기술적 핵심이 마차와 말이었던 반면, 지금은 자동차와 동력 장치라는 점이다. 1756년 프랑스어로 된 마구간 감독에 관한 소책자에는 추락하지 않는 신형 세단이 소개되어 있다.[37] 포페의 『발명의 역사(Geschichte der Erfindun gen)』에는 이런 노력 덕분에 25년 전보다 사고에 대한 마부의 안전성이 개선되었다고 쓰여 있다(더 높이 장착한 바퀴, 더 넓은 축, 부품의 기동성과 연대성).[38]

마차는 손재주가 좋은 목수가 고치면 된다. 그렇다면 역용 동물인 말의 상태를 개선할 수 있는 방법으로는 무엇이 있을까? 말을 길들이고, 이성을 잃은 말이 평정심을 되찾고 질주를 멈추게 하는 방법은 무엇일까? 1802년에는 헤르클로츠가 『승마 및 마차용 말의 질주를 예방하는 기계에 관한 설명(Beschreibung einer Maschine, die das Durchgehen der Reit- und Wagenpferde verhindert)』[39]을, 3년 후인 1805년에는 림이 『말이 질주할 때 발생할 수 있는 모든 위험을 예방할 수 있는 두 가지 검증된 방법(Zwei untrügliche bereits erprobte Mittel, sich beim Durchgehen der Pferde gegen alle Gefahr zu schützen)』[40]을 발표했다. 『발명의 역사』에서 포페는 질주하는 말을 다루고 피해를 줄이는 세 가지 절차에 대해 체계적으로 설명한다. 1단계에서는 마차를 완전히 제동시키고, 2단계에서는 마차와 말을 분리한 다음, 3단계에서는 질주하는 말의 눈을 재빨리 가리라는 것이다.[41] 물론 어느 경우에나 위험의 가능성은 남아 있다. 말, 즉 귀리 엔진은 가솔린 엔진으로 구동되는 자동차처럼 자유자재로 시동을 끌 수 없기 때문이다.

19세기의 희극 오페라에서 마차와 왕실 마차가 큰 가로수길을 곤두박질하며 전복되는 장면은 관객들에게 웃음을 선사한다.42) 다음 장면에는 어떤 인물이 꽈당 넘어져서 가장 우스꽝스러운 꼴을 하며 고통을 호소할지 그 누가 알겠는가? 거리의 공포는 무대의 무질서한 사랑으로 바뀐다. 뒤집힌 마차는 사회적 무질서를 조장하고, 무질서가 빚어낸 코믹 효과로 인해서 희극은 계속 이어진다. 별안간 조명이 켜지고 젖힌 장막 뒤에서 도시와 시골 풍경이 흔들린다.43) 플로베르가 『보바리 부인(*Madame Bovary*)』의 집필을 시작하고 1년이 채 지나지 않은 1850년대 초반에 『마부 장(*Jean le postillon*)』이나 『마차꾼 장(*Jean le cocher*)』 등의 신작 희곡들이 보드빌(vaudeville : 노래, 춤, 촌극 등을 엮은 것/옮긴이)이나 오페레타 공연으로, 파리나 지방의 대중 연극무대 다섯 곳에서 상연되었다.

20세기 영화 속에서 영원한 로맨스의 공간이 자동차였던 것처럼, 19세기에는 연극, 오페레타, 보드빌, 바리에테 무도회와 같은 대중 음악극에서 주인공들이 사랑을 나누는 공간은 마차였다. 독일의 저널리스트인 지그프리트 크라카우어는 구식 나폴레옹 영화에서 황제가 여객 마차를 타고 저 먼 전쟁터로 발걸음을 재촉하는 모습과 말을 타고 무리를 지어 달리는 전령과 파발꾼의 모습, 황제가 어마어마한 속도로 전 세계를 누비고 다닐 때의 이미지가 필리프 뮈자르의 선율을 떠올리게 한다고 말한다. "적지 않은 폭력이 뒤범벅된 역동적인 사건은 뮈자르의 무도회이기도 했다."44) 그러나 연극 무대뿐만 아니라 이탈리아의 작곡가인 도니체티의 오페라 「람메르무어의 루치아」처럼 "진지한" 오페라 공연에서도 '에마 보바리와 조수 레옹'의 치명적인 만남이 등장한다. 연극의 밤 이틀 후, 목적지도 없이 내리 6시간 동안 마차를 타고 루앙과 근교를 지날 때에 이 역동적인 사건은 정점에 달한다. 레옹은 마차를 부르면서 "이것은 파리에서는 흔한 일이에요"라고 말한다.[45] 한편 도시 근교에서 이 기이한 광경은 한 시민의 호기심을 자극한다. "항구에서, 짐수레와 술통 사이에서, 방충석 옆 도로에서 시민들은 어리둥절한 눈빛을 하고 이 지방에서 좀처럼 볼 수 없는 이 물건을 빤히 바라본다. 커튼이 드리워진 승합마차는 무덤보다 더 폐쇄적이고 배처럼 흔들거리면서 다시 나타났다."[46]

보드빌의 대본 작가와 달리『보바리 부인』의 작가에게 마차는 에마가 정부와의 애정행각에 탐닉하는 공간이다. 플로베르는 굴러다니는 밀실인 마차 내부에서 벌어지는 사건을 폭로하기 위해서 마차가 뒤집히거나 폭발하도록 두지 않는다. 이 소설의 독자는 음산한 분위기를 풍기는 친위병이 도시와 시골 전역을 순찰하듯이 이야기를 계속 풀어가며 마차의 빈 공간을 채워나간다. 마차는 작은 방이자, 동굴이자, 침실인 것이다. 가려진 채 주변 공간을 맴돌며 충돌과 흔들림에 언제든 노출될 수 있고, 폐소공포증과 에로틱한 효과를 만들 수 있는 절대적 내부 공간이 바로 마차이다. 프라츠는 마차를 두고 "굳게 닫힌 마차는 옷장이나 소파로 외부 공간과 차단시키는 살롱의 구석 모퉁이와 같다"고 말했다.[47] 플로베르는 살롱의 문을 굳게 닫아놓았다. 그는 검은 단자(單子)가 있는 궤도만 묘사하면서, 이 기이한 '공간 캡슐'이 계속 회전하는 동안에도 땀에 흠뻑 젖은 두 마리의 말과 피로와 목마름에 지쳐 반쯤 미친 마부가 있다는 사실을 독자들에게 상기시키는 것을 잊지 않는다.

시골의 소리

도시의 이미지를 밤이고 낮이고 소음으로 가득한 몰록(Moloch : 바빌로니아 지방에서는 명계[冥契]의 왕으로, 가나안에서는 태양과 천공의 신으로 알려져 있다. 큰 희생을 요구하는 것을 비유한다/옮긴이)에 비유하는 것은 잘 알려진 문화 비평의 토포스 중 하나이다. 반면 시골은 고요의 제국이다. 도시는 톱처럼 크고 날카로운 소리가 울려퍼지는 반면, 시골은 침묵이나 부드러운 빗소리가 잔잔하게 흐른다. 이처럼 정형화된 이미지들은 두 소음의 세계를 구분한다. 도시의 세계는 잇달아 울리는 또각또각 말빌굽, 마차의 바퀴가 굴러가는 소리 같은 기계의 소음으로 표현된다. 금속과 부딪쳐 끼익거리고 도로 포장석과 마찰하여 삐걱거리는 소리 말이다. 그러나 시골의 소리 공간이 바람소리, 지저귀는 새소리, 가축들의 울음소리로만 충만한 것은 아니다. 시골만의 특징적인 발음체(發音體)가 있다. 인간은 망치를 두들기고, 문을 두들기고, 풀을 베고, 톱을 갈고 그림을 그리면서 소리를 내고, 일꾼들은 식물, 땅의 금속, 집, 도구 등 일상적인 사물의 고유한 소리를 빼앗아간다. 헤겔은 신체의 소리를 "역학적 빛"이라는 개념으로 표현했다. "소리 그 자체가 내면적이고 주관적인 존재이므로 소리는 우리 내면의 정신에 말을 걸고 우리를 감동시킨다."[48]

독일의 경제학자이자 사학자인 카를 뷔허는 민족의 노동요[49]에 관한 독창성이 돋보이는 연구에서 노동 세계 소음의 기본 창법을 발견했다. "하녀가 바닥을 박박 문지를 때, 바깥쪽으로 걸레질을 하거나 안쪽으로 걸레질을 할 때 반복적으로 오가는 소리의 강약이 다르다. 풀을 벨 때에도 풀을 쥐려고 손을 넣을 때와 잡아뽑을 때에 발생하는 소음의 강약에 차이가 있다.…… 술창고지기가 망치로 두들기며 술통에 띠를 끼우는 소리도 강약이 바뀌며 일종의 멜로디를 만들어낸다. 푸줏간 사내가 칼로 고기를 다질 때에 나는 소음은 북을 치며 행진하는 소리와 비슷하다."[50] 그러나 뷔허는 썰매가 미끄러질 때의 아름다운 소리, 칼을 갈거나 망치로 탕탕 쳐서 날을 세울 때에 발생하는 문을 똑똑 두들기는 듯한 소리, 돌에 칼을 갈거나 작은 망치를 두들길 때의 감각과 낫질을 할 때에 반복적으로 나타나는 강약의 변화는 언급하지 않았다. 이것들은 20세기 중반까지 중부 유럽의 시골에서 들을 수 있는 소리였다.

이렇게 잔잔하거나 시끄러운 소리가 끊임없이 반복되는 시골의 배경음악이 깔린 상태에서도 각기 종류는 다르지만 뚜렷하게 들리는 도구들의 조합이 빚어내는 소리가 있다. 시골 오케스트라의 교향곡이 만들어지기까지는 그렇게 오랜 시간이 걸리지 않았다. 처음에는 증기기관의 동력으로 움직이는 쟁기가 탄생했고 그로부터 수십 년 후에는 트랙터가 발명되었다. 그리고 한참을 머뭇거리다가 중부 유럽의 끝없이 펼쳐진 밀밭에 30마리의 말이 끄는 힘을 가진 최초의 콤바인이 등장했다. 우편마차 시대에 이미 땅은 노래하고 신음했다. 플로베르가 『보바리 부인』의 그 유명한 마차 장면에서 갑작스러운 마차의 움직임을 표현할 때에 사용한 동사는 "중장비의 강력한 소음만큼" 독자의 감정을 자극한다. "마차는 그랑퐁 거리에서 계속 비틀거리다가……다시 덜거덕거렸다……영업용 마차는……서둘러 달렸고……뒤를 밟으며……계속해서 달렸다……별안간 마차가 돌진했다……생 세베르를 덜커덩거리며 가다가……구르고……가로지르고……여전히 떠돌고 있다."[51]

풍차, 배, 철도처럼 큰 목재 공명체와 움직이는 부품이 많이 달려 있는 마차는 독특한 크기와 특성을 가진 음향 도구이다. 나무로 된 차체가 금속, 가죽, 다른 목재와 계속 마찰한다. 마차는 위로 살짝 들렸다 내려갔다 하면서 한숨과 씩씩거리는 소리로 공기를 가득 메운다. 뵈르네는 우편마차의 소리가 공기를 메울 때의 음역을 기록했다. 그는 우편마차가 삐걱거리는 소리를 "한숨 쉬고, 신음하고, 웅얼대고, 그르렁대고, 쉿소리를 내고, 덜컹거리고, 꿀꿀대고, 야옹야옹하고, 꽥꽥 울고, 멍멍 짖고, 으르렁대고, 휘파람 소리를 내고, 중얼거리고, 흐느끼고, 노래하고, 한탄하고, 미소 짓고 있었다"고 표현했다.[52] 풍자 작가가 과장을 하는 것인지 몰라도, 지난 수백 년 동안의 "소리의 역사"에는 고전 음악사에서 활약했던 것과 다른 방식으로 헌신했던 작곡가들이 있다고 한다. 무명의 마차, 자동차, 풍차, 기중기 제작자, 광장과 다리의 벽돌을 깔기 위해서 돌을 쪼개는 사람 말이다. 종탑 제작자도 여기에서 빠뜨리지 말아야 할 것이다.

프랑스 문화사에서 수작으로 손꼽히는 저서에서 알랭 코르뱅은 종소리가 울리는 소리 공간을 재구성하고, 혁명 전의 파리에 울려퍼졌던 모든 소리를 낱낱이 묘사했다. 그는 "구체제가 저물어갈 무렵 종소리에 담긴 감정적 폭력을 상상하는 것이 정말 어려웠다"고 고백한다.53) "종소리가 울려퍼지는 도시"는 중세 이후에 통용되어온 은유이다. 그러나 현기증을 유발하는 종소리의 위력은 도시에 국한된 현상이 아니었다. "대수도원이 여러 외딴 농가의 중심에서 종소리의 네트워크를 촘촘히 구성하고 있었기 때문에 종소리의 위력이 얼마나 대단한지 직감할 수 있다.……노르망디 지방의 대수도원은 소리가 폭력으로 작용하는 극단적인 예였다. 18세기와 19세기의 사이에 이런 고압적인 상황에서 종소리가 울리는 풍경에 근본적인 변화가 일고 있었다.……프랑스 혁명 전날 저녁에 생 피에르 쉬르뒤브 수도원의 작은 광장 구석에서 13번의 종소리가 울려퍼졌다. 다양한 형태로 만들어진 주교의 좌석에서도 민중의 힘과는 비교도 되지 않을 정도로 엄청난 소리의 위력이 나타나고 있었다."54)

원래 마을 목사가 되려고 했던 작가 겸 예술사가 빌헬름 하인리히 릴은 『300년 문화 연구(Culturstudien aus drei Jahrhunderten)』에서 또다른 유형의 소리를 상기시킨다. 이것은 연단과 송신소가 있는 교회 종탑의 취주자에게서 나오는 소리이다. 릴은 "근대까지 많은 개신교 도시와 마을에서 아침, 점심, 저녁마다 종탑에서 성가가 울려퍼지는 것이 풍습처럼 여겨져왔다. 아침의 정적을 깨고 장엄한 소리가 울려퍼지면 들판에서 농사를 짓던 농부들은 잠시 쟁기를 내려놓았고, 공장에서도 하던 일을 몇 분 동안 멈추고 묵상의 시간을 가졌다.……이 시간은 음악을 통해서 온 백성이 자신의 하루의

일부를 종교와 예술에 헌신하는 시간이었다"라고 썼다.[55]

농촌 세계 속의 소리에는 교회의 종소리와 합창, 송풍기나 마차, 소형 선박, 맷돌의 목재 기관 외에도 세 번째 구성요소가 있다. 농촌의 타악기 주자이자 농촌 빅 밴드의 리듬섹션 역할을 해온 대장장이이다. 오래 전부터 대장간은 음악의 수학과 관련한 서양의 지식이 탄생한 근원지로 알려져왔다. 그리스에서는 피타고라스가 어느 날 대장간을 지나가다가 놀랍게도 망치로 두들기는 소리를 듣고 8도 음정, 4도 음정, 5도 음정을 발견했다고 전해진다. "피타고라스는 망치로 두들기는 소리가 오직 무게에 따라 달라진다고 확신했고, 무게의 비가 2:1, 3:2, 4:3 등등이라는 사실을 발견했다.……이어서 피타고라스는 같은 망치 소리를 내는 동일한 무게와 길이의 현을 팽팽하게 당겼을 때에도 동일한 간격을 발견했다."[56] 이 전설에는 물리학적 오류가 있지만, 고고학자 발터 부르케르트는 피타고라스가 이 간격을 발견했다는 사실은 그가 훌륭한 감각을 지녔다는 뜻이라며 오르페우스와 함께 음악의 창시자로 여겨지는 그리스의 대장장이 다크틸로이를 언급한다. 다크틸로이는 "대장장이의 기술과 음악의 마술과의 오랜 상관관계"를 명확하게 보여준다.[57]

코르뱅이 한탄하듯이 프랑스 혁명 이후에는 종소리가 울려퍼지는 카펫에 구멍과 결함이 점점 많아졌다. 대장장이가 리듬을 타며 두들기는 망치 소리가 사라진 이후의 농촌 풍경의 변화를 그 누가 서술할 수 있겠는가? 낮 시간을 가득 메우던 마을 대장장이의 음악은 종소리의 울림만큼 장엄하거나 감정을 자극하지는 않았을지도 모른다. 그리고 인간의 기쁨이나 슬픔과 밀접한 관련이 없었을지도 모른다. 어쨌든 종소리는 삶 속에 녹아 있는 통합적 요소였다. 모루(대장간에서 불린 쇠를 올려놓고 두드릴 때에 받침으로 쓰는 쇳덩이/옮긴이) 위에서 울리는 망치 소리는 열심히 일하고 있다는 신호, 즉 마을 조직이 가장 안정된 상태로 살아 있다는 표시였다. 대장장이는

생산자와 공급자로 구성된 지방 공동체의 화덕으로 도구를 생산하며 말의 발에 편자를 두들겨 박았다.[58]

1888년에 드디어 자동차가 세상에 모습을 드러냈고, 스위스의 화가인 아르놀트 뵈클린은 "마을 대장간의 켄타우로스"라는 작품을 발표했다. 켄타우로스는 갈색에 흰 얼룩이 진 수염이 있고, 대장장이에게 자신의 앞발굽을 오른쪽으로 길게 쭉 뻗으며 보여주고 있다. "장인이시여, 당신의 도움이 필요합니다"라고 말하는 듯하다. 뵈클린은 비행 기술에 대한 열정과 지방 교통 수단으로서 새로운 자동차 기술의 발전을 관찰하면서 대장장이가 조만간 신화 속 인물로 밀려날 것임을 암시한다. 어쨌든 유머가 넘치는 그림 "마을 대장간의 켄타우로스"의 이면에는 농촌에서 활력의 아이콘이었던 말의 시대가 저물어가고 있다는 암시가 숨겨져 있다.

뵈클린이 "마을 대장간의 켄타우로스"에서 반인반수인 켄타우로스를 처음 묘사한 것은 아니다. 평화롭게 호숫가에서 쉬면서 물 한 줌도 흐리지 않는 켄타우로스를 그린 지 5년 후인 1873년에 그는 "켄타우로스의 투쟁"을 그렸다. 이 그림을 통해서 그는 고전 문헌학자들 사이에서 논란이 되고 있는 켄타우로스의 성적인 천성에 대한 질문의 답을 제시하는데, 그가 내놓은 답은 결코 무시할 수 없는 것이었다.[59] 게다가 그는 이 켄타우로스가 싸움을 좋아하고 쉽게 분노하는 존재라는 고전의 신화에 따라서 이 그림을 그렸다. 그리고 1898년에 그는 전승 설화를 바탕으로, 성폭력으로 인해서 세 주인공이 모두 파멸을 맞는 장면이 담긴 "네소스와 데이아네이라"라는 작품을 발표했다.

"마을 대장간의 켄타우로스"가 달리 어떻게 표현될 수 있겠는가. 대장간에 먼저 달려와서 주문을 하는 사람은 전부 일반 시민이다. 신화에서 악명 높았던 도리깨는 이제 평화로운 도시의 존재, 숙련된 수공업자의 서비스에 목말라하는 고객처럼 보인다. 예술사가이자 저널리스트인 페트라 킵호프는 그림 한 컷에 있는 마을 여인들이 "대장장이가 고쳐야 할 부위를 고민하는 모습을" 호기심 어린 눈빛으로 구경하고 있는 것이 마치 **미완성 상태의 자동차 공장처럼 보인다고 썼다.**[60]

모든 순간 관찰자는 도시의 아침을 깨우는 첫 망치 소리를 들을 수 있다고 생각한다. 이제 삐그덕대며 덜그덕거리는 마차가 다시 한번 지나간다. 다시 한번 종을 울리고, 시골의 오케스트라가 완성된다. 마지막에 켄타우로스의 말똥을 기다리던 참새가 도착한다. 게다가 뵈클린은 켄타우로스를 농촌 세계의 형상으로 재구성하여 표현했다. 다음에는 억센 농부의 말이 나올 차례이다. 농촌에는 아직 경마를 하는 귀족들의 문화가 도입되지 않았다.

서부를 향해 달리다

합당한 대가를 지불하지 않는다면, 나는 말에 오르지 않을 것이다.
— 존 웨인

카우보이와 인디언

말 한 마리가 기수도 고삐도 없이 포트 링컨의 대로를 비틀거리며 걷고 있
다. 보아하니 말은 술에 취해 있다. 이 갈색말은 다리가 완전히 풀린 채
쓰레기 더미를 파헤치며 무엇인가를 열심히 찾는다. 말은 쓰레기를 뒤져서
찾은 음식이 입맛에 맞으면 그 안에서 뒹굴며 즐기다가, 커피 찌꺼기와 감
자 껍질을 뒤집어쓴 채로 또다시 거리를 돌아다닌다. 저녁 무렵이면 이 말
은 자신과 함께 맥주를 즐길 수 있는 군인들의 식당을 찾고, 나중에는 도수
가 센 술을 한잔 더 즐기려고 비틀거리며 장교들의 식당으로 간다. 상습적
으로 음주를 즐기는 형편없는 말이다. 그러나 아무도 이 말을 쫓아내라는
명령도, 두 명의 기수가 함께 하는 승마 혹은 마차 운행에 그 말을 투입할
생각도 하지 못한다. 이 말을 타는 것은 금지되어 있기 때문이다. 영웅시되
었던 이 갈색말은 1878년에 포트 링컨의 제2사령관으로 임명되었다. 술을
즐기는 갈색 종마의 이름은 코만치였다. 코만치는 커스터의 마지막 저항으
로 유명한 리틀 빅혼 전투에서 유일하게 살아남은 비인디언이었다.[1]

영웅으로 추앙받던 코만치의 주인은 술이 세고 용맹스러운 아일랜드 남
자 마일스 케오그였다. 젊은 나이에 고향 아일랜드를 떠나 미국으로 이민을

온 케오그는 기병대의 장군까지 올랐다. 조지 암스트롱 커스터의 하급 지휘관이었던 그는 코만치를 타고 1876년 6월 25일 전투에 참전했으나, 이 전투에서 커스터와 케오그는 물론이고 연대원 전원이 전사했다. 전쟁이 끝난 후 리틀 빅혼 전투지는 인간과 동물의 시체로 온통 뒤덮였다. 이 전투에 대해서 한 역사학자는 '기병대(horse cavalry)'가 '말의 수난(horse calvary)'으로 바뀌었다고 표현했다.[2] 코만치는 곳곳에 상처를 입고 피를 흘리며 서 있었다. 중상을 입은 이 갈색말은 기적적으로 구조되어 포트 링컨으로 이송되었다. 코만치는 커스터 연대의 수비대가 몇 주일 전에 이미 무너졌음을 알리는 산 증거였기 때문이다. 리틀 빅혼 전투는 이제 역사의 한 사건에서 신화가 되었다. 당시 코만치의 유일한 의무는 매년 거행되는 리틀 빅혼 전투 기념 퍼레이드에 참여하는 것이었다.

리틀 빅혼 전투에서 절정에 달하고, 1890년 운디드니 전투(운디드니 학살이라고도 한다. 1890년 12월 29일 미군이 인디언을 대학살한 사건이다/옮긴이)라는 끔찍한 결말로 끝난 인디언 전쟁은 17세기에 시작되었다. 19세기 미국 정부가 야만적인 인디언 정책을 실시하고 이주민의 주거 지역을 미시시피를 넘어 서부로 넓혀가면서 전쟁이 잦아졌다. 인디언 전쟁 막바지에 가장 많은 생명이 피를 흘렸다. 전쟁이 여기에서 끝나지 않고 남북전쟁으로 이어진 것은 우연이 아니었다. 전쟁은 휴전이나 항복 선언으로 완전히 끝나는 것이 아니기 때문이다. 전쟁의 무대는 지하로 옮겨졌고 치명적인 에너지가 서서히 고갈될 때까지 다른 무대로 계속 이동했다. 1862년 홈스테드 법(미국의 자영농지법/옮긴이)이 제정되고, 1865년 미국 독립전쟁 후에 새롭게 이주민들이 몰려오면서 미국은 서부 지역으로 국경을 넓혀가고 있었다. 서부 지역의 원주민인 수족, 샤이엔족, 카이오와족, 블랙풋족, 크로족, 어래퍼호족 등과의 갈등이 잦아질 수밖에 없는 상황이었다.[3]

미국 정부는 이주민 보호를 위해서 기병대를 투입하기에 이르는데, 연대

구성원은 남부연합군과 북부연방군으로 남북전쟁(1861-1865)에 참전했던 군인들이었다. 20년 동안 분노로 불타올랐던 백인 미국인들 사이의 전쟁은 백인과 인디언의 전쟁으로 이어졌다. 남북전쟁 막바지에는 과격함이 극에 달하여 인종 전쟁의 특성이 나타났다. 기존의 전쟁과는 달리 거의 모든 전투에 기마부대가 투입되었다. 대평원에 정착해서 살아온 기마 종족들은 전쟁에 대한 열기로 불타올랐고, 이제 미국의 기병대도 동등한 실력으로 적군인 기마 종족들에게 맞섰다.

이것을 좀더 정확하게 표현하면, 미국 남부와 북부가 하나로 통일되면서 미국의 기병대가 적군인 인디언 기마전사들과 동등한 실력을 갖추게 된 것이다. 제복을 갖춰 입은 백인 기병대는 험한 지형에서의 민첩성은 물론이고 전술이나 사격 실력도 형편없었다. 남북전쟁을 겪으면서 남부연합군과 북부연방군 모두 기마 전술을 재정비하고 병력을 증강했다. 남부연합군은 몸놀림이 무거운 말에서 민첩하고 강인한 무스탕(아메리카산 작은 야생마)으로 군마를 교체했다. 또한 신속한 기마 전술과 기동성을 발휘하며 전투에 임했고, 적에게 총을 겨눌 때에는 신식 휴대 화기를 사용하여 신속함과 명중률을 높였다. 기병대는 현대화에 성공해서, 수백 년 전 몽골족과 사라센족이 적을 물리칠 때에 썼던 전투 방식을 활용할 수 있었다.

말의 시대가 끝날 무렵의 역사에서 남북전쟁은 특별한 의미가 있다. 이른바 말의 시대 후반기에 나타난 통합적 요소에는 숨은 뜻이 있었다. 나폴레옹 전쟁 이후 40-50년 동안 기병대는 가장 파괴력이 강하고 전투에서 결정적인 역할을 해온 공격 무기였으나, 1850년대 중반 이후 보병 무기의 화력이 강해지면서 힘을 잃어갔다.[4] 말이나 사람처럼 몸집이 크고 부드러운 목표물은 자동 화기를 당해낼 재간이 없었다. 현대식 전쟁터에서 기병대의 강렬하고 충격적인 공격 전술은 통하지 않았다. 한편 포병대가 말을 타고 정찰, 연락, 기습공격, 보급로 교란, 적의 배후에서 방해공작 명령을 하면서 말의 수요는 증가했다. 5년간의 전쟁 동안 죽은 말과 노새의 수는 150만 마리인 것에 반해서 사망자 수는 60만 명이라는 사실은 이 전쟁의 성격을 보여준다. 이런 관점에서 보면 이 전쟁의 첫 장면 또한 중요하다. 1861년 4월 12일, 군사적 대치 상태에 있던 포트 섬터에서 포격이 시작된 지 33시간 동안 희생당한 것은 말 한 마리뿐이었다.

전 세계 대부분의 군대와 마찬가지로 남북전쟁에서 기병대의 주요 임무는 세 가지였다. 첫 번째 임무는 보급로 정찰과 확보, 두 번째는 힘과 속도가 가장 우수한 무기(충격 무기)를 전쟁에 투입하는 것, 세 번째는 적의 배후에서 기습공격 혹은 방해공작 행위를 하는 것이었다. 남북전쟁 당시 기병대가 승리한 모든 전투에서 가장 핵심을 이루는 두 번째 임무, 즉 전투에서 충격 무기를 투입할 때에 새로운 문제가 발생했다. 보병 무기, 소위 발포 횟수를 늘린 후장포가 개발되고, 포병대가 몸 가까이에서 총포를 쏘며 전투를 지원했기 때문에 기병대 투입이 더 까다로워졌고 비용도 많이 들었던 것이다. 기병대끼리 맞붙을 때에는 적당하게 소규모 전투로 끝났다. 그러나 성능 좋은 무기로 무장한 보병대가 등장하면서 전쟁의 판도가 완전히 뒤집혔다. 오랜 세월 동안 보병대는 도망을 치지 않으면 말을 타고 사냥감을 짓밟고 다니는 기병대의 먹잇감이 될 수밖에 없는 신세였다. 그러나 화력이 강해지면서 보병대의 안전이 확보되고 자의식도 성장했다.[5] 이런 추세에 맞추어 남북전쟁의 군대는 전술을 바꾸었다. 이들은 먼저 기병대의 속도와 민첩성을 강화한 뒤, 말에서 내려와 기총으로 싸울 때에 상황에 따라 융통성 있게 기수에서 보병으로 자신의 역할을 바꾸었다.[6] 결정적인 것은 세 번째인데, 남북전쟁에서 군인들이 기병대의 고전적인 역할, 즉 돌격 무기로 기병대를 투입할 수 있는 범위가 감소했다는 것이다.[7]

남북전쟁이 끝나고 인디언 전쟁이 마지막 단계로 진입한 1860년대에 인디언은 인구가 급감하고 말은 약탈당한 상태였다.[8] 대평원의 기마 종족인 인디언과의 전쟁에서 말의 사살은 중요한 전략이 되었다. 남북연합군은 인디언의 생존 토대를 부수고 저항 가능성을 차단하기 위해서 말을 사살했다. 이들이 남북전쟁을 치르면서 얻은 교훈이 있었다. 가장 효과적인 전쟁의 형태는 적군의 사회를 통째로 공격하여 경제를 파탄시키는 전면전이라는 사실이었다.9) 1868년 11월 27일 추수감사절 밤, 커스터는 4년 전 콜로라도에서의 샌드 크리크 학살에서 살아남아 오클라호마의 와시토 강에 정착한 샤이엔족을 기습했다.10) 이 공격으로 조랑말이 전멸했고 뒤이어 종족 전체가 거의 몰살당했다. 포로로 잡힌 샤이엔족 여성 두 명의 도움으로 종족 전체가 900마리의 말을 한데 몰아넣었다. 처음에는 올가미를 던져서 말을 잡고 목을 칠 계획이었다. 그러나 올가미에 걸린 말들의 거센 저항으로 커스터의 군대는 이 작전을 포기하고 남아 있는 모든 말을 총으로 사살했다.

1891년에 스물아홉 살의 나이로 코만치가 죽었을 때, 그의 사체는 캔자스 대학교의 박제사에게 이송되어 속이 채워져 입상 표본으로 제작되었다. 2년 후에 코만치의 박제는 추장 '얼굴에 비(Rain-in-the-Face)'와 같은 리틀빅혼 전투의 생존자와 함께 시카고 세계박람회의 화제가 되었다.11)

세계박람회 이후에 이미 죽어서 거죽뿐인 코만치의 박제는 코만치가 여생을 보냈던 포트 라일리로 반송될 예정이었다. 그러나 박제사에게 사례비가 미지급된 상태였기 때문에, 캔자스 대학교는 이송을 보류하고 자연사 박물관에 박제를 전시했다. 이것이 바로 현재 우리가 관람할 수 있는 코만치 박제로, 붉은 광장의 묘지에 안치된 레닌처럼 수십 년간 부분 보수 작업이 이루어졌다.

스승과 제자

백인들의 상상 속에서 인디언은 항상 말을 타고 있다. 인디언이 걷는 모습은 상상하기 어렵다. (제임스 페니모어 쿠퍼의 소설 『라스트 모히칸[*The Last of the Mohicans*]』에 나오는 인디언을 제외하고) 인디언이 북아메리카 황야의 귀족이라는 고상한 명성을 얻게 된 것은 모카신 때문이 아니다. 붉은 피부를 가진 귀족, 인디언은 유럽의 귀족들처럼 고고하게 말을 타고 다녔다.[12] 인디언과 쌍벽을 이루는 전설의 캐릭터 카우보이처럼, 인디언과 말은 한몸, 완전히 합일된 존재였다. 카우보이와 인디언의 업적을 찬양하는 서사시인 서부극은 독특한 유형의 망토와 검의 극(스페인 문학 중 특히 17세기에 유행했던 희극/옮긴이)으로, 이 희극에서는 단검 대신 콜트식 자동권총이 무기로 대체된다. 놀라운 사실은 말을 타는 인디언이 역사적으로 늦은 시기에 등장했고 북아메리카의 인디언 종족이 전부 말을 타는 것은 아니라는 것이다.[13] 실제로 동부의 숲 인디언과 중서부 및 남부의 인디언 역시 기마 종족이 아니었고 이후에도 말을 타지 않았다. 이들은 걸어 다니면서 사냥을 했고 보병으로 전쟁터에 나갔다. 말이라는 존재를 발견하고 말을 이용하는 법을 배운 종족들이 자발적 의지로 야만적인 기마 종족의 길을 택한 것은 아니었다. 이들은 그저 말을 타고 다니며 말의 기동력을 체험하며 싸우는 법의 일부를 배웠을 뿐이다. 카를 마이의 소설에 등장하는 비네토우가 속한 종족, 그 유명한 아파치족도 적과 처음 접촉할 때에만 말을 타고 전쟁터에서는 말을 타지 않는다.[14] 이런 현상은 다양한 시대와 문화에서 나타난다. 실제로 말 타는 법을 배웠던 모든 종족과 민족이 전사의 길을 걷지는 않았다. 수렵민족, 유목민족, 스텝 지대, 사막 지대, 대평원(북아메리카의 로키 산맥 동부에서 미시시피 강 유역 중부에 이르는 온대 내륙에 넓게 발달한 초원/옮긴이) 등 시작부터 방대한 이 역사 숙제는 학계의 몫으로 남기도록 하겠다.

플라이스토세(약 285만 년 전부터 약 1만 년 전까지의 지질시대. 홍적세라고도 한다/옮긴이) 말엽부터 약 1만 년 동안 아메리카 대륙에는 말이 살지 않았다. 학자들은 아메리카 대륙에서 매머드, 낙타, 사자 외에 다양한 종의 거대 초식 동물, 특히 말이 멸종한 원인으로 기후와 식생의 변화, 클로비스 문화(후기 빙하기 북아메리카를 중심으로 나타난 미국 원주민의 석기 문화/옮긴이)의 팔레오 인디언들의 과잉 사냥("Overkill")을 가장 먼저 꼽는다.[15] "소빙기"에 지구가 소행성과 충돌하여 말이 대량 폐사했다는 혜성충돌설도 여전히 제기되고 있다. 15세기에 스페인 정복자들이 가축으로 사육하기 위해서 미국으로 말을 들여왔을 때, 당시 말이 없었던 아메리카 대륙에서는 동물학이나 인류학적 측면에서 굉장한 속도로 새로운 역사가 쓰였다.

스페인 사람들은 상황 판단이 빠르고 타고난 장사꾼들이었다. 그들이 처음 소개한 것은 이베리아와 아랍 사이의 교배종 말뿐만이 아니었다. 그들은 교역품을 취급하는 문화적 지식을 가지고 있었다. 이 지역을 지배했던 무어인들로부터 말을 비롯하여 말과 관련된 문화와 히네타(ginetea)라고 불리는 승마법을 전수받은 것이다.[16] 그들은 서양에서 승마 문화가 가장 발달한 곳, 말에 관한 지식을 포함해서 말의 사육과 교배가 더 이상 귀족들에게만 주어진 특권이 아닌 곳에서 왔다. 당시 유럽에서 최우수 품종으로 간주된 스페인산 말은 빠르고 강인한 이베리아산 말과 무어인들이 북아프리카에서 들여온 아랍산 말을 교배시킨 것이었다.[17] 스페인이 토착민들보다 군사적 우월성을 차지할 수 있었던 이유는 말이 있기 때문이었다. 말이 있기 때문에 귀금속과 같은 약탈품을 신속하게 실어나를 수 있었고, 식민지 미국에서만 나타났던 독특한 사육 방식인 대량 소 사육이 가능했다.[18]

처음에 말은 새로운 임무를 수행하는 데에 어려움을 겪었다. 초기에는 배로 이동하는 중에 살아남는 말이 많지 않았다. 무역풍과 편서풍 사이에 있는 무풍지대를 말 지대(rossbreite)라고 하는데, 더위를 이기지 못해서 죽은 말들이 버려져 있다고 해서 붙은 표현이다. 살아 있는 말들도 멕시코 해안 앞의 섬처럼 고온다습한 기후에서는 얼마 지나지 않아 죽어버렸다. 스페인 군대가 멕시코 섬 북부로 계속 밀고 들어가면서 말들이 이 기후에 적응하자 상황이 어느 정도 개선되었다. 1530년과 1550년 사이에 북아메리카 대륙에서 처음으로 말의 개체 수가 폭발적으로 증가하는 현상이 있었다.[19] 1598년에는 돈 후안 드 오냐테가 뉴멕시코에 처음 말을 대량으로 들여왔다.

푸에블로 인디언은 처음에는 스페인 사람들과 갈등 없이 잘 지냈다. 이들은 말에 관심은 없었지만 말을 보호하고 관리하는 법을 배웠다. 이것이 같은 지역에 살고 있는 아파치족과의 다른 점이었다. 푸에블로족은 스페인 사람들의 말을 훔쳐 스페인 사람들이 말을 타는 모습을 보고 모방하면서, 오른편에서 말 위에 오르는 방식을 포함한 스페인식 승마법을 전수받았다.[20] 스페인의 자료에 의하면,[21] 1650년대 중반 이후에 스페인 사람들에게 말 타는 법을 배웠던 인디언 제자들은 스승인 스페인 사람들을 오히려 괴롭히기 시작했다. 이들은 뉴멕시코의 스페인 이주민 주거지를 공격했고 푸에블로 인디언 정착지도 보호하지 않았으며, 말을 훔쳐서 원래 자신들이 살던 광활한 대평원과 황야로 사라졌다. 이후의 코만치족과 달리 아파치족은 말을 사육하고 말을 타며 싸우는 법을 배우지 않았다. 그러나 기술에 근본적인 변화를 일으키며 병기고를 채웠던 아파치족은 당시 어떤 종족에게도 없던 비장의 무기를 가지고 있었다. 바로 속도였다.

1680년 푸에블로 반란으로 뉴멕시코에서 스페인 사람들이 추방되었는데, 이것은 북아메리카 말 문화에 근본적인 변화를 일으킨 사건이었다. 이후 푸에블로 인디언들이 말을 이용해서 아무것도 하지 않고 원래의 농경문화와 도기문화로 돌아가자, 중서부 대평원 지대에서 말의 개체 수가 폭발적으로 증가했다. 선조들이 뛰놀던 안달루시아 고원과 유사한 환경이 되자 야생 무스탕이 태어나면서 비교적 짧은 시간 내에 말의 개체 수가 급증했고, 대평원에는 아파치족과 유사한 30여 개의 인디언 종족이 정착했다.[22] 1680년 이후에 나타난 말의 대확산 현상은 북아메리카의 지리적 중심과 관련한 세

력 구조에 장기적인 변화를 일으켰다.[23]

　이런 과정은 급속도로 진행되었다. 1630년까지만 하더라도 말을 타고 다니는 인디언 종족은 없었다. 그러나 1700년에는 텍사스 고원의 모든 인디언 종족들이 말을 타고 다녔다. 1750년이 되자 캐나다 평원 지대의 종족들도 말을 타고 다니며 아메리카 들소를 사냥했다.[24] 사냥 기술을 전쟁 기술로 발전시키는 것은 대단한 일이 아니었다. 수족, 샤이엔족, 카이오와족, 어래퍼호족, 블랙풋족, 크리족, 크로족 등 모든 종족들이 이것을 가장 철저하고 효과적으로 활용했다. 명실공히 신식 속도전의 대가였던 코만치족은 18세기에 남서부 지역의 패권세력으로 등극하며 스페인 사람들에게 공포를 안겨주었다. 18세기 말엽에 코만치족의 말 보유량은 전설적인 수치를 기록했다. 코만치족은 인디언 종족 중에서 유일하게 말을 사육하고 관리하는 기술을 배웠고 자신의 운명과 경제활동을 말의 삶과 밀접하게 연결시켜왔다. 이러한 삶의 방식은 불과 수십 년 전만 해도 알려지지 않았던 것이었다. 언어 자체에는 영향이 없었다. 인디언 언어의 어휘는 그 수가 많지 않은 편이었는데, 대부분이 갈색, 검은색, 붉은색, 창백한 색 등 말의 반점과 흰점과 같은 음영을 표현하는 것이었다.[25]

　인디언 연구의 개척자 보애스의 제자인 클라크 위슬러는 대평원의 인디언 종족들에게 1540년부터 1880년까지의 기간은 "말 문화의 시대"였다고 말했다. 많은 인디언 종족들에게 말 문화의 시대는 비교적 늦게 찾아와서 일찍 막을 내렸다. 말 문화의 시대는 인디언 종족들이 말을 사들여 이용하는 것으로 시작해서, 이들의 삶의 영역에서 들소가 멸종되는 것으로 끝이 났다.[26] 최근 연구에서는 인디언의 말 문화의 시대가 100년 후인 17세기 중반에 시작되었다고 본다.[27] 20세기 초반 이후 미국의 인류학자들, 초기에는 보애스의 제자들이, 후기에는 앨프리드 크로버 학파의 학자들이 이 놀라운 과정에 관해서 상세한 연구를 했다. 이 연구에 의하면 대평원의 인디언 종족들은 이 과정에서 자신들의 생태계에 두 가지 요소를 확장시켰다고 한다. 이런 체계에 근본적인 변화를 가져온 두 가지 요소는 다름 아닌 말과 화기였다.[28]

아파치족은 남부와 남서부 지역에서 가장 먼저 주도권을 장악했다. 이후에는 다른 종족들에게 군사적, 기술적으로 밀리면서 하찮은 존재로 전락했다. 그러나 말과 화기가 인디언 문화에 유입된 시점과 장소에는 차이가 있었다. 말은 남부인 멕시코에서 북부로, 화기는 동부에서 서부로 확산되었다. 화기는 모피를 거래하는 과정에서 인디언 종족들에게 유입되었다. 스페인은 인디언과의 무기 거래를 엄격하게 제한했던 반면, 영국과 프랑스는 무기 거래를 사냥꾼과 교역업자의 재량에 맡겼다. 이렇게 두 가지 문화 패턴이 서로에게 침투하여 하나로 통합되기까지 수십 년 동안 공존했다. 남부와 남서부에는 말 이후 단계(Nach-Pferd-Phase)와 총 이전 단계(Vor-Gewehr-Phase)가 있었던 반면, 대평원의 북부와 동부에는 총 이후 단계(Nach-Gewehr-Phase)와 말 이전 단계(Vor-Pferd-Phase)가 있었다.[29] 달리 말해서, 대평원에는 17세기 남부에서 북부로 북진하던 말의 변경지대와 같은 시기에 동부에서 서부로 끊임없이 이동하던 총의 변경지대가 있었다. 두 변경지대는 각각 이동하다가 대평원 동부 지역에서 드디어 교집합을 이루었다.[30] 지속적으로 확장되는 두 지대에서 살던 종족들은 화기와 말을 가치의 표준, 일종의 화폐로 삼고 맞바꾸는 법을 익혔다.[31]

1650년 남부 지역에서는 아파치족이 득세하기 시작했다. 아파치족은 스페인 사람들과 직접 접촉하면서 말을 타는 법을 배웠고, 스페인식 승마법을 비롯하여 기사와 말을 위한 스페인식 안장, 마구, 가죽 방패, 갑옷 등을 받아들였다. 기병대로 재정비한 아파치족은 보병인 이웃 종족들보다 군사적으로 훨씬 우월했다. 아파치족은 북부로 세력을 확장하며 '말 이후 단계-총 이전 단계' 모델을 성공시켰다.[32] 다른 많은 종족들과 마찬가지로 아파치족의 생활은 유목과 정착이 혼합된 형태였다. 반쯤 정착하며 농경 생활을 하던 이들은 자신들의 정착지를 포기하려고 하지 않았다. 그리하여 수족과 코만치족과 같은 유목민족들과 한동안 경쟁관계를 유지했다. 아파치족은 특히 수족과 코만치족보다 기마술이나 군사적 측면에서 월등했다. 게다가 아파치족은 전술적 측면에서도 앞섰기 때문에 수족과 코만치족은 폭력적인 강제 후퇴(roll-back)의 희생자가 되고 말았다.[33]

실제로 정착 생활에서 유목민의 생활로 이행하는 것은 한 민족의 군사력에 결정적인 요소였다. 이 단계를 거치면 저절로 우월한 사냥술에서 우월한 전술로 이행되는 다음 단계로 넘어갔다. 이 두 단계가 이행되기 위한 기본 조건은 한 종족이 말을 소유하고 최적으로 활용할 수 있는 능력이었다.[34] 마을의 정착 생활에서 대평원의 유목 생활로 전환되는 "임계량"은 남자, 여자, 어린이 한 사람당 6필의 말을 소유하는 것이었다. 그러나 경제적으로 안정된 삶을 누리려면 임계량의 두 배에 해당하는 말이 필요했다.[35] 정착 생활에서 유목 생활로의 전환은 단번에 일어난 사건이 아니었다. 1750년 샤이엔족에게서 처음 이런 변화가 나타났으나 몇몇 마을에서는 여전히 농사를 짓고 있었다. 전체적으로 평가할 때, 대평원에 사는 대부분의 인디언 종족들은 1780년에서 1800년 사이에 소위 안장 시대로 전환되었다.[36]

스페인의 전통 있는 말 문화를 가까이에서 접할 수 있는 남부에서만 몇몇 종족들이 더 빠르고 철저하게 유목 문화를 배울 수 있었다. 18세기 중반에 코만치족은 "대평원에서 가장 민첩하고 공포스러운 기마전사라는 전설적인 지위의 기반을 마련했다.……이 지역의 새로운 통치자는 고원과 변경지방 교역의 구심점이었다.……19세기 초반에 코만치족은 아칸소 협곡의 상류에서부터 텍사스 중부 에드워즈 고원의 산지에 이르는 거대한 지역을 차지했다.[37] 1820년대와 1830년대에 코만치족은 군사적 우월성에 힘입어 남서부 지역의 패권을 장악하며 멕시코 군대의 저지 없이 텍사스로 밀려드는 미국인 이주민들을 위협했다.

1823년에 스티븐 F. 오스틴은 이주민 보호를 위한 민병대 조직인 텍사스 기마경관을 창설하는데, 이들이 대평원에서 황야의 패권을 장악하기까지는 20년이 넘게 걸렸다. 텍사스 기마경관의 구식 기병대 말은 행동이 느리고 몸이 유연하지 않은 데다가 금방 지쳤기 때문에 인디언들의 화살처럼 빠르고 강인한 무스탕이나 조랑말을 쫓아갈 수 없었다. 텍사스 기마경관은 전투용 혹은 사냥용 무기로 사용되는 단발식 권총과 장거리 소총으로 무장하고 있었고, 적과의 전쟁에서는 분당 최대 20개의 화살을 쏘며 전속력으로 말을 타고 달렸으나 그다지 효과는 없었다. 방어물이 없는 확 트인 산악 지형에서 텍사스 기마경관은 코만치족에게 완전히 열세였다. 텍사스 기마경관의 평균 수명은 경관으로 임명된 이후 2년이었다.

1840년에 전환점을 맞이하는 사건이 있었다. 잭 헤이스라고도 불리는 존 커피 헤이스라는 스물세 살의 혈기왕성한 청년에게 샌 안토니오의 기마경관 지휘권이 주어진 것이다. 헤이스는 자신의 부대에 다른 품종의 말, 즉 무스탕과 순혈종 말의 교배 품종이 보급되도록 조처했다. 그는 부대원들에게 인디언들이 사는 방식, 한순간도 경계 태세를 늦추지 않고 전투에 임하는 자세를 가르쳤다. 또한 자신이 코만치족과의 전쟁을 통해서 보고 배운 인디언식 말 타기를 가르쳤다. 헤이스의 부하들은 다른 부대원들보다 총을 쏘고 장전하는 속도가 빨랐다. 그만큼의 실력을 갖출 수 있는 백인 민병대나 기마부대는 없었다. 이것은 전쟁터에서도 마찬가지였다.[38] 텍사스 기마경관의 말 타기 방식과 전술은 코만치족의 수준에 가까워졌다. 발포 횟수와 화력만이 자신들의 스승이나 다름없는 코만치족에게 뒤졌을 뿐이다.

미국의 역사학자 월터 프레스콧 웨브는 대평원에서의 삶을 다룬 대서사시에서 "인디언, 말, 무기는 완벽한 조합을 이루는 부대였다. 텍사스 기마경관은 손발이 척척 맞는 탁월한 전투부대였다"고 썼다.[39] 텍사스 땅에서 인디언에게 가장 적극적으로 맞서 싸운 부대는 텍사스 기마경관이었다. 텍사스 기마경관은 기술적인 재능을 타고난 어느 젊은 양키 청년의 발명품을 손에 넣었다. 이 발명품은 새뮤얼 콜트의 리볼버(탄창 회전식 총)로, 초기에는 약실이 5개였다가 나중에 6개로 늘어났다. 1843년 이후 잭 헤이스의 부대에 처음으로 리볼버가 보급되자, 인간과 말, 무기로 구성된 인디언식 시스템에 존재하던 불균형이 해소되었다. 1847년 이후에 워커와 콜트가 변경한 설계로 제작된 리볼버는 이동 중 명중률을 높인 완벽한 화기였고 여러 측면에서 영향력이 있었다. 웨브가 "남자들은 무기와 속도로만 살았다"고 했듯이,[40] 총기의 기술적 도약은 의미심장했다. 6발 리볼버는 사고 위험이 많은 장전 시간을 축소시켰고, 실제 전쟁 현장을 안장과 인간과 동물이 함께 움직이는 시스템의 중심부로 이동시켰다.

미국의 기병대는 오랫동안 전 세계에서 유일하게 말을 타면서 검과 기총 이외에 리볼버를 주요 무기로 삼아온 대국(大國)의 부대였다. 반면 유럽의 모든 국가는 여전히 베고 찌르는 검과 창으로만 무장하고 있었다. 검과 창의 종류가 다양하고 나중에 기총이 추가되었지만 말이다. 미국의 기병대가 콜트식 권총을 특히 선호했던 이유는 인디언 기병대와의 전쟁을 치르며 얻은 교훈 때문이었다. 리볼버는 백인들끼리의 전쟁인 남북전쟁에서도 그 위력을 발휘했다. 남북전쟁으로부터 20년 전의 텍사스 기마경관은 쓰지 않았던 것이었다. 그들은 이 리볼버를 북부연방군과 남부연합군의 기마부대도 적극적으로 활용했다.[41]

당시 상대적으로 균형이 잡혀 있었던 인간-말-무기의 이동 시스템은 19세기 중반의 역사에서 뚜렷한 두 줄기의 흐름으로 나타난다. 웨브가 "탁월한 전투 병력"이라고 표현했던 이 시스템은 둘로 나뉘어 있었다. 하나는 인간, 말, 활과 화살이고, 다른 하나는 인간, 말, 리볼버였다.[42] 동물적 요소(인간, 말)와 특별한 기술적 장치(발포 횟수를 늘린 가벼운 발포 무기), 그리고 여기에 필요한 노하우(말 타기, 총 쏘기)가 기능적으로 잘 연결되어 있었다. "붉은" 피부의 인디언과 "하얀" 피부의 백인들의 무장 기술에는 차이가 있었지만 기동력은 같았다. 인디언과 백인 모두 말을 기동력을 높이는 수단으로 이용했다. 이 두 줄기의 다른 한쪽 끝에서 1,500년 전으로 거슬러 올라가면 위대한 승마 문화를 자랑했던 아랍인들을 만나게 된다.

유대인 카우보이

기원후 8세기 초부터 이베리아 반도를 지배했던 무어인들은 자신들의 나라를 제2의 승마학교로 바꿔놓았다. 스페인 사람들은 무어인들이 이베리아 반도로 들여온 우수 품종의 말과 강인하고 빠른 이베리아 말을 교배시켜서 품종을 개량했다. 근대 초기까지 이베리아산, 즉 스페인산 말은 유럽에서 최고 품종으로 인정받으며 유럽 대륙에서 인기를 끌었다. 스페인 사람들은 무어인들로부터 유목민 방식의 승마법을 전수받았다. 기수는 등자를 짧게 매기 때문에 말 위에 달랑달랑 매달려 있는 것처럼 보이는 반면, 대퇴부와 종아리는 손수건 한 장이 겨우 들어갈 정도로 말과 바짝 밀착되어 있다. 이 방식이 그 유명한 히네타이다. 한편 히네타와 우위를 다투던 승마법인 브리다는 기수가 말 엉덩이 쪽으로 몸을 바짝 대고 앉고 다리는 쭉 뻗는 방식으로, 근대 초기 이후 쇠퇴했다.[43) 다양한 인디언 종족들 중에서 주로 기마 종족들이 정착했던 신대륙에서 히네타가 압도적인 승마법으로 자리매김했기 때문이다.[44) 16세기 이후 북아메리카로 건너와 정착했던 북유럽인과 서유럽인의 기병대 역시 나름의 방식으로 아랍의 승마법을 받아들였다. 특히 십자군 전쟁[45)의 여파로 수많은 길을 통해서 문화 이동이 일어나면서, 중세와 근대를 거쳐 말에 관한 아랍인의 지식이 서유럽으로 유입되었고 그 지역 나름의 승마법이 발달했다.

그런데 이보다 훨씬 중요한 사실은 귀족 혈통의 말이 유럽에 도입되었다는 것이다. 이 부분에 대해서 서양인들은 아랍인들에게 고마워해야 한다. 17세기 후반 영국에서 처음 도입한 순혈종 교배에는 스페인 혹은 아랍 혈통이 반드시 섞여 있어야 했다.[46] 19세기 중반 북아메리카의 심장부인 대평원을 차지하기 위한 인디언과 기마경관 간의 전쟁에서 기존에 두 혈통으로 분류되었던 말의 품종이 하나로 합쳐졌다. 두 혈통의 말은 모두 아랍에서 수입한 것이었다. 말의 역사는 아랍어로 되어 있었기 때문에 말의 품종을 알려면 사람들은 **아랍어를 번역해야** 했다. 말에 대해서 아랍인들은 전 세계인의 스승이었다. 말의 역사에서 모국어는 아랍어였다.[47]

구조주의 학파 중의 일부가 주장하듯이 언어처럼 작용하는 문화의 문법이 있다면, 문화 이동은 한 언어를 다른 언어로 번역하는 과정에 영향을 끼친다. 이와 관련해서 마르크스의 표현처럼 유대인들은 다양한 문화 속에 흩어져 살아가면서 구세계의 천체 간 공간(신들이 거주하는 다양한 세계 사이의 공간/옮긴이)에서 자신들만의 특별한 능력을 발전시켜왔다. 잘 알려져 있듯이 아랍 혹은 무어 문화는 학식과 재주가 뛰어난 유대인들의 작품을 통해서 이베리아 반도의 기독교인 정착민들에게 전파되었다.[48] 그러나 유대인들이 스페인어로 되어 있는 말에 관한 정보를 번역하여 북아메리카 토착민의 기술 문화에 결정적인 영향을 끼쳤다는 사실은 많이 알려져 있지 않다. 유대인들은 신대륙에서 최초로 가축을 사육했을 뿐만 아니라, 아메리카 최초의 카우보이였다.[49]

1519년에 유대인 정복자들은 에르난도 알론소와 에르난 코르테스와 함께 종교 재판을 피해 멕시코로 이주했으나, 이곳에서도 종교 재판이 그들을 기다리고 있었다. 결국 알론소는 1528년 10월 17일에 산 채로 화형당했다.[50] 가축과 말을 사육하는 법을 알았던 유대인 정복자들은 신대륙에서 발각되지 않고 살아남기 위해서 목장 주인이 되었다. 스페인의 영토가 확장되면서 이들은 서서히 북쪽으로 이동하여 현재의 뉴멕시코 지역인 누에바 에스파냐에 정착했다.[51] 한 역사 연구가의 표현대로 "유대인 정복자들은 서부 역사 개척자의 정신적인 조상이었다." 이들의 문화 이동에는 검증된 기술과 물건이 포함되어 있었다. "유대인들은 히네타, 지금은 서부식 안장 이라고 하는 올가미 밧줄이 높이 달린 페르시아 안장, 올가미, 안달루시아 혈통이 조상인 쿼터(아메리카의 단거리용 경주마/옮긴이) 등을 남서부 황야 로 들여왔다." 유대인들은 자신들만의 독특한 방식으로 유대인 목장 주인이 되어 승마 문화를 전파했다.[52]

미국 서부를 상징하는 동물인 소와 말을 미국으로 들여온 유대인들이 미국 역사에서 유일한 유대인 카우보이는 아니었다. 1848년에 독일 혁명이 좌절되고 독일인의 이주 행렬이 이어지면서 많은 유대인들이 미국으로 이주했다. 얼마 후 이들은 서부로 이주하여 가축 사육자가 되었다.[53] 여러분은 혹시 미국의 유대인들이 전부 동유럽 유대인의 후손이고 이들이 동부 연안의 슈테틀(유대인 거주지역)에 살았다고 생각할지도 모르겠다. 이는 유대인 혈통의 다양성을 무시한 것이자 협소한 생활환경의 유럽을 떠나 황량한 서부로 발걸음을 향할 때에 유대인들이 받았던 자극을 잘못 이해한 것이다. 19세기 말엽인 1898년에 시어도어 루스벨트는 그 유명한 러프 라이더스(Rough Riders)라는 군대를 결성했다. 러프 라이더스는 스페인 사람들에게 맞서 싸우기 위해서 쿠바에서 자발적으로 조직된 기병대로, 사업가, 스카우트, 인디언, 경찰관, 광부, 카우보이 등으로 구성되었고, 유대인 회원들이 많았다. 러프 라이더스의 첫 전사자는, 등기부에는 뉴욕 출신의 제이컵 베를린이라는 이름으로 기록되어 있는 제이컵 윌버스키라는 열여섯 살의 텍사스 출신 유대인 카우보이였다. 러프 라이더스는 1898년 7월 1일 유혈 사태가 벌어진 격전지로 유명한 산후안 언덕을 정복한 루스벨트의 기병대로, 유대인 하사 어빙 펙소토도 이 부대에 소속되어 있었다.[54]

러시아의 전쟁화 전문화가인 바실리 베레시차긴[55])은 산후안 언덕 습격을 주제로 여러 차례에 걸쳐 인상적인 작품을 발표했다. 그러나 이 사건을 주제로 한 작품 중에서는 미국의 일러스트레이터, 말 전문화가이자 조각가인 프레더릭 레밍턴의 작품이 가장 유명하다. 레밍턴이 극적으로 묘사한 그 옛날의 황량한 서부의 이미지는 미국인들의 기억 속에 깊이 각인되어 있다.[56]) 20년 전에 레밍턴과 루스벨트의 인연을 맺어준 것이 바로 말과 말 그림이었다. 협업관계로 처음 만난 두 사람은 나중에 친구가 되었다. 1884년에 루스벨트는 다코타에서 소 농장을, 레밍턴은 캔자스에서 양 농장을 열었다. 그로부터 1년 후에 루스벨트는 정계 입문을 염두에 두고 『서부에서의 목장 생활(Ranch Life in the West)』[57])을 집필하기 시작했다. 처음에 그는 이 글을 두 곳의 잡지에 연재 기사로 발표했다. 자신의 글의 이미지에 맞는 일러스트레이터를 찾던 중, 루스벨트는 레밍턴의 초기 작품을 발견하고 그 매력에 흠뻑 빠졌다. 이것은 그때까지 무명 화가였던 레밍턴에게 인생 역전의 기회였다.[58]) 1898년 2월 레밍턴이 「콜리어스 위클리(Collier's Weekly)」의 특파원으로 쿠바에 파견되었을 때, 드디어 레밍턴이 루스벨트에게 보답할 기회가 왔다. 레밍턴이 목격자의 증언을 토대로 산후안 언덕의 습격을 그린 그림에는, 러프 라이더가 격렬하게 공격하다가 스페인으로부터 반격을 당하자 맥없이 쓰러져 있는데 그 앞에 지휘자인 루스벨트 연대장이 오른손에 기마 권총을 든 채 말을 탄 모습으로 묘사되어 있다. 이 그림 덕분에 루스벨트는 유명세를 타며 1901년에 미국의 대통령으로 당선될 수 있었다.[59])

레밍턴의 그림과 수많은 사진들은 루스벨트를 "러프 라이더스"[60]) 중에서 유일한 승자로 부각시켰다. 이것들은 루스벨트를 기병대와 무사로 이미지 메이킹을 하며 카우보이 대통령이 차기 대통령으로 당선될 것이라는 암시를 내비쳤다. 루스벨트가 대중적 이미지를 각인시킬 기회를 놓칠 리 없었다. 자원대인 러프 라이더스와 함께 한 쿠바 전쟁을 치른 지 1년 후에 루스벨트는 선거 캠페인을 시작했다.[61] 그는 러프 라이더의 화려한 제복을 입은 모습에 대해서 "카우보이 기병대[62]가 가져야 할 몸"이라고 묘사했다. 이후 카우보이는 대중 도상학뿐만 아니라 정치 도상학의 고정적인 이미지로 정착되었다. 실제로 두 이미지의 세계는 서로 투과되고 빤히 들여다보이는 관계에 있다. 그래서 정치적 알레고리가 담긴 서부극이라는 새로운 예술 형태가 문학[63]과 영화[64]에서 거의 동시에 나타날 수 있었던 것이다. 피상적으로 관찰할 때와는 달리, 서부극은 코스튬 드라마(특정 시대의 사회상을 반영해서 만든 영화나 드라마/옮긴이)나 모험극과 같은 통속적인 장르에 속하지 않는다. 서부극은 불안이 엄습한 시대의 국가의 정치적인 운명이 명확하게 반영되어 있는 미국의 대서사시이다.[65]

"테디" 루스벨트의 편에서 카우보이는 미국을 신화와 은유의 세계로 안내했다. 그러나 실제 권력의 세계에서 기병대 출신인 인물에 대한 관심은 사라졌다. 1890년에 서부 개척 시대가 공식적으로 끝나면서, 미국은 다른 곳으로 눈길을 돌려 전 세계 해군 작전의 실세로 등극했다. 미국이 새로 개척한 외교 정책의 공간인 해군에 대해서 루스벨트만큼 잘 아는 사람은 없었다. 루스벨트는 주저하지 않고 이 기회를 이용했다. 또한 누구도 루스벨트만큼 자신의 친구인, 미국의 해군 장성이자 전쟁사학자 앨프리드 세이어 머핸의 이론을 적절하게 변형하여 응용한 정치인은 없었다. '카우보이' 루스벨트만큼 해군 병력의 세계사적 주도권을 정치 활동에 잘 이용한 사람은 없었기 때문이다.[66] 미국이 쿠바 전쟁에 개입하자 대륙에 국한되었던 영토 전쟁의 시기가 끝나면서 가시적 행위자였던 말의 시대도 막을 내렸다. 영리한 머핸은 세계는 안장과 돛으로 정복되었다고 말했다. 루스벨트는 머핸의 말을 흘려듣지 않았다. 카우보이 대통령 루스벨트의 집권 초기에 미군은 기병대 중심으로 돌아갔으나, 해군으로 중심을 옮겼다. 실제로 루스벨트는 쿠바에서 안장 위에서 싸웠던 유일한 기병이었다. 나머지 연대는 플로리다에 말을 두고 쿠바에서는 맨발로 싸웠다. 레밍턴의 그림에서 표현된 극적인 아이콘, 루스벨트에 관한 내용은 진실이었다.[67] 산후안 언덕의 습격은 역사상 최후의 기병대 전투가 아니라 해병 사단이 탄생하는 순간이었짜.

흰 말과 검은 상자

시어도어 루스벨트는 종종 미국 최초의 미디어 대통령이라고 불린다. 그러나 루스벨트 이전에 미디어를 이용한 대통령이 없었다고 그 누가 말할 수 있겠는가? 사실 모든 후보들은 당대에 동원 가능했던 각종 언론의 도움을 받아 선거 유세를 해왔다. 출판물, 언론, 현수막, 나중에는 삽화, 판화, 사진 등을 통해서 말이다. 1900년이 되자 드디어, 요하네스 구텐베르크의 가동 금속 활자 발명에 버금가는 일종의 언론 혁명이 일어났다. 이번 혁명의 주역은 움직이는 그림을 만드는 기계인 영사기와 세상에서 일어나는 사건의 흐름과 상상력에 혁명을 일으키며 새롭게 등장한 영화를 만든 토머스 에디슨과 같은 발명가들이었다. 루스벨트는 적절한 타이밍에 이미지를 활용하는 데에 귀재였다. 그가 이미지 덕분에 동시대인들의 마음을 사로잡고 선거 유세전과 전쟁에서 승리할 수 있었다고 해도 과언이 아니다.

1884년에 루스벨트는 스물다섯 살의 젊은 나이에 정치적으로 패배하고 아내까지 잃었다. 그러나 워싱턴을 떠나 다코타의 목장주인으로서 새 인생을 시작했을 때에도 세간에 자신의 이미지를 꾸준히 관리했다. 그가 쓰는 문장 하나하나는 친근한 듯하지만 모두 상상 속의 독자나 시청자에게 끼칠 영향을 염두에 둔 것들이었다. 테디 루스벨트는 의상이나 액세서리 같은 것들을 통해서도 자신을 우러러보는 이들에게 이미지를 남기고자 했다. 목장주이자 카우보이로 변신한 루스벨트는 햇볕에 검게 그을린 피부와 반짝

거리는 금발을 유지했고, 이 환상적인 조합으로 사람들의 관심을 끌었다. 실제로 "값비싼 액세서리로 치장하니 내가 댄디 카우보이처럼 보인다"고 여동생에게 편지를 썼고, 친구인 캐벗 로지에게도 "차양이 넓은 솜브레로(라틴아메리카의 차양이 넓은 모자/옮긴이), 술이 달린 서부 스타일 셔츠, 말가죽으로 된 차파라호스(바지 위에 덧입는 카우보이 바지/옮긴이)나 승마 바지, 카우보이 장화, 엮어서 짠 재갈, 은색 곰팡이"로 온몸을 치장하고 있다며 자신의 옷차림을 설명했다.[68]

러프 라이더스의 용품도 마찬가지였다. 서부식 의상과 군인 제복이 혼합된 스타일은 루스벨트가 직접 디자인한 것이다. 그는 진짜 "러프 라이더스"의 외모에서부터 시작하여 기수들의 출신과 재능 등 세부적인 것에 이르기까지 신경을 썼다. 루스벨트는 심지어 브루클린에서 한 발짝도 나간 적이 없고 흔들목마도 타보지 않은 사람에게도 서부에서의 전쟁 경험과 말 타기 실력이 우수하다는 증명서를 일괄적으로 발행해주었다. 그러나 '러프 라이더스'라는 이름 때문에 루스벨트는 버팔로 빌이라고 불리는 빌 코디와 저작권 분쟁에 휘말리기도 했다. 버팔로 빌의 "와일드 웨스트 쇼"는 1893년부터 "러프 라이더스의 의회"라는 이름으로 공연되고 있었다. 기사들의 의회는 베르베르족, 코사크족, 프로이센의 창기병, 영국의 창기병, 멕시코의 가우초들로 구성되고, 이곳에서 코디는 전 세계의 대통령으로 등장했다.[69] 그러는 동안 루스벨트는 전쟁 영웅으로 승승장구하면서 정계에 복귀했다. 이런 상황에서는 소송을 취하하는 것이 더 영리한 판단이었다. 결국 코디는 1899년에 "산후안의 전투" 고별 공연을 하면서 이것을 자신의 공연 프로그램에서 삭제했다.

말을 타는 코디가 고전적인 길을 걸으며 전쟁터에서 서커스 공연 현장으로, 즉 현실에서 무대로 다시 돌아오는 동안, 미디어 정치인인 루스벨트는 복잡한 길을 택했다. 그는 영웅의 자세와 덧없기 그지없는 영웅의 기념비를 정치 행위자인 자신의 냉소적인 연극에 재도입하기 위해서 전쟁터의 피비린내가 진동하는 현실을 코스튬 드라마적 요소로 이동시켰다(이것이 그사이 황량한 서부의 역사가 되었기 때문이다[70]). 이것은 연극 속으로 현실이 '침입하는' 것이 아니라, 순환 논리였다. 총잡이 영웅이자 배우, 보안관인 와일드 빌 히콕이 무대를 떠나 데드우드의 선술집에서 총을 맞고 사망하기 전에,[71] 무대 위에서 자기 자신, 즉 와일드 빌 히콕을 연기했다. 무대와 인생 사이의 순환 고리가 끊어지자 그는 죽은 자가 되었다.

영화의 새롭고 엄청난 잠재력은, 1890년대 이후 전혀 알려지지 않은 상태로 이 순환 고리 속으로 들어갔다. 금세 잡아먹힐 사자굴 속으로 제 발로 들어가는 것인지 알지도 못한 채 코디와 쇼 군단의 인디언 대원들은 짧은 띠 모양의 필름으로 촬영한 영화의 첫 배우가 되었다. 이 영화는 1894년 뉴저지의 웨스트 오렌지에서 에디슨이 촬영했다. 영화의 역사는 "서부극의 주제를 서커스 버전으로 변형하여 서부의 실존 인물을 보여주면서" 시작되었다.[72] 얼마 지나지 않아 순환 고리는 영화에 유리한 방향으로 돌아갔다. 1908년에 코디는 작품의 무대를 원형 경기장에서 서부의 열차강도 습격현장으로 이동시켰다. 역사극이나 신화가 아니라 플롯을 바탕으로 한 이 작품은, 영화 역사상 최초의 서부극으로 간주되는 에드윈 S. 포터의 1903년작 「대열차 강도」이다.[73] 이 시기부터 역사적인 그의 운명은 이미 정해져 있었다. 1년 전인 1912년에 「버팔로 빌의 일생」이라는 전기 영화에서 역사적 인물인 주인공을 찬양할 때, 주인공의 삶은 그의 현실이 되어가고 있었다. 이것은 실제로 코디가 사업적으로 몰락의 길을 걷게 된 원인이었다.

당시에 시작된 영화의 역사는 미국의 두 번째 정복 그 이상의 의미를 가진다. 말과 함께 서부극이 미국을 점령했고, 서부극과 함께 미국은 세계를 점령했다. 최초의 서부극은 "호스 오페라(horse opera)"라고 불렸는데, 이 표현 이전에 "소프 오페라(soap opera)"라는 단어가 있었다. 1901년에 "카우보이 대통령" 루스벨트가 백악관에 입성하고 몇 년이 흐른 뒤, 때마침 쿠바 전쟁의 전우 가운데 한 친구가 서부극의 영웅으로 떠올랐다. 톰 믹스라는 이름으로 더 많이 알려진 토머스 에드윈 믹스가 프랑스의 서부 역사학자 루이 리외페이루의 표현처럼 "미국 대중의 우상"이 된 것이다. 예전에 미국의 영화 평론가로 활동했던 그는 톰 믹스에 대하여 "연기력은 평범했지만 말 타기 재주가 탁월한 배우였다"고 말했다.[74] 톰 믹스는 자신이 명성을 얻게 된 것이 신화에서 막 튀어나온 듯한 흰 말 덕분이라는 사실을 인정했다. 미국의 소설가 허먼 멜빌은 작품의 주인공을 고래로 결정하기 전에 "성스러운 백색 물소 혹은 성스러운 백색 종마를 사냥하는 이야기로 생각 놀이를 하느라" 한동안 흔들렸다고 말했다.[75] 『모비 딕(Moby Dick)』에서 멜빌은 "초원의 흰 말, 큰 눈과 작은 머리에 다부진 근육을 가진 화려한 우윳빛 종마가 당당하게 곧추선 자세로 한없는 위엄을 보이며 누워 있는 모습을 떠올렸다."[76]

육지 혹은 바다, 육지의 마수인 베헤모스 혹은 바다의 마수인 리바이어던 중에서 선택의 기로에 놓이자, 멜빌은 바다의 신비로운 동물인 백색 고래를 선택했다. 초원의 신화라는 명성은 소설가 대신 조형 예술가에게로 넘어갔다. 미국의 화가 겸 조각가이자 일러스트레이터인 레밍턴은 루스벨트처럼 1883년에 동부 해안을 떠나, 캔자스에서 목장 주인이자 말 거래상이 되었다. 카우보이, 모피 수집 사냥꾼, 인디언의 삶을 연구한 그의 그림에는 황량한 서부의 삶이 진하게 녹아 있다. 같은 시기에 빌 코디('버팔로 빌')가 서커스 공연을 위해서 옛날의 서부 분위기를 만들고 자신이 공연에서 직접 연기를 하는 동안, 레밍턴의 그림이 미술관에서 인기를 끌고 언론에 등장하면서 황량한 서부가 도상학적 이미지로 정착했다. 예를 들면 존 포드나 샘 페킨파와 같은 거장 영화감독처럼 서부에 관한 글이나 이미지 묘사에서 빼놓을 수 없는 인물들은, 레밍턴의 어깨 위에 앉아 자신들만의 독특한 관점으로

서부를 바라보았다. 최초의 서부 소설로 간주되는 『더 버지니언(*The Virginian*)』을 지은 미국의 작가 겸 역사학자 오언 위스터 또한 레밍턴에게 경의를 표했다. 미군의 전형에서 인생과 피 흘려 싸운 자들의 비극 그리고 악함과 부패의 전형, 탐험가, 배우, 노상강도에 이르기까지 레밍턴의 작품에는 서부와 관련된 모든 이미지가 묘사되어 있었다.[77] 위스터는 레밍턴의 초상 중에서 가장 위대한 것을 하나만 꼽으라면 말이라고 답했다. 육지의 신비스런 동물, 말은 레밍턴이 원래 표현하고 싶어했던 주제였다. 그는 서부 정복과 서양 정복, 두 마리의 토끼를 잡는 데에 성공한 것이다.

충격

기사국의 몰락

1939년, 독일 장교가 바르샤바의 서쪽 진영에서 지난 며칠간의 사건을 정리하여 보고하고 있었다. 그는 아직 젊은 청년이었다. 불과 2주일 전까지만 해도 그는 전쟁을 승부와 책략으로만 이해했다. 이제 그는 시시각각 변하는 신변의 위협과 식량 공급의 문제를 피부로 느끼고 있었다. 잠시 눈을 돌리니 저주 받은 듯이 황량하게 버려진 귀족 저택가에는 정적이 흐르고 있었다. 벽에는 여전히 그림이 걸려 있고 방은 황제풍 가구로 둘러싸여 있었지만 어디에서도 포도주는 찾아볼 수 없었다. 기계화 부대 소속 대원이었던 기록자는 기마병의 실상을 적나라하게 폭로했다.[1] 그는 전쟁터에서 인간의 죽음 외에 또다른 희생자를 목격했다. 1939년 9월 17일, 독일 장교인 클라우스 폰 슈타우펜베르크는 아내 니나에게 다음과 같은 편지를 보냈다. "오늘 바르샤바 서쪽 방향 대로에서 집단 충돌 사태를 목격했지. 길가에 100마리가 넘는 말들이 쓰러져 있었소. 말의 사체를 땅에 묻는 것이 요즘 시민들의 일상이오. 그 모습이 아직도 눈에 밟히는군."[2]

같은 시기에 전쟁을 체험한 한 폴란드 아이도 죽은 말들을 보고 충격을 받는다. 차갑게 굳은 사체가 된 말의 이미지는 아이의 뇌리에 박힌다. 폴란드의 저널리스트인 리샤르드 카푸시친스키는 어린 시절의 기억을 다음과 같이 떠올린다. "총, 불, 썩은 사체의 냄새가 공기 중에 진동했다. 우리가 어디를 가든 말의 사체가 있었다. 몸집은 크지만 방어할 능력이 없는 짐승인 말은 숨을 곳이 없었다. 폭탄이 떨어질 때에도 말은 미동도 하지 않고 가만히 서서 죽음을 기다렸다. 선로 바로 밑, 무덤 옆의 도로, 전쟁터 등 도처에 말의 사체들이 깔려 있었다. 말들이 딱딱하게 굳은 다리를 하늘을 향해 벌리고 누워서 말발굽으로 사람들을 위협하고 있었다. 그런데 나는 어디에서도 사람의 시신은 볼 수 없었다. 인간의 시신은 발견 즉시 땅에 묻혔기 때문이다. 말, 검은말, 갈색말, 얼룩말, 여우와 같은 짐승들의 사체만 보였다. 마치 인간들의 전쟁이 아니라 말들의 전쟁인 듯, 말들이 삶과 죽음 사이에서 사투를 벌이는 듯, 자신들만이 전쟁의 유일한 희생자인 듯 말이다."[3]

제2차 세계대전의 마지막 날처럼, 코사크족이 엘베 강에서 말에게 물을 먹이던 전쟁 초창기에는 말이 보였다. 폴란드는 기사국으로 남으려고 오랫동안 버티다가 끝내 기병대의 몰락을 맞이한 신화와 같은 나라이다.[4] 19세기 중반 이후 폴란드는 전쟁터에 기병대를 대규모로 투입했다. 그러나 폴란드 기병대는 밀려드는 독일 군대를 막을 길이 없었고, 인류의 황혼(저널리스트이자 작가인 쿠르트 핀투스의 시집의 부제/옮긴이)이 다가오는 모습을 그저 바라볼 뿐이었다. 극적인 장면이 없는 것으로 보아 이 이별은 오랜 시간에 걸쳐서 이루어진 것이다. 물론 이런 이별이 현실에서 일어난 사건은 아닐지라도, 집단 기억이라는 살롱 안에는 버려진 폴란드의 귀족 저택처럼 옛 그림이 걸려 있다.

사랑과 주식 거래처럼 역사의 기억은 믿음을 저버리고 기존의 모든 지식을 무시하는 희망적인 관측에 기댄다. 역사는 직설법으로 쓰이지만 우리의 기억 속에 남아 있는 것은 진실이 아닌 소망이다. 그래서 역사와 관련된 속설은 끈질긴 생명력을 가진다. 역사에 관한 속설이 공공연하게 퍼져 있을 때에는 이것이 마치 진리처럼 누구에게도 해를 끼치지 않는다. 그러나 속설이 겨울나기에 성공하려면 치러야 할 대가가 있다. 속설이 완전히 퍼져 있는 상태여야 하고, 극적이거나 파렴치한 본질도 들어 있어야 하며, 이 본질을 통해서 당대의 역사 비평보다 상상력을 더 강하게 움직이고 자극해야 한다. 지난 세기에 끈질기게 살아남은 속설 중의 하나가 제2차 세계대전 첫날 폴란드의 창기병이 독일의 기갑 부대를 공격한 사건이다. 이것이 역사적인 사고였는지 운명적인 우연이었는지, 상식을 벗어난 원한에서 기인한 행동이 아니라 그저 피를 대가로 한 무모한 모험이었는지는 인터넷에서 자료를 찾아보면 확인할 수 있을 것이다.[5] 그런데 죽음을 불사하는 폴란드 기병대의 이미지는 역사적 이성(역사적 세계를 포착하는 정신과학의 인식작용. 독일 철학자 딜타이의 용어/옮긴이)보다 영향력이 강하다. "죽음의 길에 들어서는 우리가 황제에게 경의를 표합니다." 역사의 환상은 가망 없는 전투를 사랑한다.

속설에 의하면, 독일이 폴란드를 침공한 첫날인 1939년 9월 1일 저녁, 폴란드 기병대의 한 부대는 참패할 것을 예감하며 절망적인 분위기 속에서 독일의 기갑 부대를 공격했다고 한다.[6] 그런데 이 속설에서는 검을 뽑아들고 비장하게 말을 타고 들어오는 기병대의 장대한 행렬을 창을 꽂고 달려오는 창기병의 모습으로 묘사한다. 이러한 세부묘사가 관찰자에게 역사적으로 불평등한 상황에 처해 있다는 인상 혹은 이 일이 몇 세대를 건너뛰고 나타나는 일이라는 인상을 더 강렬하게 남기기 때문이다. 마치 역사적 시간의 깊은 곳으로부터 스텝 지대의 공포의 대상이었던 말을 타는 전사의 원형이, 강철 같은 근대에 저항하기 위해서 다시 한번 튀어나온 것이라고 말하려는 듯이 말이다. 독일의 장갑차와 승산 없는 전쟁을 벌였던 폴란드의 기사는 말의 시대가 끝났음을 알리는 이미지인 것이다.

이 불평등한 만남의 실제 상황은 이렇다. 사실 이 사태는 폴란드 기병대와 독일 기갑 부대의 우연한 충돌로 일어난 것이었다. 만일 독일의 부대가 기관총 사격 중이었다면 폴란드 기병대는 전원 전사했을 것이다. 어쨌든 우회 명령은 없었고, 살아남기 위해서 먼저 도망친 것은 폴란드 기병대원들이었다(절반은 도주에 성공했다). 이 유언비어를 처음 유포한 사람은 이탈리아의 저널리스트였다. 실제로 이 유언비어는 독일의 선동구호로 채택되었고 이후에 더욱 정교해졌다. 두 편의 영화 「폴란드에서의 전쟁」(1940)과 「뤼초우의 전투 함대」(1941)로 인해서 동시대인들의 의식 속에 허구의 사건은 진실처럼 각인되며 후손들의 기억 속에 남았다. 1959년에 폴란드의 영화감독 안제이 바이다는 영화 「로트나」에서 기존의 잘못된 속설을 뒤집으려고 노력했다. 그러나 그 또한 폴란드 기병대가 독일 기갑 부대에 맞서 싸울 때에 창을 든 장면을 포기할 수 없었다고 고백했다.[7] 창이 폴란드라는 한 국가의 자화상과 완벽하게 일치했기 때문이다.

이런 이미지는 폴란드 귀족의 이마고(Imago : 타인을 인식하고 그와 관계를 맺게 하는 인간 보편의 정신적 원형/옮긴이)를 통해서 표현된다. 유럽의 어떤 귀족도 폴란드의 귀족처럼 말을 타는 귀족이라는 이미지를 부각시키지 않는다. 여러 차례 분단의 아픔을 겪었던 폴란드는 다른 국가들에 비해서 몇 배나 더 심한 굴욕감과 역사적인 불안감에 시달려왔다. 이런 국민 정서가 기사국을 지향하는 표상으로 드러난 것이다. 유럽의 어떤 국가도 폴란드처럼 16세기 이후에도 날렵하고 신속하게 휘어지는 칼 대신 구식 검을 쓰는 기병대를 핵심 병력으로 삼지 않았다. 폴란드에서 말은 국가적인 정체성을 표현하고자 할 때에 문학과 조형 예술에 등장하는 요소였다. 19세기 유럽에서 귀족과 출세한 시민 계급이 높이 평가했던 말 그림에는 역사화의 일부로서 폴란드 정치의 바탕색이 깔려 있었다.[8] 그 배경에는 늘 폴란드의 위대한 기사인 얀 3세 소비에스키가 도드라져 보이도록 묘사되어 있었다. 그는 1683년 9월 칼렌베르크 전투에서 터키인들을 물리쳐서 서양 기독교 국가의 구원자로 여겨지는 인물이다.

1939년 9월 1일의 저녁 직전에, 독일 기갑 부대와 폴란드 기병대는 운명적으로 충돌했다. 폴란드 기병대는 말을 타고 독일 기갑 부대의 공격에 맞섰다. 효과가 강력한 만큼 손실도 많은 폴란드 기병대의 그 유명한 충격 효과에 독일군은 허겁지겁 후퇴했다. 독일의 장군인 하인츠 구데리안은 "전쟁 첫날의 공포"를 떠올렸다.[9] 단기전이 있던 다음날에도 폴란드의 기병대는 독일 군대를 기습공격하여 적의 전선을 무너뜨렸다. 그러나 처음에는 독일의 우월한 기계화 및 기갑 부대에 밀려서, 나중에는 러시아 연합군이 참전하여 폴란드 기병대는 더 이상 힘을 쓸 수 없었다. 전투 폭격기의 공격까지 가세하자 폴란드의 기병대는 더욱 고통에 시달렸다. 일부 부대는 전쟁 마지막 날에 헝가리로 도망쳤다. 마지막 남은 총 5,000명의 기병대원은 클레베르크 장군의 지휘를 따라서 끝까지 저항하다가 10월 5일에 항복했다. 폴란드의 중산산지 숲에는 독일군에 끝까지 맞선 기수들이 남아 있었다. 후발이라고 불리던 육군 소령 도브르잔스키가 지휘하는 '폴란드 특수부대' 소속 대원들이었다. 1940년 4월 30일, 이 파르티잔들은 독일군에게 포위되어서 사살되었고, 우두머리인 후발은 잔인하게 학대당하여 짐승처럼 피부가 벗겨져 있었다.[10]

기원후의 벼락

1853년 크림 전쟁이 발발한 이후 40여 년간 지속되었던 평화의 시대는 끝이 났다. 유럽 대륙에는 군사 분쟁의 특성을 띤 새로운 시기가 찾아왔다. 이러한 상황에서 전쟁 기술은 빠른 속도로 발전하고 있었다. 특히 기병대는 전쟁터에서 급변하는 권력 구조를 피부로 느낄 수밖에 없었다. 인간이 오랜 세월 전쟁을 치르며 말과의 협력관계를 확인하는 동안, 켄타우로스는 기수와 말에게는 전쟁터의 거장, 전쟁의 주도자였고, 적에게는 공포의 대상이었다. 나폴레옹 체제에서 기병대는 가장 확실하고 중요한 무기였다. 기병대의 공격이 전쟁의 승패를 가르는 일은 빈번히 발생했다. 클라우제비츠가 규정했듯이 "결전"을 치르려면 적절한 무기가 필요했는데, 그 무기가 바로 기병대였다.[11] 기병대는 가장 신속한 기동성을 제공하는 요소로, 전쟁이 절정에 달했을 때에 적군의 저항을 무너뜨렸다. 기병대는 결정적인 순간에 적군의 심장을 파고들 수 있는 칼이었다. 또 희미하게 빛나는 무기, 거대하고 화려한 다관절의 존재인 동시에 고유한 규모와 엄청난 폭발음을 가진 기념비였다. 그러나 19세기 중반 이후 전쟁이 다시 발발하면서 기념비가 무너지기 시작했다. 처음에 전쟁은 잠시 스쳐 지나가는 가벼운 폭발, 대부분의 사람들의 시선에 닿지 않는 졸졸 흐르는 시냇물과 같았다.

4년간의 피비린내 나는 남북전쟁 끝에 미국이 얻은 교훈을, 유럽이 완전히 자기 것으로 만들기까지는 75년의 세월이 걸렸다. 유럽의 국가와 군대는 저 먼 곳, 아메리카 대륙의 재앙을 관찰하면서가 아니라 쓰디쓴 실패를 맛봄으로써 교훈을 얻었다. 유럽의 참모 장교와 기병대가 미국의 남북전쟁을 통해서 얻은 교훈은 무엇이었을까?

첫째는 더 빠른 속도로 발사되며 명중률이 높아진 후장 총포와 연발총을 갖춘 보병대가 등장하면서, 공격 무기로서 기병대의 가치가 급락했다는 것이다. 이전까지 보병대에게 기병대는 짓밟힐 것을 두려워해야 할 공포의 대상이었다. 그러나 총기의 화력이 향상되고 보병대와 기병대의 거리가 좁혀지면서 이런 두려움은 어느 정도 극복되었다. 둘째, "전통적인" 전쟁터가 아닌 곳에서, 이를테면 적의 보급품 혹은 연락망을 무너뜨리는 특별 부대의 명령을 수행하거나 탄약 보급창고를 습격할 때, 기병대의 능력은 군사작전을 실행할 기회가 눈에 잘 띄지 않을지라도 매우 중요했다는 것이다. 남부연합군과 북부연방군 양측은 이런 전술을 집중적으로 활용하고 적군의 병참 기지를 목표로 하는 군사작전을 더 신속하고 융통성 있게 수행할 수 있었다. 이런 작전을 통해서 소규모 전쟁 혹은 유목민 전쟁의 운동량(momentum : 움직이는 물체의 추진력/옮긴이)은 근대 기술전의 목표물과 결합했다.[12]

셋째, 특히 미국 남북전쟁과 연이어 발생한 인디언 전쟁의 관찰자들은 기병대에 신식 무기를 적용했다. 유럽 기병대의 전술은 베고 찌르는 무기에 의존했던 반면, 북아메리카 기병대는 새로운 유형의 전략으로 리볼버와 연발총으로 재무장했다. 이런 상황에서 적진을 향해 검을 들고 전속력으로 달리는 기병 소대를 투입하는 행위를 물리학적으로 표현하면, 뜨거운 벽을 뚫기 위해서 여러 가지 부품으로 만든 거대하고 관통력이 높은 사격 무기를 발사한다는 뜻과 같았다. 쉽게 말해서 기병대는 반쯤 정신이 나간 말을 통제하지 못하는 위험한 상황에 끊임없이 빠지고 넘어지면서 충돌을 막아야 했다. 한편 상대편의 입장에서 이것은 거대하고, 숨을 헐떡이고, 포효하며, 천둥과 번개를 내리쏟는 시한폭탄에 달려드는 행위였다. 오늘날에는 거의 상상하기 어려운 상황일 것이다.[13] 그러나 기병대의 목표가 뇌신처럼 빠른 속도로 보병대 대열에서 달리는 것이 아니라 적의 등 뒤에서 철도를 파괴하거나 말을 탄 범죄조직의 전사들에게 대항하는 것이라면, 전술과 무기, 무장 상태에 변화를 줄 수밖에 없다. 유럽의 군대가 공격전 및 구식 검과 창으로 무장을 고집하는 동안 미국은 현대식 무기로 재정비하고 있었다.[14]

1866년 쾨니히그레츠 전투 당시, 미국의 전쟁터에서 나타났던 현상이 관찰되었다. 구식 무장 부대가 아닌 현대식 보병대와 충돌하자마자 기병대에 위기가 닥친 것이다. 나폴레옹이나 프리드리히 대왕의 통솔하에 조아생 뮈라나 프리드리히 자이들리츠가 고집하던 전투 방식을 선택할 기회가 줄었다.[15] 1870년 늦여름과 가을, 유럽 최고의 정예부대로 손꼽히는 프랑스 기병대의 잇단 참패로 상황은 더 심각해졌다.

1870년 9월 1일, 세당에서 프로이센의 빌헬름 1세와 참모들이 보는 가운데 프랑스 기병대가 독일 보병대 전선 붕괴작전에 3회 연속으로 실패하면서 최악의 사태가 벌어졌다. 속설에 의하면 마지막 공격이 좌절되자 프랑스의 사령관 갈리페 장군은 독일 기병 연대의 최전선 앞에서 한순간에 나가떨어져 꼼짝도 하지 못했다고 한다. 이때 독일은 포격을 중단하고 거수경례를 하며, 남아 있던 프랑스 기병대가 천천히 떠날 수 있도록 했다고 전해진다.[16] 전쟁터의 실상은 기사도 정신과는 거리가 멀다. 모든 상황은 말 그대로 사망자의 수에 반영되어 있다. 프랑스와 독일 모두 사망한 기병대원의 수보다 사망한 말의 수가 훨씬 더 많았다. 말은 몸집이 크기 때문에 총을 쏘면 명중률이 높았다. 말이 총에 맞아 쓰러지면서 기병대원도 함께 쓰러졌기 때문에 말을 공격한 후에 기병대원을 사살하거나 생포하면 적을 무너뜨리기가 쉬웠다. 그러나 역사책은 기병대와 보병대의 전쟁 혹은 인간과 켄타우로스 간 전쟁의 이면의 아름답지 않은 모습에 대해서는 침묵한다.[17]

이제 마지막 결전의 시간이 왔다. 메스와 세당에서 며칠 동안 일어난 사건 덕분에 역사는 지루할 틈이 없었다. 군사 역사상 마지막 기병대 전투가 벌어진 이곳에서 끊임없이 새로운 사건이 터졌다. 군사역사가 마이클 하워드는 1870년 8월 16일 마르스라투르 전투가 "서유럽 전쟁의 역사에서 마지막으로 승리한 기병대 공격일 것이다"라고 평가했다.[18] 그날 오후 르종빌 일대는 5,000명의 기병대 군사들이 포위하며 아수라장이 되었다. 이 대규모 전투는 역사에서 마지막 기병대 간 전투로 간주된다.[19] 지금까지 역사 기술 가운데 어떤 분야도 전쟁사만큼 낭만주의적 감정과 역사적 공감대가 보존되지는 않았다. 세계 역사의 무대에서 이처럼 강렬한 인상을 남기며 퇴장한 사례가 또 있을까? 결국 이 무대는 제1차 세계대전의 잔인한 현장을 위해서 비워놓아야 했다. 이런 상황에서 말을 타고 총을 쏘겠다면 그가 장군이든 자살기도자이든 상관없이 제정신이 아닌 것만은 틀림없다.

유럽 국가들 중에서 유일하게 영국만이 제1차 세계대전 이전에 기병대의 전략 수정 방안을 제시했다. 영국인들은 미국의 남북전쟁에서는 아무런 교훈도 얻지 못했지만, 식민지와의 분쟁을 비롯해서 보어인과 치렀던 게릴라전을 통해서 배운 것이 있었다.[20] 영국은 빅토리아 시대에 더없는 영화를 누렸지만 전쟁이 끊이지 않았다. 빅토리아 여왕이 군림한 63년 동안 영국은 80여 차례의 크고 작은 전쟁을 치러야 했다. 최근의 역사 연구는 "이 모든 전쟁에서 말이 사람만큼이나 중요한 역할을 했다는 사실을 입증하고 있다."[21] 정치적으로나 기병대의 관점에서나 흥미로운 사건이 있었다. 이슬람교의 지도자 무함마드 아마드가 수단에서 이슬람 칼리프의 주권을 주장하면서 시작된 마흐디 전쟁이었다. 수단의 수도인 하르툼 정복과 수단에 주둔하고 있던 영국의 총독인 고든 장군의 사망 사건이 발생하면서 지도자인 무함마드 아마드가 대영제국을 선제공격했다. 그로부터 1년 후인 1896년에 대영제국은 수단에서 군대를 철수했다. 현재의 관점에서 해석할 때, 이 전쟁에서 영국인들은 북동부 아프리카를 현대식 무기의 실험장으로 이용했던 것이다. 이후 제1차 세계대전에서 그랬듯이 말이다. 정반대의 관점으로 해석하면 마흐디 전쟁은 기병대가 전쟁에서 결정적인 역할을 한다는 사실을 명확하게 입증한 사건으로, 19세기 최후의 저항인 듯하다.

한편 수단 하르툼 주(州)의 도시 옴두르만에서 기병 소대를 지휘하던 영국 기병대 소속의 젊은 장교가 1년 후에 『강의 전쟁(The River War)』(1899)이라는 책을 발표했는데, 이 책은 나중에 그에게 (문학적으로도) 명성을 안겨주었다. 이 장교는 다름 아닌 윈스턴 처칠이었다. 실제로 처칠의 마흐디 전쟁 묘사에서는 사자의 앞발과 같은 날카로움을 느낄 수 있다. 21번째 창기병과 이슬람 교도들과의 격전 장면을 생략한 것은 전쟁문학의 탁월한 서술방식이다. 이런 서술방식이 살육의 공포와 행위자의 혼돈을 숨기지 않으면서 발레와 같은 템포와 우아함을 바르게 평가할 수 있게 해주기 때문이다. 처칠은 "무시무시한 위력을 가진 무력 충돌이었다. 30여 명의 창기병과 최소 200명의 아랍인들이 쓰러졌다. 양측 모두 충격을 받아서 정신이 혼미한 상태였다. 이 불가사의한 10초 동안 아마 아무도 적에게 신경을 쓸 수 없었을 것이다. 공포에 사로잡힌 말들은 바닥에 쐐기처럼 박혀 있었고, 부상당한 남자들이 짐짝처럼 포개진 채 몽롱하고 혼란스러운 상태에서 더듬더듬 일어나려고 애쓰며 아래를 내려다보았다. 중상을 입은 창기병들의 대부분이 그 짧은 시간 내에 다시 몸을 일으켰다. 이미 기병대의 활약이 이들을 휩쓸고 간 후였다.……이 상태에서 '두 명의 살아 있는 장벽이' 서로 충돌했다. 이슬람 교도들은 남자답게 싸웠다. 이들은 말의 무릎 힘줄을 잘라서 두 동강 내려고 했다.……이들은 고삐와 등자의 끈을 끊어버렸다. 그리고 회반죽으로 된 봉쇄시설을 아주 노련하게 힘껏 내리쳤다. 이들은 냉혈한의 결연한 의지에 불타오르고, 전쟁 경험도 있으며, 기병대 전술을 잘 아는 남자들을 전부 동원했다. 게다가 이들은 깊은 곳까지 벨 수 있는 날카로운 검을 흔들며 휘둘렀다.……주인 없는 말들이 평지를 뛰어다녔다. 사람들은 안장의 머리 부분에 꼭 매달려 싱처와 피로 뒤범벅이 된 남자들의 모습을 보았다. 벌어진 상처 틈새로 피가 새어나오는 말들이 기수와 함께 절뚝거리며 비틀거리고 있었다."22)

얼마 후인 1899년 10월에 발발한 보어 전쟁은 성향이 비슷한 두 적수들 사이의 전쟁이 단기간에 게릴라전으로 발전한 경우이다. 보어 전쟁에서도 말은 혁혁한 공을 세웠다. 보어인들은 야전에서 자신들이 영국 탐색대보다 열세라는 사실을 빨리 파악했다. 보어인들은 자신들의 전략을 즉시 소규모 파병대를 조직하여 강인한 아프리카산 조랑말을 타고 다니며 기습공격하는 것으로 수정했다. 옴두르만 전투를 승리로 이끈 키치너 경은 1890년 봄 이후 영국 최고사령관직에 있었다. 그는 보어인의 끈질긴 소규모 파병대가 아프리카산 조랑말을 타고 다니며 기습공격을 하자, 전투력이 뛰어난 보어인의 기동성을 제한하는 작전에 들어갔다. 그 사이에 그는 영국 군대의 기동력을 키웠다. 이 전쟁의 핵심은 기병대 병력을 강화하는 것이었다. 1901년에 전쟁이 절정에 달했을 때, 전체 탐색대원 25만 명 중 3분의 1이 기병대에 투입되었다. 8만 마리의 말을 전쟁터로 보내자, 병참기지에 문제가 생겼다. 1880년대 이후 영국 정부에서는 보충마, 즉 군마의 보급 장소를 국내시장으로 제한했기 때문에 런던의 운송회사만 미국과 캐나다 시장에서 수입업자로 활동할 수 있었다. 보어 전쟁에 필요했던 말은 런던의 승합버스(런던의 운송회사)를 거쳐 보급되고 남아프리카 전투에 투입될 수 있었다.[23]

한낮의 유령

재앙은 하룻밤 사이에 일어난 것이 아니었다. 그전에 이미 몇몇 조짐이 보였다. 독일의 작가 겸 언론인인 파울 리만은 1913년 자신의 저서 『황제(Der Kaiser)』에서 폰 퀄렌 남작의 경고를 인용했다. "독일은 황제의 기동훈련을 위한 기병대 공격에 조국의 아들들을 참여시켜 피를 흘리게 한 대가를 치러야 할 것이다."[24] 미국 독립전쟁과 1870년 프로이센-프랑스 전쟁을 치른 유럽 국가들은 화력이 향상된 신식 무기를 갖춘 보병대가 기병대를 위협하고 있다는 사실을 감지했다. 기병대의 미래를 생각한다면 창기로만 무장하고 고전적인 전투 방식을 고집해서는 안 되었다. 기병대는 파견대를 해체하여 소규모로 재편성하고, 쏜살같이 공격을 한 후에 바로 사라지고, 배후에서 적을 덮치고, 보급로를 교란하는 등 유목민, 비정규군과 유사한 전투 방식으로 전략을 수정해야 했다. 이를 위해서 전략 및 군사 교육의 수정, 장비 교체가 필요했다. 행운은 저절로 오는 것이 아니기 때문이었다. 그런데 이 규정을 만든 사람이 과거 혹은 현재의 기병대원들이라는 것이 문제였다. 이들은 모든 경고 신호를 그냥 무시했고, 공격의 중요성을 가르쳤으며, 빠른 속도로 발포되는 무기가 등장하자 기껏해야 편대 해산을 권했다. 제1차 세계대전이 발발하기 전인 1909년, 독일 최후의 기병대 규정에는 공격이 기병대 전투의 핵심 전술이라고 쓰여 있었다.[25]

그나마 이 문제를 좀더 현실적인 관점에서 접근하고 전투 방식을 신중하게 적용할 것을 제안할 수 있는 이들은 전술 교사들이었다. 그러나 군사학교 및 기병 학교에 흩어져 있던 전술 교사들이 정치 및 전략적으로 영향력 있는 논의를 결정할 상황은 되지 못했다. 프리드리히 폰 베른하르디와 같은 작가들은 1908년에도 기병대에게 "적의 화기 사용을 무력화하여 매끈한 신식 무기를 갖춘 적의 기병대를 공격해야 한다"고 했다. "열정이 넘치고 단호한 적이라면 이에 상응하는 노력을 해야 하므로, 향후 전쟁도 기마전의 특성을 띨 것이다. 전쟁터에서도 기병대는 화기에 맞서기 위해서 전투 방식을 고수해야 한다."[26]

호전적으로 들릴지 모르겠지만, 진실은 지하실에서 흘러나오는 휘파람 소리와 같았다. 기병대의 노련한 사령관 베른하르디의 속내는 아무도 파악하지 못했다. 사실 그는 대부분의 장교들이 지지하는 "공격 위주 작전"에 조심스럽게 반발하고 있었다.[27] 불과 수십 년 만에 전쟁의 성격이 완전히 바뀌었다. "패전 지역"이 급격히 증가했고, "구역 집중 사격"의 강도가 높아져서 "이런 지역에서는 말을 타고 지나갈 수가 없었다."[28] 이런 상황에서 베른하르디는 공격 전략의 기동성에 초점을 맞추었고,[29] 한때 자신들이 무시했던 보병대의 "산악지대 방어 전략"을 수용할 것을 지시했다.[30] 물론 경고조보다는 과감한 공고가 더 많은 사람들로부터 공감을 얻었다.

"화력과 기동성의 결합"이라는 측면에서 기병대가 이미 시대에 뒤떨어지고 있다는 사실은 보어 전쟁처럼 인디언 전쟁에서도 확인된 바 있다.[31] 그럼에도 제1차 세계대전이 터질 무렵에는 이처럼 명백한 증거가 군지도부의 전략 및 전술 방안에 반영되지 못했다. 전략을 보어인들과 유사한 전투 방식으로 수정했던 영국 군대 또한 처음에는 역사의 교훈을 들으려고 하지 않았다. 마치 미국의 기병대에 맞서 싸우기 20-30년 전의 인디언처럼 말이다. 아프리카 전쟁터의 군대 지휘관들과 젊은 장교들은 변화의 필요성을 느낀 듯했으나 군지도부는 이를 받아들이려고 하지 않았다. 1915년 12월부터 전쟁이 끝나던 그날까지 서부 전선의 영국 총사령관을 지낸 더글러스 헤이그는 마흐디 전쟁과 보어 전쟁에 모두 참전했으며 인도에서 기병대의 감찰 장교로도 복무했는데, 사령부에 있을 때 현대식 무기라는 새로운 자극을 받아들이지 않았다. 그는 현대식 무기의 잠재력을 무시하며 전쟁에서는 의지, 결단력, 기습 등의 심리적 요인들이 중요하다는 입장을 끝까지 고집했다. 그는 나폴레옹 전쟁 시대를 집중적으로 연구하여 사관학교에서 강의를 하기도 했으나,[32] 보병은 물론이고 포병의 임무는 기병대의 최후 공격을 준비하는 데에 있다고 생각했다. 이렇듯 헤이그처럼 자신이 직접 경험하고도 말도 안 되는 고집을 피우는 사령관들이 여전히 많았고, 기병대는 1916년부터 1918년까지 대전투에서 그 대가를 톡톡히 치렀다.[33]

독일의 소설가 에들레프 쾨펜은 세계대전을 주제로 한 작품 『군사 보도 (Heeresbericht)』에서 영국 기병대가 독일의 참호를 공격하는 장면을 묘사했다. 독일 보병대의 총격으로 영국 기병대가 처참하게 무너지자 영국 부대의 공격은 끝이 났다. "1열, 2열, 더 이상 열 구분은 없고, 서로 뒤섞여 충돌하고, 함께 구르고, 모든 것이 한 덩어리로 짓이겨져 있고, 너무 단단하게 뭉쳐져서 마음대로 움직일 수 없다. 이리저리 끌려다니고 짓밟히고 짓뭉개지고 뒤집어 파헤쳐지고 갈라진다. 덜덜 떠는 말의 다리 사이에는 기관총이 있고, 난도질당한 몸통은 땅 위에 질질 끌리고 가슴팍 앞에는 포탄의 파편이, 배 밑에는 수류탄이 있다.……팔뚝 굵기의 장과 피가 샘을 이루고, 인간과 짐승의 사지와 몸뚱이가 서로 부딪혀 미끄러진다.……망상, 마지막이라는 불안감, 가장 끔찍한 공포가 깨어난다. 말 한 마리도 물러서지 않는다.

오직 죽음만이 앞을 향해 발걸음을 재촉하고 있다.……죽음만이 반복되고 계속해서 갈기갈기 찢긴다. 끈적끈적한 피가 성벽에서 솟구치며 손이 불쑥 튀어나온다. 형체를 알 수 없는 얼굴들이 튀어나온다. 팔들이 덜렁거린다. 독일 보병대는 거리낌 없이 마지막 확인사살을 한다. 모든 것이 미동도 하지 않고 피바다에 질식할 때까지."[34]

영국 탐색 부대의 최고사령관 존 프렌치 역시 (1915년 12월까지) 자신의 경쟁자이자 후임자인 헤이그처럼 보어 전쟁 당시에 기병대 사령관을 지냈다. 두 사람 모두 세계대전을 치르며 얻은 경험적 지식을 완전히 무시하고 "자신들만의 병과"인 기병대에 들이닥칠 문제만 보고 있었다. 프렌치는 기병대가 용맹하게 공격할 날을 꿈꾸었고, 백마를 타고 부대를 방문하는 것을 좋아했다.[35] 1916년 7월 솜 전투 이후에 도살자 헤이그라고 불렸던 그는 제1차 세계대전이 끝난 지 10년이 지난 1927년에도 여전히 "전투기와 장갑차는 기병대의 부속물"에 불과하다고 생각했다.[36] 이미 공중전이 무엇이고 달에 인공위성을 쏘아올릴 날을 꿈꾸던 시절에 공격 무기를 기병대로 고집하는 행위는 냉소적인 격세유전으로 나타날 수밖에 없었다. 이것은 시대에 뒤떨어진 전술을 버리지 못하고 집착하면서 전쟁에서 이길 생각을 하는 군사 지도자층을 교화시킬 수 없다는 증거였다. 이와 같은 구태의연한 사고방식은 전쟁에도 영향을 끼쳤다. 시대에 뒤떨어진 기병대와 보편성에 대한 집착이라는 제1차 세계대전의 역사적 이미지는 지금도 남아 있다.

이런 상황에도 불구하고, 30년 전부터 영국에서는 수정주의 역사학파가 발달하고 있었다. 가령 헤이그의 전기작가이자 지지자인 존 테레인은 기병대가 제1차 세계대전 당시 전쟁터에서 결정적인 역할을 했다는 증거를 찾으려고 애를 썼다. 심지어 그는 서부 전선의 참호에서도 증거를 찾아내려고 했다.[37] 서부 전선 돌파라는 아이디어는 수정된 전투 방식과 신식 무기, 특히 탱크가 함께 일구어낸 업적이었다. 그러나 수정주의 학파에서는 이것을 "기술적 결정주의"라고 보았다.[38] 수정주의 학파에서 내세운 영웅주의에도 불구하고 제1차 세계대전의 현장에서는 기술이 우위를 차지하고 있었고, 기마부대가 군사작전에 성공할 기회는 급격히 줄어들었다. 그러나 모든 책임을 기관총의 화력이 향상된 탓으로 돌릴 수는 없다. 19세기 후반 이후 기병대에게는 적이나 다름없는 기술이 성장하고 있었지만, 이는 교묘한 만큼 눈에 잘 띄지 않았다. 바로 단순하고 아주 오래가는 철 조각이었다. 이제 제1차 세계대전 당시의 악명 높은 가시철조망은 더 이상 필요하지 않았다. 평범한 철사, 농사에 사용하는 단순한 울타리만으로도 짐승의 움직임을 멈추게 할 수 있었다. 이스라엘의 수학자이자 역사학자인 레비엘 네츠는 "실제로 모든 연구는 화기 개발에 초점이 맞춰져 있었다. 아무도 토지 개발에는 관심을 두지 않았다"고 비판했다. "소총이나 기관총과 같은 폭력의 수단은 엄청난 매력을 발산했다. 가축을 키우려고 울타리를 치는 데에 사용되는 철사 한 조각으로는 학자들의 긴장감을 자극하지 못했다."[39]

네츠의 설득력 있는 설명처럼 19세기 후반에 유럽과 북아메리카에서는 생태학적 변화, 좀더 정확히 표현해서 토지 용도에도 변화가 있었다. 기병대의 훈련장과 이동 통로로 사용되었던 노지의 대부분이 사라지고 그 자리에 담장과 울타리가 생긴 것이다. 설령 미국과 유럽의 농부들이 울타리를 철거한다 해도 기병대가 속도를 낼 수 있는 공간은 없었다. 고전적인 전투 방식에서 펴는, 울타리와 울타리 사이를 달리는 1분 단위의 공격은 더 이상 유용하지 않았다.[40] 제1차 세계대전 시기의 참호전과 보병대의 무장이 이루어지기 몇 년 전, 기병대의 생태학적 근대화 가능성은 펄럭이는 깃발과 검과 함께 완전히 파묻히고 말았다. 그리고 1916년 이후 장갑차와 함께 신식 무기가 등장했다. 위기의 기병대는 고전적인 "충격 무기"를 신식 무기로 교체할, 가시 울타리, 참호, 보병대의 신식 화기를 이겨낼 재간이 없었다.

한편 이동 기계로서의 말도 침체기를 겪었다. 말은 벡터(vektor)에서 견인

장치로 이용 범위가 좁아졌으나 여전히 필요한 존재였다. 이것은 수치를 통해서 확인할 수 있다. 병참기지의 대량 수요와 소모전과 더불어 위생 의식의 확산과 개선으로 말과 보충용 군마 수요가 증가했다.[41] 전쟁이 길어질수록 말을 교체하는 것이 문제가 되었다. 내륙 지역의 농부들로부터 징집해 가는 말의 수가 늘어날수록 농촌의 사정은 점점 악화되었다. 인간의 무리는 물론이고 짐승의 무리가 수확량에 영향을 미쳤다. 보어 전쟁 기간에 미국과 캐나다산 말의 수입량이 증가했다. 그런데 이제 잠수함전이 이 보급로를 위협하고 있었다. 미국의 어느 역사학자가 말했듯이, "통합적 관점에서 제1차 세계대전은 수백만 마리의 말을 강제로 이동시킨 사건이었다."[42]

역용마의 사용이 늘어난 것은 중무기 생산량과 비중이 증가했기 때문이다. 제1차 세계대전 당시 포병대의 중요성이 커지면서 견인력, 즉 말의 사용량도 증가했다. 가장 무거운 공성포만 철도로 운송했고, 경무기나 중간 정도 무게의 무기는 포병대의 장갑차에 매달아 운송했다. 12마리 이상의 말들이 고통에 시달리며 무거운 짐을 싣고 포병대를 따라서 빗물에 젖고 바퀴와 수류탄으로 파헤쳐진 길을 지나는 모습은 흔히 볼 수 있는 풍경이었다. 이것은 말에게 가장 고되고 위험한 길이었다. 게다가 1915년에 시작된 화학전으로 말은 생명을 보호할 길이 없었다. 적군의 폭격기가 포격을 개시하면 말은 무방비 상태로 당했다. 말이 숨을 곳은 더 이상 없었다. 공군 조종사들 사이에서는 진군하는 군대의 행렬보다 말의 행렬에 폭탄을 투하하는 것이 더 효과적인 전술로 통했다. 말은 사람보다 명중시키기가 쉬웠고 대체하기는 어려웠기 때문이다.[43] 1918년 8월에 서부 전선 전투가 막바지 절정에 달했을 때, 포병대 말의 평균 수명은 겨우 10일이었다.

제1차 세계대전 당시 패전국과 승전국 양측에 투입된 말의 수는 1,600만 마리였고 전쟁이 끝날 때까지 절반인 800만 마리가 목숨을 잃은 것으로 추산된다.[44] 반면 전사자는 900만 명 정도로 추정된다. 보어 전쟁에서 살아남은 말의 수는 이보다 훨씬 더 적었다. 1899년부터 1902년 사이에 영국 측에서 투입한 말의 수는 49만4,000마리였는데, 그중에서 3분의 2인 32만6,000마리가 죽었다. 독일 측에서는 제1차 세계대전 당시 목숨을 잃은 말의 수가 100만 마리에 달했고 사망률은 무려 68퍼센트였다.[45)

말을 주제로 한 최근 작품으로는 모퍼고가 1982년에 발표한 아동서 『전쟁마(War Horse)』가 있는데, 이 작품은 2011년 스티븐 스필버그 감독이 영화화하기도 했다. 또한 제1차 세계대전 기념행사 초창기 연구에서도 말, 이른바 전쟁마의 업적과 애환은 잊히지 않았다.[46) 말은 적어도 문학과 전후 인기를 끌었던 기념 서적의 한 페이지를 장식했다. 미국의 동식물 연구가 어니스트 해럴드 베인스는 일찍이 말의 기념비를 세웠다.[47) 퇴역 장군인 존 무어 경은 1931년에 소책자 「우리의 부하, 말」에서 말에게 경의를 표했다.[48) 1928년 작가 프란츠 샤우베커는 말의 노고를 기념하기 위해서 말의 사진과 글을 담은 사진집을 발표했다.[49) 독일의 목사이자 소설가인 에른스트 요한센은 모퍼고의 작품세계에 직접적인 영향을 끼친 말 문학의 선구자로 여겨진다. 그는 세계대전에 참전했다가 퇴역한 말, 리제의 관점에서 책을 썼다. 이 책에서는 "세계대전으로 희생당한 말의 수가 958만6,000마리"라고 전한다.[50) 한편 독일의 소설가 에리히 마리아 레마르크의 소설 『서부전선 이상 없다(Im Westen nichts Neues)』에서는 말의 애환을 묘사했는데, 이것에 대해서는 제4장에서 다룰 것이다.[51)

서부 전선의 격전의 현장이 사라지고 기병대는 세계대전의 추억, 신화, 캐리커처 속에서 살아가고 있다.[52) 말은 간혹 한낮의 유령처럼 전쟁의 일상으로 되돌아온다. 소위이자 중대장인 에른스트 윙거는 1918년 8월 말에 영국군과의 전투에서 중상을 입었다. 헹스트만(hengstmann, hengst는 말, mann은 남자라는 뜻이다/옮긴이)[53)이라는 남자가 응급 처치를 받은 윙거를 둘러메고 자신의 몸으로 총알을 막으며 윙거를 보호해주었다. 윙거는 보병이었지만 장교가 되려면 말 타는 법을 배워야 했다. 나중에 윙거가 이 기이하고 몽환적인 순간을 일기장에 기록할 때에 기병대의 언어가 떠올랐다. "금속이 윙윙거리는 작은 소리를 듣고 헹스트만에 대한 기억이 떠올랐다. 총알이 그의 머리를 관통하며 그를 쓰러뜨렸다.……나와 신체적으로 아주 가까운 거리에 있던 한 인간이 총을 맞았을 때에 묘한 기분이 들었다."54)

모든 상징적인 것들을 중독성 있게 흡수하는 윙거는 모든 것을 초현실적인 장면에 내맡기지 않았다. 그는 모퍼고처럼 고령의 나이에도 생사를 넘나들던 순간과 한때 자신의 구원자였던 켄타우로스의 이름을 기억했다.55) 윙거의 책상 위에는 자유를 얻은 헹스트만의 사진이 평생 동안 놓여 있었다.

귀족의 모체

제2차 세계대전 당시 말이 처해 있던 운명을 예측하는 것은 쉽지 않다. 기계화와 동력화가 진전됨에 따라서 기계가 역용 동물인 말을 대체할 날이 임박했다. 아직 군부대의 기계화는 미미한 수준이었다. 병참 업무와 관련된 문제, 연료 및 대체 부품 공급 시에 발생할 난관, 도로의 상태도 마찬가지였다. 동력 차량이 통과할 수 없는 산악지대나 기계화 군부대 행렬을 가로막는 진흙탕 지대에는 역용 동물인 말이 다녔다. 역사학자 코젤렉은 말이 끄는 전차의 포병대 대원으로 제2차 세계대전의 동부 전선을 직접 체험했다. 코젤렉은 "육로에서는 폭격기, 전투기, 장갑차를 통해서 승패여부가 판가름 났던 이 전쟁에서 독일 군대의 대부분은 여전히 말이 끄는 전차 부대였다"고 당시 상황을 회상했다. "제1차 세계대전 당시 독일 군대에 투입된 말은 180만 마리였다. 한편 제2차 세계대전에 투입된 말의 수는 약 100만 마리가 증가한 270만 마리였고, 그중 180만 마리가 목숨을 잃었다. 이 수치를 백분율로 환산하면 군사보다 말의 사망률이 훨씬 높았다는 것을 알 수 있다."56)

제1차 세계대전의 상황과 비교할 때 말의 사용량은 또 한번 급증했다. 역사학자 하인츠 마이어는 "제2차 세계대전 초반에 보병대 사단의 병력은 제1차 세계대전 당시보다 2배나 많은 말을 보유하고 있었다. 중무기의 수가 증가하고 병기를 갖춘 장비가 광범위한 영역으로 보급되면서 말의 보유량이 늘어났다. 비기계화 부대의 경우, 제1차 세계대전 당시에는 군사 7명당 말 1마리가, 제2차 세계대전에는 군사 4명당 말 1마리가 할당되었다"고 말한다.[57] 말의 사용량이 폭주하면서 문제가 발생했다. 농촌 경제와 민간 운송에 필요한 말까지 군마로 착출되었던 것이다. 말의 사용량이 증가함에 따라서 사료 수요도 증가했다. 말을 먹이고 관리하는 전문 인력도 필요했다. 동부 전선의 전황에서 점점 명확하게 드러났듯이 완전 기계화 부대는 말이 없으면 돌아갈 수가 없었다. 도로 사정이 너무 열악했기 때문이다. 1942년 4월에 동부 전선의 중앙 구역에 투입된 군단의 병영 일지에는 "소형 차량은 말이 끌어주어야 움직일 수 있었다"고 기록되어 있다.[58]

반면 서부 전선은 말이 없어도 전투가 가능했다. 군대 행렬의 선두에서 헬멧을 쓴 독일 장교들이 패전한 프랑스 파리의 거리를 활보하고 다녔다. 이 모습이 담긴 유명한 사진은 선동 목적으로 이용되었다. 동부 전선과 달리 서부 전선에서 말은 견인력을 제공하는 수단 이외에 기병대 본연의 임무 수행에 사용되었지만, 최전방에 서지는 못했다. 새로운 기병대 전략은 후위에서 등장했다. 전투 병력 간의 거리가 멀어지고 공간을 한눈에 파악하기가 어려워지면서 파르티잔의 진(陣)도 점점 길어지자 이미 사망 선고를 받은 병과인 기병대가 전쟁터로 복귀하게 된 것이었다. 1942년, 필립 폰 뵈제라거 연대장의 통솔하에 독일 기병대가 재창설되었다. 칼미크와 코사크 기병대, 나치 친위대 기병 연대 외에도 폰 뵈제라거의 연대들이 잇달아 전투현장에 투입되었다. 그러나 이것은 달리 해석될 수 있다.[59] 기술적 관점에서 동부 전선의 전투는 서부 전선과는 다른 "구식" 전투였다. 서부 전선에서는 기계화된 군대들이 서로 충돌하며 말이 설 자리가 없어지고 있었다. 동부 전선의 현장을 직접 목격하고 체험했던 코젤렉은 "구조적인 상황으로 평가하면 러시아 전투는 여전히 말의 시대에 머물러 있었다. 말을 투입한다고 해서 승리할 수는 없었으나 말이 없으면 불가능했다"라고 정리했다.[60]

　기병대가 그토록 질긴 생명력을 가지고, 수많은 기병대원들이 목숨을 잃을 수밖에 없었던 이유는 무엇일까? 제1차 세계대전 무렵 다시 이런 질문들이 제기되었다. 서부 전선의 군대들은 최소한 1914년부터 1918년까지 전쟁을 체험했다. 그런데 이들이 기병 연대를 바로 해산하지 않고, 구식 역용 장치를 버리지 않고 포병대를 맡기면서까지 말을 평범한 민간인의 세계로 되돌려 보내지 않은 이유는 무엇이었을까? 이 모든 상황을 참모부의 전통을 계승하려는 정신과 보수주의로 설명하기에는 설득력이 부족하다. 역사는 기병대 투입, 급습, 습격, 비밀 작전에 성공한 사례를 만들어갔고, 이것들은 기병대의 몰락을 예고하는 불길한 예언을 반증하는 듯했다. 전투에 투입되었던 기병 연대의 작전처럼 파르티잔의 작전도 마찬가지이다.

　제1차 세계대전 당시 영국의 군대 지휘관이었던 에드먼드 앨런비 경과 기병대원의 활약은 동시대인들의 영혼을 사로잡아 눈을 멀게 했다. 1917년과 1918년에 앨런비의 이집트 탐색대는 팔레스타인에서 오스만 제국의 군대를 몰아냈다. 이어서 앨런비의 군대는 1917년 12월 9일, 예루살렘에 입성한 지 9개월 만에 요르단의 수도 암만과 시리아의 수도 다마스쿠스를 점령하는 쾌거를 이룩했다. 앨런비의 승리는 오랫동안 기병대를 지켜왔던 방패를 다시 한번 빛내주며 사막의 태양 아래에서 그 빛을 발휘했다. 알렉산드로스 대왕이 훈련을 잘 받은 신속하고 민첩한 기병대의 위력을 보여주었던 역사의 현장에서, 앨런비의 경기병은 시대에 뒤떨어진 기마전을 벌이며 승리했다. 이것은 둘 이상의 부대가 협동하여 실시한 전략으로, 앞으로 다가올 전쟁에서의 전격전(적의 저항을 급속히 분쇄함으로써 전쟁을 빨리 끝내기 위하여 기동과 기습을 최대한 활용하는 싸움/옮긴이) 전략을 선취한 것이었다. 앨런비가 전쟁을 승리로 이끈 비결은 기병, 보병, 공군의 성공적인 전략적 연합에 있다. 그러나 이스라엘의 메기도와 팔레스타인 전투에서 앨런비의 작전을 정확하게 파악한 사람은 많지 않았다. 대부분의 사람들은 알렉산드로스와 나폴레옹이 화려한 기병대를 이끌고 승리를 거두었던 역사의 현장에서 고대 스타일의 귀족적인 군대가 승리했다는 화려한 일면에만 열광했다.

한편 동부 전선의 전투에 이어 기병대는 뒤늦은 르네상스를 맞이했다. 적위군과 백위군 간의 전쟁인 러시아 내전(1917년 러시아 혁명이 벌어진 직후 발생한 옛 러시아 제국의 당파 간 전쟁/옮긴이) 때와 마찬가지로 1919년에서 1920년 사이에 있었던 러시아-폴란드 전쟁에서도 양측은 대규모의 기병대 병력을 투입했다. 러시아 측은 초기에는 부돈니의 기병대라는 이름으로 더 많이 알려진 코나르미아의 군사작전으로 승리를 거두었으나, 렘베르크(우크라이나의 리비프/옮긴이)에서 승리한 이후 1920년 늦여름 코나르미아를 철수시켰다. 1920년 8월 31일 러시아가 바르샤바에 입성하기 직전에 전투에서 참패한 후에 코나르미아의 사령부에서 멀지 않은 코마로프에서 또 한 번의 전투가 있었다. 코마로프 전투는 "유럽 역사상 최후의 순수 기병대 전쟁"으로 간주된다.[61] 이 전투가 전쟁의 승패를 결정적으로 가른 것은 아니었다. 사기가 떨어진 코나르미아는 폴란드의 창기병에게 또 다시 참패를 당했다. 그러나 부돈니 부대의 신속하고 열정적이고 잔인한 공격과 폴란드 기병대의 승리는 기병대 지지자들이 자신들의 주장을 관철시키기 위해서 얻기를 원했던 근거였다. 바르샤바에서 볼 수 있었듯이 포위전에서 장갑차 부대는 결정적인 역할을 했으나, 장거리 및 단거리 공격에서는 기병대를 투입한 전투가 월등히 많았다. 덕분에 러시아처럼 폴란드에서도 명성이 높았던 기병대 지휘관들은 위신과 체면을 유지할 수 있었다.[62] 역사학자

노먼 데이비스는 영국, 프랑스, 미국에서도 "기병대는 폴란드 전쟁의 승리를 교훈 삼으며 용기를 얻었다"고 평가했다.[63]

그러나 계급이 높은 장교들일수록 보수적인 사고방식에 치우치는 경향이 있었다. 그들은 인습적인 태도에 갇혀서 옛날 방식으로 다시 전투에 임했다. 제1차 세계대전 당시에는 이런 사고방식을 가진 인물들이 넘쳐났다. 그중 헤이그와 프렌치는 병적인 아집과 정형화된 사고방식에서 벗어나지 못하는 인물의 전형이었다. 물론 기병대가 이러한 보수주의에 심하게 시달릴 수밖에 없었던 데에는 또다른 근본적인 이유가 있었다. 이것은 사람들이 소위 '귀족의 모체'라고 부를 수밖에 없는 귀족적 모델과 연관이 있었다. 인간과 말의 밀접한 관계는 선천적인 고귀함에서 흘러나오는 후광, 주술적인 신앙, 인간과 말이 한 쌍이라는 일종의 주물 숭배를 아우르는 개념이었던 것이다. 이 관계는 가장 오랫동안 유지되어온 가장 고상한 태도, 즉 거리를 두는 습관을 통해서 구체적으로 나타났다. ("기병대의 관점"에서) 신속성과 인간이 안장에 앉는 위치 덕분에 말은 거리를 유지하는 탁월한 수단이 될 수 있었다. 말은 언제나 마음대로 휘두를 수 있는 권력, 즉 기수와 도보 환경의 공간적 거리에서 발생하는 수직적, 수평적 권력을 보장해주었다. 말을 탄 인간은 우리의 기억에서 헤이그를 불러오고, 유럽인들의 기억 속에서 기사도 정신의 이미지로 구체화된다. 무장한 기사라는 단어를 들으면 누구나 성 게오르기우스(초기 기독교의 순교자이자 14성인 가운데 한 사람이다. 회화에서는 일반적으로 칼이나 창으로 용을 찌르는 흰 말을 탄 기사의 모습으로 그려진다/옮긴이)를 떠올린다.[64]

언뜻 보면 모순적인 듯하지만 고대의 근거리 무기, 창기라고도 불리는 검과 창을 고집하는 것도 일종의 거리 두기이다. 유럽의 기병대는 보병대의 화력이 점점 강해지고 있다는 사실을 현장에서 체험했다. 그럼에도 이들은 전투가 인간 대 인간으로 맞붙는 '기사들의 결투'라는 생각에 붙들려 있었다. "보병대는 돌진하며 달려드는 적을 창기로 공격했다. 이런 영웅주의적 전쟁관은 잠복하면서 적을 기다리고 있다가 총을 쏜 후에 멀리 도망치는 기병대의 전술과는 근본적인 차이가 있었다."[65]

기병대는 전쟁에서만 패배한 것이 아니었다. 기병대는 귀족 혹은 귀족적인 태도를 옹호하는 에토스의 포로이자, 이미 옛것이 되어버린 전쟁의 이미지에 사로잡힌 채 여전히 그것이 아름답다고 믿는 포로였다. 최근까지 기병대는 자신들이 보병이나 포병 같은 단순 병과와는 다른 존재라고 믿었다. 이들은 호전적인 귀족의 이미지를 하고 근대와는 동떨어진 영역에 있었다. 기병대는 구식 군대로 전락하여 퇴물이 된 이후에도 자신들이 잊힐 수 없는 또다른 세계의 유물인 양 과장된 연기를 했다. 기병대는 전쟁터에서 통용되는 물리학적 논리를 거부하고 자기 나름의 메타물리학적인 논리를 주장했다. 빗발치는 산탄 속에서 죽음을 맞이한다고 할지라도 기사도 정신만은 살아남았다. 말을 탄 사람이 나타나면 기계화 부대의 살육 현장일지라도 전쟁터가 연극무대처럼 변해, 민족들 간의 결투, 남은 깃발을 차지하기 위한 싸움, 축제와 향연의 잔영과 같은 전혀 다른 장면이 연출되었다.

이 모든 것이 19세기 초반에 기병대가 그토록 많은 전투를 치르며 수많은 목숨을 희생시켰던 이유였다. 1940년 5월 17일 기병대의 죽음은 마지막이 되지 않을 것이었다. 이날, 벨기에의 국경에 인접한 도시인 프랑스 북부의 솔레르 샤토와 아벤 사이에서 독일 공군에 의해서 섬멸된 뒤에 낙오된 프랑스 기병 소대 대원들이 소규모로 행진하고 있었다. 이때 울타리 뒤에 숨겨져 있던 기관총이 발사되면서 기병대는 죽음을 맞이했다. 두 명의 기병을 제외한 전 소대원이 사망했다. 두 명의 생존자 중의 한 명은 프랑스의 누보로망을 대표하는 작가이자 노벨 문학상 수상자인 클로드 시몽이었다. 시몽은 몇 번이나 이 순간으로 돌아갔다. 선두에서 말을 타고 가는 연대장은 겉모습만 보더라도 미쳐 있었고 병사의 죽음을 수색했다. 기습 사격, 공격을 할 때처럼 하늘 높이 뽑아올린 번쩍이는 검, 눈부신 불빛, 오랜 시간에 걸친 인물의 몰락, 서서히 붕괴되는 기념비. 그는 이 장면을 만화경 속의 세상처럼 조각조각 분해했다.[66] 그 안에서 라이작 연대장의 모습과 함께 에토스와 파토스, 자부심과 어리석음으로 대변되는 모든 귀족들의 세계가 붕괴되고 몰락했다. "그가 불꽃 튀는 검을 어떻게 빼드는지, 기병, 말, 김이 어떻게 서서히 무너지는지, 피범벅이 된 기병의 몸통, 다리가 어떻게 녹아들기 시작하는지를 보았고, 검이 계속 뒤집히고, 끝없이 무너지고, 햇빛 가운데 솟아오르는……모습을 보았다."[67]

트라우마의 개념에 가까운 가장 유명한 이 장면은 여러 번 반복되면서 여러 해석을 가능하게 한다. 이것은 역사화의 전통과 기사들의 초상화에 대한 냉소적인 후기를 통해서 알 수 있다. 서사적 슬로모션의 수단을 이용한 시몽처럼 19세기 화가들은 불안정한 징후를 강화함으로써 "움직임의 절정을 극대화시키는 문제"를 해결했다. 프랑스의 철학자 롤랑 바르트의 표현대로 이것은 현실적인 시간 속에서는 불가능한 특정한 자세를 강조하여 고정시키는 신령(神靈)이라고 할 수 있다.[68] 그러나 기병대 최후의 시대착오적 행동에 대한 이미지, 즉 오랜 기간에 걸친 남자와 기사의 몰락을 쫓는 이 이미지에 대한 답은 예술의 전통의 문제가 아니라 역사를 냉소적으로 붕괴시키는 문제이다. 검이 번쩍거릴 때에 초월적 세계의 불꽃이 다시 한번 떠오른다. 말 위에 앉은 남자의 위치를 그만큼 오랫동안 유지시킬 수 있는 불꽃 말이다. 다음 순간에 시몽의 내러티브는 지상의 세계로 넘어간다. 역사는 진흙과 먼지를 통해서 무지한 도망의 세계로 흩어진다.

세계 최후의 대규모 기병대 병력인 적위군은 제2차 세계대전의 종전 후에도 10년 정도 더 버티다가 1950년대 중반 이후가 되어서야 소대가 완전히 해산되었다.[69] 히로시마의 기병대는 10년 전에 사라지고 없었다.

말 타는 유대인 여자

창백한 기수

화가 로널드 키타이는 1984년부터 1985년까지 런던에 거주하면서 객실에 있는 한 남자의 우의적 초상화를 그렸다. 완성작의 제목은 "유대인 기수"이다. 이 초상화의 모델인 영국의 예술사가 마이클 포드로는 앉은 자세를 여러 번 수정해야 했다. 포드로와 키타이는 오래 전부터 잘 아는 사이였다. 두 사람의 런던 망명시절에도 잔존했던 바르부르크 학파는 영어권 예술사에 강렬한 자극을 주었다. 두 사람은 나름의 스타일로 바르부르크 학파에 속했다. 1950년대 말, 젊은 청년이었던 키타이는 옥스퍼드에서 바르부르크 학파 최고의 지성으로 손꼽히는 에드가르 빈트의 지도를 받으며 공부했다. 그래서 키타이의 초기 작품은 바르부르크 학파와 관련이 많다. 1960년대에 키타이는 자신을 마이나데스(디오니소스를 모시는 여사제들/옮긴이) 초상으로 표현했다. 발터 베냐민처럼 다른 유대인 지성들도 회화의 세계를 방랑했다. 자신이 귀감으로 삼았던 T. S. 앨리엇이나 에즈라 파운드가 옛 작품을 참고해서 집필했듯이, 키타이는 옛 그림을 재해석해서 그린 화가였다. 한편 포드로는 자신의 이론적 관심을 현대 미술에서 나타나는 경향과 연결시켰다(예술사가들은 두 경우 모두 일반적인 상황이라고 판단하지 않는다). 또

125

한 그는 독일의 화가인 프랑크 아우어바흐와 같은 "런던 학파" 예술가들과 친분이 있었고 가끔 초상화 모델로 서기도 했다.

키타이와 마찬가지로 포드로도 동유럽의 유대인 가문 출신이었다. 두 사람의 작품에는 망명 생활과 유럽에서의 유대인 학살의 경험이 표출되어 있다. 화가는 이 경험을 토대로 그림의 뒷배경을 결정했으며, 전면에는 여행하는 유대인 학자의 초상을 배치했다. 이 그림에는 연기 나는 굴뚝, 산 위의 십자가 위로 피어오르는 자욱한 연기, 부수적 인물로는 채찍질하는 감독 혹은 장교를 연상시키는 검표원이 있다.

바르부르크 학파의 핵심 사상은, 그림과 기본적인 형태 발견이 강렬한 표현 에너지와 연결되어 있다면 오랜 기간 공간적 거리를 두고 방랑할 수 있다는 것이다. 키타이가 그린 유대인 예술사가의 초상은 이런 바르부르크 학파의 핵심 사상을 그림으로 표현한 것처럼 보인다. 여행을 하는 남자는 전 세계에 흩어져서 살아야 하는 운명의 유대인을 암시한다. 방랑하는 이미지의 인물인 것이다. 키타이의 작품은 이론적 사상을 묘사하는 데에 그치지 않는다. 그의 작품은 들쑥날쑥한 외국어 번역문을 읽는 듯한 느낌을 준다. 모든 것의 시작은 아주 단순하다. 그림의 제목뿐만 아니라 중심인물의 자세를 그릴 때에 키타이가 참고했던 '옛 작품'은 잘 알려진 작품이다. 바로 렘브란트의 "폴란드 기사"로, 1910년 이후 미국의 철강 및 철도 재벌인 헨리 클레이 프릭의 뉴욕 컬렉션 목록에서 빠지지 않았던 작품이다.

이 유명한 작품이 렘브란트의 진품인지를 두고 한때 논란도 있었으나 현재는 진품으로 간주된다.[1] 작품의 제목은 렘브란트가 직접 지었으며, 실제로 렘브란트는 폴란드의 귀족 출신이었다. 이 그림은 1793년에 폴란드의 국왕 스타니슬라프 2세의 예술품 소장 목록에서 처음 발견되었는데, 이전까지 어디에 있었는지, 어떤 경로를 거쳐 이곳에 온 것인지에 대해서는 알려진 바가 없다. 그림 속의 신비스러운 이미지의 젊은 기사에 대해서는 그

동안 여러 가지 해석이 있었다. 대부분의 사람들은 젊은 기사가 폴란드, 헝가리, 코사크를 포함한 동유럽 출신 인물, 귀족, 시인, 신학자일 것이라고 추측한 반면, 몽골의 영웅인 티무르, 젊은 다윗 왕, 탕자라고 해석하는 이들도 있었다. 한편 1944년에 독일계 미국인 예술사가 율리우스 헬트는 젊은 기사를 전설적 인물로 해석하는 기존의 견해를 뒤집고, 이 작품의 주제가 청년 예수의 군병을 이상화한 것이라고 해석했다.[2]

렘브란트의 작품에 등장하는 기사의 익명성은 키타이의 의도와 일치한다. 헬트는 "'기사'는 전쟁 후에 폴란드의 죽음의 수용소를 방문하는 중이다. 나는 아우슈비츠 수용소, 잃어버린 영혼을 자기 눈으로 직접 확인하려고 부다페스트에서 기차를 타고 아우슈비츠에 갔다는 한 남자에 관한 기사를 읽은 적이 있다"고 밝혔다.[3] 흩어져 사는 유대인, 디아스포라를 암시하며 키타이는 젊은 기사의 익명성에서 "유대인 기사"를 창조했고, 자의식이 강한 눈빛의 청년을 상념에 잠겨 책을 읽는 노학자로 대체했다. 렘브란트의 기사가 입고 있던 눈에 띄게 밝은, 흰색에 가까운 외투는 기차 여행객인 노신사의 헐렁한 재킷으로 바뀐다. 렘브란트가 그린 젊은 기사의 외투가 그렇듯이 이 재킷은 밝은 색의 신발과 붉은 셔츠와 더불어 키타이가 그린 여행객의 세련미를 부각시킨다. 렘브란트의 작품에서 기사의 손바닥이 보이도록 구부러진 오른팔에는 검과 활, 화살이 한가득 채워진 화살통, 전투용 도끼 등의 무기가 들려 있다. 반면 키타이의 작품에서는 이 무기들이 세 권의 책으로 바뀌었다.[4] "유대인 기사"는 오른쪽 허벅지에 오른팔을 괴고 앉아 있고, 바깥쪽을 향한 손에는 아무것도 들지 않았다. 비틀어진 손목은 상념에 잠긴 우울한 이미지와 맞지 않는 듯하지만 예측 불가능한 방식으로 렘브란트의 작품을 연상시킨다.

두 번째 순간에 관찰자는 또다른, 더 강렬한 지시 관계를 깨닫는다. 렘브란트의 도식처럼 유령 같은 말이 독자와 기차 객실의 의자 사이를 이동하는 것이다. "폴란드 기사"와 말의 거리는 뚜렷하다. 말은 입을 벌린 채 머리를 앞으로 향하고 있으며, 바짝 자른 꼬리는 흐릿해서 잘 보이지 않는다. 렘브란트의 작품에 등장하는 말과 관련된 세부 사항은 동시대 기사화(騎士畵)의 전통에서 벗어난 것인데, 키타이의 세부 사항도 마찬가지이다. 예술사가들은 묘하게 으스스한 분위기를 풍기는 "폴란드 기사"에 나오는 종마의 정체를 밝히느라 고심해왔다. 이 종마를 순혈종으로 보는 학자들도 있었고, 농마(農馬)로 보는 학자들도 있었다. 그러던 중 1944년에 헬트가 결정적인 증거를 제시했다. "이 말은 몇 가지 독특한 특징을 가지고 있다. 기사에 비해서 말의 크기가 작고 너무 야위었다.……살이 없어서 머리가 유독 눈에 띈다. 이처럼 과장된 '무미건조함'은 말을 죽은 존재로 표현하는 도구였던 것이다."[5]

헬트는 렘브란트의 스케치에서 그 답을 찾았다. 렘브란트가 당시 레이던 해부학 극장의 표본을 보고 스케치했기 때문에 말을 사체처럼 표현했다는 것이다. 이 스케치에는 말의 해골이 나온다. 말을 탄 한 남자가 오른손에는 무기처럼 뼈를 든 반면 왼손으로는 고삐를 쥐고 있다.[6] 렘브란트의 "폴란드 기사"에 나오는 말은 말 그대로 피골이 상접해 있다. 렘브란트는 말을 뼈 위에 바로 가죽만 덮어놓은 모습으로 표현했다. 옛 작품을 재해석한 화가인 키타이는 렘브란트의 작품이 탄생한 배경을 알고 있었던 것일까? 키타이가 도상학 교육을 받았다는 것과 마이클 포드로가 예술사가라는 점을 부각한 것으로 보아, 이것은 거의 확실하다고 볼 수 있다. 청년 전사와 말 아래에 두 개의 해골을 보일락 말락 숨겨놓은 렘브란트의 아이디어와 유대인 학살의 현장으로 여행하는 으스스한 이미지는 일치한다.

키타이가 렘브란트의 "폴란드 기사"를 "모범"으로 삼았다는 추측과 달리 실제로는 그가 이 사실을 몰랐다고 해보자. 그렇다면 「요한계시록」에 등장하는 네 번째 기사의 음산한 분위기를 연상하게 하는 흐릿한 색채와 헬트가

"과장된 '무미건조함'"이라고 표현했던 독특한 머리의 형태가 가장 눈에 띄었어야 한다. 이렇게 본다면 "무미건조함"은 절대로 말의 사체나 말의 해골을 가리키는 개념이 아니라, 아랍 혈통의 말을 가리키는 것이라고 해석할 수 있다. "폴란드 기사"의 렘브란트가 아랍 말의 특징을 잘 알고 있었거나 적어도 이러한 그림을 익숙하게 접해왔다는 전제하에 말이다. 물론 17세기의 렘브란트가 반드시 그랬으리라는 보장은 없다. 포드로는 "우리가 옛 작품을 진정으로 이해하려면 새로운 작품을 직접 창작해야 한다"며 우리가 알고 있는 지식의 고유한 특성을 "근본적인 불확실성"이라고 말한다. 그는 우리가 그림의 이미지를 해석하는 것과 이 그림에 실제로 내포되어 있는 것 사이에 확실한 경계를 긋자마자 근본적인 불확실성에 부딪힌다고 설명한다.[7]

작은 닭

예수의 군병이 유대인 디아스포라로 바뀌면서 다른 대상들에도 키타이의 재해석이 이루어진다. 젊은 남자에서 늙은 남자로, 전사에서 학자로, 행동에서 침잠으로, 무기에서 책으로 말이다. 지나치게 문학적이고, 지나치게 지적이며, 어떤 책에는 그림이 들어가야 했고 어떤 그림에는 책이 들어가야 했다며 반박을 하려는 듯했다는 이유로 평론가들에게 자주 비판받곤 했던 키타이[8]는 여기서 유대인 기수의 "무기"를 보여주려고 했다. 렘브란트에서 키타이의 톤으로 바뀌는 과정에서 눈에 띄는 것이 있다. 이번에도 몸짓과 관련이 있다. 노학자는 왼쪽 다리를 구부린 채 한 방향으로 높이 들어올린 자세를 취한다. "유대인 기사"가 쭉 뻗고 있는 발은 회화의 진원지가 된다. 쭉 뻗은 발의 반대편 끝에는 뒤틀린 듯 굽은 손이 있다. 이 손에서 대각선 방향으로 연장선을 그리면 풍경 속에서 연기가 피어오르는 굴뚝이 있다.

손의 형태가 렘브란트의 "폴란드 기사"의 손과 똑같듯이 다리의 형태도 똑같다. 폴란드 기사는 남자다운 자세로 앉아 있는 반면, 키타이의 기차 여행객은 여성스러운 자세로 말을 타고 있다.

이런 자세를 취한 것은 순전히 실리적인 이유에서이다. 키타이가 기차의 객실에서 말을 타는 모습을 어떻게 그대로 옮길 수 있었겠는가? 키타이의 경우, 당연히 문학적인 암시를 염두에 두고 이 장면을 그렸을 것이다. 니체는 "유대인이 말을 타고 오는 방식에는 주저함이 있고, 이것을 보면 유대인들이 한번도 말을 타는 종족이었던 적이 없다는 것을 이해할 수 있다"고 했다.[9] 테오도어 헤르츨은 이런 예술사적 겸양을 1902년 자신의 소설 『오래된 새로운 나라(*Altneuland*)』에서, 히브리어 노래를 부르면서 코사크인이나 인디언처럼 말을 타는 유대인 남성의 전형으로 발전시켰다.[10] 실제로 유대인들이 현재에 남성적이거나 **기사다운지**, 아니면 과거에 그러했는지, 말을 얼마나 잘 타는지 아니면 못 타는지에 관한 논의가 있었다. 역사학자 존 호버만은 이 논의를 모방하여, 유대인을 말 타기 체험에서 배제하는 것과 자연 체험에서 배제하는 것을 동일시했다.[11] 그러나 호비만 역시 유대인의 정신 그 자체와 유대인 문학 안에서 '기사'라는 현상(과 기사의 형상을 통한 권력 표현)을 둘러싸고 있는 양가감정을 표현하지 않을 수 없었다.[12] 여성스러운 자세로 기차 객실의 의자에 앉아 '말을 타는' 키타이의 "유대인 기사"의 외형과 관련해서는, 오랜 논쟁의 대상이었던 한 인물의 그늘이 드리워져 있다.

말을 타지 않는 유대인이 그것이다. 이 혐오스러운 형상은 돈 강 하류의 아타만(코사크족 지도자를 일컫는 표현/옮긴이)이자 백인 장군인 표트르 니콜라예비치 크라스노프가 쓴 통속소설에서, 그가 적위군과 충돌하지 않거나 코사크인들을 맹목적이고 참혹한 전쟁으로 몰아넣었을 때에 다시 떠오른다. 이중에서 가장 명망이 높은 사람은 적위군의 전쟁사령관인 러시아의 혁명가 레온 트로츠키이다. 코사크 장군을 역사의 흔적 찾기의 중심부로 끌어올린 이탈리아의 소설가 클라우디오 마그리스는 "크라스노프가 구상한 일그러진 초상에 의하면 트로츠키가 저지른 가장 심각한 죄는 그가 말을 잘 탈 수 없었다는 데에 있다. 모든 유대인, 새로운 인간들은, 그의 생각에 따라서 거미처럼 자신들의 연결망을 엮어가고, 우리 세계의 개개인은 이 영혼 없는 관계들로 엮인 거미줄에 구원받지 못한 채 붙들려 있다는 것이다"라고 말한다.13)

코사크인의 인류학은 단순한 법칙을 따른다. 인간은 원래 기수의 본성을 따르기 때문에 말을 타고, 말은 곧 신의 이미지라는 것이다. 코사크인은 태어날 때부터 기수이다. 말은 코사크인에게 부족한 모든 것을 가르쳐준다. 반면 유대인은 말 타는 법을 배운 적이 없기 때문에 절대 인간이 될 수 없다. 코사크인은 유대인이 인간과 동물의 중간쯤의 불안정한 상태임을 발견한 적이 있다. 코사크인과 돈 강 하류의 코사크족 지도자로서 크라스노프는 코사크인의 인류학을 전파했으며, 작가로서 그는 반유대주의 문학의 원천을 창조했다. 스위스의 출판인이자 작가인 펠릭스 필리프 잉골트에 의하면, 이반 투르게네프와 안톤 체호프처럼 지나치게 서구 사상으로 "계몽된" 작가들을 비롯하여 니콜라이 바실리예비치 고골에서 표도르 도스토옙스키에 이르는 러시아 작가들에게는 유대인을 동물의 왕국으로 보내는 전통이 있었고, 유대인의 동물적 현실의 상관관계를 규정했다. 동물적 현실의 상관관계는 메타물리학적 차원을 거부하며 기괴한 실존(Existenz : 실존주의 철학 용어. 인간의 주체적 존재를 의미하는 개념으로, 가능적 존재로서의 본질에 대응한다/옮긴이)과 현존재(Dasein : 거기에 존재하고 있으며, 존재해야 하는 가능성/옮긴이)의 영역에 들어간다.14)

사람들은 고골과 도스토옙스키 사이에서 발전한 하나의 유대인의 전형을 바탕으로 유대인을 인식하고 묘사했다. **깃털을 뽑은 작은 닭이 그것이다.** 유대인의 반(反)영웅은 핏기 없고, 깡마르고, 안절부절못하고, 머리숱이 많고 수염이 덥수룩한 모습으로 묘사된다.[15] 19세기에 생기론(Vitalism : 생명 현상은 물리적 요인과 자연법칙만으로는 설명할 수 없고, 생명력의 운동에 의하여 창조, 유지, 진화된다는 이론/옮긴이)에서는 유대인의 이미지가 고대의 유대인 돼지 대신 무기력함과 비겁함을 대변하는 개념인 창백하고 변덕스러운 작은 새로 대체되었다. 그러나 단지 동물의 얼굴만 바뀌었을 뿐, 유대인을 동물 취급하는 태도에는 변함이 없었다.

잉골트는 19세기 초반까지 러시아 문화에 동화되지 않은 유대인들이 "원숭이와 개의 중간 위치"라고 규정되었으며, 동물로 비유되었을 뿐만 아니라 동물 취급을 당했다는 증거도 제시한다. 또한 그는 고골의 동물 비유와 이것이 러시아 문학에 끼친 영향은 "긍정적인 유대인 인간상을 말살하는 소수민족 박해와 유대인에게 적대적이었던 1880년의 법과 판결 사례 등을 통해서 입증될 수 있다"고 말한다.[16]

투르게네프는『사냥꾼의 기록(Zapiski okhotnika)』에서 순종의 고귀하고 영리한 말을 '몰렉 귀족'이라고 부르며 동물에 비유하는 반면, 유대인 모셀은 깡마르고, 불쌍하고, 신경증적인 인물로 묘사하여 말과 유대인을 대비한다. 그는 유대인을 욕보이며 동물화하여 표현한 반면에 말은 의인화한다.[17]

앞에서 언급했듯이 몰렉 귀족은 아주 고귀한 동물로, 그 아름다움과 완벽함에 감탄하며 인간이 숭배하는 일종의 상위 동물이다. 반면 평범한 동물은 유대인처럼 경멸받고 학대당한다. 유대계 스위스인 철학자인 미하엘 란트만의 표현처럼 바로 여기에서 유대인이 공동으로 처한 운명이라는 감정이 탄생한다. "사람들은 유대인을 자기와는 소속이 다른 동물처럼 대하고 아무런 죄의식 없이 마음 내키는 대로 학대하고 죽였다. 이들은 유대인을 하층민으로 대했다.……동물과 유대인은 운명의 반려자였다. 이것이 유대인이 동물의 고통에 몇 배나 더 민감하게 반응한 이유이다. 유대인은 동물의 고통을 자신의 고통처럼 느꼈다. 이것은 윤리적인 것처럼 보이지만 신비로운 사건의 일부, 내면 가장 깊은 곳에서 체험된 환멸이다."[18]

붉은 기사

메아 셰아림은 예루살렘 구(舊)시가지 서쪽 구역의 이름으로, 초정통파 유대인들이 모여 사는 지역이다. 거주자의 대부분이 이디시어를 사용하기 때문에 동유럽의 유대인 거주지역인 슈테틀을 떠올리게 한다. 어느 날 저녁, 나는 처음으로 이 도시를 한 바퀴 둘러보았다. 마치 과거의 세계로 들어간 듯한 느낌이었다. 과거의 세계는, 내가 큰 잘못을 하지 않고도 무고하게 희생당한 민족에 속한다는 사실보다 더 낯설고 금지된 것처럼 여겨졌다. 메아 셰아림이라는 이름이 붙어 있는 큰길의 끝에 다다르자 갑자기 나는 현실, 아니 내가 붙들고 있는 공간으로 다시 돌아왔다. 나는 살아 있는 동상 앞에 서 있었다. 내 앞에는 이제껏 내가 보았던 것들 중에서 가장 큰 기마상이 있었다. 게다가 이 동상은 움직이고 있었다. 때때로 말은 고개를 끄떡였고, 금속 부품들이 삐그덕거리며 부딪히는 소리를 냈다.

몇 주일 전에 이곳에서는 간헐적인 소요 사태가 발생했었다. 사태의 진원지는 메아 셰아림이었다. 이 지역의 정통파 유대인들이 국민의 의무를 이행하기를 거부한 것이 문제였다. 예전과 달리 이들은 수동적인 자세로 저항하지 않았다. 이 구역의 젊은 군인들은 사태를 폭력으로 제압하려고 했다. 그 후로, 최근에 소요 사태가 있었다는 최소한의 흔적이라도 남기려는 듯이 이 길의 끝에 위치한 교육부의 잔디밭에는 거대한 말을 탄 경관이 중무장을 하고 서 있었다. 켄타우로스가 어스름 속에 서 있었던 것처럼, 말을 탄 경관은 국가 질서의 수호를 위해서 필요 이상으로 근엄하게 서 있었다. 이곳에서 그는 정립(존재한다고 믿는 것/옮긴이)이자 메타물리학적 명제였다. 이러한 절대적 유형의 대립 구조를 생각해낸 것을 보면 예루살렘의 경찰 당국 어디엔가 역사철학의 전형이 존재해왔던 것이 틀림없다. 언제든 폭발할 수 있는 종교적 분노의 순수한 전형, 언제든 폭력으로 대항할 수 있는 세계 권력에 대한 순수한 전형 말이다.

이 문제는 나에게 수수께끼처럼 다가왔다. 얼마 후에 나는 타당성이 있는 답을 찾았다. 내가 이스라엘의 작가인 야코프 헤싱에게 이 사례를 이야기하자, 그는 먼저 역사적인 정황을 살펴보았다. 그는 주저하지 않고 "말을 탄 남자는 코사크인이다. 메아 셰아림의 유대인들은 말을 탄 남자를 보고 있다. 이 남자는 유대인을 감시하거나 위협하고 있다. 이 사실을 눈치채지 못한 채 유대인들은 슈테틀에 살았던 조상들이 문 앞에서 코사크인을 쳐다봤을 때와 같은 반응을 보였다. 자식들과 손자들은 자신들이 무엇을 두려워하고 있는지 말로 표현할 수 있는 상황이 아니었으나 이것은 집단 기억이었다. 이들은 코사크인의 이미지가 떠오르는 동시에 그것을 경고 신호로 느끼기 때문이다"라고 해석해주었다.

여러분도 충분히 짐작할 수 있겠지만 헤싱의 답변은 유대인의 관점에서 본 역사이다. 동유럽 유대인의 역사를 잘 아는 사람은 소수민족 박해가 지속적으로 존재해왔다는 사실을 알 것이다. 17세기 중반에 시작된 소수민족 박해는 19세기에서 20세기의 전환기(1881-1884, 1903-1906)에 러시아 내전, 러시아-폴란드 전쟁, 나치의 시체 처리 작업반, 유대인 학살 수용소 등으로 정점을 찍었다. 독일에서 시작된 이 범죄가 절정에 달했을 때, 코사크인은 러시아 파르티잔 병력의 일원으로서 여기에 지엽적으로 가담했다. 그러나 폴란드 남부 갈라시아 지방의 유대인 대량 학살에는 주도적으로 가담했다. 코사크인에게 우호적이었던 헤싱도 이 사건들이 반유대적 동기에서 기인한 폭력 행위라고 폭로했다. 1648년에 우크라이나 코사크의 지도자 보흐단 흐멜니츠키가 처음 우크라이나의 유대인 마을과 정착촌의 유대인들

을 살해하고 약탈한 이래 유대인 학대는 반복적으로 발생했다.[19]

러시아 혁명 당시의 반유대주의에 관한 최근 연구에도 언급되어 있듯이, 코사크인들은 과거의 태도에서 벗어나지 못하고 "차리즘(차르를 중심으로 한 제정 러시아의 정치체제/옮긴이)의 반유대주의 통치 이데올로기에 완전히 사로잡혀 있었다."[20] 러시아 혁명과 잇달아 발생한 러시아 내전 중에도 코사크인들의 태도에는 아무런 변화가 없었다. 코사크인들은 안톤 이바노비치 데니킨과 같은 백위군 사령관의 명령을 받았을 때뿐만 아니라 다른 때에도 점점 심하게 유대인에게 조직화된 폭력을 정기적으로 자행했다.[21] 심지어 코사크인들은 볼셰비키의 임무를 수행할 때에도 계속 유대인들을 뒤쫓고 살해하고 약탈하는 데에 혈안이 되어 있었다. "적위군으로 전향한 코사크인들이 대부분인 부됸니의 기병대처럼 반유대주의와 반유대주의적 소수민족 박해 성향이 강하기로 유명한 부대도 없었다."[22]

러시아-폴란드 전쟁이 정점에 달했던 1920년의 한여름, 한 젊은 유대인 남자는 부됸니의 기병대 소속 코사크인들과 말을 함께 타면서도 경계를 해야 했다. 러시아의 최남단 지방, 오데사 출신이라는 것을 제외하면 이 남자는 다른 부대원들과의 연결 고리가 없었다. 많이 배운 지성인인 데다가 작가이고, 안경을 쓴 그는 말을 잘 타지 못했다. 약탈은 물론이고 살인을 할 생각은 추호도 없었다. 거친 기수인 코나르미아보다 체격이 더 좋을 리도 없었다. 종군 기자였던 아이작 바벨은 자유를 누리며 사령관인 부됸니와 클리멘트 보로실로프를 최근방에서 관찰할 수 있었다. 물론 바벨은 원래의 전투 지역 뒤에 있는 선, 끊임없는 위협으로 다가오는 약탈과 소수민족 박해라는 증오의 최전선 사이로 잘못 빠지지 않도록 빈틈없이 주의를 기울여야 했다. 더 나은 시대가 오리라는 희망이 꺼져버린 시절에 바벨만큼 소련의 권력을 찬양하며 생기를 불어넣어준 사람은 없었다. 정말 그는 자신의 말대로 되리라고 확신했던 것일까?

바벨은 보이는 것을 보았고, 『기병대(Reiterarmee)』의 정교한 서술의 바탕이 된 그의 일기에서는 끝까지 자신이 굳게 믿는 것을 고집했다. "우리는 아방가르드이다. 대체 무엇에 대해서? 민중은 구원자를, 유대인은 자유를 갈구한다. 쿠반의 코사크인들이 말을 타고 온다."[23] 과거에 코사크인들은 백위군과 함께 말을 탔었고 이제는 소련의 권력층에게 충성을 맹세했지만, 사실 이들은 자신의 힘과 계산으로 전쟁을 치르는 중이었다. 바벨은 코사크의 지도자인 아타만들이 기관총을 적위군에게 조달했다고 썼다. 여기까지가 영웅 서사시이다. 진실은 더 심오하다. "이것은 마르크스 혁명이 아니라, 모든 것을 움켜쥐고 아무것도 잃지 않으려는 코사크인들의 반란이다."[24] 이것은 물질적 혹은 유물론적 관점에서 이해해야 한다. "우리 군대는 부자가 되기 위해서 진군한다. 이것은 혁명이 아니라 야만적인 코사크 무정부주의의 반란이다."[25]

바벨은 최전선의 상황을 보도하면서 무엇을 기대했던 것일까? 명성이었을까? 1924년 『기병대』를 발표한 이후 하룻밤 사이에 명성은 그의 것이 되었다. 지성인의 모험 정신, 자신의 남자다움을 입증하려는 필사적인 노력이었던 것일까? 폭력의 덧없음에 대한 증인이 된 바벨은 영웅적인 태도를 취할 여지가 없었다. 그는 가까이에서 전쟁을 보고 자신이 처한 현실을 이해하려고 했던 것일까? 그에게 이런 직관이 부족했을 리는 없다. 적위군의 선전요원이었던 그는 유럽 최후의 기병대 전쟁의 투키디데스가 되었다. 20세기의 얼마 되지 않는, 가장 모호하게 남아 있던 선전활동의 이미지는 그의 펜 끝에서 탄생했다. 그의 문장은 대부분 두 줄을 넘지 않았다. "마을, 눅눅한 냄새, 사령 본부의 불빛, 체포된 유대인들. 부돈니의 투사들은 공산주의 사상을 전파하고 어머니들은 흐느낀다."[26]

매일매일 코사크인들과 함께 말을 타던 유대인 바벨은 다른 유대인들이 어떻게 굴욕과 수치와 약탈과 암살을 당하는지 보고 있어야 했다. 누가 이들을 돌볼까? 동료의 물건을 훔친 병사는 채찍질을 당했고, 포로 총살 명령에 불복종한 여단도 처벌을 받았다. 누가 소수민족 박해를 막고, 누가 대량학살을 당한 유대인들에게, 성폭행을 당한 수많은 여성들에게, 흐느끼고 피흘리는 아이들에게 신경을 쓰겠는가? 불타오르는 유대인 회당과 약탈당한집, 이것이 전쟁의 일상이었다. 바벨처럼 정신나간 자만이 참상을 기록했다. 그러나 그 역시 역사라는 차에 치이고 말에 짓밟힌 자들과 필요 이상으로 오래 머무를 수 없었다. 전쟁은 계속되었고 터질 일은 모두 터졌다. "밤, 코사크인, 모든 것이 회당이 파괴되었을 때와 같았다. 나는 악취가 진동하고 습기가 가득한 뜰로 잠을 자러 갔다."[27]

코사크인들은 말을 잘 타지 못하는 바벨을 겁쟁이로 간주했다. 그는 남자다움을 증명해 보이기 위해서 코사크인들이 보는 앞에서 거위를 죽여야 했다. 그럼에도 그가 코사크인들의 만행에 동조하고 같은 감정을 가졌던 이유는, 그들을 유대 민족의 공격자라고 생각하지 않았기 때문이다. 바벨은 코사크인들이 얼마나 거칠고, 얼마나 탐욕적이고 폭력적인지를 숨기지 않았다. 그는 코사크인들에게 없는 것, 이를테면 관료주의, 이데올로기, 전략등은 평가하지 않았다. 코사크인들은 야만적인 기사였고 원시적이고 무절제했으며 "화끈하고" 예측이 불가능한 문화를 가지고 있었다. 혁명에 성공하려면 코사크인들에게 의지하지 않는 편이 나았다.[28] 코사크인들은 혁명에 의지하지 않았다. 오늘은 공포가 갈리시아(Galicia : 동유럽 북부, 우크라이나 북서부에서 폴란드 남동부에 걸친 지방/옮긴이)를, 내일은 전쟁이 코사크인들을, 내일모레는 전후의 진실이 계획, 국가, 당을 집어삼킨다. 코사크인들은 지금 자신들이 학살하는 유대인들처럼 열등한 존재가 될 것이었다. 코사크인들과 같은 사람들은 세계사의 승자가 되기 위해서 태어난 것이아니었다. 그들에게는 권력을 냉정하게 바라볼 수 있는 눈이 없었다. "코사크인들은 말과 함께 땀을 흘리며, 말에 대한 사랑으로 하루의 4분의 1을 말과 함께 보내고 끊임없이 물물교환을 하고 대화를 나눈다. 이것이 말의 역할이자 삶이다."29)

1920년 8월에 전쟁의 운이 러시아로부터 고개를 돌리기 직전, 바벨은 "나는 코사크인들과 기병대에게 말이 어떤 의미인지 드디어 이해했다"고 말했다. 그는 자신의 말을 잃어버리고 보병이 되어, 강렬한 햇빛이 쏟아지고 먼지가 자욱한 길을 헤매는 기병을 보았다. "그는 팔로 안장을 껴안고 낯선 차 안에서 죽은 사람처럼 자고 있었다. 사방에서 말의 사체가 썩으면서 악취가 진동하고 사람들은 말에 대한 대화만 나누었다. 말은 순교자이다. 말은 인내의 화신이다.……말은 하나이자 모든 것이다. 말의 이름은 슈테판, 미사, 형제, 늙은 여자이다. 말은 구원자이다. 코사크인들은 매 순간 이런 것들을 느낀다. 이들이 언제 돌변하여 말에게 채찍질을 가할지 모르지만 말이다."30)

바벨은 코사크인, 유대인 그리고 말이 만나는 영역을 언급하며 코사크인들에게서 고상한 야만성을 찾는 것이 얼마나 지난한 과정인지 다루었다. 이것은 피조물의 영역, 언젠가, 아니 곧 죽을 수밖에 없는 운명에 처한 이들의 영역이었다. 어쩌면 이곳 갈리시아의 여름에 그가 만났던 모든 이들은 모리투리(Morituri), 즉 죽어가는 자가 아니라, 이미 오래 전에 총에 맞아 죽은 자들, 구타당해 죽은 자들, 휴양지에서 죽은 자들일지 몰랐다. "브로디, 고통의 형상을, 이발사들과 저세상에서 온 유대인들과 거리의 코사크인들을 잊지 마라."31) 역사는 반복되고 역사학자는 과거에서 미래의 징표를 해석하는 연습을 한다. 미래에서 과거의 형상이 튀어나온다. 1920년 7월에 바벨은 "말린 뒤에 있는 유대인 공동묘지는 수백 년이 되었는데, 윗부분이 타원형으로 형태가 거의 비슷한 이곳의 묘비석들은 무너져 있으며 주위에 잡초가 무성하다. 그는 흐멜니츠키를 보았고, 부돈니, 불행한 유대인 민중을 보았다. 모든 것은 반복된다. 폴란드, 코사크, 유대인의 역사는 당혹스러

울 정도로 모든 것이 똑같이 반복된다. 새로운 것은 공산주의뿐이다"라고 썼다.[32]

1814년 파리가 승리한 코사크인들을 환대한 뒤 110년이 지나고 내전과 위대한 기사들의 무정부 상태라는 모험을 지독히 꺼리는 분위기가 형성되는 동안, 코사크인들에게 이 모험은 끝난 지 오래였다. 부됸니가 소련의 노멘클라투라(스탈린 집권 이후 체제를 유지한 특권적 지배계층/옮긴이)로 급속도로 신분 상승을 한 후에도 숙청은 끝나지 않았다. 1919년에서 1920년으로 시대가 바뀌면서 오랜 고향인 러시아와 돈 강과 드네프르 강에 뒤늦게 도착한 이들은 감금되었다. 몰락한 코사크의 귀족들은 파리에서 나이트클럽의 문지기나 개인 택시 기사로 근근이 생계를 꾸려갔다. 그들은 서커스 군단이라도 들어가지 않으면 유목민의 삶을 이어나가야 했다.[33]

1984년에 화가 키타이는 렘브란트의 "폴란드 기사"를 재해석한, "유대인 기사"라는 작품을 발표했다. 22년 전에도 그는 기사, 말, 갈리시아의 유대인을 암시하는 작품을 그린 적이 있었다. 런던 학파의 대표작으로 손꼽히는 이 그림은 현재 테이트 갤러리에 소장되어 있다. 제목은 "부됸니와 말을 타고 있는 아이작 바벨"이다.

1930년대 말에는 바벨 역시 소련 내부인민위원회의 감시 대상자가 되었고 몇 번이나 목숨을 잃을 뻔했다. 이제 그를 도와줄 사람은 아무도 없었다. 1940년 1월 27일, 바벨은 결국 모스크바의 부티르카 형무소에서 총살을 당했다. 말의 시대가 끝난 시점을 확인하려면 이 날짜를 눈여겨볼 필요가 있다.

한편 20세기 초반에 위대한 유대인 기수가 있었다. 정확히 말해서 유대인 여자 기수였다. 젊은 여성 공산주의자인 그녀는 1904년에 처음으로 팔레스타인으로 이주했다. 1907년 이후 그녀는 유대인 자경단 조직인 바르 기오라의 조직원으로 활동하다가 그곳에서 장래의 남편인 이스라엘 쇼하트를 만났다. 독일의 역사학자 톰 세게프는 그녀를 키부츠 운동의 어머니로 여겨지는, 투쟁적인 여인이라고 표현했다. "광기 어린 열정을 지닌 이 아가씨는 아랍인처럼 꾸미고 갈릴리의 산을 누비고 다녔다. 그녀의 이름은 만야 빌부셰비츠이다.……팔레스타인에서 그녀는 키부츠의 전신이라고 할 수 있는 지역 주거공동체의 공동 설립사로 활약했을 뿐만 아니라 이스라엘 전투 병력의 전신인 하쇼머(감시자라는 뜻)에서도 활동했다."[34] 1909년 4월에 창설된 새 수비대의 남성 동지들도 아랍인 복장을 벗을 생각을 하지 못했다. 무장을 하고 말 구입에 필요한 자금을 조달하는 데에 성공하자, 젊은 유대인들은 베두인인, 드루즈인, 체르케스인, 코사크인들로부터 영감을 얻어 화려한 복장의 기병대를 조직했다. 잠시였지만 강인하고, 말을 타고, 노래하는 유대인이라는 헤르츨의 꿈이 이루어지며 코사크인들의 망령이 멀어지는 듯했다.

10년 후인 1920년, 하쇼머는 더 강경하고 무장 상태가 뛰어난 하가나(영국 위임 통치하의 팔레스타인에서 활동한 유대인의 지하 무장 조직/옮긴이)로 교체되었다. 하가나는 1948년 이스라엘 건국과 함께 창설된 군대의 과도기 조직이었다. 새 조직을 창설한 남자는, 러시아계 유대인 시오니즘 지도자이자 작가인 블라디미르 제브 자보틴스키였다. 자보틴스키는 요제프 트룸펠도르와 함께 제1차 세계대전 중 유대인 의용군을 조직했다. 자신보다 열네 살이나 더 어린 바벨과 마찬가지로, 자보틴스키는 오데사 출신으로 문구점을 운영하는 홀어머니 밑에서 자랐다. 어쩌면 어린 바벨은 처음 글쓰기를 배울 때에 이 문구점에서 연필을 샀을지도 모르겠다.

제2부

도서관의 환영(幻影) : 지식

운이 따라주었더라면 사내는
봅이 지지했던 갈색 말과 여우를 한 마리씩 샀을 텐데.
그들은 재갈이 물린 채, 긴 목은 쭉 내밀고
엉덩이를 꼬리로 탁탁 치고 조용히 뒷다리를 툭툭 건드리면서
헤스 가에서 새 주인을 기다리며 떠날 채비를 하고 있다.
일찍 세상을 보았던 뮌헨의 아이에게,
세상은 그림으로 먼저 그려지고 창조된 듯 황홀한 세계
그리고 말에서 나온 꿈의 이미지였다.
전투가 있던 저녁, 1812년 러시아에서의 후퇴,
뇌르틀링겐 출신의 화가 알브레히트 아담이 그렸던 말처럼 말이다.

— 헤르만 하임펠의 『반쪽짜리 바이올린(*Die halbe Violine*)』

역사학자로 살다 보면 한번쯤은 루소의 자연주의에 빠지고 싶은 유혹을 느끼게 된다. 역사학자는 새로운 문헌을 찾고 독창적인 문제를 제기하고 역사적 열망이라는 미지의 세계를 최초로 정복하기를 꿈꾼다. 학자는 서술되지 않았던 대상을 본능적으로 잘 찾아낸다. 말이라는 동물이 나에게 가능성이 있는 역사의 대상으로 다가온 이후 처음 연구를 시작했을 때에도 이런 일이 벌어졌다. 그 순간 나는 **가공되지 않은 물건** 같은 것을 손에 넣을 수 있기를 꿈꾸었다. 시간이 흐르면서 현실은 정반대라는 사실을 깨달았다. 말은 뼈보다 더 다양하게 해석할 수 있는 존재였다. 그리스의 역사가 크세노폰의 시대1) 이후 말 전문가, 감정가, 사용자, 품종개량자, 편자공, 기병 등은 반복해서 들어도 질리지 않는 주제였다. 말과 관련된 글에는 항상 상대적으로 폭넓은 고정 독자층이 있었다. 따라서 우리는 말에 관한 지식의 전통을 통시적 관점에서 연구할 뿐만 아니라, 다양한 문화와 환경 간의 실용적이고 이론적인 지식의 이동경로를 추적할 수 있다.

국제정세 연구자인 데이비드 그레스는 『플라톤에서 나토까지(*From Plato to Nato*)』에서 마학(馬學)에 관한 연구, 즉 고대 동양의 이동경로에서 우수한 품종의 혈통마 개량자의 근대식 마구간에만 초점을 맞추지 않고 관찰 공간을 확장했다. 나 역시 말의 시대 말기에 어떤 일이 벌어졌는지 정확하게 파악하고 서술하기 위해서 노력할 것이다. 이를테면 인간과 말이 현실세계에서 어떻게 갈라섰고, 문학, 은유, 상상 속에서 서로 어떻게 연결되었는지에 대해서 말이다. 이를 위해서는 인간과 말의 이별 과정을 이해하고 두 존재가 공존했던 기억을 불러오고 꼼꼼히 살펴보아야 한다. 카펫의 문양이 어디에서 유래했는지 이해하려면 카펫을 짠 섬유를 꼼꼼히 들여다보아야 하듯이 말이다. 여기에는 말에 관한 학문의 범위와 특성을 눈으로 직접 체험하는 것도 포함된다. 우리는 과거에 이런 지식들이 교류되었던 장소들을 지역화하고, 전달자가 누구인지를 확인하고, 이들 사이에 있었던 거래를 재구성해야 한다. 우리는 지식의 역사 속으로 더욱 깊숙이 들어가 1,000년 전의 과거로 거슬러 올라가야 한다.

말에 관한 지식은 근대 이후 꾸준히 쌓여오다가 18세기 후반에 폭발적으로 증가했다. 새로운 시장, 미디어, 잡지, 달력, 동판, 회화 덕분이었다. 이후 유럽 대륙 전역으로 말에 관한 지식이 홍수처럼 쏟아졌다. 영국은 경마 스포츠와 품종개량을 위한 실험의 장이 되었고, 프랑스에서는 최초로 수의사가 있는 병원이 설립되었다. 영국과 프랑스를 중심으로 경마장 주변에 학교와 병원이 신설되고 종마소와 기병대의 조직이 개편되었다. 그러나 18세기의 마학은 사실상 말에 관한 지식이었을 뿐, 오늘날과 같은 학문의 수준에는 미치지 못했다. 마학은 조언과 지도, 가르침과 경고 등 전문정보를 체계적으로 정리한 실용적 목적의 지식이었기 때문에 열정 넘치는 말 애호가에게 필요한 수준의 지식에 머물러 있었다. 또한 품종개량자와 사육자들에게 초점을 맞추었기 때문에 애호가들을 위한 우아한 지식의 형태를 취했다. 기병대의 관점에서 세상을 판단하는 경주마 종마소의 소유주와 졸부 부르주아들은 말에 관한 지식을 통해서 신분의 장벽을 뛰어넘을 수 있었다. 마학에는 말 치료사와 승마교사, 상인과 사육자가 알아야 할 구체적인 노하우도 포함되어 있었다. 이를테면 먹이기, 종마소 관리하기, 치료하기에 필요한 지식과 반드시 알아야 할 실용적인 지식, 성욕이 넘치는 암말과 경험이 없는 수말을 짝짓기 상대로 맺어주어 위험한 상황이 벌어졌을 때에 말을 다루는 법 등이었다. 당시의 마학은 스포츠 장면이나 동물을 그리는 화가로 성공하는 데에 필요한 회화 기법과 예술적 안목을 갖추는 훈련에 치중되어 있었기 때문에 기교적인 지식의 형태를 취할 수밖에 없었다. 의학과 예술의 관계처럼 수의학과 예술 사이의 주고받기가 활발하게 이루어졌다. 해부학과 스케치는 서로 밀접한 관련이 있었고, 공동의 창문 앞에는 경마장이 있었다.

19세기에도 가축 사육과 품종개량, 승마술, 조련 등 실용적인 지식의 전통이 이어지며 렌도르프 백작의 『말 품종개량자를 위한 핸드북(*Handbuch für Pferdezüchter*)』과 같은 고전이 탄생했다.[2] 수의학이 편자공의 작업장에서 서서히 분리되면서 말을 치료하는 장소가 학교와 수의사의 병원으로 이동했다.[3] 이처럼 마학은 19세기의 신지식으로 거듭나려고 노력했으나 새로운 상황에 부딪혔다. 과학의 영역에만 국한되지 않는 새로운 연구 방식과 기술이 등장한 것이다. 기계화 초기에 경제적, 군사적, 사회적 측면에서 인간에게 가장 중요한 동반자였던 말은 이제 새로운 실증주의적 연구의 중요한 대상으로 바뀌었다.[4] 연구실과 실험실에서 말은 언어학, 경제학, 도상학, 지리학 그리고 지능 연구의 대상이 되었다. 이러한 경험주의와 실험주의적 관점을 바탕으로 한 연구의 결과는 다양한 특성을 보였다. 그중에는 정치적인 암시가 있는 연구 결과도 있었고, 오늘날의 관점에서는 전혀 그렇지 않지만 특이하고 호기심을 불러일으키는 연구 결과도 있었다. 무엇보다도 정치 및 문화적 특성을 넘어 군사적인 특성을 보이는 것도 있었다.

지식은 정적인 실체가 아니다. 사실은 정반대다. '이동하는 지식(migrating knowledge)'을 논하려면 수사법(강조나 수사적 효과를 높이기 위하여 논리적으로 불필요한 말을 덧붙이는 표현 방법/옮긴이)이 필요하다. 중요한 것은 지식의 이동 **여부**가 아니라 지식의 이동 **방법**이다. 어떤 대상에서 지식이 물질화되고, 어떤 사회집단이 지식의 확산을 통제하고, 어떤 제도가 지식이 사라지는 현상을 막아주는가? 제2부의 내용은 다음과 같이 세분화된다. 미디어(책, 조각, 회화, 판화, 사진, 기술적 대상물, 목록, 족보……) 외에도 **장소와 기관**(종마소, 경마장, 병원, 아틀리에, 출판사……), **사회 그룹**(품종개량자, 감정가, 해부학자, 편자공, 군인, 연구자, 거래상, 작가)과 **지식의 응용**(선택, 품종개량, 치료, 훈련, 수집, 해부, 스케치, 박제술)에 관한 구체적인 내용이 그것이다.

　이러한 관점에서 보면 말의 역사가 남긴 모든 유물은 '이동하는 지식'의 역사이다. 마차에는 마차와 연관된 고유한 풍경, 수 세대 동안 사용되어온 나무의 종류, 금속, 역용 동물의 특징, 도로의 부수적 설치물에 관한 정보를 수집해온 수공업자, 시시각각 변하는 고객의 취향을 염두에 두어야 하는 거래상의 역사가 담겨 있다. 안장에는 말을 탈 때의 태도와 몸짓, 사회적인 지위와 권력의 기호, 실제 사냥 현장과 전쟁 기술에 관한 역사가 담겨 있다. 말에게는 톨스토이의『홀스토메르(Kholstomer)』처럼 자신의 출생과 행복한 유년시절의 우연한 사건, 귀족적인 마구간, 말에게 부여된 사회적 지위, 말에게 닥친 불운, 비참해진 노년의 삶에 관한 이야기와 역사가 담겨 있다. 채찍에는 고통에 관한 역사가, 검에는 전쟁의 전환점에 관한 역사가, 등자에는 봉건주의 세계의 부상과 몰락에 관한 역사가 담겨 있다.

　지식의 이동경로에서도 간혹 역사의 우연이 지휘봉을 잡아 상징으로 촘촘한 성좌를 탄생시킨다. 1640년에 페테르 파울 루벤스가 세상을 떠난 뒤, 영국에서 추방당한 한 장군이 안트베르펜에 있던 루벤스의 집을 빌렸다.[5] 뉴캐슬의 백작이자 대공, 내전에서 열세에 몰린 왕정주의자를 지지했던 윌리엄 캐번디시 1세는 이곳에서 말 품종개량과 전문교육에 열정을 바쳤다. 그는 얼마 전까지 루벤스의 역작이 탄생하던 장소에 승마학교를 세워, 영국식 조련 방식을 새로 개발했다. 이 조련 방식이 짧은 기간 내에 유럽 전역으로 퍼지면서 1657년에『새로운 방법(La Méthode Nouvelle)』이 프랑스어로 출간되었고, 이후 100년 동안 영어, 프랑스어, 독일어로 10쇄를 찍을 정도로 유명해졌다. 이 책의 성공 요인은 루벤스의 제자인 아브라함 판 디펜베크의 역동적인 판화에 있었다. 캐번디시의 승마학교는 루벤스의 아틀리에의 이미지를 이용한 것처럼 보인다. 바로크 예술의 형태에서 다른 형태가 분리되었는데, 이것이 바로 아름다운 말들의 발레였다.[6]

혈통과 속도

회전목마의 낙마 사고

19세기 말엽, 1896년과 1898년 사이에 에드가르 드가가 한 장의 그림을 그렸다. 기존의 작품들과 비교하면 배경이 돋보이는 작품이었다. 이 작품의 주제는 기수의 낙마 사고이다. 말에서 떨어진 기수는 풀밭에 누워 있고 말은 기수를 추월해서 뛰어가고 있다. 이 말은 기수의 말일까? 배경의 80퍼센트가 풀밭, 즉 녹색이고, 20퍼센트는 하늘이다. 이것 외에는 아무것도 보이지 않는다. 흥분한 군중도, 이리저리 뛰어다니는 사람들의 무리도, 표정도 없다. 이 그림은 묘하게 고요한 분위기를 풍기고 극적인 사건 없이 단조롭다. 제목이 "부상당한 기수"인 이 작품에서는 부상당한 기수 외에는 아무것도 볼 수 없다. 오른쪽 다리는 미끄러졌는지 장화가 벗겨져 있고 왼쪽 다리는 꺾여 있어서 골절상을 당한 듯이 보인다. 물론 확실한 증거는 없다. 풀밭에 납작 누워서 꼼짝도 하지 않는 모습으로 보아 남자의 상태가 좋지 않다는 것을 짐작할 수 있다. 부상당한 기수는 죽음이 임박했을 수도 있고 이미 죽었는지도 모른다. 순혈종 갈색말의 머리의 형태를 보면 아랍 혈통의 말이라는 것을 알 수 있다. 이 말은 안장 위에 아무도 태우지 않고, 회전목마의 목마처럼 다리는 쭉 뻗고, 꼬리는 살랑거리고, 꼬인 갈기를 흩날리면서 남자를 지나친다. 그런데 이 모든 움직임이 한순간에 멈춘 것처럼 보인다. 마치 카메라의 셔터 속도를 빠르게 조절해놓은 것처럼 말이다. 드가는 이미지를 극대화하기 위해서 어떤 노력도 하지 않았다. 인과관계를 이용한 장면 노출, 사건 전후 맥락에 관한 서사적 설명은 관찰자의 몫이다.

설명이 빈약한 이 그림은 관찰자에게 아무것도 말해주지 않는다. 관찰자는 화가, 사건, 도상학이라는 3개의 기록을 참고하여 작가의 의도를 해석하려고 할 것이다. 3개의 기록 중 첫 번째 기록에서 관찰자는 화가가 초기에 그린 말과 경주 장면, 이른바 스티플 체이스(Steeple Chase : 장거리 장애물 경주/옮긴이) 장면을 보게 된다. 작품의 부제는 "장애물 경주 장면"으로, 드가는 1866년에 이 작품을 살롱에 출품했다.[7] 낙마 사고가 주제인 이 그림에는 말에서 떨어져 바닥에 누워 있는 기수와 기수 없이 달리는 말이 등장한다. 한편 옆에 있는 두 명의 기수는 말에서 떨어진 기수에게 눈길도 주지 않고 제 갈 길만 간다. 30년 후에 노년이 되어 원숙한 드가는 작품을 살짝 수정한다. 이제 이 그림에는 배경에서 두 명의 기수가 빠지고 낙마한 기수와 기수 없이 달리는 말 한 마리만 있다. 당시에는 경마 중에 사고가 빈번히 발생했다. 드가처럼 며칠이고 몇 주일이고 경마장 주변을 떠나지 않는 이들은 낙마 사고의 증인이었다. 어쩌면 드가는 신문 기록(사건 기록)을 이용해서 말이 기수를 치고 간 것인지, 부상당한 기수는 누구인지, 무슨 일이 있었는지 자신이 관찰한 장면을 철저하게 조사했는지도 모른다.

세 번째 기록인 도상학으로 넘어가면 작가의 의도는 훨씬 더 복잡해진다. 이번에는 프랑스의 화가인 테오도르 제리코의 작품 "전쟁터를 떠나는 부상당한 기갑병"이다. 이 작품은 제목에서 이미 70년 전인 1814년 나폴레옹의 제6차 프랑스 대동맹이 결렬된 후에 프랑스의 전장에서 프랑스 군대가 참패한 사건과 관련이 있다는 사실을 암시하고 있다. 그러나 "전쟁터를 떠나는 부상당한 기갑병"에서 외상을 입은 병사는 보이지 않는다. 이 작품은 대각선 구도 외에는 드가의 "부상당한 기수"와 공통점이 별로 없다. 물론 기수의 장화, 밝은색 바지, 흉갑처럼 풍성하게 부풀어오른 재킷으로 기병대의 제복임을 암시하려고 했지만 말이다. 그러나 상처가 눈에 보이지 않을지라도 제리코의 기마전사는 여전히 농업과 전쟁의 신인 마르스의 아들이며, 말의 광포를 잠재우는 데에 보는 힘을 바친다. 반면 드가의 기수는 연극 속의 인물처럼 부주의로 인해서 말에서 떨어진 채 지쳐 있거나 상상의 모래밭 옆에 죽어 있다. 또한 제리코의 영웅은 손에서 검을 놓지 못하는 반면, 드가의 기수는 모든 것을 잃어버린 빈손이다. 심지어 승마용 채찍도 없다.

그러나 큐레이터는 또다른 해석을 내놓는다. 지금부터 말할 인물은 아마 낙마 사고의 희생자들 중에서 가장 유명한 인물일 것이다. 바로 다메섹의 사울로, 땅에 떨어진 후에 회심하여 바울이 된 그 인물이다. 사도 바울의 회심 사건과 관련하여 파르미자니노(16세기 이탈리아의 화가/옮긴이)의 작품을 살펴보도록 하자. 이 작품에서도 (부상을 당하지는 않았으나) 낙마한 사람은 말의 앞 혹은 말 아래에 있다. 또한 말을 낙마한 사람보다 위쪽에 배치하여 강조했고, 말에게는 고삐와 재갈이 물려 있다. 그러나 이 말의 털은 사울의 뒤쪽 배경에 있는 구름을 뚫고 나오는 빛처럼 귀족적인 분위기가 물씬 풍기는 흰색이며, 북방족제비 털로 된 안장의 깔개가 걸쳐져 있는 통통한 둔부를 가진 우아한 동물의 형상으로 묘사되어 있다. 특히 르바드(levade : 뒷무릎을 굽히고 몸을 일으켜서 앞다리를 끌어안는 말의 동작의 하나/옮긴이) 자세는 이 말이 스포츠를 즐기기 위한 목적이 아니라 상징적 의미를 가지고 있음을 환기시킨다. 말에서 떨어진 귀족이자 로마의 기사인 사울의 다리 아래에는 검이 놓여 있다. 다음 순간 이 상징은 순종하는 어린 양인 예수의 군병으로 바뀐다. 파르미자니노는 사울이 말에서 떨어진 사건이 아니라, 회심한 사울의 영적인 측면을 강조한 것이다. 드가의 부상당한 기수가 말의 다리 사이에 누워 있는 모습은 마치 수학 방정식의 괄호 안에 있는 수식처럼 보인다. 드가는 캔버스를 녹색으로 칠해서 칠판으로 만들고 그 칠판 위에 근대 경마 스포츠라는 방정식을 표현한다. 괄호 앞에는 **속도**가, 괄호 안에는 **아름다움과 죽음**이 있다.

드가가 자신의 영감, 등장인물, 점경(2차적으로 첨가한 동물과 인물/옮긴이), 아이디어, 색채를 작품과 파스텔로 표현하기를 좋아했던 장소가 있다. 누구나 이 장소를 알 것이라고 생각하는데, 바로 발레홀이다. 드가는 경주마가 옆으로 뛰는 모습과 기수의 붉은 천만큼이나 발레리나의 가녀린 다리와 장밋빛 튀튀를 좋아했다. 불로뉴에서 순혈종 말이 갤럽(gallop : 승마에서 말이 네 발을 모두 땅에서 떼고 뛰는 것/옮긴이)하는 모습은 꼬마 숙녀들이 콩트르당과 글리사드를 할 때처럼 드가의 리비도를 자극했다.

발레홀과 경마장은 각기 다른 방식으로 영감을 불러일으킨다. 드가가 200년 전 인물이었다면, 그러니까 그가 제3제국의 시민이 아니라 태양왕의 신민으로 살았더라면 같은 장소에서 정욕의 노예가 되었을지도 모른다. 17세기와 18세기에 무도회장과 경마장은 이런 의도를 가진 사람들이 모이는 장소였기 때문이다.[8] 특히 1623년 프랑스 최초의 승마교사 앙투안 드 플뤼비넬의 승마론과 1733년 프랑스의 저술가 프랑수아 드 라 게리니에르의 승마론이 유명했다. 승마론에서는 단순히 말을 타는 법보다 이론에 따른 기수와 말의 동작을, 무용수의 기품과 우아함을 최고의 가치로 삼는 궁정 댄스의 확장된 형태로 생각했다. 균형이 맞지 않는 커플에게 가장 중요한 댄스 스텝은 승마의 르바드 동작과 비슷하다. 르바드 동작을 할 때에 말은 뒷다리에 힘을 주며 똑바로 서고, 기수는 "부드럽고 차분하게 엉덩이를 당겨서 수직 자세를 취한다."[9] 말과 기수가 동시에 독립적으로 모범적인 자세를 취하는 것이다. 화가와 조각가들은 오래 전부터 이 자세를 서양의 통치권을 표현하는 일종의 회화의 공식으로 정착시켜왔으며, 서양 회화의 전형적인 레퍼토리를 구성하는 요소라고 보았다. 18세기에는 무용학교와 승마학교가 분리되며 각자의 길을 걸었다. 이후 승마학교는 군대에서 관리하다가 승마 교사 전문 양성기관으로 바뀌었다. 댄스홀에서만 엄격한 형태, 이를테면 돌리기, 펼치기, 굽히기, 점프하기 등의 의식을 지켰다. 이중에서도 중력을 초월하여 공중에 뜬 상태로 하는 동작은 신체의 기하학과 같았다.[10]

발레와 승마가 분리되기까지 100년이 넘는 시간이 걸렸다. 발레홀과 마찬가지로 데카당스적인 경마장에서도 공중부양의 원리를 이용한 고난도의 동작을 함으로써 중력을 극복한 듯한 승리감을 전해주는 순간이 종종 있었다. 말의 빠른 속도와 기수의 가벼운 무게는 르바드 동작이 없어도 공중부양을 하는 듯한 이미지를 만들어냈다. 한 마리의 새가 빠른 속도로 날아가는 것이 아니라, 말의 힘줄에서 '핑' 소리를 내며 화살이 날아가는 듯한 이미지 말이다. 기수가 말에서 떨어지는 순간 벡터의 합으로 하나가 되었던 말과 기수의 공동체는 다시 해체된다. 그리고 이 순간 땅을 감싸고 있던 중력이 말과 기수라는 두 요소를 공중으로 들어올린다. 드가는 이 순간을 포착하여 그림으로 표현했다. 어쩌면 이것이 원래 의도한 주제인지도 모른다. 그는 말에서 떨어진 기수는 땅에 있는 것이 아니라, 공중에 붕 뜬 상태로 낙하 운동을 하면서 끝없이 중력의 지배를 받는다는 사실을 정확하게 이해하고 있었는지도 모른다. 반면 기수도 없이 혼자 달리고 있는 말은 무중력 상태를 느끼고 있는 듯하다.

일식과 함께 탄생하다

영국 경마의 역사와 뉴마켓(제임스 1세 시대부터 경마로 유명한 도시/옮긴이)이라는 도시의 급부상은 스튜어트 왕가의 지배와 밀접한 관련이 있다. 다른 유럽 국가에서 시에나의 팔리오(Palio : 이탈리아 토스카나 주 시에나에서 열리는 전통 축제/옮긴이)가 있었듯이, 17세기 이전 영국에는 경마가 있었다. 당시의 경마는 지역 단체 혹은 지방 귀족의 몇몇 구성원들이 조직했을 것으로 추측된다. 그러나 뉴마켓과 스튜어트 왕가의 경마는 기존의 경마와 달리 역동성이 두드러지게 나타났다.[11] 최초의 경마는 1622년에 아직 사람들에게 잘 알려지지 않은 장소에서 거행되었다. 메리 1세의 아들인 제임스 1세는 경마에 적합한 황무지가 있는 마을을 찾아, 개인 사냥 및 수렵 구역으로 수십 년 동안 개발했다.[12] 그의 아들인 찰스 1세는 이곳을 왕의 거처로 승격시키며 일종의 영국 제2의 수도[13]로 삼았다. 1627년부터는 이곳에서 봄과 가을에 정기적으로 경마가 거행되었다. 왕이 후원하고 관리했던 경마 스포츠는 1660년에 중대한 국면을 맞았다. 스포츠에 적대적이었던 청교도주의 공화국이 설립된 지 몇 년 만에 영국이 왕정복고 시대로 복귀하면서, 찰스 2세가 프랑스 유배지에서 귀환하는 사건이 있었다. 1671년, 속도를 즐겼던 왕[14] 찰스 2세는 5년 전에 자신이 후원했던 타운 플레이트 배에서 우승했다. 또한 같은 해에는 세계 최초의 조련장인 "팰리스 하우스"가 탄생했다. 1685년 찰스 2세가 사망한 후에는 영국의 경주마 품종개량이 급증했다. 종마로는 3종의 아랍종이 인기를 끌었다. 바이얼리 터크(1687년 수입), 달리 아라비안(1704년 수입), 고돌핀 아라비안(1729년 수입)은 영국 품종개량 경주마 중에서도 3대 주요 혈통으로 손꼽혔다.[15] 이들은 의도적으로 동양과 영국의 혈통을 혼합하여 교배한 품종인 서러브레드(Thoroughbred) 혹은 혈통마라고 불렀다. 소위 순혈종은 경마에서 탁월한 성적을 내며 우수 품종으로 검증받았기 때문이다.

영국의 군주제와 품종개량 및 경마는 밀접한 관계에 있었다. 스튜어트 왕가가 쉽게 무너지지 않았던 것도 이 때문이었다. 역사의 우연으로 1714년 8월에 지방의 한 귀족 가문이 요크의 경마장에 소집되었을 때에 스튜어트 왕가 최후의 여왕인 앤 여왕의 서거 소식이 알려졌고, 바로 이 장소에서 하노버 왕조의 왕위 계승이 결정되었다. 조지 1세에서 빅토리아 여왕에 이르기까지 하노버 왕조 출신의 통치자들이 말을 사랑하고 경마 문화를 즐기는 전통을 이어간 덕분에, 영국은 순혈종과 경마의 세계 강국으로 등극했다. 1720년 대니얼 디포가 영국제도 전역을 여행했을 때, 뉴마켓에는 이미 경마 산업과 "귀족과 젠트리를 위한 대규모 경마 시합"이 정착된 지 오래였다. 이는 런던은 물론이고 다른 도시들도 마찬가지였다.[16]

동양 말의 경우, 초기에는 종마를 한 마리씩 수입했고 (1710년대의 왕가의 암말이었던 로열 메어처럼) 나중에는 종빈마의 무리를 재래종 표본과 교배시키기 위한 목적으로 수입했다. 재래종 말의 유전적 특성을 개선하기 위한 것이라고 공고했지만 실제 목적은 속도 향상이었다. 쉽게 말해서 경마 시합에서 우승할 수 있는 속도가 빠른 말이 태어날 수 있도록 품종을 개량하는 것이 목적이었다. 그리하여 오직 이 목적으로 땅을 소유하고 영국 귀족을 대상으로 말의 품종을 개량하는 계층이 등장했다. 영국의 왕실은 이 사업과 연결되어 있었다.

한 역사학자는 "경마의 짜릿함은 어디에서도 느껴보지 못한 속도와 '왕의 스포츠'라는 상징성에 있다"고 했다.[17] 1727년 이후 정기발행된 "경마 달력"에는 영국의 국왕들이 경마에 참가해서 자신들과 함께 말을 탔고(때로는 승리하기도 했고), 경주마의 소유자로, 말의 소유자로, 품종개량자로, 경마 기수의 고용인으로 등장했다는 기록이 있다. 또한 영국의 국왕들은 1750년 런던에서 처음으로 창설된 자키 클럽과, 1752년 이후에는 뉴마켓 소재의 자키 클럽의 회원이기도 했다. 경마 시합을 조직하고 회원들 사이의 내기 빚을 규제하기 위한 목적으로 설립된 자키 클럽은 시합 규정을 만들고 이 규정을 영국 전역에서 실시하기 위해서 애쓴 만큼 권위도 있었다.[18] 클럽의 회원은 왕족부터 다양한 귀족 계층을 아울렀고, 이에 따라서 클럽은 세속화와 부르주아화가 진행되는 과정이었지만 이를 간파하지는 못했다. 오스트리아의 역사학자인 오토 브루너는 "자키 클럽은 경마 시합의 조직은 물론이고 귀족 계층의 사회적인 구심점 역할을 했으나, 자키 클럽의 회원들은 이곳에서 전형적인 '부르주아들의 사회 개혁' 움직임이 강하게 나타나고 있다는 사실을 깨닫지 못했던 듯하다"라고 썼다.[19]

17세기부터 18세기까지는 아랍 혈통마, 좀더 정확히 표현해서 터키산 혹은 바버리산의 동양 혈통마를 구하기가 쉽지 않았다. 시간과 비용이 많이 들고 위험한 일이었기 때문이다. 이런 말을 소유하여 경마에서 우승하고 품종개량에 성공한 사람은 사회적인 명망도 높아졌다. 그만큼 경마는 투자할 만한 가치가 있는 일이었다. 한편 귀족들이 의지할 수밖에 없는 계층이 있었다. 다름 아닌 말 구입자, 조련사, 기수, 마구간 감독, 마구간지기이다. 지방에서 모집된 이들은 전문적인 조언과 다양한 방식으로 귀족들을 지원했다. 전문가는 궁정, 외교, 군대, 관청에 맞추어 새롭고 현대적인 스타일로 종마와 경마장을 탄생시켰다. 이와 동시에 사교계의 화려함과 전 세계의 명성을 얻으며 후손들의 기억 속에 영원히 남기를 바라는 귀족들에게는 예상하지 못했던 경쟁이 벌어졌다. 경마 달력과 혈통서에 경마 시합 챔피언과 혈통의 시조로 오른 명마를 두고 귀족들 사이에 경쟁이 벌어진 것이다. 실제로 18세기 영국에서는 제2의 명마 숭배 문화가 탄생했다. 루벤스에서 조슈아 레이놀즈에 이르는 유명 화가, 배우이자 극작가인 데이비드 개릭에 못지 않은 이클립스(1764-1789)와 같은 명마 스타가 탄생한 것이다. 1764년 일식이 있던 날에 태어났다는 이클립스는 모든 경기에서 불패하는 기록을 세웠고, 그의 후손들은 경마에 850회 넘게 출전했다. 지금도 뉴마켓의 영국 국립경마박물관에 가면 이클립스의 유골을 볼 수 있다.[20]

스포츠와 긴장감

우리가 유한계급(생산적 노동에 종사하지 않고 비생산적인 소비 생활을 하는 계층/옮긴이)이 되는 방법을 논하려면, 유한계급에 혈통 귀족뿐만 아니라 금권 귀족과 시민 계층을 대변하는 인물들도 포함시켜야 한다. 경주마 경매와 상금 외에 유한계급이 중시하는 것이 또 있었다. 제3의 경제적 요소인 경마 도박이다. 근대 초기 이후 도박은 귀족들이 관심을 가지는 모든 스포츠 종목, 특히 경마를 따라다니는 그늘과 같은 존재였다.[21] 유독 경마장에서 도박이 성행했던 이유는, 베블런이 주장했던 과시적 소비와 관련이 있다.[22] 실제로 경마와 도박은 동일한 속도로 발전하면서 상부상조하는 관계였다. 유럽 대륙에 비해서 사회 구조가 개방적이었던 영국에서는 특히 도박이 성행했다. 중류층과 하류층에게도 경마장이 개방된 이후, 자기 소유의 말이 없는 관람객들은 도박을 통해서 남성의 스포츠인 경마에 참여했다. 한 평론가는 19세기 말엽의 도박은 경마와 경주마 품종개량에 크게 기여한 "거름"이었다고 표현했다.[23]

경마 도박이 룰렛처럼 단순한 내기가 아니라는 점은 막스 베버가 지적한 바 있다. 경마 도박은 이성의 비중이 상당히 높은 유희였다. "영국의 스포츠 도박은……확률을 알고 합리적인 판단 근거를 토대로 이루어진다."[24] 사람들은 경주마의 지금까지의 성적과 말의 무게, 기수의 능력, 경주로의 상태 및 길이 등의 상황을 종합하여 분석해야 했다. 이런 요인과 (낙마, 마비 등) 예측이 불가능한 변수까지 계산하여 판돈을 거는 도박이 리스크가 없는 투자라고 볼 수는 없었다. "스포츠 도박은 주식과 투기사업과 구조적인 공통점이 있는 합리적인 '비즈니스'였다."[25] 문화인류학자들과 문화사회학자들은 과거의 피비린내 나는 전투와 경기가 스포츠 시합으로 대체되면서 근대 직업세계에서 시민들의 행동 규범으로 자리잡았다고 분석한다. 경마 도박은 인간과 동물이 함께 참여하는 가장 고상한 형태의 운동 경기로, 운명의 여신이 손을 들어주면 투기 수익도 얻을 수 있었다.

17세기에는 귀족의 대표적인 취미 활동이었던 사슴 사냥이 여우 사냥으로 교체되었다. 궁정 회화에서는 인간이 사슴 사냥을 하면서 보여주었던 물리적인 폭력, 이른바 잔인함을 미화해서 표현했으나, 여우 사냥에서는 있는 그대로의 모습을 적나라하게 표현했다. 인간이 사냥 시간과 속도 그 자체를 즐기기 시작하면서 사슴 사냥은 뒷전으로 밀려났다. 민첩하고 지구력이 강하며 약삭빠른 여우는 "멋진 스포츠"를 제공하는 대상으로 인정받았다.[26] 게다가 사냥꾼과 사냥개에 관한 엄격한 규정과 사냥꾼들이 직접 만든 제한 조건은 "훌륭한 경주, 긴장감, 흥분"이라는 새로운 목표를 오히려 돋보이게 하는 요소였다.[27] 이러한 승화의 과정은 경마를 통해서 시민 사회에서 이상적이라고 생각하는 형태로 변하면서 역사적인 종말을 맞이했다. 물리적 폭력의 순간이 완전히 제거되고 순수하게 속도라는 추상적 형태로 대체된 것이다. 개 경주에서는 여전히 개 떼가 토끼의 가죽을 사냥하기 위해서 달려들었지만 경마에서는 더 이상 사냥감이 존재하지 않았다. 단지 시간의 그림자만이 존재할 뿐이었다.

찰스 2세가 사망한 1685년과 세인트 레거에서 시작해서 더비에 이르는 영국 5대 "클래식 레이스"가 창설된 1780년,[28] 이 100여 년간 통치권의 축은 독특하고 효과적인 방향으로 회전 이동을 했다. 오랫동안 초월적인 영역에 속해 있었던 군주제라는 세로축이 순수한 속도라는 가로축으로 이동한 것이다. 경마라는 새로운 시론, 즉 계급에 차별을 두지 않는 예술 형태에는 미(美), 속도, 위험이 결합되어 있었다. 자키 클럽이 도입한 화려한 색채, 재킷의 줄무늬와 다이아몬드 무늬, 기수의 승마 모자는 문장학(문장[紋章]의 기원, 구성, 색채의 상징을 연구하는 학문 분야/옮긴이)을 기호학(기호의 기능과 본성, 의미 작용과 표현 등을 연구하는 분야/옮긴이)과 보이지 않는 것[29])에 기호를 붙이는 체계로 되돌려놓았다. 중세의 마상무술 시합에서 색채, 가죽, 동물은 무장 투구에 가려진 병사의 신분을 식별하는 수단이었다. 반면 경마장의 근대 문장학은 식별하기 어려운 움직임의 속도를 구체적으로 보여주었다.

영국 청교도들은 도박과 연관된 모든 스포츠와 마찬가지로 경마도 긍정
적으로 평가하지 않았지만, 이것이 근대 초기 유럽 기병대 개혁의 방해요인
이 된 것은 아니었다. 스웨덴의 구스타브 아돌프 2세에 의하면, 독실한 청
교도였던 올리버 크롬웰은 43세의 나이에 경마 챔피언의 자리에 오르며 영
국에서 말을 잘 타는 사람으로 인정받았고, 공격무기로서 기병대를 지지한
결정적인 인물이었다.[30] 르네상스 이후에 전쟁과 스포츠에 투입된 말의 실
태를 비교 연구한 결과, 놀라운 공통점이 발견되었다. 기병대의 이동 가능
성과 규율의 증가, 말의 가벼운 체중과 속도, 기수의 증가, 흉갑기병과 용기
병, 경기병, 창기병으로의 세분화, 공격무기로서 기병대의 전략적인 투입[31]
과 영국의 왕정복고, 1750년 이후 자키 클럽 창설을 통한 경마, 품종개량,
도박 장려와 규제는 사실상 동일한 행위였다. 자키 클럽은 경마장의 경기병
을 위한 민간의 군사참모부였던 셈이다.

경마의 발달과 경주마에 적합한 순혈종의 품종개량은 근대 기병대의 발
달과는 별개로 이루어졌다. 물론 객관적인 사실을 근거로 판단하면 이중
노출(서로 다른 화면을 겹쳐서 노출하는 것/옮긴이)처럼 중복되는 부분도
있었다. 객관적인 교차점과 모든 인적 결합에도 불구하고 경마장과 전쟁터
에는 계통적 차이가 있었다. 경마장에서 속도는 절대적인 요소였기 때문에
빠르고 강인한 순혈종의 말을 높이 평가했던 반면, 전쟁터에서는 훈련 기술
의 향상과 실용적인 지식의 규범화도 중요했기 때문에 속도는 상대적인 요
소였다. 경마장과 전쟁터에는 구조적인 차이가 있었다. 경마는 전쟁터와 달
리 피를 흘리지 않아도 승부를 가를 수 있는 진지한 경기였다. 어쨌든 기수
는 승부에 결정적인 영향을 미치지 않았다. 이중 노출이 이런 원칙적인 차이
를 무시하고 있다고 할지라도, 『플랑드르로 가는 길(La Route des Flandres)』
에서 클로드 시몽이 창조한 서사적 기법으로 실현된 경마와 기병대 공격의

"이중 노출"은 인간과 말이 함께 하는 역사를 표현하는 위대하고 진실한 이미지이다. "인간과 말이 깊은 시간 속에 묻혀 있다가 전쟁터라는 빛나는 초원을 통해서 우리에게 다가왔다. 불꽃 튀는 오후, 공격, 갤럽 안에서 모든 것이 이루어지는 이 전쟁터는 왕국들과 공주들이 통치권을 상실하거나 얻을 수 있는 공간이다……."[32]

제우스 23세

나의 대부가 되어준 분은 세 명이다. 첫 번째와 두 번째 대부는 눈에 띄지 않는 평범한 분들이었고, 세 번째 대부는 팔색조처럼 다양한 개성의 소유자, 아니 유별난 분이라고 말할 수 있다. 그는 댄디가이이자 보수적인 반동주의자, 소송광이자 여자들의 영웅, 구름이 드리워진 날이 대부분인 베스트팔렌 지방의 날씨처럼 시도 때도 없이 변덕을 부리는 사람이었다. 그에게 이 책과 관련하여 특히 돋보이는 개성이 있었으니, 바로 아름다운 말에 대한 광적인 사랑이었다. 그의 외양간에서 순혈종 종마는 매우 필요한 존재였다. 그러나 지금도 내 기억 속에 생생하게 남아 있는 말은 오라니엔 나사우 가문으로 팔려간, 아탈레아라는 이름의 아름다운 잿빛 암말이다. 아탈레아에게 아랍 혈통의 피가 많이 섞여 있다는 사실은 한눈에 알아볼 수 있었다. 우리가 영원한 이별을 할 때까지 나와 가깝게 지냈던 노마(老馬)는 어두운 갈색의 한 점 결함이 없는 순종 혈통의 말이었다. 외양과 기질을 보면 영락없는 동양 말이었다. 이 말은 좋게 보면 "무함마드의 다섯 마리 암말의 혈통"이었는데, 말 주인이 붙여준 이름과 계보가 긴 조상을 가진 것으로 보아 다른 문화권 출신인 것은 확실했다. 외양간 입구를 지나면 영국의 젠틀맨 클럽처럼 겉은 가죽으로 되어 있고 안은 푹신한 솜으로 채워진 카를 프리드리히 싱켈의 고전주의 양식을 따른 대형 천막이 있었다. 그 안으로 들어가면 작은 글자판이 걸려 있었는데, 글자판에 적힌 그 갈색말의 이름은 "제우스 23세. 부비라고 불림"이었다.

　지역 승마협회의 많은 회원들처럼 나의 세 번째 대부도 1933년 이후 나치스 돌격대의 기병대로 편성되었다. 능수능란한 정치적 수완 덕분에 그는, "아우비"라고 불렸던 프로이센의 아우구스트 빌헬름 왕자의 여름별장 연회에 초대받는 영광을 얻었다. 당시 나치스 돌격대의 장성급 직책이었던 아우비는 1929년에 나치스에 (왕자라는 지위에 비해서 낮은 회원 번호인 24번으로) 입회한 후, 명문 귀족 내에서 나치에 협력할 인물과 동조자를 물색하는 작업에 협조했다.33) 아우비가 적당히 유능한 사람들을 모집해서 귀족의 함정에 빠뜨렸듯이, 나치의 경마 스포츠 정책은 일반 대중을, 나치스 돌격대는 특수한 대상을 현혹시키는 데에 일조했다. 물론 나치스 돌격대는 성격이 유사한 나치스 친위대보다 엘리트적 성향은 약했다. 스포츠 정신과 동지애보다는 정으로 똘똘 뭉쳤다고 하는 편이 정확한 나치스 돌격대는 귀족들을 끌어들이고 "젊은 농민 계급"까지 꾀내어, 광범위하고 절대 섞일 수 없었던 국민들을 사회적으로 통합시키는 데에 성공했다.34) 또한 나치 집권하의 독일은 나치스 돌격대라는 도구를 이용해서 협회, 지도층, 기수, 애호가, 품종개량자, 수의사의 전국적인 네트워크를 형성해서 조직적으로 관리할 수 있었다.

　수십 년에 걸쳐 꾸준히 성장해온 이 네트워크에는 앞에서 언급한 직업군의 인물들은 물론이고 기관(협회, 클럽, 학교, 종마소) 정보, 다양한 경로를 통해서 얻은 각종 유형의 지식도 포함되어 있었다. 독일은 전통적인 기마국이었으나, 나치 조직이 기마문화를 계승하려고 했던 1930년에는 경제 및 병참 업무에서 말의 중요성이 이미 퇴색하고 있었다. 그럼에도 여전히 말은 다른 어떤 동물도 가지지 못한 고유한 가치로 높은 평가를 받았다. 말은 관련 지식과 학문을 발달시키는, 사회적으로 구별되는 존재였다. 독일 민족을 무너뜨리려는 자들은 말을 타는 독일 민족을 궁지로 몰아넣어야 했다. 독일의 정치전략을 모방한 무솔리니는 직접 말을 타고 다닌 반면, **지도자** 히틀러가 실제로 말을 탄 적은 없었다. 이런 몰이 사냥에서 정치적으로 한 배를 탄 기수들은 모두 환영을 받았다. 이들은 명문 귀족의 타락한 후손, 올림픽의 승자, 성공한 작가였다. 독일의 사례에서 볼 수 있듯, 경마 스포츠 와 말의 품종개량은 주로 사적인 조직을 통해서 정치적 성격을 띠게 되었는 데, 이는 이 업무를 나치스 돌격대 지도부가 일괄적으로 맡았음을 보여준다 (결국 실패했다).[35]

경마 스포츠 협회는 1820년대에 영국에서 독일로 도입한 경마가 성공하 면서 전성기를 구가했다.[36] 1822년 8월 메클렌부르크의 휴양 도시인 도베 란에서 최초로 순혈종 말의 갤럽 경마 시합이 열렸다. 사실 이것은 우연이 아니었다. 런던의 성공한 말 거래상이자 출판인인 리처드 태터솔이 북독일 봉쇄령이 철회된 후의 독일을 여행하면서, 당시 영국의 순혈종 말의 기준에 부합하게 말 품종을 개량했던 오스트엘베 지역의 귀족들을 대상으로, 테스 트 및 소개 행사, 이른바 클래식 '플랫 레이스'를 기획하여 판매했다. "경마 시합은 판촉 행사 역할을 하며 말의 몸값을 올리는 데에 기여했다."[37] 도베 란에서의 경마 시합은 눈부신 성공의 역사의 일부에 불과했다. 다른 유럽 국가들(프랑스, 이탈리아, 러시아 등)에서도 영국식 경마 열풍이 불었고, 독 일에서는 경마 협회와 경마장을 비롯한 경마 문화가 전국으로 확산되었다 (베를린 1829년, 브레슬라우 1833년, 함부르크와 쾨니히스베르크 1835년, 뒤셀도르프 1836년).[38] 몇몇 독일 제후들은 스튜어트 왕조와 하노버 왕조 의 뒤를 이어 경마 열풍에 빠져들면서 경마 스포츠를 적극 후원했고, 뛰어 난 품종개량자로 거듭났다.

나중에 프리드리히 빌헬름 4세가 된 프로이센의 왕세자는 베를린 경마의 상금으로 은마(銀馬)를 후원했다.[39] 그의 동료인 뷔르템베르크의 빌헬름 1

세는 서남부 지역에서 독일 땅[40])인 바일에 궁정 종마소를 설립하여 아랍 혈통 말을 사육했다. 1830년대에 그는 "동양 혈통의 종빈마 30마리를 포함해서 누비아 혈통의 종빈마 2마리, 아랍 혈통의 종마 4마리, 종빈마 18마리" 등 이미 엄청난 수의 말을 소유하고 있었다.[41]) 심지어 그는 1840년에 귀족 혈통마를 구하기 위해서 궁정 마구간 감독이었던 빌헬름 폰 타우벤하임과 작가인 프리드리히 빌헬름 폰 하크렌더를 동방 지역으로 파견했다.[42]) 초창기에 이미 독일의 작가들은 빠른 속도와 경주에 적합한 품종을 선별하기 위한 경쟁에 대해서 문제를 제기하며 비판했지만, 얼마 후에 브라운슈바이크 공국의 세습 궁정교사인 벨트하임 백작[43])이나 헝가리의 백작이자 말 전문가 스테판 세체니는 경마를 "모든 말의 장점과 가치를 연구하는 데에 유용한 테스트"라며 권장했다.[44])

1867년에 우니온 클룹(일종의 경마협회/옮긴이)이 설립되면서 독일의 경마 스포츠 조직은 하나로 통일되었다. 영국의 자키 클룹을 모범으로 설립된 우니온 클룹은 자키 클룹과 업무도 유사했고, 귀족 회원은 제한을 두지 않고 수용했다. 우니온 클룹은 처음부터 다른 계층에게도 문이 열려 있었다. 독점적인 지위는 회원들의 기여도에 따라서 결정되었다. 경마협회는 시민과 귀족 자유주의가 만나는 곳으로, 경마 스포츠와 관련하여 정치, 사회적으로 중요한 곳이었다. 영국 경마의 광적인 팬이었던 비스마르크는 우니온 클룹이 창설된 첫해에 회원으로 가입했다.[45]) 우니온 클룹은 (1868년 이후) 베를린의 호페가르텐과 그루네발트(1909년 이후), 두 곳의 경마장을 운영했다. 그러나 그루네발트 경마장은 1936년 올림픽 준비로 인해서 1933년에 바로 폐쇄되었다.

혈통과 속도

모든 기원에는 전설이 있다. 무함마드의 5마리 암말이 역사적인 사실을 근거로 만든 이야기인지는 모르지만, 영국의 순혈종 종마인 3종의 서러브레드에 대해서는 창작된 이야기가 전해지지 않는다. 서러브레드의 역사는 전설과는 거리가 멀다. 지금부터 3종의 서러브레드 중에서 가장 늦게 도입된 고돌핀 아라비안에 대해서 이야기하려고 한다. 고돌핀 아라비안이라는 이름은 이 말의 마지막 소유주였던 고돌핀 백작의 이름을 따서 명명된 것이다. 고돌핀 아라비안은 우아한 갈색말로, 키는 약 152센티미터에 아름다운 머리를 가지고 있었고, 야생마가 아닌가 싶을 정도로 엉덩이가 높이 들려 있었다. 영국의 화가 조지 스터브스의 동판화를 보면 고돌핀 아라비안의 모습을 볼 수 있다. 고돌핀 아라비안의 원산지는 정확하게 말하기 어렵다. 다만 라틴어를 즐겨 사용하는 영국인들의 화려함과 마초이즘의 후광이 지배하는 나라인 영국에서 이 말이 큰 인기를 얻었던 것은 사실이다. 고돌핀 아라비안은 원래 프랑스의 먼지가 자욱한 길거리 출신이다. 튀니지의 베이 왕조에서 루이 15세에게 선물로 고돌핀 아라비안을 주었는데, 루이 15세는 이 말을 은총의 의미로 받아들이지 않고 물통을 실어나르는 수레를 끌게 했다고 한다.[46] 그러다가 1728년 코크라는 사람이 고돌핀 아라비안을 발견했다. 코크는 이 말을 미스터 로저 윌리엄스에게 팔았고, 미스터 로저 윌리엄스는 고돌핀 아라비안을 고돌핀 백작에게 선물했다. 고돌핀 아라비안은 최고의 전성기를 누리기 전까지는 남자 신데렐라처럼 구박 덩어리가 되어 마구간에서 지냈고, 가까이 지내는 친구라고는 고양이 한 마리뿐이었다. 이 "이상한 이야기"를 독일의 낭만주의 소설가 아힘 폰 아르님이 우연히 접하게 되었다. "아랍 혈통 수말은 운이 나빴던 것뿐이지 물통 수레나 끌고 다닐 몸이 아니었다. 그런데 형편없는 이 수말에게 아랍 혈통 중에서도 가장 아름다운 암말이 홀딱 빠졌다. 순혈종 종마 중에서도 완벽하다는 말을 전부 붙여주어도 교미를 완강히 거부했던 암말이 말이다."47) 또다른 설에 의하면 고돌핀 아라비안은 원래 보충마였는데 성적으로 끌리는 아름다운 암말인 록사나와 교미 후에, 경쟁관계에 있던 수말들에게 물어 뜯겨 죽었다고 한다. 고돌핀 아라비안의 종마이자 조상으로서의 빛나는 이력은 거칠게 시작되었다.

영국 순혈종 말의 조상인 3종의 아랍 혈통 말이 후손을 퍼뜨리기 시작할 무렵인 18세기에, 아랍 혈통의 말은 영국제도에서 환영받는 손님이었다. 이 혈통을 대표하는 말은 스코틀랜드의 알렉산더 1세가 통치하던 시기(1107-1124)에 영국으로 전해졌다. 이 말은 영국의 리처드 1세(재위 1189-1199)가 키프로스에서 사왔다고 한다. 리처드 1세의 동생이자 후계자인 존 왕은 재력이 없기로 유명했다. 그래서 그는 그의 형이 선물로 보내온 아름다운 말을 흔쾌히 받았다.48) 영국에서 르네상스가 시작된 이후 아랍 혈통의 말들이 물밀듯이 유입되었다.49) 그러나 아랍 혈통 말을 대량으로 수입한 사람은 제임스 1세와 찰스 1세였다. 그중에서 가장 중요한 사건은 **왕가의 암말**이 도입된 것이라고 할 수 있다. 아랍, 바버리, 터키 암말 등 총 43마리의 동방 혈통의 암말 무리가 있었고, 그중 일부는 뱃속에 이미 새끼를 배고 있었다. 이 암말의 무리는 "영국 순혈종 말의 품종개량에서 핵심 품종"으로 볼 수 있다.50) 개별적으로 종마를 구입해서 우수한 품종의 말이 탄생하기를 바라며 모든 것을 우연에 맡길 때보다, 우수한 품종의 말들을 선별해서 교미시킬 때 우수한 후손이 태어날 확률이 높았다. 한편 종빈마의 체계적인 구매 과정은 새로운 역사가 꿈틀거리고 있다는 뜻으로 해석할 수 있다. 구매 과정의 체계화와 더불어 품종개량 방침이 도입되었고 유럽의 최대 강국인 영국이 선두에서 이 정책을 지원하고 관리했다.

아랍 문화와 유럽 문화가 장기간 집중적으로 교류되었던 스페인에서는 영국보다 앞선 8세기 이후부터 동양 혈통 말과 재래종 말을 교배시켰다.[51] 이렇게 해서 태어난 안달루시아 말, 즉 제닛은 이탈리아, 특히 나폴리를 거쳐 전 유럽 대륙으로 퍼졌다.[52] 부르크하르트가 서술했듯이, 르네상스 문화가 꽃을 피우던 이탈리아의 궁정에서 고귀한 품종의 말을 소유하고 전시하는 것은 제후들의 호화스러운 일상이었다. 말이 야생동물 전시장(seraglio)에서 마치 살아 있는 보석처럼 고가의 영국 개, 표범, 인도산 닭, 귀가 긴 시리아 염소와 함께 구경거리 신세로 전락한 동안, 다른 지역에서는 품종개량법을 연구하고 있었다. 북부 이탈리아의 만토바 종마소에서는 스튜어트 왕조 후반기와 동일한 목적의 실험이 진행되었다. 실험 목적은 빨리 달릴 수 있는 말로 품종개량을 하여 경마에서 우승을 차지하는 것이었다. 부르크하르트는 "말 품종 간의 비교는 말 타기만큼이나 오랜 역사를 가지고 있다. 인위적인 교배를 통해서 혼혈종 말을 낳게 하는 것은 십자군 전쟁 이후 보편화되었다. 이탈리아 주요 도시의 경마 시합에서 챔피언을 차지한 말들은 최대한 빨리 달릴 수 있는 품종의 후손을 낳을 수 있도록 종마소로 옮겨졌다. 만토바 종마소에서는 이 목표를 완벽하게 달성하기에 적합한 승자의 후손들이 자라고 있었다. 이탈리아의 명문가인 곤차가 가문은 아프리카, 트라케, 시리아는 물론이고 스페인과 아일랜드 혈통의 종마와 종빈마를 소유하고 있었다. 이들은 우수한 품종의 말을 생산하겠다는 궁극적 목표를 달성하기 위해서 술탄들과 꾸준히 교류하며 우호관계를 맺어왔다. 이 가문에서는 최고로 완벽한 말을 얻기 위해서 모든 경우의 수를 고려하여 말들을 교배시켜서 변종들을 탄생시켰다"라고 말했다.[53]

18세기 영국의 순혈종 말의 교배는 아랍과 스페인, 나폴리와 만토바 혈통 마에게 행해졌던 실험과 다를 바가 없었다. 영국 순혈종 품종개량의 목적은 우수한 품종의 말 두 마리를 교배시켜서 더 우수한 제3의 품종을 탄생시키는 것이었다. 이 과정을 거쳐 품종이 개량된 말은 역용마와 노역마로도 활용될 수 있었다. 영국의 품종개량 정책은 경주마 이외의 다른 용도로도 활용될 가능성을 염두에 두었다. 물론 품종개량의 우선순위는 경주마 혹은 군마에 적합한 품종으로 검증을 받는 것이었다. 영국에는 두 종류의 경마 시합이 있는데, 하나는 장애물 없이 경주마를 타고 달리는 플랫 레이스, 다른 하나는 장애물 경주인 스티플 체이스이다. 말의 품종개량은 플랫 레이스와 스티플 체이스에 투입하기 위해서였다. 한편 영국의 5대 경마로 세인트 레거, 엡섬 더비, 엡섬 오크스와 암말도 출전 가능한 2000기니스 레이스와 1000기니스 레이스가 있다. 이외에도 로열 애스콧 혹은 퀸 앤 스테이크스 플랫 레이스는 지금도 변함없이 개최되고 있다.

우승마로 품종개량에 성공하기 위한 요소는 유전적인 지참금과 속도를 최적으로 조합한 결과물인 **혈통과 속도**였으며, 이것이 바로 경마 스포츠의 핵심적인 파라미터였다. 이러한 상황 속에서 영국은 18세기에 "뉴마켓 시스템"을 개발했다. 뉴마켓 시스템은 앞에서 이미 언급한 경제적 요소들(경매, 상금, 도박) 외에 두 가지 등록부, 즉 등록 시스템을 아우르고 있었다. 이 두 가지 등록 시스템 중의 하나가 경마 달력이다. 원래 간헐적으로 발행되었던 경마 달력은 1727년 이후 정기적으로 발행되었으며, 편집자는 존 체니로 알려져 있다. 처음에는 1년 단위로 발행되다가 나중에는 격주 단위로 배송된 경마 달력에는 진행 중인 경마 시합의 결과와 상금, 향후 소식 등이 실려 있었다. 또한 경마 달력은 영국 경주마의 순위 정보를 제공하면서 순혈종 품종개량의 목적, 즉 속도를 명문화했다. 이러한 목적의 순혈종 품종개량은 계속되었다. 신체 구조, 말의 상태와 조련, 건강, 끈기, 성격 등 순혈종의 자격 요건을 갖춘 말을 생산하는 것은 조련사와 품종개량자의 일상이었다. 이제 말의 외형과 아름다움도 품종개량을 통해서 인위적으로 만들 수 있었다.

품종개량과 함께 세대 계승과 교배 결과 등 긴 시간이 필요한 연대기 시스템이 등장했다. 경마 및 도박에는 최근 몇 주, 몇 달, 몇 년간의 승패 기록 등 경마 달력이라는 단기기억 창고가 필요했지만, 품종개량에는 더 오랜 기간의 기억을 담을 수 있는 장기기억 창고가 필요했다. 품종개량의 성패는 세대라는 긴 사슬을 통해서 정착되어갔다. 경주마는 경마장은 물론이고 포장된 겉모습을 통해서도 자신의 가치를 드러내야 했다. 이것은 경주마를 판단하는 두 번째 시금석이었다. 이제 경주마는 경기 당일의 몸 상태는 물론이고 혈통도 입증해야 했다. 그리하여 18세기 말엽에는 말의 혈통을 체계화한 두 번째 등록 시스템이 탄생했다.

1791년 제임스 웨더비가 처음 제시한『혈통서(*Stud Book*)』는 영국의 순혈종 말들을 소개한 책이었다(처음에는『일반 혈통서 소개[*Introduction to a General Stud Book*]』의 형태로 발표되었다). 놀라움 반 재미 반으로 귀한 혈통 말의 계보를 정리한 웨더비의『혈통서』는 귀족의 계보를 정리한『버크의 피어리지(*Burke's Peerage*)』보다 35년이나 앞선 것이었다.[54] 실제로『혈통서』는 말의 공적이나 우승에 관한 기록이 아니라 혈통만을 다루었다. 이 책은 지중해 동부 출신이든 영국제도 출신이든 상관없이, 경마 혹은 경주마 사육에서 말이 명성을 얻었다는 전제하에 혈통마를 임의로 구분 없이 기록한 계보학상의 기념물이라고 생각할 수도 있다.『혈통서』는 새로운 등록 체계를 채택했다. 즉 모든 말의 혈통을 영국 순혈종인 3종의 종마 중의 하나로 등록하도록 한 것이다.

쉽게 말해서 영국의 품종개량 혈통서는 종마에 관한 것이었다. 첫째, 18세기 말엽에 품종개량자와 전문가들 사이에서는 아랍이나 동양 혈통의 수말과 재래종 암말을 교배시킨다고 해서 고귀한 순혈종 말이 태어나는 것이 아니라는 사실이 이미 알려져 있었다. 품종개량에서는 모마(母馬)의 혈통적 특성이 부마(父馬)의 혈통적 특성만큼이나 중요했다. 이에 따라서 영국 순혈종 말을 낳게 할 때에 동양 혈통의 암말이 재래종 암말보다 훨씬 더 높은 비중을 차지했다. 둘째, 혈통서에 설명되어 있듯이 순혈종의 주요 종마는 순수교배(같은 품종 내의 번식/옮긴이)나 근친교배가 이루어진다. 이런 경우 영국 순혈종 말에게 아랍 혈통의 비중이 높게 나타났고(60퍼센트 이상을 차지한다), 이 비중이 계속 유지되었다. 체계화된 순수교배와 근친교배, 즉 반복적인 순수교배를 시키기로 유명했던 영국의 농부 로버트 베이크웰(1725-1795)은 양, 소, 말 교배에 성공했다. 한편 찰스 다윈의 외가는 말을 좋아하기로 유명한 도자기 명문가 웨지우드 가였다.55) 가문대대로 전해져 내려오는 교배법은 물론이고 베이크웰의 실험에 대해서 잘 알고 있었던 다윈은 이것을 발전시켜 『종의 기원(Origin of Species)』이라는 역작을 발표했다.56) 우생학의 창시자이자 다윈의 사촌인 프랜시스 골턴은 여기서 한발 더 나아갔다. 1883년에 그는 영국의 말 품종개량자들의 실험에 힘입어 우생학이 발전하게 된 것이라고 주장했다. 품종개량자들은 실험을 통해서 어떤 품종, 혈통 간의 결합이 서로에게 도움을 줄 수 있고 또 그렇지 않은지 입증했다.57) 문제는 영국의 말 품종개량자들이 자연선택이 정상적으로 진행될 수 없는 여건에서 실험을 했다는 것이다. 19세기 말에서 20세기 초반에 우생학자들은 유전물질에 인위적으로 개입하여 품종을 개량하겠다는 망상에 빠져 있었다. 그러나 사실 최초의 시도는 이보다 훨씬 전인 18세기 말엽에 종마소에서 이루어졌다.

한편 골턴과 동시대의 인물로 경주마를 연구했던 우생학자가 있었는데, 브루스 로라는 이 오스트레일리아 출신의 학자는 자신의 이론을 발표하기도 전에 세상을 떠나고 말았다.58) 로의 수비학(數祕學)이라는 이 숫자 체계는 경마 달력과 개정된 일반 혈통서59)라는 두 가지 등록 체계를 조합한 등록부로, 구매자와 품종개량자가 나중에도 정확한 정보를 얻을 수 있게 하려는 시도였다. 로는 일반 혈통서에 등록된 모든 말은 암말의 혈통을 기준으로 하며, 유전적으로 뛰어난 특성을 가졌지만 추적이 불가능하다고 간주되는 총 43종의 종빈마나 종마를 토대로 등록해야 한다고 가정했다. 그는 43종으로 시작되는 혈통, 특히 주요 경마 시합(엡섬 더비, 엡섬 오크스, 세인트 레거)에서 선호하는 혈통을 우승마를 많이 배출한 순서에 따라서 정리하고 서열화했다. 또한 경마에서 우승 전력이 있는 경마의 혈통과 이런 혈통을 출산한 전력이 있는 종빈마의 혈통을 각각 구분할 수 있도록 특성에 관한 정보도 추가했다. 이 데이터베이스를 바탕으로 로는 교배의 성공 가능성과 향후 경기의 승자를 예측할 수 있었다. 한편 독일의 헤르만 구스와 J. P. 프렌첼[60]은 이와 유사한 방식으로 계통학, 통계학, 진단학을 통합시킨 체계를 개발했는데, 이는 로의 등록부에 대한 비판론자들이 또 한번 들고 일어나는 계기가 되었다.[61] 20세기에는 우승 경주마를 낳기 위한 새로운 계산 방식과 목록(보빈스키 표, 폴란드 표 등) 등 다양한 시도가 이어졌다. 조상 중 아무도 경마에서 우승하지 못한 이유를 이 체계들 중에서 어떤 체계도 설명하지 못했다면, 현대의 DNA 기반 유전학도 발달하지 않았다면 어떤 일이 벌어졌을까? 잘 알려져 있다시피 계통학은 인터넷에서 중요한 테마 중의 하나인 성(性) 다음으로 관심을 많이 받는 분야이다. 사람들은 예언자가 없어도 귀족 혈통의 말에 대한 연구를 이용해서 미래를 예측할 수 있다. 18세기 이후의 영국과 미국의 명마의 족보와 계보, 동양 종마와 종빈마에 관한 정보는 인터넷에 한가득 쌓여 있다.

해부학 시간

젊은 남자, 힘센 동물

말의 세계에서 자연의 중력이 작용하는 중심은 시장이다. 시장은 말을 통해서 먹고, 말과 함께 사는 모든 사람들, 즉 상인, 품종개량자, 판매자, 신뢰할 수 있는 자와 신뢰할 수 없는 자, 서로 돕고 지내는 다양한 민족 출신의 사내들, 마구간지기, 마부, 조련사, 젊은이들이 모이는 공간이다. 시장의 가장자리를 둘러싼 마차들 앞에는 마구 제조업자들이 서 있고 안장, 덮개, 말솔, 채찍이 산더미처럼 쌓여 있다. 행상은 이들에게 팅크(Tinkture)를 판매한다. 다른 한쪽에는 농부, 수공업자, 마구간 감독, 마차 회사의 사장, 승합마차 회사 직원, 군용 보충마 구매자 등 고객들이 떼를 지어 모여 있다. 수요와 공급을 대변하는 인물들 사이에서 시장의 원래 주인공이자 살아 있는 상품인 말은 고개를 까딱까딱 흔들고 숨을 몰아쉬며 재갈을 질겅질겅 씹으며 서 있다. 냉혈종과 역용마의 이름은 출신 지역에 따라서 붙는다. 시장에는 혈관을 타고 영국의 피가 흐르는 순혈종 말, 거구의 말과 왜소한 말, 기병대용 말, 마차용 말, 조랑말, 노새 등 온갖 말들이 모여 있다. 어린 새끼와 늙은 암말, 근사한 말, 안장 방석의 깔개와 온갖 색깔과 형태로 알록달록하게 꾸미고 광을 내며, 얼룩 반점 무늬가 있고, 손질되어 있는 말. 말의 꼬리는 살랑살랑 흔들리고 갈기는 꼬여 있다. 사람들은 말의 습성을 잘 안다. 수레채 앞에서는 굼뜨게 행동하지만, 다른 곳에서는 높이 날아올라 아침 햇살을 받으며 마음껏 질주하고 싶어한다는 것을 말이다. 여름이나 겨울이나 바로 이 장소, 도시 한복판에서 마시장이 열리고, 여름이면 저 멀리에서도 말의 냄새를 맡을 수 있다.

파리의 마시장이 프랑스 최대 규모의 시장은 아니다. 브르타뉴, 혹은 프랑슈콩테의 시장은 수천 마리의 말과 방문객, 판매자, 애마가로 문전성시를 이룬다. 그러나 그곳에서는 이른 봄과 여름, 1년에 한두 차례만 장이 크게 서는 반면, 파리에서는 1년 내내 매주 수요일과 토요일, 일주일에 두 번씩 마시장이 열린다. 1642년 이후 마시장은 살페트리에르 옆의 생마르셀에서 정기적으로 열렸으나, 1859년 오스만 남작의 파리 개조 사업으로 인해서 자리를 내주면서 포르트 당페르로 자리를 옮겼다. 1878년에 마시장은 제자리로 돌아와서 25년 정도 열리다가 1904년에 완전히 폐쇄되었다. 에세 거리라는 이름을 들으면 마부와 젊은 사내들이 돌아다니며 말을 선보였던 관람석이 떠오른다. 말이 등장하는 무대는 절대로 영국-아랍 순혈종의 오트 쿠튀르를 위해서 마련된 공간이 아니었다. 경주마와 최상품 말을 파는 상인들은 샹젤리제 북쪽에 위치한 우아한 포부르 뒤 룰에 거주했다.[1] 마시장을 주제로 한 그림의 주인공은 주로 힘센 노역마, 프랑스 서부가 원산지인 페르셔롱(Percheron)이다. 페르셔롱은 대개 흰색과 회색에 얼룩이 있는 말로, 간혹 털이 갈색인 말도 있으며 힘이 세고 몸집이 큰 데에 비해서 몸동작은 여리여리하다.

모든 마시장이 그렇듯이, 파리 마시장도 남자들에게는 만남의 장이다. 여자들이 손님들을 접대하는, 시장의 가장자리에 있는 목로주점에서 거래가 이루어진다. 사실 말 거래는 남자들의 일이기 때문에 마시장에서는 여자들이 할 일이 없다. 1851년부터 이듬해까지 파리의 마시장에서 빈둥거렸던 우아한 차림의 소년에게도 몇 시간이고 며칠이고 아무도 관심을 가지지 않았다. 소년은 아무도 자신을 관찰하지 않는다는 생각이 들 때에, 화가들이 여행 시에 가지고 다니는 작은 공책에 무엇인가를 끼적거렸다. 아무도 이 소년이 야심찬 계획이 있는 남장을 한 젊은 여인이라는 사실을 눈치채지 못했다. 그녀는 자신이 존경했던 제리코의 미완성작을 완성하고야 말겠다는 꿈을 가지고 있었다. 그녀는 그 유명한 파르테논 프리즈의 기병대를 대형 캔버스에 그대로 옮기는 것이 아니라, 현대의 시점으로 옮겨서 새롭게 해석했다. 이 작품으로 로사 보뇌르는 명성을 얻으며 더 높은 목표를 향해 달리게 되었다.

1853년, 드디어 작품이 완성되었다. 가로 5미터, 세로 2.5미터의 역작 "마시장"은 파리 살롱에 전시되며 승승장구했다. "마시장"을 본 언론과 청중은 열광했다. 들라크루아는 자신의 일기에서 보뇌르의 승리를 축하했고, 프랑스의 황제와 황후는 보뇌르의 예술에 경의를 표했다.[2] 보뇌르는 하루 아침에 유명인사가 되었다. 그녀는 여행을 떠나 험준한 피레네 산맥을 유랑하며 스페인의 밀매꾼들이 자신에게 던지는 추파의 눈길을 즐겼다. 가을에 다시 파리로 돌아온 그녀는 독특한 경험을 했다. 그녀의 작품은 처음에는 겐트에서 전시되었다가, 고향인 보르도의 화랑에 걸렸다. 그녀의 작품을 본 모든 이들이 이구동성으로 감탄했다. 그러나 아무도 작품을 사려고 하지 않았고 살 수도 없었다. 한편 빅토리아 시대의 영국 예술계를 평정한 인물인 어니스트 갬바트는 프랑스의 예술작품을 런던의 거래상들에게 중개하는 일을 하고 있었다. 자크-루이 다비드와 그로의 세대가 지난 후에도 프랑스는 제리코, 들라크루아, 클로드 베르네, 외젠 프로망탱, 앙리 르뇨, 장 루이 에르네스트 메소니에 등의 걸출한 역사화가 및 말 전문화가를 배출했다. 이제 보뇌르까지 그 대열에 합세했다. 실제로 진짜 부자는 영국에 있었고, 얼마 지나지 않아서 미국의 동부 지역에서도 갑부들이 나타났다. 갬바트는 유명한 동물화가인 에드윈 랜시어의 형 토머스 랜시어에게 "마시장"의 동판화 제작을 의뢰했고, 프랑스 예술 전시회를 기획하여 빅토리아 여왕과 앨버트 왕자를 개막전에 초청할 준비를 마쳤다. 애마가였던 빅토리아 여왕은 윈저 성에서 역작 "마시장"의 특별초대전을 열었다. "마시장"은 영국에서도 성공했다. 유럽 대륙에만 소개되기에는 아까운 명작이었던 "마시장"은 결국 미국으로 팔려나갔다.[3]

제리코는 그리스 예술을 잘 알고 있었을까? 그는 페이디아스와 파르테논 프리즈를 염두에 두고 로마의 경마 시합 장면을 그렸던 것일까? 이 부분에 대해서 아직 명확하게 밝혀진 사실은 없다.[4] 어쨌든 그는 9미터 내지 10미터 길이의 대형 캔버스 작품을 꿈꿨던 듯하다.[5] 1817년 9월 말 제리코는 돌연 로마를 떠나서 프랑스로 돌아왔을 때에 작업에 착수한 듯하다.[6] 그는 원래 계획하고 있던 "로마에서의 자유 경마" 작업에 7개월 동안 매진한 끝에 수많은 스케치와 소묘를 남겼다. 이 작품들은 현재 박물관과 개인소장품으로 전 세계(파리, 릴, 루앙, 마드리드, 로스앤젤레스)에 퍼져 있다. 이외에도 제리코는 짧은 생애 동안 완성도가 높은 유화의 스케치를 남겼다.[7]

1645년에 영국의 문인 존 에벌린은 전통적으로 로마 카니발이 끝날 무렵 코르소에서 개최되었다는 바버리 말들의 경주를 관람한 경험을 글로 썼고,[8] 그로부터 약 100년도 훨씬 넘은 1788년에 괴테는 기수와 안장이 없어서 "자유롭게" 표현된 바버리 말들의 경주[9]를 관람했다. 30년이 흐른 뒤인 1817년 2월, 제리코는 괴테처럼 경마 관람에 대한 인상을 기록하며 즉석에서 스케치를 하기 시작했다. 처음에 그린 소묘 작품, 수채화 습작, 이후 완성된 유화에서는 경마 시합이 있었던 거리, 경주마들의 긴장감, 속도와 관중석, 차단막, 보초, 출발 신호를 알리기 위해서 트럼펫 부는 사람, 사고 예방조치 등 현장의 분위기가 살아 숨 쉬고 있다. 그의 작품에는 즉석 촬영처럼 순간의 인상이 담겨 있다. 앞으로 돌진하려는 말 꼬리에 매달린 하인의 그림 등 상당 부분들은 이후의 작품에서 반복적으로 등장하면서 명료함을 배가시킨다. 장소가 코르소든 캄파냐의 어디든 상관없다. 이것은 제리코의 머릿속에서 창작된 것이 아니라 눈에 보이는 모습 그대로이다.

최초 작품과 이후 작품의 제작 과정은 같은 속도로 진행되면서 작품의 요소들을 점점 명확하게 만든다. 제리코는 말과 두 명의 남자로 각각의 그룹을 분리하고 원래의 이야기로부터 이들을 해체시켜서 각각 구성요소로 만든 다음, 이것들로 실험을 시작한다. 먼저 그림에서 움직임의 방향을 바꾼다. 이제 말은 오른쪽에서 왼쪽으로 달리지 않고, 왼쪽에서 오른쪽으로 달린다. 그는 현재 위치와 원근법에 변화를 주고, 관찰자가 사건 속으로 깊이 빠져들게 하여 그만큼의 극적 효과를 높인다.[10] 또한 아카데미에서 배운 기법을 이용하여 하인을 고대의 나신처럼 벌거숭이로 그린다. 이 경주는 로마 제국에서 관람한 장면인 듯하다.[11] 제리코는 대가들의 작품에서 영감을 얻었다. 인물묘사는 라파엘로의 넘어진 남자의 모습(바티칸 프레스코화 라파엘로의 그림 "예루살렘에서 추방되는 헬리오도로스")에서, 나체인 젊은 청년의 옆모습은 미켈란젤로의 작품(바티칸 시스티나 성당의 천장 벽화)에서 영감을 받아 그린 것이다. 덕분에 구도의 명확성은 얻었지만 속도감과 격렬한 운동감은 잃었다.[12] 이런 구도는 니콜라 푸생의 표현 방식과 너무 유사하여 아카데미적으로 흘러갈 가능성이 있다. 지나치리만치 고요하고 고전적이고 고상하다. 제리코는 작품을 수정하면서 반대 방향으로 돌아갔다. 하인에게 다시 알록달록한 바지를 입히고 붉은 모자를 씌우고, 넘어진 인물은 없애고, 말의 측면을 극적인 빛의 점들로 표현하며, 빛이 무심하게 떨어지도록 처리했다.[13] 제리코의 작품은 상상의 세계인 고대의 영역에서 끌어온 것이다. 그가 고대로부터 이동시킨 현재는 더 이상 1817년 2월의 어느 날이 아니다. 현재는 시대를 뛰어넘는 현재형의 형태를 취하고 있다. 또한 현재는 관찰자의 눈 속에 있다. 제리코 연구가인 로렌츠 아이트너는 로마의 카니발에서 말을 끌고 가는 사람들이 파르테논 프리즈를 모방한 자코뱅 당원의 패거리처럼 보인다고 했는데, 어쩌면 그의 생각이 옳은지도 모르겠다.[14]

　사람들은 제리코를 거리의 화가라고 불렀으며, "도시 최초의 시각적 시인"[15]이자 보들레르를 근대의 삶을 그린 화가라고 칭송했던 네덜란드계 프랑스인 화가 콩스탕탱 기에게 영향을 미친 선구자라고 생각했다. 그러나 제리코는 거리에서 모티프와 영감을 얻을 때나, 그림, 건축, 희곡론의 콘셉트를 잡을 때에 대가들의 작품을 연구해서 방향을 잡았다. 30년 후에 보뇌르도 거리와 시장에서 작품의 모티프를 얻었다. 그녀가 자신의 아틀리에로 돌아왔을 때에 모범으로 삼은 작품들이 있었는데, 바로 자신이 소장하고 있던 제리코의 스케치와 판화들이었다. 그중에는 1821년에 런던에서 완성되어 "인생과 돌 위에서 얻은 다양한 주제들"이라는 제목으로 미술시장에 발표된 석판화 연작도 있었다. 연작에서 "박람회로 가는 말들"이라는 제목의 작품에는 힘이 센 말인 페르셔롱 무리를 마시장으로 끌고 가는 두 명의 사내가 등장한다.[16] 보뇌르는 로마의 경마장 주변을 그린 소묘와 유화의 스케치를 보았을 가능성이 크다. 가령 녹색 바지를 입고 좌측으로 말을 끌고 가는 사람과 같은 각각의 인물과 무리는 제리코의 "로마에서의 자유 경마"에 등장하는 인물들의 행동과 표현을 그대로 반복하고 있기 때문이다.[17]

　이미 알려져 있듯이 예술은 예술가와 소재의 싸움으로 탄생하는 것이 아니다. "현실", 이른바 사회적 혹은 자연적 상황은 소재에 스며들어 있기 마련이다. 예술은 다른 예술과의 대화 그리고 선구자, 모범, 경쟁자와의 대화를 통해서 탄생한다. 예술은 고유의 역사주의(모든 현상은 역사성을 지니며 따라서 역사적 제약을 벗어날 수 있는 현상은 존재할 수 없으리라고 생각하는 철학적 입장/옮긴이)와 고유의 자기 지시(자기를 객관화하는 의식의 기능/옮긴이)를 안다.[18] 말을 주제로 한 그림이 역사화와 동물화의 장르에 들어가고 사회적 현실의 극적인 측면이 반영되어 있더라도, 이 원칙에는 예외가 없다. 보뇌르의 "마시장"과 마찬가지로 제리코의 "바버리의 말들"에서는 여전히 파르테논 신전의 박공에 있는 프리즈의 윤곽을 희미하게 느낄 수 있다. 고대 그리스의 파르테논 프리즈와의 비교는 역동적인 조각가와 화가들 중 얼마나 많은 사람들이 해부학 연구의 덕을 보았는지 보여준다(이들에게 페이디아스는 낯선 존재였다). 제리코와 보뇌르도 여기에 속하는 인물이다. 보뇌르는 책을 통해서 말의 해부학을 배운 것으로 보이는 반면,[19] 제리코는 오페라 하우스나 사창가처럼 도살장과 시체보관소를 드나들면서 해부도를 익힌 듯하다. 초기에는 스터브스를 통해서, 후기에는 독일의 화가 아돌프 폰 멘첼을 통해서 아틀리에의 시체가 썩는 냄새에 관한 소름끼치는 이야기들이 들려왔다. 이것은 영웅주의적 사실주의가 만들어낸 향수였다. 이 모든 것을 19세기 말엽, 예술가들의 유작과 소장품 사이에서 돌아다니던 해부도의 탓이라고 할 수는 없다. 머리와 팔, 다리에 관한 연구, 말과 인간의 골격의 스케치, 금이 간 머리 혹은 시체의 일부는 부패에 관한 모든 단계의 연구에 폭넓게 반영되었기 때문이다.[20] 제리코는 소름끼치는 현실을 표현한 화가로 여겨졌다. 시체보관소와 병리학 연구실에서 그는 모범으로 삼을 만한 과거의 표본 없이 현실을 마주했다. 마치 해부학에서 모든 사실주의자와 물질주의자의 오랜 염원이자 모든 예술적 기교의 소재인 프리마 마테리아(Prima Materia : '제1질료', '첫 번째 물질'이라는 뜻의 라틴어로, 연금술 용어이다/옮긴이)가 채워지는 듯했다. 피를 보아야 하는 사체 해부기술이 과학에서는 배워야 할 훌륭한 재능처럼 보였다. 스케치 화가의 연필은 해부학자의 메스를 쫓았다.

여백의 수호자

일흔의 나이에도 조지 스터브스는 사업 감각을 잃지 않았다. 그는 1794년 아들과 함께 런던의 콘딧 가에 터프 갤러리를 개관했다. 터프 갤러리에는 그에게 경제적인 성공을 안겨준 모든 것들이 있었다. 스터브스가 모범으로 삼은 셰익스피어 갤러리에서는 영국 예술가들의 회화를 셰익스피어 희곡의 장면별로 보여준 반면, 스터브스 부자의 "아버지와 아들"은 경주마를 그린 회화 중에서 가장 유명할 것이다. 아버지는 회화 작품을 남겼고, 아들은 이것을 판화로 제작했다. 달리 표현해서 터프 갤러리는 영국 경마 스포츠의 반(半)공식적 명예의 전당인 동시에, 대관식은 치르지 않았지만 왕으로 등극한 스포츠 예술, 이른바 상류층이 경마와 사냥을 즐기는 데 기여했던 모든 종목의 회화 전시실이었다. 이 분야의 모든 회화는 상류 계층의 오락 문화인 경마와 사냥을 주제로 다루었다. 이 계획의 내부에는 전설의 명마 이클립스의 주인 데니스 오켈리 대령의 상속인들이 숨어 있었다. 그러나 터프 갤러리는 이 계획을 제대로 실행에 옮겨보지도 못하고 4년 만에 문을 닫았다. 영국과 프랑스의 전쟁으로 미술 거래가 중단되었기 때문이다.[21] 상징자본을 총결산하면, 터프 갤러리의 프로젝트는 경마장 문화가 문학과 근접한 수준에 도달했다는 사실을 보여주었다. 경주마가 천재적인 존재가 될 날이 멀지 않았던 것이다.[22]

스터브스는 40년 동안 말 그림으로 사업을 해온 사람이었다. 성공한 예술가인 그는 영국 경마 산업의 이례적인 성공을 함께 해왔으며, 이 세계를 누구보다 잘 알았다. 스타의 반열에 올라 해마다 소유주가 바뀌는 말들은 어김없이 작품의 주인공이 되었다. 이들은 불멸의 상징이었고, 그 위상은 하늘 높은 줄 모르고 치솟았다.[23] 세인트 레거 등의 경마 시합은 창설 즉시 클래식 경마 시합으로 자리매김했다. 고귀한 혈통인 말의 가계도를 일목요연하게 정리한 경마 달력과 계보도가 작성되고, 신분이 경주마 종마소 소유주로 상승한 말고기 상인과 경마 도박에 전 재산을 건 탓에 도박 빚을 갚지 못하고 별장을 경매로 넘긴 귀족들이 등장했다. 스터브스는 당대의 포뮬러 원(세계 최고의 자동차 경주 대회/옮긴이)이라고 할 수 있는 경마 시합을 쫓아다니며 경제적인 부도 누렸다. 화가로서 그는 이 체계의 식객과 같은 존재이자 가장 중요한 행위자 중의 하나였다. 그때까지 그는 영국판 오달리스크(터키 궁전 밀실에서 왕의 시중을 들던 궁녀들을 지칭하는 대명사/옮긴이)를 그리고 있었다. 그는 마구간의 장 오귀스트 앵그르였던 것이다.

1750년대 중반에 자신만의 고유한 영역을 발견한 스터브스는 정신없이 작업에 빠져들었다. 18개월 동안 영국 노스 링컨셔의 작은 마을인 호크스토의 헛간에서 신들린 사람처럼 그림을 그리고 수십 마리의 말을 해부했다. 뼛조각, 힘줄, 혈관의 손상을 최대한 막으려고 했지만 수많은 말들이 출혈로 사망했다. 그는 말의 사체를 그리기 위해서 독창적인 장치를 만들고 몇 주일 동안 사체가 부패하는 고약한 냄새와 패혈증의 위험을 감수하며 작업에 매진했다. 해부학자이자 예술가였던 그는 예술적으로 완벽한 손놀림으로 말의 사체를 쉴 새 없이 자르고 자신이 관찰한 것들을 메모했다. 메스로 발라낸 모든 근육층을 그렸고 세부부위에도 명칭을 붙였다. 드디어 말의 골격 체계를 완벽하게 숙지한 그는 고고학자가 고대 도시의 유물을 다루듯이 뼈 하나하나를 꼼꼼하게 묘사했다. 이 시기에 그는 위대한 고고학적 발견을 했다. 링컨셔의 작은 헛간에서 이교도 제단의 사원을 발굴한 것이다. 그것은 바로 말의 해부학이었다. 그는 말을 옮기고 한 꺼풀씩 벗기면서 신체의 깊숙한 곳으로 점점 파고들었고, 다섯 층의 근육, 힘줄, 혈관의 정밀도를 그렸다. 피부의 가장 바깥쪽인 맨 위층은 최대한 손상되지 않도록 피부만 벗겨냈다. 해부용 메스와 연필, 눈은 더 깊은 곳을 향했다. 5번째 판본에는 인대와 힘줄이 골격을 덮고 있는 피부의 가장 깊은 층까지 묘사되어 있다. 스터브스는 작품의 명료성과 심미적인 요소를 해치지 않기 위해서 번호와 참조사항을 달지 않고, 모든 판본마다 윤곽 스케치를 별도로 제작하여 번호를 붙이고 해당 근육과 그 기능을 표시했다.24)

밖에서 안으로 한 층씩 표현하는 순서와 각 부위에 번호를 붙여 별도로 도표화한 참조 등은 독일의 해부학자인 베른하르트 알비누스가 10년 전에 발표한『인간 해부도 도해집(Atlas der menschlichen Anatomie)』에서 먼저 사용한 방식이다.25) 규범적인 표현의 미학에서도 스터브스는 독일의 해부학자와 네덜란드 출신의 삽화가이자 판화가인 얀 반델라르의 방식을 따랐다. 반델라르가 에코르셰(Écorché : 인체나 동물 근육의 움직임을 연구하기 위해서 피부 밑이나 노출된 상태의 근육을 그린 드로잉이나 판화, 조각 등을 일컫는 말/옮긴이), 피부를 벗긴 사람 혹은 우아한 포즈와 이상적인 형태의 골격을 표현했듯이, 스터브스는 죽은 말을 혈기왕성하고 우아한 살아 있는 동물과 경쾌하게 달리는 무용수의 모습으로 표현했다. 여기에서 가냘픈 모습으로 표현된 이상적인 말은 아랍종과 혼혈인 영국의 순혈종 말임을 알 수 있다. 스터브스의『말의 해부학(Anatomy of the Horse)』은 경주마 분야에서 고고학 서적과 같은 책이다. 스터브스는 분명 알비누스나 반델라르의 해부학을 모범으로 삼았다. 다만 아르카디아적 배경을 생략했을 뿐이다. 아름다우면서도 소름끼치는 말의 모습 뒤에는 이상화된 배경이 등장할 수 없었다. 그래서 스터브스는 배경을 무(無)의 상태로 둔 채 말을 세워놓았던 것이다.

청년 스터브스는 역작『말의 해부학』26)을 통해서 이런 작품 성향을 드러내며 예술사에서 독보적인 위치를 확보했다. 그는 동물의 신체를 부수적인 장치들, 점경(點景)과 분리하고 자연 환경을 숨겼다. 스터브스의 말은 사진처럼 사실적으로 표현되었기 때문에, 사람들은 세부적인 부분을 (품종개량자와 소유주들이 큰 의미를 두는) 개별적인 특성을 통해서 직접 파악했고,

시대와 맞지 않는 추상예술, 차분한 극단적 대비를 정점으로 끌어올렸다. 그는 암말, 수말, 새끼말이 아닌 모든 것은 말의 발밑에 드리워지는 작은 그늘까지도 생략했다. 굳이 금색으로 배경을 칠하지 않고도[27] 말 이외의 다른 대상의 표현을 최소화하고 말의 갈색 가죽 위에 희미한 빛을 떨어뜨림으로써, 아름답고 빛나는 말들을 아이콘으로 만든 것이다.

스터브스는 다른 작품에서도 풍경, 인물, 점경 등 모든 맥락을 생략하는 기법을 많이 활용했다. 가장 유명한 작품은 기수 없이 르바드 동작으로 달리는 말의 초상화 "휘슬 재킷"으로, 여기에서 말은 관찰자 쪽으로 고개를 살짝 돌리고 있다. "휘슬 재킷"은 "18세기의 가장 중요한 작품", "역대 최고의 말 초상화"로 손꼽힌다.[28] 스터브스가 지어낸 이야기일 가능성도 있지만, 지금까지는 이 작품이 원래 조지 3세의 기마 초상화라는 설이 유력하다. 여러 가지 사정으로 인해서 배경 채색과 인물 작업이 중단되어 미완성작으로 남았다고 한다.[29] "휘슬 재킷"과 같은 해인 1762년에 발표된, 비슷한 추상적 혹은 절대적 이미지의 작품인 "암말과 새끼"의 양식은 설명하기가 더 어렵다. 독일의 예술사가인 베르너 부슈가 지적했듯이,[30] 여러 마리 말의 초상이라는 신비스러운 의미만큼이나 대가다운 표현을 위해서 스터브스는 파르테논 프리즈에 적용된 황금비율의 법칙을 정확히 지켰다. 이 초상화가 한 가지 의미만 담고 있을지도 모르지만 말이다.

어쩌면 이처럼 극단적인 분리와 오라(aura)를 형성하는 이미지 속에 작품의 의도가 숨겨져 있을지도 모른다. 스터브스는 말과 개밖에 그릴 줄 몰랐던 것이 아니다. 그의 풍경화는 인습적이고 독창성이 결여되어 있을지는 모르지만, 그는 풍경화의 여러 소재를 섭렵하고 있었다. 이것은 전체 작품을 보면 확인할 수 있는 사실이다. 스터브스가 회화에서 극단적이고 과감한 시도를 하려고 했던 것은 아니다. 더 흥미로운 것은 뉴마켓의 말과 기수 그림에 나오는 가구이다. 그는 건물과 건물을 구성하는 요소들에 항상 동일한 소품을 사용했다. 소품들을 표현하는 데에 오래 전부터 싫증내고 있었는지도 모른다. 이런 냉담함이라는 요소들 사이에서 스터브스의 그림은 여백으로 슬며시 기어들어간다. 이미지와 함께 세상으로부터 도피하려는 이런 분위기는 에드워드 호퍼와 같은 20세기의 사실주의 화가들을 연상시킨다. 그렇다고 해서 "암말과 새끼"의 전반에 흐르는 아르카디아적 분위기가 고대 양식을 모방한 목가적인 생활을 떠올리게 하는 것은 아니다. 아르카디아적 분위기는 말 그대로 텅 빈 공간의 자유에 모든 것을 내맡긴다.

예술사적으로 스터브스의 『말의 해부학』이 필리프 에티엔 라포스의 『마의술 강의(Cours d'Hippiatrique)』와 동등한 수준에 오르기까지는 오랜 세월이 걸렸다.[31] 사실 두 책의 차이는 거의 없다. 게다가 둘 다 같은 시기에 발표되었다. 스터브스의 판화는 라포스보다 6년을 앞선 1766년에 미술시장에 소개되었다. 라포스가 스터브스의 판화를 알고 있었는지는 전해지는 바가 없다. 어쨌든 당시는 마학과 해부학 시장이 한창 어려움을 겪던 시기였다. 곳곳에서 문헌들이 쏟아져 나왔고 그중에는 위대한 예술품도 있었다. 두 저자는 경험이 많고 열정적인 해부학자였다. 이들은 어린 시절부터 죽은 말을 해부하며 책 대신 해부를 통해서 말에 대해 배웠다. 또한 두 사람 모두 젊은 시절 해부학 강의를 하면서 말에 대한 지식을 쌓았다. 소묘가이자 화가로서 스터브스는 예술적인 재능 면에서 자신보다 14년 아래인 라포스보다 뛰어났다. 반면 라포스는 실력 있는 예술가들을 돈을 주고 고용하는 수완이 좋았다. 그는 당대 최고의 소묘가로 손꼽혔던 아르기니에와 솔리에와 같은 판화가 집단을 거느리고 있었다. 그 덕분에 라포스는 무려 65점의 채색 판화를 소유하고 있었다. 이것은 황당하면서도 대단한 일이었다. 라포스의 해부대나 갈고리에는 말의 사체들이 걸려 있었다. 일부는 속이 훤히 들여다보였고, 근육, 장기, 가장 중요한 혈관, 정맥과 동맥 등이 적나라하게 드러나 있었다. 이처럼 노골적인 묘사는 말의 사체를 한 꺼풀씩 벗기면서 보여주는 행위, 옆으로 접어 올려놓은 두 다리, 밖으로 불쑥 튀어나온 혀, 작품의 다중 시점, 전체적으로 기이한 이미지, 150년은 앞선 듯한 큐비즘에서 비롯된다. 스터브스의 작품은 고전적이고 우아한 비평을 받았던 반면, 라포스와 그의 초현실주의적 판화작품은 점점 혹평을 받았다. 21세기의 한 비평가는 라포스의 작품을 "폭력적 묘사를 재미있게 의인화한 자극적 미학"이라고 평했다.32)

라포스는 스플래터 영화(잔혹한 묘사와 유머가 공존하는 공포 영화의 하위 장르/옮긴이)의 선구자였을까? 스터브스와 라포스의 미학은 말을 시각적으로 표현하는 두 가지 방식이었다. 스터브스와 라포스, 두 저자는 당대에 자신이 연구하는 학문에 대해서 조예가 깊었고 정확성과 풍부한 세부묘사라는 가장 엄격한 요건을 충족시켰다. 두 사람은 해부와 지식을 연결했다. 이들의 지식은 눈으로만 관찰한 것이 아니라 탐구자의 손을 통해서 얻은 것이었다. 두 사람은 품종개량자든 예술가든 실제로 지식을 필요로 하는 자들을 지원하고 전문가를 만족시키며 장래의 수의사와 편자공을 양성하고자 했다. 그러나 스터브스가 탐미주의자들에게 승리를 안겨주고 고객을 고려하여 말의 사체를 우아하게 표현한 반면, 라포스는 소름끼치는 연구의 대상으로 삼았다. 그는 말의 사체를 박제로 만들어 보여주었다. 스터브스의 말은 아틀리에에서 뛰놀았던 반면, 라포스의 말은 동물 해부도의 사체로 남아 있었다.

지식의 골고다

프랑스의 바스티유 감옥은 동시대인들에게 전제정치의 정신이 실체화되어 있는 곳이었다. 바로 이 시기에 베를린에는 브란덴부르크 문이 건립되었고, 그 문은 이후 200년 동안 독일인들에게 운명의 관문과 같은 역할을 했다.

아테네의 프로필라이아(Propylaia : 아테네의 아크로폴리스로 들어가는 웅장한 관문 역할을 한 열주 문/옮긴이)를 모방한 브란덴부르크 문은 독일의 상징이 되면서 건립자의 이름도 길이 남게 되었다. 독일의 건축가 안드레아스 슐뤼터와 싱켈의 명성에 밀려서 잊힐 뻔한 이름이다. 바로 카를 고트하르트 랑한스(1732-1808)로, 그의 이름은 지금도 브란덴부르크 문에 생생하게 남아 있다. 브란덴부르크 문은 당대에 건립된 문들 중에서 가장 정교했고, 외적인 표현은 절제되어 있으나 가장 웅장한 문이었다. 당대에 가장 유명한 건축물이었던 이 문에서 멀지 않은 곳에는 수의학 학교의 또다른 볼거리인 해부극장이 있었다. 이 해부극장은 몇 년간의 복구 공사가 완료되어 얼마 전부터 다시 관람이 허용되고 있다.

브란덴부르크 문과 해부극장에는 건축술 외에도 공통점이 있는데, 바로 조각술이다. 독일의 조각가 요한 고트프리트 샤도의 사두 이륜마차 장식, 빈곤과 삶의 애환이 담긴 인물들은 브란덴부르크 문의 백미이다. 샤도의 원작은 제2차 세계대전 당시 폭격과 구(舊)동독의 기념물 관리정책으로 인해서 거의 보존되어 있지 않고, 석고로 된 말의 두개골만 남아 있다. 이 두개골은 베를린 수의학의 역사 전시회를 위해서 첫 탄생지로 반환되었다. 독일의 사실주의 화가 멘첼이 작품을 위해서 두개골을 연구했듯이, 샤도는 살아 있는 말만 그린 것이 아니라 두개골과 골격 구조에 관한 동물해부학 지식을 총동원해서 작품을 완성했다.[33]

해부극장의 건축은 1789-1790년 프리드리히 빌헬름 2세가 의뢰했다. 언뜻 보기에 외관이 이탈리아의 건축가 안드레아 팔라디오의 빌라 로톤다와 비슷해 보이지만, 사실은 파도바 해부극장(1594), 레이던 해부극장(1610), 볼로냐 해부극장(1637)을 모방한 것이다.[34] 랑한스의 독창성은 당시에 한창 꽃을 피우던 수의학 지식을 응용한 것 외에도 강당과 시연장의 기술장비를 통해서 확인할 수 있다. 극장 한가운데에 배치된 해부대는 회전이 가능할 뿐만 아니라 높낮이도 조절할 수 있었다. 이 기능 덕분에 동물의 사체를 바닥에서 위로 끌어올릴 수 있었고, 관중은 사방에서 해부 장면을 관람했다. 선왕인 프리드리히 빌헬름 1세와 달리, 프리드리히 빌헬름 2세는 소나 양 등의 가축을 해부하여 연구하는 모습을 보여주며 당시에 창궐하던 우역(바이 러스로 인해서 발병하는 소의 전염병/옮긴이)에 대한 계몽운동을 벌였다. 그 결과 그는 수의학, 특히 마의학을 정치 및 군사의 중심으로 가져올 수 있었 다.35) 동물해부용 회전 테이블에 놓인 사체들은 학문을 밝히는 빛이 되었 다. 초기의 해부 대상은 주로 말이었다.

근대 해부극장의 프로시니엄 무대(무대와 객석을 아치로 확연하게 구분 한 무대/옮긴이)에서는 더 은밀한 장면을 공개했다. 바로 부검대에서 부검 을 하는 장면이었다. 사체의 장기와 열기를 관찰하는 것은 비극의 정점이었 다. 관중은 사체를 부위별로 살피며, 질병이 신체조직에 어떤 변화를 일으 키고, 이 변화가 어떤 증상으로 나타나는지 확인했다. 죽음을 알리는 지표 는 사체가 돌처럼 굳어지는 현상이었다.36) 수면계(水面計)처럼 점점 커지 는 구조의 원형극장에서 학생들의 시선은 병리학자가 해부 메스로 분리한 사체의 단편으로 향했다. 해부극장의 부검대는 관중이 사방에서 해부 시연 을 볼 수 있도록 회전이 가능한 구조로 설계되었다. 관중의 시선이 세부적 인 것 하나도 놓치지 않을 수 있도록 말이다. 관중이 무대를 둘러싸는 구조 로 설계된 거대한 장치인 해부극장은 관중의 시선을 집중시켜서 교육하려 는 목적을 가지고 있었다. 관중은 해부 장면을 보는 것만으로도 사체에 나 타난 징후를 읽고 해독할 수 있었다. 해부학은 죽음의 징후를 체계적인 입 문 단계로 안내하는 근대 학문의 무대였다.

근대적 관찰장치인 해부극장의 전통에는 랑한스의 동물해부학이 있다. 높낮이 조절이 가능한 테이블 덕분에 몸집이 크고 무거운 동물도 힘들이지 않고 수직 방향으로 이동시킬 수 있었다. 지하에서는 탐사자가 박제한 사체를 관중의 시선이 닿는 무대 위로 밀어올리고 해부가 끝난 뒤에는 다시 아래로 끌어내려 뒤처리를 했다. 동물해부학의 창시자인 랑한스는 극장 건축을 번성시킬 첫 번째 홀씨를 얻었다. 동물해부학은 그 덕을 톡톡히 보았다. 그러나 오늘날의 지하 도살장과 박피 작업장은 불에 타서 복구되지 않은 상태이다. 건물 2층으로 통하는 입구에는 깨끗한 표본, 순수한 현상학만이 남아 있다. 동물해부학의 부검대는 고전주의 극장의 무대 분위기뿐만 아니라 고대의 사원에서 희생제단에 맹세하는 의식을 떠올리게 한다. 또한 베를린 출신의 화가이자 에칭 판화가인 베른하르트 로데의 순환형 프레스코화가 둘러싸고 있는 둥근 지붕과 부크라니움(Bucranium : 수소의 두개골을 나타낸 고대의 장식 모티프/옮긴이)을 지탱하고 있는 꽃 장식도 떠오른다.37) 해부극장의 지하에서 죽은 동물들은 더 이상 오랫동안 피에 굶주린 신들의 희생제물이 아니다. 이 동물들은 학문을 위해서 목숨을 내놓은 것이다.

질주하며 날아오르듯

해부극장의 관람 및 시연 시설에서는 말의 내부기관의 특성도 볼 수 있었다. 이곳에서 관중은 골격의 구조, 근육의 질감, 흉곽의 부피, 폐의 크기를 관찰한다. 또한 말이 달리는 속도와 단거리 질주의 한계도 파악한다. 그러나 이곳에서 관중은 걷고, 달리고, 뛰어오르는 동물이 아닌 죽은 존재만 본다. 해부학은 움직임이 아닌 운동 장치를 보여준다. 스터브스의 해부학에서 드러난 가볍고 빠른 발걸음은 나풀거리는 갈기와 다비드의 "알프스를 넘는 나폴레옹"의 펄럭이는 의상과 같은 미학적 부속 장치이다. 스터브스 판화의 핵심은 정적인 관점이다. 그런데 정작 움직임이 가장 큰 말은 움직이지 않는다. 르바드 동작은 정체의 또다른 형태로, 모순적인 정점이다. 찰나의 순간에 말은 제 몸을 수직 방향으로 들어올리고, 고상한 형체는 기우뚱하다가

선 상태로 머무른다. 약 50년 후에 제리코가 그린 바버리의 말들은 또다른 시대의 피조물로, 빛과 속도, 역동성의 은유로 이루어진 존재이다. 1821년에 제리코는 자신의 두 번째 런던 체류기간 동안 『화가와 비전문가를 위한 말 해부학 강의(Cours d'anatomie cheval à l'usage des peintres et des amateurs)』의 집필을 의뢰받았다.[38] 스터브스의 시대에도 그러했듯이[39] 새 시대가 오면 그 시대의 취향에 맞는 책이 필요하기 마련이다. 제리코는 의욕과 투지로 불타올라 바로 붓을 들었다. 대상은 움직이는 말이 아닌, 말의 움직임이었다.

사실 1820년대에 제리코가 런던에 체류하게 된 계기는 말 때문이 아니라 1819년 살롱에 출품했던 "메두사의 뗏목"이 호평을 받지 못한 탓이었다. 이듬해인 1820년 제리코는 런던에서 이 작품을 전시했는데 이때는 반응이 폭발적이었고 평가도 좋았다. 1821년 초에 그는 두 번째로 영국을 방문하여 석판화 작업을 완료하고 시장에 출품하기까지 1년을 온전히 바쳤다. 이외에도 그는 영국의 고객들에게 말과 경마 시합에 대한 자신의 관점을 알리려고 애썼다. 그는 온종일 경마장에서 시간을 보냈다. 그러다가 재력가이자 말 거래상인 애덤 엘모어와 친분을 맺게 되었고 그에게서 3필의 아름다운 말을 샀다.[40] 이런 상황 속에서 탄생한 스케치 작품의 주인공은 영국의 순혈종 말과 그만큼의 역동성과 폭발적 에너지를 발산하는 기수였다. 제리코는 로마의 "바버리의 말들"에서 이 표현 방식을 보여준 적이 있었다. 이런 요소들은 제리코의 작품세계를 역동적이고 극적인 예술의 경지로 끌어올렸다. 이후 진기한 일이 벌어졌다. 제리코는 카멜레온이 되어, 프랑스의 낭만주의자에서 영국의 스포츠 전문 화가로 변신했고, 귀족저택의 실내장식가로도 활동했다.

제리코의 유화 중에 "엡섬의 더비 경마"라는 작품이 있다. 이 작품은 제리코가 엘모어에게 선물하기 위해서 그렸다는 설도 있고, 경주마에 대한 할부금을 지급하기 위해서 그랬다는 설도 있는데, 정확한 사실은 아무도 모른다. 제리코가 영국의 고객을 염두에 두고 예고편처럼 그린 작품일 가능성도 있다. 그 정도로 정확하게 영국인들의 취향이 반영되어 있기 때문이다. "이 그림이 대중, 특히 엘모어에게 영국 동전의 브리타니아 초상처럼 친숙한 영국의 경주 그림에 통용되는 스타일을 패러디한 것이 아니라면, 이것은 페스티시, 즉 의도적인 모방작이다."41) 실제로 사람들은 대가의 손길을 알아보지 못했다. "바버리의 말들"의 충동적인 육감, 사지의 에로틱한 유연성, 이 아름다운 동작을 표현할 때의 고뇌는 대체 어디에 있단 말인가? 제리코는 학교를 갓 졸업한 학생처럼 말의 다리를 뻣뻣하게, 영국의 학교에서 가르치는 말 그림에 완전히 적응하여 그대로 살라낸 것처럼 딱딱하게 말을 표현했다. 엡섬의 경주마는 대중적인 인기를 얻은 삽화가였던 헨리 알켄이나 제임스 폴러드가 구상한 것처럼 보인다. 두 사람의 작품에서처럼 제리코의 그림에서도 말은 질주하며 날아오르듯 네 다리를 동시에 앞뒤로 쭉 뻗고 있다. 그리고 네 마리의 말들이 동시에 똑같은 비행 자세를 취하고 있다. 이들은 마치 공중에 붕 떠 있는 것처럼 보인다. 관찰자의 눈에 기수들은 몸을 웅크리고 앉아 있는 것이 아니라, 마치 조종대를 잡은 파일럿처럼 허리를 꼿꼿이 세우고 말을 타고 있다. 열정적인 기수였던 제리코는 말의 동작이 변하는 과정을 잘 알고 있었다. 물론 그는 자신의 그림이 물리적인 관점에서 "잘못되어" 있다는 사실을 알았다(이것은 동시에 그렸던 스케치에서 확인할 수 있다). 또한 그는 이것이 영국 예술의 관습42)이고 영국의 구매자들이 그림을 보는 습관이라는 것도 알았다. 제리코가 런던이나 뉴마켓에서 성공하려면 다른 문화에서 "옳다고 여기는 것"을 인정해야 했다. 그들의 마음에 드는 것이 아름다운 것이었다.

"엡섬의 더비 경마"는 변신에 능한 예술가가 새로운 시장에서 행운을 거머쥐려고 약삭빠른 노림수를 부린 것이었을까? 그럴 가능성도 있지만 섣불리 단정지을 수는 없다. 1821년 12월 제리코는 이 실험을 멈추고 영국의 순혈종 말들을 데리고 프랑스로 돌아갔다. 그는 파리에서 2년 동안 머무르며 다른 대상들에 집중했다. 그는 엡섬의 경주마들을 그리면서 속도와 빠른 움직임을 표현하기 위한 새로운 그림 공식을 발견하지 못했다.[43] 프랑스의 회화는 향후 10년 동안, 낭만주의적인 오리엔탈리즘에서 역사화를 거쳐 "과학적 사실주의"로 변신할 공식을 찾아야 할 상황이었다. 이와 동시에 생리학과 새로운 그림 기록 방식의 발전으로 인한 압력을 사방에서 느낄 수 있었다.[44] 변화의 필요성은 1874년 장교이자 인류학자였던 에밀 뒤우세가 작품을 발표하면서 정점에 달했다. 이 작품은 말을 위풍당당하게 걷고 뛰는 모습으로 묘사했던 기존의 표현 방식 중에서 많은 부분이 잘못되었다는 점을 비판하면서, 윤곽 스케치를 이용해서 잘못된 부분을 수정했다.[45] 당대의 프랑스 미술계를 선도하던 역사화가인 메소니에는 뒤우세의 비판에 귀를 기울였다. 그는 뒤우세의 조언을 받아들여서 24년 전의 작품인 "프랑스의 전장"을 수정했다. 발표 당시 역사 및 마의학적 정확성으로 유명했던 작품이었다. 이듬해에는 작업 중이던 "1807년, 평화의 땅"이라는 작품을 수정했다. 그러나 메소니에가 말의 다리 위치를 수정하면 할수록 전문가들의 비판은 더욱 거세졌다.[46] 그는 자신을 괴롭히는 비판의 소리를 더 이상 무시할 수 없었다. 생리학과 마학은 미학 비판의 인질이 되고 말았다.[47]

갑자기 온 세상 사람들이 **옳게** 그린 말은 어떻게 생겼고 **잘못** 그린 말은 어떻게 생겼는지 알고 싶어했다. 진실을 알고 싶어하는 이들은 예술가뿐만이 아니었다. 메소니에는 이 모든 비아냥거림을 실감했다. 프랑스의 역사화가들 중에서도 가장 사실주의에 심취해 있었고 가장 정확했던 그가, 하필 사실주의가 내민 복수의 희생양이 되고 말았다. 타격은 그가 또 한 사람의 열광적인 기수인 멘첼을 만났을 때에 더욱 커졌다. 1867년 멘첼의 마구간에는 이미 8마리의 말이 있었다.[48] 그는 몇 시간 동안 샹젤리에 거리에 자리를 잡고 기수와 마부의 연기를 연필로 그렸다. 드가와 같은 동료 화가들의 비아냥거림에도 개의치 않고 말이다.⁴⁹⁾ 멘첼은 달리는 말의 바로 옆에서 말의 움직임을 최대한 정확하게 포착하기 위해서, 자신의 아틀리에가 있는 정원에 레일을 설치하고 작은 롤링 플랫폼(영화를 찍을 때 사용하는 달리[카메라를 장착한 채 이동하면서 촬영할 수 있도록 설계된 이동차/옮긴이])을 하인에게 끌게 했다.⁵⁰⁾ 이런 시험 단계의 '카메라 차'가 있었지만 말이 달리는 모습을 재현할 때에 오류를 피할 수는 없었다. 발전된 그림 기록 방식이 만든 입증 자료는 테이블 위에 놓여 있었다.

사실주의의 복수는 인간의 모습과 이름으로 시작되었다. 그의 이름은 프랑스의 과학자이자 생리학자인 에티엔 쥘 마레였다. 마레는 걷고 뛰는 인간과 말, 개, 날아다니는 새, 헤엄치는 물고기, 기어다니는 곤충의 움직임을 연구했다. 1873년에 그는 방대한 연구를 집대성한 『동물의 몸(La machine animal)』을 발표하면서 큰 반향을 일으켰다. 『동물의 몸』은 이듬해 영어로 번역 출간되었고 그의 이론은 전 세계로 퍼져나갔다. 이 책은 여전히 전자기, 공압, 역학적 기록 방식의 실험을 바탕으로 한 것이었지만, 기발한 발명의 계기가 된 것은 사실이다. 영국의 사진작가인 에드워드 머이브리지는 1877년 이후 철도 기업가이자 말 품종개량자인 릴런드 스탠퍼드의 재정지원으로 작품활동을 하고 있었다. 1878년에 처음 발표한 "움직이는 말"과 1879년 "움직이는 동물의 자세"에서 마레는 전기를 이용해서 의미심장한 기록 기술로 사진의 명예를 회복시켰다.⁵¹⁾ 머이브리지가 (2절판 781장 작품이 수록된) 초대형 화집 『동물의 운동 능력(Animal Locomotion)』(1887)을 발표하며 사진으로 찍은 동작 연구는 전성기를 구가했다.

크로노포토그래피(Chronophotography : 움직이는 물체를 연속적으로 찍은 사진/옮긴이)와 선구자에 관해서는 할 이야기가 많지 않다.⁵²⁾ 이 분야에서 비교 대상으로 가장 많이 등장하는 인물은 마레와 머이브리지이다. 이

둘의 연구 스타일이 완전히 다르다는 것은 눈으로 직접 확인해야 한다. 파리에서 활동했던 마레는 국내외에서 명성이 자자한 생리학자이자 콜레주 드 프랑스의 클로드 베르나르의 후계자로, 명성에 걸맞게 수많은 저서와 논문을 발표했다. 반면 팰로 앨토에서 활동했던 머이브리지는 스탠퍼드에게 재정지원을 받아서 사진을 찍는 작가였다. 도덕적이고 신중한 성격이던 그는 막강한 후원자인 스탠퍼드가 『움직이는 말(The Horse in Motion)』(1882)의 서문에서 자신을 고용된 사진작가라고 표현하는 모욕도 견딜 수 있었다.[53]

1881년 파리에 온 머이브리지는 학계의 거장들이 모인 자리에 초대받아 그 자리를 즐겼다. 1881년 9월 26일, 마레의 집에서 그의 수많은 친구들 외에 가브리엘 리프먼, 아르센 다르송발, 헤르만 폰 헬름홀츠 등의 물리학자를 만났다. 두 달 후에 머이브리지는 두 번째 초대를 받았다. 마침 메소니에의 집에는 파리 예술계의 상류 계층들이 모여 있었다.[54] 드디어 메소니에는 크로노포토그래피를 이용해서 움직임을 정확하게 재현하고 말겠다는 자신의 꿈을 이루었다. 그러나 이 기술에도 헤어날 수 없는 함정이 있었다. 연속 사진 촬영술은 어떤 동작에 대한 순간의 정확성을 흐름으로 분리시키는 기술이었다. 그러나 메소니에는 정확성을 선택했기 때문에 그가 그린 모든 동작은 얼어붙은 것처럼 보였다.

마레가 1870년대 초반 크로노포토그래피를 소개했을 때에 드가 역시 메소니에처럼 이 신기술에 열광했다. 당대에 "과학적 사실주의"의 대변자로 손꼽히는 인물이자 오랜 말 애호가였던 드가는 새로운 관점인 그래픽 기법에 열광하지 않을 수 없었다. 드가는 마침내 과학적으로 검증된 기법으로 말을 표현할 수 있게 되었다고 생각했다.[55] 그때까지 그는 인물만 그려왔기 때문에 크로노포토그래피로 촬영한 말 사진에서 새로운 기법을 배우기에는 꽤 오랜 시간이 걸렸다. 1880년대 말에 드가는 머이브리지의 『동물의 운동 능력』에 나오는 말의 조각에서 영감을 얻었다. 얼마 후에 전환점이 된 사건이 발생했다. "1890년대에 그는 움직임을 재현하는 과정에서 젊은 시절 자신의 오류를 찾아냈다. 당시 그의 표현기법은 과학적인 사실성보다는 과도한 표현에 치우쳐 있었다."[56] 1800년대 말에 드가는 "부상당한 기수"와 함께 1860년대에 그렸던 초기 작품 "장애물 경주 장면"(1866)의 스타일로 다시 돌아갔다. 이제 그는 작품에 아이가 아무 생각 없이 내팽개친 인형처럼 생긴 기수와 목마, 이 두 인물만 남겼다. 1870년대와 1880년대의 사실주의, 마레와 머이브리지 덕분에 가능했던 정확성의 흔적은 사라진 것이다. 그러나 동료인 메소니에는 여전히 비굴하게 사실주의적 표현을 붙들고 있었다.[57] 드가는 자신의 오랜 방식을 지키기로 했고 이것을 통해서 회화의 근대화를 이룩했다. 어쩌면 영국의 미술시장에서 기회주의자처럼 행동했던 제리코도 엡섬의 하늘을 나는 목마를 그릴 때에 이미 이 길을 걷고 있었는지도 모른다. 아니면 드가가 입버릇처럼 말했듯이 거짓을 통해서 진실을 깨달은 것일 수도 있다.[58]

예술적인 진실을 찾기 위해서 드가는 경마를 주제로 한 작품에서 파르테논 프리즈를 최우선시하고 가장 중요한 요소로 삼았다. 1855년, 미술학도였던 그는 파리와 리옹에서 페이디아스가 제작한 말의 석고상을 모사하면서 샹티와 롱샹의 순혈종 말을 보는 안목을 길렀다. 나중에 그는 이곳에서 6-7년간 공부를 했다.[59] 가로로 긴 프리즈의 형태는 경마장의 전형적인 모습, 긴 기마행렬과 적진으로 소용돌이치듯이 돌진하는 다리의 형태를 재현하기에 적합했다. 말년에 드가는 말과 그 움직임을 실제 사진처럼 재현하려고 했으나 때는 이미 늦은 상황이었다. 시력을 잃어가던 그는 그리스 예술로 돌아갔던 듯하다. 드가는 아무도 없는 색의 세계에서 말을 타는 기수와 모델을 연상하게 하는 지나치게 다리가 긴 말의 표현기법을 통해서 자연스럽게 근대로 넘어갔다. 나무 장난감과 신년 시장의 회전목마에 살아남아 있던 고대 그리스의 도식을 이용하면서 말이다.

감정가와 사기꾼

교육자로서의 여우

스물세 살은 남자의 일생에서 위험한 나이이다. 그 나이의 청년은 일생 그 어느 때보다 뜨거운 열정에 사로잡혀 있다. 1930년에 케임브리지에서 역사학을 전공하던 한 젊은 미국인 청년이 영국의 매력에 흠뻑 빠졌다. 그뿐만이 아니었다. 그는 영국이라는 나라, 역사, 생활방식까지 사랑하며 영국의 문화에 열광했다. 영국인의 펜과 붓 끝에서 나온 것은 단 하나도 빠짐없이 말이다. 이 열광이 근대 영국이 만든 가장 중요한 예술의 형태로 넘어갔을 때에 그의 운명은 이미 정해져 있었다.

그 형태는 전시회와 박물관만을 위한 것이 아니라 영국과 영국 상류층의 삶 한가운데 깊이 뿌리를 내린 것이었다. 이것은 유기적이고 많은 부분에서 생동감 넘치게 움직였던 여러 가지 색채의 조각품이었다. 바로 경마 시합과 그 야생의 자매인 여우 사냥이었다. 푸르른 초원과 울타리, 반짝이는 실개천, 털에 윤기가 흐르는 말, 기사의 빛나는 외투, 사냥감을 찾느라 정신없이 돌아가는 개들의 눈빛이 함께 하는 영국의 여우 사냥은 한 폭의 그림처럼 아름다웠다. 사실 이 장면은 한 조각가의 작품이다. 그는 예술작품 안에 끊임없이 움직이며 생동하는 이 모든 요소들을 짜맞추었다.

여우 사냥을 본 적이 있는 누구나가 영국 문화의 고동치는 심장부에 아름다움과 빠름, 열정이 있음을 느낄 것이다. 이것을 아는 사람은 또한 작은 악마도 안다고 할 수 있다. 이 악마는 달리고 움직일 때에도 이 모든 것을 놓치지 않는 영국 귀족의 가정교사이자 국가의 무용교사, 바로 여우이다. 괴력과 통제하기 어려운 야만성으로 이루어진 검은 몸체이자 어둠의 원칙의 실체가 되어 우리를 위협하는 스페인의 황소에 비하면, 여우는 몸집도 작고 초라하기 짝이 없다. 그러나 여우는 계략의 대가이다. 여우는 교활한 존재 중에서 가장 빠르고, 가장 빠른 존재 중에서도 가장 교활하다. 또한 실용성을 추구하는 철학자이자 지상 세계를 살아가는 데에 필요한 지혜를 가르치는 교사이기도 하다. 국가는 성인과 영웅으로만 세워지는 것이 아니라 동물을 통해서 만들어지기도 한다. 국가에는 토템이 필요하고, 토템 속에는 동물이 있다. 영국은 여우를 통해서 배웠다. 영리한 영국인들이 알고 있고 할 수 있는 거의 모든 것은 잔꾀 박사인 여우에게서 배운 것이다. 말에 미친 이 나라, 영국 제2의 수도인 뉴마켓에 자리한 4개의 이오니아식 기둥으로 된 사원에는 여우의 기념상이 있다.[1]

영국의 상류층 자녀들과 달리 젊은 미국인은 안장 위에서 태어나지 않았다. 그는 물리적 자연을 그림과 책으로만 접했다. 미국 혹은 아메리카 대륙의 많은 젊은이들은 풍족한 부모의 보살핌을 받으며 사회적 현실의 어려움이 차단된 가정에서 성장한다. 폴 멜런 역시 초원, 숲, 말이 뛰노는 세계를 알고는 있었지만, 이는 전부 오랜 기간에 걸쳐 책으로 배운 것들이었다. 어린 시절 멜런은 모든 만화책의 조상격인 『펀치(Punch)』만 종일 붙들고 있었다. 그는 『펀치』의 풍자적인 스케치를 통해서 영국 상류층의 생활, 그리고 가장 자연에 근접한 환경과 그 동반자들, 울타리, 무덤, 말, 개 그리고 절대로 잊을 수 없는 존재인 여우를 만났다. 케임브리지 학부생이 되어 이 세계로 직접 들어간 그는 말을 타고 사냥을 하려고 수업을 빼먹기도 했다.

동시에 그는 귀족 문화 발달에 맞춰 자연스럽게 등장한 예술품, 즉 영국의 전통 스포츠 예술을 주제로 한 판화와 인쇄물을 비롯하여 말, 경마, 사냥, 품종개량에 관한 풍부한 문헌들을 수집하기 시작했다. 그는 사냥 코스와 경마 트랙에서 문헌을 통해서 보고 읽은 것, 이를테면 새뮤얼 앨컨과 토머스 롤런드슨의 작품에 나오는 등장인물들, 스터브스와 영국의 스포츠 및 동물화가인 벤저민 마셜의 빛나는 경주마 등을 재발견했다.[2] 동시대의 다른 미국 청년들이 베네치아나 파리에서 접한 것을 멜런은 뉴캐슬의 경마장에서 체험했다. 즉 예술과 삶이 어떻게 융합되어 있는지를 말이다.

그러나 멜런이 본격적으로 수집을 시작한 것은 그로부터 몇 년이 지나 결혼을 하고 버지니아에 정착한 이후였다.[3] 1936년에 그는 처음으로 영국의 회화를 1점 구매했는데, 바로 스터브스의 "마구간 청년과 호박"이었다. 물론 이것이 그가 마지막으로 구매한 스터브스의 작품은 아니었다. 18세기의 위대한 말 화가인 스터브스의 작품은 점점 늘어가는 소장품 목록에서 은밀하게 중심이 되어가고 있었다. 30년 후에 멜런은 예일 대학교에 자신이 소장하고 있던 그림과 책을 기증했는데, 그중 영국 회화 컬렉션은 영국 이외의 지역에서 최고 수준이라는 평가를 받고 있다. 1933년 영국에서 돌아오고 얼마 후에 그는 생애 최초로 경주마를 구입했다. 이후 그는 직접 말을 키우며 품종개량을 시작했다. 처음에는 산악과 장애물 경주에 능한 스티플 체이스 경주마를, 종전 후에는 클래식 경마 시합을 위한 순혈종 말을 교배시켰다. 그중 가장 유명한 말은 밀 리프였다. 1971년, 세 살이었던 밀 리프는 그해에만 유럽 최대의 경마 시합인 엡섬, 애스콧, 롱샹에서 우승하고 지금도 세기의 10대 명마 자리를 굳건히 지키고 있다.

말 전문 저널리스트인 테리 콘웨이는 멜런의 '경마 명예의 전당' 입성을 기념하는 기사에서 그를 경마 시합의 르네상스 군주였다고 썼다. 이 표현은 멜런의 경마 팀 "로크비 스테이블즈"가 화려한 역사를 썼다는 사실과 멜런의 인도주의적 성향, 군주처럼 관대하고 온화한 성품을 기리기 위한 것이었다. 이전에도 이후에도 멜런에 필적할 만한 예술의 수호자는 없었다. 멜런은 자신의 모교인 예일 대학교를 후원했고 유사한 방식으로 케임브리지의 클레어 칼리지와 피츠윌리엄 박물관도 후원했다. 또한 아버지 앤드루 멜런의 이름을 따서 명명된 앤드루 멜런 재단과 누나의 도움으로 증축한 워싱턴 국립 미술관도 있었다. 여기에서 그치지 않고 그는 다른 미술관과 예술 컬렉션 구매(버지니아 미술관, 테이트 갤러리, 피어폰트 모건 도서관), 볼링겐 재단과 같은 학술재단, 연구지원, 경주마의 생활, 건강, 안전 등을 위해서 거액을 투자했다. 멜런은 박애주의 정신과 베풂의 삶을 살다가 빈손으로 세상을 떠났다.

평소 멜런과 그의 첫 번째 아내 메리는 카를 구스타프 융을 존경해왔다. 1945년에 멜런은 융의 정신을 기리는 동시에 인도학 학자 하인리히 치머의 작품과 더불어 연감을 발행하기 위해서 볼링겐 재단을 설립했다. 결정적인 설립 계기는 1937년 10월에 있었던 심리학자들과의 만남이었다. 융은 예일 대학교와 뉴욕에서 강연을 했는데, 그 자리에 멜런 부부가 있었다. 메리는 정신과 의사인 융에게 천식을 치료받기를 원했고 폴은 몇 주일 전에 세상을 떠났지만 여전히 자신을 강력하게 지배하고 있는 아버지의 그늘에서 벗어나기 위한 조언을 얻기를 원했다. 1938년 멜런 부부는 스위스로 떠나 처음에는 취리히에, 다음에는 아스코나에 두 달 동안 머물렀다. 유럽에 체류하는 마지막 날 융은 15분간의 공식접견을 허용했다. 융은 폴에게 메리가 심한 아니무스(Animus : 여성의 무의식 속에 있는 남성적 요소/옮긴이)에 시달리고 있다는 사실을 알려주었다. 메리의 내면에는 말이 살고 있는데, 그녀의 내면에서 말이 난폭하게 달리면서 더 넓은 공간으로 뛰쳐나가기를 원한다는 것이었다.[4] 폴은 융의 분석에 완전히 매료되었다.

한편 멜런은 영국의 예술작품과 표현주의 회화 외에도 중세 후반부터 20

세기까지의 말 전문서적도 수집했다. 물론 영국을 숭배하는 그의 취향에 맞추어 영국 문학과 사냥, 경마를 주제로 한 작품들이 주를 이루었다. 그리하여 그의 친구인 여우도 문학과 고급 수집품 목록에 들어가는 영광을 얻었다.5) 라틴어, 이탈리아어, 프랑스어로 출간된 마학의 고전으로는 조르다노 루포의 『자유로운 말(*Liber Equorum*)』과 라 게리니에르의 『기병 학교(*École de Cavalerie*)』가 있었는데, 이는 전체 수집품 목록에서 작은 비중만 차지했다. 멜런의 수집품의 대부분은 영어 번역본이었다. 가령 1550년에 출간된 이탈리아의 마학자 페데리코 그리소네의 『승마의 순서(*Ordinini di Cavalcare*)』의 경우, 멜런의 첫 소장본은 1560년에 나온 영역본이었다. 한편 멜런은 독일인 저자가 쓴 말 전문서적은 구하지 못했다.

멜런의 소장품은 1981년에 삽화가 많은 대형 카탈로그로 공개되었다. 저자는 존 B. 포데스키이지만 판본과 삽화는 멜런이 직접 선정했다. 이 카탈로그는 열정적인 기수이자 품종개량자, 말 소유주인 멜런의 개인소장품 목록으로, 서문에서 포데스키가 밝혔듯이 "가정 도서관 최고의 소장품 기록" 이었다. 포데스키는 목록에 있는 작품들의 대부분이 유사한 배경에서 탄생했다고 썼다. 이 작품들은 돈이나 학문적 동기가 아니라, 말에 대한 열정을 표현하고, 같은 성향을 가진 사람들과 이런 것들을 나누기 위해서 쓰인 것이었다. "이런 작품들의 대부분은 돈을 벌기 위한 목적이 아니라, 저자가 다른 사람들과 함께 말이라는 대상을 즐기기 위해서 쓰였다."6)

이 짧은 문장을 스치듯 읽어도 저자가 말에 정통한 전문가라는 사실을 알 수 있다. 그는 말에 대한 애정으로 이 글을 썼다. 아니 말이라는 사물을 즐기기 위해서 글을 썼다고 표현하는 편이 더 정확하다. 고대 로마의 평민들은 쾌락을 찾아 신음했을지 모르지만, 아마추어 애호가들은 즐거움을 추구했다. 집필 동기에서 돈을 벌기 위한 목적이 빠지면 전문가의 이미지가 남는다. 전문가의 행동은 열정에 그 뿌리를 두고 있다. 따라서 멜런의 소장품 카탈로그에서는 수집가의 막대한 재산 목록이 열정에서 비롯되었음이 뚜렷하게 나타난다. 글을 쓰고 읽는 전문가 집단의 접점은 '가정 도서관'과의 친밀함이다. 그 중심에는 멜런이 자신의 열정을 다 바쳤던 특별한 말들이 있다. 영국의 클래식 시합 경주마, 아랍종과 혼혈인 영국의 순혈종 말이다. 서러브레드는 600년에 걸쳐 다양한 소리가 담긴 서사문학을 만들어온 은밀한 영웅이다. 훌륭한 서지 목록은 아니더라도 멜런의 카탈로그는 방대한 장서 목록의 형태로 근대 영국이 배출한 가장 고상한 피조물인 말에게 바치는 헌사이다.

마극

멜런이 말에게 있는 그대로의 존경을 표할 목적이었다면 그의 소장품과 카탈로그는 15세기 작품이 아닌 고대 그리스의 작품으로 구성되어야 했을 것이다. 이런 측면에서 프레더릭 H. 후스의 시도는 보다 광범위한 영역을 아우른다. 1887년에 발행된 그의 도서 목록은 100년 후에 애마가였던 독일의 한 출판업자에 의해서 재발행되었다.[7] 이 목록에는 기원전 430년 아테네의 키몬(정치가이자 장군/옮긴이)의 소책자가 포함되어 있었다. 수의술과 말에 관한 연구가 담긴 이 글은 일부만 전해지고 있다. 후스의 도서 목록 역시 멜런의 카탈로그에서 나온 것이었다. 그러나 멜런의 도서 목록과 달리 이 카탈로그는 호기심을 자아내는 독특한 제목이 돋보이고, 말 이외에도 말과에 속하는 당나귀와 노새 등 자연의 이야기도 다루고 있다. 완벽성을 추구했던 후스의 진심 어린 노력 덕분에 그의 작품은 아직도 고서점과 전문가들 사이에서 말 전문서적의 참고도서로 간주된다. 그의 도서 목록은 독일어로 된 서적도 다루고 있기 때문에, 특히 유럽 시장에서 아주 특별한 발전 양상을 보인다는 첫인상을 준다. 이 목록은 17세기와 18세기에 영국, 프랑스,

이탈리아에서 인용되었다. 유럽의 선구적인 말 국가인 영국이 해당 출판시장을 장악하는 동안 이탈리아어의 영향력은 점점 줄어든 반면, 프랑스어는 애마가의 세계에서 제2의 언어로 자리매김했다. 1770년 이후 독일의 저자와 출판업자들은 본격적으로 말 전문서적 시장에 뛰어들었고, 19세기에는 유럽의 시장을 주도했다.

말 전문서적의 세계를 개략적으로 알고 싶다면, 프랑스의 장군인 메네시에 드 라 랑스부터 시작하는 것이 좋다. 1915년에서 1917년 사이에 출간된 2권짜리 『말 관련 서지 에세이(*Essai de Bibliographie Hippique*)』의 저자 메네시에는, 표지에 적혀 있듯이 '제3기병사단 전 사령관'이었다. 기병대 장교 출신답게 그는 "말과 기병대에 관한" 작품을 정리하려고 했다. 한편 마차처럼 일상적인 사물에 관심이 있는 이들에게는 메네시에의 동료인 제라르 드 콩타드의 작품 『프랑스에서의 드라이빙(*Le Driving en France*)』을 권한다.[8] 메네시에는 의복을 살짝 변형했을 뿐 전형적인 인물을 대변한다는 점에서 제복을 입은 전문가이다. 그는 적절한 수준에서 저자의 생애는 물론이고 책 내용에 관한 정보도 간략하게 전한다. 저자나 발행인의 신원을 정확하게 확인할 수 없는 경우에는 자신의 추측을 적었다. 그는 작품의 내용과 양식을 평가했을 뿐만 아니라 칭찬과 비판도 아끼지 않았다. 유명한 승마교사의 방법론이나 승마학교(독일 학교, 베르사유 학교)의 강의에 관한 내용을 다룰 때에는 신이 나서 설명했다.

메네시에는 다른 전문가와 수집가들을 특별히 긍정적인 시선으로 받아들였다. 1811년에 태어나서 1871년에 세상을 떠난, 크세노폰의 발행인이자 마학의 핵심작품의 저자인 샤를 루이 아델라이드 앙리 마트봉 드 퀴르니우 남작을 특히 긍정적으로 평가했다.[9] 고대 그리스 문화에 대한 전문가 교육을 받은 후에 참모부에 들어간 그는 얼마 지나지 않아 말 연구에 전념하기 위해서 퇴역했다. 엄청난 재산 덕분에 그는 마음껏 여행을 다닐 수 있었고,

전문지식을 심화시키기 위해서 영국으로 넘어갔다. 말 전문서적과 관련된 그의 도서 목록에는 귀중한 작품들이 많았는데, 모두 당대 최고의 갑부였던 장 바티스트 위자르(1755~1838)의 도서관에서 사들인 것이었다.

이 순서를 따라가면 프랑스의 수의사 위자르를 만날 수 있다. 그는 수의학 학교 제1회 졸업생이자 프랑스 수의학 및 군마 관리국의 건립자로 알려져 있다. 그는 군마 보급과 프랑스 혁명과 나폴레옹의 프랑스 군대 양성을 총괄한 인물이었다. 정권이 바뀌어도 끝까지 살아남아 제2의 탈레랑이 되었으며, 레지옹 도뇌르 훈장을 받은 후에는 프랑스의 박물학자 루이 장 마리 도방통과 함께 메리노 양(merino sheep)을 들여왔고, 약 4만 권의 장서를 갖춘 당대 최고의 말 도서관을 건립했다. 1842년에 르블랑에서 총 3권으로 출간한 카탈로그에 대해서 메네시에는 "위자르는 희귀본 몇 권을 제외하고 1837년까지 출간된 말에 관한 문헌을 전부 소장하고 있었기 때문에 이것은 몇몇 부분에 오류가 있다고 해도 아주 귀한 자료이다"라고 평가했다.[10]

도서 목록에는 독자가 없다. 이용자만 있을 뿐이다. 메네시에의 도서 목록을 읽어보면 말의 도시를 방랑할 수 있다. 여기에는 기사와 수집가의 삶에서부터 귀족의 경주마 마구간에 이르기까지 말에 관한 모든 것이 담겨 있다. 전문가들의 세계는 이름, 혈통, 소유자가 정교하게 짜인 연속체이다. 메네시에의 도서 목록은 외적으로는 도서 목록의 형태를 취하고 있지만, 내용상으로는 발자크의 유산인 마극(馬劇)으로 분류된다. 메네시에의 도서 목록을 읽는 법을 터득한 사람은 정말 놀라운 것들을 관찰하게 될 것이다. 눈앞에서 지식과 산업, 품종과 상태에 관한 정보들이 펼쳐진다. 새로운 품종의 말이 무대에 등장하며 새로운 유행, 질병과 치료법, 구체제에서는 알지 못했던 '말 탄 남자들(hommes à chevaux)'이라는 새로운 유형의 인간이 등장한다. 또한 이 책의 방랑자는 프랑스라는 국가가 18세기 이후에 말을 어떤 관점으로 받아들이고 이용해왔으며, 인간이 직립보행을 시작한 후에 말 타기와 마차를 운전하는 법을 어떻게 익혀왔는지를 알 수 있다. 현대 사회에서 켄타우로스의 현존재, 프랑스라는 세계에서 말의 존재는 시골에서의 느린 걸음과 도시에서의 분주한 걸음으로 표현할 수 있다. 그는 지식의 기능적 단층을 동반한 사회 계층들을 깊은 통찰력으로 관찰했다. 또한 이 책을 방랑하는 사람은 플로베르의 영웅 부바르와 페퀴셰(플로베르의 소설 『부바르와 페퀴셰[Bouvard et Pécuchet]』의 주인공/옮긴이)가 쓸모없고 과도한 지식의 병폐를 대변하듯이 마과학 지식인 공동체 형성 열풍이 얼마나 이상하고 유감스러운 일인지 다시금 돌아보게 된다.

마과학

18세기 말엽 마학 출판시장에는 마학을 하나의 학문으로 인정해주기를 바라는 제목의 작품들이 처음으로 등장했다. 마학이 돌연 과학을 사칭하며 나서게 된 데에는 어떤 특별한 학문적 정황이 있는가? 어떤 분야가 마과학(馬科學)에 포함되는가? 이러한 요소들은 어디에서 유래하는가? 잘 알려져 있듯이 코젤렉이 안장의 시대라고 표현한 1780년대 전후는 근대성에 영향을 끼친 일련의 새로운 학문들이 발달하는 시기였다. 예기치 못한 사이에 근대적 학문들이 등장하여 오랫동안 학문 간의 조화를 유지해왔던 구학문과 융합되는 한편, 생물학, 경제학, 문헌학, 지리학, 역사학 등의 신학문이 개별적으로 탄생했다. 바로크 회화와 역사, 연관성, 알레고리, 일화들이 마그마가 분출되듯이 정신없이 쏟아져 나오더니 갑작스럽게 삶, 사람, 언어, 역사에 관한 신생학문들이 탄생했다.

근대 학문의 역사를 살펴보면 마학이 상당히 긴 시간에 걸쳐 발달했다는 사실을 알 수 있다. 마학 역시 고전을 지식의 근원으로 삼았다. 18세기 말엽에 사람들은 승마학, 수의학, 마구간 감독 지침서와 관련된 수많은 고전을 통해서 다시 지적 호기심을 채우기 시작했다. 산업화와 도시화가 태동하고 속전속결 대전투를 치르던 나폴레옹 시대에 말은 인간에게 동력 에너지를 공급하는 핵심 운송수단으로서 연구, 정치, 지방 행정의 중요한 관심사로 떠올랐다. 그러나 근대 마과학이 고전의 기본원칙이나 경험적인 지식을 계승했다고는 하지만 하루아침에 과학의 한 분야로 인정받기는 어려웠다. 학문으로서 마과학이 가야 할 길은 마치 구불구불한 길을 달리고 들판을 가로지르며 도랑과 울타리를 넘어야 하는 영국의 스티플 체이스처럼 험난했다.

물론 시장이 돌아가는 사정에 밝고 의식이 깨어 있던 독일의 출판업자 요한 프리드리히 코타 같은 이들은 이러한 시대적 흐름을 놓치지 않았다. 그는 책 읽는 여인이나 정원 문화처럼 말을 주제로 달력을 발행하여 독자의 관심을 끌었다. 장기(臟器)가 예민하고 사육하기 까다로운 말에 관한 글을 잡지가 아니라 달력 형태로 발행하면, 잠재적 독자들은 친절한 소개와 수다거리가 가득 실린 달력을 보면서 자연스럽게 말에 관심을 가지게 되고, 출판업자들은 독자들의 관심도를 확인할 수 있었다. 코타는 이 점을 미리 계산하고 말 달력 발행 부수를 늘렸다. 『말 애호가, 건초용 시렁, 품종개량자, 마의, 궁정 종마소 상관의 일기(*Taschenbuch für Pferdeliebhaber, Reuter, Pferdezüchter, Pferdeärzte und Vorgesetzte großer*)』라는 긴 제목의 책은 1792년 첫 출간 이후 매년 성 마틴 축일마다 발행되었다. 이 책의 발행인은 뷔르템베르크에 있는 대형 종마소의 감독이자 1인 출판업자인 프란츠 막시밀리안 프리드리히 부빙하우젠 폰 발메로데 남작이었다. 그는 첫해에 자신의 출판사에서 책을 발행했는데 이듬해 코타가 달력 사업을 인수했다. 코타는 부빙하우젠에게 인수한 달력을 거의 수정하지 않고 1쇄에 1,500부를 찍어서 10년 동안 이것으로 버텼다.

부빙하우젠의 저작물은 수의학과 관련된 짧은 글, 농부와 가축 사육자들을 위한 말발굽 치료법, 각종 동물 전염병에 관한 조언에 국한되어 있었다.

1796년에 그는 '뷔르템베르크 대공 종마소 규정'을 발표했다. 그는 달력으로 독자를 확보한 후에, 말 사육 분야와 관련된 유익한 정보와 이야깃거리뿐만 아니라 세계 유행, 귀족과 전문가의 소식 등을 제공하고 마과학 신간에 관한 일화와 정보로 마무리했다. 부빙하우젠은 다양한 지식을 취합하여 책으로 출판하며 마과학의 중심인물이 되었다. "마과학(Pferdewissenschaft)"이라는 단어는 1780년대 이후 본격적으로 사용되기 시작했다. 처음 그가 발행한 달력의 사설 "독자에게 보내는 서한"을 읽어보면 마과학을 신학문으로 편입시키려는 그의 의도를 엿볼 수 있다.[11]

가장 광범위한 내용을 다룬 달력의 세 번째 부분에는 "생존해 있는 세계 최고의 권력자와 최상류층 영주"뿐만 아니라 "정신적 지주 역할을 하는 영주"의 계보가 수록되어 있었다. 이를테면 발행인들과 출판업자들은 「고타의 궁정 달력」을 모범으로 한 긴 인물 소개 명단을 보고 대상 독자층의 방향을 정할 수 있었다.[12] 주요 독자층은 말을 키우거나 사육하는 귀족들로, 우아하면서도 재미있게 공부하면서 마과학에 친숙해지고 싶어하는 사람들이었다. 특히 말 달력과 귀족 달력의 밀접한 관계는, 18세기 말엽에 정확하고 체계적인 형태의 필요성이 대두되면서 도입된 두 가지 등록제도를 통해서 확인할 수 있다. 하나는 혈통서였고 다른 하나는 귀족 혈통이나 친척들의 목록이 적힌 귀족 달력이었다. 두 등록제도는 일원화되고 통제된 **공식적인** 계보 체계를 정착시키겠다는 노력의 일환으로 실시되었다. 계보에 관한 온갖 이야기가 무성하던 시대, 이른바 가문과 종마소마다 계보에 관한 기록이 조금씩 달랐던 시대가 저물어가고 있었다. 드디어 혈통의 계보가 지도화되었기 때문이다.

이 체계는 영국의 상황에만 유독 잘 맞았다. 이미 언급했듯이 순수 혈통의 나라인 영국에서는 귀족의 명부보다 말 등록부가 좀더 일찍 등장했다.[13] 독일에서는 국가의 분열, 다원적이고 분산화된 말 사육 문화, 아랍 인장이 찍힌 **순혈종**의 뒤늦은 인기로 인해서 다른 국가의 혈통서 등록 체계와 비교할 만한 기관 설립이 지연되었다. 대신 사람의 귀족 혈통에 대한 표시제도가 먼저 도입되었다. 「고타의 궁정 달력」은 1763년에 처음으로 발행되었다. 달력의 앞부분은 「코타의 말 달력」과 비슷하게 유럽의 귀족만 적혀 있었고, 나머지 부분은 외교관계와 역사에 대한 기술이었다. 부빙하우젠의 말 달력은 고타의 달력에서 발췌한 내용을 수록하기 전에 먼저 종마소, 경주마, 후손에 관한 내용을 다루었다. 그리고 순혈종의 계보에 관한 두 가지 이야기와 같은 관련 내용을 실었다.

정확하게 18세기 마지막 3분의 1에 해당하는 시기에 등장한 마과학은 '말에 관한 과학'이라는 단어와 달리 체계적이거나 과학적이지 않았고, 말의 고귀함과 신체 상태에 관한 각종 정보 등 이질적인 내용들이 마구 섞여 있었다.[14] 일화의 인용에 관한 법적인 문제도 제기되지 않았다. 18세기 말엽의 마과학은 아직 저작권 보호나 검증과 같은 개념을 논할 단계에도 이르지 못했기 때문이다. 마과학은 명성은 있었으나 학문으로서 독자성은 갖추지 못했다. 동시대에 등장했던 마약학(馬藥學)[15]과 달리 마과학에는 말과에 속하는 동물의 질병과 치료에 관한 내용을 비롯하여 말 교배, 이용, 사육, 구입에 관한 실용적인 지식이 포함되어 있었다. 마과학과 "마구간 감독의 시대"부터 수집되고 전해져 내려온 말의 특성, 질병으로 인한 통증과 치료에 관한 지식이 서서히 구분되기 시작하면서 **치료 시설**과 **전문지식**이 체계적으로 정립되었다.

"마구간 감독의 시대"는 1250년에서부터 1762년까지 약 500년의 기간을 말한다. 마의학의 시대라고도 불리는 마구간 감독 시대의 초창기 작품으로는 프리드리히 빌헬름 2세의 궁내 대신인 요르다누스 루푸스 혹은 루포의 말 관리에 관한 책 『마의학(De medicina equorum)』이 있으며, 이 책은 프리드리히 빌헬름 2세가 세상을 떠나던 해에 발표되었다. 마구간 감독의 시대 말기인 1762년에는 리옹 경마학교의 총장이자 수의학자였던 클로드 부르즐라가 최초의 수의학 학교를 설립했다.

현재 통용되고 있는 시대 구분에서 수의학의 역사는 불균형하게 발전했다. 초창기에는 저작과 관련된 사건이, 말기에는 제도와 관련된 사건이 주를 이루었다. 사실 리옹에서 경마학교가 설립되었을 당시 마과학 관련 서적 중에는 이렇다 할 인상적인 작품이 없었다. 출판시장에서 마과학 서적은 마구관 감독으로부터 전해져 내려오는 의학 지식을 살짝 편집하여 출판해도 대중의 인기를 얻을 수 있는 수준의 책으로 인식되었다. 루푸스와 동시대에 살면서 집필 활동을 한 마구간 감독인 (알브레히트 혹은 힐데브란트라는 이름으로도 알려져 있는) 알브랑의 "편자공의 36가지 처방"은 책으로 계속 발행되면서 개정과 증보를 거쳤다. 1716년에 초판이 발행되었던 『사형 집행인이 전하는 말 혹은 경주마에 관한 유용하고 올바른 약품 정보(*Nach-richters nüzliches und aufrichtiges Pferd-oder Roß-Arzneybuch*)』는 1797년에 코타가 제4차 "개정증보판"까지 발표했다. 19세기까지의 마의학 관련 소책자의 내용을 살펴보면, 루푸스로부터 그 이전 시대인 고대 그리스 저작을 원전으로 삼는 흐름이 지속되고 있음을 알 수 있다. 저자는 대개 전문교육을 받은 의학자가 아니라, 편자공, 마구간 감독, 사형 집행인, 조련사, 사냥꾼, 기병 등 현장에서 일하는 사람들이었다.

실용성은 마과학의 또다른 특성이기도 했다. 마과학에는 수의학과 말 사육법에 관한 복합적인 정보(영양, 축사, 돌보기) 외에도 말의 유용성과 사기를 당하지 않고 안전하게 말을 고르는 법에 관한 내용이 담겨 있었다. 말은 16세기에서 18세기까지 경마학교와 기병대에서 주로 사용되었다. 운송수단으로서 말은 실용성을 높이 평가받은 데에 비해서 문학의 소재로는 그다지 큰 반향을 얻지 못했다. 몽테뉴의 『수상록(*Essais*)』에서는 역마차들이 유일하게 호평을 받았다.

한편 플뤼비넬의『왕실 조마술(調馬術)(*Maneige royal*)』(1623) 등 바로크 시대의 승마술에서 드 라 게리니에르의『기병학교(*Ecole de Cavalerie*)』(1733)에 이르는 작품들은 유용성을 가장 중시했다. 이러한 작품들의 집필 의도는 조련사의 뜻대로 말을 길들이는 방법을 알려주는 것이 아니라, 말과 사람이라는 두 신체를 움직이는 법을 완벽하게 습득하고 화합과 감사의 이미지를 전달하는 것이었다. 바로크 시대에 승마술의 무대는 우아함의 미학을 원하는 무도회장에서 실용성을 중시하는 승마학교의 조련장과 전쟁터[16]로 이동했다. 18세기 말엽에 군사적 목적의 기마술은 이런 영향권을 넘어섰다. 영국의 펨브로크 백작이『전쟁 기마술(*Military Equation*)』(1778)에서 처음으로 기병대 특수 훈련을 다룬 것도 우연이 아니다.[17] 기마술의 무대는 무도회장과 전쟁터로 분리되고 있었다.

1800년 전후에 마과학이라는 매력적인 명칭이 사용되기 시작했으나, 마과학은 아직 그 이름에 비해서 다양한 연령과 혈통에 관한 문헌지식과 실용적 지식 간의 연관성을 갖추지 못한 학문이었다. 이것은 마과학이라는 학문의 고유하고 주된 특성일 수도 있지만, 지식과 실용성의 조화는 실제로 학문에서 놓치기 쉬운 부분이다. 그 대표적인 예가 좋은 말을 고르는 방법이다. 건강하고 힘센 말과 병들고 결함이 많은 말이 어떤 특성을 지니는지 알아야 마시장에서 말을 제대로 고를 수 있다. 고대부터 말에 관한 지식에는 말의 건강상태를 판단하는 기준을 비롯하여 사기꾼들의 수법까지 포함되어 있었다. 또한 좋은 말을 쉽게 구분하고 사기를 당하지 않고 안전하게 구매하는 법을 배우기 위해서 문헌을 참고하는 것도 고대부터 이어져온 전통이었다. 1664년 자크 드 솔리젤은 말 관리법에 관한 영향력 있는 작품을 발표하는데,『말의 아름다움과 결점에 대해서 가르치는 완벽한 기수(*Le Parfait Maréchal, qui enseigne à connoistre la beauté et les défauts des Chevaux*)』라는 제목만 보아도 저자의 집필 의도를 알 수 있다. 좋은 말을 구분하는 기준도 모른 채 승마술이나 말에 관한 완벽한 지식을 습득할 수는 없다. 솔리젤이 말하는 '말의 아름다움과 결함'은 마학 지식의 핵심이다. 드 라 게리니에르는 "완벽한 말이라면 우수한 특성과 신체적 결함이 없어야 하겠지만 그런 경우는 극히 드물다"며 "거듭 강조하지만 말 전문가라면 이 모든 것을 알고 있어야 한다"고 말했다.[18]

새로운 학교들

클로드 부르즐라(1712~1779)는 현대 수의학 교육계의 선구자라는 평가를 받는 인물이다. 그는 1762년에 리옹에 국립 수의학 학교를 설립했고, 4년 후에는 파리에 수의학 학교를 설립했다. 이 소식을 접한 프로이센의 국왕 프리드리히 빌헬름 2세는 1763년에 리옹으로 외과의사 2명을 유학 보냈다. 그는 리옹의 선진 의술로 프로이센 전역을 덮친 우역을 치료할 수 있기를 바랐으나 이 소망은 이루어지지 않았다. 리옹에서 돌아온 두 외과의사가 말을 치료하는 법만 배워왔기 때문이다.[19] 두 학교를 필두로 이후 수십 년 동안 유럽 전역에 수의학 학교 설립 열풍이 불었다. 1767년 빈에 K. K. 말 치료 및 수술 학교가 설립된 후, 1771년에는 이탈리아의 토리노와 독일의 괴팅겐에, 1773년에는 코펜하겐에, 1774년에는 스웨덴의 스카라와 독일의 드레스덴에, 1778년에는 하노버, 1783년에는 프라이부르크, 1786년에는 부다페스트, 1789년에는 마르부르크, 1790년에는 베를린과 뮌헨에, 1791년에는 런던과 밀라노에 수의학 학교가 세워졌다. 이후 수의학 학교가 계속 들어섰다.

부르즐라는 법률가로서 전문교육을 받은 후에 행정관으로만 활동하는 것이 아니라 수의학의 권위자가 되기를 원했다. 그는 솔리젤과 뉴캐슬의 공작 1세 윌리엄 캐번디시의 작품 등 옛 마학 전문서적을 바탕으로 『마의술의 기초(*Élemens d'Hippiatrique*)』를 집필했다. 처음의 구상보다 분량이 훨씬 늘어난 이 책은 총 3권으로 구성되어 있으며 1750년부터 1753년 사이에 출간되었다. 프랑스의 수학자 장 르 롱 달랑베르와 절친한 사이였던 부르즐라는 달랑베르가 집필한 『백과사전(*Encyclopédie*)』의 제5권부터 제7권까지 200여 편의 글을 기고했다. 학교 설립 이후 그는 마의학과 말 사육, 관리, 선택 등 실용적인 내용이 담긴 글을 발표했다. 그후로는 이제껏 그를 단순한 예술 애호가라고 평가했던 비평가들의 비판이 잠잠해졌다.

그중에서 가장 주목할 만한 인물은 필리프 에티엔 라포스(1738-1820)였다. 마의(馬醫)의 아들인 라포스는 기병대를 교육하기 위해서 젊은 시절부터 말을 해부해왔다. 부르즐라의 교과 체계가 폐쇄적이라고 생각한 그는 자비를 들여서 파리에 해부극장을 설립하고 1767년부터 1770년까지 강의를 했다. 이어 1772년에 그는 삽화가 많이 실린 대형 판본의 책을 자비로 출판했다. 이 책이 바로 그의 대표작 『마의술 강의(*Cours d'Hippiatrique*)』이다. 부르즐라가 독학으로 고전역학을 공부하고 말의 해부학을 지레, 힘, 부하의 작용으로 설명했던 반면, 라포스는 기관계에 따라 해부학을 분류하며 동물의학의 새 역사를 썼다. "라포스의 분류 체계는 지금도 통용되고 있다."[20] 1762년에 부르즐라는 수의학 교육을 실시하기 위한 실용적인 체계, 즉 학교를 설립한 반면, 노련한 병리학자였던 라포스는 그로부터 10년 후에 수의학 임상의 분류학과 부검의 기틀을 마련했다.

수의사를 배출하는 체계가 탄생하기까지 수십 년이 걸렸다. 부르즐라의 수의학 학교에서도 경쟁자인 라포스의 해부극장에서도 체계적인 학문으로서 수의학을 공부한 수의사는 배출하지 못했다. 두 기관에서 배출한 수의사의 대부분은 편자공들로, 강의실을 떠난 수의사들의 대부분은 대개 말 해부에 관해서 깊이 있는 전문지식을 갖추고 있었다. 국가와 사설 종마소, 성장하는 마시장, 군대에서는 실용적인 지식을 갖춘 유능한 실무자를 원했다.

라포스의 화려한 2절판 책은 모든 내용이 중요했다. 마지막 장에서 다루는 편자술, 편자를 제작하는 데에 필요한 절차와 장치도 마찬가지이다. 한편 부르즐라의 수의학 학교는 이론적 지식만 전달하고 실용적인 편자술을 가르치지 않는다며 비판을 받았다.[21] 18세기 후반까지 편자공의 모루와 편자공의 수술 집기는 수의학 강의에서 양극과 같은 존재로 남아 있었다.

매끄럽고 빛나게

전문 감정은 임상 경험처럼 안목을 키울 수 있는 학교이다. 물론 전문 감정가와 수의사가 배우는 것은 다르다. 전문가의 안목은 보이는 것과 보이지 않는 것에 대한 또다른 관계를 통해서 입증된다. 전문 감정은 질병의 징후를 해석하는 것이 아니라, 숨겨진 채로 진행되고 있는 감염의 조짐을 연구하는 것이다. 이는 건강함과 아름다움의 특징을 찾고 판단력을 배우는 학교와 같다. 그러나 감정가에게 필요한 기술은 무관심한 감탄의 표현이 아니다. 전문 감정은 실질적인 조언을 하고 선택하는 방법을 안내하며 구매를 권유하는 일이다. 그러니까 시장은 감정가의 안목을 검증받는 장소인 셈이다. 실생활과 관련된 모든 지식이 그렇듯이 전문 감정가는 진실이 지배하는 장소와 시간도 알아야 한다. 감정가가 어떤 말을 구매하기로 결정한 순간, 구매의 목적에 따라서 전문가의 지식은 시험대에 오른다. 그 목적은 스포츠일 수도 있고, 품종개량, 전쟁, 노역일 수도 있다. 구매 행위는 마과학을 위기로 몰고 간다.[22]

리옹과 알포르에 수의학 학교를 설립하고 몇 년 후에, 부르즐라는 좋은 말의 외적인 건강상태와 외형을 다룬 「말의 외형적 구조 개론」이라는 논문을 발표했다.[23] 마지막 3분의 1에 해당하는 부분에서는 동물 사육과 관리 방법을 다루었는데, 이 부분을 제외하면 예비 감정가 교육에 관한 지침이 논문의 주요 내용이었다.[24] 감정가가 되려면 말의 외적인 증상을 통해서 내적인 특성을 추론하고 전체의 맥락에서 외적인 징후를 볼 줄 알아야 한다. 이를 바탕으로 말의 외형적인 미와 내적인 자태의 유사성을 추론한다. 부르즐라에 의하면, 아름다움은 "각 부위들의 대칭미와 조화미"가 어우러져서 형성된다.[25] 말 감정가는 레오나르도 다빈치에게서 시작된 인체 균형미의 전통을 동물에 접목시킨 비율의 원리를 이해해야 한다.[26] 인체 비율의 측정단위가 미터원기(prototype meter)라면, 말의 신체 비율을 측정하는 단위는 머리의 길이이다. 이것은 주관적 원칙이 아니라 객관적 원칙, 즉 "역학적 사실"이다.[27] 이 원칙은 아름다운 말이 건강하고, 강인하고, 빠르다는 사실을 보장한다. 세월이 지나도 좋은 특성은 그대로 남아 후손에게 전해진다.[28] 이렇듯 마과학은 수십 년간 비율이라는 고전주의 영역에 갇혀 있었다. 그러나 낭만주의 시대로 넘어가자 **정통 교리**에 저항하는 움직임이 나타났다.

실러는 아름다움은 오직 자유롭고 균형잡힌 사지의 움직임에서 나오는 것이라고 가르쳤다.[29] 한편 어느 말 감정가의 시선은 반대 방향을 향해 있었다. 그는 말의 아름다움으로부터 사지의 자유로운 움직임과 빠른 속도가 나온다고 생각했다. 그는 말의 특성, 경마장이나 기병 소대에서 말이 보여줄 실력, 자신이 바라는 후손의 모습 등 **기호판단**을 통해서 **가치판단**을 했다. 징후학적 접근[30]을 하는 감정가는 아름다움의 특징을 통해서 말이 건강하다는 증거를 찾는다. 감정가의 정신은 경험적인 지식의 과잉과 임상 지식의 결여가 상쇄되는 곳이다. 19세기의 어느 마과학 교수이자 마의는 "마과학의 기본은 건강한 말의 상태를 정확하게 아는 것이다"라고 말했다.[31] 그러나 이 지식에도 어두운 측면, 반대세력, 적대적인 원칙이 있다. 말 사기꾼들이 바로 그런 존재이다. 헝가리의 말 감정가인 세체니는 "우리가 감정에 이끌려서 사기꾼들에게 속는 것만큼 괴로운 일은 없다"고 했다.[32]

감정가와 사기꾼은 동일한 지식의 세계에 있지만 이 지식을 각기 다른 방식으로 사용한다. 둘 다 아름다움의 상징, 결함의 흔적, 노쇠의 징후를 안다. 감정가는 이런 특징들을 찾아서 인식의 대상으로 삼는다. 반면 사기꾼은 어떤 특징은 강조하고 어떤 특징은 감추려고 애쓰며 이것을 일상의 대상으로 만든다. 이런 대립관계는 사실 고전적이다. 크세노폰의 『승마술에 관하여(*Hipparchicus*)』라는 책의 첫 장은 "말을 사는 법"과 "말을 살 때에 최대한 사기를 당하지 않는 법"에 관한 조언으로 시작한다.[33] 18세기 중반 이후에는 말 사기꾼의 사기 수법을 공개하며 경각심을 일깨우는 저작물이 늘어났다. 규범처럼 통용되던 작품은 1764년에 암스테르담에서 발표된 아이젠베르크 남작의 『반(反) 말 거래(*Anti-Maqui gnonage*)』로, 독일에서는 『말을 구매할 때에 사기꾼의 사기 수법을 분별하고 사기 당하지 않는 법(*Entdeckte Rostäuscherkünste zur Vermeidung der Betrügereyen bey den Pferdekaufen*)』이라는 제목으로 출간되었다.[34] 훌륭한 삽화가 많이 수록되어 있는 이 책은 품질이 떨어지는 말의 물리적 특성과 사기를 치려는 인간들의 도덕성에 관한 모든 것을 다룬다. 의심의 해석학으로 특허를 내도 될 만큼 명쾌한 설명이 돋보이는 책이다.

인간의 비열함의 끝을 들여다보려는 노력은 반감과 반유대주의를 꽃피우는 계기가 되었는데, 사실 이것이 놀랄 일은 아니다. 1824년에 C. F. 렌틴 박사가 발표한 개정판에는 "말 거래상의 거래수익과 말을 꾸미는 기술에 관한 비밀을 폭로한다. 지금은 고인이 된 데사우 출신의 이스라엘 말 거래상인 아브라함 모르트겐스는 말을 사고 팔며 이윤을 남기고 손해를 입지 않고 사기를 당하지 않는 법을 공개한다"라는 구절이 있다.[35]

정직한 모르트겐스는 국경 지역을 왕래하던 사람이었다. 그는 좁은 산등성이 위를 날쌔게 움직이며, 노련하고 정직한 말 거래상과 비열한 말 사기꾼, 거래 수완과 사기 수법을 구분했다. 그 어떤 교역 상품이나 어떤 상품도 겉모습을 꾸미는 요령에 말만큼 여지가 많은 경우는 없었다. 상인은 부실한 말을 건강해 보이게 만드는 기술로 자신의 능력을 검증받았다. "결함이 있는 말은 감정가들에게는 가장 값싼 말이지만, 약삭빠른 상인들에게는 가장 비싼 값에 팔 수 있는 말이다. 품질이 떨어지는 천은 숙련된 마무리공의 손길이 닿으면 가장 좋은 천으로 변신할 수 있는 반면, 품질이 좋은 천은 원래의 상태보다 훨씬 더 좋아 보이게 만들 수 없다."36)

비열한 사기와 정당하게 이득을 취하는 행위를 구분하는 경계는 어디에 있을까? 말이 더 아름다워 보이도록 꾸미는 이들은 이미 사기꾼일까? 사기꾼은 단지 우리가 더 산뜻하고 젊어 보이도록 화장과 헤어스타일로 꾸밀 때와 똑같은 행동을 할 뿐이다. 아름다운 외모의 영역에서 어떤 것은 허용되고 어떤 것은 금지되는가? 구매자의 입장에서 사랑에 빠진 바보처럼 기꺼이 속아주겠다고 말하는 것도 잘못 아닐까? 모르트겐스는 말을 씻기고 매끄럽고 윤기가 흐르도록 말의 몸을 가꾸었다는 사실을 절대 알려주면 안 된다고 말한다. 그것이 빗질이나 단순히 꾸미는 행위일지라도 말이다. "말을 씻기고 치장하는 것도 이익을 얻을 수 있는 거래 행위이다. 늙은 여인이 미적 감각을 한껏 발휘해서 겉모습을 치장하고 오래도록 젊음을 자랑하는 것과 비슷하다. 축 늘어진 가슴은 탱탱하게 끌어모으고, 혈색이 좋아 보이도록 화장을 하고, 머리카락에 갈색 빛깔과 탄력 있는 웨이브를 준다. 나이 들어 볼품없이 툭 튀어나온 부분과 깡마른 몸의 올챙이배를 청춘의 여신이 코르셋으로 꾹 눌러주듯이 말이다. 말 거래상은 치장하는 기술로 거래 상품인 말의 결함과 결점을 숨기고 아름다워 보이게 꾸민다……."37)

전문적으로 훈련을 받은 감정가도 사기꾼이 부린 속임수에 넘어갈 수 있다. 신체의 비율을 속이거나 가죽을 매끄럽게 만들고 광택을 주는 것은 말을 아름다워 보이게 만들어 소비자의 구매욕을 자극할 수 있다. 등장할 때의 활력과 신체동작의 긴장 상태도 중요하다. 실제로 굼뜬 말을 바짝 깨어 있고 생기 있어 보이게 하려고 당근과 채찍 등 온갖 수단이 동원된다. 그중 하나가 후추이다. "후추는 말 거래에서 진정한 영혼이요, 진정한 삶이다. 후추는 늙은이를 젊은이로, 굼뜬 자를 불같이 빠른 자로, 둔한 자를 영리한 자로, 둔중한 몸놀림을 경쾌한 몸놀림으로 바꾸어준다.……말을 팔기 위해서 시장으로 끌고 오는 하인이 **마술사처럼** 말의 엉덩이 뒤에 후추를 감춰놓고 말을 씻기고 단장하는 작업을 마무리한다."[38]

이런 속임수에 익숙하지 않은 사람을 완벽한 감정가라고 볼 수 있을까? "아무리 말에 대해서 잘 안다고 해도 후추의 효과를 모르는 사람은 말 거래에는 미숙하기 때문에 후추를 뿌려서 인위적으로 만든 외형이 원래 말이 지니고 있던 특성이라고 생각할 수밖에 없다. 그러나 상인의 꼼수는 들통이 날 수도 있다. 말의 엉덩이에서 변증법이 작용하여 자기 꾀에 자기가 넘어가는 꼴이 될 수 있다. 엉덩이 뒤로 후추를 뿌려주면 말은 배설물을 배출하곤 한다. 말이 꼬리를 흔들면 후추가 흩어진다. 원래 후추를 뿌려서 보려고 했던 효과가 아예 사라지는 것은 아니지만 말이다. 그래서 후추를 계속 뿌려주다 보면 후추에 소화 촉진효과가 있어서 말의 직장에 염증이 생길 수 있다."[39]

말 전문서적 중에서 첫눈에 호기심이 생기는 작품이 있다. 1890년 코타가 발행한 책으로, 저자는 "약학 교수" 빌헬름 고트프리트 플루케 박사이다. 『말의 주요 질병에 대하여(*Über die Hauptmängel der Pferde*)』라는 이 책의 부제는 "실용 지식의 이해와 활용"으로, "말 애호가와 상인뿐만 아니라 특히 소송 중인 법률가를 위한 조언이 담겨 있다." 의사는 법률가에게 정보와 전문지식을 전한다. 두 가지 모두 말 사기의 근절과 희생자를 위한 품질보증 청구에 관한 내용이다. 저자가 서문에서 밝혔듯이 사람은 경험을 통해서 배운다. "말의 주요 질병을 통해서 이 세상의 가장 어두운 물질보다 더 많은 오해와 분쟁이 발생한다……."[40] 말의 여섯 가지 주요 질병은 1. 마비저(마비저균에 의해서 일어나는 가축의 전염병/옮긴이),[41] 2. 훈도병(가축 특히 양의 뇌 및 척수의 기능적, 기질적 질환/옮긴이),[42] 3. (진드기 등으로 인한) 치료가 불가한 감염,[43] 4. 심장의 두근거림,[44] 5. 간질, 즉 뇌전증,[45] 6. 월맹(주기적으로 발생하는 안염)이다.[46]

"심장의 두근거림"에 관한 장에서 볼 수 있듯이, 개념과 실제 증상은 다르다. 따라서 말의 통증을 기준으로 한 분류 체계를 바탕으로 진단하면 말에게 질병이 없는 것처럼 판단할 위험이 있다. 그러나 당시의 분류학에 허점이 있다며 모든 것을 저자의 잘못으로 돌리는 것은 옳지 않다. 플루케 박사의 작품은 단순한 조언이 아니라 사냥 지침서이기도 하다. 이 작품을 통해서 근대 분업사회에서 절대 함께할 수 없는 감정가, 수의사, 법률가의 지식이 한곳에서 만난다. 마시장의 가장자리에서 세 유형의 지식이 아름답게 조화를 이루며 정립된다. 이들의 적은 몰래 숨어서 엿듣는 말 사기꾼이다. 세 유형의 지식은 어떤 자들이 말 사기꾼인지 알고, 모든 권력을 동원해서 그를 쫓는다. 말 사기꾼의 술수를 밝히는 전문지식, 속임수를 쓰지 못하게 하는 지식은 이들의 권력이다. 그러나 세 유형의 지식은 사기꾼의 교활함과 놀랍도록 기발한 술수를 남몰래 두려워한다. 잘 짜인 감정가의 전문지식, 학문, 법 앞의 말 사기꾼은 말을 타는 영국 귀족과 개 떼 앞에 있는 여우와 같은 존재이다. 이것은 활력이 넘치는 궤변론적인 도전이다. 스포츠의 세계가 여우의 잔꾀로 먹고살 듯이, 전문가 집단은 말 사기꾼의 술책으로 먹고산다.

연구자들

먼지의 동물

1879년 5월 중순 중국 중가리아 분지 남동부의 쥐옌하이 인근. 100년 후 우주의 영웅 페리 로단(독일의 SF 소설 『페리 로단[*Perry Rhodan*]』의 주인공/옮긴이)이 수도 테라니아를 건설하기 위해서 황갈색의 달 표면 어딘가에 착륙할 것이다. 이곳 아래에는 우주선이 있다. 아직 휘발성 미세물질이 충분히 갖춰져 있지 않다는 듯이 우주선의 이름도 스타더스트(Stardust)이다. 매일 아침 바람이 불면 모래와 먼지가 하늘 위로 솟아올라 소용돌이치며 바위, 드문드문 보이는 덤불, 바싹 말라붙은 땅 위에 움직이는 모든 것들의 위로 떨어진다. 탐사 대장과 조수, 화가, 소묘가, 짐승과 먹을 것을 조달하는 7명의 코사크인들, 23마리의 낙타의 뒤에는 '식용으로 잡아먹기 위한' 무리들로 구성된 카라반 행렬이 이어진다. 탐사대는 반쯤 눈이 먼 상태로 더듬거리며 앞으로 나아간다. 기계, 텐트, 설탕, 차, 말린 과일, 동식물 보관을 위한 20리터 주정 알코올과 압지 1,500장, 다량의 무기와 탄약, 자석, 러시아 여배우의 컬러 사진, 많은 인기를 누리고 있는 러시아 황제의 사진 등 장비의 규모는 어마어마하다.[1]

이번이 니콜라이 미하일로비치 프르제발스키의 세 번째 탐사 여행이었다. 기업들은 사치스러울 정도로 많은 장비를 지원했다. 프르제발스키는 첫 성공을 거둔 1870-1873년과 1876-1878년의 탐사 여행에서 많은 전리품(진실과 관련해서 뒤끝이 불쾌한 단어이다)을 얻을 수 있었다. 그가 얻은 지리학, 식물학, 동물학적 발견과 표본의 규모는 그야말로 대단했다. 세 번째 탐사 여행의 자금을 생각보다 쉽게 얻을 수 있었기 때문이다. 그가 학술협회, 지리학회, 국방부 그리고 끝도 없는 강연 여행과 연회에서 어렵게 장만한 추가 연구 자금은 러시아 황제의 통보로 삭감되었다. 정치적인 페테르부르크의 목표는 명확했다. 불가능에 가깝다는 티베트의 라사 탐사 여행의 목적은 러시아가 중앙아시아의 패권을 장악하는 것이었다. 자료, 털가죽, 암석 표본의 확보는 부수적인 것이었다. 숨은 의도가 있는 만큼 작전도 비밀리에 진행되어야 했다. 연구자들에게는 학술과제 이외에 정보원의 임무가 주어졌다. 프르제발스키는 이런 계약을 한 사람이었다. 지식을 얻겠다는 의지는 권력을 얻겠다는 의지와 마찬가지로 그의 천성의 일부일 뿐이었다.

1879년 봄 프르제발스키가 떠나기 전에, 키르기스족 사냥꾼들은 그에게 야생마의 털가죽을 가져다주었다. 그때까지 그는 이런 털가죽을 한번도 본 적이 없었다. 키르기스족은 이것을 쿠르탁(Kurtag)이라고 불렀고, 몽골인들은 타키(Takhi)라고 불렀다. 크기는 몽골의 조랑말과 비슷하지만 몸이 탄탄하고 펑크족처럼 갈기가 산발인 말의 털가죽이었다. 헝클어진 털가죽은 주둥이와 배 부위는 흰색이고 나머지 부분은 중가리아의 색인 갈색, 노란색, 회색이었다. 프르제발스키는 튼튼한 말발굽, 움푹 팬 눈과 비교적 큰 머리, 이상할 정도로 튼튼한 이빨을 관찰했다. 그는 이 말이 옛날에 중앙아시아 스텝 지대에 서식하던 원시 말이라고 확신했다. 물론 세월이 지나고 그의 추측이 부분적으로만 옳았다는 사실이 밝혀졌지만,[2] 그는 일생일대 최고가 될 발견을 앞두고 있었다. 그의 이름을 따서 명명된 대륙은 없지만 식물과 동물 중에는 몇 개가 있다.[3] 그중 하나가 프르제발스키 말이다. 멸종위기에 처한 작고 강인한 이 사막 말은 마치 동굴벽화에서 튀어나온 생명체처럼 생겼다. 먼지빛 말은 멸종되어가고 있었으나 이름만은 영원히 남을 수밖에 없었다.[4)]

다만 프르제발스키 가문이 어느 나라에서 살았는지에 따라서 표기 방식만 바뀌었다. 러시아 통치하에서는 Przevalskij로, 폴란드 통치하에서는 Przewalski로 표기되었다. 처음에 프르제발스키는 확 트인 대자연 속에서의 자유롭고 모험적인 삶에 관심이 있었기 때문에 장교의 길을 택했다. 그는 자신이 어떤 제도적 틀 안에 있는지, 이른바 학교나 군사학교에 소속되어 있는지에 상관없이 지나친 태만함, 지적으로 급진적인 관점, 아니 학습 능력 때문에 늘 퇴학을 당할 위기에 처해 있었다. 지리학자로 학문의 세계에 첫발을 내디딘 그는 아무르 강 지역의 군사 및 통계 현황에 대한 박사 논문으로 자신의 이름을 알린 후, 다른 학문으로 연구범위를 넓혀가며 가장 학식이 뛰어난 식물학자이자 동물학자, 박제술에도 능한 당대 최고의 조류학자가 되었다. 오랫동안 아프리카 대륙을 탐험하기를 꿈꾸어왔던 그가 귀감으로 삼은 인물은 영국의 탐험가 데이비드 리빙스턴이었다. 프르제발스키는 폴란드 바르샤바 사관학교에서 생도들을 가르치면서 독일의 자연과학자이자 지리학자인 알렉산더 폰 훔볼트의 탐사 여행을 비롯하여 독일의 지리학자 카를 리터의 지리학을 틈틈이 공부했기 때문에 그의 **마음속 아프리카**는 동부 어딘가에 있었다. 당시 지도에서 중앙아시아는 미지의 영역이었다. 지정학적으로 중앙아시아는 유럽 열강들과의 그레이트 게임(영국과 러시아가 19-20세기 초에 중앙아시아 내륙의 주도권을 두고 벌였던 패권 다툼을 말한다/옮긴이)으로 팽팽한 긴장감이 대립하고 있는 지역이었다. 특히 러시아와 중국의 아시아 내부의 알력 다툼이 심화되고 있었다.[5)]

프르제발스키와 같은 정복자 유형의 연구자에게 정치적인 긴장 상태는 상황을 더 흥미진진하게 만들어주는 요소였다. 총을 쏘고 싶은 그의 욕망에 수많은 조류와 포유류가 희생당했다. 어떤 것들은 냄비 속으로 던져졌고, 어떤 것들은 수집품이 되었다. 그의 욕망은 탐사대를 중앙아시아의 야생과 사막을 돌아다니며 희생물을 찾고, 포획하고, 꺾고, 뽑는 과학적 전쟁 기계로 바꿔놓았다. 프르제발스키는 특히 무기를 이용한 표본 수집을 즐기는 연구자였다. 그의 손이 닿는 모든 것이 무력의 희생양이 되었다. 그가 유일하게 총을 겨누지 않는 대상은 야생마였다. 야생마가 희생당하는 모습을 볼 때에 아픔을 느꼈기 때문이다. 인간의 가까이에 있기를 꺼리는 동물이자 고행자, 신비스럽고 사회적 통념을 벗어난 성생활을 일삼는 수컷들의 삶에는 야생을 방랑하는 프르제발스키의 삶처럼 죽음이 따라다녔다. 이들은 죽음을 찾아서 야생을 떠돌았고, 그곳에서 죽음을 발견했다.[6] 당시 아시아인, 특히 중국인을 더러운 민족이라고 생각했던 그는, 중국인은 러시아의 식민 지배에 굴복시키기 가장 쉬운 대상이기 때문에 이 목표를 달성하는 것이 자신의 문화적 의무라고 생각했다. 그는 1886년 러시아 정부의 의뢰로 전략가라는 신분을 감춘 채 지리학자로서 중국 정책에 관한 밀서를 작성했다.[7]

1879년 프르제발스키가 중가리아 남동부의 변방에서 만난 야생마는 간신히 목숨을 건졌다. 사정거리에 근접한 사냥꾼이 총을 쏘기 직전에 야생마들은 바람처럼 사라졌다. 두 무리의 야생마로, 한 무리는 수컷 한 마리에 암컷 예닐곱 마리로 이루어져 있었다. 야생마의 세계에서 흔히 볼 수 있는 하렘이었다. 프르제발스키의 후계자들 역시 털가죽과 잔해물을 발견하는 것으로 만족해야 했다. 세기 전환기에 드디어 살아 있는 표본이 잡혔다. 일부는 러시아의 귀족인 팔츠-파인 가문이 관리하는 우크라이나의 스텝 지대의 동물보호구역으로 이송되었고, 일부는 독일의 하겐베크 동물원 설립자인 기업가 카를 하겐베크에게 팔렸다.[8] 현재 생존해 있는 프르제발스키 말의 대부분은 우크라이나에서 사육되었던 5마리 암말의 후손들이다.[9] 독일 함부르크 동물원의 동물학자인 에르나 모어가 재도입(해당 생물종을 종의 생존을 위해서 다른 서식지로 이주시키기 위해서 방사하거나 포획 사육을 하는 것/옮긴이)한 프르제발스키 말의 국제 혈통서가 1959년에 첫 발행되었다. 이후 프라하 동물원에서 혈통서가 관리되고 있다. 최근 20년 동안 재도입에 성공하면서, 프르제발스키 말은 이제 멸종 동물이 아닌 멸종위기 동물로 간주된다.[10] 더 이상 사람이 거주하지 않는 체르노빌 원자력 발전소 인근도 재도입 지역이다.

언어의 동물

1899년 3월 4일, 베를린 제국의회 회의가 소집되었다. 이날의 안건은 심각한 사안인 "군비 조달"이었다. 그럼에도 회의록에는 여러 차례 웃음이 터졌다고 기록되어 있다. 호프만이라는 국회의원이 발의한 관직명 개정에 관한 내용 때문이었다. 호프만은 군 수의사의 처우 개선에 찬성했는데, 여기에는 재정적인 측면과 호칭도 포함되어 있었다. 공무원의 관직명 개선이 시급하다고 보았던 호프만은 이렇게 말했다. "직급에 따라 하급 마의, 마의, 상급 마의, 군대 마의라는 호칭을 사용합시다. 여러분, 말은 그 자체로 고귀한 동물입니다(웃음). 페가수스 역시 말이었지요(큰 웃음). 저는 여러분이 10년에 한 번은 사람들에게 자신의 관직명을 말하며 다닐 수 있기를 바랐습니다(큰 웃음). 여러분은 인간을 통해서 일어나는 모든 일을 보게 될 겁니다. 여러분은 자신의 관직명을 말할 때에 사람들에게 비웃음을 당하지 않을까 슬며시 피해야 했습니다. 이 자리에서 제가 'Pferd(평범한 말/옮긴이)'와 'Roß(귀한 말/옮긴이)'의 차이를 따져보도록 하겠습니다(웃음). 다음 일화를 들어보시지요. 독일 남부의 슈바벤 지방에서 기동훈련을 받던 포병이 오고 있습니다. 두 마리의 말(Pferd)을 끌고 온 그 사람은 세상에서 가장 다정하게 웃는 숙소 주인에게 이렇게 말합니다. "지금 마구간에서 당신의 귀한 말들을 빼놓으시는 것이 좋겠습니다. 평범한 말들이 안으로 들어오고 있습니다!"
(폭발하는 웃음.) "국방장관님, 제 의견을 수렴해주시기를 간곡히 부탁드립니다. 그렇지 않으면 저는 기회가 생길 때마다 이 안건을 내놓으려고 합니다 (웃음)."11)

그로부터 수십 년 후에 보애스는 에스키모의 언어에는 눈(雪)에 관한 어휘가 아주 다양하다는 사실을 세상에 알렸다.12) 아마 보애스였더라면 제국의회 회의에 재미있게 참여했을 것이다. 이 회의에서는 '말'이라는 예시를 통해서 언어학적으로 복잡한 문제를 다룬다. 인간이 말의 가장 가깝고도 중요한 동반자이듯이, 단어는 사전의 판타스마(지각을 통해서 체험한 내용을 감각이라고 하는 반면, 상상 속에서의 내용을 판타스마라고 한다/옮긴이)이다. 말을 주제로 한 작품들은 고대의 그리스, 로마 시대부터 꾸준히 발표되면서 말에 관한 새로운 정보를 제공하는 역할을 해왔다. 이것의 내용은 말을 길들이고, 사육하고, 외형을 가꾸고, 병을 치료하는 법 등 실용적인 것들이었다. 물론 말을 위대한 존재라고 칭하며 찬양하고 미화하는 문학도 있었다. 중세 독일의 궁정 서사시인 하르트만 폰 아우에의 『에레크(Erec)』에서 엘렌 슈트리트마터는 작은 말을 "완벽하고 그 무엇보다 더 아름다울 수 없는 존재"로 묘사한다.13) 이 책에서는 몸이 가벼우며 검고 흰 털을 가진 말, 에니테의 이미지를 무려 500개가 넘는 동사를 이용해서 표현한다. 이것은 독일의 초기 문학에서 말을 찬양한 작품이다. 상상력에 불이 붙으면서 하르트만의 예술적인 기교도 화려해진다. "그가 묘사를 시작하는 순간부터 '보다'와 '관찰하다'라는 동사가 등장하는데, 이것은 청자나 독자에게 말이라는 이미지의 윤곽은 내면의 눈으로 그리는 것이라는 상징으로 작용한다."14) 하르트만이 상상력의 샘물을 터뜨리고 700년 이상이 흐른 후에 프랑스의 시인 기욤 아폴리네르는 『캘리그램(Calligrammes)』(캘리그램 : 시, 회화, 음악의 세 가지를 타이포그래피적 표현을 통하여 결합한 입체시/옮긴이)을 통해서 하르트만과는 정반대의 관점에서 실험을 했다. 행과 열을 파괴하여 말의 윤곽을 해체시킨 것이다.

유순하고 빠른 걸음으로 걷는 작은 승용마는 첼터(Zelter) 혹은 묄트(Tölt)라고 불렸으나, 두 표현 모두 현대독일어에서는 완전히 사라졌다. 로스(Ross)는 이미 오래 전에 퇴보일로를 걷고 있었다. 그러나 말을 의미하는 중세의 다른 단어들과 달리 로스는 먼지 낀 고어사전 속으로 사라지지 않았다. 19세기에 페르트(Pferd)라는 단어가 독일어의 공간으로 들어왔지만, 독일 북부에서는 말을 페르트라고 했고, 독일 남부에서는 로스라고 했다(할레의 국회의원 호프만이 관직명 개정 문제에 개입한 의도가 수수께끼처럼 알쏭달쏭해진다). 언어의 경계벽은 저지독일어(독일 북부 및 서북부에서 사용하는 방언/옮긴이)의 다음 수수께끼를 통해서 확인할 수 있다. "어떤 지역에 페르트가 없을까요?" 이 수수께끼의 답은 "슈바벤입니다. 슈바벤 지방에는 로스만 있습니다"이다.[15]

한편 역사학적인 어원 연구를 통해서 다양한 유래를 찾을 수도 있다. 독일어로 말이라는 뜻의 Pferd는 라틴어로 parafredus이고, 역시 말이라는 뜻의 Ross는 고대 북유럽어로 rasa, 히브리어로 ruz, 라틴어로 ruere이다. 이 모든 형태는 걷기나 달리기와 관련이 있는 단어들이다. 독일의 소설가이자 장교였던 막스 엔스는 말을 의미하는 독일어 단어들을 수집해서, 스터브스가 말의 골격을 샅샅이 분해했듯이 형태소와 어원으로 분리했다. 모든 유럽 언어들이 따르는 숨겨진 방향 표시 화살표, 즉 언어의 벡터가 있다. 모든 언어 표현과 운동 에너지의 파편들이 한 동물의 이런 표현에 집중되어 있는 듯, 언어 자체에 작용하고 있는 역학이 현재 Pferd라고 불리는 동물의 형상과 이름을 수용하고 있는 듯 말이다.

예를 들면 말이라는 뜻의 고어 메르헤(Märhe)라는 단어가 있었다. 이번에도 저자인 엔스는 이 단어를 "움직임을 표현하는 기호로 나타내려고 한 듯하다."[16] 실제로 그는 아일랜드의 게일어에서 markayim, 저지 브르타뉴어의 markat, 스코틀랜드어의 to merk가 "말을 타다"라는 뜻이라는 사실을 확인했다. 다음에 그는 "marschieren, marcher, marciare, marchar"가 어떻게 발음되는지 들었다. 그러고나서 다시 한번 확실하게 움직임의 순간, 말의 특징과 Märhe의 어원을 언급하려고 했던 듯하다.[17] 뿐만 아니라 그는 독일어로 말을 뜻하는 단어로는 Pfage, Hess, Hangt, Maiden, 수말을 뜻하는 단어는 Hengst, Beschäler, Schwaiger, Stöter, Renner, Klepper, 암말을 뜻하는 단어로는 Stute, Kobbel, Wilde, Fähe, Fole, Taete, Gurre, Zöre, Strenze, Strute, Strucke, Motsche, 말의 새끼를 뜻하는 단어로는 Füllen, Burdi, Bickartlein, Kuder, Heinsz, Wuschel, Watte, Schleichle가 있다는 사실을 확인했다. 한편 Kracke, Zagge, Vulz, Nickel, Schnack, Grämlein, Kofer(남부 독일어로 성질이 나쁜 말이라는 뜻, 엔스는 꾸짖다라는 의미의 독일어 동사 "keifen"[18]에서 유래한 단어일 것으로 추정하고 있다), Hoppe(이 단어가 말의 움직임을 나타내는 데에서 유래한 것은 확실하다)도 말을 의미하는 단어이다.[19] 즉 독일어로 말을 의미하는 단어는 총 63개였다.[20]

말을 뜻하는 단어와 어원은 시작에 불과하다. 엔스는 말과 기사, 단어, 금언, 운율과 시, 일상 언어와 전문용어, 신화와 영웅 전설 그리고 독일의 전후문학을 대표하는 작가인 페터 륌코르프가 "민족의 유산"이라고 표현한 모든 영역인 풍자 시구, 재담, 음담까지 다루었다. 독일어 사전 편찬과 언어 유산의 수집을 목표로 했던 그림 형제와는 달리 엔스의 발견은 현실과 너무 동떨어져 있지도, 관용어구에 지나치게 치우치지도, 재담이 너무 노골적이지도 않아서, 마학 언어의 고서점에 포함시키지 않을 수 없다.[21] 그림 형제와 달리 엔스는 이야기의 출처를 지난 수백 년간의 독일어 문헌으로 제한하지 않고, 그리스, 로마 및 북유럽 신화 등 자신이 동원할 수 있는 모든 출처를 활용했다.

1860년대에 엔스는 『말과 기수(Ross und Reiter)』의 집필을 위해서 방대한 분량의 자료를 수집했다. 장교이자 기수였던 그는 군사학교에서 학생들을 가르치며 여러 참모부를 거쳤다. 당연히 이런 직업적 배경은 연구에 도움이 되었다. 그는 마구간과 대장장이, 질병, 승마도구, 마차 등 실제 현장의 각종 전문용어를 정확하게 다루어서, "국가의 언어유산"이 될 자격을 충분히 갖추고 있었다("제식과 법에서 말과 기수"라는 장).22) 이런 측면에서 독자는 엔스의 사전을 인정하지 않을 수 없었다. 말과 기수, 즉 켄타우로스라는 "이중적 존재"23)의 문화사로서 이에 견줄 만한 것이 없었다.24) 『말과 기수』 제2권에서는 역사적인 관점을 심화하며 마학의 관점에서 독일의 역사를 전체적으로 다루었다. 이 책의 끝부분에서는 애국적인 어조가 짙어지면서 그의 이데올로기적 성향이 드러난다. 여기에서는 "경마 도박을 하는 나라",25) "영국식으로 변해가는 독일의 말 사육에 대한 우려"26) 등 영국에 대한 반감 또한 터져 나온다.

엔스는 경주마는 일종의 예술 상품으로, 사람들에게 망상을 심어주기 위해서 과장된 방법으로 **훈련된** 말이라고 보았다.27) 또한 그는 영국인들은 황금처럼 찬란한 예술 상품으로 주변에서 즐길 수 있는 춤을 발견한 것이 아니라, 경마 시합과 도박을 결합시킴으로써 말을 모독하는 법을 발명했다며 재물의 신 맘몬이 모든 것, 말까지 망쳐놓았다고 생각했다. "부, 사치, 지나친 열광이 고귀한 말의 품격을 서서히 떨어뜨리고 있다.……경마는 돈을 목적으로 하는 고귀한 놀이였다. 이제 조화를 추구하는 존재인 말은 뒷전으로 물러나, 속도라는 요소만 극대화시키는 것에 편중된 훈련을 받고 있다."28)

플랫 레이스와 과도한 훈련을 받은 경주마, 도박에 열광하는 영국인들은 트로이의 목마를 들여오기 위해서 해상 무역에 손을 댔다. 이에 대해서 엔스는 "우리 독일인의 언어는 영국병에 걸려 있다"라고 표현했다.29) 그가 예시로 제시한 '끔찍한 은어'는 경마장을 사로잡고 있는 영혼과 흐트러진 몸짓에 대한 환희를 드러낸다. 사람들이 '페이스', '핸디캡', '매치'로 끝나는 단어를 말할 때에 그렇다. 요즘처럼 영어에 익숙한 독자들은 오싹함을 느끼지 못할 것이다. 그러나 당시 엔스의 독자들은 다른 반응을 보였을지도 모른다. 1872년에 처음 시작된 언어 순수주의(Linguistic Purism)는 시간이 지나면서 엔스에게 불가항력이 되었다. 1896년에 그는 일반독일어협회 의장으로 선출되었다. 강경한 입장으로 독일어 정화운동을 추진했던 일반독일어협회에 대해서 역사학자 한스 델브뤼크와 같은 자유주의자뿐만 아니라 작가 구스타프 프라이타크, 역사학자 하인리히 폰 트라이치케 같은 보수주의자들도 등을 돌렸다.

『말과 기수』는 전쟁에서 기병대의 실용적인 가치에 대한 고찰로 끝을 맺으며, 미국의 남북전쟁과 프로이센-오스트리아 전쟁, 프로이센-프랑스 전쟁에서 얻은 교훈을 정리하고 있다. 사전은 전략의 주창자가 되었다.[30] 원래의 전공과목인 전쟁사에서 엔스는 초창기 현대 군대사의 대변자였다. 그는 여전히 전쟁과 위대한 인물은 물론이고 전쟁이 터진 이후의 경제 및 사회 구조에 대해서 해박한 지식을 가지고 있었다.[31] 그러나 시간이 흐르면서 그의 언어정치학적 쇼비니즘은 민족의 정신적 지주를 세우려는 시도로 변질되어갔다. 또한 1872년 엔스의 작품은 "독일 제국의 수상이자 마그데부르크 흉갑기병 연대의 육군 소장, 오토 폰 비스마르크 쉰하우젠 각하"에게 헌정되었다. 이 작품은 1867년 북독일 제국의회에서 비스마르크가 했던 연설의 "독일인들이여, 이제 안장에 올라 말을 타야 합니다"라는 문장을 참고하여 쓴 것으로 보인다.[32] 800쪽에 달하는 이 작품은 독일 자유주의의 물결 속에서 기마 별동대가 말을 타게 되었으나 신화의 안개 속을 헤매다가 방향을 잃었다는 인상을 준다.

빛의 동물

1881년 9월 26일, 부촌인 파리 16구에서 파티가 열렸다. 파티를 주최한 마레는 파리에 도착한 지 얼마 되지 않은 머이브리지를 초청했다. 머이브리지가 크로노포토그래피의 선구자로 알려진 사진작가였기 때문이다. 이날 파티에 마레는 국내외 유명인사를 초청했다.[33] 그중에는 마레와 절친하게 지내던 동료 두 사람이 있었다. 두 사람은 제국의 군복을 입고 있었다. 기병대 중대장인 샤를 라베와 기욤 보날은 몇 년 전부터 마레와 함께 연구소와 얼마 전에 건립된 오퇴유 실험실에서 협력 작업을 해오고 있었다. 저명한 생리학자였던 마레는 군사 연구를 하고 있었다. 좀더 정확하게 표현하자면 그가 진행하고 있는 연구는 군대에서 재정지원을 하며 그 가치를 인정해준 연구였다. 연구 대상은 바로 말의 걸음걸이였다.

10년 전 독일과 전쟁을 치르면서 참모부는 철도의 전략적 중요성을 깨달았다. 그럼에도 말은 여전히 프랑스 군대에서 가장 중요한 견인력 제공 및 운송의 수단이었다. 특히 산악 지역에서 말처럼 빠른 속도를 낼 수 있는 운송수단은 없었다. 역사화가나 경마 스포츠 애호가들은 네 발로 뛰는 말의 갤럽 동작 자체에 관심이 있었던 반면, 군대의 주요 관심사는 '살아 있는' 군수품을 가장 효율적이면서 다치지 않게 활용하는 방법이었다. 기병대에서는 두 가지 승마술이 발전했다. 하나는 기수의 의지를, 다른 하나는 말의 본성을 더 강조했는데, 오래 전부터 두 이론 사이에는 격렬한 논쟁이 있었다.[34] 군대의 승마술은 거저 얻을 수 있는 것이 아니었다. 19세기 말엽 이후에는 말과 기수의 우아함을 강조하는 바로크 승마술로는 더 이상 승산이 없었다. 이제 생명력 있는 에너지를 소비하고 보존할 수 있는 승마술, 기수를 쉽게 지치지 않게 하는 승마술이 필요했다.[35] 전쟁은 소총과 수류탄으로만 하는 것이 아니었다. 말의 근육과 힘줄을 효율적으로 활용할 줄 모르면 전쟁에서 질 수밖에 없었다.

1889년 5월 라베가 세상을 떠나자, 그의 동료인 보날은 이듬해 공동저작으로 『마술(*Équitation*)』을 발표했다.[36] 이 책은 15년에 걸친 실험생리학과의 연계 연구를 통해서 얻은 결실이었다. 이 책의 부록에는 1초당 25개의 이미지를 생성하는 7개의 필름 스트립(수십 장의 사진이나 그림을 한 필름에 구성하여 하나씩 투영하기 위한 슬라이드/옮긴이)이 수록되어 있는데, 이것을 통해서 말의 전체적인 움직임을 화면에 표현할 수 있었다. 보날은 1889년 여름에 실험실에서 이 장면을 촬영했다고 한다. 그는 다리가 긴 말의 행렬을 다음과 같이 묘사한다. "실험 대상의 이름은 판프렐루헤, 순수 아랍 혈통의 암말보, 1878년 4월 1일에 퐁파두르 종마소에서 태어났다. 이 실험에서 빨리 걷는 장면과 뛰는 장면은 제외했다. 회색 얼룩이 있는 이 암말이 벨벳 암막 앞에서 다양한 걸음걸이로 걷는 동안 이 장면을 포토크로노그래프로 촬영했다. 말이 빨리 걷거나 뛸 때에는 암막을 하얀 벽으로 대체했다. 빠른 걸음으로 걷는 이미지의 주인공은 암말 질피데였다."[37]

1886년 마레는 자신의 수제자이자 체육학자인 조르주 데므니에게 "보이지 않는 것을 보는 방법"을 내용으로 하는 편지를 보냈다.[38] 그리고 그는 이 열망을 당대의 또다른 인물과 나누어 가지게 되었다. 9년 후에 독일의 물리학자 빌헬름 콘라트 뢴트겐이 자신만의 방식으로 보이지 않는 것을 보이게 하는 방법을 찾은 것이다. 마레의 기법 중에서 가장 유명한 것은 찰나의 보이지 않는 순간을 사진으로 포착해서 보이지 않는 것을 보이게 만드는 기법이었다. 실제로 머이브리지도 이 기법을 활용했다.[39] 빛이라는 메스는 걸어가는 말 혹은 뛰고 있는 여자의 움직임을 1초에 25회로 잘라서 밝은색의 디스크로 분할했다. 소묘 연필을 사용하기는 했지만 다빈치[40]도 유사한 방식으로 사람의 빠른 동작을 분할하여 표현했다. 독일의 미술사가 에르빈 파노프스키 역시 1940년 이 소묘에 관한 비평에서 시네마토그래프 기법이 떠오른다고 했다.[41] 필름 카메라의 전신인 연속 이미지 촬영기법이 순간을 무한소의 미세한 조각으로 나누어서 핵분열 시키는 과정이라는 점에서, 다 빈치의 소묘나 마레와 머이브리지의 포토크로노그래피는 결국 같은 원리이다. 이렇게 미세한 조각들로 나뉘지 않았을 때에 볼 수 없었던 것은 어디에 숨어 있었을까?

역사학자들은 긴 시간에도 불가시성이 존재한다는 사실을 알았다. 긴 시간을 내포하는 개념인 역사는 이런 어둠의 방식으로 가득 채워져 있었다. 찰나의 순간을 표현하는 마레와 머이브리지의 포토크로노그래피가 발명되고 몇 년 후, 긴 시간을 표현할 수 있는 시간 기록장치를 만들어서 역사의 보이지 않는 부분을 시각화하려는 시도가 이어졌다. 아비 바르부르크는 긴 도상학적 배열을 이용해서 형태의 진화를 모사하려는 시도를 했다. 이때 바르부르크는 "형태(Form)"가 아니라 "공식(Formel)"이라는 단어를 사용했다. 고대와 근대의 예술가들은 강한 내적 움직임의 표현을 형태에 고정시켰다. 이런 공식의 변화처럼 지속적인 상태도 시각적으로 표현할 수 있게 되었다. 연속 이미지로 역사의 긴 시간을 서로 연결하고, 마레와 머이브리지가 순간의 조각들을 나누어 사진 이미지를 만들었던 것과 유사한 방식으로 표현을 할 수 있게 된 것이다. 물론 말 한 마리가 무릎을 구부리는 장면을 100개의 프레임으로 분할하여 나타내는 것과 고대부터 르네상스까지 2,000년이 넘는 긴 시간을 좇으며 슬픔, 분노, 기쁨을 표현하기 위해서 다양한 예술가들의 100개의 작품을 나열하는 것은 같은 기법이 아니다. 우리는 1초의 순간에 걷는 모습과 1,000년의 기간 동안 걷는 모습이 아니라, 이미지의 조각들을 이용해서 시간을 시퀀스화하는 기술에서 유사점을 찾을 수 있다. 기술적 관점에서 도상학은 크로노그래피를 극도로 느리게 만든 형태였다.

세기 전환기 직후 말의 역사에서 바르부르크와 같은 인물이 또 있었다. 리샤르 르페브르 데 노에트라는 퇴역장교로, 1870년 프로이센-프랑스 전쟁에서 기병대 대위로 복무했던 한 남자의 아들이자 프랑스 제국 장군의 조카였다. 그는 1890년대 군복무 시절에 이미 편자의 역사를 연구하여 글을 발표하기 시작했다. 1904년 4월에 심각한 교통사고로 조기 퇴역을 한 이후에는 역사와 골동품 연구에 전념했다. 그는 도상학자가 되어 파리 박물관의 소장품 속에서 하루를 보내면서 말이 등장하는 고고학, 예술사, 당대의 발행물을 손에 닿는 족족 수집했다. 시간이 지나면서 말에 관한 예술이 집대성된 도상학 도서관이 탄생했다. 라베와 보날 같은 동료처럼 르페브르는 동물적 에너지와 이 에너지를 최적으로 활용할 수 있는 문제도 다루었다. 이들과 달리 그는 아주 작은 시간단위를 이미지로 쪼개는 공시적인 방법을 사용하지 않고, 통시적인 방법으로 수천 년의 시간단위를 토막 내는 방법을 활용했다.

르페브르는 기수(騎手)를 중심으로 고고학자와 미술사가들이 놓쳤던 고대 회화의 세부 사항들을 관심 있게 살펴보았다. 이전에 고고학자와 미술사가가 관심을 보인 것은 쉽게 말해서 말이 취하고 있는 머리의 포즈와 말의 견인력이 각각의 마차에 전달되는 장치, 즉 마구의 세부적인 요소들이었다. 르페브르는 그림과 유물을 비교하며 고대 문헌에서 증거를 찾기 시작했다. 그는 퇴역 이후 2년 동안 소속되어 있던 에콜 데 샤르트에서 강의를 들었다. 이를 중도에 포기한 후에는 실용적인 지식으로 관심을 돌렸고, 파리의 소형차 회사에서 역용마와 마차를 빌려서 실험을 시작했다. 솜씨 좋은 수공업자들의 도움을 받아서 그는 고대 그리스 문헌의 그림을 모방하여 마구를 제작했다. 그리고 1910년에는 파리의 승합마차를 끄는 말들에게 이 우스꽝스러운 마구를 장착시키고 마차를 끌게 했다. 이런 실험들이 그의 이론을 뒷받침해주었다.

고대 그리스에서는 말의 목 주변을 끈과 어깨띠로 꽉 조였다. 그런데 압력이 가해지는 곳이 하필 목의 피부 바로 밑 동맥이 지나는 부위였다. 말이 더 강한 힘으로 마차나 짐을 끌수록 "불운의 넥타이"[42)는 동맥에 압박을 가했다. 목이 졸린 말은 숨이 가빠지면서 체력이 떨어졌다. 이렇게 마구를 착용한 말은 500킬로그램이 넘는 짐은 옮기지 못했다. 근대식 마구를 착용한 말은 고대 그리스식 마구를 착용한 말의 4배 내지 5배 이상의 힘으로 짐을 끌 수 있다. 즉 고대 그리스에서는 말의 힘을 일부밖에 사용하지 못했던 것이다. 고대 그리스인들은 이런 상황을 왜 그냥 내버려두었을까? 10세기가 지난 중세가 되어서야 동물의 에너지를 훨씬 더 효율적으로 사용할 수 있는 기술 혁신(편자, 등자, 마구)이 일어난 이유는 무엇일까? 고대 그리스에서 말을 실용적으로 활용할 수 있는 기술을 개발하지 않은 이유는 무엇일까?

르페브르는 고대 그리스인들이 굳이 기술을 개발할 필요가 없었기 때문이라고 답했다. 쉽게 말해서 고대 그리스인들은 말의 힘에 의존하지 않았다. 왜 그랬을까? 이들에게는 사용하고 남아돌 만큼 노예 노동력이 충분했다. 르페브르는 이것을 역사 및 사회학적 결론과 함께 동역학 경제 이론으로 발전시켜서 책으로 펴냈다. 1924년에 이 책의 초판이 발표되었고,[43) 1931년[44)에는 부제를 달고 개정증보판이 나왔다.[45) 르페브르는 고대 그리스의 노예제도와 열악한 에너지 경제(동물의 구동력을 비효율적으로 활용하는 상황) 사이에 일정한 상관관계가 있다고 보았다. 노예제도가 기술 혁신에 정체를 일으키는 바람에 에너지 영역에서 발명이 이루어지지 않았다는 것이다. 이런 이유로 서양에서는 말의 운송능력이 떨어져서 물레방아를 끄는 데에 말을 활용할 수 없었다.[46) 프랑스의 카페 왕조 시대에는 말의 몸을 꽉 조이고 있던 띠가 풀렸다. 인간이 '에너지 기계'인 말을 착취하기 위해서 발명한 이 띠는 다른 대체 에너지 기계 발명의 걸림돌이었다. 동물의 힘이든 수력이든 상관없이 말이다. 운동 에너지의 막강한 잠재력이 방출된 시기는 19세기 고전주의자들이 모범으로 삼으며 찬양했던 고대 그리스

가 아니라 서양이 부상하며 세계의 통치권을 장악하기 시작한 "중세 암흑기"였다.47)

고대 그리스는 기술적으로 낙후되어 있었다.48) 인간의 노동력이 과잉공급되어 새로운 것을 발명하려는 의지가 생기지 않았기 때문이다. 이것이 바로 이미 오래 전부터 기술사에 널리 퍼져 있던 대체 이론의 시각으로, 이 이론에서는 인간이 자신의 힘을 아껴 사용하기 위해서 자연을 착취하는 수단을 발명했다고 설명한다. 역사학자들은 르페브르의 주장을 뒷받침하는 대체 이론에 매료되었다. 이 점에서 르페브르는 반박당하지 않았다. 그러나 1926년에 마르크 블로크는 독학으로 역사학을 공부한 르페브르가 메로빙거 왕조 시대의 예속관계와 노예제도를 근본적으로 잘못 이해했다는 사실을 지적했다.49) 고역사학자와 고문헌학자들은 르페브르의 주장을 낱낱이 파헤치며 단순화와 잘못된 해석을 반박할 고고학과 예술사적 증거를 찾으려고 애를 썼다.50) 반면 중세학자들은 중세의 기술 혁신을 높이 평가했다는 점에서 르페브르의 주장을 지지했다. 미국의 중세학자이자 원로 기술사가인 린 화이트 주니어는 1960년대에 이 프랑스의 기병대이자 골동품상인 르페브르를 **천재**에 가까운 존재라고 표현했다.51)

마구의 역사에 관한 르페브르의 연구는 현재 고고학적 전제뿐만 아니라 사회학적 결론(노예제도에 관한 문제)에도 오류가 있다고 간주된다. 주디스 웰러와 같은 저자들은 장교 출신에 말 애호가였던 연구자가 펼친 모호한 주장에 비판적 지성을 대변하는 학자들이 어떻게 50년이나 매료될 수 있었는지 흥미로울 따름이라고 의구심을 보였다.52) 르페브르의 방식이 다소 황당한 증거들을 제시한 것은 사실이나, 이 연구는 그 나름의 매력이 있고 도상학과 재건의 기묘한 결합의 타당성을 입증하기 위한 것이었다. 비평가들과 함께 옳고 그름을 따지기보다는 르페브르와 함께 해매는 즐거움이 더 좋지 않은가.

영혼의 동물

1904년 8월 12일, 베를린에 위치한 어느 저택의 뒤뜰에는 지방 학술단체의 대표들이 모였다. 이들은 방화벽이자 계단, 판자 칸막이이면서 마구간으로도 사용되는 헛간 사이에 있었다. 추밀고문관이자 프로이센의 문화부 장관인 콘라트 폰 슈투트 박사가 그 한가운데에 있었다. 이곳에 지방 유지들이 전부 행차한 데에는 그럴 만한 목적이 있었다. 얼마 전부터 유명세를 타고 있는 말에 대한 학문적 호기심 때문이었다. 말의 이름은 그림 형제 동화의 주인공과 같은 '영리한 한스'였다. 저명한 아프리카 연구가인 카를 게오르크 실링스가 확인한 바에 의하면 이 수말은 아주 비범한 능력을 가지고 있었다. "영리한 한스는 글을 완벽하게 읽는 것은 물론이고, 계산에도 탁월한 능력을 보이며 분수 계산에 심지어 세제곱 계산까지 했습니다. 게다가 다양한 스펙트럼의 색, 독일 동전의 가치, 카드의 숫자, 사진에 나온 인물, 유사하지만 미세한 뉘앙스의 차이가 있는 독일어 단어들을 구분할 줄 알았고, 우리가 보기에 말의 정신세계를 넘는 개념과 아이디어를 완벽하게 이해하고 있었습니다.……오늘 이 자리에서 저는 평소에 가까이 지내던 몇몇 학자들과 함께, 영리한 한스가 스스로 생각하고, 이 생각들을 조합하고, 결론을 내린 후에 행동할 줄 안다고 결론을 내렸습니다."[53]

영리한 한스는 1904년의 한여름에 베를린 시 연설에서 언급된 후에 언론의 주목을 받기 시작했다. 상상 속에서나 나올 법한 천재 말 한스는 정치적 이슈가 한산하던 시기를 메우기 위한 존재가 아니었다. 그러나 학자들이 영리한 한스에게 몰려들어 소문의 진상을 파악하려고 했던 이유는 따로 있었다. 군사적으로 중요한 재산이 될지 확인하려고 했던 것이다. 학자들은 영리한 한스가 정말로 상호 소통이 가능하고 함께 생각할 줄 안다면 황제와 국가에 이득이 될 것이라고 판단했다. 영리한 한스는 읽고, 계산하고, 독일어를 완벽하게 이해했을 뿐만 아니라 간혹 프랑스어도 이해했다. 심지어 영리한 한스는 아무도 가르쳐주지 않은 계산 문제까지 풀 줄 알았다고 한다. 사고력을 가진 말이었다. 그러나 말의 머리가 좋다고 해서 우리가 항상 말에게 대신 생각해달라고 맡길 수는 없는 노릇 아닌가? 이런 상황이라면 카바레 무대에서 생각하는 말이 주인공을 맡는 것도 놀랄 일이 아니었다.[54]

천재 수말의 명성이 아직 널리 퍼지지 않았을 때의 일이었다. 1년 전인 1903년에 학자들은 이 사례에 관한 정보를 개별적으로 수집하고 검증실험을 했다. 그전에 영리한 한스는 3년 동안 착실하게 학교에 다녔다. 영리한 한스의 소유주이자 유일한 교사는 오스트엘베 지역의 귀족인 빌헬름 폰 오스텐이었다. 배움에도 때가 있는 법이니, 폰 오스텐은 1900년에 한스를 구입한 후에 바로 훈련에 돌입했다. 영리한 한스의 정확한 이름은 한스 2세이다. 한스 2세 이전에 한스 1세가 있었는데, 1895년에 장폐색으로 사망할 당시 한스 1세는 숫자를 5까지 셀 줄 알았다. 열정적인 교육자였던 폰 오스텐의 후계자이자 상속인인 카를 크롤은 폰 오스텐의 수업 방식을 기록과 사진으로 남겼다.[55] 실제로 폰 오스텐의 수업은 유치원(한스, 이것은 오른쪽이야)에서 김나지움(루트 계산, 기초 기하)에 이르는 모든 수업 방식을 조합한 것이었다. 그는 유능한 교사였지만 양육자의 자질은 부족했다. "그는 수년 동안 매일 학생을 만나면서도 자기 학생의 심리 상태를 파악하지 못했다. 한스는 대개 아주 단조로운 수업을 몇 시간 동안이나 받아야 했다. 그런데 한스가 아무리 지루하다는 표정을 지어도 폰 오스텐은 전혀 눈치채지 못했다."[56]

동물과 말하고 동물에게 이해받는 것은 가장 아름답고 오래된 인간의 꿈이었다. 그래서 이런 꿈은 많은 신화와 동화의 모티프가 되었다. 예를 들면 그림 동화의 『거위지기 공주(Gänsemagd)』에서 벨기에의 만화 연재물 『럭키 루크(Lucky Lucke)』의 백색 수말 졸리 점퍼, 미국의 텔레비전 코미디 시리즈 「미스터 에드」의 말하는 말에 이르기까지 다양하다. 예전 어린이들은 성탄절 밤을 마구간에서 보낼 때에 잠자리에 들지 못했다. 성탄절 이브에 12시를 알리는 시계종이 울리면 동물이 인간처럼 말을 할 수 있다는 이야기를 들어왔기 때문이다. 독일의 소설가인 페터 쿠르체크는 어린 시절 잠결에 목마 두 마리가 창문 위에서 "인간의 언어로 조용히" 대화를 나누는 소리를 들었다.[57] 폰 오스텐에게도 이런 어린 시절의 믿음이 생생하게 남아 있어서, 어른이 되어서도 기사령 영주의 아들의 꿈을 고집스럽게 실현하려고 했던 것이다. 그는 한스가 말은 할 수 없지만 스스로 생각을 할 수 있다고 굳게 믿었다. 한스가 가진 능력과 재능이 그 정도로 우수했는지에 대해서는 학자들의 의견이 갈린다. 1904년 여름에 베를린에 있는 그리베노프 가(街) 저택 뒤뜰의 대사건을 목격한 일부 학자, 서커스 단원, 동물학자들만이 한스가 스스로 생각할 줄 안다고 확신했다.

모두 다루기에는 너무 긴 이야기이므로 간략하게 요약하도록 하겠다. 회의주의자들은 영리한 한스가 누군가의 지시로 연기를 하는 것이라고 믿었다. 정확하게 어떤 방법인지는 모르겠으나 다른 사람이 거의 눈치채지 못하도록, 일종의 "암시"를 통해서 누군가가 밖에서 한스에게 신호를 보낸다는 것이었다. 교사가 고갯짓을 하는 등 작은 신호를 보냈고, 이 신호에 대한 한스의 반응이 자발적으로 이루어지지 않았다는 것이 학자들의 의견이었다.[58] 그러나 아무도 폰 오스텐과 그의 지지자들을 불순한 의도나 말 사기로 고소하지 않았다. 이것은 돈이 아니라 "단지" 학문적 진실에 관한 문제이기 때문이었다. 1907년에 오스카 풍스트[59]라는 학생이 회의주의자들의 입장을 설득력 있게 대변하는 글을 발표했고, 이 글은 바로 영어로 번역되었다. 풍스트는 스스로 생각하는 말이 있다는 주장을 강력히 비판했다.[60] 그는 한스가 자신을 지도했던 선생님과 질문자의 아주 작은 움직임까지도 잘 이해한다는 주장의 진위 여부를 확인하기 위해서 제3자를 통해서 수차례 실험을 했다.

폰 오스텐은 한스가 사고력이 있는 비범한 동물이 아니라는 비판을 받아들일 마음의 준비가 되어 있지 않은 상태였다. 그리하여 그는 풍스트와 카를 슈툼프[61]가 자신의 말을 신호에 반응하도록 길들여서 망쳐놓았다고 하소연했다.[62] 그사이 폰 오스텐의 지지자였던 엘버펠트의 보석상 카를 크롤은 아이디어가 풍부한 인물로 성장했다. 그는 한스가 스스로 생각할 수 있고, 외부의 영향을 받아서 열등한 사고를 하는 동물이 아니라는 사실을 입증하기 위해서 새로운 실험을 했다. 크롤은 역시 학교 교육이라는 좁은 반경 안에 갇힌 폰 오스텐의 인간-동물 커뮤니케이션 영역을 넘어서 미학적 판단 영역, 즉 칸트의 제3비판(판단력 비판이라고도 한다. 『판단력 비판』에서는 오성과 의지의 중간에 판단력이 있다고 보고, 이것이 반성적으로 작용할 때에 생기는 반성적 판단력의 작용을 다룬다/옮긴이)으로의 확장을 시도했고 다음의 사실을 확인했다. 인간과 말은 기호의 대상과 감정적 삶에서 접하는 일반적인 대상에 대해서 소통할 수 있다.[63] 그러나 그는 한스에게 아름다움과 추함의 범주에 익숙해지는 법을 가르치려고 노력하다가 결국 포기했다. 맛있는 먹이로 말을 달래며 하는 교육은 말에게만 널리 퍼져 있던 방식이었고, 말은 음식물이 위를 지날 때에만 애정과 함께 아름다운 것을 더 선호하게 될 것이기 때문이었다.[64]

1909년 6월에 폰 오스텐이 세상을 떠난 후에 크롤은 영리한 한스를 물려받았다. 그는 한스를 고향 엘버펠트로 데려갔다. 크롤은 그곳에 자비로 실험실을 짓고, 제2의 '영리한 한스'가 될 두 마리의 말을 키웠다. 수말 무함마드와 자리프는 개혁적인 방식의 수업을 들었다("단순화되고", "간추려졌으며", "시간을 절약할 수 있는" 방식).[65] 특히 1912년에 발표된 폰 오스텐의 베를린 실험과 엘버펠트 실험실의 보고서에는 한스가 다른 말들과 대화를 할 수 있다고 기록되어 있었다.[66] 물론 엘버펠트에도 학술위원회 위원들이 몰려왔다.

그러나 영리한 한스는 불명예스런 죽음을 맞이했다. 유명한 작곡가이자 동물 정신 연구가인 모리스 마테를링크는 1913년 9월에 엘버펠트를 방문해서 "영리한 한스를 만나게 해달라"고 요청했다.67) 그러나 노년이 된 영리한 한스는 하찮은 존재가 되어 은둔의 삶을 강요받았다. "영리한 한스의 비범한 능력은 이미 녹이 슬었고 한스는 더 이상 대화를 하려고 하지 않았다." 영리한 한스는 "어느새 독신으로 사는 가톨릭 사제, 학문, 숫자에 자신을 바치느라 엄격한 도덕적 잣대에 맞추어 살아야 하는 금욕적인 존재가 되어 있었다."68) 결국 영리한 한스는 아름다운 암말이 보내는 눈길에 정욕으로 불타올라 울타리를 넘다가 몸이 찢겼고, 수의사는 밖으로 터져 나온 내장을 집어넣고 꿰매야 했다. 영리한 한스는 마지막으로 남은 삶을 추방자처럼 살아야 했다. 그러나 아직도 그에게 성적 해방의 순간은 오지 않았다.

그사이 엘버펠트의 말들과 함께 또 한 마리의 조랑말과 눈 먼 수말이 학교에 다니기 시작했다. 마테를링크는 엘버펠트의 말들의 현상을 묘사하며 다음과 같이 설명한다. 이것은 '독립적 사고'와 '무의식인 몸짓'의 대립적인 상황을 초월하기 때문에, 모든 변증론자들이 수용하기 어려운 방식으로 작용하지 않는다. 이 점을 포착하여 마테를링크는 엘버펠트의 말들에게 일어난 현상을 묘사하며 변증법적 해석을 시도했다. 저자는 "예기치 못하게 말에게 인간과 같은 지적 능력이 처음 나타났을 때의 인상"에 사로잡힌 채,69) 일종의 영혼의 에테르, 즉 "인간의 이성이라는 베일에 가려져 있다가 이성을 덮치고, 능가하고, 군림하는 '잠재의식 속의' 지적 능력을 상상했다"고 말한다.70) 마테를링크는 주저하지 않고 추측에 근거한 심리분석에 의해서 이런 지적 능력을 "잠재의식적인 것"이라고 표현했고,71) 헤겔의 "세계정신"으로 해석했다.72) 몇 가지 예외를 제외하면73) 마테를링크가 연구에 적용했던 "영매술"74)적 접근으로는 생각하는 말에 관한 문제를 다루기 어려웠다.

이 문제를 해결하기 위해서 카프카는 야망 넘치는 학생을 엘버펠트의 말의 발자취를 따라가도록 했다.[75]

카프카의 소설 속 주인공인 이 학생은 가정 형편이 여의치 않아서 밤에도 일을 해야 한다. 그는 자신의 역경을 전화위복이 되게 하는 밤이 주는 집중력을 이용해서 자신의 목표를 이루려고 한다. "그의 계획에는 인간과 동물이 밤에 깨어서 일할 때의 감수성이 필요했다. 그는 다른 전문가들처럼 말의 야생성을 두려워하지 않았다. 오히려 그는 더 많은 야생성을 원했고 만들고 싶어했다……."[76] 이 구절 외에도 카프카가 말, 승마, 조련 등 말의 이미지를 글쓰기와 글쟁이의 자기 훈련에 대한 은유로 삼은 곳이 더 있을지도 모른다.[77] 영리함과 순응 대신 글쓰기에서 야생성을 재발견하려는 학생의 계획은 일사천리로 진행된다. 사실 루소 시대 이후로 야생성을 즐기는 관점은 높은 평가를 받아왔다. 질 들뢰즈[78]나 독일의 시인이자 수필가 두어스 그륀바인[79]처럼 카프카에게 영감을 받은 총명한 평론가들이 이 야생성의 모티프에 열광한 것은 놀랄 일이 아니다.

결정적인 기준

2003년 7월 18일 베스트팔렌의 뮌스터에서, 올해의 역사학자상을 수상한 코젤렉은 독특한 수상 소감을 밝혔다. 그는 수년에 걸친 기마상(騎馬像)에 관한 역사 연구 끝에 기존의 역사 기술에 맹점이 있다는 사실을 확인했다. 기사도 주춧돌도 아닌, 기마상 그 자체에 말이다. 올해의 역사학자상 수상 소감에서 코젤렉은 "말의 시대"[80]라는 표현을 사용하며, 역사에서 말의 업적을 언급했다. 그는 말의 신화적, 상징적인 역할을 존중했고 군사적인 의미를 강조했다. 제2차 세계대전에서 독일군이 러시아와의 전쟁에서 참패할 때까지 말이 쌓아올린 업적을 서술하며 그는 "이 전쟁은 말로는 이길 수 없었지만, 말이 없었다면 불가능한 전쟁이었다"고 결론을 내렸다.[81] 코젤렉은 말이 있었다고 해도 이 전쟁에서 이길 수 없었다고 생각하는 학자였다. 세계대전 당시 말이 대포를 끌고 가는 모습을 직접 목격했던 그는 말의 애환을 누구보다 잘 알았다.[82] 자신이 소속된 부대에서 발생한 말의 사고 장면은 고전 비극의 한 장면이나 다름없었다. 그때의 고통은 그의 기억에서 평생 사라지지 않았다. 그는 완전히 녹초가 되어 포신의 받침대에 몸을 기대야 했고, 굴러가는 마차의 바퀴는 잠자고 있던 그의 발을 짓이겨놓았다.

물론 코젤렉 외에도 "종군 역사학자"로 파견되어 말의 시대가 저물어가는 모습을 직접 체험한 학자들이 있다. 헝가리 시골 의사의 아들인 고역사학자 안드레아스 얼필디는 제1차 세계대전 당시 기병대에 있었다. 그는 전쟁 현장에서의 수많은 관찰과 기병대원으로 참전한 경험을 계기로 나중에 과거의 로마 기병대와 기사도에 관한 연구를 하게 되었다.[83] 이후 응용학문 연구소에서 동료학자로 함께 활동한, 로마 전쟁사 전문가인 제임스 프랭크 길리엄은 "그는 코사크인들과 숱하게 많은 전쟁을 치르면서 이들의 전술을 연구해왔기 때문에 동아시아의 기마전사를 이해할 수 있었다. 그는 작지만 근육질이었던 코사크 말을 포획할 때마다 이 말을 타고 싶었고 정기적으로 말을 타고 달릴 때에는 하늘을 나는 듯했다고 고백했다"고 말했다.[84]

수십 년 후에 미국의 중세 연구자이자 기술사가인 화이트는 중세의 발명품에 관한 저작에서 기병대 시절 자신의 체험을 좀더 실감나게 다루었다. 그는 "나는 1918년부터 1924년까지 캘리포니아 군사학교에 다녔다. 수업 내용은 정말 별로였다. 그곳에서는 스페인-아메리카 전쟁 수준의 작전을 벌이고 있었다. 그곳에서 나는 안장 없이 말을 타는 법을 배웠는데 말을 탈 때마다 요동치는 충격을 견뎌낼 재간이 없었다. 기병대 훈련을 받으면 받을수록 등자(鐙子)를 사용하고 싶은 열망이 커졌다"고 말했다. 화이트는 자조적으로 "나는 매끈한 창기를 들고 기병대 공격에 참여한, 미국에서 유일한 살아 있는 중세 연구가였다. 우리는 코만치족처럼 소리를 질렀다. 가상의 적을 무너뜨리기 위해서가 아니라, 말이 비틀거리며 쓰러질지도 모르는 상황에서 스스로 용기를 북돋기 위해서 말이다. 우리에게 등자는 진정한 위안의 대상이었다. 아직도 등자의 도입으로 기마 전투의 새로운 장이 열렸다는 사실을 믿지 못하는 사람은⋯⋯등자가 없어도 기병대의 고된 기동훈련에 참여할 수 있을지도 모르겠다"라고 말했다.[85]

1962년 화이트가 발표한 『중세의 기술과 사회 변화(*Medieval Technology and Social Change*)』는 지금도 많이 읽히는 책이다. 발표 당시 이 책은 학자들의 혹평과 캐나다의 미디어 이론가이자 비평가인 마셜 매클루언의 극찬을 동시에 받았다.[86] 매클루언은 중세학사 화이트가 강조한 등자의 발명과 중세의 생활 속 혁명 사이의 연관성을 매의 눈으로 잡아냈다. 등자는 기술을 통해서 인간이 에너지를 축적할 수 있는 중요한 간이역이었다. 화이트와 마찬가지로 매클루언은 단순한 사물이 지닌 의미를 꿰뚫어보는 능력이 있었다. 그는 등자를 에너지를 끌어모을 수 있는 단순한 사물, 나약한 인간을 강화하고 고양시킬 수 있는 주체로 이해했다. 금속으로 만든 고리와 같이 단순한 사물이, 유기체와 메커니즘이 원래 이상의 성능을 발휘할 수 있도록 도와준다고 본 것이다. 이는 에너지와 힘의 관점에서 등자를 해석한 것이었다.

이 특별한 금속 고리, 즉 등자를 독일의 고어(古語)로는 '슈타이크라이프(Steigreif)'라고 한다. 등자는 사람의 몸에 직접 장착하는 인공 보철물과는 달리 인간, 동물, 도구, 무기가 조화를 이루는 가운데 서로에게 부족한 부분을 보완해주는 도구였다. 이 고리는 다양한 부분들이 지닌 잠재력을 하나로 모으고 더해주어 각 요소의 힘의 합 이상을 끌어내는 역할을 했다. 이 원리를 이용했을 때에 뚜렷한 군사적 효과가 나타났다. 기병대 전투에서 말의 속도가 증가한 것은 물론이고, 힘이 한곳으로 압축됨으로써 적군 보병들의 벽을 완벽하게 관통할 수 있게 되었다.

인간처럼 비교적 몸집이 작은 동물이 상대적으로 몸집이 큰 동물인 말 위에 올라타는 것은 고대 그리스 시대부터 다루어온 문제이다.[87] 실제로 이 문제를 해결하기 위한 도구로 돌계단, 사다리, 창, 하인 등이 사용되었는데, 이중에서도 등자는 비교적 늦은 시기인 로마 제국 말기 이후에 등장했다. 고대 기술사에서 자주 등장하듯이 등자를 처음 사용한 곳은 유럽이 아니라 동양이다.[88] 등자와 가죽 끈, 발판, 발가락 하나만 겨우 들어갈 크기의 등자 등 각 요소의 쓰임새는 고고학자, 도상학자, 문헌학자가 오래 전부터 다루어왔던 주제이다. 화이트는 이것을 토대로 또다른 질문을 던졌다.[89] 이런 기술적 발명과 사회적 상황을 종합하면 어떤 일이 벌어질까?

등자의 변천사에서 볼 수 있듯이, 발명품에는 디자인과 안정성의 변화에 따라서 새로운 역할이 추가된다. 등자는 단순히 발을 딛고 올라가는 도구에서 기수와 기병이 절대 포기할 수 없는 버팀목이 되었다. 수백 년의 세월이 흐른 뒤에 등자는 복잡한 운동체계의 중심이 되었다. 등자는 한 운동체계의 에너지를 한곳으로 집중시키고도 전체 체계를 흔들지 않고 바깥쪽으로 에너지를 돌릴 수 있는 안정적인 중심으로, **삼각대**와 같은 역할을 했다. 등자는 말, 기수, 무기와 같은 기술적 대상들이 움직이는 체계 내에서 일종의 내부 고정점을 형성했다. 그전에는 이런 고정점이 아예 존재하지 않았다. 이 고정점 하나로 에너지 효율은 끝없이 증가했다. 역사적 관점에서 최초로 등자의 혜택을 본 것은 프랑크족이었다. "봉건적인 생활양식과 산물이 오랜 기간 문명화된 세계를 통해서 전파되었기 때문에 프랑크족은 등자에 잠재된 가능성을 정확하게 파악했고, 이것을 기반으로 새로운 전투 방식을 구축했다. 등자를 통해서 우리가 봉건제도라고 부르는 새로운 사회조직이 탄생했다."[90]

화이트는 등자를 저렴한 비용으로 간단히 제작할 수 있을 뿐만 아니라 기마전사들의 발밑에서 놀라운 효율성을 발휘한, 기술의 역사상 독특한 장치라고 말했다. "인간이 무릎의 압력으로 말에게 바짝 매달릴 수 있는 한, 팔 힘만으로도 창을 던질 수 있다. 인간이 의지할 수 있는 이 발판은 무거운 안장의 손잡이 꼭지이자 고리 역할을 한다. 등자의 측면 지지물에 힘이 실리자마자 말과 인간은 한몸이 된다. 이제 인간은 근육의 힘이 아니라 폭풍처럼 돌진하는 수말과 기수의 힘으로 찌른다. 등자를 통해서 인간의 힘이 동물의 힘으로 대체되는 것이다. 중세 유럽 기마병의 전형적인 충격전술은 이 기술을 바탕으로 한다."[91]

에너지를 한곳으로 모아주는 등자 덕분에 창기 끝으로 힘이 집중되었다.[92] 창기와 등자에 더 많은 힘이 실리기 때문에 기수들은 중무장을 강화하고 더 강인한 말을 필요로 했다. 사회적으로는 소수의 기마전사 귀족 계층과 말을 타고 전쟁터에 나갈 수 없는 대다수의 농민 계층으로 계층이 분열되었다.[93] 봉건제도와 군사 전투 사이에 밀접한 상관관계가 생기고, 말과 기수의 결합이 봉건사회의 핵심이 되면서 다음과 같은 윤리가 탄생했다. "몸을 조금 움직이되 충돌할 때에 발생하는 힘을 이용하는 새로운 전투 방식이 등장하면서, 전쟁에서는 개인의 용맹함이 중요해졌다. 성벽 뒤에서 방패로 몸을 가리고 창과 검으로 싸우던 시대는 끝이 났다."[94]

화이트는 봉건주의의 역사를 재구성하면서 등자가 아르키메데스의 점(관찰자가 탐구 주제를 총체적 관점에서 지각할 수 있는 가설적 지점/옮긴이)이 되었다고 표현했다. 이제 그의 종합적인 관점은 사람들의 관심에서 멀어졌지만, 화이트의 마법과 같은 역사 기술은 여전히 영향력이 있다.[95] 1960년대 초반에 『중세의 기술과 사회 변화』가 발표되었을 때에 화이트는 기술적 결정주의와 지나친 억측이라는 비판에 시달려야 했다.[96] 이런 비판에도 노장이 된 기병 화이트는 동요하지 않고 자신의 주장을 꿋꿋이 펼쳐나갔다. 그는 1930년대 중반 프랑스의 아날 학파(1929년 뤼시앵 페브르와 마르크 블로크가 창간한 『사회경제사 연보[Annales d'histoire economique et sociale]』

를 중심으로 형성된 학파/옮긴이)에게서 영감을 받았다. 화이트는 블로크의 저서를 읽었고, 나중에 자신의 회고록에서 괴짜 천재라고 표현했던, 신비로운 마학자 르페브르의 서평을 접했다.[97] 기술의 역사가 역사와 인문학의 뒷자리에서 벗어날 날이 다가오고 있었다.

제3부

살아 있는 은유 : 파토스

레프 톨스토이, 당신은 과거에 말이었을 것이다.

— 투르게네프가 톨스토이에게 보내는 글 중에서
빅토르 시클롭스키, 『레프 톨스토이(*Lev Tolstoy*)』에서 인용

6,000년간 말은 인간에게 중요한 가축이었다. 유용성 때문만은 아니었다. 다른 동물들도 인간에게 양식과 의복을 제공했다. 돼지와 양은 고기로 배를 채워주었고, 거위는 깃털로 우리의 침실을 포근하게 해주었으며, 개는 집과 울타리를 지키는 파수꾼 역할을 했다. 황소는 우리를 대신해서 쟁기질을 했고, 나귀는 물방아를 돌려 곡식을 갈아주었으며, 고양이는 우리 몸 안에 기생충이 침투하지 못하도록 막아주었다. 이들 중 평생 제대로 쉬지도 못하고 일해야 하는 동물이 하나 있었다. "우리는 어디에서나 죽음보다 더 나은 것을 찾게 되어 있다."(그림 형제의 동화 『브레멘 음악대[*Bremer Stadt-musikanten*]』의 한 구절/옮긴이) 말은 우리에게 소처럼 음식을 제공하고, 황소처럼 쟁기를 끌어주고, 나귀처럼 짐을 옮겨주었다. 또한 말은 강아지처럼 우리에게 친구 같은 존재였다. 인간이 창조한 상징 언어에서, 신화와 동화에서, 철학적 상징에서 말은 주인공 역할을 해왔다. 문장학(紋章學)의 동물인 사자와 독수리, 신화 속의 동물인 뱀, 부엉이, 펠리컨, 약탈자와 기생 동물의 이미지를 지닌 늑대, 생쥐, 쥐, 국가를 건설하는 개미, 구멍을 파는 두더지와 달리 말은 상징적 존재로서 실생활에서 자신의 역할을 단 한번도 소홀히 한 적이 없었다. 말은 상징적 의미를 지닌 존재임에도 여전히 인간을 태우고 다니는 동물이자 가축, 운전자였다. 유전적인 의미를 포함해서 말과 가장 유사한 특징을 지닌 존재는 나귀였다.[1] 나귀 역시 철학적으로 의미 있는 존재이다. 나귀를 타고 예루살렘에 입성하는 예수의 모습 외에 나귀가 정치적으로 중요한 역할을 한 것은 언제였을까? 나귀는 문학적으로

철학적으로 말과 동등한 위치를 가지지만, 인간과의 동맹관계라는 정치적인 측면에서는 완전히 다른 존재였다.

동물 벡터인 말의 속도가 가지고 있는 힘 때문에 말은 호모 사피엔스에게 가장 중요한 동반자이자 정치적 동물이 될 수 있었다. 말은 인간을 만물의 영장으로, 통치자로 만들어주었다. 독일의 경제학자 알렉산더 뤼스토프는 "역사의 무대에서 월등하게 우월한 새로운 인간 종족으로 기수가 등장했다. 머리는 2미터가 넘는 높은 위치에 달려 있고 속도까지 갖춘 말은, 흙을 밟고 걸어다니는 생물보다 몇 배나 우월했다"고 말한다.[2] 말은 상징적인 가치와 실용적인 가치가 일치하는 동물이었다. 또한 말은 실용적인 존재이자 살아 있는 은유였다. 말은 공포감을 퍼뜨리는 동시에 공포에 사로잡힌 표정을 지었다. 말은 인간에게 통치권을 차지하고 보장받는 권력을 안겨주었고 그에 걸맞은 통치자의 이미지도 선사했다. 말이 존재하는 이상 통치자는 자신의 권력을 드러내기 위해서 안장을 갈 필요가 없었다. 말이라는 존재 그 자체가 절대적인 정치적 은유였기 때문이다.

말과 기수의 조합은 가장 오래되고 강력한 통치권의 상징이다. 이 조합은 그야말로 막강한 영향력을 가지고 있었다. 일단 말에 올라타면 그가 왕으로 기름부음을 받고 왕위를 물려받았는지의 여부는 상관이 없었다. 사람들은 말의 높이 달린 머리와 말 위에 올라탄 통치자를 우러러볼 수밖에 없었기 때문이다. 반대로 군주, 민중의 지도자, 한 국가의 통치자로 인정받기 위한 방법이 안장에 앉는 것이기도 했다. 프린켑스(Princeps : '제1인자'를 뜻하는 라틴어. 아우구스투스가 프린켑스로서 사실상의 독재정치를 펼치면서 황제와 동의어가 되었다/옮긴이)는 말의 우아함과 경쾌한 몸짓을 통해서 자신의 통치권을 인정받았다.[3] 말의 시대가 밝아오면서 말 타기는 권력의 상징이 되었다. 1923년 지그문트 프로이트는 자아(自我)를 말의 우월한 힘을 통제하는 기수에 비유하며, 자아가 말에게 빌린 힘을 사용하는 동안 기수는 이

힘이 자신의 것인 양 행동하며 타인과 자신을 차별화하려고 애쓴다고 말했다.4)

은유(Metaphor)는 '싣다'와 '다른 곳으로 옮기다'라는 뜻의 그리스어 metaphorein에서 유래한다. 이런 관점에서 이 표현은 이곳에서 저곳으로 옮기는 행위를 묘사한 것, 이를테면 표현된 말의 의미를 본래 의도했던 것으로 옮기는 작업이다. 달리 말해서 은유의 힘은 지적 소통, 모호하게 규정되어 있는 맥락을 훌쩍 뛰어넘는 '짧은 여행'을 허용하는 데에 있다.5) 이런 소통능력을 감당할 수 있는 역사의 모든 행위자 중에서 유일하게 말만이 두 가지 재능을 모두 가지고 있다. 현실의 질서에서 말은 무엇인가를 싣고 다른 곳으로 옮길 수 있는 존재로 묘사된다. 말은 실생활의 영역에서 두 가지 역할을 감당할 수 있었기 때문에 그 어떤 생물보다 우월한 존재였다. 그 무엇도 신뢰, 신속성, 우아함을 갖춘 말의 움직임과 속도를 능가할 수 없었다.

게다가 말이라는 은유의 힘은 아이디어와 감각에 인상적인 형상을 부여하는 능력에서 기인한다. 말은 인간과 짐을 싣는 존재이면서 추상적인 기호와 상징을 가진 존재였다. 폴란드의 철학자이자 역사학자인 크시슈토프 포미안은 말은 무엇인가를 싣고 나르는 존재인 포로스(Phoros)일 뿐만 아니라, 기호를 전달하는 존재인 세미포로스(Semiphoros)라고 했다.6) 이런 맥락의 대표적인 예는 왕이다. 그는 기수나 인간의 형상을 한 물리적 짐 덩어리가 아니라, 기호와 역사를 초월하여 베일에 싸인 채 **묘사되는** 인간이다. 세미포로스라는 특별한 계층에 속하는 이상 말 또한 기호와 역사의 앙상블인 왕을 태우고 움직이는 존재일 뿐만 아니라 그 자체가 왕을 왕으로 만들어주는 기호학을 위해서 절대적으로 필요한 요소이다. "말[馬] 없는 왕은 왕이 아니다."7) 말은 왕의 위엄을 가시적으로 표현하는 살아 있는 존재인 동시에, 역동적인 힘을 상징하는 현실 세계의 실용적인 존재이다. 영국 요크 왕조의 마지막 왕인 리처드 3세는 보즈워스 전투에서 자신의 말이 늪에 빠지자 자신이 투쟁능력에서 중요한 부분 가운데 하나, 즉 도피할 수 있는 능력을 빼앗겼다는 것을 알아챈다. 동시에 그는 **왕권**의 해체를 경험한다. 이 순간 그가 기꺼이 말과 맞바꾼 왕국은, 말의 또다른 정적인 측면이다.

물론 실용적인 측면에서 역사를 만들어가는 말의 능력은 문학적인 이야기를 만들어가는 능력에 버금간다. 서로의 속성이 반영되어 있는 이 두 가지 능력은 말이 가지고 있는 유일한 은유의 힘을 고양시켜, 실제 맥락과 허구적 맥락을 초월하는 동시에 말발굽 소리로 붕괴시킨다. 말을 은유의 동물로 묘사하는 데에 실패하지 않기 위해서이다. 동시에 이는 은유의 동물, 이미지의 동물, 의미의 동물인 말이 항상 손에 잡히는 물질적 실제의 일부로 남아 있음을 강조한다. 철학자이자 메타포롤로지스트인 한스 블루멘베르크가 어느 날 밤에 "기름지고, 털가죽이 있고, 노란색"이라는 놀라운 은유로 말을 재물질화했듯이 말이다.[8] 승화와 투영을 통해서 말을 표현하려는 노력에도 불구하고 말은 쌕쌕거리며 코로 숨을 쉬고, 고개를 끄덕이고, 말발굽으로 땅을 할퀴고, 좋은 냄새를 풍기는 현실적 존재로 남아 있다. 우리는 말에 대한 은유와 이미지를 비판할 수는 있다. 그러나 다양한 특성이 **조화를 이루는**[9] 말의 본성을 어떻게 비판할 수 있겠는가?

수수께끼가 시작된다. 한 농부가 들판에 서 있다. 말이 그에게 다가온다. 다음 순간 농부는 사라진다. 무슨 일이 일어난 것일까? 수수께끼의 답을 말하겠다. 사실 들판은 체스 판의 일부였고, 폰(농부)이 나이트에게 잡힌 것이다. 모든 동물들은 상자 속으로 다시 들어가지만 체스 판에 남아 있는 동물이 하나 있다. 말이 왕의 놀이의 일부인 나이트가 된 것이다. 비숍, 룩과 함께 나이트는 평범한 계급에 속하는 **장교**로, 보병보다 움직임이 많다. 나이트는 체스판의 말들 중에서 가장 높은 기동성을 보인다. 상하좌우 이동이 가능하다는 사실도 말을 위험하고도 매력적인 존재로 만들어준다.

나폴레옹

말 타기는 통치이다.

— 카를 슈미트

오물 웅덩이에 비친 진실

유럽 문학에서 하인리히 폰 클라이스트처럼 말의 고유한 두 가지 본성을
정교하게 표현한 작가는 없다. 그의 단편소설 『미하엘 콜하스(*Michael
Kohlhaas*)』는 말장수 미하엘 콜하스에게 들이닥친 불공평한 운명을 되돌리
고 정의를 찾기 위한 노력을 묘사하고 있다. 소설의 첫 부분에서 말장수
미하엘 콜하스에게 세상은 아직 정상적으로 돌아간다. 그가 담보로 소유하
고 있던 두 마리 검은 말의 몸은 여전히 윤기가 흐르고 매끈하다. 기사들은
콜하스의 검은 말과 다른 동물을 보고 깜짝 놀라며 말이 사슴처럼 생겼고
"이 지역에서 이보다 더 훌륭하게 말을 사육할 수는 없다고 생각한다."[10]
그러나 콜하스가 담보로 맡겼던 말을 찾으러 갔을 때, 그곳에는 검은 말이
아니라 말라비틀어진 말 몇 마리만이 있을 뿐이었다. 밭일에 내몰려 혹사당
하며 돼지우리[11]에서 사는 말들이었다. 때마침 한 남자가 찾아와 곤경에
처한 콜하스를 돕는다. 문자와 서적 보급에 기여한 인물, 냉정한 목사이자
공정한 법학자였던 루터였다.

콜하스에게 느닷없이 찾아온 불운은 그가 드레스덴에서 자신의 말, 좀더
정확하게 표현해서 말의 환영을 다시 보게 되면서 정점에 달한다. 자신의

권리가 철저히 짓밟힌 곳에서 그는 자신의 말들을 발견한다. 우아했던 자신의 말들이 박피공의 수레에 묶인 채 일말의 수치심도 없이 오줌을 싸고 있다. 다음 장면에서 콜하스는 이 말들이 자신이 담보로 맡겼던 말들이라는 사실을 깨닫는다. 그의 말들은 파렴치한 박피공들로 인해서 불량한 모습으로 변해 있었다. 그런데 도시의 시장 속 커다란 **오물 웅덩이**(클라이스트는 이 단어를 짧은 간격을 두고 두 번이나 사용했다) 위에서 진실이 드러난다. 이곳의 윤리적 수준을 가늠하는 기준은 교활한 대지주 계층도, 이들에 맞서 복수를 꿈꾸는 말장수 콜하스도 아니었고, 혹사당한 몸을 통해서 세상의 모든 불의를 겉으로 드러낸 두 마리의 말이었던 것이다. 소설의 결말 부분에서는 콜하스가 처형당하기 직전에 반대세력이 응징을 당하면서 콜하스의 권리와 명예가 회복된다. 그리고 두 마리의 말들도 "빛나는 모습을 하고 말발굽 소리를 내면서" 무대 위로 다시 돌아온다.[12]

클라이스트는 『미하엘 콜하스』에서 말을 윤리적 잣대의 은유로 사용하면서, 과거부터 이어져온 통치 도상학이라는 주요 도로가 아니라 우회 도로를 이용했다. 통치에 대한 은유는 전통적으로 말이 아니라 **말 타기**였다. 그러나 클라이스트는 전통적인 통치자의 이미지와는 전혀 다른 표현을 창조했다. 클라이스트의 두 마리 검은 말은 훌륭한 통치 혹은 제후의 권력이나 권한을 반영한 것이 아니었다. 그는 그보다 더 어려운 것, 즉 작센과 같은 선제후국의 법이 우연에 지배된다는 사실을 알리려고 했다. 말은 이 임무를 수행하기에 적합한 동물이었다. 말은 파라오의 소처럼 바싹 마르지도 않았고 엘베 강의 물 덕분에 몸에 윤기가 흘러서, 윤리적 수준을 가늠하는 지표로 적합한 동물이었다. 유스티치아처럼 정의를 형상화한 고전적 인물과 달리, 말은 정의의 상태를 인물화하여 표현하지 않는다. 단지 상태를 그대로 보여줄 뿐이다.

클라이스트는 말을 은유의 대상으로 계속 사용하며 도치법도 주저하지 않고 사용한다. 잘 알려져 있다시피 서양에서 흰 말은 그리스 신화나 기독교의 종말론과 관련해서 중요한 의미를 가지는 존재이다. 고대 그리스 신화에서 헬리오스의 말은 태양을, 『성서』의 「요한계시록」에 등장하는 흰 말, 즉 세상의 심판자인 예수는 기독교의 종말론을 비유적으로 표현한 것이다. 독일의 예술사가인 외르크 트레이거는 "거의 모든 문화"에서 말은 태양의 상징이라는 사실을 발견했고, 기독교의 중세 시대와 근대에는 이러한 특성이 말을 탄 두 인물에 반영되었다는 사실을 확인했다. "도상학적으로 성 게오르기우스와 말 위의 기독교 황제는 말을 탄 태양왕의 후예이다."13) 당대의 화가들은 이 전통을 계승하여 나폴레옹도 흰 말, 대개 종마를 탄 모습으로 묘사했다. 그런데 클라이스트는 절대적 은유였던 흰 말 대신 검은 말한 쌍을, 그것도 두 번이나 등장시킨 것이다. 클라이스트는 한 쌍의 검은 말에게 예수가 겪은 지옥강하(예수가 겟세마네와 십자가에서 지옥의 고통을 당했다는 것과 죽음이라는 가장 심각한 비하의 상태에 들어갔다는 것에 대한 은유/옮긴이)의 고난을 당하게 한다. 드레스덴의 광장과 지옥불 호수인 오물 웅덩이에서 이들의 고난은 절정에 달한다. 마지막 장에서 콜하스가 사형선고를 받고 형이 집행되기 직전, 죽임을 당해 땅에 묻혔던 두 마리 검은 말이 다시 살아난다. 이것은 예수의 승천, 죽은 자의 부활을 입증하는 사건이다. 두 마리의 말은 불가사의한 방법으로 이 사건에 이미 개입하고 있었던 것이다. 클라이스트는 두 마리의 말이 죄인인 한 인간을 구원할 것인지 답을 주지 않고 열린 결말로 끝을 맺는다.14)

클라이스트가 굴욕과 분노에 가득 찬 말장수 이야기를 쓴 역사적 순간인 1808년은 앞뒤로 시선을 돌리며 시대상을 관찰하기에 좋은 시기이다. 한걸음 더 나아가 미래적 관점에서 보면, 이 시기는 말의 마지막 시대이기도 했다. 그로부터 100년 후에 엔진으로 구동되는 승합마차가 브란덴부르크 문을 통과했기 때문이다. 한편 한걸음 뒤로 물러나서 과거로 거슬러 올라가면, 1806년 10월 27일에 나폴레옹의 군대는 프로이센 군대를 격파하며 압도적인 승리를 거두었다. 이 상황에서는 나폴레옹, 말을 탄 영웅, 위대한 개혁자라는 오랜 공식이 성립됨을 알 수 있다. 이보다 더 과거로 돌아가면, 1797년에 칸트는 새로 왕위에 오른 프로이센의 왕, 프리드리히 빌헬름 3세가 쾨니히스베르크에 행차할 때에 백성들에게 말 위에 올라탄 모습을 보여주지 않고 마차를 타고 간다며 비판했다. 칸트 역시 말[馬] 없는 왕은 왕이 아니라고 생각했던 듯하다. 프랑스 혁명이 터지자 동시대인들은 혁명파들이 1792년 8월 11일과 12일에는 부르봉 왕조의 4개의 기마상을, 3일 후인 8월 15일에는 앙리 4세의 기마상을 무너뜨리는 광경을 목격했고, 이에 따라서 말에 대한 기존의 이미지도 사라졌다. 이런 시대에 칸트는 어떻게 '말 없는 왕은 왕이 아니다'라는 과거의 이미지에 매달렸던 것일까? 당대의 동판화를 보면 혁명파들은 분노의 대상이 된 왕들을 말에서 끌어내리는 것은 물론이고 말을 그리는 것15)조차 허용하지 않았다. 상징을 이해하는 사람은 이제 왕의 머리는 하등의 가치도 없다는 사실을 눈치챘을 것이다. 왕은 말 위에 올랐을 때에만 왕이었던 것이다. 왕의 말을 붙든 자는 왕도 넘어뜨렸다. 단지 잠시 상징적으로 발생한 일이었을지라도 말이다.

칸트가 아무런 근거도 없이 우려를 표한 것은 아니었다. 1798년 2월 15일, 프랑스의 자코뱅 당원들은 로마 공화정의 재건을 부르짖었다. 로마 제국의 마지막 황제인 마르쿠스 아우렐리우스에 대한 두려움 때문이었다. 이들은 로마 제국 통치자의 기마상이 민중에게 끼칠 영향을 겁내고 있었다. 그런데 혁명파가 자유의 나무를 심어놓았던, 로마 카피톨리노 언덕의 마르쿠스 아우렐리우스 기마상 바로 옆에서 폭동이 일어난 것이다.16) 기적처럼 기마상이 훼손되지 않고 보존된 덕분에 고대와의 연결 고리는 끊어지지 않았고 다시 한번의 르네상스가 시작되었다. 사람들은 고대 로마의 도시라는 단어를 들으면 기마상으로 가득 채워진 곳을 떠올린다. 키케로는 기마상에 대한 당대인들의 열광적 태도에 냉소적이었다. 카피톨리노 언덕은 기마상으로 가득 채워져 있었고, 로마 제정 시대에는 기마상의 수와 기마상이 차지하는 공간이 점점 늘어났다. 당대에는 이미 기마상의 두 가지 형태가 정착되어 있었다. 하나는 마르쿠스 아우렐리우스의 기마상에서 볼 수 있는 걷는 말이고, 다른 하나는 (나중에 르바드 동작이라고 표현하게 된) 뒷다리로만 서 있는 말이었다.[17] 그러나 카피톨리노 언덕을 벗어나면 대형 기마상을 단 한 점도 볼 수 없었다.[18]

고대의 이미지는 근대에 접어들어 피렌체, 파도바, 베네치아, 피아첸차를 시작으로 기마상이 다시 세워지면서 부활했고 르네상스의 통치자와 장군에게 계승되었다.[19] 화가들은 르바드 동작의 역동적 공식을 표현하는 데에 주력했던 반면, 조각가들은 정지된 상태를 표현해야 하므로 큰 보폭으로 걷는 말을 묘사하는 것을 선호했다. 그러나 이탈리아의 조각가이자 건축가인 지안 로렌초 베르니니의 기마상만은 예외였다.[20] 베르니니의 기마상은 의뢰자인 왕의 마음에 들지 않아서 베르사유 궁전의 공원 구석에 방치되었다. 17세기와 18세기에는 르바드 동작이 인기를 끌면서 기마 초상에서 "왕의 공식"이 되었다. 스터브스가 기수도 없이 말 한 마리만 등장시킨 "휘슬재킷"을 발표했을 때, 모든 사람들이 영국의 왕을 그려야 하는 미완성작이라고 생각했을 정도였다.[21] 당시 영국의 통치자는 조지 3세였는데, 1776년 7월 9일 미국에서 독립선언문이 낭독된 후에 조지 3세의 기마상과 말은 함께 무너졌다.[22]

나폴레옹은 왕의 기마상이 처했던 운명을 염두에 두었기 때문에 파리의 명소를 기마상으로 장식하려는 계획을 거부했던 것으로 보인다. 독일의 역사학자 폴커 후네케의 추측처럼, 나폴레옹은 전형적인 왕가 지배의 상징인 기마상이 "벼락출세를 한 왕위 찬탈자인 자신의 이미지와는 맞지 않는다는 사실"을 잘 알고 있었다.[23] 대신 나폴레옹은 다비드, 그로, 앙투안 베르네와 조제프 베르네를 비롯한 당대의 화가들에게 자신을 기마영웅과 전술가로 묘사해줄 것을 주문했다.[24] 1800년 다비드가 그 유명한 "알프스 산맥을 넘는 나폴레옹"을 발표했을 때,[25] 화가인 다비드도 작품의 모델인 나폴레옹도 이 작품이 수백 년간 기마 초상화의 아이콘이 되리라고는 짐작하지 못했던 듯하다. 이 작품은 나폴레옹이 세계사에 족적을 남긴 19세기의 위인이라는 고정적 이미지를 심어주면서, 우의적이고 보편적으로 통용되는 표현으로 정착되어 수백 번 패러디되고 재해석되었다. 나폴레옹은 다비드가 칼을 빼는 자신의 모습을 그리려고 하자, "친애하는 다비드, 전쟁은 검으로 이기는 것이 아닙니다. 나는 나를 열정적인 말 위에 있지만 차분한 분위기를 풍기는 인물로 그려줬으면 합니다"라며 본능적인 직관으로 거부했다.[26]

새로운 표현 양식의 가장 두드러진 특징은 통치자의 모습에서 지휘봉이나 무기를 없앤 것이 아니라, 전쟁에 얽매이지 않고 자유로운 에너지 가운데 절대적인 평온함을 흐르게 했다는 것이다. 다비드는 폭풍이 휘몰아치는 배경에, 직물과 동물들, 제1통령인 나폴레옹의 토가와 옷자락, 말의 꼬리, 갈기, 사지 등 움직이는 부수적인 장치들을 이용하여 나폴레옹의 의도를 명확하게 표현했다. 영웅 나폴레옹이 차가운 표정으로 열정적인 말을 지휘하고 있는 가운데, 말과 나폴레옹이 휘몰아치는 폭풍 속에서 말을 타고 있다. 다비드는 나폴레옹을 바람과 속도의 신으로 묘사한 것이다. 말 타기가 곧 통치권이라는 오랜 은유의 공식이 깨지고, 다비드의 "알프스 산맥을 넘는 나폴레옹"을 계기로 속도가 새로운 아이콘으로 떠올랐다. 이제 통치자가 되기 위해서 가장 먼저 갖추어야 할 요건은 **속도**였다.

다비드의 아틀리에에서 이런 논의를 하기 전에, 나폴레옹은 혁명 직후 파리의 불안한 현실과 흔들리는 권력 구조하에서 말 타기의 정치적 의미를 직관적으로 깨달았다. 나폴레옹의 전략이 성공한 1799년 가을의 상황을 이해하려면, 나폴레옹의 쿠데타로 집권세력이 처참하게 무너진 1794년 여름의 기억을 소환해야 한다.

브뤼메르 18일

1794년 7월 27일, 테르미도르(프랑스 혁명력의 제11월/옮긴이) 9일은 로베스피에르가 실각하면서 공포정치가 종지부를 찍던 날이었다. 이날 아침 로베스피에르는 그의 친구이자 최측근인 조르주 오귀스트 쿠통과 시청으로 이동 중이었다. 파리에는 불안감이 감돌았고 군중들은 격앙되어 있었다. 두 다리가 마비된 불구자인 쿠통도 공포정치의 지도자인 로베스피에르에 대한 군중들의 거센 저항을 몸으로 느낄 정도였다. 쿠통이 로베스피에르에게 "지금이 바로 말 위에 오를 때이다! 국민공회에 대항하여 민중을 이끌라!"라고 말하자, 로베스피에르는 "나는 말을 탈 줄 모른다. 우리는 국민공회를 존중할 것이고 타당한 이유를 제시하여 승리할 것이다"라고 대답했다.[27] 로베스피에르와 마찬가지로 법률가인 쿠통은 무슨 신호든 보내야 할 때가 왔다는 것을 알고 있었다. 그럼에도 로베스피에르는 거부했다. 그는 변호사였고 변호사로 남기를 원했다. 이 순간 그는 변론의 힘을 믿었다. 칼이 아닌 언어의 힘을 말이다! 그는 "나는 말을 탈 줄 모른다"고 말했다. 그는 말을 탈 줄 몰랐다. 어쩌면 그는 의도적으로 말을 타려고 하지 않았던 것인지도 모른다.[28] 로베스피에르의 무기는 언어였다. 프랑스 아라스 출신의 변호사인 로베스피에르가 얼마나 언변에 능한지 아는 사람은 많지 않았다. 그러나 이날 그는 게임에서 졌다. 자신이 패배했다는 사실을 깨닫고 로베스피에르는 자살하려고 권총을 잡았다. 군인처럼 명예로운 죽음을 택하려던 그의 계획은 좌절되었다. 그는 스스로 목숨을 끊지 못했다.

그로부터 5년 후인 1799년 가을, 에마뉘엘 조제프 시에예스는 의회의 통령정치에 저항하여 쿠데타를 일으킬 계획을 완성하려던 참이었다. 그해 10

월 30일에 그는 지독하게 미움을 받던 나폴레옹 장군과 동맹관계를 맺었다. 드디어 자신의 계획을 실행에 옮길 적임자를 찾은 것이다. 10일 후에 두 사람은 공격을 개시했다. 그런데 실제로 이 가을의 몇 주일 동안 시에예스는 음모의 실을 잣고 있지 않았다. 그렇다면 무엇을 하고 있었던 것일까? 그는 수업을 받고 있었다. 부르크하르트는 "시에예스는 말 타는 법을 배우고 있었다!"고 기록하며 "로베스피에르는 단 한번도 말 타는 법을 배운 적이 없다"는 사실을 상기시켰다.[29] 가톨릭 성직자이자 헌법이론가인 시에예스는 변호사 시절의 실수를 통해서 말하는 법을 배웠다. 그런데 브뤼메르 18일, 즉 거사가 있던 11월 9일, 시에예스의 공범이자 이미 영웅이 된 나폴레옹 장군이 일을 그르치고 말았다. 수사적 측면, 언변과 관련된 작전에 국한된 실수였기 때문에 그나마 다행이었다. 나폴레옹은 어처구니없는 연설로 쿠데타 공모자들의 의도를 발설하면서 자신의 권력욕과 무력동원의 가능성을 내비쳤다. 다행히 그는 형 뤼시앵 보나파르트의 타고난 언변 덕분에 불리한 운명에 처한 쿠데타 주동자들은 구원을 받을 수 있었다. 정치적으로 상징적인 행위가 일어난 시점에 형 뤼시앵이 본능적인 감각으로 동생 나폴레옹을 곤경에 빠질 위험에서 구출해낸 것이다. 군대를 동원하거나 군중에게 강렬한 인상을 심어주려고 할 때에 항상 적용되는 원칙대로 나폴레옹은 말 위에 올라탔다.[30] 처음에 나폴레옹의 행동은 서툴렀다. 의회에서 그는 폭력과 욕설로 공격을 당해서(칼로 찔렸다고 하는 편이 정확하다) 잠시 실신을 했다. 그의 얼굴은 창백해지고 다리는 후들거렸다. 폭동에 충격을 받은 말은 겁을 먹고 벌떡 일어났다. 그러나 그는 이내 제정신으로 돌아와서 퍼레이드를 하며 조국의 암살자들과 적으로 추정되는 이들에게 저주를 퍼부었다.[31]

나폴레옹은 통치의 상징인 말의 무한한 힘과 함께 자신감을 회복했다. 그날 밤 그는 피에르 로제 뒤코, 시에예스와 나란히 프랑스의 제1통령으로 임명되었다. 역사학자 투르의 그레고리우스는 공화파인 클로비스의 후손(클로비스 1세는 프랑크 왕국 최초의 왕으로 기록되어 있다/옮긴이), 나폴레옹이 보석으로 장식된 금속 띠와 자색 의상을 입고 말 위에 올라탔고, 이는 환호성을 지르는 민족의 통령이자 아우구스투스로 임명되는 순간이었다고 썼다.32) 시에예스, 뤼시앵, 군사령관 나폴레옹, 나폴레옹의 비서인 부리엔은 아침 무렵에 파리에 돌아왔다. 나폴레옹이 "부리엔, 오늘 내가 멍청한 소리를 많이 했어"라고 했다. 부리엔이 "너무 많이 하시긴 했습니다. 장군"이라고 말하자 나폴레옹은 "나는 너무 변호사 같은 말투보다 군인 같은 말투로 연설하는 게 더 좋네"라고 했다고 한다.33)

나폴레옹이 이런 말을 했다면 곧 그렇게 된다는 뜻이다. 그는 변호사에게 말하는 법을 배울 것이다. 그리고 언젠가 유명 법전에 그의 이름을 올릴 것이다. 이제 나폴레옹은 다비드의 붓 터치로 만들어진 풋내기 전쟁의 신이 아니었다. 매너가 서투르며 불쾌감을 유발하고 키가 작고 뚱뚱한 사내인 나폴레옹은 말 위에서 내려올 생각을 하지 않았다. 그는 제우스가 왕위에 앉아 있는 모습으로 그려지기를 원했다. 후손들에게는 기수로, 군인 황제로, 말을 탄 정복자로 남기를 원했다. 역사적 관점이 아니라 유형론적 관점에서 나폴레옹을 분석한 니체는 나폴레옹의 모습에 고대의 마지막 영웅인 알렉산드로스의 모습이 담겨 있으며, 그가 자신을 부활한 알렉산드로스의 이미지로 만들려고 했다고 말했다. 한편 헤겔은 나폴레옹이 말을 타고 예나로 오는 모습에서 "말을 탄 세계정신"을 보았고,34) 세계사의 철학에 관한 강의에서 나폴레옹을 세계질서를 정리하고 세계를 지배하는 법을 알고 있던 사람이라고 했다. "그가 변호사, 이념주의자, 원칙주의자의 길을 지향하면서 사람들의 불신은 사라지고 존경과 경외심이 남았다."35)

이렇듯 나폴레옹의 변호사 이미지는, 국민들의 영웅이자 진정한 통치자가 등장하는 곳에서 중요한 역할을 해왔다. 어쩌면 이것은 변호사들이 말을 탄 영웅 이미지를 혐오했던 이유일지도 모른다. 그렇지 않다면 1792년 8월 국민의회에서 투리오와 알비트라는 두 변호사가 전제정치의 잔재인 기념비를 파괴해야 한다는 청원서를 제출할 수 있었을까? 물론 말 위에 올라 말을 타는 것이 어떤 의미인지 아는 사람만이 통치자로 인정받을 수 있었다. 쿠통은 친구 로베스피에르에게 이처럼 단순한 기호학을 거듭 상기시켰지만 로베스피에르는 이를 무시했고, 결국 형장의 이슬로 사라졌다. 쿠통이 제안했던 영웅의 이미지는 한 개의 픽토그램(pictogram)이 아니라, 사람과 그 밑에 있는 말이라는 두 개의 요소로 구성된 하나의 도식이었다. 지금도 찾아볼 수 있는 "기수 조심!"이라는 교통표지판은 통치자의 오랜 모습을 보여준다. 여기에서 핵심은 정당성이 아니기 때문에 정당성 여부는 상관이 없다. 사람들이 통치자를 경외하는 것이 중요할 뿐이다.

로베스피에르가 국민공회를 존중하라고 경고했을 때, 그는 근대 통치의 정당성이 말과 글, 즉 법치에 있다고 본 것이므로 기수의 도식으로는 아무 것도 말할 수 없었다. 말을 타고 있는 사람은 더 높은 곳에 앉아 있을 뿐이지, 왕이 될 정당성을 더 많이 갖추고 있는 것은 아니었다. 말을 탄 자가 고귀한 위치에 있다는 공식은 정치기호학의 구습을 정당화하기 위한 것이다. 테르미도르 반동은 브뤼메르 18일 영웅 희극의 주인공인 변호사 로베스피에르의 비극으로 끝이 났다.

작은 아랍 말의 위대함

승승장구하는 나폴레옹의 모습을 그린 화가들의 작품을 쫓다 보면 나폴레옹이 흰 말을 타고 끊임없이 전쟁터로 떠났다는 인상을 지울 수 없다. 세계사에 족적을 남긴 흰 말의 기수들은 금발의 미녀를 좋아했다. 이것은 회화의 전통과 정치 회화의 공식에서 뚜렷하게 나타난다. 나폴레옹과 같은 세계

정복자는 흰 말을 타고 있다. 이런 이미지는 「요한계시록」의 종말론적 전통에서 비롯된다. 역사가들과는 다른 진실을 말했던 다비드, 그로 등 동시대 예술가들의 아이콘은 이 전통을 순순히 따랐다. 아틀리에의 이편인 현실세계에서 나폴레옹은 밝은색 말을 좋아했는데(물론 그는 검은말, 갈색말, 여우도 몇 마리 소유하고 있었다), 대부분은 귀족적인 아랍 혈통과 바버리 혈통인 밝은 회색빛 말이었다. 나폴레옹이 말을 선택할 때에 가장 중요시했던 기준은 말의 혈통이었다. 기수이자 말 소유주였던 나폴레옹이 말에 대한 지식을 총동원해서 고른 말들을 보면 아랍 혈통 말에 대한 집착이 심했다는 사실을 알 수 있다. 좀더 정확하게 표현해서 나폴레옹은 아랍 수말에 완전히 빠져 있었다.

사람들은 나폴레옹이 날씬하고 몸집이 크지 않은 동양 말을 선호한 이유를 그의 왜소한 체격과 연관지어 해석한다. 그들은 나폴레옹이 아랍 말보다 더 큰 말에 올랐다면 우스꽝스러운 광경이 연출되었을 것이라고 말한다. 그러나 왜소한 체격 때문에 나폴레옹이 작은 말을 선호했다는 이야기는 나폴레옹의 반대파와 영국 문헌에서 악의적으로 유포한 루머에 가깝다(최근의 연구결과에 의하면 당시 남성의 평균 신장은 168센티미터였다). 이 부분은 일단 제쳐두기로 하자. 어쨌든 나폴레옹이 아랍 말을 높이 평가한 이유는 따로 있었다. 일부는 아랍 혈통 말의 천성과, 일부는 그가 말을 타는 방식과 관련이 있었다.

나폴레옹은 1798년 7월 1일 처음으로 이집트 땅을 밟기 훨씬 전부터 프랑스, 오스트리아, 안달루시아 혈통의 우아하고 속도가 빠른 말을 선호했다. 그는 이집트와 시리아에 체류하는 동안 맘루크(Mamlūk) 승마술을 접하고 다양한 동양 말들의 특성을 익히며 말을 보는 안목을 키웠다. 이후 나폴레옹의 눈에는 오직 아랍 말만 들어왔다. 유미주의적 성향을 감추고 있는 의지의 인간, 나폴레옹은 아랍 혈통 말 특유의 **무미건조한** 머리의 아름다움,

자유, 사지의 우아함은 말할 것도 없고, 신속함과 강인함, 특히 기동성에 마음을 빼앗겼다. 나폴레옹은 전속력으로 질주한 후에 서 있거나 급히 방향을 전환하는 법을 훈련받은 아랍 말의 빠른 몸놀림에 감탄했다. 이런 민첩함과 기동성은 급박하고 돌발적인 방향전환 위주의 전략에 그대로 반영되었다. 실제로 나폴레옹은 기병(나폴레옹은 기병이었던 적이 없다) 혹은 말 전문가와 애호가처럼 말을 타지 않았다. 그는 마치 군인, 말, 여자를 막론하고 타인에게 자신의 의지를 관철시키는 것이 습관화된 북유럽 신화의 용맹한 전사처럼 거칠게 말을 탔다.[36]

그는 자동차 운전자들의 빠르고 요란스러운 출발을 뜻하는 레이싱 스타트로 출발했다. 그가 들판에 서서 24시간 동안 자신을 위해서 안장과 마구를 달고 준비된 말들 중에서 하나를 골라잡아 전속력으로 질주하면 수행원들은 일정한 거리를 유지하려고 노력했다.[37] 이 순간 그는 세상에서 가장 빠른 자가 되어야 했기 때문이다. 그의 승마법은 충동적이고 단호해서 말들이 장거리와 단거리 행군에서 탈진하여 쓰러지기 일쑤였다.[38] 심지어 그는 마부석에 앉아서, 마차는 물론이고 동승객까지도 전복시키며 자신의 굳은 의지를 관철시키려다가 목숨을 잃을 뻔하기도 했다.[39] 그의 성향을 묘사한 당시의 글을 보면, 말에 대한 그의 태도가 완벽한 승마술의 원칙과는 거리가 멀었다는 사실을 확인할 수 있다. 그는 힘들이지 않는 코르시카식 승마술을 평생 동안 고집했다. 말에게 재갈을 물리지 않는 이 승마술에서 기수는 오토바이를 운전할 때처럼 체중을 이용해서 움직임을 제어하는데, 말을 타고 달릴 때의 모습은 그다지 우아하지 않다.[40] 나폴레옹은 나이가 들면서 살이 올라 말을 탈 때의 모습이 점점 볼품없어졌다. 이것은 동시대의 도상학에서도 확인할 수 있으며 기마상에도 반영되었다.

나폴레옹은 과거 알렉산드로스의 영광을 차지하려는 야망을 품고 이집트로 떠났다. 알렉산드로스가 오스만 민족을 해방시키기 위해서 페르시아인들을 추방했던 그 땅으로 말이다. 그는 이집트를 프랑스 영토로 만들겠다고 다짐하며 파리로 돌아와, 이후 수년간 프랑스에 동방 문화를 유입하며 **이집트 문화에 대한 열광**을 전 세계로 전파했다. 그는 도미니크 비방 드농과 같은 학자와 예술가들의 도움으로 프랑스 제국을 이집트처럼 만들고, 뮈라와 같은 열혈 지도자들의 도움으로 프랑스 기병대를 맘루크처럼 능수능란하게 말을 타고 용감하게 싸울 수 있도록 훈련시켰다. 물론 나폴레옹이 지휘하는 기병대의 규율은 맘루크보다 훨씬 더 엄격했지만 말이다.[41] 나폴레옹의 기병대는 이후 15년 동안 유럽에서 최고의 지도를 받았으며, 사람들이 가장 두려워하는 병과로 자리매김했다. 영국의 기병들도 시골의 야생 환경에서 스티플 체이스 훈련을 받았기 때문에 악마처럼 거침없고 용감했지만, 실력은 프랑스 기병대가 훨씬 더 뛰어났다. 신속함을 중시하고 절도 있는 훈련을 받은 영국 기병대와 달리, 프랑스 기병대는 동방의 광포와 갈리아의 규율이 혼합된 과격한 훈련을 받았기 때문이다.[42]

나폴레옹의 이집트 원정 이후 프랑스 군대의 훈련 방식은 정교해졌고, 동방에 대한 환상에 불이 붙으면서 변화가 일어났다. 나폴레옹이 작고 우아한 아랍 말에게 처음 품었던 순수한 마음이 구체제하의 프랑스 기병대와 종마소 전반에 젖어들어 있던 영국 문화에 대한 열광을 해독시킨 것이다.[43] 즉 무함마드 암말의 계보가 끊임없이 이어져온 나일 강과 카빌리아 등 동방의 귀족적 피조물인 아랍 말은, 프랑스 귀족 사이의 필수품이었던 영국 순혈종 말보다 더 중요한 존재가 되었다.[44] 나폴레옹 시대에 이미 시작된, 프랑스 낭만주의에서 나타난 오리엔탈리즘은 그의 대부보다 50년 더 오래 살아남았다.

화이트 호스, 블랙 박스

1848년 미국의 화가 윌리엄 T. 래니는 "병력을 규합하는 워싱턴"이라는 제목의 고전주의 역사화를 발표했다.[45] 이 작품의 주인공은 와해된 군대를 결집하는 데에 혼신의 힘을 다한 조지 워싱턴이다. 상황은 헤센 용병의 총검에 무너져서 도망을 친 휴 머서 장군에게 불리했다. 워싱턴은 말을 타고 혼란 속으로 몸을 던져서 사태를 수습했다. 트렌턴과 프린스턴이라는 양대 전투를 계기로 미국 독립전쟁의 전세는 역전되었다. 프린스턴 전투가 터지고 70년 후에 발표된 래니의 작품은 역사적 사료를 바탕으로 했지만 문헌에서 작품의 아이디어를 얻은 것은 아니었다. 이 그림과 관련된 미학적 진실을 입증하려면 변호인이 있어야 한다. 래니에게 가장 중요한 역할을 하는 증언자는 다비드이다.

알다시피 래니는 다비드의 "알프스 산맥을 넘는 나폴레옹"에서 영감을 얻어 워싱턴이 군사작전을 수행하는 장면을 그렸다. 다비드의 작품은 1800년 발표 직후에 독일의 화가들이 앞다투어 모사화를 그릴 정도로 유명세를 탔다.[46] 뒷다리로 딛고 일어선 흰 말, 기수의 자세, 폭풍에 나부끼는 부수적 요소들(말의 꼬리와 갈기, 다비드의 작품에서 나폴레옹이 입은 의상과 래니의 작품에 나오는 워싱턴의 깃발), 황토색, 다양한 회청색 등 그림 전반을 지배하는 색채(워싱턴의 뒷배경에 있는 먼지는 제우스의 구름을 암시한다는 것을 알 수 있다)와 같은 요소들의 조합은 회화의 공식을 탄생시킨다. 이때 세부적 요소들의 사소한 차이는 문제가 되지 않는다. 그림을 지배하는 공식이 "알프스 산맥을 넘는 나폴레옹"에서 도출되었다는 것은 누구나 알 수 있는 사실이다.

다비드의 작품은 1800년 5월에 나폴레옹이 알프스 산맥을 넘은 역사적인 사건을 바탕으로 한다. 그럼에도 다비드는 역사적인 진실 여부는 따지지 않았다. 그는 이 작품에서 젊은 영웅인 나폴레옹을 표현했을 뿐이다. 나폴레옹은 오른팔을 높이 들고 손으로 바위를 가리키고 있다. 바위에는 두 명의 세계사적 인물인 한니발 장군과 카롤루스 대제의 이름이 적혀 있다. 그의 손짓은 마치 자신도 같은 길을 지나고 있음을 알려주려는 듯하다. 사실 나폴레옹이 치렀던 전쟁의 규모는 크지 않았다. 심지어 말을 타고 가던 그가 군대보다 며칠이나 더 뒤져 있었다. 1848년에 프랑스의 화가 폴 들라로슈가 이 사건을 다른 각도에서 묘사했는데, 다비드의 작품보다는 그의 작품이 역사적 진실에 훨씬 더 가까웠다. 그러나 이때에는 다비드의 관점이 모범으로 여겨지던 터라, 글이든 그림이든 이 관점에 대해서는 반박할 여지가 없었다. 다비드의 관점이 나폴레옹 인물화의 정석으로 인정을 받게 되면서 역사적 인물묘사의 아이콘이 되었던 것이다. 다비드가 만든 도식이 프린스턴 전투의 영웅인 워싱턴에게만 적용된 것은 아니었다.

물론, 그림에 그려진 두 위인의 우상화된 삶에는 차이가 있다. 래니는 워싱턴이 프랑스 혁명 당시 정치적으로 모범적인 역할을 했다는 사실을 은근히 내비쳤다. 당시 워싱턴은 군인으로서의 명성과 공화주의의 미덕을 통합시키며 현대의 킨키나투스로 사람들의 존경을 한몸에 받았다. 그는 왕이 되기를 거부한 시민이었다.[47] 나폴레옹도 급부상하던 시절에는 분명 '프랑스의 워싱턴' 혹은 '젊은 워싱턴'이라고 불리며 칭송받았을 것이다.[48] 젊은 워싱턴, 나폴레옹의 급부상에 내재된 공식에는 독재자나 군주가 아닌 공화주의의 가치 실현을 고민하는 통치자가 될 것이라는 희망이 담겨 있었다.[49]

이 희망은 브뤼메르 18일에 산산조각이 났다. 이제 나폴레옹은 비판적인 동시대인들의 눈에 제2의 카이사르 혹은 크롬웰처럼 보였다. 프랑스의 역사학자 프랑수아 퓌레는 "나폴레옹은 황제 대관식 이후 조지 워싱턴의 세계를 떠나 왕정의 전통을 계승하기 시작했다"고 썼다.[50] 세인트 헬레나 섬의 유배자 신세가 된 나폴레옹은 자신과 워싱턴을 다시 한번 비교하며 자신을

'영광의 워싱턴'이라고 칭했다. 그에게는 달리 선택의 여지가 없었다.[51] 상황이 역전되는 데에는 고작 30년이 걸렸을 뿐이다. 이제 거꾸로 나폴레옹의 회화의 도식이 래니가 워싱턴을 묘사하는 방식에 적용되었다. 1848년 워싱턴을 그렸던 화가 래니의 붓 끝에서는 '미국의 나폴레옹'이 탄생했다.

물론 워싱턴이 와해된 병력을 규합하거나 군사들의 도주를 막기 위해서 말 위에 오른 처음이자 마지막 인물은 아니었다. 러시아 내전 당시 적위군의 최고사령관인 트로츠키 역시 워싱턴처럼 달리 선택의 여지가 없었다. "한번은 그가 말에 올라 퇴각하는 병사들을 끌어모아 전쟁터로 돌려보냈다"고 올랜도 파이지스는 말한다.[52] 그러나 러시아에는 그의 영웅적 행위를 회화 공식으로 만들 혁명적인 화가 다비드도, 소련의 래니도 없었다. 러시아 내전을 둘러싼 환경은 역사화를 그리기에는 적합하지 않았다. 러시아 내전이 끝나고 몇 년 후에 트로츠키는 '담나티오 메모리아이(Damnatio Memoriae : 기록말살형/옮긴이)'에 처해져, 공식 회화의 기록에서 사라졌다. 사실 그는 1918년 10월에 적위군이 백위군 코사크족 습격에 성공해서 말에 대해서 더 알게 되기 전까지 말, 즉 기병대의 가치를 얕잡아보고 있었다. 이제 트로츠키는 "프롤레타리아여 말을 타라"는 구호를 외치기 시작했다.[53] 어쩌면 발렌슈타인의 진영에서 실러의 "기사의 노래"가 메아리처럼 울려 퍼졌을 때의 상황이 혁명과 비슷했는지도 모르겠다. 평범한 남자가 처음 말에 올라타서 한걸음을 떼는 순간 혁명이 터질 상황이었으니 말이다.

20세기 독재자와 폭군을 그린 회화에는 르바드 동작은 말할 것도 없고 흰 말이 거의 등장하지 않는다. 무솔리니는 자신의 정치적 입지를 위해서라면 고대 로마의 소도구 등 어떤 의상이나 회화의 공식도 수용할 의향이 있었다. 그중에는 카이사르가 로마 제국을 성공적으로 통치하고 전쟁을 승리로 이끌었던 제스처, 즉 말 타기도 있었다. 반면 히틀러는 말을 탈 줄도 몰랐고 타려고도 하지 않았다. 게다가 그는 말을 싫어했고 군대의 기병 연대의 해체를 긍정적으로 생각했다. 추축국에서 제3의 통치자인 일본 천황은 장군들에게 흰 말을 타는 모습을 자주 보여주었다. 물론 천황이 흰 말을 타는 이미지는 연합국인 미국에도 각인되었다. 존 포드의 「12월 7일」은 일본의 진주만 공격과 미국의 세계대전 등장을 다룬 영화로, 잠을 자고 있는 샘 아저씨의 꿈속에 환영처럼 희미한 천황의 모습이 나타난다.

트로츠키의 몰락에서 볼 수 있듯이, 혁명 시기의 러시아는 말 그리고 말과 연관된 통치의 공식과 복잡한 상관관계를 맺고 있었다. 레닌의 등장으로 말의 시대가 끝나고 상징적 의미도 사라진 것처럼 보인다. 1917년 4월 3일 자정이 되기 직전에 취리히에서 베를린을 경유하여 페트로그라드의 핀란드역에 도착했을 때, 그는 말이 아니라 자동차 지붕 위에 올라가 자신을 기다리던 수많은 군중들 앞에서 연설을 한 뒤에 전차를 타고 달아났다. 젊은 시절에 말을 탔던 스탈린은 후기의 시각 선전선동에서 말과 기수를 공산혁명의 도구로 이용하지 않았다. 말과 기수의 상징적인 의미를 정확하게 기억하고 있었지만 말이다. 한편 대중적으로 인기가 많은 원수이자 사령관인 주코프는 부돈니의 기병대원으로 참전한 경력이 있었다. 그래서 그는 붉은 광장에서 승리의 행진을 할 때에 흰 말을 탄 소련 군대의 선두에서 말을 탔다. 이어서 그는 다비드의 나폴레옹 초상화를 패러프레이즈(paraphrase : 글 속의 어구를 다른 말로 바꾸어서 알기 쉽게 풀이한 것/옮긴이)나 트라베스티(travestie : 내용의 수정 없이 형식만 바꾸어 창작하는 것/옮긴이)를 통해서 파시즘으로 물든 베를린에 대한 승자의 이미지로 표현했다. 그는 왕의 이미지를 표현하는 전통적인 공식을 대담하게 이용하다가 스탈린의 눈 밖에 나고 말았다. 정치적으로 실각한 주코프를 재기시킨 사람은 스탈린의 후계자였다.

프랑스의 철학자 이폴리트 텐은 "나폴레옹에게 변호사는 최고지휘관이자 통치자와 같은 존재였다. 중요한 것은 이런 재능의 본질은 절대 진실을 따르지 않는다는 것이다"라고 했다.[54] 니체는 텐의 글을 인용해서 나폴레옹에게 변호사가 가졌던 의미를 들추면서 쉽게 버릴 수 없는 또 하나의 공식을 만들고자 했다. 몇 년이 지나고 이 공식은 신물이 날 만큼 반복적으로 등장했다.[55] 카프카는 단편소설 『신임 변호사(*Der neue Advokat*)』에서 영웅인 말을 통해서 법으로 말하는 사람과 행동으로 말하는 사람의 대결을 표현하면서 이 공식을 이어갔다. 세계사에서 영웅의 장(章)에 영원히 남을 공식이었다. 이름이 부케팔로스(알렉산드로스 대왕의 말. 알렉산드로스가 아주 사나운 이 말을 길들였다는 일화로 유명하다/옮긴이)인 신임 변호사는 "외모를 보면 그가 마케도니아의 알렉산드로스의 군마였던 시절이 잘 떠오르지 않는다."[56] 그러나 변호사가 "허벅지를 높이 쳐들고 대리석에 발소리를 내며 재판정 계단을 올라갈 때"에는, "경마장을 밥 먹듯이 드나들며 어깨 너머로 경마 지식을 배운 순박한 아마추어 관람객처럼" 무지한 재판소 직원의 눈빛마저 사건의 진상을 꿰뚫어보고 있는 듯하다. 사람들은 부케팔로스의 행동을 너그럽게 보고 있다. 부케팔로스는 세계사적 의미만으로 충분히 그런 대우를 받아야 한다고 생각하기 때문이다. 분명히 누군가는 인도로 가는 법을 알고 있겠지 하던 시절은 끝났다. 뚫어져라 법전만 보고 있는 부케팔로스처럼, 알렉산드로스 전투의 시끄러운 소음과는 거리가 먼, 잔잔한 불빛 아래에서 오래된 책들을 비춰보는 모습이 최선인 시대가 올 것이다. 영웅의 시대가 끝나면서 군마들도 사라졌다. 이제 남아 있는 것은 전설의 말과 이름이 같은 부케팔로스처럼 덥수룩한 머리(원문의 Mähne는 덥수룩한 머리, 말의 갈기라는 두 가지 의미가 있다/옮긴이)로 서류의 먼지를 닦는 변호사, 조용하고 정직한 사무원(원문 Bürohengst는 직역하면 '사무실의 수말'이며 사무직 종사자를 뜻한다/옮긴이)이다.

카프카가 『신임 변호사』를 발표하고 4년 후인 1921년에 로베르트 무질은 『특성 없는 남자(*Der Mann ohne Eigenschaften*)』의 주인공 울리히를 통해서 위인이 되고자 했던 청년 시절의 꿈을 떠올린다. 한때 자신이 나폴레옹에게 감탄하여 기병 연대에 입대할 결심을 했던 기억이 되살아난 것이다. 그는 '천재 경주마'에 관한 신문기사를 읽자마자 이 말이 자신을 앞섰다는 사실과 "천재와 인간의 위대함을 강조하던 낡은 개념 대신 스포츠와 즉물성의 시대가 왔다"는 것을 어렴풋이 깨닫는다.[57]

네 번째 말 탄 사람

대통령의 관은 성조기에 덮인 채 포가(砲架) 위에서 편안히 쉬고 있고, 그 앞을 여섯 마리의 흰 말들이 걷고 있다. 과거에 대통령이 속해 있던 해군에서 선발된 한 명의 기수가 장례마차를 뒤따른다. 장례 행렬의 세 번째 자리에는 긴 행렬에서 대부분의 조문객들이 가장 수수께끼처럼 여기는 요소가 있다. 장례의복을 갖추어 입은 군인 한 명이 말의 고삐를 끌고 있고, 그 옆에서 기수도 없는 갈색말이 불안하지만 춤을 추듯이 행진하고 있다. 말 등에는 안장이 완벽하게 채워져 있고, 등자에는 기수의 장화가 반대 방향으로 놓여 있다. 그러나 존 F. 케네디는 기병대 소속이었던 적이 없었기 때문에 이 의식이 군사 행위에서 유래했다고 볼 수는 없다. 1963년 11월 25일에 장례의식을 직접 보았던 증인들도 이 의식의 상징적인 의미와 기원을 몰랐다. 아무도 이 독특한 이미지가 지닌 힘을 건드리지 않은 채 내버려두었다. 기수가 없는 말과 거꾸로 놓인 장화, 신경질적이지만 경쾌하게 걸으면서 쌕쌕거리며 숨을 쉬는 조각 같은 이 모습을 보면 죽음 이외에 다른 이미지를 떠올릴 수 없다.

미국에서 국장을 치를 때에 등장하는 장례의전용 말을 '캐퍼리즌드 호스(caparisoned horse)'라고 한다. 캐퍼리즌드 호스는 1799년 미국의 초대 대통령인 조지 워싱턴의 장례식에 처음 등장해서, 1865년에는 제16대 대통령인 에이브러햄 링컨의 관 뒤를 따랐고, 1945년 제32대 대통령 프랭클린 루스벨트, 1964년 제31대 허버트 후버, 1973년 제36대 린든 B. 존슨, 2004년 제40대 로널드 레이건의 장례 행렬에서 볼 수 있었다. 캐퍼리즌(caparison)은 프랑스어로는 카파라숑(caparaçon)이라고 하며 말을 덮는 장식용 마의(馬衣)라는 뜻이다. 머리에 쓰는 모자를 아우르는 개념인 이것은 중세의 마상무술 시합과 바로크식 장례의전용 말의 대형 안장 덮개에서 유래한다. 그러나 미국의 캐퍼리즌드 호스는 재갈과 안장, 안장 밑의 하얀 테두리가 둘린 우아한 검은 덮개로만 장식되어 있다. 그중 눈에 띄는 것은 진행 방향과는 다른, 뒤를 향한 장화이다. 미국의 군대식 장례의식에서는 안장 덮개와 모든 장식을 생략하고 장화라는 한 가지 사항만 추가한다. 이 단순한 감소를 통해서 또 하나의 파토스 공식이 탄생한다. 바로크식 장례의식과 달리 이 공식은 이생의 덧없음, 인간이라는 존재의 허영심, 영원불멸한 명예를 번잡하게 표현하지 않는다. 만물의 방향을 돌려놓은 위대한 자는 아무 말도 하지 않는다. 말발굽의 달그닥거리는 소리만이 정적을 깨뜨릴 뿐이다.

칭기즈 칸, 부처, 죽은 인디언 추장은 사후에 말과 함께 매장되었다고 한다. 이와 같이 장례의식에 대해서 역사적 사실을 기반으로 부연설명을 하는 것은 역사적 인물에 국한되어 있다. 그러나 인물에 국한된 해석은 안개로 뒤덮인 장례의식의 기원을 밝혀내기는커녕 안개를 더 짙게 만들 뿐이다.[1] 뒤를 향한 장화가 마지막으로 자신의 군대를 위해서 돌아왔다가 고인이 된 지도자를 뜻한다는 해석이 있다. 가던 길을 돌아온 지도자가 말에게 돌아가 반대 방향으로 몸을 틀고 자리에 앉는다는 것이다. 의도한 바는 아니겠지만 이 해석은 다소 우스꽝스럽다.[2] 해석의 어색함과 이 회화 공식의 특성은 일치한다. 큰 이미지와 상징을 통해서 최소한의 해석만 읽어낸다고 할지라도 누구나 그 위력을 느낄 수 있다.

사물의 **방향을 바꾸어놓은** 형상 중에는 무기나 방패도 있다. 이것은 중세 이후에 장엄한 군대식 장례의식이 존재해온 것과 관련이 있다.[3] 고인의 관을 생전에 고인이 소유했던 말이 끌고 가는 관습도 마찬가지이다.[4] 헤르만 하임펠은 제1차 세계대전도 일어나기 전이었던 자신의 어린 시절에 뮌헨의 루이트폴트 폰 바이에른 섭정 왕자의 장례식에서 이 의식을 관찰했다. "에르하르트는 글립토테크 조각관의 맞은편 아르키스 가의 발코니에서 장례 행렬을 지켜보았다. 왕의 마구간은 말, 안장 덮개, 말 조련사들로 북적이며 활기가 넘쳤다. 장례 행렬의 수행원들은 관 앞에서 침통한 표정을 지으며 이동하고 있었다. 검은 덮개를 덮은 12마리의 말들이 조련사의 명령에 따라 마차를 끌었다. 영구차의 마부석에는 삼각모자를 쓴 마부가 앉아서 엄청나게 큰 고삐를 당기고 있었다. 생전에 고인의 소유였던 말이 고인을 따라갔다. 에르하르트는 뒤에서 '스페인식 버건디 궁정의식'이라고 말하는 소리를 들었다."[5]

의식의 기원과 달리 미국의 장례의전용 말의 신원은 확실하다. 이 말의 이름은 블랙잭으로, 케네디 대통령의 운구행렬을 따라서 춤을 추듯 경쾌하게 뛰어다녔다. 1947년에 태어나서 1953년부터 미국 해병대에서 활동했던 이 말은 군대의 장례의식에 1,000회 이상 참여했다. **통제가 불가능한 말이라는** 평가를 받으며 장례 행렬의 엄숙한 분위기를 계속 망쳐왔는데도 말이다. 블랙잭은 20년간 장례의전용 말로 활동하다가 1973년 6월에 은퇴한 후, 1976년에 (동물 안락사로) 사망하여 화장되었다. 이후 군마로서의 명예를 기리기 위해서 케네디 대통령이 안치되어 있는 알링턴 국립묘지에서 멀지 않은 버지니아 주 포트 마이어에 묻혔다. 블랙잭은 고집스러운 성격과 신경과민으로 끊임없이 두려움과 감정을 폭발시키고는 했다. 군 상관의 눈에 이것은 블랙잭의 최대 약점이었으나, 여기에서 우리는 상징적인 장점을 찾아낼 수 있다. 많은 신화와 게르만족의 설화에서 겁먹은 말과 쌕쌕거리는 숨소리는 죽음이 가까이에 있다는 신호였다.[6]

겁에 질린 짐승

비판적 어조로 미신이라고도 하는 민간신앙과 북유럽 및 동유럽 신화에서는 말이 자주 등장한다. 말은 두려움과 공포감을 심하게 표출하거나 특별한 예언의 능력을 소유함으로써 자신이 영계(靈界)에 가까이 있는 존재라는 사실을 드러낸다. 불안에 떠는 말은 유령이 가까이 있거나, 그가 죽은 자의 혼령을 통해서 예언하는 능력을 가졌음을 암시한다. 고양이를 제외하면 어떤 동물도 내세와 강한 연관성을 가지지 않을 것이다. 어둠이 찾아오면 말은 죽은 자의 혼령에게 강렬하게 사로잡힌다. 밤에는 유령과 시체가 말을 탄다. 레노레 전설에는 다양한 판본이 있는데, 그중에서 독일의 시인 고트프리트 아우구스트 뷔르거의 발라드 『레노레(*Lenore*)』(1774)가 가장 유명하다. 『레노레』는 '한밤중의 승마 클럽'을 설득력 있게 보여준다. 이 전통은 「블라인드 데드」와 같은 통속적인 공포영화나 좀비 도상학 영역에서 이어지고 있다. 그러나 테오도어 슈토름의 『백마의 기사(*Schimmelreiter*)』 혹은 후고 폰 호프만슈탈의 『672번째 밤의 동화(*Märchen der 672. Nacht*)』와 같은 19세기 서사적 산문도 말을 영계의 동맹군 혹은 저승사자로 묘사하고 있다. 그림 형제의 『거위지기 공주』에 나오는 사람 말을 하는 말, 팔라다의 머리가 있다는 것도 잊지 말자. "오! 팔라다, 네가 걸려 있는 곳에……"로 시작하는 인상적인 주문은 19세기와 20세기 어린이들이 상상하기 어려운 것이었다.

자명한 사실이지만 역사학자는 이 주제를 좀더 냉정한 관점에서 바라보고 아이디어 결합의 핵심을 찾는다. 말의 이미지와 죽음의 위협은 어떻게 밀접하게 연결되어 있는가? 이에 대해서 코젤렉은 아주 특별한 답을 내놓았다. 그는 역사학자의 관점으로, 5개의 카테고리를 바탕으로 한 정치인류학을 발전시켰다. 그중 첫 번째 카테고리는 죽음과 살해에 관한 이야기이다. "죽음의 행진에 관해서 하이데거가 말하는, 죽음으로 가는 행진의 앞에서 달려야 하는 중요한 운명이 사실이 되려면, 살해 가능성이라는 카테고리를 보완해야 한다."[7] "타인의 죽음이나 타살의 위협은 인간이 처한 고유의 상황이다."[8] 코젤렉은 그 예로 처칠이 묘사한 옴두르만 기병대의 공격을 들었다. 이 글에서 처칠은 시대를 뛰어넘어 가치를 인정받을 필력을 보여준다. 그는 부상당하거나 낙마하여 공격의 희생양이 된 상황과 중무장을 하고 말을 탄 상황을 대비한다. 코젤렉도 종종 이와 유사한 방식으로 말을 탄 기병의 상황과 말을 탄 사람에게 짓밟힐 위험에 노출된 보병이나 부상병의 상황을 대조적으로 묘사했다.[9] 실제로 죽음의 사자로서 말이라는 이미지는 아시아와 유럽의 전쟁터에서 신화 혹은 문화적 이미지를 넘어 현실적인 이미지로 자리매김하게 되었다. 보병대는 단숨에 기병대를 무찌를 수 없는 상황에 처하면, 돌진하는 기병대를 보는 즉시 도망쳐야 했다.

이 상황을 살해의 위협을 받고 있다고 표현하는 편이 정확할 것이다. 독일의 사회학자 니클라스 루만의 이론에서, 권력의 현실은 밖으로 드러나는 힘으로 공격하는 것이 아니라 이미 드러난 각오와 행동에 대한 대안을 보여주는 데에 있다.[10] 권력의 행사에는 연극과 같은 특성이 있다. 권력 행사는 **폭력** 행위뿐만 아니라 권력을 행사하겠다는 위협만으로도 가능하다. 이 이론을 기병대에 적용하면 권력은 기병대에 추월당하거나 짓밟힌 보병대라는 날것의 진실뿐만 아니라 보병대 고유의 특성인 말에 짓밟힐 위협 그 자체에도 있다. 폭력으로서 권력이 신체의 무결함을 침해하기 이전에 권력은 두려움의 연극인 것이다.

이 무대의 주인공은 말이다. 말은 진화과정에서 공포의 표현을 완성했다. 다윈은 이 표현이 연극적 표현의 순간인 동시에 실용적이고 자극적인 도주 요인이라는 사실을 깨달았다. "심한 충격을 받은 말의 움직임은 매우 인상적이다. 언젠가 내 말이 심한 충격을 받은 적이 있었다.……말의 눈과 귀는 앞을 향해 있었고 안장에서 말의 심장이 두근거리는 것이 느껴졌다. 말은 붉어진 콧구멍을 크게 벌렁거리면서 가쁜 숨을 몰아쉬었고 사방으로 몸을 비틀었다. 내가 막지 않았더라면 말은 어디론가 돌진했을 것이다.……말은 공포를 느끼면 콧구멍이 커지면서 벌렁거린다. 이것은 쌕쌕거리는 숨소리와 두근거리는 심장소리와 더불어 오랜 세대에 걸쳐 이어져온 정신적 흥분 상태와 관련이 있다. 말은 공포심을 느끼면 습관적으로 격렬한 긴장 상태에 빠지고 위험의 원인을 피하기 위해서 서둘러 도망친다.”[11]

루벤스만큼 말을 권력의 연극이자 실체로 이해하며 훌륭하게 표현한 화가는 없을 것이다. 이런 관계는 루벤스가 그린 기마전투의 돌격 장면과 야생에서의 수퇘지, 사자, 호랑이 사냥 장면에 잘 드러나 있다. 부르크하르트는 “어떻게 루벤스 이전에는 아무도 말을 보편적인 열정의 표현대상으로 삼지 않았는지, 루벤스 이후에는 어떻게 인간이 그토록 빠르고 격렬하게 이 복잡한 감정 속으로 빠져들었는지 알 수 없다. 루벤스는 위험과 분노에 빠진 말의 상태를 파악했고 이것을 인간과 말의 전투에서 극심한 공포의 순간을 표현하는 수단으로 이용했다”고 말한다.[12] 루벤스를 모범으로 삼은 제자들은 말의 고유한 특성을 권력으로 표현할 수 있다는 사실을 깨달았다. 권력은 말의 신체적인 능력이나 화면을 장악하는 말의 몸집에서 나오는 것이 아니었다. 말은 시시하다고 여겨지는 다른 동물들보다 몸집이 크고 힘이 세서 권력을 가지는 것이 아니었다. **말이 권력을 가지는 이유는** 유일하게 두려움을 풍부하게 표현할 수 있는 주체이기 때문이었다. 어떤 존재도 공포에 사로잡힌 말처럼 공포감을 표현할 수 없었기 때문에 말은 더 실감나게 공포감을 퍼뜨릴 수 있었다. 능동적이면서 수동적인 말의 공포심이 집약되어 있는 곳은 표현의 욕구로 가득한 커다란 눈망울이었다.[13] 이곳에서 흘러나오는 눈빛은 메두사의 눈빛이 아니었다. 말의 눈빛은 살아 있는 생물을 돌로 변하게 하지 않았다. 그러나 공포로 가득한 눈빛에는 공황 상태, 불현

듯 엄습하는 두려움이 담겨 있었다. 그들은 말의 눈을 통해서 전쟁터와 사냥터에서 인간과 동물의 참상을 집중적이고 간결하게 표현하는 공식을 발견한 것이다.

따라서 기마전투와 사냥 장면을 묘사한 루벤스의 스케치와 회화에서는 말의 눈이(혹은 특별한 노상학적 과제가 주어진 말이) 전체 구도의 중심이 되었다. 인간, 동물, 괴물 등 다른 모든 행위자들의 시선은 그림의 순환 구조에서만 움직이고, 관찰자를 찾으려고 하지 않는다. 그들의 시선은 직접적으로 말에게 향한다. 말의 눈빛이 작품의 시선인 것이다. 이 순간 관찰자는 명백한 공포감의 표현인 이 시선을 느낄 수밖에 없다. 깜짝 놀라 휘둥그레진 눈은 그림의 중심이자 권력의 거울이다. 이 눈은 능동적이면서 수동적이다. 말은 공포를 느끼고 표현하고 전달하기 때문에 권력을 구체화할 수 있다. 이렇게 굴러가는 프리즘, 말의 동그란 눈동자에 권력의 광선이 모였다가 외부, 즉 관찰자, 증인, 적에게로 향한다.

루벤스는 이런 눈빛의 변증법에 담긴 내적 모순을 예리하게 포착했고 이것을 구도에 이용했다. 이것은 쉽게 두려움에 빠지고 도주하려는 천성에 지배당하는 말이라는 동물의 변증법으로, 인간에 의해서 새로운 기호로 바뀌고 공포의 권력 수단이 되었다. 말은 기수의 아래에서 공포를 느끼고 겁을 내다가 감정을 폭발시킬 것이다. 이 모든 기호는 말의 본성이며, 다윈이 알고 있었듯이 이런 말 위에 타는 것에는 현실적인 목적이 있었다. 그러나 독일의 작가 알브레히트 쉐퍼는 "말의 아름다운……형상을 통해서 이 모든 특성은 관찰자에게 영향을 끼친다. 이 기호가 대담함에서 기인할 때에 겁에 질린 눈은 투쟁욕구로 불타오르는 것처럼 보인다"라고 말했다.[14] 바로 이것을 루벤스도 보았다. 완벽한 권력의 화신인 말의 내면에는 공포감이 존재했다.

프로이트는 유년기 성에 대한 분석의 연장선상에서, '말'의 두려움이라는 이중적 본성을 해석한다. 말의 두려움은 '꼬마 한스의 공포'[15]로, 그에게는 어떤 대상으로 인한 두려움과 어떤 대상에 대한 두려움 사이의 양가감정이 존재한다. 아버지와의 대화 기록을 보면, 한스는 처음 집을 떠난다는 두려움과 "마차를 돌릴 때에 말이 넘어질지도 모른다는 걱정"을 표현한다. 잠시 후에 한스는 말이 "넘어져 자신을 물고" 다리를 절룩거리고 난동을 부릴까봐 겁이 난다고 덧붙인다.[16] 여기에서 이미 두려움에 대한 양가감정이 드러난다. 한스는 말이 자신을 물지도 모른다는 것과 말이 넘어질지도 모른다는 것 때문에 두려운 것이다. 프로이트는 무는 말과 넘어지는 말이 한스의 아버지라고 해석했다. 한스는 자신이 아버지에 대해서 나쁜 마음을 품고 있을 때에 아버지로부터 벌을 받을지도 모른다는 두려움에 사로잡혀 있다는 것이다.[17]

한스의 양가감정을 아버지로 축약한 것에서는 "고전주의적" 뉘앙스가 풍긴다. 그러나 프로이트는 두려움이라는 감정 내부에서 놀라운 '상전이(相轉移 : 일정한 외적 조건에 따라서 물질이 한 상에서 다른 상으로 바뀌는 현상/옮긴이)'가 일어나고 있다는 사실에 관심을 가진 듯하다. "우리는 리비도가 공포의 주체인 말에게 두려움으로 변신하여 투영된다는 사실을 집중적으로 살펴볼 필요가 있다. 말은 그가 가장 많은 관심을 가지는 동물이었다. 그가 친구들과 가장 즐겨하는 놀이가 말 타기였다.⋯⋯억압(Verdrängung : 무의식 속에 불쾌한 고통, 혐오를 불러일으키는 관념이 갇혀 있는 것/옮긴이) 상태에 급격한 변화가 일어나면 전에 자신이 그렇게 좋아했던 말을 두려워하게 되는 것이다."[18] 프로이트는 이렇듯 공포가 발전하는 과정이 "말을 공포의 상징으로 끌어올린 것이다"라고 썼다.[19] 이 과정은 프로이트에 앞서서 루벤스가 이미 깨닫고 이미지의 효과를 활용해서 나타냈던 상전이의 일시적인 결과이다. 즉 루벤스는 말을 공포의 객체에서 주체로 신속하게 바꾼 것이다.

방대한 수집품

1985년에 서부극 「페일 라이더」에서 클린트 이스트우드가 연기했던 이름 없는 이방인은 떠돌아다니는 자, 정확히 말하면 말을 타고 다니는 목사이다. 한창때 그는 총잡이, 아마 범법자나 악당이었음이 틀림없다.[20] 모든 서부극의 영웅들이 사는 곳이 그렇듯이 그는 어느 곳 출신도 아니다. 등에 있는 총상을 보면 그가 죽을 고비를 넘겼다는 것을 짐작할 수 있다. 보통 사람이라면 이겨내지 못할 중상이었을 것이다. 그의 손에 쥐어져 있는 것이 『성서』인지 콜트식 자동권총인지는 중요하지 않다. 그의 주변에는 돌처럼 차가운 냉정함이 감돌고 싸늘한 죽음의 분위기가 풍긴다. 창백한 말을 탄 창백한 기사, 페일 라이더는 다른 세상에서 돌아온 자이다. 죽음의 기운이 페일 라이더와 머리의 형태로 보아 순혈종임을 알 수 있는 말의 주변을 감싸고 있다. 다른 많은 서부 영화처럼 「페일 라이더」는 유령 이야기를 영화화한 것이다. 청부 살인업자 일당의 두목인 마셜이라는 남자는 마지막에 페일 라이더의 총에 맞아 쓰러지는데, 그에게 남은 총상의 흔적은 페일 라이더의 것과 유사하다. 모든 유령 이야기가 그렇듯이 이 영화에서도 반복의 물레방아가 돌아간다. 뜨겁게 달구어졌다가 서서히 식어버린 영웅은 **망령**인 것이다.

　망령은 대개 말을 타고 있지만, 죽은 자의 망령이 말을 타고 있다면 신화와 도상학적 배경은 안개가 자욱한 북유럽의 들판이나 에게 해의 만이기 마련이다. 각본은 밧모 섬의 요한과 기독교 이전의 유럽과 기독교를 기반으로 하는 유럽의 신화, 전설, 인물들을 창조한 이름 모를 저자들이 썼다. 「요한계시록」과 외경을 포함하여 미신이라는 넓은 영역을 아우르는 북유럽 신화는 말을 주제로 한 다양한 문학작품이 소개되어 있는 마시장으로 향한다. 이 시장에서는 죽은 자의 영혼들이 말을 타고 다닌다.

　『신약성서』의 「요한계시록」 제6장 1절에서 8절에는 네 명의 말 탄 사람이 등장한다. 첫 번째 말 탄 사람은 흰 말을 타고 활을 쏘며 화관, 즉 면류관을 쓰고 있으며 '승자'로 표현된다. 이것은 전통적인 정복자의 이미지를 통해서 예수가 승리하여 돌아오리라는 것을 암시한다. 붉은 말을 타고 큰 칼을 들고 있는 두 번째 말 탄 사람은 왕과 폭력을 상징한다. 한편 검은 말을 탄 세 번째 사람은 저울을 들고 있는데, 이것은 흉년이 올 것임을 암시한다. 마지막으로 네 번째 청황색 말을 탄 사람은 페스트, 전쟁, 짐승들을 통해서 죽음을 몰고 오는 자이다.[21] 청황색 말을 타고 있는 핏기 없는 그의 얼굴은 죽은 자의 파리한 낯빛을 떠올리게 한다. 바로 이 네 번째 말 탄 사람이 개신교 교리에 영향을 받은 북아메리카 지역 사람들의 문화적 상상력을 지배하고 있으며, 이는 할리우드 영화의 각본에까지 파고들었다.

북유럽과 대륙의 게르만 신화에도 오딘(북유럽 신화의 주신으로 바람, 전쟁, 마법, 영감, 죽은 자의 영혼을 주관한다/옮긴이)과 그의 말 슬레이프니르(다리가 8개 달린 흰 말로, 주신 오딘의 애마/옮긴이)에서 시작하여 말타기와 관련된 상징이 많다. 야코프 그림이 1835년에 신화 모음집 『독일의 신화(*Deutsche Mythologie*)』 초판을 발표한 이후, 19세기와 20세기 민속학자, 신화학자, 언어학자들은 지칠 줄 모르고 기사 전설의 지역별 변형과 아형(亞型), 성인의 말과 악마의 말 등을 수집했다. 이전까지는 무궁무진하게 많은 말 신화와 관련하여 문법 체계를 정립하거나 진화론을 구성하려는 시도가 없었다. 유사한 이론의 텍스트를 쓴 저자처럼 문학 서술자에게 민족학적 실증주의라는 흰개미집(아프리카에서 흰개미집은 대지의 신이나 대지의 정령이 존재하는 곳으로 여겨진다/옮긴이)은 넘치도록 방대한 소재를 제공했다. 사실주의 소설이 비현실적인 이야기로 변형되어, 민속학적 실증의 유사(流砂) 속에서 이론적 구조로 정착되었다. 방대한 수집품의 거대하고 혼란스러운 소품 중에서는 누구라도 자신이 원하는 '이론의 말'을 찾을 수 있었다.

1886년 슈토름이 마지막으로 위대한 소설『백마의 기사(*Der Schimmelreiter*)』 집필을 시작했을 때, 그는 비유적인 표현을 위해서 제방 감독관 하우케 하이엔의 극적인 이야기로부터 시작해서 우리가 이미 알고 있는 이미지와 전설 등 모든 소재를 활용했다. 이 소설은 유령 이야기로 간주된다. 제방 감독관은 기술과 수학에 대해시 잘 알고 현대 문명에 열광하는 자이다. 우리는 마을과 저수지 주민들이 이 제방 감독관을 바라보는 모습에서 파우스트의 전형을 찾을 수 있다. 밤의 현상, 달이 뜨면 돌아다니는 해골, 인어, 아귀, 짓밟힌 갈매기, 제물로서의 짐승, 죽어가는 자의 유언 등 악마와 살아 있는 송장의 징표로 가득하다. 북유럽의 환상은 끝도 없는 듯하다. 서술자가 말이라는 거울을 통해서 제방 감독관을 표현할 때, 이 인물의 윤곽은 짙고 섬세해진다.

어느 날 하이엔은 "발톱처럼 보이는" 갈색 손을 가진 수상쩍은 슬로바키아 남자로부터 암말을 사들인다. 하이엔이 몇 주일 동안 열심히 가꾸고 보니 이 말은 혈통마였던 것으로 드러난다. 거친 털은 사라지고 "윤기 있고 푸른 회색빛 점이 있는" 가죽이 모습을 드러낸다. 이 말은 "아랍인들이 원하는 살 없는 얼굴에 타오르는 눈빛을 가지고 있었다." 제방 감독관의 손에 들어온 말은 아마 북독일 사실주의 작품에 등장하는 유일한 아랍 말일 것이다. 제방 감독관의 주변에 있는 인물들의 미신의 세계에서는 머리에 '살이 없거나' '오목한' 아랍 말을 악마의 상징으로 여기고, 말의 주인이자 이 말을 타는 사람을 악마와 동일한 존재로 인식한다. 제방 감독관은 살이 없고 오목한 머리를 아름다움으로 인식하지만 주변 사람들은 악마의 해골로 본다. "깡마른 얼굴과 뚫어지듯 응시하는 눈빛"을 가진 주인과 음산한 기운의 말은 점점 닮아간다. 말은 제방 감독관 외에는 누구도 태우려고 하지 않고 마치 정부(情婦)처럼 자신의 대퇴부에 느껴지는 압력에만 반응한다. 슈토름의 소설에서 "그가 위에 오르자마자"는 부부 간의 절제된 에로티시즘을 의미하며, 이를 측정하는 척도는 손으로 누르는 압력의 강도와 피부의 붉기 변화이다. "마치 목에서 성적 쾌감을 토해내듯 말은 히잉 소리를 내며 달려 갔다." 이것은 국가의 의무교육 현장인 교실에서 들을 수 있는 유일한 쾌감의 소리였을 것이다.

흰 말의 기사가 북유럽 신화의 페일 라이더라면 여기에서 말은 어떤 상징적 의미를 가질까? 말의 독특한 삶은 세 단계로 발전한다. 1단계의 말은 할리겐 군도 해변에서 벌떡 일어나 돌아다니는 해골의 모습으로 나타난다. 2단계의 말은 제방 감독관의 악마적이지만 우아한 모습을 하고 있다. 마지막으로 3단계에서 모두가 함께 몰락한 후에 말은 1단계의 유령 같은 모습으로 다시 나타난다. 회색 얼룩이 있는 말, 즉 창백한 말은 살아 있는 송장이며 공포의 형상이다. 공포의 형상은 무명의 존재를 대신하기 위한 것이었다. 한 남자의 죽음에 대한 갈망을 지상에서는 채워줄 길이 없기 때문이다. 살아 있는 송장인 말은 넘치는 생명력과 죽어가는 생명력 사이에서, 차디찬 송장의 한기와 욕정으로 끓어오르는 열기 사이에서, 진자처럼 왕복운동을 하며 자신이 공포를 전달하는 존재라는 사실을 깨닫는다.

한편 스위스의 화가인 요한 하인리히 퓌슬리는 1781/1782년 그 유명한 "악몽"을 발표하는데, 이 작품에서 말은 공포의 전달자이자 형상으로 표현되었다. 육감적인 몸매의 미인이 살짝 옷을 걸치고 잠을 자고 있고 요괴가 그녀의 가슴 위에서 악마의 미소를 지으며 웅크리고 앉아 있다. 아마 북유럽 신화의 요정 알프인 듯하다. 한편 요괴의 뒤에는 부자연스럽게 빛나는 말의 머리가 있는데, 밤의 어둠으로 뒤덮인 방이라는 무대에서 우뚝 솟아 있다. 몇 년 후인 1793년에 퓌슬리는 꿈을 주제로 한 작품에서 성가신 두 존재, 원숭이처럼 생긴 난쟁이와 말과의 상관관계를 명확하게 밝힌다. "악몽이 잠자는 두 소녀의 침상을 떠나다"라는 이 작품에서 알프는 말을 타고 공중을 달린다. 무엇인가에 짓눌려 있는 두 소녀는 고통스러워 보인다. 그런데 무엇을 두고 '악몽(nightmare)'이라는 표현을 한 것인지 명확하지 않다. 원숭이처럼 생긴 난쟁이 알프? 말? 아니면 둘 다? Alb = mare라고 하자. mare = Mähre, 즉 발음이 같고, 영어 mare는 독일어로 Mähre, 즉 Pferd(Mähre와 Pferd는 둘 다 말이라는 뜻/옮긴이)이다. 그리고 독일어에서 가장 근접한 단어로 Nachtmahr(악몽이라는 뜻/옮긴이)와 Nachtmähre(밤의 말이라는 뜻/옮긴이)가 있다. 결국 영어권에서 악몽(Albtraum)을 뜻하는 nigthmare라는 단어는 말의 이미지와 가장 가깝다는 결론이 도출된다.

프로이트의 제자이자 전기작가인 어니스트 존스는 퓌슬리의 "악몽"을 1949년 악몽에 관한 연구 논문의 권두화로 수록했다.22) 이 논문에서 존스는 음산한 기운이 도는 말의 머리를 해석하는 데에 한 장(章)을 전부 할애했다.23) 그는 발음의 유사성을 바탕으로 한 어원학적 해석에는 오류가 있으며, nightmare의 mare는 앵글로색슨어의 mara에서 유래했다고 주장하며 분석을 시작한다. 이 단어에는 인큐버스(Incubus : 중세 유럽에서 자고 있는 여성을 덮쳐 성적인 쾌락을 탐했다고 여겨지는 남성/옮긴이) 혹은 서큐버스(Sucubus : 인큐버스의 여성판이라고 알려진 유럽 몽마의 일종/옮긴이)같은 밤의 에로틱한 침입자라는 의미가 담겨 있다. 그러나 존스는 언어학적 분석의 오류 속에 심리분석의 통로가 될 수 있는, 좀더 심오한 진실이 숨어 있을 가능성이 있다고 보았다. 문헌학은 분석에 대한 확신을 잠재우는 반면, 심리분석은 의심을 일깨운다. 영어로 만든 두 단어, 즉 두 값이 주어진 방정식에서 성관계의 악마와 말이 동일한 존재가 아니라면? 존스는 꿈속에서 인간이라는 존재와 동물을 동일시하는 이유에 대해서 "이런 상관관계에 있는 동물이 존재한다는 것은 근친상간 콤플렉스가 영향을 끼치고 있다는 증거이다"라고 확신했다.24) 쉽게 말해서 꿈속에서 숨이 멎고, 이런 상태에서 말을 보는 사람은 근친상간에 대한 욕망이 있다는 것이다.

존스는 앞부분에 잠시 나왔던 엔스25)의 입장을 이어갔다. 엔스는 북유럽,

게르만 문화의 말에 관한 전설과 격언을 수집하여 정리하고 자신의 견해를 덧붙였다. "시문학, 훈화에 담긴 격언, 관용어구에서 볼 수 있는 말과 여자의 친밀한 조합은 매우 독특하고 전례 없는 일이다.……이런 말과 여자의 조합은 태곳적부터 존재했다."26) 그는 빗자루를 타고 다니는 마녀와 목마의 장대를 통해서 남근숭배 종교의 동물 숭배 사상의 흔적을 찾았고, 이를 통해서 심오한 심리분석의 통찰력을 얻었다. "우리도 모르는 사이에 'mara = mare'라는 주제가 남근을 상징하는 동물인 말에게로 자연스럽게 넘어갔다. 그러나 이런 신화에서는 성별의 교환이 일어나고 있다. 이런 모든 신앙과 신화의 이면에서 작용하는 힘은 억눌린 근친상간의 욕구이다. 자신과 다른 성별임을 구분하는 것은 이 욕구가 드러나지 못하도록 방어하는 행위이다."27)

버섯을 찾고야 말겠다는 숲속의 채집자처럼 존스는 방대한 수집품으로 결실을 맺었다. 그에 따르면 오딘과 밤의 군대(존스의 논문 「악몽에 대하여 [On Nightmare]」의 263쪽), 기수의 죽음(265쪽), 말과 태양(278쪽), 방앗간 주인 제우스(281쪽), 말의 해골에 담긴 의미(287쪽), 말, 물, 소변(291쪽), 폭풍의 신(293쪽), 말발굽이 가진 의미(297쪽), 편자(301쪽), 말 도둑(304쪽), 말의 오물(305쪽), 성관계와 말의 울음소리(311쪽), 말의 예언(312쪽), 암말의 광채(314쪽), 튜턴 사람들이 원하는 말(323쪽) 등 이 모든 이야기와 변형에는 억눌린 근친상간의 욕구가 숨겨져 있다.28) 민속학에서 방대한 수집품으로 여겨지는 존스의 해석은 아리안 인종 연구에 활용되는 등 애초의 의도와는 전혀 다른 의미로 쓰이기도 했지만, 심리억압의 과정을 입증할 수 있는 증거물 보관소와도 같았다. 북유럽, 게르만, 지중해 일부 지역의 신화 속 '마구간'의 모든 말들이 근친상간의 욕구를 숨기기 위한 가면과 의상이 필요한 것처럼 해석된다. 이 빈약한 이론이 설득력을 얻으려면 강력한 근거가 필요한데, 그 근거들을 체계화한 것이 어니스트 존스의 악몽 해석이다.

폭력의 분출

존스가 퓌슬리의 "악몽"에 대한 해석을 발표하고 25년 후, 스위스의 의사이자 문학비평가 장 스타로뱅스키도 "악몽"을 분석했다.[29] 퓌슬리의 전(全) 작품과 선기(傳記)는 혁명시대의 아이디어와 우의적 상징의 역사에서 한 자리를 차지하는데, 스타로뱅스키는 작품의 선(線)과 인물을 집중적으로 분석한 후에 그 역사적 의의를 광범위하게 다루었다. 그는 퓌슬리의 작품에 담긴, 무엇인가에 짓눌려 있고 폐소공포증에 시달리고 있는 듯한 불안함을 포착했고, 이것을 신체 내부의 메커니즘일 뿐만 아니라 퓌슬리의 역사철학 및 윤리철학적 표현이라고 해석했다. 이 해석에 따르면 퓌슬리는 비이성적인 폭력이 지배하는 이 세계에서 탈출할 길이 없다. "거사의 날에 그에게는 아무것도 없다.……죄와 죽음이 이 세계를 지배한다. 퓌슬리는 끊임없이 이런 질문에 초점을 맞춘다."[30] 퓌슬리는 성적 탐닉에 빠진 인물을 헐벗은 형상으로 표현했으나, 그의 작품의 관찰자는 은밀하고 에로틱한 연극에 발을 들여놓지 않는다. 퓌슬리는 혁명 후의 세계를 꿈꾸었다. 그는 혁명 속에서 자신과 반대 입장을 취했던 다비드와 달리 고전적인 휘장과 미래형 시제에서 자신의 답을 찾지 않았다. 퓌슬리는 내실의 철학을 통해서 시대를 초월한 악의 존재론을 한 글자씩 읽어간다.

스타로뱅스키는 면밀한 그림 분석으로부터 시작하여 근친상간의 욕구라는 주제로 거슬러 올라간다. 이 해석이 맞다면 퓌슬리는 의도적으로 악몽을 주제로 선택하여 묘사한 것이다.[31] 그러나 퓌슬리가 프랑스의 신경학자 장 샤르코 마르탱의 히스테리 도상학에 필적할 만한 "사례"의 갤러리를 풍성하게 채우려는 의도를 가지고 있었던 것은 아닌 듯하다. 스타로뱅스키는 퓌슬리의 작품에서 불안의 병리학이 아니라 고통을 구경하는 즐거움을 파헤치려는 모습을 읽어낸 것이다. "그는 고통을 본다. 그는 고통을 자극한다.

그는 정복욕으로 상대를 유혹하려던 아름다운 여인이 무너지는 모습을 관찰한다. 그는 그녀가 죽음이 임박한 위기 상황에 처해 있음을 본다……"[32]

1년 전 퓌슬리의 "악몽"에 관한 도상학적 해석을 발표한 퓌슬리 연구자 니콜라 파월과 달리,[33] 스트로뱅스키는 독일의 화가 한스 발둥 그린의 말, 후기 르네상스 시대 이탈리아의 화가 파올로 베로네세의 "비너스와 마르스" 혹은 로마 퀴리날레 광장의 마부들과 같은 회화적 요소를 기준으로 연구하지 않았고 그림에서 **문학적** 출처를 찾았다. "이것은 시각적인 각색이며 극적 혹은 서사적 모범을 자유롭게 허용한다.……퓌슬리는 연필로 자신이 읽은 작품을 그렸고, 시에 담긴 이미지의 숨겨진 부분까지 파헤쳐 집중적으로 묘사했다."[34]

스트로뱅스키는 문학적인 해석을 하면서도 묘사의 고유성을 간과하지 않았다. 이것은 잠자는 여인의 우아한 인물묘사와 제3의 참여자인 말에게 기울인 관심에서도 나타난다. 스트로뱅스키는 갑자기 무엇인가가 강렬하게 침투하는 것을 느낀다. "커튼의 갈라진 틈새로 튀어나온 말의 머리와 긴 목에서 나타난 것은 강간이었다. 말의 몸은 밤에서 벗어난 곳에 머물러 있었다."[35] 그는 말의 "몸에서 광원이 작용하는 듯한"[36] 발광(發光) 현상, 특히 백열등처럼 타오르는 눈빛에 주목했다. 말의 얼굴에서 우리는 발작적인 표현, 잠자는 자의 초부재(超不在) 상태에 해당하는 초현재(超現在)를 만난다.[37] 그는 말이 영향을 미치는 공간의 틈을 가리킨다. "밤의 말이 있는 방은 멀리서 급히 달려오는 말의 침입으로 열린다."[38] 그림의 다른 두 주인공과 주변의 내부장식은 매혹적이지만, 완벽한 공포인 말은 불현듯 엄습하여 짓누르는 불안함을 조성한다. 스트로뱅스키는 퓌슬리의 스케치와 유화는 "격정적인 폭력의 지배를 받고 있다"고 썼다. "밤, 살인, 성적 유혹, 악의 기묘함은 그에게 고정값이다."[39]

"악몽"에서 말의 머리가 침입의 역동성과 폭력의 연결관계를 창조할 때,

말, 더 정확히 표현해서 머리의 출현은 폭력의 현재를 최대치로 표현할 수 있는 공식이다. 말의 머리는 폭력이 분출하는 순간을 대변하고 관찰자가 완벽한 공포감을 수용할 수 있는 유일한 형태이다.

2002년 12월 23일에 역사학자 코젤렉은 60년 동안 자신의 기억 속을 떠돌던 한 이미지를 설명했다. 1942년 여름에 그가 직접 목격한 중상을 입은 말의 이미지였다. "재점령 이후 벨라루스의 바리사프[40]에서 나는 두개골이 반쯤 갈라져서 죽은 시신을 보았다. 그 사람은 이미 죽어 있었다. 그리고 나는 두개골이 반쯤 갈라진 말과 살아 있는 말이 필사적으로 죽음을 피하려고 긴 행렬을 전속력으로 뛰는 모습을 보았다. 아무도 말을 죽음으로부터 구원해줄 수 없었다. 그 말이 다른 말을 추월할 수 있는 상태가 아니었기 때문이다. 행진하는 군인은 그 자리에서 총을 맞고 중상을 입었다. 말은 두개골을 반쯤 드러낸 채 쏜살같이 도망갔다. 「요한계시록」의 종말과는 전후가 바뀐 상(像)이었다. 말은 살아 있는 모든 것을 파괴하여 스스로를 파멸시키는 인간의 화신이었다."[41]

부상당한 말은 「요한계시록」에서 유래한 듯하지만 코젤렉은 이 말과 관련된 문학적 출처는 물론이고 각본도 모범도 없다는 사실을 알고 있었다. 창작되기에는 너무 부조리하고 음산한 사건이 실제로 발생했다.[42] 그는 이 사건을 자신만의 고유한 관점으로 바라보았다. 코젤렉은 이 말을 본 후에 이 기억을 얼마나 자주 떠올렸을까? 그가 자신의 기억을 기록하기 위해서 펜을 든 이유는 무엇일까? 그는 이 기억이 우의적 의미로 가득하다는 것을 알고 있었을까? 실상은 초현실주의가 전쟁이라는 현실에 침입하여, 「요한계시록」의 종말보다 더 끔찍한 일이 벌어진 것이었다. 더 이상 말이 존재하지 않는 그런 상황 말이다. 아직 말이 존재하기 때문에 갈라진 상처도 치명적인 절망도 존재한다. 세상의 종말은 밖에서 온 것이 아니라, 살아 있는 모든 것을 말살시키는 '인간의 자기 파괴'라는 사건에서 온 것이었다. 60년

이 지난 크리스마스 이브에 코젤렉은 책상에 앉아서 이 기억이 전하려는 것에 주목하며 끓어오르는 파토스를 억눌렀다. 그는 오랫동안 자신을 따라다니며 괴롭혔던 당시의 참상을 말로 표현하기가 어려웠다. 그러나 그는 한 가지 확실한 깨달음을 얻었다. 말 타는 자는 더 이상 존재하지 않는다는 것을 말이다. 이 그림에서 말 타는 자의 부재는 보는 사람들을 더욱 견딜수 없게 한다. 퓌슬리의 그림은 여전히 문학적 혹은 도상학적 선구자이다. 그러나 종말론의 반전에 대한 각본은 없었다.

채찍

모든 수말에게는 제짝이 있기 마련이다 ─ 행운을 비네!
─ 윌리엄 셰익스피어, 「한여름 밤의 꿈(*A Midsummer Night's Dream*)」

예전에는 시골 사람들의 세계에서만 관찰할 수 있었던 것을 이제는 클릭 한번이면 누구나 접할 수 있다. 마우스를 클릭하는 순간 컴퓨터 화면은 분위기가 후끈 달아오른 대형 동물원에서 교미하는 동물들로 가득 채워진다. 동물들의 행위를 지켜보며 얼굴을 붉히는 사람은 없다. 텔레비전에서도 이 모든 장면을 볼 수 있다. "당신과 나는 그냥 포유류가 아니에요, 디스커버리 채널의 동물들처럼 마음껏 해봐요."[1] 말은 성욕의 동물원에 있는 동물 중에서 유난히 인기가 많은 듯하다. 말의 큰 몸집과 아름다움 때문이기도 하지만 다른 이유도 있다. 말이 특별히 고귀한 동물이기 때문에 인도 카스트 제도의 불가촉천민이나 다른 계급과는 달리 순결한 존재라는 것이다. 물론 아리스토텔레스처럼 말이 모든 생물 중에서 인간 다음으로 성적 충동이 강하다고 정반대의 주장을 하는 이들도 있다. 어쨌든 인터넷 검색 엔진에 '말의 짝짓기'를 입력하면, '하드코어(노골적인 성행위 장면을 담은 포르노 영화/옮긴이)'를 포함해서 인간과 동물 사이에 놓인 종의 장벽을 가볍게 뛰어넘는 고대 그리스인들의 세계는 물론이고, 요즘 스타일로 변형한 고대 그리스 신화에 관한 자료들이 쏟아진다.[2]

2013년에 개봉한 아이슬란드 영화 「오브 홀시스 앤 맨」에서 두 마리 말의 성행위 장면은 그 정점을 찍었다. 암말이 나오는 장면에서 남자는 당황한 기색을 감추지 못하고 어쩔 줄 몰라하며 앉아 있는 반면, 수말이 나오는 장면에서는 별로 개의치 않는다는 듯 비교적 차분한 태도를 보인다. 그런데 이보다 훨씬 더 극적인 장면이 있다. 독일의 극작가 한스 헤니 얀은 『메데아(Medea)』(1926)에서 제이슨의 두 아들 중 큰아들에게 말의 교미 장면을 관찰한 뒤에 보고하도록 한다. 큰아들은 교미하는 두 말 사이에 샌드위치처럼 끼어 압사당할 뻔한다. 죽을 위기에서 가까스로 빠져나온 그는 팔팔 뛰어오르는 수말을 탄 여인을 사랑하게 된다. "환희로 가득 찬 아마존 소년"은 이제 남자가 되어 젊은 여인을 갈망하기 시작한다. 그런데 그는 젊은 여인을 다시 만나는 대신, 어머니의 복수심에 대한 희생양이 되고 만다. 두 말의 교미 장면은 성욕이 가족의 삶을 파괴하고 자녀 사랑의 울타리를 무너뜨리는 폭력과 같은 존재였음을 강력하게 암시하는 장면이었던 것이다.

예로부터 성(性)은 개인의 가정과 뜰, 공동체의 결합을 파괴하는 위험한 권력으로 간주되었다. 성이 인간관계의 영역을 능가하는 형태로 표현될 때에는 더 위험하다. 예를 들면 수간(獸姦)의 유혹은 한 남자를 쓰러뜨릴 수도 있다. 잘 알려진 그린의 동판화 "저주받은 마구간지기"는 르네상스 도상학에서 눈에 띄는 작품으로, 수간의 위험성을 강력하게 경고하는 표지와 같다. 그린은 바닥에 누워 있는 마구간지기의 모습에 극단적이고 비굴한 상황을 압축하여 표현했다. 그림의 중심축은 그의 뒤에 있고, 암말의 엉덩이에서 시작한 빛이 암말의 외음부를 비춘다. 열정적 기수이기도 한 미국 애리조나 대학교의 예술학 교수 피아 F. 쿠네오는 "저주받은 마구간지기"에 암시된 거친 여성혐오 성향을 간과할 수 없다고 말한다. 이 작품의 관람객은 교양이 있고 마학에 익숙한 사람들만이 아니었다. "일부 마학 관련 문헌에서는 흔히 체격이 좋은 말을 아름다운 여인에 비유한다. 말과 여성의 잘 빠진 엉덩이는 '올라타고 싶은' 기수의 욕구를 충족시키고 기수의 몸 아래 있는 말의 움직임을 편안하게 만든다."[3]

쿠네오는 그린이 세상을 떠나기 1년 전에 그린 동판화에서, 인본주의적인 교육을 받고 유복한 환경에서 귀족 혈통의 말을 사육하는 것이 이 아름다운 동물을 지나치게 사랑하게 되는 결과를 초래할 수 있다는 점을 경고하는 메시지를 읽어냈다.[4] 수간은 인간과 동물의 관계가 에로티시즘이라는 기이한 형태로 발전한 예이다. 문학에서는 고대 로마의 작가 클라우디우스 아에리아누스가 마구간지기 에우데무스의 이야기에서 수간을 다루었다. 에로티시즘이라는 진자의 한쪽 끝에는 소녀의 잠재의식에 내재된 성욕이 있다. 소녀들의 성욕이라는 진자의 곡선은 세대가 지날 때마다 끝없이 출렁이고, 9시와 12시 사이에 말 농장을 님프의 정욕이 분출하는 영역으로 변신시킨다. 그 사이에는 무엇이 있을까? 바로 고통, 순종, 장난감, 포즈, 채찍이 주는 쾌락이 복잡한 지형을 이루며 존재한다. 물론 이런 것들은 말을 타고 고삐를 당기는 이미지나 말에 대한 사랑을 표현하는 은유 없이는 밖으로 표현될 수 없다.

목동이나 마구간지기와 이들의 보호를 받는 동물은 가까운 환경에서 살을 붙이고 함께 살아간다. 이런 공동생활이 수간에 영향을 끼치는 것은 사실이다.[5] 그러나 이미지의 세계, 은유, 정복에서 인간과 말의 성욕에 관한 현상학은 비현실적인 서법에 속한다. 우리가 **이미지**라고 표현하는 대상은 이미지가 없는 현실과 결합하지 않아도 존재한다. 반대로 이미지, 기호, 상징으로 표현되는 것들이 존재하지 않는다면, 인식할 수 없는 것들은 무수히 많은 실과 입자를 통해서 그림과 상징을 현실과 연결시키며 영향력을 펼쳐나간다. 이제 진부한 소재가 되어버린 성욕은 이미지를 통한 전달력이 가장 강한 **현실**이다. 그러나 성욕은 이미지나 담론으로 구성되는 것이 아니라고 말하는 사람들도 있다. 가령 "말 타는 소녀"라는 현상을 이해하려면 자신이 집중하고 있는 것, 이를테면 특별한 아름다움과 큰 몸집을 가진 동물, 고유의 행동과 냄새를 반영하지 않는 한, 투사(Projektion : 받아들이기 힘든 충동이나 생각을 외부로 옮기는 정신 과정/옮긴이)와 점유를 논하는 것으로는 부족하다. 말은 테디베어나 스마트폰이 아닌, 인간이 투사할 수 있고 진심으로 사랑에 빠질 수 있는 정말 특별하고 살아 있는 존재이다. 말은 살아 있는 은유 그 자체이다.

그러나 말을 타는 소녀는 특수한 경우이고, 그 자체가 하나의 세계이다. 이 장에서 다루게 될 또다른 현상학은 19세기 소설가들의 세계에 도입되기 시작한 기병학교와 기마학교이다. 대부분의 19세기 연애 및 불륜 소설을 자세히 살펴보면 그것이 말 소설이라는 사실을 알 수 있다. 몸집이 크고 따뜻한 기제목(奇蹄目) 동물인 말이 항상 등장하는 이 소설들은 인간이 동물의 이미지를 어떻게 연기하고, 말의 모습을 하고 꿈을 꾸고 변장하는지, 그리고 말의 가면 뒤에 감추어진 여러 의미는 무엇인지를 보여준다.

청동 삼각형 안에서

베를린 구(舊) 국립미술관 바로 옆에는 청동 조각상 세 개가 나란히 서 있다. 이 조각상들에서 말은 중요한 의미를 가진다. 세 작품의 탄생 시기도 거의 비슷하다. 가장 오래된 것은 독일 제국이 건설된 직후에, 가장 최근의 것은 1900년에 제작되었다. 세 작품의 공통점을 열거하자면 끝이 없으므로 차이점부터 살펴보도록 하자. 이는 사실 세 조각상의 비교를 통해서 남자, 여자, 말 사이에서 에로틱한 사건이 발생할 가능성의 공간을 문학적, 조형적으로 묘사하는 것이다. 세 조각상을 동시에 다룬다는 것은 어려운 일이고 엄밀하게 따지면 대조도 불가능하므로 하나씩 차례로 관찰해야 한다. 가장 크고 강렬하다고 해서 가장 아름답다고 볼 수는 없지만 큰 것부터 먼저 살펴보도록 하겠다. 첫 번째 작품은 갤러리 입구 앞의 층계참에 우뚝 서 있는 프리드리히 빌헬름 4세의 기마상이다.

프리드리히 빌헬름 4세의 기마상은 독일의 조각가 구스타프 블레저의 구상으로 베를린 출신 조각가 알렉산더 칼란드렐리가 1875년부터 1886년까지 제작한 뒤, 바로 전시되었다. 이 작품은 사람들이 예상하는 기념비의 필법을 따르지 않는다. 예술 애호가이자 프로이센의 국왕 프리드리히 빌헬름 4세는 남쪽 방향이 아니라 프랑스 근방인 서쪽 방향으로 말을 타고 가고 있다. 건장한 신체와 남성성이 돋보이는 수말이 힘차게 달리고 있다. 말은 늠름한 자태의 한 남자, 즉 기수를 태우고 보이지 않는 저항에 맞서 저 멀리로 달려간다. 벌렁거리는 콧구멍에서부터 유난히 털이 많은 꼬리에 이르는 신체적 특징들이 말의 두 가지 성격을 드러낸다. 그것은 바로 힘찬 역동성과 역동적인 힘이다.

이 작품은 독일의 조각가 루이 튀아이용의 "말을 타는 아마조네스"와 대조해도 큰 차이가 없다. 아마조네스는 베를린 신 박물관의 세로측 앞에 서 있다. 앳된 여전사는 안장도 없이 말을 타고 있는데, 손에는 작지만 약간 위협적인 도끼를 들고 옷은 키톤(그리스의 기본 복식/옮긴이)만 걸치고 있다. 키톤은 여전사의 기품 있는 몸매를 감추지 않고 강조하며, 특히 엉덩이와 허벅지는 노출시키고 있다. 아마조네스와 말의 몸이 닿는 부위는 맨살이다. 표정에서 거리감이 느껴지는 프리드리히 빌헬름 4세의 기마 입상과 달리 튀아이용의 아마조네스의 표정에는 공감을 할 수 있다. 아마조네스가 관찰자를 말의 움직임을 수용하는 기수로 만들어주었기 때문이 아니라, 말의 신체에서 나오는 온기, 심장 박동, 혈액의 맥박을 전해주고 있기 때문이다. 말은 잠자코 서서 머리를 살짝 왼쪽으로 돌리고 있다. 편안함을 주는 우아함, 즉 조각상의 경쾌함이 그 안에서 모든 것을 수용하고 두 신체의 접촉에서 생기는 에로틱함을 느낄 수 있게 해준다. 관찰자는 순식간에 저 먼 곳을 바라보는 아마조네스의 청동상에 시선을 빼앗긴다.

세 번째 조각상은 국립미술관 다른 편 주랑에 있는, 독일의 유명 조각가

크리스티안 다니엘 라우흐의 제자이자 신(新)바로크 조각가인 라인홀트 베가스의 작품이다. 이 작품은 나이가 지긋하고 수염이 덥수룩한 베가스와 어딘지 모르게 비슷한 켄타우로스를 형상화하고 있다. 켄타우로스는 나신인 젊은 님프가 여성다운 자세로 말에 올라타는 것을 도와주고 있다. 젊은 시절 베가스는 로마에서 유학하면서 독일의 인상파 화가인 안젤름 포이어바흐와 스위스의 상징주의 화가 아르놀트 뵈클린과 친분을 맺었다. 때때로 거친 느낌을 주는 그들의 예술은 호색한인 켄타우로스의 초상에서 영감을 얻은 듯했다. 이 조각은 흠잡을 데 없는 몸매와 욕정으로 불타오르는 신화 속의 두 존재를 표현하며 관찰자를 매료시키도록 구성되어 있다. 그럼에도 관찰자는 일정한 거리를 두고 있다. 조각의 서사성은 성적 충동을 부추기는 특성을 희생시켜야 얻을 수 있는 것이기 때문이다. 이것은 켄타우로스의 연애사와의 연관성을 열어주는데, 그 안에는 유혹과 납치가 한 쌍을 이루기 일쑤이고 폭력의 위협이 성적 유희를 어둠의 세계로 빠뜨리곤 한다.

우리가 상상할 수 있는 말은 세 번째 조각상의 이미지이다. 적극적으로 덤벼드는 역할 때문에 강한 이미지를 가지게 된 말은 수염 달린 인간 남자와의 교잡(交雜 : 유전적 조성이 다른 두 개체 사이의 교배/옮긴이)을 통해서 현상학적인 작용을 일으킨다. 작품 전체에 권력 다툼의 역동성이 표현된 프리드리히 빌헬름 4세의 기마상과 달리, 또 침착한 암말의 차분한 분위기를 전하는 아마조네스의 조각상과도 달리, 켄타우로스는 현실 세계에 존재하는 말을 묘사한 것이 아니다. 그래서 이 작품은 말의 본성을 보여주지 못하고, 말을 네 다리를 가진 신화 속 인물로 묘사하면서 에로틱한 장면을 텍스트의 공간으로 다시 도입한다.

20세기까지 유혹과 납치라는 게임은 켄타우로스라는 인물을 통해서 묘사되었다. 켄타우로스는 언제든 폭력적으로 돌변할 수 있는 위협적인 존재였다. 독일의 소묘화가인 막스 슬레포크트는 이 암호를 계속 이용했다. 고대 영웅들의 스승인 케이론(그리스 신화에 나오는 켄타우로스 중의 하나/옮긴이)의 경우를 보면 켄타우로스는 원래 욕정이 들끓는 싸움꾼으로 태어났지만 나이가 들면서 모든 것에 초연한 현자가 되기도 했다. 이 게임은 켄타우로스와의 협력 없이 시작될 수 있었다. 예를 들면 루벤스의 "레우키포스 딸의 유괴"에서 볼 수 있듯이 지극히 "평범한" 말들도 역동적이고 성행위를 암시하는 요소들을 대변할 수 있게 되었다. 다른 예로 인상주의 화가이자 후기 바로크 미술의 대부인 프란츠 안톤 마울베르츠의 작품인 "젊은 소녀의 납치"(프랑스 렌 미술관 소장)가 있다. 납치자의 팔에 안겨 있는 젊은 여인은 공포에 가득 찬 눈빛으로 목이 베인 친구의 시신을 응시하고 있는 반면, 유혹자 역할인 말은 불행한 여인에게 연민과 욕정으로 뒤엉킨 시선을 보내고 있다. 감각이 뛰어난 색채파 화가 마울베르츠는 그 외에 다른 모든 요소는 색을 통해서 전달한다. 젊은 여인의 우윳빛 피부와 흰 말의 반짝이는 가죽은 두 존재가 곧 한몸이 될 것임을 암시한다.

우리는 코젤렉이 '도치'라는 표현으로 해석했던 이미지를 보면 당혹감을 느낀다. 당혹감의 위력을 느낄 수 있는 작품은 고야의 부식동판화 "납치하는 말"이다. "납치하는 말"은 1815년에서 1823년 사이에 탄생한 '상식에서 벗어난 말'이나 '속담 놀이'에서 유래한다. 말을 "육식조(肉食鳥)"와 같은 거친 표현으로 해석할 때에 말은 약탈자나 겁탈자가 될 수 있다. 어쨌든 이 장면은 폭력적인 분위기를 자아내고 있다. 물론 로버트 휴스(여배우들을 성폭행하여 2014년에 실형을 선고받았다/옮긴이)처럼 여인의 몸짓을 오르가슴의 표현으로만 읽어내려는 사람은 여인의 이미지를 있는 그대로 보지 않고 투사를 할 것이다. 르바드 동작으로 서 있는 말은, 왜 어딘가에 시선이 고정된 여인을 덮치려는 것일까? 말은 여인을 납치하고 유혹하려는 것일까? 아니면 여인에게 폭력을 가하려는 것일까? 그것도 아니라면 말은 여인을 억눌린 욕구로부터 구원하기 위해서 여인을 높이 들어올리려는 것일까?

그렇다면 약탈자가 여인을 더 큰 위험에서 건져줄 수 있는 구원자라는 말인가? 배경에 있는 짐승이 여인을 집어삼킬 위험은 없는가? 비정상적으로 큰 비버나 쥐 혹은 수중생물처럼 생긴 이 짐승은 대체 무슨 종인가? 더 자세히 살펴보면 말은 물거품이 일렁이는 물속에 뒷다리로 서 있고, 물에 젖은 꼬리는 다리에 찰싹 달라붙어 있음을 알 수 있다. 그림 속 짐승이 육지와 바다의 힘을 상징하는 동물이라면, 바다의 마수인 리바이어던을 뚱뚱한 쥐 혹은 이빨이 긴 괴물로, 육지의 마수인 베헤모스를 말로 표현한 것으로 본다면 작품 설명은 끝난 것인가? 여인은 대체 왜 여기에 있는 것인가?

고야의 판화에서 도상학적인 전통은 기이한 방식으로 치우쳐 있다. 이것은 베가스의 작품에서도 마찬가지이다. 베가스는 님프의 등 뒤에서 납치를 시도하는 켄타우로스를 그림의 공식으로 만들었다. 가장 눈여겨볼 부분은 고야가 안전한 고전적인 방식에서 벗어나, 코젤렉의 '도치'를 이용했다는 것이다. 고야는 반인반마인 켄타우로스에서 말만 이동시켜 켄타우로스 이전의 상태로 되돌려놓았다. 말 위에 앉아 있는 폭력적인 남자의 형상으로 말이다. 고야의 그림에 등장하는 말은 말도 켄타우로스도 아니다. 고야는 그리스 신화를 테마로 한 동화 공원을 조명하지 않고 정치적 동물학의 존립 기반을 파괴해버렸다. 여인이 눈을 감고 보지 못하는 곳에는 무엇이 숨겨져 있을까? 여인의 앞이나 뒤에는 폭력이 있는 것이 아닐까?

소녀 아마조네스

저예산 영화 「소녀와 말에 대해서」(2014)는 영화감독 모니카 트로이트가 어린 시절에 겪은 자전적 이야기를 다룬다. 그녀는 「소녀와 말에 대해서」가 '말 영화'라고 선언하며 "나는 한참 성장통을 겪고 있던 시절로 돌아간다. 당시 말은 내게 가장 소중한 친구들이었다. 나는 소녀와 말이 함께하는 공동체에 푹 빠져 있었다. 그곳은 남자아이들과 남자들의 공동체로, 동물과 소녀, 여자들의 유대관계로 맺어져 있었다.……말을 탈 때의 신체적인 특성과 에너지, 소심하면서 강한 '도주성 동물'을 돌보고 길들이는 행위에는 고유한 에로티시즘이 있었다. 우리는 여기에 흠뻑 빠져서 말과의 접촉을 끊을 수 없었다. 나는 이처럼 순수한 에너지적 관점에서 단순한 영화를 만들고자 한다. 나는 '불안한 십대'가 말과의 소통을 통해서 서서히 자신과의 관계를 받아들이고 타인과의 신뢰를 쌓아갈 능력을 갖추어나가기를 바란다."6)

어린 소녀와 말. 모든 위대한 사랑이 그렇듯이 이들의 사랑 이야기는 수수께끼 같다. 이에 대해서 심리학자들은 다음과 같이 해석한다. 소녀들의 성적 진화의 콘셉트는 이성애의 모델에 맞추어져 있다. 소녀들의 눈에 말은 남자 파트너를 선택하기 이전 최후의 대체품, 일종의 전이 대상이다. "말은 인형과 파트너의 중간 단계에 있는 가장 크고 아름다운 마지막 애완동물로, 자신이 태어난 가정에서 성적 파트너와의 관계로 넘어가는 과도기를 의미한다."7) 반면 이 세계에 대해서 트로이트는 아직 목적론의 '방향을 제시하는 화살'이 걸리지 않았다고 묘사한다. "말과 소녀는 동물, 소녀, 여자의 '결합'이라는 세계를 스스로 만들어간다……." 이 세계에서 말은 어린 소녀의 리비도를 느리지만 안전하게 이성애의 물가로 이동시키는 '카르고'와 같은 대상이 아니다. 말의 피지스(Physis : 인공, 인위에 대하여 인간의 개입을 허락하지 않는 것, 있는 그대로의 것을 말한다/옮긴이)와 강하고 생명력 넘치는 신체, 말을 탈 때의 에너지에서 표출되는 디나미스(Dynamis : 질료[質料]가 형상을 받아들일 수 있는 가능성/옮긴이)는 소녀가 말의 신체를 돌보는 과정에서 서로 결합하고, 이 결합관계는 일정한 시간 동안 공동체의 원래 내용물과 접합제가 되는 에로티시즘으로 이어진다. 이것이 얼마나 오래 걸릴지, 소녀와 말의 공동체가 어떻게 유지될지에 대해서 저자는 말을 아낀다. 그러나 '에너지론적 관점'에서 자신들만의 권리를 추구하는 여자들만의 작은 공동체는 일시적인 공생관계로 볼 수 있다. 말과 소녀는 시간의 흐름 속에 있는 섬이기 때문이다.

몇 년 동안 말 목장은 학교와 가정에 대비되는 또다른 세상, 모험의 현장이 되었다. 이 기간에 소녀는 자기 안에 있는 야생성을 발견할 기회가 있었다. 야생성은 아마조네스의 영역을 벗어나면 절대 허용되지 않는 것이었다. "이곳에서 소녀는 소녀다워도 되고 소년처럼 행동해도 되었다. 이제 소녀는 사랑도 하고 증오도 하고, 방어적이기도 하고 공격적이기도 하며, 다정하기도 하고 폭력적이기도 하고, 온유하기도 하고 고압적이기도 하고, 겸손하기도 하고 독선적이기도 했다. 말을 타는 소녀는 성적 일탈의 장소와 대상을 발견했다."[8]

영화감독 트로이트의 기억 속에서 "소심하면서 강한 '도주성 동물'을 돌보고 길들이는 행위에는 고유한 에로티시즘이 있었다." 소녀와 말은 빠르고 소심한 존재여서 길들이기가 어렵고 언제든 도망칠 준비가 되어 있다. 들뢰즈와 가타리는 마르셀 프루스트의 표현을 인용해서 말에 대해서 "영원히 도망 다니는 피조물"이라고 했다. 또한 이들은 말을 "단지 빠름과 느림의 관계만 가지는 동물일 뿐, 이것 외에는 다른 의미가 없는 존재"라고 했다. "속도로 인해서 소녀에게는 모든 것이 늦게 찾아온다. 소녀는 시간에 비해 많은 일을 해야 하는 상황 속에서도 자신이 원했던 많은 공간들을 돌아다닌다. 겉보기에는 느린 듯한 어린 소녀의 속도가 우리가 원했던 광적인 빠른 속도로 변한다."[9]

헤로도토스는 스키타이족이 아마조네스를 길들인 이야기를 소개한다.[10] 테르모돈 강 전투에서 승리한 그리스인들이 포로로 잡은 아마조네스를 세척의 배에 태우고 고향으로 가던 중이었다. 갑자기 아마조네스가 반란을 일으켜서 남자들을 전부 죽이고 항해를 계속했다. 오랜 시간 배는 최종 목적지도 모른 채 정처 없이 떠돌다가 마침내 아조프 해의 크렘노이에 도착했다. 아마조네스는 한 무리의 말을 훔친 뒤에 그 말을 타고 다니며 스키타이 족을 상대로 약탈 행각을 벌였다. 스키타이족은 자신들을 공격한 자들이 젊은 남자들이 아닌 여자들의 무리라는 것을 알고 혼란에 빠졌다. 아마조네스에 맞서기 위해서 스키타이족은 아마조네스와 같은 수의 젊은 전사들을 모았나. 젊은 전사들은 아마조네스의 근처에 진을 치고 있다가 아마조네스의 공격을 받으면 도망치고, 아마조네스가 공격을 멈추면 진지로 다시 돌아왔다. 아마조네스는 젊은 전사들이 화해를 원한다는 사실을 알고 이들을 그대로 내버려두었다. 젊은 전사들은 아마조네스처럼 사냥과 약탈로 생계를 꾸려나갔고, 두 진영은 날이 갈수록 점점 가까워졌다. 점심 무렵 아마조네스는 각각 혹은 둘씩 짝을 지어서 흩어져 용변을 보았고, 젊은 전사들도 똑같이 행동했다. 그러던 어느 날 젊은 전사 중에서 한 명이 아마조네스 한 명을 덮쳤다. 아마조네스는 거부하지 않고, 무슨 뜻인지 이해한다는 몸짓을 했다. 그는 다음날 동행인을 데리고 다시 와야 하며, 자신도 친구를 데려오겠다고 했다. 네 명은 함께 만났고 모든 일이 순조로웠다. 헤로도토스는 "이 소식을 들은 다른 젊은 전사들은 같은 방법으로 아마조네스들을 길들였다"고 쓰고 있다.[11]

　이야기는 여기에서 끝나지 않는다. 아마조네스는 젊은 전사들의 유전적 기질을 인정하고 일정한 거처 없이 이동하며 사는 삶 등 새로운 것에 적응해야 했다. 아마조네스는 아들을 빼앗긴 스키타이족의 복수를 두려워했다. 또한 이들에게 스키타이족의 집에서 사는 것은 상상할 수 없는 일이었다. 아마조네스는 "우리는 활을 쏘고 검을 휘두르고 말을 타고 다닙니다. 당신들과 다른 관습을 가진 사람들입니다. 집안일 같은 것은 할 줄도 모릅니다"라고 말했다.[12] 아마조네스의 남편들은 아내들의 말을 따랐고, 반쯤 길들여진 아마조네스와 남편들은 계속 유랑하며 야생에서 말을 타고 다니는 사냥꾼과 약탈자의 삶을 살았다.

지금까지 아마조네스는 그리스 신화 속의 이미지가 강하게 반영된 인물상이었다. 야생에서 말을 타고 다니는 그녀들은 헤라클레스, 테세우스, 아킬레우스와 같은 전설적인 영웅과 함께 충격과 경외심이 독특하게 혼합된 감정의 대상이었다. 이제 아마조네스에게 느끼는 혐오와 매력은 용광로에서 녹아서 운문으로 적히거나 꽃병에 그려진다. 그리스인들은 아마조네스가 유방이 없거나 하나뿐이라고 상상했다. 팔의 근력을 키우기 위해서 오른쪽 유방을 절제했다는 것이다. 그리스 문화에는 팜므파탈의 전형이 될 만한 인물이 없었기 때문에, 이 위험요소는 그리스인들의 고향에서 멀리 떨어진 흑해와 카스피 해 북동부 지역의 스키타이족이 사는 곳에 있는 것으로 여겨졌다. 그리스 남성의 환상이 아마조네스에게 담겨 있었을까? 학자들은 오랫동안 그렇다고 믿어왔으나, 현대 고고학에서 다른 증거물이 발견되었다. "최근 발굴된 유물은 그리스 신화, 예술작품, 역사, 민족학, 기타 문헌에 등장하는 여전사의 존재를 입증하고 있다. 실제로 스키타이족의 무덤에서 전투에 참여한 흔적이 있는 여성들의 유골과 함께 무기, 말, 기타 소지품들이 발굴되었다. 유골의 분석 결과는 이 여성들이 말을 타고 사냥했고 전투에도 참여했다는 사실을 보여준다. 게다가 그리스 로마 신화에서 전달하는 것과 역사에서 보여주는 아마조네스의 정착지와 발굴 지역의 특성이 일치하는 것으로 확인되었다."[13]

그리스인들만 아마조네스를 꿈꾸고 창작한 것은 아니었다. 근동 및 극동지방(이집트, 페르시아, 인도, 중국)의 문학에서도 호전적인 여전사가 등장한다. 여전사는 유라시아 초원의 유목민족들의 실제 생활환경과 관련하여 지역화되어 나타난다. 이런 기마민족 문화에서 소녀들은 사내아이들처럼 말을 타고 활을 쏘는 법을 배웠고 사냥을 했으며 약탈과 전쟁에도 참여했다. 이 문화권에서는 소녀들이 배우자를 직접 선택하거나 경쟁자와의 결투에서 이긴 사람이 원하는 남자를 "정복했던 것"으로 보인다. 미국의 민속학자인 에이드리엔 메이어는 "아마조네스는 자신이 원하는 남자를 직접 선택하는 열정적인 연애주의자들로 자유로운 성관계를 즐기는 경향이 있었으나 헤로도토스가 전하는 이야기처럼 한 남자에게 정착하기도 했다"고 썼다.[14]

소녀전사, 여성전사와 말의 공동생활은 그 둘의 밀접한 관계 속에서 발전한다. 이들은 서로 배움을 주고받는 관계이다. 이것은 이들에게만 나타나는 일반적인 현상이 아니었다. 유목민족들은 처음 말과 공동생활을 하며 관계를 형성할 때부터 말의 행동방식을 연구해왔다. 이를테면 말의 무리에서 암말의 서열관계 등을 파악하고 있었다. "암말도 수말처럼 강하고 빠를 수 있다. 암말도 필사적으로 싸움에 임할 수 있다. 다재다능한 암말은 무리의 다른 말들을 제치고 우두머리가 되어 수말에게 지시를 내린다. 한편 수말은 무리를 보호하면서 암말이 성욕을 느낄 때까지 기다린다."[15] 이런 측면에서 인간이 말에게서 배울 수 있다는 사실을 안 것은 고대 그리스의 여전사 아마조네스가 처음은 아니었다. 유목민족과 승용 동물인 말 사이에는 오래 전부터 공동생활 영역에 관한 학습과정이 이어져왔다. 유랑생활을 할 때의 이동과 휴식시간, 성생활, 전투 방식, 위험을 예방하는 법, 주의를 주는 방식과 신체 언어를 이해하는 법 등의 학습과정에서는 말과 인간의 공통적인 리듬을 발전시키고, 감각적으로 빠르게 서로 이해하는 관계를 형성하는 것이 중요했다.[16]

물론 애착인형이나 상전이 모델을 통한 해석을 허용하지 않는 전통심리학을 헤로도토스의 작품이나 고고학과 문화인지 연구의 결과와 맞바꾼다는 생각은 아무도 하지 못할 것이다. 그래서 이런 접근법이 시대착오적이라고 생각하는 사람도 없을 것이다. 그러나 어린 소녀와 말, 이들 사이에 존재하는 친화성에 관한 연구가 이 정도로 끝나서는 안 된다는 점을 기억하자.

말 타기와 말 태우기

한스 발등 그린이 흠잡을 데 없는 몸매의 말을 아름다운 여인에 비유한 지 500년이 넘었다. 그런데 이 비유는 과거에나 통하던 것이 아니다. 말 타기와 말 태우기의 의미는 옛 문학과 예술에서만 논하던 주제가 아니다. 2013년 슈퍼바이크 혼다 CBR 1000 RR 광고는 지나치게 선정적이라는 비판을 받다가 결국 방송이 중단되었다. 이 광고에서는 아름다운 여인인 스페인 모델 안젤라 로바토가 멋진 오토바이로 변신하고, 남자 드라이버가 오토바이의 잘 빠진 곡선 위에 몸을 싣는다. 오비디우스가 마음을 빼앗길 만한 이 장면에서 배경음악으로 그룹 프로디지의 "내 엉덩이를 때려줘요"가 깔린다. 이 영상에는 가사도 없다. 영어의 '타다(to ride)'라는 동사에는 오토바이 타기의 유래에 관한 추억이 생생하게 담겨 있기 때문에 '불필요한 중복'은 불가피했을 것이다. 어쨌든 이 광고는 환유법을 이용해서 말 타는 행위를 성행위로 쉽게 표현할 수 있다는 사실과 이것이 말의 시대와의 연결 고리가 끊긴 문화에서도 여전히 통용된다는 사실을 보여준다.

이런 상황에서 인간은 결백을 주장하기가 어렵다. 유화, 소묘, 영화에서 인물을 말에 태우거나 말처럼 다루었다면 그는 다른 의도가 없었다고 발뺌하기 힘들 것이다. 말 타기 놀이는 의사 놀이가 아니다. 말을 타는 행위 자체는 평등하다. 가능성으로 보면 적어도 평등한 상황에 노출되어 있고, 뒤집어질 가능성은 없다. 여기에는 양가감정이 존재하기 때문이다. 미국의 수필가 웨인 케스텐바움은 눈에 보이는 것이 자세와 위치를 낮추는 행위만큼 중요한 곳에서는 "자세와 위치를 낮추는 행위에서 수치스러움을 관찰할 수 있다"고 말했다.[17] 다소 진부한 표현이지만 이 상황에서 피해자, 가해자, 증인의 삼각관계가 탄생한다는 것이다.[18]

상대를 굴복시키고 싶을 때에 그의 위에 올라타는 것보다 더 심한 방법은, 상대를 역용 동물로 만드는 것이다. 몽테뉴는 승리의 수레를 끌게 한 로마의 황제를 실험정신이 극도로 강한 인물이라고 기록한다. "마르쿠스 안토니우스는 최초로 사자가 끄는 수레를 타고 로마 전역을 다닌 인물로, 항상 젊은 여자들을 끼고 있었다. 엘라가발루스도 안토니우스를 똑같이 따라 했고 자신을 가리켜 대지의 모신(母神) 키벨레라고 했다. 바쿠스 신의 수레를 모방한 그의 수레는 동물들이 끌었다. 때로는 2마리의 사슴이, 때로는 4마리의 개가 수레를 끌었고, 그의 옆에는 실오라기 하나 걸치지 않은 4명의 소녀가 축제 행렬을 함께 즐기며 로마 시내를 돌아다녔다."19)

르네상스와 바로크 예술가들이 반복적으로 다루어 널리 알려진 모티프가 있다. 나이 든 남자와 그 위에 올라탄 젊은 여자의 모습이다. '여성다운 포즈'로 말을 타고 있는 여자는 오른손에는 채찍을 왼손에는 남자를 조종하는 데에 사용할 재갈을 들고 있다. 1513년 그린도 이 장면을 모티프로 한 목판화를 발표했다. 에로티시즘을 주제로 한 대부분의 작품들이 그렇듯이, 이 작품에는 동시대의 다른 작품들보다 노골적인 묘사가 많이 등장한다. 작품에서는 두 사람 모두 벌거벗고 있고, 말을 탄 여자는 성적 권력을 남용하여 강렬한 쾌락을 느낀다는 것을 말하려는 듯이 (채찍을 들고 있는) 오른손 새끼손가락만 살짝 옆을 가리키고 있다. 물론 그녀가 올라탄 늙은 남자는 특정 인물을 지칭하는 것이 아니다. 사실 이 작품의 모티프가 된 아리스토텔레스와 필리스의 이야기는 중세에 인기를 끌었던 운문 서사시이다.20)

이 운문 서사시는 알렉산드로스 대왕의 스승인 노(老) 철학자 아리스토텔레스가 알렉산드로스 대왕의 여인인 필리스를 사랑하게 된 이야기이다. 아리스토텔레스는 알렉산드로스 대왕에게 큰 인물이 되려면 여자를 조심해야 한다며 필리스를 멀리하라고 조언한다. 알렉산드로스 대왕은 스승의 조언을 필리스에게 전하고 필리스는 아리스토텔레스에게 복수를 결심한다. 아리스토텔레스는 필리스의 유혹에 넘어가고, 필리스는 아리스토텔레스의 등에 올라타 관능의 힘을 증명한다. 알렉산드로스 대왕은 비굴하게 몸을 낮추고 있는 스승의 모습을 보며 비굴한 현장의 증인이 된다. 그린은 알렉산드로스 대왕의 시선을 통해서 스승의 비굴함을 보여주며 감상자와 알렉산드로스 대왕을 동일시한다.

호색한인 늙은 남자가 젊은 여자에게 홀딱 빠져서 신세를 망치는 이야기는 희극의 인기 소재였다. 그중 가장 먼저 떠오르는 작품은 하인리히 폰 클라이스트의 『깨진 항아리(Der zerbrochene Krug)』이다. 그런데 필리스와 아리스토텔레스의 이야기에서 눈여겨볼 부분이 있다. 이 늙은 남자가 저명한 철학자인 아리스토텔레스였다는 점이다. 게다가 이 이야기에서 아리스토텔레스는 젊은 여인에게 짐승 취급을 당하고 있어서 더욱 굴욕적이다. 여기에서 아리스토텔레스는 최근의 어느 광고 문구처럼 작은 곰이나 수말도 아니고 그냥 여자가 올라타는 짐승이다. 루소는 인간을 경멸적으로 표현하여 '다리가 네 개'인 짐승이라고 했다. 그런데 사유하는 인간, 철학하는 인간인 아리스토텔레스가 그 지경이 된 것이다. 아리스토텔레스는 성적 충동을 억누르지 못하고 짐승보다 못한 인간으로 전락하고 말았다. 말 그대로 그는 자신의 굴욕적인 모습을 본 것이다.

기술사(技術史)의 관점에서 그린과 동시대 화가들의 작품을 분석하면, 16세기에는 아직 채찍과 승용 동물의 역할이 명확하게 구분되지 않았다는 사실을 알 수 있다. 필리스와 잔혹하기로 유명한 그녀의 사촌들은 늙은 말을 채찍으로 다스렸다고 한다. 물론 당시에는 길이가 짧은 채찍을 바짝 쥐고 채찍질하며 말을 타는 것이 일반적이었다. 이 채찍은 마부들이 일반적으로 사용하는 채찍보다 장난감 채찍에 가까웠다. 니체와 그가 흠모하던 러시아계 독일인 소설가 루 살로메가 루체른에서 함께 찍은 유명한 사진이 있는데, 이 사진에서 살로메의 손에 들려 있던 채찍이 바로 그것이다. 50년 후인 1882년 5월, 살로메는 쥘 보네의 카드형 사진을 찍은 날을 회상했다. 그녀는 "니체, 파울 레(독일의 경험주의 철학자/옮긴이), 나, 우리 세 사람은 드디어 사진을 찍었다. 레는 자신의 얼굴이 사진에 찍히는 것을 병적으로 꺼려했다. 한껏 들떠 있던 니체는 그래도 사진을 찍어야 한다며 직접 세세한 부분까지 신경을 썼다. (작아도 너무 작은) 건초 마차와 심지어 라일락 나뭇가지 채찍 같은 소품까지 챙겼다"라고 썼다.[21)]

그런데 사진 속 레의 표정을 보면 사진 찍기를 거부한 사람이었는지 의심스러울 정도이다. 오히려 정반대이다. 세 사람 모두 카메라를 의식하고 있는 모습은 소박하게 느껴진다. 기하학적 구조상 이 사진의 중심인 레의 오른손 엄지손가락은 조끼에 꽂혀 있고, 나머지 네 손가락은 프록 코트의 위 단추와 아래 단추의 중간쯤 되는 배 위에 편안하게 올라가 있다. 나폴레옹과 같은 영웅이 아니라 시민적 생활 태도를 완벽하게 보여주는 몸짓이다. 마차의 두 번째 말인 니체도 크게 다르지 않다! 당시 서른여덟 살로 레보다 나이가 많았던 니체는 사진 작업실에서의 가장무도회를 진지하게 받아들이고 있는 듯하다. 눈으로 뒤덮인 융프라우(!)를 배경으로 한 사진 앞에 서 있는 그의 표정은 사뭇 진지하다. 목사의 아들인 니체의 예언자와 같은 시선은 어딘지 모를 먼 곳을 향하고 있다. 마치 자라투스트라가 골짜기 아래를 향해 외치고 있는 모습을 본 것처럼 말이다.

드디어 젊은 미인 살로메가 마차 위에 올라탔다. 고양이처럼 웅크린 그녀의 몸은 오른쪽으로 약간 기울어 있다. 왼손은 (필리스처럼) 두 철학자를 지휘하려는 듯 고삐를 쥐고 있고, 오른손은 라일락 꽃으로 장식된 어린이용 채찍을 들고 있다. 그녀는 프랑스의 사회학자이자 평론가인 롤랑 바르트가 '푼크툼(Punctum : 관객이 자신의 개인적인 경험에 비추어 작품을 받아들이는 것/옮긴이)'이라고 했던 요소를 만들고 있다. 젊은 여인의 선명하고도 강렬한 눈빛이다. 예리하게도 카메라와 관찰자의 시선은 이 눈빛에 고정된다. 숨도 쉬지 못할 정도로 꽉 졸라맨 잘록한 허리처럼 날카롭게 말이다.

이 사진의 주인공은 살로메이다. 그러나 제4의 인물인 말은 볼 수 없다. 사진에는 말이 등장하지 않고 말의 노동 환경만 묘사되어 있다. 말의 노동 환경은 말이 끄는 마차 안뿐만 아니라 말이 두려워하는 채찍에서도 나타난다. 말의 **부재**가 더없이 강렬한 인상을 남기는 묘사이다. 그러나 그 빈자리에는 마차를 끄는 두 남자가 있다.

루체른에서 장난스러운 사진 촬영을 하고 몇 달 후에 니체는 『자라투스트라는 이렇게 말했다(*Also sprach Zarathustra*)』를 발표하는데, 그중 여성을 비판적인 관점에서 묘사한 것으로 유명한 문장이 있다. 이 문장은 지배권에 대한 근본적인 차이를 다룬다. "남자의 행복은 '내가 원한다'에서 오고, 여자의 행복은 '그가 원한다'에서 온다."22) 메모에서 그는 한발 더 나아가 에로티시즘의 폭군상은 동양에서 유래했음을 암시한다. "사랑 때문에 남자는 완전한 여자 노예를 찾고 여자는 남자의 완전한 노예가 된다. 사랑은 과거 문화와 사회에 대한 갈망이다. 사랑의 기원인 동양으로 돌아가야 한다."23) "여자에게 갈 때에는 채찍을 잊지 마라"는 악명 높은 문장은 이런 맥락에서 탄생한 것이다.24) 이 문장이 적나라하게 수록된 『유작 단편(*Nachgelassene Fragmente*)』의 기록과 달리 『자라투스트라는 이렇게 말했다』에서 니체는 이런 관점을 문학적으로 포장하고 이중 꺽쇠로 처리했다.25) 또한 자라투스트라가 말한 문장을 '왜소한 노파'가 그에게 털어놓은 이야기인 양 표현했다.26) 비난을 피하고 텍스트를 감추기 위해서 일종의 문학적 속임수를 이용한 것이다. 이것은 '반(反) 해석' 전략으로는 유용했는지도 모른다. 그러나 프랑스의 해체주의 철학자 자크 데리다가 텍스트의 '기후'라고 표현한 부분은 이런 기교로 해결될 문제가 아니다. 『자라투스트라는 이렇게 말했다』 제1권에서 니체는 성 심리학에서 습지와 같은 영역을 넓혀가는 데에 탁월한 능력을 보이지만, 이 습지를 비옥하게 만들지는 못했다. 그는 헨리크 입센, 아르투어 슈니츨러, 프랑크 베데킨트, 오토 바이닝거, 프로이트처럼 시대를 앞선 인물이 되지 못했다. 그는 저 먼 동양을 성(性)의 나라로만 보았다. 물론 그는 한번도 그 땅에 발을 디뎌본 적이 없었다.

외형적으로 판단하면 루체른에서 찍은 사진은 1805년 독일의 후기 낭만주의 화가 오토 룽게의 "휠센벡의 아이들"을 패러디한 것이다. 룽게의 작품에서 마차 잎쪽에 있는 아이들은 마차를 운진할 준비가 되어 있지 않다. 아이들에게는 채찍이 없다. 채찍을 들고 있는 것은 어린 꼬마이다. 물론 도상학자인 니체의 눈에는 이 모습이 언짢았을 것이다. 루체른 사진의 포즈는 시기적으로 프랑스의 살롱 화가 토마 쿠튀르의 "가시밭길"(1873)에 더 가깝다. 이 작품에는 두 명의 젊은 예술가, 시인, 화가가 기수와 실레노스(디오니소스 신화에서 디오니소스의 양육자이자 스승으로 나오는 늙은 사티로스/옮긴이)의 옆을 배회하고 있다. 마차 앞에서 자유분방하게 벌거벗은 여인이 채찍을 휘두르는 동안, 그녀의 뒤에서는 구부정한 노파가 젊음과 미의 덧없음을 경고한다. 이 작품에서는 루체른 사진의 건초 마차와 달리 장난감 마차가 아니라 파리의 전형적인 승합마차가 서 있다. 쿠튀르는 아카데미의 교사로서 자신에게 익숙했던 전통, 즉 태양 수레를 탄 아폴론의 도상학과 자신의 아이디어를 연결하려고 했던 듯하다. 고문헌학자 니체가 보네의 사진 작업실에서 이 장면을 준비할 때에 그의 머릿속에는 서로 다른 두 형제인 아폴론과 디오니소스의 이미지가 아른거렸던 듯하다. 그래서 이런 우의화의 전통을 사진에 응용했을 가능성이 있다.

차이가 있다면 역용 동물이다. 신화에서 역용 동물은 대개 말과 관련이 있다. 루체른의 사진과 쿠튀르의 그림을 보면 남자들 위에서 여자들이 채찍을 흔들고 있다. 아리스토텔레스와 필리스의 이야기에서 볼 수 있듯이 남성은 오래 전부터 승용 동물로 표현되어왔다. 남성이 역용 동물로 대체된 것은 근래의 일이다. 이 시점에서 예술사로 관심을 돌리면 여성을 팜므파탈의 우상이자 마조히즘의 문학적 전통으로 본 음울한 낭만주의가 떠오를 수 있다. 세기말 직전이었던 19세기 후반, 성(性)의 대륙이 폭발하더니 점점 세분화되고, 권력, 폭력, 역할의 불평등의 가장자리로 침투했다. 이런 관점에서 볼 때, 1882년 젊은 러시아 여인 살로메의 마차 앞에서 선 두 철학자는 거대서사의 인물일 뿐, 이들을 20세기의 신화라고 오인할 위험은 없다.

남성적 이미지의 역용 동물이 신경증적인 시대의 발명품이라면 인간적 이미지의 역용 동물은 더 오랜 역사를 가지고 있다. 로마인의 발명품 중에서 유명한 것은 멍에이다. 전쟁의 패자들은 이 멍에를 메고 다니며 패배와 굴욕의 이중고를 견뎌야 했다.[27] 플라망인 화가인 파올로 피아밍고의 유화 "사랑의 형벌"(1585)은 네 개의 연작으로 사랑을 표현한다. 이 작품에서 그는 사랑을 사랑의 신의 멍에를 짊어지고 가는 모습으로 묘사한다. 마차의 끝대 앞에는 있는 마구(馬具)처럼 보이는 물건을 가지고 있는 사람들이 있고, 그 아래에서 무자비한 마부가 이들을 몰아대고 있다. 여기에서 작은 에로스는 사랑을 의미한다. 마차를 끄는 역용 동물의 머리 위에서 흔들리는 것은 채찍이 아니라 천국에서 추방당한 불타오르는 검이다. 실제로 이 그림에서는 인간 남녀 한 쌍이 역용 동물이며, 두 사람은 분노한 사랑의 신에게 벌을 받아서 에덴동산에서 쫓겨났다. 남자들과 여자들은 말을 타고 있기 때문에 저주를 받은 것이 아니다. 남성과 여성으로 성을 구분했기 때문에 저주를 받은 것이다. 저주를 받으면 천국에서 추방당해 에로스의 마차의 사슬에 영원히 매달려 있어야 한다.

우습고 부자연스러운 사진을 통해서 니체가 전하려는 메시지도 이와 비슷하다. 채찍을 잃어버리면 사랑에 대한 희망이 사라진다는 것이다. 누가 수레 위에 앉고 누가 수레 아래에 앉든 결국 모두에게 굴욕적인 일이다. 따라서 니체는 모든 사랑은 동양에서 시작된다고 말했던 것이다. 이곳에서 사랑은 높임을 추구하며 굴욕을 창조하기 때문이다. 19세기 말엽 도시의 기마상 아래에는 승합마차들이 빽빽하게 주차되어 있었다. 말과 마차는 사회적 불평등을 가늠할 수 있는 지표였다. 누군가는 위에 앉고, 누군가는 아래에서 말을 끌고 노력하며 살아야 했다. 성관계도 사회적 불평등을 초래하는 발전기였다. 누군가는 위에, 누군가는 아래에 있어야 했기 때문이다. 성관계는 높은 위치에 있던 누군가를 굴욕적인 위치로 끌어내리며 서열 구조를 왜곡시키기도 했다. 성관계에 대해서 말하는 사람은 굴욕을 이야기한다. 성과 관련해서 이보다 더 확실하게 표현할 수 있는 것은 없다.

이 메시지는 시사성을 담고 있다. 이 점에서 니체는 10년, 20년 후에 그의 뒤를 따를 극작가나 분석가와 통하는 점이 있으며, 20세기와 21세기를 살아가는 사람들의 경험과 이미지의 기억을 이어준다. 미국의 영화감독 존 휴스턴의 「황금 눈에 비친 모습」(1967)은 20세기 영화사상 가장 격렬한 채찍질 장면으로 시작된다. 1967년에 카슨 매컬러스의 동명소설『황금 눈에 비친 모습(*Reflections In A Golden Eye*)』을 영화화한 이 작품은 동성애적 성향이 있는 미군 장교인 남편(말런 브랜도 분)과 자유분방한 아내 리어노라(엘리자베스 테일러 분)의 이야기이다. 리어노라는 손님들의 면전에서 채찍으로 남편의 얼굴을 때린다. 그때마다 미군 장교는 아내 리어노라의 말을 타고 나가서 말에게 상처를 입힌다. 1960년대 후반 영화라고 보기에는 지나치게 바로크적인 이 영화는 자극적이고 선정적인 장면에도 불구하고 흥행에는 실패했다.

에마, 안나, 에피, 기타 등등

19세기의 유명한 사회소설들 중에는 허락되지 않은 사랑과 불륜을 주제로 하는 작품들이 꽤 많다. 독일의 문학가이자 번역가인 볼프강 마츠는 보바리 부인, 안나 카레니나, 에피 브리스트라는 세 명의 불륜녀에 대한 상세 연구[28]의 부제를 "그녀의 남자들"을 덧붙여 "에마, 안나, 에피, 그리고 그녀의 남자들"이라고 지었다. 만일 그가 부제를 "에마, 안나, 에피, 그리고 **그녀의 말들**"이라고 붙이겠다고 주장했다면, 그 옛날 마학자들의 강박관념이 반영된 것이라고 보아야 할까? 실제로 유명한 연애소설을 비롯해서 동시대의 소설에는 강렬한 인상을 남기는 말과 마부에 관한 장면이 많다. 말과 마차를 타고 가면서 불륜이 싹트고, 마차와 말을 타고 가면서 '교통(Verkehr : 교통과 성교라는 두 가지 의미가 있다/옮긴이)'이라고 표현하는 이중적 의미를 지닌 사건이 발생한다. 사랑은 굴러가는 마차 속의 은밀한 공간을, 운명은 말을 타는 사자를, 죽음은 창백한 말을 찾는다.

주목할 만한 새로운 관점은 아니지만 어쨌든 승용마와 마차는 당시의 교통 수단이었다. 20세기의 소설과 영화에서 자동차가 지닌 의미를 아는 사람이라면 19세기 소설의 말과 마차에 담긴 상징이 진부하게 여겨질지도 모른다. 그러나 플로베르, 톨스토이, 토머스 하디와 같은 소설가가 말의 묘사를 **통해서** 보여준 관찰력은 생각만큼 진부하지 않다. 이들은 말해야 하는 것과 침묵해야 하는 것, 소설에서 말하지 않고 숨겨놓은 것에 대한 상징과 대체물로 말을 선택한다. 따라서 사랑에 빠진 여자들과 그녀의 남자들 사이에는 사랑과 죽음에 대한 살아 있는 은유인 말이 있다. 코르셋과 모슬린으로 자신의 몸을 감춘 여인들의 세계에서 말은 알몸으로 있는 순간을 대변한다. 드가가 순혈종 암말을 주제로 한 소네트에 말을 이용했듯이, 말은 실크 드레스를 걸친 힘찬 알몸인 것이다.[29] 사람들이 입 밖으로 내지 않는 것이 말[馬]을 통해서 표현된다. 소설에서 말은 연인들의 내면의 움직임을 표현하는 수단이자 치명적인 **운명의 곡선**, 즉 19세기 말의 운명을 확인할 수 있는 지표이다.

말을 탈 때의 앉는 자세와 움직임은 내면의 육욕, 육체의 반응, 연인이자 정부로서 노련함과 성격에 관한 모든 것을 말해준다. 샤를 보바리는 "조련된 말"처럼 학업을 마친 인물로, 나중에는 말을 타는 헝가리 보병을 통해서

부정적인 이미지로 표현된다. 샤를 보바리가 장인어른을 처음 만나러 베르토 가(家)로 말을 타고 갈 때에 그의 말은 풀밭에서 미끄러져서 놀라 뛰다가 "도약"을 한다. 당황하여 아무 생각 없이 무엇인가를 찾고 있을 때에 샤를은 의도치 않게 에마와 처음으로 신체 접촉을 하게 된다. 품위 있게 동시에 몸을 구부려 말채찍을 찾나가 에마의 등이 샤를의 가슴에 실짝 스친 것이다. "얼굴이 홍당무처럼 빨개진 에마는 일어나서 어깨 너머로 시선을 돌리고 샤를에게 채찍을 건네준다."[30] 어딘가 모자란 샤를 보바리의 인생 여정은 노르망디의 시골학교의 열등생에서 시작하여 아내가 세상을 떠난 후에 급속도로 추락하여, "마지막 돈줄"[31]인 말까지 팔아치운 아르게유의 시장에서 끝을 맺는다.

하디의 소설 『성난 군중으로부터 멀리(*Far from the Madding Crowd*)』에서는 남자 주인공인 가브리엘 오크가 동물과 한몸처럼 붙어 있는 젊은 여기수를 목격한다. 그녀는 말을 타고 가다가 깊이 드리워진 나뭇가지에 걸려서 떨어졌는데, 중심을 잃고 떨어진 장소가 말의 등이었던 것이다. "그녀의 머리는 말의 꼬리에, 발은 말의 어깨에, 눈은 하늘을 향해 있었다. 그녀는 물총새처럼 빠르고 매처럼 소리 없이 그 자리에서 털고 일어났다.……말을 타는 그녀에게 말의 머리와 꼬리 사이의 공간은 내 집처럼 편안해 보였다. 숲에서 이 사건이 일어난 후에 이런 이상한 자세를 취하고 있을 필요가 없었기 때문에 그녀는 자세를 다시 고쳤다. 사람들은 그녀에게 그런 것을 바라지 않았지만 그녀는 벌떡 일어나 어린 나무처럼 꼿꼿이 허리를 펴고 안장이 있는 자리에 앉았다. 그리고 튜널 방앗간 방향으로 서둘러 길을 떠났다."[32] 아직 소녀이지만 젊은 여인 같은 배스쉬바 에버딘은 아마조네스처럼 말을 타고 자신이 사랑하는 남자에게 거침없이 자기 생각을 말한다. "오크 씨, 그렇게 되지 않을 거예요. 나한테는 나를 길들여줄 누군가가 필요하거든요. 나는 너무 독립적이에요. 그들은 절대로 그렇게 해줄 수 없다는 걸나도 알아요."33) 다루기 힘든 한 여인을 길들이는 길고도 고통스러운 과정이 이 소설의 전체 이야기이다. 힘세고 강한 두 남자와의 사랑에 실패한 그녀는 결국 오크에게 돌아온다. (이름과 달리) 오크는 그녀의 곁에서 평생 인내하며 기다려온 남자이다. 말에 올라 사냥몰이를 하는 아마조네스와 같은 그녀의 모습은 그의 눈을 뜨게 하고 새로운 전환점을 제시하며 이야기의 공간을 열어준다.

이 소설에는 대화재가 일어나고 뇌우가 쏟아지는 장면이 있는데, 밝고 열정적인 장조로 연주된다. 유사한 표현 방식이 『더버빌 가의 테스(Tess of the d'Urberville)』에서도 반복되는데, 음울하고 극적이며 단조로 연주된다. 이야기는 말을 주제로 시작된다. 이번에는 밤에 왕자의 마구간에서 사고가 일어난다. 우편마차 마부의 뾰족한 손잡이가 "가슴을 찌르는 검처럼" 파고드는 장면에서 절망에 빠진 테스의 죽음을 간접적으로 체험할 수 있다. "순수한 여인 테스"의 불행한 사랑 이야기는 자초한 불행을 만회하려다가 사형대에서 생을 마감하는 것으로 끝이 난다. 자신의 삶이 파국으로 치닫기 시작한 더버빌의 그 옛날 시골길에서 쓰러져 있던 말처럼, 자신의 순결한 삶을 짓밟은 남자 알렉이 피를 흥건하게 흘리며 죽도록 심장에 칼을 꽂은 후이다. 『더버빌 가의 테스』에서 말이 나오는 장면은 가슴에 칼을 꽂고 피바다가 되는, 이야기를 시작하고 마무리 짓는 모티프이다. 『성난 군중으로부터 멀리』에서와 마찬가지로 이 작품에서 말의 신체는 남자의 신체, 즉 사회적이고 역사에 휩쓸린 현존재와 상반되는 힘차고 본능적이고 동물적인 측면을 대변한다.

한편 『안나 카레니나(Anna Karenina)』에서 톨스토이는 탐나는 여인의 몸을 암말에 비유한다. 큰 시합을 하기 전에 브론스키는 영국 말 사육사의 충고를 무시하고 예민한 프루프루를 보러 간다. "'오, 내 사랑! 오! 브론스키는 암말에게 다가가서 말을 잘 거는군요.' 그가 가까이 다가올수록 암말은 점점 흥분했다.……흥분한 암말의 감정이 브론스키에게 그대로 전해졌다. 그는 피가 심장으로 흐르는 느낌과 암말처럼 움직이며 깨물고 싶은 충동을 느꼈다…….”34) 브론스키가 암말에게 다녀온 후, 테라스 옆에서 자신의 아들이 돌아오기를 기다리며 서 있던 안나가 브론스키에게 임신 사실을 고백했을 때, 감정의 진이는 더욱 강해진다. 그는 안나를 떠날 때 “눈빛으로 황홀함을 표현한다.” 브론스키는 안나에게 “사랑이라는 황홀한 웃음”을 처음으로 안겨주고, 두 사람은 유혹의 몸짓으로 밤을 약속한다. 그리고 그는 전에 여인처럼 다가와서 자신을 황홀경에 빠뜨렸던 암말에게 다시 돌아간다. “브론스키는 매혹적이고 사랑에 빠진 암말의 눈빛을 보며 온몸으로 전율을 느낀다. 그는 힘겹게 이 연극으로부터 빠져나와서 마구간을 떠난다.”35)

플로베르뿐만 아니라 톨스토이와 폰타네도 대조법으로 인물을 대비했다. 불륜녀들의 남편을 지루한 보바리, 냉정한 카레닌, 엄격한 남편 인슈테텐으로 묘사한 반면, 내연남인 로돌프, 브론스키, 크람파스36)는 과감하고, 매력적이고, 파렴치하다고 묘사했다. 보바리는 평범한 기수로, 인슈테텐은 심지어 선한 사람으로 볼 수도 있지만 두 사람은 비대한 마차의 세계에 속해 있다. 이 세계에서 가장 불행한 인물은 샤를 보바리라는 인상을 지울 수 없다.37) 마차는 굴러다니는 건축물, 일종의 목조 가옥인 바퀴가 달린 러시아의 여름별장으로서 결혼과 가정이라는 정착된 세계를 반영한다. 이곳에서는 자유로운 사랑을 추구하는 기병대에 의해서 결혼과 가정이 무참히 짓밟히고 파괴된다.

에마와 에피가 유혹자에게 함께 말 타기를 허락하는 순간 유혹자의 화살은 적중한다(에피의 경우 의심하는 남편의 눈빛 속에서). 에피는 고급 자동차에서, 에마는 두 번째 외도를 할 때에 마차에서 유혹을 당하고, 테스는 밤새 말을 탄 후에 약물에 취해서 잠을 자던 중에 겁탈을 당한다. 안나가 “중간 정도 크기의 건장하고 뭉툭한 갈기와 짧은 꼬리의 영국산 코브종 말을 탈 때"는,[38] 상트페테르부르크와 모스크바의 사교계 출입은 거절당했을지라도 마치 지방 귀족의 사교계에 진출한 듯한 짧지만 행복한 순간이었다.

계산을 해보니 평생 안장에서 보낸 시간이 7년 정도였던 톨스토이[39]와 하디는 모두 시골 생활과 관련이 있었다. 톨스토이와 하디에게는 제2의 강력한 대조법이 있었다. (하디의) 인색함과 (톨스토이의) 단조로움에도 불구하고 등장하는, 목가적인 시골에 침투한 기계 문명이 그것이다. 톨스토이의 작품에서는 목가적인 환경을 파괴하는 기차, **정원의 기계**[40]가 등장한다. 하디의 『테스』에서는 처음에는 말이 끌고 다니며 풀을 깎는 기계[41]가, 그 다음에는 증기기관으로 구동되는 탈곡기[42]가 등장하는데, 탈곡기의 바퀴가 돌아갈 때에는 굉음 때문에 휴식을 취할 수가 없어서 육체 에너지가 소진되고 정신적으로 피폐해진다. 말의 시대가 저물어가고 있다는 징후가 뚜렷하지만, 언뜻 보기에는 기계가 훨씬 작은 역할을 하는 것처럼 보인다. 이런 분위기 가운데 톨스토이는 실제와 대조적인 상황을 아주 과장되게 묘사했다. 톨스토이의 기교가 가진 힘을 이해하려면 그 유명한 경마 시합[43] 장면으로 돌아가야 한다.

사건은 브론스키가 "민첩하고 강한 몸놀림"으로 아름답고 예민하다고 묘사했던 암말의 "매끄러운 등" 위에 올라타면서 시작된다. 4베스타 경주(베스타 : 러시아의 거리 단위/옮긴이) 중에서 가장 긴 구간을 지날 때에 남자와 암말의 모습은 인간과 말 사이의 완벽한 애정행각처럼 비추어진다. 브론스키는 마음속으로 "오, 내 사랑!"이라고 외치고 기수로서 성공했다는 망상에 빠져서 "프루프루에 대한 그의 흥분, 기쁨, 연정은 점점 강렬해지고 눈빛이 반짝거린다."[44] 얼마 지나지 않아서 운명의 순간이 찾아온다. 브론스키가 말을 타다가 실수를 해서 암말이 넘어지고, 그후 일어나지 못하는 것이다. "암말은 총을 맞은 새처럼 다리에 경련을 일으키며 바닥에 쓰러져 있었다. 브론스키의 서툰 몸짓으로 암말의 척추가 부러진 것이었다."[45] 관람석에서 경마 시합을 지켜보던 안나는 혼란에 빠진다. 그녀의 심리 상태는 암말의 절망적인 몸부림에 고스란히 반영된다. "그녀는 사냥꾼에게 잡힌 새처럼 경련을 일으키며 푸드덕거렸다. 그리고 벌떡 일어나 베시를 향해서 걸어갔다."46)

아내가 절망하는 모습을 목격한 순간 가레닌은 안나와 장교 사이에 무엇인가가 있다는 사실을 알아챈다. 카레닌은 집으로 돌아오는 길에 마차 안에서 안나에게 자초지종을 묻고 안나는 불륜 사실을 실토한다. 이제 불운의 시작이다. 경마장 관중석에서 안나는 이미 사회적 죽음을 선고당했지만 그녀는 자신이 무슨 일을 저지른 것인지 아직 깨닫지 못하고 있다. 800쪽이 넘어가고 소설이 끝나갈 무렵, 톨스토이는 안나가 달리는 화물 기차 앞에 몸을 던져서 자살하는 모습을 묘사한다. 현실에서 그녀의 죽음은 불행한 암말의 운명의 복사판이다. 기차 아래에서 안나는 희미하게 "석탄이 섞인 모래가 침목까지 흩뿌려져 있는" 바닥을 보고 있다. 첫 번째 시도가 실패하고 다음 기차가 왔다. "그녀는 붉은 가방을 내동댕이치고, 손에 얼굴을 묻고 엎어져 있다. 일어서려고 몸을 움직이지만 다시 넘어진다."47) 화물 기차의 바퀴가 짐승처럼 무릎을 쭈그리고 있던 그녀의 척추를 으스러뜨린다.

정확하게 말하지는 않지만 톨스토이는 결론을 암시하고 있다. 브론스키가 죽은 애인을 다시 만났을 때 "마구간의 테이블 위에는 처참하게 피투성이가 된, 죽은 지 얼마 되지 않은 생명이 낯선 이들에게 둘러싸인 채 축늘어져 있었다." 그녀의 몸은 갈기갈기 찢겨 있었지만 머리와 얼굴은 그대로였다. "털끝 하나 상하지 않은 얼굴, 검은색의 땋은 머리카락과 관자놀이에 둥글게 말린 머리카락, 입을 반 쯤 벌린 채 뭔가에 취해 있는 얼굴은 경직되고 기이한 표정을 짓고 있었다."48)

기차역 작업장의 검시 현장에 대한 브론스키의 기억은 안나 카레니나의 죽음을 암시한 경마장의 낙마 사고를 떠올리게 한다. 아름다운 암말의 죽음을 통해서 정부의 죽음을 예고하고 있었던 것이다. 차이가 있다면 하나는 말을 탄 인간이, 다른 하나는 기차가 척추를 으스러뜨렸다는 것이다.

소설 초반부에서 선로 작업자가 기차 사고로 사망하자 안나의 마음이 심하게 요동친다. 그녀는 "불길한 징조"라고 중얼거린다.[49] 이 대목은 안나의 마지막을 읽을 수 있는 청사진이다. 그러나 이는 놀랍게도 주인공의 자살을 암시하는 추상적인 사건에 불과하다. 경마장 사고가 일어난 후에야 피와 심장이 고동치는 생명에게 닥칠 운명이 구체적으로 예고된다. 아름다운 암말은 소설의 살아 있는 은유이고, 암말의 죽음은 안나를 기다리고 있는 운명에 대한 암시이다.

카를 슈미트는 말을 타는 것은 지배하는 것이라고 말했다. 이 표현은 말타기가 상징적인 행위 이상이라는 것을 의미한다. 실제로 말 타기는 말을 제어하는 훈련이라고도 표현된다. 이것은 다른 존재를 빨리 달리도록 몰고, 통제하고, 완전히 정복하는 방법이다. 인공두뇌학 예비학교와 비슷하지만 훨씬 더 직접적이다. 각기 따로 움직이지만 느슨하게 연결되어 있는 두 개의 시스템이 생각이라는 긴 도선을 사용하지 않고 신경과 힘줄, 열과 신진대사라는 짧은 경로를 통해서 정보를 서로 교류한다. 말 타기는 신체정보에 따라 움직이는 조종 정보, 즉 감각 정보들 간의 직접적인 교류를 뜻한다. 이것은 안장, 덮개 혹은 맨살을 통해서 체온을 따뜻하게 유지하고 호흡할 수 있도록 해주고, 맥박이 고동치는 두 신체를 서로 연결해준다. 인간은 함께 춤추고, 부대끼고, 포옹할 때에 말을 탈 때와 비슷한 정보 교류의 관계를 맺을 수 있다. 다윈은 말이 깜짝 놀랐다고 표현했지만, 나는 안장을 통해서 말의 심장이 고동치는 것을 느낄 수 있었다. 인간과 말은 서로의 맥박을 느끼고, 예민함을 감지하고, 땀 냄새를 맡는다. 이와 같은 모든 상징과 은유에서 말 타기는 살아 있는 두 신체에 대한 표현이다. 성관계를 맺을 때처럼 말 타기에서도 순수 물리학으로 환원될 수 없는 순간이 있다.

어떻게 알았는지는 모르겠지만 플로베르는 살아 있는 신체의 물리학적 원리를 알고 있었다. 꽉 막힌 시골 의사 샤를과 결혼한 에마는 융통성 없이 철저함만을 추구하는 남편의 성격에 숨이 막혀하며 낭만적인 사랑을 꿈꾸는데, 이것은 문학에서는 진부한 소재이다. 플로베르는 에마의 삶과 열망, 서서히 다가오는 처참한 죽음의 단계를 모두 체온의 변화를 통해서 나타낸다.50) 플로베르는 인물의 감정을 그대로 느끼고자 하지만 완벽하게 느낄 수는 없다. 『보바리 부인』을 한참 집필 중이던 1853년 12월, 플로베르는 프랑스의 낭만주의 여류 시인 루이 콜레에게 이런 편지를 썼다. "예를 들어 오늘은 내가 남자이자 여자이고, 사랑에 빠진 남자이자 사랑을 받는 여자라고 생각하고 숲에서 말을 탔습니다."51) 플로베르는 작가이자 기수로서 은유와 변형을 구분하는 선을 넘을 수 있었다. 로돌프가 에마의 내연남이 되기 전에 에마는 말 타기의 리듬에 이미 몸을 맡기고 있었고 요동치는 말의 움직임에 빠져 있었다. 숲의 가장자리에 도착했을 무렵 그녀는 말과 동일한 존재가 되어 있었다. 몽유병 환자가 무엇인가를 찾아다니듯이 톨스토이와 플로베르는 예민한 도주성 동물, 즉 사랑에 빠진 여인과 흥분한 말이 자신들의 본능을 교환하고 있다는 것을 발견했다. 톨스토이와 플로베르는 서사적 요소를 이용하여 서로 다른 두 종의 생물 간에 자극적인 유동성을 생성한다. 두 사람만 이런 시도를 한 것은 아니다. 유럽 소설의 위대한 사랑의 선구자인 베르테르는 억눌린 마음에서 해방되고자 몇 번이나 칼을 든다. 이때 괴테는 직접적으로 말과 열기의 이미지를 전한다. "사람들은 열이 오르고 무엇인가에 쫓길 때에 고귀한 혈통의 말에 대해서 이야기한다. 이들은 숨을 쉬기 위해서 본능적으로 핏줄을 깨물어 상처를 낸다. 나도 이런 기분이 자주 든다. 나도 영원한 자유를 느끼기 위해서 핏줄을 열어 숨통이 트였으면 좋겠다."52)

토리노, 겨울 동화

잔혹의 삼각형

제1차 세계대전이 끝나고 10년이 흘렀다. 에른스트 윙거는 『철의 폭풍 속에서(*Stahlgewitter*)』에 이어서 『내적 체험으로서의 투쟁(*Der Kampf als inneres Erlebnis*)』, 『불과 피(*Feuer und Blut*)』, 『작은 숲 125(*Das Wäldchen 125*)』 등의 작품을 통해서 멈추지 않고 전쟁의 공포와 폭력에 도취된 사회를 표현했다. 휴전 협정 후 12년이 지난 해, 저자는 색인을 수정하고, 문학적 비망록을 사진으로, 전쟁에 관한 문서 기록을 사진 기록으로 교체했다. 『세계대전의 민낯(*Das Antilitz des Weltkrieges*)』이라는 제목으로 발표한 사진집에는 1914년부터 1918년까지 4년 동안 카메라에 담은 수천 장의 사진이 수록되어 있다. 여기에는 선전선동용 사진, 보도용 사진, 개인이 촬영한 사진 등 공식 사진과 비공식 사진이 모두 담겨 있다. 그러나 윙거는 작가로서 자신의 역할을 지워버린 것이 아니다. 사진으로 글을 쓰는 편집자의 역할을 하나 더 맡은 것뿐이다. 윙거는 사진을 선별하고, 분류하고, 범례와 짤막한 소개가 담긴 수필을 썼다. 이 글에서는 차갑고 객관적인 어조가 드러난다. 바로 윙거를 유명 작가의 반열에 오르게 해준 그 어조이다. 그가 특히 관심을 가졌던 전쟁의 순간은 전형적이다. 공허해 보이는 전쟁터를 움직임으로 가득 채우는 **돌격의 순간**[1]과 참호가 마비되어서 공격에 폭발적인 역동성을 더하는 위험한 순간[2] 등은 전형적인 이미지에서 벗어나지 않는다.

이런 특별한 에너지 역학의 그늘 속에 작은 무리를 이루는 사진들이 있다. 이 사진들에 담긴 의미는 사진집 전체에 흩어져 있기 때문에 간과하기 쉽다. 선생터에서 죽은 자와 잔해물을 찍은 사진에는 **부정적인 에너지기** 담겨 있다. 그 속에는 죽은 말들이 찍힌 사진도 적지 않다. 첫눈에는 이 사진들이 차가운 태도를 일관하며 멋을 낸 저자의 스타일과 잘 맞지 않는 듯하다. 플랑드르의 진창에 축 늘어져 배는 부풀어오르고 다리는 굳어가는 말들, 죽은 말의 모습을 이보다 더 과감하고 냉정하게 표현할 수 있을까? 전쟁의 참상은 중무기, 금이 간 탱크, 총격의 흔적이 있는 비행기 등 파괴된 전쟁무기의 이미지가 담긴 사진을 보면 쉽게 이해할 수 있다. 이후 윙거는 전쟁을 기술이라는 거대한 작품의 일부로 묘사한 『노동자들(Arbeiters)』을 발표하는데, 이 작품을 읽으면 그가 이 사진들을 선택한 이유를 알 수 있다. 왜 하필 죽은 말이었을까?

사실 말은 윙거가 집중적으로 관심을 기울인 대상은 아니었다. 물론 장교 훈련을 받을 때에 그 역시 말 타기를 배웠을 것이다. 그러나 그는 보병대에서 근무했기 때문에 그후로는 말과 관련된 업무가 많지 않았다. 그가 관심을 보였던 병과는 공군의 비행술이었다. 그렇다면 1930년에 그가 사진집을 기획할 때에 뜬금없이 죽은 말에 관심을 가지게 된 이유는 무엇일까? 윙거의 후기 영웅주의적 표현은 메시지 전달자를 교체한 것이라고 주장할 수도 있다. 물질 전쟁에 휘말린 신인간은 말에서 내려와서 이제 기술 전쟁이라는 철로 된 집으로 철수하고 있다. 윙거가 죽은 말을 보여준 이유가 바로 여기에 있다. 죽은 말은 곧 전 세계 근대성에 대한 패배자인 것이다. 그러나 말의 사체라는 이미지는 역사적 교체의 역학을 묘사하는 대상으로는 그다지 유용하지 않다. 어쨌든 윙거가 표현하고자 하는 것은 이런 것들이 아니다. 그러기에는 이 이미지들이 너무 복잡하고, 너무 미학적이고, 너무 우의적이다. 윙거가 찍은 말의 사체 사진들을 보자. 범례에는 "솔의 좁은 길에 널브러진 말의 사체"라는 설명이 달려 있다. 이보다 더 절제된 언어와 냉정한 묘사는 없을 것이다. 소총, 파편, 전봇대 등이 거의 보이지 않는 실존주의적 전쟁극의 무대에서 우리는 죽은 짐승을 볼 수 있다. 그것은 흰 말과 회색 혹은 회색 얼룩이 있는 말이다. 좌측의 회색 말은 팔다리가 처참하게 잘렸고, 앞다리에는 유탄의 파편이 박혔고, 가슴은 갈기갈기 찢기고 콧구멍도 상처를 입었다. 한편 우측의 흰 말은 두 군데에 염증과 총상이 있다. 두 말의 머리와 몸은 똑같은 자세를 취하고 있다. 이런 유사성은 잔혹한 이미지에 죽음의 미를 부여한다. 죽은 두 말의 신체에서 문장(紋章)과 같은 형상이 만들어진다. 유서 깊은 가문의 방패에 쓰인 문장인 독수리와 사자처럼 말이다. 죽은 말의 이미지에서 전쟁극의 감독인 윙거의 미학적 연출이 느껴진다. 그러나 무대의 측면 장치와 연출의 뒤에는 또다른 메시지가 숨겨져 있다. 그것은 바로 감정의 예술이라는 메시지이다.

노련한 전쟁 작가인 윙거는 물질 전쟁의 현장을 냉정하게 돌아본다. 반면 죽은 말의 이미지는 약하지만 또렷하게 따뜻한 기류를 전달한다. 이것은 죽은 말의 이미지가 좁지만 확 트인 오솔길에 연민의 감정을 창조하는 방법이다. 글의 저자 윙거 대신 이미지의 저자 윙거가 보여줄 수 있었던 것은, 피조물의 소리 없는 고통과 죽음이다. 쓰러진 군인의 사진을 통해서가 아니라 죽은 말의 사진을 통해서 윙거는 연민이라는 밀폐된 감정의 빈틈을 연다. 이 지점에서 참전군인의 체험과 전쟁 사진 관찰자의 경험이 일치한다. 죽은 군인들의 사진은 전율을 일으킬지도 모르지만, 죽은 말의 사진은 연민의 감정을 불러일으킨다.[3] 제2차 세계대전 당시 전쟁포로였던 독일 장교와의 대화에서도 동일한 모티프가 반복적으로 나타난다. 공군 조종사였던 그는 자신들은 행렬을 공격했고 기관총을 가지고 있었다며 이야기를 시작했다. "우리는 말이 총을 맞고 공중으로 튀어오르는 광경을 보았다." 그의 말을 듣고 있던 사람은 충격을 받았다. "망할, 말한테까지 그런 짓을 하다니!" 공군 조종사는 "말은 불쌍했지만 사람에 대해서는 그런 감정이 전혀 들지 않았다. 마지막 날까지 말에 대해서는 안쓰러움을 느꼈다"고 이야기했다.4)

군마에 대한 연민의 감정은 20세기 고유의 표현과 함께 문학의 모티프로 널리 퍼져 있었다. 전쟁터의 말은 희생자로 바뀌었다. 19세기를 비롯한 이전 시대와 달리 말은 더 이상 역사의 가해자들 편에 서지 않았다. 말은 이전까지 모든 것을 폭력적으로 앞지르고 짓밟던 기계였지만, 이제는 발전의 수레바퀴 아래로 스스로 깔리고 말았다. 전쟁문학에서 말은 죽어가는, 죽은, 부패한 동물로 묘사된다. 요제프 로트의 시 "죽어가는 말"5)에서는 포병대 동료들이 무참히 짓밟고 지나가서 길가에서 비참하게 죽어가는 말의 모습이, 이탈리아의 소설가 쿠르치오 말라파르테의 소설 『가죽(La Pelle)』에서는 밤새 추위에 떨다가 핀란드 호수에서 꽁꽁 얼어붙은 시신으로 발견된 말들의 모습이 등장한다. 진흙투성이에 부패되어가는 말의 사체는 프랑스 기병대의 몰락을 이야기한 시몽의 단편소설에 또 한번 등장한다.6) 19세기 문학에서 구타당하는 동물이었던 우의적 동물이 20세기 문학에서는 죽어가는 말 혹은 죽은 말로 교체된 듯하다. 19세기의 말은 야생성과 공포 이미지의 창고였던 반면, 20세기의 말은 이별과 죽음의 신호였다.7)

구타 혹은 학대를 당하는 말이 20세기 윤리의 '화면'에서 빠른 속도로 사라진 것은 아니다. 오스트리아의 소설가 카를 크라우스는 1920년대에도 이 주제를 계속 쫓아다녔다. 어쩌면 이 주제가 그를 계속 쫓아다녔다고 해야 옳을 것이다.8) 1913년에 독일의 시인 엘제 라스커쉴러는 쿠담 거리 측면의 기마도로에서 고통받는 말의 모습을, 땀과 피로 범벅이 된 말들을 거친 마부들이 죽을 지경이 되도록 채찍으로 때리고 있었다고 묘사했다. 이 장면은 "새로운 유행으로 등장한 소재인 여성의 일렁이는 가슴 없이도" 사람들의 연민을 자극했다.[9] 세기 전환기에도 연민을 자극하는 소재로 여성의 마음이 등장했다. 예술사가인 콜린 로는 웁살라 성당의 대교구 수석 사제의 딸인 스웨덴의 노처녀가 프로이센 혈통의 젊은 남자와는 절대 결혼하지 않겠다고 말하는 것을 통해서 이를 입증한다. "하지만 콜린, 나는 쿠르트 폰 베켄라트와 결혼할 수 없어요. 그는 말에게 너무 잔인해요!"[10]

말의 시대가 끝날 무렵, 라스커쉴러는 윤리학 수업에서 말을 학대하는 행위를 잔혹의 삼각형으로 표현했다. 거칠고 술에 취한 마부, 무심한 행인, 말도 하지 못하고 고통받는 피조물의 삼각형이 바로 그것이다. 잔혹은 말과 마부 사이에서 발생하는 행위였다. 여기에 동물을 구출할 마음도 없고 학대자를 방치하는 관객 혹은 증인이 추가되면서 이것은 잔혹의 삼각형으로 확대된다. 윤리 의식의 부재와 연민의 감정이 사라진 세태를 고발하는 데에는 무심한 행인 하나만으로도 충분하다. 마부는 거칠고 배우지 못하고 술에 취해 있거나 육욕을 따른다. 그러나 마부는 아무런 감정도 없이 관찰만 하는 부르주아보다는 학대당하는 동물과 더 가까이에 있는 존재이다. 잔혹의 삼각형은 18세기 이후 도시와 여행에 관한 문헌에서도 다루어졌다. 메르시에의 『파리의 풍경』은 이 주제를 본격적으로 다룬 기념비적 작품이다.[11]

이런 분위기에서 유럽에서는 18세기 초반부터 동물학대 실태와 방지에 관한 논의가 이루어졌다. 그러나 이 논의의 핵심은 새로운 인간상에 대한 재규정이었다. 19세기에도 여전히 영웅을 위해서 화환을 엮고 기념상을 건립하는 행위는 사라지지 않았다. 이런 구시대의 **영웅적 인간상**의 그늘 아래에서 새로운 인간상, 연민의 감정을 지닌 인간상이 정착되어가고 있었다.

연민의 인물

19세기에는 다이너마이트, 자동차, 세계박람회 등의 발명품 외에도 윤리적인 발명품이 있었다. 그중에서 가장 중요한 발명품은 연민이라는 감정이었다. 미덕이라는 관점이 아니라 인간적이고 윤리적인 감정과 행위의 토대로서의 연민 말이다. 19세기에 연민의 감정은 세상으로 전파되지는 못했으나 기본적인 가치로는 존재했다. 독일어권에서 연민의 감정을 입증한 저자로 두 사람을 꼽을 수 있다. 칭찬 화법으로 연민의 감정을 구사한 쇼펜하우어와 비판 화법으로 연민의 감정을 표현한 니체이다.[12)]

새로운 형태의 감정에는 이런 감정을 결정화할 수 있는 인물상, 쉽게 말해서 감정을 가시화하고 이해시킬 수 있는 인물상이 필요했다. 불행과 비참함을 의인화하여, 불행의 목격자들이 그 감정을 견디지 못하고 말 그대로 하늘을 향해 소리치고 싶을 만큼 비통한 심정을 느끼도록 하는 인물상 말이다. 그러나 죽어버린 19세기의 하늘에서는 도움을 받을 방법이 없었기 때문에 지상의 바퀴를 움직여야 했다. 갑작스러운 충격이나 분노에서 시작한 사회 및 사법적 보호장치와 규정을 만들어야 한다는 움직임이 편집실, 강단, 국회로 번졌다.

19세기 사회를 경험한 존재들 중에서 윤리체계에 변화를 일으킨 존재는 넷으로 압축된다.[13)] 그중 하나가 학대당하는 피조물인 구타당하는 말이고, 나머지는 노동하는 아동, 부상당한 군인, 고아이다. 이들은 모두 힘겨운 세기의 악몽을 함께 방랑하며 굴욕과 학대를 당하는 자로서 세속적인 불행의 4중주를 체험한다. 이들의 모습에는 학대당하는 짐승, 자본주의의 공간인 공장에서 희생당한 유년기, 아버지와 어머니를 잃은 아이들에 대한 인간의 냉정한 시선이 담겨 있다. 네 유형의 존재로 비참한 인간상을 구체화함으로써 국가의 횡포, 자본주의의 약탈 행위, 인간의 비정함이 어느 정도인지 확인할 수 있다.

스위스의 사회사업가 앙리 뒤낭은 『솔페리노의 회상(*Erinnerungen an Solferino*)』에서 전쟁터의 고뇌를 처음으로 인정사정없이 묘사하여 독자들의 연민을 자극했다. 오스트리아-프랑스 전쟁이 끝나고 3년 후인 1859년에 발표된 이 작품은 적십자를 창설하는 계기가 되었으며, 지금까지도 작가가 인도주의적 개입을 한 사례로 귀감이 되고 있다.[14] 물론 이 작품은 한 발 늦은 신호탄이었다. 나폴레옹 전쟁이 끝나고, 1812년 러시아가 붕괴된 이후에 이와 유사한 정신세계를 표방하는 작품들과 말로 표현할 수 없는 참상을 고발하고 묘사하려는 시도가 계속되었다. 고트프리트 레싱의 『라오콘(Laocoon)』과 달리, 작가들이 침묵하는 곳에서는 침묵의 언어인 회화가 시대의 충격을 대신 표현했다. 1818년에 터너가 처음 전시회에 출품한 "워털루 전투"에는 죽은 자, 죽어가는 자, 부상당한 자, 망연자실한 여인의 무리와 어둠을 헤매는 개 떼와 쥐 떼를 통해서 야간 전투의 끔찍한 실상이 묘사되어 있다. 50년 후에 뒤낭이 증언하는 현실과 별반 다를 것이 없다. 처음 이 작품을 접한 사람들은 충격에 차마 눈을 뜨지 못했다. 그러나 뒤낭의 글에서는 터너의 작품이 안겨주었던 충격이 더 이상 느껴지지 않는다. 감각이 이미 적응한 탓이다.

스물네 살의 젊은 청년 프리드리히 엥겔스가 1845년 여름에 한 권의 책을 발표했을 때에도 마찬가지였다. 이 책에 묘사된 현상은 오래 전부터 존재해 왔던 것이었다. 엥겔스는 노동자, 특히 아동의 비참함을 집중적으로 조명했다. 사실 그는 섬유 공장과 학교를 설립할 정도로 유복한 섬유기업 가문의 자제였다. 자본주의 사회에서 가장 약하고 어린 자들이 정신과 삶을 약탈당하는 모습을 목격한 것이 그가 『영국 노동자 계급의 상태(Die Lage der arbeitenden Klasse in England)』를 쓰게 된 계기였다. 어린이로부터 초등교육을 받을 기회를 빼앗는 것은 미래를 빼앗는 것이나 다름없었다. 엥겔스의 눈에 이것은 야만적인 노동력 착취로, 아동을 발육부진 상태로 만드는 것보다 더 무서운 죄로 보였다. 1780년 이후 50년 동안 아동에 대한 사회적인 폭력의 수위는 계속 높아지고 있었다. 1830년, 드디어 최초의 저항운동이 일어났다.[15] 1963년에 E. P. 톰프슨은 「영국 노동자 계급의 형성」이라는 논문에서 "이 정도와 강도의 아동 착취는 역사상 유례가 없는 일이며 가장 수치스런 사건 가운데 하나이다"라고 했다.[16]

19세기의 소아 사망률은 실제로 상당히 높았다. 이런 현실은 소설에도 반영되어 있으며, 소설 속에서 부모의 사망률은 이보다도 더 높게 나타난다. "문학작품에서는 근친상간으로 태어난 자식이 아니면 고아, 반고아, 추방당한 자, 버려진 아이, 의붓자식, 어둡고 침묵 속에 가려진 인물들이 우글거렸다."[17] 부모의 운명은 주인공의 출생의 배경만큼이나 알 수 없었다. 아예 언급하지 않은 것은 아니었으나 대개 몇 줄로만 간략하게 묘사되었다. 허클베리 핀의 폭력적인 아버지처럼 부모 중 한 명이 다시 나타나는 경우는 드물었다. 그는 성가신 유령처럼 다시 찾아왔다가 동이 트기 전에 다른 곳으로 사라졌다. 고아와 버려진 아이들의 윤무(輪舞)는 (괴테의 『빌헬름 마이스터의 수업시대』의) 미뇽에서 시작하여, (괴테의 『친화력』의) 오틸리에, 올리버 트위스트, 콰시모도, 녹색의 하인리히(『녹색의 하인리히』의), 안데르센의 성냥팔이 소녀, 도스토옙스키의 스메르자코프, 신데렐라, 백설공주, 일곱 마리 까마귀와 열두 마리 백조가 구원을 기다리던, 동화 속의 대형 고아원에 이른다. 물론 당대의 가장 고상한 고아원은 바이로이트의 마술사, 리하르트 바그너가 설립했다. "그는 부모 없는 자와 버림받은 자들에게 잊지 못할 어조의 언어를 선물했다."[18]

오늘날에는 부모의 이름을 알 권리가 헌법에 명시되어 있는 개인의 기본권이지만 19세기에는 그런 개념이 없었다. 문학에서는 고아의 운명을 슬퍼하며, 은밀하게 부친 살인 혹은 근친상간과의 연관성, 그 결실인 아이의 어두운 과거를 그리는 데에 이런 사회적 배경을 이용했다.[19]

네 유형의 인물 중에서 새롭게 창조된 인물상은 없었다. 유럽 사회에는 죽어가는 군인, 고아가 된 아이들, 학대당하는 동물과 직면하기 위해서 19

세기까지 넘어갈 필요가 없었다. 이런 인물의 이미지는 수백 년간 우리를 따라다녔다. 그러나 수천 명에 육박하는 군인들이 불과 몇 시간 만에 시신이 되거나 방치되어 빈사 상태가 되는 전투, 부모도 없이 평생 떠돌면서 공장 기계를 돌리며 쪽방에서 죽도록 일해야 하는 현실, 길거리에서 감각을 잃을 정도로 말이 구타당하는 일은 없었다. 이런 것들은 새로운 시대의 토템이다. 부상당한 군인, 야위고 쇠약해진 아이들, 구타당하고 쓰러진 말에게서 나타나는 공통적인 특징은 이들이 역사의 수레바퀴에 깔려 있다는 것이었다. 이런 존재들은 더 이상 혼자의 힘으로 일어날 수 없었다. 이들은 비인간적인 사회에서 바닥으로 철저히 내팽개쳐지고 무시당하는 자들이다.

연민의 수평선을 넓혀 연민의 대상에 동물을 포함시킨 인물은 루소였다. 쇼펜하우어는 루소보다 한발 더 나아가 고통당하는 피조물에 대한 연민을 인간에 대한 연민으로 발전시켰다. 그러나 동물에게 연민의 감정을 가지는 것과 인간과 동물을 같은 수준으로 비하하는 것은 다른 문제이다. 사람들은 루소가 인간을 네 발로 다니는 존재로 깎아내렸다며 비난했다. 그러나 전쟁과 초기 자본주의의 폭력으로 인해서 바닥에 내동댕이쳐졌다면, 손을 짚고 혼자 일어설 수 없다면, 그는 사실상 네 발로 다니는 존재이다. 그는 바닥을 기어다닐 수밖에 없다. 이런 현실을 눈으로 보는 것은 견딜 수 없는 일이다. 이 순간 관찰자는 분노의 감정에 휩싸인다. 바닥에 내동댕이쳐진 채 누워 있는 인간의 모습, 짐승처럼 낮은 바닥을 기며 존재하는 방식을 보는 것만큼 괴로운 일은 없다. 19세기에는 이처럼 견딜 수 없는 현실에 대한 개인의 분노가 커지면서 단체와 협회가 결성되었고, 출판업자, 개혁자, 입법자들이 적극적으로 개입하기 시작했다.

그들이 고통을 느낄 수 있을까?

1868년에 영국의 여왕은 국민들에게 "영국인들은 문명화된 다른 어떤 국가보다 동물을 잔인하게 다루는 경향이 있다"고 말했다.[20] 이것이 최초로 동물보호 입법화를 상소한 발언은 아니었다. 1800년 4월에 윌리엄 펄트니가 제출한 황소 몰이 사냥 폐지에 관한 법안은 입법화에 실패했고, 1809년에도 달변가인 어스킨 경의 동물보호에 관한 일반법이 하원에서 통과되지 못했다. 1822년 6월, 동물학대 금지를 골자로 하는 마틴 법이 드디어 상원과 하원의 의결을 통과했다. 마틴 법은 '휴머니티 딕(Humanity Dick)'이라고도 불린 리처드 마틴의 이름을 따서 명명된 법이며,[21] 그로부터 2년 후에는 세계 최초의 동물보호 단체인 동물학대 방지 센터(SPCA : Society for the Prevention of Cruelty, 1840년 이후 영국 왕립동물학대 방지협회)가 런던에 설립되었다. 그러나 동물학대 금지운동은 영국이 최초로 동물보호 법을 통과시키기 훨씬 이전부터 존재했던 종교와 철학에 뿌리를 두고 있다.[22] 영국에서는 1650년에 창시된 퀘이커교처럼 동물에게도 영혼이 있다고 인정한 모든 종파에서 이런 움직임이 나타났다. 이 운동이 발전하여 18세기에는 초기 채식주의 작가들이 등장했고, 극단적인 낭만주의 세대의 대표주자인 퍼시 비시 셸리로 이어졌다(『채식주의 체계에 관한 에세이[*Essay on the Vegetable System of Diet*]』[1814]). 새뮤얼 존슨은 학문적으로 정당한 행위라는 생체 해부에 반대한 초창기 인물로, 1758년에는 '살아 있는 개를 실험대에 눕히고 못을 박고 해부하는 행위'를 즐기는 모든 자들을 경멸한다고 공식적으로 선언했다.[23] 다른 형태의 예술이지만 영국의 판화가이자 일러스트레이터인 윌리엄 호가스는 비슷한 취지에서 1751년에 "잔혹의 4단계"라는 작품을 발표했다. 이 작품에는 말을 구타하는 마부와 마차와 함께 추락해서 앞다리가 부러진 말이 묘사되어 있다.

마찬가지로 감리교 창시자인 존 웨슬리의 그림에도 잔혹한 장면이 등장한다. 평생 말을 타고 다녔던 웨슬리는 말이 혼자 길을 걷는 동안에는 고삐를 느슨히 당겨놓고 책을 읽었다고 한다. 그의 말은 절대로 발을 헛디딜 일이 없었기 때문에 웨슬리는 말이 강요도 고통도 견딜 필요가 없다는 개종 운동가의 입장을 고수한 셈이다.[24] 종교적인 계기 외에도 영국 계몽주의와 더불어 동물학대에 관한 철학적인 주장이 본격적으로 등장했다. 이것이 바로 공리주의의 창시자인 제러미 벤담이 제기한, 동물에게도 이성과 언어 능력이 있느냐는 논의이다. 오늘날 이 논의는 동물이 고통을 느낄 수 있는지에 관한 질문으로 대체되었다. "질문은 '동물에게 이성적 사고능력이 있는가'도, '동물이 말을 할 수 있는가'도 아닌, '동물이 고통을 느낄 수 있는가'이다."[25]

경마 종주국답게 영국에서는 SPCA와 비슷한 성향의 저자들이 경주마의 고된 삶을 다루기 시작했다. 경주마들은 한창때에는 뉴마켓에서 고된 훈련을 받다가 말년에는 버려져서 짐마차를 끌거나 힘없고 늙은 말 신세로 전락하기 일쑤였다.[26] 헨리 컬링의 『채찍질하는 자들을 위한 채찍(*A Lashing for the Lashers*)』(1851)과 존 밀스의 『경주마의 일생(*Life of a Racehorse*)』(1854)에서는 말 학대자들을 날카롭게 공격했다. 인기가 많았던 『경주마의 일생』을 시작으로 말 전기 내지는 말 자서전과 같은 장르가 생겼고, 잔혹함을 비판했던 호가스의 전통이 살아 있는 그래픽 예술이 작품의 메시지 전달을 보조하는 역할을 했다. 1820년대에는 영국 왕립학회 회원이자 나중에 동물화가로 유명해진 에드윈 랜시어 경이 런던의 말과 당나귀의 운명을 다루었다. 1830년에는 ("당대의 호가스라고 불렸던") 영국의 일러스트레이터 조지 크룩섕크가 추악한 도살장 현장을 묘사하여 관람객들을 충격으로 몰아넣었다. 이것은 누구도 보고 싶어하지 않는 아픔의 현장이었다.[27] 그러나 동물보호에도 어두운 과거가 있었다. 영국 동물보호 운동의 선구적 인물이자 저자였던 루이스 곰페르츠[28]는 1826년에 동물보호협회의 회장이 된 지 6년 만에 회장직에서 사퇴해야 했다. 기독교 회원만 입회가 가능하다는 조항 때문에 유대인 혈통이었던 곰페르츠는 가입 자체가 불가능했던 것이다. 채식주의, 생체 해부에 대한 반대, 초창기 동물보호 운동에 스며들어 있던 반유대주의직 흐름은 동물보호 운동의 충실한 동반자로 남았다.[29]

한편 독일에서 동물의 친구이자 동물보호 운동가로 유명한 인물들이 동물보호 운동에 참여한 것은 종교적인 이유가 아니었다. 프리드리히 대왕은 말과 개를 특별히 좋아하지는 않았지만, 동물을 인간과 동등하게 대우해야 한다고 했다. 그는 박차와 채찍 사용을 거부했고 승마학교의 정형화된 형식에서 탈피한 아주 편안한 승마법으로 말을 탔다. 또한 궁정 마구간의 말 하나하나에 개성 있는 이름을 붙여주었는데, 나중에는 역사적 사실을 반영하여 이름을 붙여주기도 했다(카이사르, 피트, 브륄). 예를 들면 프리드리히 대왕이 가장 아끼는 말은 흰 반점이 있는 거세한 수말이었는데, 이 말에게는 17세기의 유명한 군사령관이자 예술 보호자, 몰리에르의 작품을 특히 좋아했던 프랑스의 왕자 루이 앙리 드 부르봉 콩데라는 이름을 붙여주었다. 콩데는 개처럼 주인에게 충직했고 왕이 좋아했던 무화과, 멜론, 오렌지를 간식으로 먹었으며, 오렌지를 재배하던 온실에서 살았다. 또한 왕이 심각한 대화를 나누고 있을 때에도 왕의 주머니 속에서 물건을 끄집어내고 돌아다녀도 될 만큼 자유롭게 살았다.[30] 영리하기도 했던 콩데는 프리드리히 대왕보다 오래 살았으며 서른여덟 살까지 장수했다. 현재 콩데의 유골은 베를린의 훔볼트 대학교에서 소장하고 있다. 매우 의미 있는 유물인 이 유골은 예술사학과 앞에 전시되어 있다. 유골은 동물학자를 위한 것이지만, 사진은 예술사가를 위해서이다.[31]

영국과 마찬가지로 독일의 동물보호 운동도 종교에 뿌리를 두고 있다. 독일 최초의 동물보호협회는 1837년 슈투트가르트에서 창설되었다. 창설

회원은 뷔르템베르크 주의 목사 크리스티안 아담 단과 알베르트 크납 두 사람이었으나, 단은 협회가 창설되던 해에 세상을 떠났다. 단은 세상을 떠나기 전에 작가로 활동하며 잠자고 있던 동시대인들의 양심을 흔들어 깨웠다.[32] 지나치게 경건주의적인 성향을 보였던 단과 크납은 헤른후트파 경건주의 운동의 전통을 계승했다.[33] 단은 개와 황소, 특히 말("가장 학대당하는 동물")이 신사, 마부, 아이들이 저지르는 잔인한 폭력 행위로 인해서 고통을 받고 있다며 사람들에게 이것을 외면하지 말아달라고 호소했다. 그는 "함께 사는 피조물"을 괴롭히는 모든 행위는 인간에게 되돌아올 것이며 동물에게 나쁜 짓을 하는 어린이들은 악한 어른이 될 것이라고 했다. 또한 지혜롭고 공의로운 사람은 동물과 함께 축복과 평안 가운데 살 것이라고 믿었기 때문에 "옛 땅"에 대한 우울한 관점과 "새 하늘과 새 땅"에 대한 희망의 메시지를 대비시켰다.[34] 물론 발행인은 단의 동물보호 사상은 뷔르템베르크의 경건주의적 색채가 지나치게 강하다는 점을 지적했다. 단의 사상에는 요한 알브레히트 벵겔과 프리드리히 크리스토프 외팅거의 천년왕국설도 포함되어 있었다. 단은 종말의 날에 피조물이 해방된다는 맥락에서 "축복받은 벵겔"의 사상을 인용했다. 마르틴 융은 이런 측면에서 "단의 동물보호 사상은 뷔르템베르크 경건주의의 세계 종말론과 관련이 있었다"고 말했다.[35] 이 사상은 19세기 전반부에 최초로 설립된 슈투트가르트 동물보호협회 모델을 통해서 독일 전역으로 퍼져나갔다.[36]

19세기 중반에 동일한 영적 토양에서 동물학대 문제를 가장 독창적이고 열정적으로 다룬 저자가 등장했다. 그 주인공은 철학자이자 장래의 출판업자, 소설가인 프리드리히 테오도르 피셔였다. 1838년에 피셔는 튀빙겐의 "동물학대 방지협회"의 공동 설립자가 되었고, 1847년부터는 총 3부로 된 장문의 신문 기사를 통해서 공적 개입을 시작했다. 이후 25년 이상 그는 동시대인들에게 철학적 깊이가 있는 열정적 어조로 동물학대 문제에 대해서 더 이상 귀를 닫지 말 것을 호소했다. 기사의 제1부에서 피셔는 이탈리아인들이 말가죽을 얻고자 말을 학대하는 문제를 다루었다.[37] 이탈리아인들의 말 학대는 뷔르템베르크 사람인 피셔로 인해서 불명예를 얻었다. 피셔의 눈에 이탈리아 사람들은 문명화된 세계에서 가장 끔찍한 야만인으로 보였다. "이탈리아인들의 말 학대 행위는 그야말로 잔혹하다……."[38]

그는 이탈리아에서 온 다른 편지에서, 쓰고 결정하는 능력이 부족한 어느 마부와의 충돌 사고를 자랑삼아 보고했다. "내가 돌아오던 길에 겪었던 일을 소개한다. 이탈리아의 유적지인 파에스툼에서 야만인이 6시간 동안 말을 달리고는 휴식하는 4시간 동안에도 말에게 물을 먹이지 않는 것이었다. 말들은 땀으로 흠뻑 젖어 있었기 때문에 더 이상 움직일 수 없었다. 나는 그 야만인에게 심하게 따졌다.……내가 마차에서 내리자 그는 팁을 요구했다. 나는 그에게 당신은 물을 마실 필요가 없지 않느냐고 말했다. 그리고 불쌍한 말이 고통을 받고 있으니 그도 체험해보아야 하지 않겠느냐고 말했다. 그는 내가 말을 다루는 법을 모른다며 말에게 물을 주면 해롭다고 거친 말투로 대꾸했다. 나는 그에게 짐승이라고 했고, 그는 나보고 선량하다며 비웃었다. 나는 그에게 욕을 하지도 모욕을 주지도 않았다. 대신 그의 얼굴에 주먹을 날렸다. 그는 얼굴이 하얗게 질려 조용히 있다가 주머니에서 칼을 꺼냈다. 나는 두 걸음 물러나 주머니에 손을 넣고 소형 권총을 꺼내서 쏘려고 했다. 그는 가만히 있는 것이 낫다고 생각했는지 일어나서 계속 길을 갔다."[39]

영국의 동물보호 운동에서 제기된 문제들 중에는 피셔가 다루지 않은 것도 있었다. 독일에는 아직 영국 사회에서 대중적이었던 블러드 스포츠 (Blood sports : 사냥감을 죽이는 스포츠/옮긴이)의 개념도 없었고, 피셔의 비난을 받았던 뷔르템베르크 사람들도 황소 몰이 사냥이나 투견, 투계를 즐기지 않았다. 피셔는 제2의 속죄양이었던 이탈리아인들의 다른 부분을 문제 삼았다. 비평가였던 그는 자주 여행을 다니며 알프스 건너 남부 유럽 지역을 여러 차례 방문했고 다양한 이탈리아 풍경을 즐겼다. 그러나 목사였던 단과는 달리 그는 전형적인 도시 거주자의 관점을 가지고 있었다. 그가 연민을 느꼈던 대상은 도시의 일상생활 환경, 과중한 노역과 거친 마부들의 비윤리적 행태에 시달리는 말과 개였다. 피셔의 주변에는 영국에서 대중화된 블러드 스포츠도 잔혹함을 즐기는 문화도 없었다. 오직 인간과 말의 관계에서 발생하는 일상적인 폭력 행위만 있었다. 하필 이런 폭력이 인간에게 가장 신실하고 고귀한 친구인 말에게 자행되고 있었던 것이다. 말은 인간과 가장 가까운 친구였고 인간이 가장 가까이에서 자신의 감정을 이입할 수 있는 존재였다. 피셔는 "동물의 고통에 연민의 감정을 느끼는 것은 낯선 존재의 내면을 현재화하는 사고에서 비롯된다"고 하면서,[40] 합리주의적 관점에서 공감이라는 감정을 인식했다. 피셔는 "영리한" 말과 개는 자신이 좋아하는 대상의 감정에 공감할 줄 안다고 보았다. 그래서 마부가 말에게 연민의 감정이 없음을 알자, 냉정을 잃고 주먹으로 답한 것이었다.

동물을 잔인하게 대하는 이탈리아 사람들에 대해서 피셔는 확신을 가지고 이렇게 말한다. "이탈리아 사람들의 국민성에 부정적인 측면이 많은 것은 성직자들의 책임이다. 이들은 국민을 위해서 싸우지 않고 자신의 배를 먼저 채우고, 가톨릭 교회의 교리에서는 동물에게 영혼이 없다고 가르친다."[41] 피셔가 말했듯이 가톨릭 교회는 "자신들의 주술적 수단만을 유일한 것으로 찬양하고" 영혼을 구속하는 것만을 중요시했다. "신도들에게 동물 보호에 관해서 설교해봤자 교회의 통치력 확보에 도움이 되지 않는다. 참회하지 않고 면죄를 받는 존재는 성수와 성유와 무관하며 영혼이 없을 수밖에 없다."[42] 1875년에 피셔는 드디어 이탈리아가 깨어나고 있으며 살아서 명예를 느끼고 있다고 했다. 그는 여기에 묘사된 옛 특성은 오랫동안 경멸받아왔던 것이지만 새로운 특성은 다르다고 말한다. "이탈리아가 새롭게 거듭나기 전에 동물을 학대하는 모습을 보고 이들이 한때 블러드 스포츠와 검투사의 살육 경기에 환호했던 불량 민족의 후손임을 느꼈다. 고대 로마 제국과 성직자들에게 독버섯처럼 퍼져 있던 부패가 뒤늦게 드러났다."43) 뷔르템베르크 개신교도인 피셔가 가진 로마 성직자에 대한 이미지는, 영국 청교도주의 동물보호주의자들이 생각하는 아일랜드 가톨릭주의자에 대한 이미지와 같았다. 영국의 동물보호주의자들은, 동물에게도 영혼이 있다는 사실을 부인하기 때문에 이탈리아, 스페인, 프랑스, 특히 영원한 의혹의 대상인 아일랜드와 같은 가톨릭 국가들이 동물을 잔인하게 대한다고 기록했다.44)

나의 형제

말을 학대하는 행위에 대해서 분노하여 이탈리아에서 주목받은 독일인으로 피셔 외에 또다른 유명인이 있다. 다름 아닌 니체이다. 니체는 1889년 1월의 어느 겨울날 토리노에서 동물학대 장면을 목격하고 미친 사람처럼 주저앉는다. 야만적인 마부가 기진맥진한 말을 구타하고 있었다. 이탈리아에서는 말이 거대한 기마상의 그늘 아래에 잘못 놓여 냉소적인 운명의 지배를 받는 장면은 일상적으로 발생하는 일이었기 때문에, 지나가던 행인들 대부분은 이런 잔인한 장면에 무뎌져 있었다. 이들은 더 이상 아무런 감정도 느끼지 못했다. 전해지는 이야기에 의하면, 이 장면을 목격한 니체가 연민의 감정이 폭발해서 왈칵 눈물을 터뜨리며 구타당하고 있던 말의 목을 꼭 끌어안았다고 한다. 니체는 말을 놓아주지 않으려고 했고 이 말을 자기 형제라고 불렀다. 사람들은 그 자리에 멈춰섰고 호기심 많은 이들이 몰려들었는데, 마침 길을 지나가던 니체의 하숙집 주인이 니체를 알아보고 집으로 데려갔다고 한다.

　이것은 어떤 몸짓 하나를 요약한 이야기 중에서는 가장 유명한 일화일 것이다. 그래서 사실여부와 상관없이 매우 감동적이다. 이런 일화들은 한 전기에서 다른 전기로, 한 영화에서 다른 영화로 계속 전해지면서 방랑자처럼 소박한 문학적 존재가 되어버렸다. 진실은 역사에서 떨어져 나와서 예술과 결합했다. 이제 이 이야기는 사람들이 이해하지 못하는 언어로 된 아리아처럼 더없이 값지고 소중하다.

물론 니체는 "동물학대"라는 표현을 알고 있었다. 동물학대는 19세기 후반기에 살았고 신문을 읽는 사람이라면 당연히 아는 단어였다. 니체에게는 이 단어가 필요했지만 그것은 단어의 원래 의미와 상관없는 이유에서였다. 그에게는 조소적이고 냉소적인 관점과 은유로 이 표현이 필요했던 듯하다. 우리가 1882년이라고 기록한 날, 니체는 새로 구입한 타자기 때문에 고생하고 있었다. 그에게는 이 기분 나쁜 기계로 글을 쓰는 것이야말로 "동물학대" 였다. 달리 말해서 니체는 기술의 희생양을 고통받는 동물이라고 보았던 것이다. 그는 윤리의 계통학자라는 다른 관점에서 현대인의 양심에 관한 병리학을 비판할 때, "자기-동물학대"라고 했다.[45] 이런 맥락 외에 그에게 동물은 큰 의미가 없었다.[46] 자라투스트라 역시 동물학을 알았고 독수리와 뱀을 이끌었으며 "나의 동물"이라고 했지만, 이 동물들은 성현의 가르침에서는 단역배우처럼 하찮은 존재였고, 신흥 종교의 복사(服事)와 같은 존재였다. 이 동물들은 실제 동물이 아니었다. 그리고 니체는 실제 동물에는 신경을 쓰지 않았다.[47] 이런 점에서 니체는 그의 동향인인 피셔와 달랐다. 피셔는 말을 사람과 방과 오후의 간식을 함께 나누어야 하는 개나 고양이 같은 애완동물로만 생각했을지라도 정말로 동물을 사랑했다.

피셔와 니체의 관점은 거친 인간, 토리노의 승합마차 마부가 동물에게 자행했던 폭력 현상에 대해서도 달랐다. 두 사람 모두 무관심한 행인도 무관심한 관객도 아니었다. 그러나 두 사람이 목격한, 한 생명체에게 들이닥친 불행이 흘러가는 방향은 달랐다. 또한 두 사람은 서로 반대 방향으로 행동했다. 헤겔주의자였던 피셔는 변증론자답게 행동했다. 그는 몇 시간 동안 말을 목마른 상태로 내버려둔 행위에 담긴 **잠재적 폭력**에 주목했다. 그리고 그는 승합마차 마부와 싸움이 격해졌을 때에 분노의 심지를 화약통에 놓고는 폭력이 주먹다짐이라는 **안티테제**로 폭발하게 만들었다. 니체는 이와 전혀 다르다. 그는 집에서 나오자마자[48] 확실한 폭력의 증인이 되어 이 폭력을 연민이라는 내면의 상태로 변형시켰다. 그는 더 나은 방법으로, 이미 밖으로 폭발하고 있는 폭력을 절망에 빠진 연민의 형태로 연결하려고 시도했다. 이것이 그의 내면에 가득 채워져 있는 통을 고뇌의 에너지로 차고 넘치게 할 눈물이 될지 모른 채 말이다.

길바닥에 주저앉은 니체에 대한 이야기의 출처는 밝혀지지 않았다. 이 이야기는 여러 가지 버전이 있지만 1930년에 에리히 프리드리히 포다흐가 발표한 텍스트가 가장 정확하고 신뢰할 만한 것으로 여겨진다. 대부분의 서술자와 전기작가, 독일의 시인이자 수필가인 고트프리트 벤[49]은 포다흐의 글을 인용한다. "1월 3일 니체가 집을 나섰을 때, 카를로 알베르토 광장의 승합마차 대기소에서 피곤에 지친 늙은 말이 난폭한 마부에게 학대를 당하고 있었다. 갑자기 그에게 연민의 감정이 엄습했다. 그는 괴롭힘을 당하는 말을 보호하기 위해서 흐느끼면서 말의 목을 끌어안았다. 그리고 털썩 주저앉았다. 휩쓸려온 군중 가운데 다비드 피노[50]가 있었다. 피노는 세입자인 니체를 알아보고 힘들게 집으로 데리고 왔다."[51]

포다흐가 이 글을 발표하고 40년 후, 즉 니체가 토리노의 길바닥에 주저앉은 사건이 발생하고 80년이 지난 후, 이탈리아의 철학자이자 소설가인 아나클레토 베르키아가 불쌍한 말, 악한 마부, 말을 불쌍히 여기는 철학자에 관한 이야기의 출처를 연구했다.[52] 이 이야기가 처음 소개된 것은 1900년 9월 16일 자 「누오바 안톨로기아(*Nuova Antologia*)」의 기사였다. 그후 이탈리아의 다른 기관에서도 관련 기사를 내보냈다. 1900년 8월 25일, 니체가 세상을 떠난 후에는 이탈리아에서 관련 기사가 잇달아 발표되었다. 베르키아는 첫 번째 기사를 쓴 사람이 조반니 체나라는 피에몬테 지방의 기자일 것으로 추측했다. 이 기사에는 기존의 문헌(오버베크, 베르누이, 엘리자베스 푀르스터-니체)에 소개되지 않은 정보와 소식이 포함되어 있었다. 이 이야기의 출처는 다비드 피노와의 대화일 것으로 추측되는데,[53] 여기에는 문헌에 처음 등장한 말에 관한 에피소드도 들어 있었다. 익명의 기자는 피노가 세입자인 니체를 두 명의 경찰로부터 인계받았다고 밝힌다. "그들은 대학교의 회랑에서 말의 목을 힘주어 안고 놓아주려고 하지 않는, 이 외국인을 만났다고 보고했다."[54] 그리고 앞에서 다룬 이야기들이 상세하게 소개된다. 일부는 다비드의 아들인 에르네스토 피노와의 대화에서, 일부는 작가의 상상력에서 온 내용들이었다. 여기에는 니체가 말에게 키스하고 형제라고 부른 그림도 포함되어 있었다.[55]

니체와 관련된 문헌에서는 토리노의 말 이야기에 또다른 출처가 있을 것이라고 주장한다.[56] 그중 하나가 니체가 자이들리츠에게 보낸 편지이다. 이 편지에는 "눈물샘을 자극하는 도덕성"의 장면이라고 묘사한 구절이 있는데, 디드로에 의하면 이것은 그가 직접 생각해낸 이야기이다. "겨울 풍경, 가장 잔인한 냉소주의를 대변하는 늙은 마부, 겨울보다 더 차갑다. 그는 자신의 말을 향해서 오줌을 누고 있다. 불쌍하고 학대당하는 피조물인 말은 주변을 둘러본다. 고마워하며, 아주 고마워하며."[57] 쿠르트 파울 얀츠는 이 민망한 장면을 세 가지로 분석한다. 첫째, 19세기의 상상력을 통해서 잔인한 마부와 학대당하는 말이라는 비기독교적 조합이 어려움 없이 하나가 되었다는 것이다. 둘째, 클라이스트의 『미하엘 콜하스』의 장면이 영감의 원천이 되었을 가능성이 있다는 것이다. 실제로 이 소설에는 말은 아니어도 말의 바로 근처에서 도살업자가 오줌을 누는 장면이 나온다.[58] 셋째, 니체는 이 편지 장면을 한결같은 과대망상적 논리에서 비롯된, 자신의 마지막 저작품에 포함시켰다는 것이다.

또다른 문헌에서는 도스토옙스키의 『죄와 벌(prestuplenie i nakazanie)』에서 라스콜니코프의 끔찍한 꿈에서 이와 유사한 흔적을 찾을 수 있다고 말한다. 이 작품에서는 말이 죽자, 아직 어린아이인 라스콜니코프가 학대당하는 말의 목을 안고 죽어가는 동물에게 입맞춤을 한다.[59] 니체가 토리노에서 이 장면을 알고 『죄와 벌』의 각본대로 말을 꼭 끌어안은 것인지에 대해서는 아직까지 정확하게 입증된 바가 없다. 구(舊) 유럽이 배출한 가장 위대한 두 명의 철학자인 소크라테스와 니체가 왜 동물의 이름을 외치며 세상을 떠났는지는 여전히 수수께끼로 남아 있다. 소크라테스는 자신에게 닭을 빌려주었던 아스클레피오스(그리스 로마 신화에 나오는 의술의 신/옮긴이)의 이름을, 니체는 자신이 연민을 느꼈던 말의 이름을 불렀다.

두 동물의 차이는 죽음의 유형과 무대이다. 소크라테스의 죽음은 그의 집이라는 실내극장에서 발생한 반면, 니체의 정신적인 죽음은 구(舊) 유럽을 대변하는 도시의 광장을 무대로 한다. 어쨌든 니체는 도시에서 생의 마지막 날들을 보냈다. 말은 다시 모든 역사를 대변하며 서 있다. 유럽 역사의 모든 인물들과 동일시될 수 있는 니체는 학대당하는 동물 중의 하나를 끌어안았다. 고통당하는 동물이, 자신의 마지막 편지에 예수와 디오니소스의 이름으로 번갈아가며 서명했던 고통당하는 인간을 안아준 것이다.

다시 삼각형으로

말 학대라는 잔혹의 삼각형은 거친 마부, 무정한 행인, 말하지 못하고 고통당하는 생물로 표현되며 지금도 존재한다. 매체가 변하고 위치만 달라졌을 뿐이다. 마부의 자리에는 말 거래상이 들어왔고, 무심하게 지나가거나 호기심 어린 눈으로 구경만 하는 행인들은 이제 거리에서 움직이지 않고 유튜브와 같은 온라인에서 활동한다. 검색창에 '말 지옥(Pferdehölle)' 같은 단어를 입력하면 오래 전부터 계속되어온 잔인한 장면들이 화면에 뜬다. 폴란드의 스카리제프와 오스트리아의 마이스호펜의 마시장에서 욕설을 퍼붓는 술에 취한 듯한 몰이꾼들과 운전자들, 소년들에게 학대당하고, 화물차에 질질 끌려가고, 부딪히고, 또다른 화물차로 끌려가서 두들겨 맞고는 다시 다른 곳으로 이송되는 말들은 반쯤 죽어가며 갈증으로 반미치광이가 되어 있다. 대부분의 말들은 도살장이나 소시지 공장으로 이송된다. 다행히 이곳에서 살아남는다고 해도 아직 할 일이 많다.

말 학대가 자행되는 또다른 현장이 있다. 한때 말 문화를 꽃피워서 전 세계의 절반 이상으로 뻗어나가게 했던 곳으로, 아라비아 반도의 끝에 위치한 지역이다. 일반적으로 특히 두바이와 아랍에미리트 연합에서 원거리 승마를 즐기는데, 사막 지대와 고온 환경에서 벌어지는 원거리 승마로 인해서 수많은 말들이 죽음의 위협을 받거나 죽어나가고 있다.[60] 이런 경우에는 누리꾼이 행인의 역할을 한다. 그들은 말이 탈진할 때까지 학대를 당하거나 중상을 입는 장면을 볼 수 있다. 쓰러지는 말을 "살리는" 역할은 수의사의 몫이다.[61]

한순간일지라도 잔혹의 삼각형을 깨뜨릴 수 있는 자리가 채워졌다. 미친 철학자, "형제여!"라고 외치며 고통당하는 말을 목을 끌어안을 수 있던 사람이 다시 돌아온 것이다. 지금은 방수 외투와 양모 모자를 쓴 동물권리단체의 젊은 활동가들이 그 역할을 대신하고 있다. 이들은 동물에 대한 계몽 운동, 영상, 동물 대량구매 저지 등 각종 폐해와 마시장의 폐쇄를 위해서 싸우고 있다. 장기적인 관점에서 보면 토리노의 철학자보다 성공을 거둘 가능성이 높지 않은가? 그러기를 바란다.

제4부

잊힌 주인공 : 역사

말과 인간의 이별을 묘사하는 것은 중요한 일이다. 이것은 과거 말과 인간의 공존관계에 대한 의미와 목적을 묻는 것과는 다른 문제이다. 인간은 말과 동맹관계를 맺었을 때에 무엇을 얻었는가? 다른 존재는 할 수 없었지만 말은 할 수 있었던 것은 무엇인가? 첫 번째 답은 물리학에서 찾을 수 있다. 물리학적 관점에서 말은 에너지를 변환하면서 에너지를 생성할 수 있는 존재였다. 스텝 지대의 억센 풀은 대부분의 동물의 입맛에는 맞지 않는다. 그러나 움직임이 빠르고 인내심이 강한 말은 억센 풀 속에 들어 있는 아주 작은 에너지를 엄청난 규모의 에너지로 변환할 수 있었다. 말은 선천적으로 타고난 에너지 변환 능력으로 왕, 기사, 사랑하는 여인, 시골 의사를 태우고, 마차와 대포를 끌고, 노동자와 직장인의 실어나르며 전국에 이동성을 제공했다. 이것이 첫 번째 답이었다.

두 번째 답은 말이 지식을 생산하고 이동시킬 수 있었다는 것이다. 상징과 역사를 만들어가는 인간에게 가장 중요하고 가까운 동물이었던 말은 그 자체로 인간의 연구와 인식의 대상이 되는 특권을 가졌다. 화가와 조각가들이 예술을 통해서 말에게 제2의 삶을 찾아주지 않았더라면 각종 담론 속에서 말은 사라질 위협에 처했을 것이다. 말은 다양한 지식 영역(의학, 농업, 군사, 예술)과 지식 유형(경험적, 전문적, 학술적)이 복합적으로 얽혀 있는 경제 구조와 고대 그리스 로마 문화를 바탕으로 하는 오랜 문학적 전통의 일부였다. 이제 이런 지식과 관련된 경제 구조는 잊혀가고 있지만, 그럼에도 말이 18세기와 19세기 전성기에 가졌던 중요성이 희석되지는 않는다.

세 번째 답은 자부심과 경탄, 권력욕, 자유에 대한 갈망, 불안, 쾌감, 연민 등 여러 가지 감정과 관련이 있다. 기호와 의미 전달자라는 고유한 특성을 지닌 가운데 제미오포르(Semiophor : 사물의 물질적 가치뿐만 아니라 사물이 제시하는 증거를 중시하는 개념/옮긴이)가 직업인 말은 인간의 감정, 기분, 열정의 운반자이자 전달자의 역할을 한다. 또한 말은 에너지와 인식 대상의 전환자로, 파토스의 전환자이다. 이것이 세 번째 경제 구조로, 이 체계에서 말은 대상이자 행위자로서 핵심적인 역할을 한다. 말이 가진 이미지를 통해서, 그리고 그런 대상이 되게끔 만들어준 열정적인 속성에 의해서, 말은 인간의 열정이 담긴 운명의 일부가 되었다.

에너지, 지식, 파토스, 이 세 가지 경제 구조 안에서 인간과 말의 역사는 가장 가까이에서 연합하고 목적을 달성한다. 그러나 이 세 가지 경제 구조는 각기 다른 법을 따르지 않는가? 이 세 구조는 어디까지 서로 변환이 가능한가? 소설가 하디는 "물질적인 원인과 감정적인 효과는 방정식으로 일반화할 수 없다. 정신적 특성과 관련해서 변화가 생긴다면, 우습게 여길 만큼 하찮은 원인일지라도 때로는 엄청난 결과를 초래하기도 한다"고 했다.[1] 이런 상황에서 누가 에너지, 지식, 파토스처럼 서로 다른 특성을 가진 영역에 대해서 일반화된 공식을 유도하기를 바라겠는가? 처음에는 인간과 말의 공통된 역사가 남긴 이미지, 글, 대상의 충만함과 완벽함 등 풍요로운 현상을 확인하는 것만으로도 많은 성과를 얻은 것이다.

언젠가는 또다른 질문들이 끈질기게 따라붙을 것이다. 그러나 이런 질문들은 오래지 않아 사라질 것이다. 우리는 말과 인간의 역사에 대해서 무엇을 알고 있는가? 말은 우리에게 어떤 의미이고 그 증거로 역사에 무엇을 남겼는가? 우리는 어떤 깨달음을 얻었고 그 지식은 어떤 기관에서 관리되고 있는가? 말은 어떤 문학에서 계속 살아 있고, 어떤 문서보관소에서 잊혔는가? 현재 우리가 말에 대해서 아는 것과 과거에 우리가 말에 대해서 알고 있었거나 잊어버린 것에 대한 질문은 사라질 것이다. 그 대신 현재 그리고 말의 명성이 여전히 한자리를 차지할 것이라고 우리가 예측할 수 있는 짧은 시간 동안 말이 우리에게 **무엇을 가르쳐줄 수 있는지** 묻게 될 것이다. 앞으로 말은 우리에게 무엇을 가르쳐줄 것인가? 우리는 말에 대해서 무엇을 이야기하게 될 것인가? 우리의 지식은 어떤 형태를 취하게 될 것인가? 이것이 바로 마지막 제4부에서, 역사 그리고 미학이라고 할 수 있는 것, 즉 역사적 미학이라는 제목으로 다루게 될 내용이다(그리스어로 역사란 탐색과 조사를 통해서 문자로 취할 수 있는 모든 것을 말한다).

대부분의 책들은 교향악처럼 조화로운 결론을 내리거나 전체 내용에 대한 요약으로 끝을 맺는다. 이 책은 기존과는 다른 형태의 결말을 취할 것이다. 합계나 종합이 아니라 정반대인 분산, 그러니까 열린 결말이다. 제목이 '역사'인 제4부는 시장과 같은 곳이다. 역사 및 철학적 서사, 연구 보고서, 문학작품, 이론의 단편, 저자의 기억, 이미지, 위트와 인용 등의 마장(馬場)을 통해서 말의 역사에 관한 다양한 기술과 양식을 안내할 것이다. 전체처럼 보이는 것도, 결론이라고 마무리짓는 것도 없다. 이 책의 결론은 콜렉션의 형태를 취하고 있다. 말과 인간의 역사를 서술하고, 고찰하고, 기억에 남길 수 있는 모든 가능성을 편하게 늘어놓을 것이다. 결론에는 카펫처럼 수없이 많은 장식이 달려 있다. 어떤 측면에서는 수필과 비슷하다. 수필은 엄격한 학문적 형태를 거부하며 자유를 누린다. 수필의 형태인 이 책의 표지에는 '**구하기와 찾기**'라는 단어만 쓰여 있다. 수필은 그 이상을 할 수도 없고 원하지도 않는다. 이외에 할 수 있는 것이 있다면 **보여주기**이다. 이런 발견에서 오는 행복을 다른 사람들과 함께 나누어야 하지 않겠는가.

이빨과 시간

위대한 양식, 위대한 정치

1528년 9월에 레겐스부르크의 시민들은 화가 알브레히트 알트도르퍼에게 시장직을 제의했다. 그러나 그는 이 제의를 거절하고 이보다 더 중요한 일을 해야 했다. 바이에른 대공 빌헬름 4세를 위한 대형 회화 작업이었다. 수천 명의 인물이 등장하는 이 대형 회화에는 기원전 333년 이수스 전투의 모든 장면과 더불어 현재의 상황과 튀르크인의 저항을 암시하는 내용이 담길 터였다. 게오르크 지멜은 언젠가 스스로에게, 20세기의 한 역사학자가 마라톤 전투와 같은 역사적 사건의 세부 사항을 일일이 설명하기 위해서 어떤 시도를 해야 할지 질문할 것이다. 알트도르퍼는 16세기의 화가가 이 문제를 어떻게 해결했는지를 보여준다. 이 그림에서는 광활한 전쟁터, 이수스 평원, 그뒤에 펼쳐진 산과 망망대해, 이 모든 것을 한눈에 볼 수 있다. 전체를 보지 않고 사건과 관련된 무수히 많은 극적 세부묘사에 눈길을 돌리는 순간, 관찰자는 길을 잃고 만다. 그러나 사건의 핵심을 놓치지만 않는다면 세계사의 중대한 전환점이 된 사건 속으로 들어갈 수 있다. 이 작품에서 페르시아의 왕 다리우스 3세는 말 3필이 이끄는 전차의 방향을 돌려 도망치고 있다. 한편 젊은 영웅 알렉산드로스 대왕은 그 유명한 애마 부케팔로스를 타고 다리우스 3세를 쫓고 있다. 그 순간 주인공의 위치는 전투의 시작을 예고한다. 승리는 말을 탄 자의 것이다. 기병대의 화려한 신식 전술은 구식 전차와 대비된다. 젊은 전쟁의 신이 구세계의 정복자를 물리치고 승리를 알린다.

코젤렉은 역사 이론의 가장 중요한 개념이 담긴 세기 전환기를 안장의 시대라고 이름 붙였다. 코젤렉의 독자라면 그가 이 그림을 염두에 둔 것은 아닌지 질문할 수도 있다. 어쨌든 코젤렉이 명료한 개념으로 무엇을 말하려고 했는지는 확실하다. 18세기 말엽인 1780년, 조각조각 나뉜 다양한 역사들이 하나의 역사로 통합되면서 변혁은 시작되었다. 다양한 이야기로 구성된 세밀묘사화에서 통일된 시간적 공간이라는 '단수형 단어'로 바뀐 것이다. 역사학자의 관점에서 이것은 근대가 시작되는 순간이었다. 기대지평(Erwartungshorizont : 문학작품을 이해하고 해석하는 근거로, 독자가 속한 문화적 규범이나 개인적 경험, 기대 등과 같은 것들로 구성된다/옮긴이)으로서 미래를 건설하려는 사람은 역사를 하나의 통일된 경험 공간으로 정리해야 했던 것이다.

코젤렉이 제시한 증거에 대해서 의문이 거의 제기되지 않은 것으로 보아 이 개념은 자리를 잡는 데에 성공한 것이다. 간혹 단어의 유래와 의미에 관한 의문이 제기되기는 하지만 이것은 지리학과 관련이 있으며 그나마도 많지 않다. 독일어로 산등성이는 'Gebirgssattel'이라고 한다. 산이라는 뜻의 'Gebirge'와 안장이라는 뜻의 'Sattel'의 합성어이다. 산등성이에서는 두 개의 산비탈이 갈라지는 동시에 합쳐진다. 한마디로 안장의 시대는 시대의 분수령인 셈이다. 그러나 그전에 누가 지리학을 안장이라는 은유 위에 올려놓았는지 질문하는 이는 없는 듯하다. 은유의 행로를 명확히 하려면 안장이 말의 등 위에 어떻게 올려졌는지를 보는 것만으로 충분하기 때문이다. 지리학적 개념에 다시 움직임을 주고 이것으로부터 역사라는 시간 개념을 만들기 위해서 어떤 일이 일어나야 했을까? 또 사실이라는 토양으로부터 경험이라는 시간으로 안장을 교체하려면 무슨 일이 일어나야 할까? 이것이 바로 역사학자이자 시간 구조주의자인 코젤렉의 업적이었다.

코젤렉이 논쟁자로서 부수적으로 대비되는 개념을 나타내려고 했을 때, 그의 의심은 정도를 벗어난 것이 아니었다. 코젤렉의 스승인 철학자 카를 야스퍼스는 1949년 하이델부르크에서 현상학적 관점에서 역사의식을 다룬 역사철학 해설서『역사의 기원과 목표(*Vom Ursprung und Ziel der Geschichte*)』를 발표했다.[2] 야스퍼스가 비교했던 그리스-서양, 인도와 중국 등 거대한 문화 공간에서 자기 자신 삶의 형태와 예술품에 대한 인간의 역사의식이 형성되기 시작한 시기는 언제인가? 야스퍼스는 이들이 내면세계의 지평선을 넘어서 초월이라는 개념을 깨닫게 된 시기가 기원전 800년과 기원전 200년 사이라고 답한다. 놀랍게도 고도의 문화가 꽃을 피우던 시기와 유한성과 초월 가능성을 성찰하던 시기가 거의 일치한 것이다. 이처럼 시간 영역은 의식의 역사에서 결정적인 역할을 한다. 이것을 설명하기 위해서 야스퍼스는 축의 시대라는 개념을 만들었다.[3]

물론 코젤렉은 축의 시대에 거울처럼 대응되는 개념을 염두에 두고 안장의 시대라는 개념을 만든 것이 아니었다. 그는 언제 어디서 역사성에 대한 인식이 최초로 발달하기 시작했는지에 대해서는 그다지 신경을 쓰지 않았다. 고역사주의는 그의 관심사가 아니었다. 그는 근대가 성찰적인 관계로 돌입한 국면과 통일된 경험 공간을 구상했던 순간을 규정하고자 했다. 그 뒤에는 역사가 있었다. 그는 역사의 메타물리학과 같은 전체론적 철학 개념이 아니라 근대와 같은 역동적 개념에 관심이 있었다. 대담하게 등장한 기병대와 구학파의 전차 문화의 대결 구도일까? 안장을 탄 개념사 대 축의 인문학사? 이 대결 구도를 영화화하면 틀림없이 훌륭한 고대 그리스 로마의 역사 영화가 될 것이다. 알렉산드로스 대 다리우스 3세, 안장의 시대대 축의 시대, 개념사 대 역사철학. 이것은 처음부터 승자가 정해져 있던 싸움이 아닌가.

역사의 말장난일까? 어쩌면 그 이상의 것인지도 모른다. 야스퍼스는 역사의 길이 인도하는 발자취를 따랐다. 그는 의식의 축이 지닌 힘에 관한 이론의 초반부에서 무엇이 새로운 사고방식을 자극할 수 있을지 물었다. "동시성이란 무엇인가?"에 대한 질문에서 야스퍼스는 논할 가치가 있는 가설이 하나 있다고 말한다. 바로 독일의 경제학자 알프레드 베버의 가설이다. "전차민족 다음에 중앙아시아의 기마민족이 출현했다. 그가 말했듯이 세 영역에서 유사한 결과가 나타났다. 기마민족은 말 덕분에 더 넓은 세계를 체험했다. 이들은 고대의 고도 문명을 점령했다. 이들은 모험과 재앙을 통해서 의식의 불확실성을 체험했고, 서사시에서 발견한 표현인 군주적 인간을 통해서 영웅적이고 비극적인 의식을 발전시켰다."[4]

야스퍼스가 참고했던 베버의 저서는 『비극적인 것과 역사(*Das Tragische und die Geschichte*)』이다. 이 책이 스탈린그라드 전투가 있던 해에 출간되었다는 것과 독일인과 그리스인이 공감하는 것으로 잘 알려진 **비극적 존재**의 관점의 어조로 표현된 것은 우연이 아니었다. 독일의 인도학자이자 정치적 망명자인 하인리히 치머 역시 이 관점에 동의하며 이것을 인용했다.[5] 베버는 비극적인 것에 대한 감수성이 어떻게 세상으로 나오게 되었는지에 대해서 기원전 2000년 이후의 유럽과 아시아의 **고대 문화**(Vorkultur)에서 시작된 두 차례의 정복 물결을 암시하며 답을 제시한다. 처음에는 전차 기술을 바탕으로 한 정복이었고, 기원전 1200년 이후에는 기병대의 정복이었다. 특히 기병대의 정복이 문화적 역동성을 가장 많이 자극했다. "기병대의 물결은 거대한 너울, 시간의 맥락에서 유라시아를 완전히 씻어버릴 수 있는 세상에서 가장 큰 너울과 같았다.……이런 기병대의 물결은 언젠가 유라시아의 시간적 맥락을 휩쓸고 지나간 거대한 물결 같다.……이 물결을 전파하는 민족들이 자신들의 사회 및 문화 구조와 함께 자신들의 정신적인 존재, 군인 정신에 담긴 군주적 특성, 그 분위기를 이끌면서……새로운 시기, 정신의 변혁기가 온다.……이 시기에는 더 남성적이고 자유롭게 움직이는 군주적 가치관 및 태도와 '어머니의 땅'인 흙에 뿌리박혀 있는 원래 모계사회였던……농경문화의 소속감에 관한 논쟁이 곳곳에서 벌어졌다."[6)]

전쟁 군주와 전쟁 영웅과 같은 기념비적인 인물들의 뒤에 숨은 주인공은 니체가 아니라 오스발트 슈펭글러였다. 물론 그의 역사 개관에서도 니체의 색채가 느껴지지만 말이다. 슈펭글러는 말과 군용마가 역사적 변혁을 일으키는 데에 결정적인 역할을 했다고 언급했는데, 이 부분은 역사 교사이자 동물학자인 그가 "동물 왕국의 주요 단계에서 시각 기관의 발달"이라는 논문을 마친 후에 집필되었다. 이 발달 과정에는 약한 "기술 이동"이 있었다. 슈펭글러의 관심사는 기술이었기 때문에 말보다는 무기 쪽에 치우쳐 있던 것이다. 그래서 그는 역사적으로 늦은 시기에 등장한 기마전사보다 초기의 전차에 열광했다. 그는 기병대를 전차에서 파생된 순간적 현상으로 보았다. "전차만큼 전 세계에 큰 변화를 일으킨 무기는 없었다. 화기의 파급력도 그만큼 크지는 못했다. 전차는 기원전 2000년부터의 세계사를 풀어갈 수 있는 실마리로, 역사를 통틀어 세계에 가장 큰 변화를 일으킨 무기였다.……무엇보다 세계 역사상 최초로 **속도**가 전술로 등장했다. 기병대의 탄생은……전차전의 결과물에 불과하다."[7)]

1934년 2월에 있었던 뮌헨 아시아 예술 및 문화 친우회 강연에서 슈펭글러는 예언자처럼 새로운 유형의 전차가 이끄는 전격전의 시대가 열릴 것이라고 했다. 마치 구데리안이 지휘하는 기갑 부대의 각본을 짜놓은 듯이 말이다. 슈펭글러는 과장되게 연출한 대형 전차를 통해서 이보다 훨씬 거창한 인류학적 결론을 내렸다. "이와 더불어 전쟁사에 무기의 **속도**가 중요한 개념으로 편입되었고, 무기를 능수능란하게 다루는 직업전사 계층이 생기면서

한 민족 안에서 가장 고귀한 신분이 되었다. 이 무기에는 새로운 유형의 인간도 포함되어 있었다.……그 결과 전쟁을 인생의 목표로 삼고 농경민족과 유목민족을 경시하면서 자신들의 우월성을 강조하는 마스터 인종(Herrenrasse : 프랑스의 인종이론가 요제프 아르투어 드 고비노가 주창한 이론으로 19세기 독일 반유대주의의 핵심 개념/옮긴이)이라는 개념이 등장했다. 지금까지 존재하지 않았던 두 번째 밀레니엄의 인간성 말이다. 이렇게 새로운 유형의 정신이 탄생한 것이다. 이때부터 의식적 영웅주의가 존재했다.……이것이 세계사에 엄청난 파급효과를 일으켰다. 여기에는 새로운 양식과 정신이 담겨 있기 때문이다."8)

군주, 영웅, 전사, 새로운 인간. 제2차 세계대전이 끝나고 3년 후인 1948년, 독일의 사회학자 한스 프라이어는 2권으로 된 『유럽 세계사(Weltgeschichte Europas)』를 발표했는데, 이 책에는 여전히 슈펭글러의 흔적이 남아 있었다. 프라이어는 말과 전차의 결합을 "인류 역사상 전쟁과 관련하여 가장 큰 혁명적 사건 중의 하나"로 인식했다.9) 프라이어는 새로운 전차 운전 및 전쟁 기술과 기념비가 되어가는 인류학과 의지라는 메타물리학을 자명하고 신중하게 연결한다. "……이것은 자연스럽게 분출하는 전쟁의 의지이다.……이런 분출은 새로운 시대를 의미한다. 아주 구체적인 에토스를 갖춘 새로운 정복 의지, 이를테면 기존의 권력이 땅에 남겨놓은 흔적을 통해서 특정한 지점에 투입할 수 있는 진정한 무기로, 마치 화산처럼 폭발하는 폭력과 같다.……이제야 의식적 영웅주의가 존재한다. 드디어 서사시가 가능해진 것이다."10)

이것은 인류가 '속도 무기'로 전쟁을 시작한 이래로 역사에 등장한 단순한 서사시가 아니다. "이 정신으로부터 기원후 1000년까지의 고대 문화에는 존재하지 않았던 새로운 세계적 현실이 탄생한다. 그것은 바로 정치이다. 이제 정치사에 본격적으로 극적인 긴장감이 돌기 시작한다. 국가들은 연대기식 서술에 전형적인 영웅의 행적, 판단과 평화가 아니라, 실권 장악과 실각 그리고 번영과 몰락의 소용돌이에 자신의 운명을 내맡기고 달려든다."11) 정치는 마치 운명처럼 비밀스럽고 위풍당당하게 역사의 무대에 등장했지만 이것은 기술 변혁의 결과일 뿐이다.

물론 야스퍼스의 어조에서도 1940년대 말의 영웅주의와 운명적 분위기가 훨씬 강하게 울려퍼지고, 이것은 새로운 인간 유형을 향해서 힘차게 나아간다. 그러나 그는 기술 변혁에서 동물 전달자가 맡았던 역할을 완전히 잊지 않았다. 말의 등장은 인간의 위치에도 변화를 주었다. 주변 세계를 바라보는 기병대의 관점으로 말이다. "말은 인간을 땅에서 분리시켜 넓은 곳과 자유, 우월하고 새로운 전술의 세계로 내보내고, 길들이기와 고삐 당기기, 기병과 정복자의 용기, 말에 대한 미적 감각으로 이어지는 군주주의를 탄생시켰다."12)

외형적으로 유사한, 축의 시대와 전차문화를 정리할 때가 되었다. 야스퍼스는 철학적 전차의 운전자로 역사의 전반을 돌아본 것이 아니었다. 그가 추종했던 저자는 슈펭글러가 아니라 베버였다. 그에게 축의 시대에서 획기적인 상전이를 일으켰으리라고 추정되는 역사의 주역들은 기원전 1200년경에 "강력하고 새로운 추진력"으로 등장한 '인도 유럽의 기마민족'뿐만 아니라 이란과 인도도 포함했다.13) 이외에도 1939년 이후에 글을 쓴 모든 저자들, 베버, 야스퍼스, 프라이어 등이 항상 지니고 다녔던 '고(古)마학의 작은 교리문답'과 같은 책이 있었다. 바로 독일의 역사학자이자 고고학자 요제프 비스너의 저작인 『고대 유럽과 고대 오리엔트에서의 전차 운전과 말타기(*Fahren und Reiten in Alteuropa und im Alten Orient*)』였다.14) 비스너는 오늘날 보았을 때에도 여전히 놀라운 방식으로 1940년의 역사 지식 상태와 이데올로기적 서사의 색채를 결합시켰다.

초기 말의 시대의 일관성 있는 역사화를 위해서 비스너는 돌발적 인물,

슈펭글러, 프라이어 등 니체의 영향을 받은 철학자들이 중시했던 운명적인 분출을 생략했다. 물론 그는 이들처럼 아이디어 자체를 폐기하지는 않았고, 고대 유럽과 중동에서 전차와 군마가 등장한 후에 비로소 '위대한 정치'의 시대가 열렸다고 해석했다.[15] 이런 위대한 정치를 이끌어가려면 새로운 주체, 새 역사의 주제가 필요했다. "기병을 보유한 군주의 존재……어둠 속에서 살고 싶지 않은 자신의 행적과 역사를 묘사하려는 제어할 수 없는 욕망."[16] 비스너가 지칠 줄 모르고 강조했던 "영원한 군주로 남겠다는 욕망"은 아리안 정신이었다. 이제 아리안 정신은 이란과 아시리아 사이의 동방지역의 전 영역에 대한 특징이 된 반면, 이집트 등 다른 문화에서는 나타나지 않았다. 구세계에서도 영웅과 상인의 대립관계를 이미 알고 있었다.[17]

전차문화는 기마문화보다 500년이나 앞섰다. "중동 지방에서는 말을 타는 일이 드물었다.……말 타기가 군사적으로 활용되지 않았기 때문이다. 기병에 대한 귀족적 이미지도 없었고, 말 타기가 주는 에토스를 느끼지도 못했다. 그래서 이 지역에는 말을 타는 신이라는 존재도 알려지지 않았다."[18] 비스너는 군사적 목적의 말 타기인 '기병대'가 전차보다 시기적으로 늦게 등장한 발명품이라고 확신했다. 폰타네가 바메 장군의 입을 통해서 표현한 기병의 관점[19]에서는 기병의 역사가 전체 역사인 것처럼 보이지만, 이것은 기억의 왜곡이었던 것으로 밝혀졌다. 정복자의 속도에 대한 열광은 나치뿐만 아니라 나치가 좋아하거나 나치 성향이었던 작가들에게서도 나타난다. 1950년에 사회주의 시장경제의 공동 창시자이자 신자유주의자인 뤼스토프는 "속도에 대한 열광"과 "질주와 승마라는 새로운 운동기술로 인해서 거리와 공간에 대한 인간의 감각이 완전히 달라진 것"에 대해서 궤변을 늘어놓았다.[20]

영국의 작가 엘리아스 카네티 역시 기마민족이 속도 덕분에 세계사에 공헌할 수 있었다고 본다. "이들은 말을 굴복시키고 가장 완벽한 형태의 기마부대를 양성함으로써 세계 역사에 돌파구를 마련했다. 동시대의 몽골족에 관한 보고서에는 이들이 얼마나 **빨랐는지** 기록되어 있다. 이들은 항상 생각도 하지 못한 순간에 나타났다. 이들은 갑자기 나타났다가 사라졌고, 더 갑작스럽게 나타나기를 반복했다."21) 영웅적 후기 구조주의의 "정신분열증적 분석"에서는 담배를 피우며 질주하는 기마전사의 이미지를 생략할 수 없다. 들뢰즈와 가타리는 니체를 인용하여 "이들은 운명처럼 온다.……이들은 번개처럼 정말 무시무시하게, 정말 갑작스럽게 나타난다……"고 했다. 이어 이들은 카프카를 인용하여 "정복자들은 사막에서 피어오르는 구름처럼 나타났다. 이들은 이해할 수 없는 방식으로 도시에 왔다. 이들은 정말 이해할 수 없는 방식으로 일을 해냈다. 사막의 고지대 사람들은 사막을 횡단하여 넓고 비옥한 땅으로 왔다.……그들은 매일 아침 더 나은 존재가 되어 나타나는 듯했다"라고 했다.22)

좁은 문

야스퍼스가 축의 시대를 발명한 지 60여 년이 지난 지금까지 초기 말의 시대에 관한 연구에는 큰 진전이 있었다. 이 연구는 이데올로기의 찌꺼기를 버리고 아리안 정신 그리고 군주와 영웅과 이별했다. 아리안 열광주의자들은 아리안족이 최초로 말을 가축화하고 전차를 발견했다고 주장하며 아리안족을 광적으로 숭배했다. 그러나 페터 라울빙의 표현23)처럼 고고학과 동물고고학은 '아리오마니(Ariomanie)'라는 옷을 벗어던진 지 오래였다. 일반적으로 해석 패턴은 더 이상 역사철학이라는 거시적 관점, 즉 기병대의 관점으로 규정되지 않고, 고고학적 발견이라는 미시적 관점에 맞추어진다.24) 오늘날 고고학자들은 흑해와 중앙아시아 사이에 있는 유라시아 지역에서 인간과 말의 연관성을 확인할 수 있는 증거물들을 발굴하고 있는데, 이런 관점의 변화로 인해서 고고학자들이 해석의 바탕이 되는 전통적인 인물들을 전부 버렸다는 의미는 아니다. 따라서 지난 수십 년간 유라시아 유목민 전사라는 인물, 즉 유럽과 동방에 정착한 민족들을 공포에 떨게 했던 **선천적으로 타고난 전사** 기질과 강인함과 끈기와 절제심을 두루 갖춘 말에 관한 연구는 전성기를 구가했다.[25] 초원의 전사는 더 이상 하늘에서 번개 치듯이 갑자기 정치적 아이디어를 가지고 내려오는 존재가 아니었다. 역사 연구에 이 사실을 반영하지 않을 수는 없었다. 다만 이들에게 존재의 이유가 바뀌었다는 사실이 중요했다. 이제 이들의 운명은 정치가 아닌 경제였다. 중국 전쟁사 연구자인 J. K. 페어뱅크는 1974년에 "유목민들은 말 타기, 사냥하기, 말을 타면서 활 쏘기밖에 할 줄 아는 것이 없었다. 이들은 경제적 상황이 만든 타고난 전사였다"고 말한다.[26]

고고학의 관점에서 '전사'라는 개념도 문제시되었다. D. W. 앤서니는 청동기 시대의 유라시아 지역 기수에 관한 포괄적인 연구에서, 말이 가축들을 보호하는 재주가 탁월한 동시에 가축들을 절도하고 휩쓸어가는 재주도 뛰어나다는 점을 상기시켰다. 게다가 말은 도난당하기도 쉬웠다. "미국 인디언들이 북아메리카 평원에서 처음 말을 타기 시작했을 때 말 절도 행위는 이미 만성적이었고 오랫동안 평화로운 관계를 유지해오던 두 종족 간의 관계를 해치는 요인이었다."[27] 이런 말의 용도가 새로운 갈등 상황을 유발하면서 말 타기와 전쟁 행위를 구분해야 한다는 새로운 유형의 논쟁이 벌어졌다. "많은 전문가들이 말이 전쟁에 투입되기 시작한 시점을 기원전 1500년부터 기원전 1000년 사이일 것이라고 추측한다. 그러나 이보다 훨씬 오래전부터 있어왔던 **말을 타고 약탈하는** 행위와 기원전 1000년경 빙하기에 등장한 **기병대** 사이에 차이는 없어 보인다."[28]

동유럽과 아시아 유목민의 오랜 갈등은 메소포타미아와 중동 지역의 대도시를 위협하지 않았기 때문에 역사의 스포트라이트를 받지 못했다. 이

빛 가운데로 들어가려면 전사의 무장 상태가 개선되어야 할 뿐만 아니라(더 짧고 강력한 활과 철로 된 화살촉으로) 협력관계와 규율을 정비할 필요가 있었다. 이제 기마민족의 전사들은 도시의 전사가 되어야 했다. 이런 변혁은 기원전 1000년과 기원전 900년 사이에 진행되었던 것으로 보인다. "기병대는 이미 전쟁터에서 전차를 몰아냈고, 이로써 새로운 전쟁의 시대가 열렸다."[29] 야스퍼스의 축의 시대를 기준으로 하면 전쟁사에서는 기원전 800년에 이미 안장의 시대로 접어든 것이다.

그러나 인간과 말의 연합관계에 대한 뿌리를 찾을 때에 안장과 축은 적절한 지표가 아니다. 두 가지 모두 역사적으로 너무 늦은 시기에 등장했기 때문이다. 말의 가축화에 관한 역사, 즉 말을 소비의 대상이 아니라 짐을 끌고 싣는 엔진으로 연구하려면, 이빨의 흔적을 쫓아야 한다. 말을 거래하는 사람들 사이에서 말의 주둥이 안을 들여다보는 것은 일반적인 관행이었다. 이보다 훨씬 전에 말이 자신의 이빨을 보여주어야 했던 일이 두 차례 있었다. 첫 번째는 진화의 초기였고, 두 번째는 가축화의 초기였다.

가축화의 역사에 관한 연구에서 고고학은 한편으로는 도상학과, 다른 한편으로는 골학과 연결되어 있다. 고고학적 증명에 사용되는 양날개가 있다. 하나는 말 탄 기수의(혹은 말과 비슷한 동물의) 그림이고, 다른 하나는 관련 서적이다. 이 말은 곧 "기원후 1000년 말엽까지는 신뢰할 만한 텍스트나 그림의 출처가 없었다는 뜻"이다.[30] 그러나 1000년부터 2000년까지 골학과 고(古)마학이 동맹관계를 맺으며 고고학은 앞으로 전진했다. 그중 가장 효과적인 도구는 방사선 탄소연대 측정법이었다. 이 기술 덕분에 발굴된 말의 뼈를 분석할 수 있었다. 말의 뼈는 처음에는 우크라이나 드네프르 강의 중류인 데레이프카에서, 그 다음에는 카자흐스탄 북부의 보타이에서 발굴되었다. 둘 다 청동기 시대에 정착촌을 이루고 있던 지역이며, 여기에서 발굴된 말의 뼈는 3세기에서 4세기 무렵의 것으로 추정된다. 이와 관련하여 말의 용도가 식용인지 인간의 노동력을 줄이기 위한 것인지는 중요한 질문이었다. 그러나 그 답을 확실히 찾을 수는 없었다. 말의 뼈만 보아서는 어떤 목적으로 이들이 말을 키웠는지 알 수 없었기 때문이다. 그리고 두 지역에서 모두 뼈 이외에 사슴뿔로 된 재갈이 발굴되었다. 이것은 말이 식용뿐만 아니라 승용 혹은 역용 동물로 사용되었다는 증거였다.[31]

말의 이빨을 관찰하면서 고고학은 한 단계 더 발전할 수 있었다. 재갈이 어떤 형태인지, 재질이 경재(硬材), 가죽, 대마와 같은 섬유 소재인지와 상관없이 이빨의 에나멜질에 남아 있는 눌린 흔적과 갈린 흔적은 도구를 사용했다는 의미로 해석할 수 있었다.[32] 이런 흔적을 바탕으로 말이 처음 역용 및 승용 동물로 사용된 시기가 기원전 4200년에서 기원전 3700년 사이이며,[33] 가축화된 동물(말, 소, 양)을 무리로 사육한 시기도 이 즈음이라는 것을 입증할 수 있었다. 소와 말은 인간의 보호를 받을 수 있는 반면 말은 그러지 못했다. 말을 무리로 사육하려면 목동이 말을 탈 줄 알아야 했다.[34]

이런 고고학적 성과에도 불구하고 가축화의 문화적, 윤리적 성과는 여전히 밝혀지지 않은 상태이다. 처음 인간이 야생마에 올라타고 야생마가 사람을 자신의 등에 태우도록 허용하면서 고집을 꺾은 시기가 언제인지는 알 길이 없다. 이를 입증할 수 있는 문헌도, 그림도, 물질의 흔적도 없기 때문이다. 영국의 소설가이자 역사학자인 앤 하일랜드가 이 순간을 50년 전에 인간이 처음 달에 착륙한 사건에 비유한 것은 틀리지 않았다. "인간이 말 위에 오르는 것은 무모한 행위였을지라도 작은 발걸음이었다."[35] 물론 이 비유는 조금 지나친 감이 없지는 않다. 인간이 말을 길들이고 사육함으로써 말과 인간의 운명은 하나가 되었다. **영양적 측면**이 아니라, **벡터**의 측면에서 말이다. 문자의 발명 이전에 이 순간은 좁은 길이었을 것이다. 이 좁은 길을 통해서 인간은 역사의 공간을 통과한 것이다.

억센 풀

말이 인간의 생활 속으로 들어왔다는 것은 인간에게 빠르고 민첩한 동반자가 생겼다는 의미였다. 이 동반자가 가진 힘, 끈기, 속도 덕분에 인간은 전대미문의 새로운 방식으로 전쟁을 하며 "위대한 정치"를 추진할 수 있었다. 말은 상대적으로 까다롭지 않고 힘센 파트너인 데다가 인간처럼 적응력도 뛰어났다. 이것은 특히 영양과 소화기능과 관련이 있다. 말이 주식으로 하는 풀은 셀룰로오스 구조가 너무 거칠고 단백질 함량이 낮아서 소들은 입에도 대지 않는다. 게다가 이 풀은 소를 비롯한 우제류(偶蹄類)가 섭취하기에는 영양분이 너무 적었다. 소는 풀을 뜯어먹고 되새김질을 하면서 소화를 시킬 시간이 필요했던 반면, 말은 단순한 위 구조 덕분에 달리면서도 음식물을 소화시킬 수 있었다. 말이 튼튼하고 소화가 잘 되는 위를 가질 수 있었던 것은 이빨 덕분이다. 다른 동물들에 비해서 이빨이 아주 길고 치관이 돌출되어 있어서 말을 비롯한 다른 말과의 동물들은 대평원, 스텝 지대, 사바나의 질긴 풀을 뜯어먹고 잘게 부술 수 있었다. 말의 조상들은 이빨이 발달하자 이제껏 먹어왔던 부드러운 잎을 끊을 수 있었고 오랫동안 정착하며 살아왔던 숲에서 스텝 지대로 서식지를 옮길 수 있었다.[36]

새로운 먹이는 단백질 함량이 낮아서 대량으로 섭취해야만 충분한 영양분을 공급받을 수 있었다. 이것은 스텝 지대와 반건조성 기후에서 자유롭게 꼬리를 흔들며 장거리를 이동할 수 있고 작은 무리를 지으며 살 수 있어야 가능한 일이었다. 이런 말의 신체 구조와 서식 방식은 자신의 생활반경과 영향권을 확장하려는 인간의 성향과 잘 맞았기 때문에 말과 인간은 이상적인 관계로 발전할 수 있었다. 게다가 말(프르제발스키 말과 같은 말의 조상을 일컬으며, 타팬 말[선사시대 야생마의 한 종류/옮긴이]은 포함되지 않는다)에게는 가축화의 가능성이 내재되어 있었다. 말은 야생성을 "부수고" 인간이 가장 신뢰하는 감수성이 예민한 동반자가 될 수 있었다. 니체와 슈펭글러 학파의 역사철학과 권력 이론은 **속도**와 거시사적 결과(전쟁, 위대한 전쟁)에 초점을 맞춘 반면, 역사경제학은 말과 환경 사이에서 일어나는 과정과 에너지 평형에 중대한 영향을 끼치는 과정과 밀접한 관련이 있었다.

독일의 역사학자 위르겐 오스터함멜은 19세기 북아메리카의 "서부 지역 야생동물"을 관찰하면서 "말은 마치 에너지 전환기와 같은 인상을 준다. 가축화할 수 없는 다른 동물들과는 달리 인간의 지시를 따르며 초원에 저장되어 있는 에너지를 근력으로 전환시킨다"고 썼다.37) 실제로 북아메리카의 대평원 지대뿐만 아니라 모든 초원 지대와 전 세계의 반건조 지대에는 거대한 에너지 저장고가 분포했다. 이 에너지 저장고를 유용하게 활용할 수 있었던 것은 말처럼 가축화가 가능한 동물들 덕분이었다. 이 동물들은 스텝 지대의 풀 속에 있는 위치 에너지를 섭취하여 운동 에너지로 전환할 수 있었고, 운동 에너지는 전쟁이나 물소 사냥 등 다른 용도로 활용되었다.

오스터함멜이 말했던 '에너지 전환기(Energietransformator)'를 영어로는 '컨버터(Conveter)'라고 하는데, 이런 동물 유기체 이론의 역사는 19세기 초반의 물리학자와 기계공학자에게서 시작되었다. 이들은 기계의 에너지 효율을 높이는 방법을 찾던 중에 **살아 있는 에너지 발전기**인 동물을 연구하게 되었다. 대표적인 인물로 미국의 엔지니어 로버트 헨리 서스턴을 꼽을 수 있다. 그의 학문적 고찰이 담긴 책은 독일의 엔지니어인 프란츠 뢸로가 독일어로 번역한 덕분에 독일의 독자들도 함께 나눌 수 있었다.38) 이런 에너지가 역사에서 인간 사회로 전달된 것은 시카고의 사회학자 프레드 코트렐의 공이었다.39) 그에 의하면 인간 자체가 독창적인 컨버터이므로 인간은 최초이자 가장 의미 있는 컨버터였다. 또한 인간은 다양한 종류의 위치 에너지를 발견하고 이용할 줄 알았다. 코트렐은 "인간은 자신을 위해서 체외 컨버터가 필요하고, 이 컨버터가 제공하는 에너지를 측정할 수 있다. 인간은 자신의 에너지를 대체하거나 보완해줄 수 있는 컨버터가 있는 곳에서는 자신의 힘을 절약하고 다른 힘을 사용할 수 있었기 때문에, 이것은 에너지의 관점에서 이득이었다"고 말한다.[40]

동물의 신진대사 관점에서 말은 에너지 전환기라고 볼 수 있다. 말은 식물에 저장되어 있는 에너지를 섭취한 후에 전환시켜 운동 에너지(달리기, 당기기, 짐 싣기)의 형태로 불러올 수 있다. 이것은 말이 귀리를 소화시킴으로써 식물성 원료가 동물성 물질인 말의 살로 전환되는 과정이 한 번으로 끝나지 않는다는 것을 전제로 한다. 말이 운동 에너지를 지속적으로 생산하기 때문에 인간은 이 에너지를 계속 사용할 수 있다. 말에게 사용되는 기술적 도구(고삐, 안장, 박차 등)는 이런 전환 과정을 통해서 얻은 에너지를 조절하고 역사의 무리들이 원하는 방향으로 전달해주었다.

코트렐이 지적했듯이 인간 그 자체가 일종의 컨버터이다. 게다가 인간이라는 컨버터는 매우 정교하다. 인간은 다른 에너지 전환기를 조작하고 자신을 위해서 말을 이용해서 마차를 움직일 줄도 안다. 여기에서 말을 이용해서 마차를 끄는 행위는 포괄적인 개념으로 이해할 수 있다. 한마디로 인간은 자신의 반경을 확장하지도 않고, 자신의 근육을 긴장시키지 않고도 자신을 위해서 다른 에너지 전환기를 사용할 수 있었던 것이다. 인간은 처음에는 말을 영양분 공급자로, 나중에는 한 단계 발전하여 벡터, 즉 운동 에너지제공자로 활용했다. "인간이 역용 동물을 **가축화하면서** 말 소유자들이 사용할 수 있는 **역학 에너지량이** 증가했다."[41]

역사생태학적 관점에서 이것은 동물, 식물, 미생물, 바이러스뿐만 아니라, 기술을 통해서 물, 바람, 먼지, 변속기의 모래까지 다양한 행위자와도 관련이 있다. 우리는 계몽된 시대에 살고 있기 때문에 이 목록에 귀신, 악마, 숲의 신이 아니라 재앙을 포함해야 할 것이다. 인간이 역사생태학의 주체라는 것은 자명한 사실이다. 그러나 인간의 역할이 고전 정치사에서보다 훨씬 미미한 것처럼 비추어지는 것은 인간이 자연의 과정, 그들과의 협력 및 상호작용을 점점 강하게 인식하고 있기 때문이다. 우리가 21세기 안으로 깊이 들어갈수록 역사생태학의 중심에 서 있는 것이 무엇인지 더욱 뚜렷해 질 것이다. **에너지의 역사**, 에너지의 형태와 전달자의 변화, 분배를 위한 투쟁이 바로 그것이다. 앞으로의 역사의 핵심은 법과 평화, 정의, 행정, 자유의 공간 등 정치사상과 행동이 조화를 이루는 것이다. 이제 정치적 태도, 행위, 사상은 에너지 평형이라는 빛 속에서 새롭게 읽히고 평가되어야 할 것이다. 기존의 역사와 달리 에너지는 역사의 세계를 인간의 역사와 비인간의 역사로 양분하지 않는다. 이 에너지가 말에게는 가장 중요한 표준화석 (지층이 속한 시대를 구별하고 결정할 때 표준이 되는 화석/옮긴이) 중의 하나이다.

점령

인디언 되기

미국의 엔터테이너 마이런 코언이 1950년대와 1960년대에 북아메리카의 밤무대에 출연할 당시 자주 하던 개그 레퍼토리가 있었다. 이 개그에는 이민자의 흔적이 뚜렷하게 남아 있는데, 일부는 이탈리아의 것이고 아일랜드와 폴란드에서 온 것도 있었다. 그러나 대부분은 유대 문화에서 온 것이었다. 외형적으로는 미국 토착민의 것처럼 보이는 코언의 개그에도 여러 문화의 중간쯤인 듯한 것이 있었다. 일방통행로에서 역주행을 하는 한 남자에 관한 개그가 바로 그것이다. 일방통행로에서 역주행을 하는 운전자를 경찰이 멈춰 세운다. 경찰이 운전자에게 "화살을 보지 않았어요?"라고 묻자, 운전자는 "저는 인디언은 본 적이 없는데요"라고 대답한다.

코언의 개그는 간결할 뿐만 아니라 누구나 보편적으로 이해할 수 있다는 것이 특징이다. 그의 개그는 오스트리아 사람이나 중국 사람도 미국 사람처럼 웃고 즐길 수 있다. 그런데 코언이 이 레퍼토리를 가장 좋아한 이유는 무엇일까? 이 개그에서 코언은 화살의 두 가지 의미를 혼용하면서 200년의 미국 문화와 생활환경을 바꾸어놓는다. 코언의 개그는 미국인에게 기호학적이고 역사적인 의미를 가진다. 그는 몇 개의 화살 표시로 방향을 나타내는 자동차 교통과 교통표지의 세계에서, 너무 빨라서 인간의 눈으로 볼 수 없는 말과 기수, 인디언과 화살의 세계로 돌아간다.

사실 말과 화살의 동맹관계는 미국의 발명품이 아니다. 이 동맹관계는 스텝 지대에서 사는 아시아 유목민들이 처음 고안했고, 아랍의 기마민족들이 강화했다. 카네티는 "화살은 몽골족의 주요 무기였다. 몽골족은 먼 거리에서도 사람을 죽였다. 이들은 말을 타고 움직이면서도 사람을 죽였다"고 썼다.[1] 물론 코언의 개그에서 화살은 인디언을 염두에 둔 것이다. 여기에서 화살은 역사의 방향 혹은 문화의 일방통행로라고 보아야 할 것이다. 우리가 역사적 관점에서 실제로 일어난 사건과 실제로 존재하는 사물을 생각한다면 이 연합은 실체적인 특성을 지닌다. 그러나 알려져 있다시피 이런 사물 외에도 주름 사이에 말과 화살의 또다른 결합관계, 상상의 공간에서 형성된 추측과 상황도 있다. 이런 것들이 나무, 철, 살과 피로 만들어진 사물보다 현실성이 떨어지는 이유는 무엇일까? 부르크하르트는 상상도 사실이라고 말했지만 말이다.

우리는 코언의 개그에서 두 개의 이미지가 접촉하고 있음을 알 수 있다. 하나는 말이라는 이미지이고, 다른 하나는 화살이라는 이미지이다. 두 이미지는 모두 공간에서 빠른 속도를 가늠하는 지표이다. 바람처럼 빠른 동물은 기술적 대상이자 인간의 손으로 창조한 유물인 쏜살같이 날아가는 화살과 결합한다(가축화된 말처럼). 인디언은 말과 인간을 결합시키는 연합사령관이며, 말과 화살의 형상이 동시에 담겨 있는 존재이다. 이들은 두 종류의 속도, 즉 말이라는 동물의 속도와 화살이라는 기계의 속도를 지배한다. 또한 인디언은 말과 화살의 협력 작용, 제어와 합을 계획하고 조정하는 중간자이자 총괄하는 지휘자이다. 이는 광활하게 펼쳐진 대평원을 누비는 활잡이(Arrownaut)이다.

카프카는 『인디언이 되고 싶은 소망(*Wunsch, Indianer zu werden*)』에서

다음 문장들로 이 모든 것을 번개처럼 빠르게 묘사한다. 호흡이 짧고 빠른 템포로 묘사되는 이 문장들은 사실 하나의 문장이다. 스타카토로 된 연속된 문장들을 통해서 기수는 화살, 즉 본연의 모습 그대로인 물질 없이 돌진하는 상태로 변신한다. "그가 인디언이라면, 바로 준비하고, 달리는 말에 올라서, 바람에 비스듬히 기대어, 진동하는 땅 위를 짧은 간격으로 진동하면서 계속 달리다가, 박차를 내려놓아 박차가 사라질 때까지, 고비를 내려놓아 고삐가 사라질 때까지, 눈앞의 땅이 풀을 다 베어버린 황야처럼 보일 때까지, 말의 목과 말의 머리가 사라진 채로 말을 탈 텐데."

이 장면을 더 자세히 살펴보면 이것이 인디언처럼 말을 탈 때에 실제로 일어나는 일이라는 것을 알 수 있다. 숨 가쁘게 벗고 내던지는 행위만으로 고삐, 박차, 물질이 사라진다. 결국 이것은 말을 얽어매고 있는 요소들이다. 기수가 돌진하듯 달리면서 바람에 비스듬히 기댈 때, 황량한 황야에서 텅 빈 공간으로 옮겨진 눈빛, 떨림, 신속한 움직임의 조화 외에는 아무것도 남지 않는다. 한편 이것은 한 문장이자 유일한 문장이기도 하다. 이 문장은 말의 머리 위를 계속 날아다니는 시서이자 번개이며, 독자는 황량한 황야처럼 보이는 그 무엇과 대평원을 통해서 역동성을 느낀다. 이 문장은 자신이 모든 것을 해체하고 던져버리는 동안, 박차, 고삐, 말의 목과 머리 등 자신의 손 안에 들어온 모든 것을 향해서 다르게 상상하고 독자에게 상상력을 넓히라고 말한다. 이 문장 하나만으로도 말을 타고 달리는 모습을 충분히 상상할 수 있고, 이보다 더 정확하게 표현할 수 없다.

달리는 말발굽 소리에서 들리는 박자는 같은 단어 혹은 음절이 반복되는 돈꾸밈음이다(진동했던/진동하면서, 까지/까지, 놓아/놓아, 말의 목/말의 머리). 무엇인가를 기대하는 접속법 대신 반과거 직설법으로 대체된다. 이것은 진동하면서 흐트러진 문장의 구조를 한 단어로 표현한 것으로, 구문론적으로 성립이 되지 않는 비문이다. 그가 보고 들을 때, 이런 문장은 저자의 뒤에서 어깨 너머로 슬쩍 훔쳐보거나 말을 탄 기수가 되어 몸을 흔들면서 독자에게 말을 타고 있는 듯한 인상을 전달한다. 이것이 실제로 동역학적 화살이 되어 카프카의 소설의 바탕이 된 서부, 미국의 방향으로 날아간다면 그 이동경로는 동부 해안에서 서부, 오클라호마에 이를 것이다.

이 문장은 비교적 짧지만, 문장의 구조를 보면 문법과 구문이 파괴되어 있어서 구성요소들이 매순간 마치 인디언에게 짓밟히거나 습격을 당한 마차처럼 파괴될 위험이 있다. 카프카는 이 문장을 독자의 머릿속에서 계속 발전하는 서사로, 인디언, 카우보이, 말, 기수, 대평원, 서부 등 문화적 이미지들과 함께 전개되는 이야기의 발단으로 삼으며 이런 요소들에 의지한다. 코언이 관객들이 일방통행로가 무엇인지, 차, 운전자, 화살, 표지판이 무엇인지 안다고 전제하고 공연을 했듯이 말이다. 이 문장은 수중에 있는 소재, 플로베르가 통념 혹은 일반 관념이라고 했던 것, 모든 참여자가 그 시대의 언어유희에서 마음껏 사용할 수 있는 공유지 혹은 공공재로 연주를 하고 있다. 사실 이것은 수용된 대상, 누구나 그 의미를 이해할 수 있고 사용법을 알고 있는 공유 대상에 가깝다. 카프카는 단어 61개, 쉼표 10개, 마침표 1개, 5줄로 구성된 한 문장을 하얀색 혹은 세월에 빛이 바랜 종이에 적었다. 사실 카프카는 체들러의 죽어가는 병사처럼 무게와 산란성이 불균일한 물질, 문화적 잔해의 퇴적물, 문장이라는 말발굽 소리가 소용돌이칠 때에 피어오르는 입자, 저마다의 표현으로 나타낸 먼지를 최대한 균일하게 표현하고 있다.[2]

달리 말해서 독자는 카프카의 문장을 자신의 것처럼 체험한다. 마치 자신이 흔들리는 땅 위에서 진동하고, 구성요소들에 녹아들고 서사가 되고, 솟아오르지 않고 무너지듯이 말이다. 카프카의 문장은 불꽃이 처음 타오를 때처럼 땅에서 짧은 순간에 파열하고 분열하며 타들어간다. 동시에 그는 현미경으로 관찰한 것처럼 가장 작은 영화 대본을 영화 역사상 가장 짧은 서부 영화로, 미니어처 시나리오를 말을 타는 인디언, 즉 기병대의 관점에서 본 한 장면으로, 언어의 미메시스를 이용해서 모방한 영화 여행으로 만들었다. 카메라는 말의 목에서 말의 머리를 거쳐 끝없이 펼쳐진 광활한 대평원, 가도 가도 진동하는 땅과 황량한 황야밖에 없는 그곳을 함께 달린다.

알다시피 카프카는 당대의 수많은 예술가들처럼 속도라는 현상을 반복적으로 다루었다. 그는 날아다니는 화살을 제외한 모든 물체가 운동 상태에 있다는 제논의 역설에 푹 빠져 있었다. 제논의 역설에서는 마찰이 없는 절대 운동을 정지 상태로 정의한다. 그렇다면 『인디언이 되고 싶은 소망』은 제논의 역설에서 말하는 정지 상태를 의미하는 것일까? 물론 인디언이 되고 싶다는 그의 소망은 빈 공간에 벡터만 남기기 위해서 박차와 고삐와 같은 모든 부속 장치들을 내던지고 순수한 운동 상태를 만드는 행동으로 흘러갔다. 인디언이 된다는 것은 마찰을 최소화하기 위해서 부속 장치들을 내던지고 이보다 더 심하고 더 극단적인 행동도 할 수 있음을 의미한다. 완전히 비물질적인 존재가 되기 위해서 물질적 운송수단인 말만 남겨두는 것이다.

이런 관점에서 카프카의 미니어처는 추상화의 과정에 있었다. 달리는 말을 묘사한 문장이 나올 때마다 인간이 말을 정복하고 제어하는 데에 사용했던 문명적인 요소들, 처음에는 박차가, 나중에는 고삐가 사라진다. 안장은 말할 것도 없고 등자도 사라진다. 카프카가 내던진 것은 말에게 명령을 내리고 빨리 달리도록 자극하는 가시 막대기와 굴레였다. 이것은 가축화된 동물에게 가장 눈에 띄고 반드시 필요한 도구였다. 말을 통제하려면 말에게 고통을 가하고 말을 제어할 줄 알아야 했다. 역사상 그 어떤 동물에게도 인간이 편하게 이용하고, 제어하고, 지휘하기 위해서 기술적 대상이라는 화관을 씌운 적이 없었다. 말이 유일했다. 모든 것은 오직 한 가지 목적을 위해서 이루어졌다. 가장 가까이에서 말을 문명과 연결하여, 인간의 세상에서 가장 의미 있는 존재, 오랜 세월 동안 유지될, 가장 주요한 에너지 공급원으로 만드는 것이었다. 이런 역사는 우리의 눈앞과 카프카의 펜 아래에서 해체되어 말발굽 소리만 남기고 영원히 사라졌다. 이제 박차도 없고 고삐도 없다.

정복의 도구가 생략된 자리에는 순수하고 절대적이고 추상적인 존재, 반대 방향으로 운동하는 화살이 있다. 인디언이 되고 싶다는 카프카의 소망은 역사의 공간을 남겨놓았다. 이 공간에서 역사의 문명은 **반대 방향**으로 거슬러 올라간다. 이것들은 도구, 브레이크, 찌르는 막대기와 함께 동물 에너지인 야생마를 가축화하고 에너지를 완벽하게 이용하거나 형태를 바꾼다. 고삐와 박차를 생략하기 때문이 아니라 에너지의 체계적인 사용과 (마차, 마구, 길 등) 다른 도구를 사슬로 묶고 연결하는 방식 때문에 에너지는 같은 방향의 화살로 방출된다. 기술적 발명품이 인간과 말의 에너지 효율뿐만 아니라 통제 가능성도 극대화한다. 카프카의 인디언은 반대 방향으로 일방통행로를 돌아다니며, 그의 화살은 문명의 빈 공간을 향한다. 통치의 도구인 고삐와 박차를 내던지면서 기수인 작가는 조종자이자 지배자가 된다. 그러나 인디언에게 발생한 지배권의 추락, 즉 그가 인디언이 되면서 발생한 지배권의 몰락은 말의 극적인 추락으로 이어지지 않는다. 카프카의 인디언은 다메섹의 사울이 아니다. 그는 추락하여 말을 떠나지 않고 말 아래와 말 뒤에 남는다. 그는 모든 상황을 초월하여 자신과 말을 야생의 상태로 되돌려놓는다.

인디언이 되고 싶다는 카프카의 소망은 역사의 공간을 뒤에 남겨두었다. 공간을 돌파하여 점령하고, 땅을 정복하고, 그 땅을 자신의 영토로 만들지 않는다면 역사의 업적은 어디에 있는가? 카프카의 인디언은 표시를 남기지 않고 땅을 점령한다. 그는 땅 위로 날아올라 땅이 없어도 자신을 묘사하고 땅과 자신의 연관성을 찾을 수 있다. 그는 마치 땅을 의식하지 못하고, 땅을 거의 보지 못하고, 땅의 소리만 듣고 있는 듯하다. 땅을 진동하게 하는 일정한 리듬의 말발굽 소리 말이다. 땅은 기수에게는 공명의 공간, 즉 팽팽하게 당겨진 북 가죽이다. 이 북 가죽 위에서 메마른 말발굽을 두들기는 소리, 서부 야생동물의 타악기 소리가 들려온다. 기수는 땅을 묘사하고 정복하기를 멈추지 않는다. 기수는 말발굽이라는 봉으로 땅을 스치고, 땅으로부터 대평원 혹은 황량한 황야의 말발굽 소음이라는 "헤겔의 역학적 빛"을 빼앗아간다. 문자도, 기호도, 영토도, 역사도, 공간도 없다. 대평원이라는 북 가죽을 일정한 박자로 두들기고 북 가죽과 부딪히는 소리와 활에서 화살이 쏜살같이 날아갈 때의 윙윙거리는 소리밖에 없다. 카프카의 인디언은 **역사를 만들지 않는다**. 엄밀한 의미에서 그는 **아무것도** 만들지 않는다. 그는 땅속에서, 말발굽 안에서, 공기 중에 **잠자고 있던 무엇인가를** 깨운다. 두들기고, 충돌시키고, 마찰을 일으켜, 그 소리를 울려퍼지게 함으로써 진동을 일으킬 가능성, 울림과 소음을 일으킬 가능성 말이다. 카프카의 인디언은 역사를 만들지 않는다. 그는 땅을 짓밟고, 공기와 마찰을 일으키고, 소리를 깨운다. 그는 **물리학**을 하고 있는 것이다.

광활한 땅

독일 뮌헨 출신의 풍경화가인 카를 로트만은 1840년대에 루트비히 1세의 의뢰로 23편의 그리스 풍경화 연작을 그렸다. 그는 작품의 배경인 역사 유적지를 장기 여행하며 스케치를 했다. 그중 뇌우가 거세게 쏟아지는 마라톤 평원을 묘사한 작품이 가장 유명하다. 격렬한 뇌우는 아테네와 플라타이아이의 연합군과 다리우스 1세가 지휘하는 페르시아 군대의 운명적인 전투를 암시한다. 상징적인 의미가 함축되어 있는 기상 현상과는 아무런 관련이 없다는 듯, 이번에 로트만은 네 발 달린 짐승에 역사적인 상징을 담는다. 뮌헨의 노이에 피나코테크에 전시된 이 대형 회화의 중심에는 기수가 없는 말 한 마리가 그려져 있다. 말은 붉은 천을 휘날리면서 빠른 속도로 평원을 횡단하고 있다. 세밀한 묘사의 증인은 역사를 정확히 기술하는 것으로 저명한 그리스의 여행가이자 지리학자 파우사니아스이다. 파우사니아스는 매일 밤 전투현장에서 말의 울음소리가 들렸다고 기록했다.[3] 한편 마라톤 전투에 관해서 주요 정보원이었던 헤로도토스는 말과 기병대에 관해서 아무것도 기록하지 않았다.[4] 그러나 죽음을 불사하며 승보를 전했다는 전설의 주자에 관한 이야기는 후세에 덧붙여진 것이므로, 역사의 등대인 기수 없이 달리는 말은 시적 진실성이 더 높을지도 모른다. 천의 상징적인 색채는 바로 이 자리에서 폭발했던 역사의 폭력을 가장 짧고 근접하게 요약해주는 공식이다. 역동적인 기호이자 화살처럼 빠른 벡터인 말은 넓은 공간을 한정된 공간, 즉 평원을 전쟁터로, 기원전 390년 늦여름의 어느 날 서양을 해방시킨 마라톤 전투의 현장으로 만들어준다.

사실 공간의 역동성에 관한 질문을 던졌을 때에 바로 떠오르는 예술가나 저자는 많지 않다. 카프카, 로트만, 클라우제비츠는 여기에 속하는 인물이다. 공간에 관한 대부분의 철학, 정치학, 사회학적 이론에서는 공간을 횡단하거나 개척하는 인간 벡터나 비인간 벡터를 다루지 않는다. 10-15년 전부터 논의되어온 최근의 **공간적 전환**(사회과학과 인문과학에서 공간의 중요성을 강조하는 지적 움직임을 의미하는 용어/옮긴이) 이후 자주 거론되는 것은 안정적이고 이전부터 존재해온 일종의 용기(用器)로, 마치 그 안에 움직임을 담을 수 있을 것처럼 보이는 공간이다.[5] 소수의 저자들만이 움직임보다 먼저 공간이 존재하는 것이 아니라 행동이 진행되는 과정을 통해서 공간이 구성된다는 사실을 인식하고 있었다. 움직임을 통해서 공간적 관계가 발전한다는 것이다. 항해자가 곶을, 기수가 길을, 등산자가 좁은 산길을, 행인이 통행로를 만들 듯이 전투가 싸움터를 만든다. 공간은 정적인 존재들이 병존할 때가 아니라, 다양한 요소들이 서로 관계를 맺으며 움직임을 만들 때에 생성된다.[6] 프랑스의 역사학자이자 문화철학자인 미셸 드 세르토는 "공간은 방향 벡터, 속도의 크기(속력), 시간의 가변성이 연결될 때에 탄생한다. 공간은 움직이는 요소들이 얽혀 있는 망상조직이다.⋯⋯결국 공간이란 인간이 무엇인가를 만드는 장소이다"라고 말한다.[7]

우리는 움직임이 공간과 조각으로 나뉘어 있다고 생각하기 때문에 움직임을 잘못 이해한다. 이것이 베르그송의 메타물리학 비판의 내용이다. 칸트의 초월론적 미학은 공간을 "우리의 지각 능력이 완성된 형태"라고 가정하며,[8] 데우스 엑스 마키나(deus ex machina : 고대 그리스 극에서 사용하던 극작술로, '신의 기계적 출현'을 의미한다/옮긴이)가 어디에서 왔는지 모른다고 말한다. 칸트는 다른 글에서 공간에 대해서 '그 안에 들어 있는 내용물과는 상관이 없는 존재'[9]라고 덧붙였다. 베르그송에 의하면 칸트의 주장은 그의 지지자들의 주장보다는 일반적인 관점에 더 가까우며 공간을 컨테이너로 간주한다. 베르그송은 자신의 독자들이 공간을 움직임으로 생각하고 이 움직임으로부터 시작된 시간의 지속성을 이해할 수 있도록 현상학의 세계로 보냈다. 이런 맥락에서 제논의 역설인 '날아가는 화살'은 허무하게 무너진다. 제논의 역설은 화살이 움직이는 순간은 정지된 순간이라는 잘못된 이론을 바탕으로 하지만, 날아가는 화살은 사실상 하나의 연속체(무한히 나누어도 전체일 때의 성질을 그대로 유지하는 물질/옮긴이), 시적으로 표현하면 유일무일하게 균일하게 화살이 튕겨 날아간 상태이다.[10]

베르그송의 학설을 역사의 공간에 적용하면 말의 흔적만 쫓으면 된다. 말의 역사를 보는 것은 말을 역사를 움직이는 것, 즉 벡터로 이해하는 것이다. 로트만의 마라톤 그림에서 질주하는 말이 평원을 먼저 역사적 **공간**, 전투의 공간, 기억의 공간으로 부각시켰듯이 말이다.[11] 역사를 벡터의 관점으로 이해하는 것은 하나의 관점, 즉 시간의 화살이나 일방통행로라는 관점에 초점을 맞추어 역사의 윤곽을 그린다는 의미가 결코 아니다. 세르토는 공간이란 움직이는 요소들이 얽혀 있는 망상조직이라고 했다. 이 말은 곧 "공간은 움직임의 총체로 채워져 있고, 그 안에서 움직임이 발전해나간다"는 뜻이다.[12] 역사의 공간, 좀더 정확히 표현해서 역사들의 공간은 수많은 인간, 동물, 기술의 움직임, 번개에서부터 움직임이 없는 듯한 마비 상태에 이르기까지 다양한 속도의 구체적인 움직임을 통해서 발생한다. 얼음 속의 배 또한 여전히 움직이는 상태에 있다. 바람, 서리, 나무 등의 원소들이 활동하고 있기 때문이다. 아랍인들은 말은 바람으로 이루어진 존재라고 가르쳤다. 말은 우리에게 공간의 움직임을 보고 움직임을 통해서 사물을 이해할 수 있도록 도와준다는 것이다.

벡터는 말을 탄 전령이 될 수도, 한 명의 사냥꾼이 될 수도, 군대 전체가 될 수도 있다. 벡터의 운동은 횡단한 땅을 명확하고 인식할 수 있는 존재로 만들어준다. 슈미트의 지정학 이론에서 핵심 개념인 '점령(Landnahme)'은 영토를 점령하는 연속적 행위를 말한다. '취하기, 분배하기, 방목하기(Nehmen, teilen, weiden)'[13]는 잇단 영토 점령 행위를 묘사하는 개념이다. 실제로 이런 점령을 역사적 현실에 시험해보면 말 없는 점령이 불가능했음을 알 수 있다(물론 동방에서는 낙타와 단봉 낙타가 말과 동물의 역할을 대신했지만 말이다). 정복자는 자신이 점령한 땅을 나눈 뒤에 말을 방목시키는 단계로 넘어가기 전에 자신이 점령한 구역을 먼저 횡단, 즉 **말을** 타고 횡단하며 확보해 놓아야 한다. '취하기'에서 실제로 땅을 소유하고 관리하는 단계로 넘어가면, 통신 채널과 거점(길, 차도, 방어시설, 창고, 세관, 우체국)의 네트워크 생성을 위해서 토지 측량과 지도화가 이루어져야 한다.

미국의 스페인 정복에서 전형적으로 이 과정이 나타났음을 추론할 수 있다. A. W. 크로스비 주니어는 돼지가 없는 스페인 **정복자**의 모습은 상상할 수 없다고 썼다. 그렇다면 어떻게 그는 말이 없는 정복자를 상상할 수 있었던 것일까?[14] 전쟁으로 정복을 하던 초기에(취하기) 매우 중요한 도구였던 말은 나중에는 땅을 정복하고 자신의 이용권을 확보하는 데에(분배하기, 방목하기) 없어서는 안 될 존재가 되었다. "정복자는 말이 정보, 명령, 군사 등을 빠른 속도로 한 지점에서 다른 지점으로 전달해 주지 않으면 폭발적으로 증가하는 인디언 인구를 통제할 수 없는 상황이었다.……말이 있었기 때문에 식민지 미국에서 대량 소 사육이 가능했다. 신대륙 미국의 소 사육 규모는 당시 유럽 어느 국가와도 비교할 수 없을 만큼 대단했다. 돼지치기 목동은 걸어다니며 일을 할 수 있었던 반면, 바케로, 즉 카우보이에게는 말이 필요했다."15)

또다른 역사적 사례는 최근 독일의 '인간과 동물의 관계에 관한 연구'에서 주목을 받고 있는 19세기 아프리카의 남서부의 것이다. 일반적으로 말의 역사에서 중점 연구 대상이 아닌 아프리카에서도 토지 통제를 통한 정치권력의 확장은 동물의 소유나 이용과 관련이 있었던 것으로 확인되었다. 말은 통치 구조를 확립하고 보장하는 도구였을 뿐만 아니라, 전쟁을 일으켜서 상대를 습격하고 가축을 약탈하는 공간을 확장할 때에 폭력의 한계를 넘게 해주는 수단이었다. 펠릭스 쉬어만이 입증했듯이, 이런 의미에서 말은 사실상 "통치와 공간적 확장을 비롯하여 폭력적인 대립의 특성을 극적으로 바꿔놓을 수 있는 조건이자 가능성이었다."16)

그러나 근대사에서 세간의 이목이 가장 집중된 사건은 미국 중서부 지역에서 발생했다. 1889년과 1893-1906년 사이의 오클라호마 랜드 러시(오클라호마 랜드 런이라고도 한다) 때에는 1만 명의 거주자들이 원래 인디언의 영토로 지정되었던 오클라호마 지역으로 물밀듯이 밀려들었다. 특히 1889년 4월 22일 부활절 아침의 제1차 랜드 러시는, 언론에서 대규모 토지 점령 사건을 (토지 약탈이라고 말하지 못하도록) 화려하게 보도하여 유명해진 사건이었다. 대형 경마 시합을 방불케 하는 '랜드 러시'의 장관을 통신원들이 놓칠 리 없었다. 훗날 어느 아르메니아인의 상황에 대한 보도17)로 유명해진

윌리엄 윌러드 하워드는 「하퍼스 위클리(*Harper's Weekly*)」에 다음과 같은 기사를 썼다. "정해진 시간에 땅을 차지하려는 수천 명의 사람들이 마치 굶주린 듯이 서 있었다.……경계선에 줄을 지어 서서, 말의 고삐를 늦추고, 자신들 앞에 펼쳐진 아름다운 땅 중에서도 가장 비옥한 곳을 차지하려고……."[18] 1893년에 있었던 제2차 랜드 러시의 목격자는 경마장과 흡사했던 당시의 행렬을 더 감각적으로 묘사했다. "첫 번째 줄은 국경 봉쇄선처럼 말들이 가로막고 있었다. 어떤 이들은 말을 탔고, 또 어떤 이들은 말을 작은 경마차, 수레, 포장마차에 매어놓았다. 고개를 끄떡이고, 빛나는 가슴을 내보이며 불안하게 발굽으로 땅을 긁는 말들의 행렬은 3.2킬로미터나 길게 늘어져 있었다." 출발 신호가 떨어지자 물결이 요동쳤다. "우레와 같은 소리를 내며 단 한 번뿐인 기회를 잡기 위해서 온몸을 떨며 힘껏 내달리는 말들의 모습은 신의 선물이었다. 비슷한 모습조차 두 번 다시 보기 힘들 정도의 장관이었다."[19]

카프카는 자신의 첫 소설 『아메리카 혹은 실종자(*Amerika oder Der Verschollene*)』에서 주인공을 정확하게 오클라호마까지 데리고 간다. 틀림없이 그는 랜드 러시에 대해서 알고 있었을 것이다. 당시 랜드 러시에 관한 소식은 유럽의 일간지를 통해서 들불처럼 번져 있었기 때문이다.[20] 카프카는 랜드 러시를 "사실주의적으로" 다루지 않고, 그것의 이미지와 실제로 자신이 경험한 경마 시합의 장면을 융합 혹은 오버랩시킨다. 실제로 소설가 막스 브로트와 함께 파리를 방문했던 카프카는 1909년 10월 불로뉴 숲의 롱샹 경마장의 장관에 매료되었다.[21] 그는 오클라호마 랜드 러시의 최종 목표인 토지 소유권의 점유보다는 말과 사람들이 질주하는 모습에 관심이 있었던 듯하다. 인디언이 되고 싶다는 그의 소망을 통해서 짐작할 수 있듯이, 그의 관심사는 영토를 차지하는 과정보다는 정반대의 현상인 땅을 버리는 것, 화살이 되는 것, 인디언이 되는 것이었다. 이것 때문에 카프카가 역사학자들의 조언자가 되기에는 한계가 있었다. 알다시피 역사학자들은 취하기, 행하기, 소유하기와 같은 주제뿐만 아니라 주기, 벗어던지기, 이탈하기 등의 주제에도 관심이 있다. 물론 인디언이 자신들의 터전을 잃게 된 재앙과 같은 사건도 역사학자들의 관심사이다.

동물과 끈

'노인은 테이블 앞에 앉아서 차가운 포도주를 마셨다.'[22] 어린 딸이 놀이터에서 돌아왔을 때, 편안한 저녁 술자리는 끝난다. 아이가 밖에서 가져온 것을 보니 알자스 니데크 성주가 관심을 보이지 않을 것들이다. 아이는 쟁기와 수레, 농부를 경작지에서 들어내 작은 수건으로 돌돌 말아 싸맨다. 그러나 누구도 농부와 말을 그렇게 주머니에 쑤셔 넣지 않는다. 노인은 심기가 불편해진다. "농부는 장난감이 아니란다. 대체 무슨 생각으로 하는 행동인 거니?"

　이론의 거장들이라면 알자스 출신인 어린 소녀의 억세게 움켜쥐는 행위가 독특하다는 점에 주목했어야 한다. 이들 중에서 아무도 농업 네트워크 전체를 연구 대상으로 삼을 생각을 하지 못했을 것이다. 사실주의자들은 즐겨 다루지만 부디 이론으로만 남기를! 이런 일이 벌어지는 원인은 전문화와 분업화의 기형적인 형태에 있다. 인류학자들은 인간만, 역사학자들은 농부만, 공학자는 쟁기만 본다. 심지어 누군가는 마구에만 관심을 가질지도 모른다. 그런데 오로지 말만 바라보며 전문적으로 연구하는 사람은 없는 것처럼 느껴진다. 에르네스트 블로흐는 인간만을 중점 연구 대상으로 삼는 인류학이 붙들 수 있는 것은 너무 짧은 순간이라고 지적한 적이 있다. 이런 구조적인 특징은 구조의 오류라고 하는 편이 나을 것이다. 어쨌든 이것은 대개 역사 텍스트를 기초로 한다. 이 텍스트들은 인간을 중심에 놓고 인간을 생명력이 넘치거나 생명력이 없는 자연 속의 협력자와 경쟁자로부터 분리시킨다. 철학자들은 역사를 '만드는 것'이라고 표현했지만, 인간은 생업에서 가장 중요한 동물 파트너를 무시해왔다. 이 현상을 어떻게 설명해야할까?

지금까지 역사학자, 사회학자, 인류학자들에게 말 공포증은 일반화된 현상으로 여겨져왔고 예외는 극히 드물었다. 린 화이트 주니어[23]와 같은 기술사가, 피터 에드워즈[24]와 같은 근세 역사학자, 맥셰인과 타르[25]와 같은 도시 역사학자, 진 마리 템페스트[26]와 같은 군사 역사학자는 예외적인 경우에속한다. 고대(아놀드 J. 토인비)는 물론이고 최근과 동시대 등 세계사 연구에서 '말에 대한 감수성'은 아직 발달 단계에도 미치지 못한다. 최근까지는전 세계의 전력화로 문화와 영역의 "전도성"이라는 은유(토인비)가 필요했지만, 디지털 네트워크 시대에 접어든 현대에는 문화 간의 '연결성'(오스터함멜과 이리에 아키라)으로 바뀌었다. 그러나 역사상 지상 병력의 핵심인벡터이자 역사의 전자, 아주 특별한 소프트 하드웨어였던 말에 관심을 보이는 학자는 많지 않았다. 해럴드 A. 이니스(어린 시절을 온타리오 농장에서보냈다), 매클루언과 그의 추종자와 같은 역사학자와 커뮤니케이션 이론가들은 말이 인간과 더불어 가장 중요한 소식 운반자이자 전달자라는 사실을간과하는 경향이 있었다. 이와 유사하게 속도의 역사로 승화된 교통의 역사에서도 네트워크와 시스템에 치우치는 경향이 있었다.[27] 물론 이것은 말은없지만 탁월한 묘사가 돋보이는 반 고흐의 "타라스콩의 역마차"와는 다르다.[28] 한때는 넓은 공간에 걸맞게 신속하고 (정기적으로 말을 교체한 덕분에) 휴식을 취한 취한 승용 동물이 없어도 넓은 공간에서의 커뮤니케이션이가능했던 것처럼 말이다. 그렇다면 카프카의 소설에 많이 등장하는 말을탄 전령과 여기에서 말하는 말을 탄 전령은 다른 의미인가?

인간중심주의는 끈질긴 생명력을 가지고 있다. 가령 브뤼노 라투르의 '대칭적 인류학'처럼 좀더 새로운 경험론적 사고를 기반으로 하는 역사 이론에서는 비인간 행위자를 연구 대상에 포함할 것을 주장한다. 그러나 이런 이론에서도 역사에서 가장 중요한 비인간 행위자인 말을 다루는 경우는 드물다. 라투르조차 말의 역사는 강의를 몇 번 들으면 배울 수 있다고 말한 것으로 보아, 그가 말하는 비인간 행위자는 '사물'에 치우쳐 있음을 알 수 있다. 동물이라는 개념은 구름, 신, 정신, 예감을 비롯한 다른 본질성 등의 기록물을 통해서 개략적으로 다루어지기는 하지만,[29] 방치되어 있고 애매한 경우에는 분류도 언급도 없다. 라투르는 프랑스의 농촌 부르고뉴 출신이지만, 쟁기와 수레가 있는 농민 가정이 아니라 포도원에서 자랐다. 포도원 농사꾼의 아들이었던 그는 새끼 암말 키우기가 아니라 효모와 미생물에, 소뮈르 기병학교가 아니라 파스퇴르의 실험실에 관심이 많았다.

그럼에도 라투르의 대칭적 인류학은 말과 인간의 역사를 살펴볼 수 있는 훌륭한 학문으로 손꼽힌다. 그의 강의는 서양 사고에서의 '대(大) 분리'와 이것의 중단 과정을 다루고 있다. '인간과 비인간적인 존재의 완전한 분리'는 보편적이라고 간주되는 문화와 그렇지 않은 문화의 극단적인 차이와 관련이 있다. 라투르는 "문화라는 개념은 우리가 자연을 배제시킴으로써 만든 인공물이다"라고 했다.[30]

(기호와 의미의 제국이라는 관점에서) 문화라는 제국과 (존재와 물질의 제국이라는 관점에서) 자연이라는 제국의 인위적인 분리를 체험하고 인간이 항상 혼합된 현실 속에 있다는 사실을 인식한 후에야, 역사학과 생태학을 바탕으로 한 인류학으로의 길이 열린다. 이런 학문에서는 더 이상 인간을 협력자와 경쟁자로 보지 않는다. "기호와 상징의 세계에는 자연도 문화도 살아 있지 않고, 외적인 특성을 무의식적으로 강요한다. 물질의 세계에서 우리의 것은, 무엇도 살아 있지 않다. 모든 것은 기호가 있는 것과 기호가 없는 것으로 나뉜다.……우리 모두가 함께 할 일이 있다면 인간 집단과

비인간적인 존재에 둘러싸인 집단을 동시에 구성하는 것이다.……하늘, 땅, 신체, 재산, 법, 신, 정신, 예감, 힘, 동물, 믿음의 형태, 허구의 존재를 동원하지 않고 이런 집단을 구성한 인간은 없다. 이것은 우리가 절대 버릴 수 없는 오랜 인류학적 모체이다."[31]

오랜 인류학적 모체. 여기에는 신, 정신, 동물 등 인간과 관련이 있는 다른 존재들뿐만 아니라 동물과 인간을 이어주는 끈 같이 가장 기본적인 연결 장치부터 자기공명영상에 이르기까지 인간이 세상에서 그리고 세상에 대항하여 자기 권리를 주장하는 데에 필요한 도구, 장치, 인공물, 기술적 대상이 전부 포함된다. 마르크 블로크와 마르셀 모스의 제자 중에서 가장 탁월하다고 손꼽히는 프랑스의 농학자이자 언어학자, 민족학자인 앙드레 조르주 오드리쿠르는 "기술은 역학이나 물리학이 아니다. 기술은 인간과학이다"라고 했다.[32] 그로부터 50년 후에 라투르가 주목했던 사실이 이제 메아리처럼 울리는 듯하다. "사회가 인간적 관계로만 형성된다는 사상이나 기술이 비인간적 관계로만 구성된다는 사상이나 마치 거울로 비춘 듯 기이하다."[33]

예를 들면 오드리쿠르는 "자동차와 같은 기술적 대상은 인간 노동의 결과이며, 인간의 노동은 움직임의 상호작용이다. 이런 측면에서 기술은 전통적인(즉 자연적인 혹은 본능적인) 근육의 움직임이라고 볼 수 있다. 기술적 관점에서 이런 대상을 연구한다는 것은 이런 몇몇 시스템을 지역화하고 생산된 대상이 실용적 기능을 어떻게 충족시키는지 설명한다는 의미이다. 하나의 대상은 두 개의 기술 색인, 즉 제조 기술과 응용 기술의 범주에 있다"고 말했다.[34] 오드리쿠르는 말과 마차의 조합이라는 유형 체계를 구상하고 지리적인 분포를 다루기 전에 말과 마차의 운송의 바탕이 되는 원칙을 발견했다. 하나는 '지탱'이고 다른 하나는 '이동'이었다.[35] 너무 독일어스럽기는 하지만 이것을 다른 말로 표현하면 운반력과 견인력, 올리기와 당기기이다. 이것은 말과 마차의 조합뿐만 아니라 말과 기수의 조합에도 적용된다. 말은 기수를 **태우고**, 땅보다 위로 (땅과 비슷한 것보다 위로) 기수를 **올려주고**, 기수를 계속 **태우고 다니며**, 이곳에서 저곳으로 이동한다.

이런 간단한 원칙으로 돌아가면 문화와 자연, 기호와 사물에서 대 **분리**를 효과적으로 극복하기 위한 첫 번째 단계가 실행되어 있다. 말의 역사가 시작된 시점을 생각해보자(사실상 역사에 비탕을 둔 **문화인류학적** 마학, 즉 말의 역사를 확장시킨 인간의 역사나 다름없다). 처음 인간 행위자와 비인간 행위자 간의 결합관계가 생성된 순간이 없다면 기원은 어디에 있는 것인가? 이 경우 비인간 행위자는 끈과 말이다. 호모 사피엔스 사피엔스와 말과(科) 동물의 연애 사건은 인간이 처음으로 말의 부드러운 입에 밧줄 혹은 끈을 넣고 당기고, 이것을 이빨 사이의 독특한 빈 공간에 놓을 때에 싹텄다. 이 사건은 모든 역사가 계속된다는 것을 전제로 했다. 이 순간 기술적 결합이 탄생했고, 이것이 기술을 비롯한 정치적, 상징적, 감정적 양식과 결합의 기본이 되었다. 기술적 결합을 바탕으로 역사적 집단이 형성된 것이다(라투르). 그리고 모든 동물-인간-기술의 결합이 존재하기 때문에 역사의 공간으로 가는 문을 가장 효과적으로 열 수 있는 것이다(슈펭글러).

1996년 8월에 세상을 떠난 오드리쿠르의 추도사에서 프랑스의 영화감독 앙투안 드 고드마르는 오드리쿠르가 평생 솔직담백하게 이런 질문을 했다고 말했다. "원래 인간에게 가르침을 준 다른 생명체가 없었던 것은 아닌지, 뛰는 법을 가르쳐준 말이 없었던 것은 아닌지, 도약하는 법을 가르쳐준 개구리가 없었던 것은 아닌지, 인내심을 가르쳐준 식물이 없었던 것은 아닌지?"[36] 지식의 생성과 전달에 관해서 이렇게 극단적인 방식으로 질문하는 경우는 흔하지 않다. 오드리쿠르는 앞에서 언급한 동물과 끈의 결합관계가 생성되었을 때와 마찬가지로 "발명"으로 인해서 필연적으로 발생하는 연결관계를 설명했다. 인간이 동물을 가두고 길들이는 법을 발명한 후, 이것을 응용하여 처음 개발한 기술은 사냥이었다. 갑자기 인간은 자신보다 훨씬 빠르고, 영리하고, 효율적으로 일하는 파트너를 만나게 되었다. 그 다음으로 응용한 기술은 견인력이었다. "동물을 가두고 줄로 묶으면 자신이 원하는 대로 이용하고 끌기 쉬웠다. 동물의 견인력을 이용하기 전에는 실제로 이런 역할을 하는 기술적 대상, 지상 차량이 없었다. 동물을 수레에 매는 역사는, 탈 것과 당겨서 움직이는 물체의 역사와 관계가 있다."[37] 이런 지식은 기술과 기술적 대상의 네트워크에서 역동성을 확장하고 발전시킨다. 하이데거가 『존재와 시간(*Sein und Zeit*)』에서 망치를 분석하며 지적했듯이,[38] 기본적인 것으로 보이는 기술적 대상은 역으로 실용적 지식이나 취급 방법이라는 맥락에서 효과적으로 활용될 수 있다. 실제로 우리가 '사물'이라고 부르는 현상은 지식, 물질, 혹은 지식 네트워크의 물적 현상의 합에 형태가 부여된 것이다.

생략의 동물

생략

옛 동유럽에서 온 농담이 있다. 한 유대인이 기차에서 내리고, 마부가 그를 인근의 슈테틀로 태워간다. 길은 가파르고 잠시 후에 마부는 마차에서 내려서 마차 옆으로 간다. 마부는 트렁크를 내려놓더니 손님에게 부탁을 한다. "이 산은 길이 매우 험하답니다. 내 말은 너무 늙어서 비탈길을 오를 수가 없습니다. 괜찮으시다면 남은 길은 걸어서 가시는 게 어떻겠습니까?" 손님은 마차에서 내려서 고민하다가 마부 옆으로 걸어가서 말을 건넨다. "다 이해합니다. 그런데 저는 슈테틀에 가려고 이곳에 왔습니다. 당신은 불쌍하게도 돈을 벌려고 이곳에 있는 것이고요. 그렇다면 이 말은 왜 이곳에 있는 것인지요?"[1]

말은 왜 여기에 있을까. 이 손님은 마부가 다른 부탁을 할까봐 걱정하고 있었는지도 모른다. 남은 구간을 마부가 마차를 끌고 갈 수 있도록 자신이 도와주어야 하는 것은 아닌지 말이다. 베케트라면 다음 부분에서 마음씨 좋은 마부의 말은 그곳에 존재하지만 유령처럼 없는 듯한 존재로 묘사되었어야 논리적이라고 생각했을 것이다. 아무것도 싣지 않고 아무것도 끌지 않는 말, 그냥 옆에서 걷기만 하는 말, 이곳에서 말의 존재감을 어떻게 표현해야 하는가? 과연 이 말은 현실에서 존재하는 말인가? 그러나 말은 옆에서 걷고 있지 않다. 어쨌든 말은 여전히 마차를 끌고 있다. 마구, 굴레, 마차등 모든 것이 아직 그곳에 있다. 원래의 목적, 역에서 슈테틀까지 사람을 운반하는 기능만 사라졌을 뿐이다. 마차를 끄는 말이라는 존재감, 그 의미는 이동 중에 이미 사라졌다. 어찌할 바를 모르는 두 남자는 피곤에 지친 말이 끌고 가는 마차를 뒤따라간다. 두 사람 중에서 한 명은 트렁크도 직접 운반해야 한다.

19세기 말엽, 말은 회화에서 사라지기 시작했다. 초반에는 천천히 그리고 단계적으로 사라졌다. 다만 역사화에서는 끈질기게 살아남았다. 처음에는 장치의 일부, 마구와 굴레가 없어졌다. 다른 예술 분야에 비해서 그림은 사물의 빈자리가 강하게 느껴진다. 이때부터 그림에 여백이 등장했다. 스터브스 이후 더 이상 나타나지 않았던 생략 기법이 회화에서 다시 나타났다. 그 뒤를 이어서 사진 예술에서 동일한 기법이 사용되기 시작했다. 프랑스의 사실주의 화가이자 판화가 오노레 도미에가 첫 테이프를 끊었다. 1868년 작품인 "돈키호테"에서 늙은 말을 타고 있는 기사는 얼굴이 없고, 말에는 안장은 있으나 고삐가 없다. 도미에의 돈키호테는 손을 놓은 채 말을 타고 있다. 그런데 무엇인가 다른 것이 있다. 그는 한 손에는 방패 대신 팔레트를, 다른 한 손에는 창 대신 붓을 들고 있다. 고삐를 잡을 손이 없는 것이 당연하지 않은가!

그로부터 40년 후에 피카소는 말을 끄는 소년을 그릴 때, 소년의 모습에서 말을 **끌고 가는** 행위를 생략했다. 피카소의 말은 고삐도 굴레도 없다. 물론 소년의 손은 도구를 쥐고 있는 듯한 인상을 준다. 고독한 카스토르(아니 폴리데우케스였던가?)는 수천 년 동안 취해온 자세로 서 있고, 인간도 그 자세로 말을 끌고 조종한다. 그러나 조종하는 장치인 기술적 도구는 생략되어 있다. 이 작품의 관찰자는 지각(知覺)과 지각 속에 저장되어 있는 문화적 지식이 무의식적으로 빈 곳을 어떻게 보완하는지 체험할 수 있다.

이와 같은 시기에, 말은 등장하지 않지만 역사의 주형처럼 말의 속성을 추측할 수 있는 그림들이 나타났다. 니체는 사물은 인간의 한계라고 했다. 그러나 사물은 가축화된 동물에게도 한계를 지운다. 고흐가 1888년에 그린 "타라스콩의 역마차"가 바로 그런 작품이다. 이 그림 안에는 인적이 사라진 한낮의 폭염 속 남프랑스의 광장에 역마차가 서 있다. 말은 마구가 벗겨져 있고, 마부나 어린 머슴이 말을 역참에서 물을 먹이는 장소로 데리고 간 듯하다. 보이지는 않지만 관찰자는 말의 존재를 직감적으로 깨달을 수 있다. 그것도 감각을 통해서 말이다. 공기 중에는 말의 향기가 여전히 떠다닌다. 고유한 특성이 없는 한, 동물을 역마차 말로 만들어주는 한계-사물이 화관처럼 에워싸고 있는 한, 관찰자는 이 그림에서 말의 존재를 느끼고 볼 수 있다.

생략 기법은 사진에서도 탁월성을 발휘한다. 프랑스 보병의 포로가 되어 아미앵 수용소로 끌려가는 창기병 장교의 말에서 무엇을 생략할 수 있을까? 고삐에 묶인 채 기수 없이 방황하는 말, 부풀어오른 사체, 굳어가는 다리, 피가 굳어 딱지가 앉은 가죽 위에 득시글거리며 날아다니는 파리? 제1차 세계대전 당시 프랑스 병사들(poilu)의 무겁게 늘어진 행군에서, 중요 인물도 아닌 창기병 장교가 가늘고 긴 부츠를 신고 능숙하고 기수답게 경쾌 하게 걷고 있다. 그는 머리의 가벼운 상처 따위에는 개의치 않는 듯하다. 그의 눈빛은 선명하며 한층 밝아 보인다. 그에게 전쟁은 끝난 것이기 때문이리라. 측면에 차고 있던 검도, 계급장도 모두 사라져 보이지 않는다. 단추가 반만 채워진 제복에서 식전주를 마시기 전 혹은 데이트를 하러 가기 전의 분위기가 풍긴다. 그는 개선행렬의 전리품인 셈이다. 그는 보병의 일상을 함께한다. 과거에는 자신들에게 두려움의 대상이었던 기병을 토끼 한 마리처럼 사로잡고는 보란 듯이 개선행렬에 끌고 다닌다. 그러나 주변에는 말이 한 마리도 없다. 사실 말은 기수의 휜 다리 사이에서 볼 수 있다. 이 움푹 팬 공간에서 말은 입체적으로 표현된다.

다음 작품은 스페인 내전을 배경으로 1936년 독일의 사진작가 한스 나무트가 촬영한 사진이다. 톨레도의 알카사르 모퉁이에서 공화당 여단이 참호를 파고 있다. 안장, 마차 부속품, 바퀴로 된 거대한 바리케이드 뒤에서 경무장한 병사들이 군사작전을 수행하고 있다. 병사들은 작전을 수행하기 위해서 총을 겨누고 있고 한 사람만 담배를 피우고 있다. 총알받이 역할을 하고 있는 안장은 대체 어디에서 가져온 것일까? 안장의 주인이며 마차를 끌던 말들은 대체 어디에 있을까? 시가전에서 말은 필요가 없으니 모퉁이에 헐렁하게 묶어놓은 것일까? 아니면 어딘가에서 죽어서 햇빛을 받고 배가 부풀어올라 있을까? 최후의 기병대 공격이 실패하며 몰아닥친 재앙이 이들을 삼켜버린 것일까? 사진 속의 병사들은 말에서 떨어진 기병대원들일까? 아니면 이웃의 무기고를 약탈한 의용병일까? 이 사진에서도 말의 부재가 강하게 느껴진다. 전에 이곳에 말이 있었다는 흔적은 말의 부재를 부각시킨다. 여기에서 말의 흔적을 암시하는 요소는 안장, 바퀴와 같은 나머지 장치들이다.

서부극의 영화 사진에서도 침묵이 더 많은 것을 말해준다. 고독한 사나이가 황야를 횡단하고 있다. 그의 뒷배경에는 산이 우뚝 서 있고 그 위로 구름이 둥둥 떠 있다. 남자는 긴 팔을 질질 끌면서 왼쪽 어깨에는 자루나 안장 덮개를, 오른쪽 어깨에는 안장이나 굴레를 걸치고 있다. 얼마 전까지 그는 카우보이였다. 그런데 카우보이의 존재감을 알려주는 말은 대체 어디에 있는 것일까? 도둑맞았을까? 도망쳤을까? 아니면 죽음을 당했을까? 고독한 스틸 사진은 끝까지 침묵을 지킨다. 부재하는 것이 있을수록, 승용 동물인 말이 없을수록 논할 것이 더 많아진다. 이스라엘의 역사학자 네츠는 "말처럼 인간이 만든 도구들을 여기저기 주렁주렁 달고 있는 동물도 없다"고 말

한다.[2] 과거 왕실의 휘장과 같은 장치처럼 이 도구들의 네트워크를 통해서 운반자와 대상을 추측할 수 있는데, 그것이 바로 말이다. 이제 운반자와 대상을 질질 끌고 우스운 것으로 만드는 것은 말에서 내려온 카우보이이다. 수백 년간의 문화를 거쳐 탄생한 세련된 부속품은 고철더미가 되어 카우보이의 한 손에 질질 끌려가는 신세가 되었다. 고철더미는 인간이 말에게 걸었던 희망을 대변한다. 한때 인간이 제복을 입혔던 말, 이 말을 통해서 영화 속 황야의 우스꽝스러운 행인은 다시 대평원의 왕이 된다.

이런 사례에서 말은 생략 혹은 여백을 암시하는 동물이다. 네트워크는 있고 주인공만 없을 뿐이다. 주제가 생략된 경우 주변 요소들, 즉 말을 정의하는 대상의 맥락을 보고 말이라는 존재를 추측할 수 있다. 그것이 안장이든 우편마차든 상관없다. 그러나 다른 사례에서는 말이 추상적 대변인의 형상으로만 존재한다. 대표적인 예가 영어로 'hobby horse'라고 하는 장난감 말이다. 이것은 막대기에 나무로 된 말 머리가 꽂혀 있는 장난감으로, 20세기까지 남자 청소년들을 승마 문화에 적응시키는 역할을 했다. 추상적 대변인의 레퍼토리 중에서 하나가 말을 추상화한 토르소인 나무 그루터기였다. 그루터기의 직경은 성장한 승용마의 몸집만 하며 기수의 초상을 전문으로 하는 19세기 화가의 아틀리에를 가구처럼 장식하고 있었다. 현재 그 뼈대는 역사박물관 창고에서 잠자고 있다.

괴테가 별장에 집필 의자를 들여놓을 생각을 한 이유는 무엇일까? 말을 타고 장기간 마차 여행을 하는 동안 기수의 포즈를 취하면 종종 시적 영감이 떠올랐던 기억 때문에 행복감에 젖었던 것일까? 사람들은 "괴테가 '아무 이유 없이' 별장에 안장처럼 생긴 집필 의자를 제작하여 들여놓았을 것이라고 가정하거나 추측하지 않았다."[3] 의자의 다리는 4개이고, 다리 위에는 나무로 된 큰 통과 볼록한 방석이 있었다. 독일의 출판업자인 프리드리히 유스틴 베르투흐는 이것을 두고 "영락없이 안장에 올라탈 때처럼 다리를 벌리고 앉는 승마의자이다"라고 말했다.[4] 현대의 관찰자에게는 서툴러 보이겠지만, 괴테의 의자에 표현된 추상화 기능이 바우하우스 양식의 가구보다 앞섰다는 사실만은 틀림없다. 독일의 소설가 막스 코머렐의 저서『독일 고전주의의 선구자이자 시인(*Der Dichter als Führer durch die deutsche Klassik*)』에 대해서 비평가 발터 베냐민은 "얼마나 많은 고전주의자들이 말 위에 올랐을지" 짐작이 간다고 했다.[5] 괴테의 승마의자를 보기 전까지 오랫동안 이 문장의 의미는 수수께끼처럼 남아 있었다.

스탠리 큐브릭은 역사적으로 훨씬 늦은 시기에 등장했지만 말의 대변자 중의 최종본을 「닥터 스트레인지러브 : 나는 어떻게 걱정을 버리고 폭탄을 사랑하는 법을 배웠는가」에서 제시하고 있다. 영화가 끝나기 전, B-52 폭격기의 파일럿은 리콜 코드를 찾지 못해 운명의 기로에 서고, 텍사스 출신의 카우보이답게 모자를 흔들면서 핵미사일을 타고 아마겟돈의 혼돈 속으로 들어간다. 그저 기호에 불과한 화살표 방향을 따라가고 있는 그의 말은, 짧은 순간에 다시 한번 미사일의 형상이 되어 나타난다. 이것은 핵 시대의 장난감 말로, 다음 순간 탄두가 소련의 북부 지역을 초토화시키며 '지구를 멸망으로 몰아가는 기계'가 된다.

집단기억 속에 기록된 것은 얼마나 오랫동안 지속될까? 말의 시대가 끝난 후 인간이 눈에 띄지 않는 잔해들과 암시를 통해 말의 윤곽을 인식할 수 있는 것은 언제까지일까? 건망증이 슬금슬금 다가오며 우리의 잠재의식 속에 숨어 있던 것, 과거 공동체에 형성되었던 기억의 흔적을 삭제할 경우에 무엇이 남게 될까? 물론 이후의 삶은 가능할 것이고, 허상과 실제의 점성은 다르다. 인간이 오랫동안 인식하고 잘못 판단해왔던 오랜 동반자이자 친구, 가장 중요한 비인간적 존재의 육체가 더 이상 존재하지 않는다면, 이것이 인간의 삶과 감정에 끼치는 영향도 없어야 하지 않을까? 말이라는 존재를 통해서 인간은 행복과 불행을 구분하고, 선과 악을 구분하고, 서로를 빵과 폭력으로 위로하고, 구원하고, 밟고, 물어뜯는다. 앞으로 신체를 가진 존재 중에서 누가 인간에게 리듬과 세계를 보여줄까? 프랑스의 문화 이론가인 폴 비릴리오는 "나는 이성의 신체뿐만이 아니라 낯선 것에 대한 욕망이 여러 가지 측면에서 의미가 있다고 생각한다. 이것은 불의 발명, 우리의 기억 속에서 잊힌 과거의 모든 동물적인 요소처럼 회복에 버금가는 사건이다"라고 말한다.[6]

계속 가다

슈테틀로 가는 길은 멀다. 거친 나무 조각으로 대충 만든 마차는 바싹 마른 나무 조각들 때문에 삐걱거리고 차축은 끼익거린다. 그 뒤를 두 남자가 쫓아간다. 앞에서 마차를 끄는 말도 피곤에 지쳐 있다. 그러나 말은 의미도 없이 마차를 계속 끈다. 자신이 해야 할 일이기 때문이다. 말은 원래의 여행 계획을 따를 수 없게 된 지 오래였다. 아직 정신이 온전할 때에 말은 시시때때로 여행을 다녔고 모퉁이 뒤에 숨어서 햇빛을 받으며 서 있었다. 이런 그를 욕설을 퍼부어대는 사람들이 찾아내고는 했다. 그러나 이런 좋은 시절은 다 지났다. 독일의 시인 쉐퍼는 모든 동물 중에서 말만이 유일하게 "슬픔이 겉으로 드러난다"고 했다.[7] 말은 자신의 의지와 자유를 완전히 포기했기 때문에 슬픈 존재이다. 이것은 개도 마찬가지이다. 그러나 개는 자신이 주인을 모시기 위해서 일한다는 사실을 안다. 반면 말은 "자신이 자유를 원한다는 것을 알지만……말이 짊어져야 할 짐은 영원하다. 말은 깜짝 놀라서 도망치고 싶은 본능이 온 힘줄에 드러나도 달릴 수 없고, 서 있어야 한다.……말은 영원히 갇힌 상태에 있다. 말은 항상 자신을 괴롭히는 이 본능이 무엇인지 알지도 못하고 피할 수도 없다."[8]

쉐퍼의 눈에 말은 영원히 노예 신분에 갇혀 자신의 욕구를 거스르도록 강요당하는 그리스 비극의 영웅처럼 갈기갈기 찢겨 있는 듯했다. 도망치고 싶고 달리고 싶은 욕구 말이다. 물론 여전히 암말들이 있고 곳곳에 진짜 수말들도 흩어져 있다고 할지라도, 원래 가축화된 말은 거세한 수말이나 거세한 남자 같은 위축된 캐릭터를 지니고 있다고 할지라도, "그 안에는 반항과 고집과 함께 자유와 도주 본능이 더 이상 본질로 살아남아 있지 않고 기억으로만 남아 있다."⁹⁾ 여기에서 논의되는 대상은 주인과 종의 변증법이다. 말은 종이고, 주인은 말이 노예처럼 꾀를 부릴까 두려워하지 않는다. 쉐퍼는 영원히 감금된 상태에 있는 동물을 귀족이자 정신적인 거장, 귀족적인 형태, 자부심과 용기의 화신으로 구체화하려고 한 듯하다.

쉐퍼는 비극의 개념과 달리 이 역설에 말을 직접 등장시키지 않는다. 이 역설은 말의 개별적인 본성과 자연적인 본능이 반영된 가축화된 동물의 상태를 바탕으로 하며, 말은 짐과 의미의 운반자에서 수많은 역사를 덧붙여 쓰고 옮겨 쓰는 대상이 된다. 이를 위해서 말의 이미지를 부연설명하는 귀족적 술어(미, 순수, 자부심……)와 덧쓰기가 사용된다. 이 덧쓰기의 마법사는 신뢰할 만한 출처를 멀리할 수 없었다. 이것은 많은 저자들에게 불가능한 일이었다. 실제로 많은 저자들이 푼돈을 들여서 말 문학과 말 도상학에서 유사품의 비중을 키우고, 이미지에 대한 우리의 기억이 담긴 활자 상자 속에서 말을 유명한 대상으로 만드는 데에 기여했기 때문이다. 인간은 소망과 광기의 세계에서 다른 동물에게도 빛나는 역할을 주었다. 사자는 자신이 거친 황야의 노래를 불러야 한다는 것을 안다.¹⁰⁾ 인간은 에덴 동산의 비둘기에게 성적 탐닉과는 거리가 먼 본성을 가지고 태어나도록 했지만 그 대신 평화의 사명을 맡겼다.¹¹⁾ 반면 『구약성서』의 뱀에게는 위험하지 않고 독도 없는 들쥐의 목을 졸라 죽이는 악의 이미지를 부여했다.

끊임없이 통속적인 존재로 전락할 수 있는 말은 오래 전부터 동물을 주제로 한 「고타의 궁정 달력」에서 확고한 자리를 차지하고 있었다. 소위 평화를 사랑하는 초식 동물인 말은 편안한 형상을 지니고 있으며 배설물에서 솔솔 풍기는 냄새도 향기롭다. 이 모든 것들이 인간의 눈에 아름답고, 선하고, 고귀하게 보이는 것, 인간이 보편적으로 말의 고유한 본성이라고 규정하기를 즐기는 것이다. 말은 끊임없이 인간의 귀족적인 측면, 더 나은 자아에 형체를 부여한다. 그래서 인간은 말이 괴로워하는 모습을 보고 싶어하지 않는지도 모른다. 그린, 호프만슈탈, 존 웨인과 같은 말 전문가들은 악한 말도 존재할 수 있다는 것을 잘 알고 있었다. 마치 영국 기병대에 입대한 신병들이 자신의 신부에게 말은 앞이든 뒤든 아주 위험한 동물이고 가운데는 가장 불편하다고 편지를 썼듯이 말이다. 이런 기억들은 말을 고귀한 이미지로 만들고자 하는 욕구를 지워버린다. 오토 바이닝거는 말이 고개를 계속 끄덕이는 행동에 대하여, 말은 순종적인 성향으로 인해서 정신착란을 보일 수밖에 없다고 해석했다. 바이닝거는 말을 정신이 오락가락하는 동물이라고 표현하며 개와 비교했다. 그러나 그는 "성적 욕구를 보완할 수 있는 대상을 선택할 때에 말이 매우 까다롭다는 점"에서 말을 다시 **귀족적인 이미지로 끌어올린다.**[12]

19세기는 역사상 말의 사용량과 소비량이 가장 많이 증가한 시기였으나 말에 대한 은유는 급격히 줄어든 시기였다. 수백 년을 움직인 사상 가운데 말과 관련이 없는 사상은 거의 없었다. 이것은 역사적 위인에 대한 집착, "세계사적 개인"(헤겔) 숭배, 이를테면 모든 영웅은 말을 탄다는 통치권과 관련된 모든 사상에서 시작된다. 이것은 자유와 진보 사상을 거쳐서 불안과 쾌락의 이미지로 이어졌고, 연민을 자아내는 형상에서도 멈추지 않았다. 말은 인간의 모든 환희와 고통, 모든 희망과 두려움, 모든 감정을 비롯해서 모든 것을 짊어질 수 있는 것처럼 보인다. 어쩌면 말을 가장 강력하게 묘사하고, 옮겨 쓸 수 있는 존재, 문자 그대로 새로운 의미를 담아 다시 쓸 수 있는 존재로 만든 것은 인간 자신인지도 모른다. 물론 모든 덧쓰기와 옮겨

쓰기에는 수수께끼처럼 남아 있는 부분이 있다. 그것이 바로 피와 살로 이루어진 존재인 살아 있는 은유이다. 살아 있는 은유인 말은 사랑, 보호, 보살핌을 받게 될 것이고, 사람들은 이것의 죽음을 볼 수 없다. 살아 있는 은유는 누군가에게는 위로가 되고 누군가에게는 가슴이 찢어지는 비통함을 준다. 어느 날 밤 철학자 블루멘베르크에게 나타난 살아 있는 육체를 가진 사자처럼 기름지고, 털가죽이 있고, 노란색인 존재로 말이다.

19세기 말엽의 피렌체에, 그림의 세부묘사처럼 작은 것이 주는 큰 효과에 유독 민감한 남자가 있었다. 그는 인간의 열정을 독특한 "소재"로 다룬 경우에 한해서, 인간의 열정에 관한 경제학을 규명하는 데에 평생을 바쳤다. 바로 아비 바르부르크였다. 바르부르크는 초기 르네상스의 화가들과 조각가들이 고대의 조형 예술품, 관의 조각과 양각, 승리의 활, 승전 기념탑 등을 통해서, 그리고 고대인들이 슬픔, 분노, 광란 등 감정을 표현하는 몸짓 언어를 통해서 독특한 공식을 찾아냈다는 사실에 착안하여 예술사 연구의 기본인 '파토스의 공식(Pathosformel)'이라는 개념을 발명했다. 그는 이 작품들의 고고학적 출처와 고대 예술품으로서의 중요성을 다루거나 생명력이 있는 정신적 역동성이라는 새로운 의미에 연극적 요소를 덧입히지 않고, 여기에 담긴 파토스를 인위적이고 "매너리즘에 빠진" 수사법으로 변형시켰다.[13] 고대의 공식에 내재되어 있는 자극적 요소에 감동을 받고 중독되어, 산드로 보티첼리, 안토니오 폴라이우올로, 도나텔로와 같은 예술가들을 마치 우아한 인테리어처럼 근대적 인물과 맥락으로 변형시킨 것이다. 이들은 이런 공식을 재해석하며 동시대 통치자의 이미지를 표현하는 데에서 독보적인 위치를 차지하고 있었다. 이들은 고대의 공식, 몸짓 언어, 표현 방식을 입체적인 형태소처럼 다루었고, 이것을 이용해서 새로운 언어를 구성했다. 니클라스 루만은 이 예술가들이 고대에 존재했던 감정적 표현 방식(파토스의 공식)을 현대의 언어로 번역하고 자극으로 몰아넣었다고 했다. 이때 말은 특권을 부여받은 제2의 행위자, 즉 지원자의 역할을 했다.

바르부르크의 시선이 꽂힌 고대의 이미지는 주로 슬픔, 전쟁, 승리를 표현한 석관 혹은 개선문과 승전 기념탑이었다. 이외에도 그는 신화 속의 인물인 켄타우로스와 마이나데스를 폭력과 성적 광란의 모델로 내세웠다. 이런 장면의 대다수를 차지하는 전투와 승전 장면에서 말은 '그리스 신화의 비극적 파토스'를 표현하는 데에 도움이 된 최초의 조력자이자 전달자였다. 특히 전쟁을 묘사할 때에 중심인물은 인간과 동물(승용 동물)이 합성된 인물이었다. 한편 남성적 이미지가 지배적인 폭력적 장면에서는 켄타우로스가 1인 혼성체이자 에너지의 상징("여성을 납치하는 동물성의 원초적 상징"14))으로 등장했다.

바르부르크는 예술사와 고전주의 건축을 전공하던 시절에 첫 세미나 발표에서부터 이미 예로부터 올림피아와 파르테논에 전해져오는 켄타우로스와 라피타이의 전쟁 묘사를 다루었다. 청년 바르부르크는 "켄타우로스가 목숨을 불사하며 꼭 끌어안은 동물적 힘, 다가오는 죽음도 약화시킬 수 없는 야생적 열망을 인식하며 흠뻑 빠져들었다."15) 많은 수식어가 따라다니는 바르부르크를 불안하고, 열정이 넘치고, 갈기갈기 찢긴 고대를 발견한 인물로만 볼 수는 없다. 열정의 공식에 대한 특권을 부여받은 운반자로서 말을 재발견한 인물도 바르부르크이기 때문이다.

에너지, 지식, 파토스, 이 세 가지 경제 구조를 각각의 관점에서 개별적으로 관찰하는 것은 합리적인가? 휴리스틱(Heuristics : 즉흥적, 직관적으로 판단하는 의사결정 방식/옮긴이)은 어쩌면 단순화된 묘사를 옹호하고 있는 것인지도 모른다. 현실에는 이 세 가지를 구분하는 선이 없다. 이것을 어떻게 돌리고 방향을 바꾸는지, 우리가 살고 있는 세계와 우리가 실제로 어떻게 해서든지 극복하는 세계는 아직 이론적으로 그 수준에 도달하지 못했다. 어쩌면 이것은 우리에게 '어떻게 해서든지'의 중요성을 과소평가하는 경향이 있기 때문인지 모른다. 말의 역사를 별도로 분리하여 역사의 상관관계 속에서 연구한다는 사실 속에는, 이론적 편리함 때문에 우리가 분리하기를 좋아하는 경제 구조와 카테고리가 끊임없이 서로 교차되고 엇갈린다. 그러나 사육자와 말 교배자보다 아름다운 여인, 오페라, 자필 원고 애호가의 전문지식에 더 많은 열정이 담겨 있는 이유는 무엇일까? 문화적, 해부학적 지식의 대상이 물질적인 형태를 취하지 않는다면 안장, 마차의 유형, 마구 등 말의 역사와 관련 있는 인공물은 무슨 의미가 있겠는가?

우리가 말의 지식이 지닌 내재성 안에서, 마구간, 상설시장, 도서관에서, 행동하고 확인하고 평가하고 비교하면서 움직이는 한, 우리는 순간적으로 나타나는 현상을 나누고 분류하려는 생각을 하지 않을 것이다. 도식에 따르면 이것은 하나의 사실, 그것도 학문적으로 확실한 사실이다. 이것은 아이디어 혹은 이미지 혹은 감정이다. 대신 우리는 감정을 절차화하고 우리에게 현실로 다가오는 흐름을 살짝 벗어난 규율의 카테고리에서 체험한다. 매순간 가치가 덧입혀지고 감정으로 조율된 현재로 말이다. 그 안에서 우리는 예감과 '어떻게 해서든지'를 위한 현실 감각을 바탕으로 방향을 설정한다.[16] 정반대로 그 안에서 마르크스주의자들이 "거짓 의식"이라고 했던 표현들은 나타나지 않는다. 사실 우리는 "이론적"이라고 생각하는 태도를 바꾸고 연장물과 긴장, 사물 그 자체와 우리를 위한 사물, 하드웨어와 소프트웨어 등 '큰 분류'로 전환하는 순간에 오히려 현실을 기만한다. 그러나 말의 역사에서 놀라운 것은 말의 역사가 하나의 사물, 좀더 정확하게 말해서 풍요롭고 전통적 무게가 있는 현상과 함께 해왔다는 데에 있다. 이 현상은 계속 큰 분류에 속해 있거나 상황에 따라서 큰 분류를 건너뛰기도 한다. 결국 이런 현상들, 말의 역사는 우리에게 때로는 부드러운 방식으로 때로는 부드럽지 않은 방식으로, 인식의 초기 단계인 놀라움의 순간을 떠올리게 한다("말들은 언젠가 그렇게 행동할 것이다").

수백 년의 경험과 전승을 바탕으로 하는 방대한 지식이 얼마나 불규칙할 수 있는지, 얼마나 불순한지, 얼마나 진실성이 있는지에 대해서 놀랄 필요는 없다. 지식은 더 순수할수록, "인식하는 주체"에 대한 감정과 동요가 적게 나타날수록 진실에 가깝다고 생각하는 사람들이 사실주의에 입각한 교훈을 남긴다. 프랑스의 철학자 미셸 세르는 순수한 학문이라는 사상은 말 그대로 신화라고 했다. 이와는 정반대로 「구약 성서」를 읽고 좋아하는 사람은 사랑과 인식은 서로를 배제할 수 없다는 것을 안다. 말의 역사에도 같은 원리가 적용된다. 말의 역사는 불순물이 섞인 사랑과 인식으로 가득 차야 한다. 사람들이 감정을 느끼고, 접촉하고, 자극을 받도록 하는 주체를 금욕주의자들처럼 배제한다는 의미에서, 객관성은 열정이라는 자연적 한계에 부딪힌다. 인식하는 주체가 스스로 제거될 수 있을까? 애호가, 수집가, 전문가에게 이 상황을 설명해보라. 아니다. 지식의 형태는 인식과 감정이 분리될 수 없는 상태에서 서로 긴밀하게 연결되어 있을 때에 더 흥미롭다.

헤로도토스

비평가로서의 거세한 수말

여왕은 늘 시간에 쫓겼기 때문에 화가와 모델은 만나는 횟수를 최소한으로 줄이기로 합의를 보았다. 작은 초상화이지만 2000년 5월에 작업에 착수해서 2001년 12월에 작품이 완성되었으니 1년 반이 넘게 걸린 셈이었다. 영국 왕실 측의 의뢰로 그린 작품은 아니었기 때문에 작품이 완성되었을 때에 루치안 프로이트는 여왕에게 그림을 선물했다. 이것이 그의 독자적인 결정이었다는 사실에는 한 치의 의심할 여지도 없다. 루치안 프로이트와 엘리자베스 여왕의 만남이 항상 화기애애한 분위기 속에서 진행되었기 때문이다. 두 사람 모두 말과 개를 좋아했기 때문에 작품의 소재가 부족할 일은 없었다. 여왕은 르네상스 시대의 위대한 '호스우먼(horsewoman)'처럼 평생 진정한 '호스우먼'의 삶을 살아왔다.[1] 프로이트의 작품들 중에서 인상적이라고 손꼽히는 몇몇에서는 잠을 자거나 졸고 있는 개들에게 둘러싸인 나체의 사람들이 등장한다. 그는 어릴 때부터 말을 타기 시작하여 나중에는 경마장과 도박장을 수시로 드나들다가 도박으로 거액을 잃기도 했다. 이것은 그림을 그리는 것과 여성들과 숱하게 염문을 뿌리고 다니는 것 다음으로 그가 열정을 보이는 일이었다. 그의 작품에 등장하는 살집이 많은 남성들은 마권업자나 경마장과 관련이 있는 수상쩍은 인물들이었다. 그러나 화가로서 프로이트는 완벽주의자였다. 초상화 작업을 위해서 일단 모델이 포즈를 잡으면 100시간은 우습게 지나갔다. 초상화의 모델인 말들은 인내심 훈련을 하며 종일 아틀리에에서 시간을 보내야 했다. 그가 남은 평생을 바친 몇 점의 위대한 말 그림이 탄생한 장소인 마구간에서 작업하는 것이 더 좋겠다고 말하지 않는 한 말이다.[2] 2003년 작품인 "회색 거세마"도 그중의 하나이다.

같은 해, 프로이트는 한 사진에서 작업이 어느 정도 진전된 캔버스 앞으로 모델을 끌고 가고 있다. 두 주인공, 화가의 옷과 말의 털은 잡터 섞인 흰색과 회색 중간쯤의 같은 색으로 맞추어져 있다. 또한 화가의 손과 말의 콧구멍은 살색으로, 가죽 굴레와 화가가 편하게 목에 걸치고 있는 무늬가 있는 실크 머플러는 갈색으로 맞추어져 있다. 그러나 화가와 모델의 파트너룩은 옷과 살색으로 한정되어 있다. 예술과 비평 사이에서 길은 둘로 갈린다. 화가의 시선은 그림을 향하고 있는 반면, 말은 무심한 것인지 마음이 내키지 않는 것인지 고개를 옆으로 돌린 채 눈을 감고 있다. 이 작품 속의 동물에게서는 활기나 즐거움의 흔적을 볼 수 없다. 살아 있는 거세한 수말은 자신의 모습이 담긴 그림 속에서 죽어 있다.

정신분석학의 창시자 지그문트 프로이트의 손자인 루치안 프로이트는 카메라 앞에서 포즈를 취하고 이야기, 신화, 전설을 타블로 비방(연극의 한 장면 혹은 회화를 움직임이나 말 없이 연출하는 놀이/옮긴이)으로 만들었다. 물론 이런 시도를 그가 처음 한 것은 아니었다. 감독이자 그림의 소재인, 옛 그림을 재해석해서 그린 화가가 넌지시 암시하고 있는 몇 가지 이야기들이 동시다발적으로 쏟아져 나온다. 그의 할아버지인 지그문트 프로이트를 중심으로 한 빈 학계의 두 명의 젊은 학자, 미술사가이자 심리분석가인 에른스트 크리스와 역사학자 오토 쿠르츠가 한때 이 자료를 수집하여 분석한 적이 있었다.[3] 물론 루치안 프로이트는 이런 상관관계를 파악하고 있었다. 타블로 비방의 소재는 일반적으로 고대의 예술 문헌에 등장하는 짧은 이야기와 일화들로, 플라톤, 크세노폰, 플리니우스 등의 저자들에 의해서 전승된 것을 나중에 이탈리아의 궁정 화가이자 문필가인 조르조 바사리가 재서술한 것들이었다. 특히 예술을 자연의 모방 혹은 맹목적 모방으로 이해하는 미메시스와 화가가 그린 그림 속 동물을 보고 같은 종의 동물들이 실제 동물이라고 착각하여 짖고, 달아나고, 교미를 하려고 했다는 꾸며낸 이야기들이 인기가 많았다. 크리스와 쿠르츠는 "동일한 내용 혹은 비슷한 내용의 일화가 많아서 그 수를 헤아릴 수 없었다. 고대 그리스에 이미 변형된 이야기들이 많았다"고 썼다. "수말 한 마리가 아펠레스가 그린 암말과 교미를 하려고 했다는 이야기, 프로토게네스가 그린 그림을 향해서 메추라기가 날아들려고 했다는 이야기, 지저귀던 새들이 그림 속 뱀을 보고 놀라서 노래를 그쳤다는 이야기 등……"[4]

동물학자이자 행동연구가인 베른하르트 그르지멕은 고대 그리스의 예술 문헌에서 영감을 받아서 동물, 특히 말을 대상으로 실험을 한 듯하다. 1940년대 베를린 그리고 독일에 점령당한 폴란드에서 군대 수의사로 복무했던 그르지멕은 살아 있는 말이 가짜 말을 보고 어떤 반응을 보이는지 실험했다. 그는 처음에는 박제한 말로, 그 다음에는 그림 속의 말로 실험을 했다.[5] 놀랍게도 고대 그리스의 플리니우스를 감탄시켰던 그 결과가 나왔다. 살아 있는 말은 박제한 말에만 관심을 보인 것이 아니라, 그림 속의 말을 신중히 관찰하면서 만져보고 작품 근처를 계속 맴돌았다. 늙은 암말 한 마리만 아무 관심을 보이지 않았다. 그르지멕은 처음에 말이 너무 영리해서 가짜 말을 알아본다고 생각했다. 그러나 나중에 알고 보니 이 말은 살아 있는 말에게도 전혀 관심을 보이지 않았다.

프로이트가 자신이 그린 "회색 거세마" 앞으로 작품의 모델인 회색 말을 데리고 갔을 때, 말은 무관심하면서도 거부하는 듯한 행동을 보였다. 말은 이 그림을 처음 보는 것이 아니라, 작업이 탄생하는 순간부터 모델로서 이 작품에 참여해왔다고 말할 수 있다. 쉽게 말해서 말은 이 상황이 지겨운 것이다. 그렇다면 이 말이 독일의 화가 가브리엘 폰 막스의 모델이었던 원숭이처럼 미술비평가 역할을 하고 있는 것일까? 아니면 초상화가 마음에 들지 않는다고 화가에게 말하려는 것일까? 그가 아펠레스처럼 실물과 똑같이 그리지 못했음을 지적하려는 것일까? 모조품 속의 인물이 누구인지, 그림 속 인물이 **자신**이라는 사실을 알았던 것일까? '아니오'라고 답해야 하는 어려운 질문일 것이다. 자크 라캉이 제안하여 유명해진 '거울 단계'[6]가 있는데, 이 개념에 따르면 아이들은 생후 1년에서 1년 반 사이에 거울 단계를 체험한다. 거울 단계에서 아이들은 거울 속에 비친 이미지가 **자신**이라는 것을 인식하고 환호성으로 반응한다. 프로이트의 수말은 그르지멕의 수말처럼 그림 속 말에게 관심을 보이지 않았던 것이 아니라, 프로이트의 캔버스 속 말을 거울 단계로 체험하며 환호성을 지르고 있었는지도 모른다. '그래, 이게 내 모습이야!' 그러나 아름다운 동물, 말의 지능은 이 정도까지는 되지 않는다.

동물의 지능 연구는 100년 전 '영리한 한스' 사건으로 상승과 몰락을 겪은 이후 지금까지 실험 단계에 머물러 있다. 이제 말은 자신의 지능을 검증받기 위해서 읽기와 루트 계산을 배우지 않아도 된다. 구식 개념인 지능은 인지라는 개념으로 대체되었다. 말의 인지능력에 관한 연구는 행동 연구와 함께 감각기관, 신경세포, 뇌의 기능 등 말의 생리학과 연계되어 진행되고 있다. 동물에 대한 깊이 있는 이해는 동물을 다루는 사람이 기본적으로 갖추어야 할 소양이다. 크세노폰에서 시작하여 17세기 영국과 프랑스의 승마 교사(캐번디시, 드 라 게리니에르), 강압적이고 혹독한 훈련 대신 온화한 태도와 동물에 대한 이해를 강조하는 교육 방식(그리소네의 이탈리아 승마 학교처럼)은 옛 저자들의 교훈을 통해서 계속 이어지고 있다.[7]

라캉이 거울 단계라는 피드백 개념을 발전시킨 1936년, 앨런 튜링이 최초로 고안한 컴퓨터가 투입되고 사이버네틱스(Cybernetics : 생물과 기계를 포함하는 계[系]에서 제어 및 통신과 관련된 문제를 연구하는 학문/옮긴이)가 발달하면서 1950년대 이후에는 '인지 혁명'이 일어났다. 인지 혁명은 말이 환경을 지각하는 방식, 말이 자신의 감각 지각을 해석하는 방법, 말이 다른 말과 환경, 다른 종인 인간 사이에서 상호작용하는 방법을 놀라운 속도로 세분화했다.[8] 다양한 포유류를 대상으로 한 인지 연구는, 데카르트가 생명력이 있는 자연 가운데 발견한 격차에 주목했다. 심지어 몇 년 전부터는 철학의 끈질긴 방어를 받아왔던 의식과 사고, 사고와 언어의 이중 결합 구조가 해체되고 있다. 인간 심리학과 민족학 수준은 아니지만 인간 지능 연구[9]를 토대로 원숭이, 개, 말의 행동 생태학과 인지 동물 행동학 연구가 이루어지고 있기 때문이다. 6,000년 동안 가장 중요한 운송수단이었던 말은 여전히 우리의 인식을 움직이고 있다. 말은 우리의 친구이자, 동반자이자, 스승이다.

말 연구와 관련하여 현재와 미래에 가장 전망이 밝은 분야로는 행동 생태학과 인지 연구 외에 고고학이 손꼽히고 있다.[10] 고고학 덕분에 지구상의 적지 않은 지역과 문화에서 말의 흔적을 찾을 수 있었다. 말의 역사는 아랍에서 미국, 흑해와 카스피 해의 북부와 동부뿐만 아니라 중앙아시아의 광활한 대륙으로 거슬러 올라간다. 이 지역의 역사적 사건과 진화와 관련된 문헌 자료는 많지 않은데, 그중의 하나가 헤로도토스의 『역사(Historiai)』이다. 인류가 문자를 사용하기 훨씬 이전인 선사시대의 정착 생활, 통치권 확립, 수많은 언어의 탄생, 사냥과 전쟁 기술의 발명에 관한 역사는, 끈기 있는 고고학자들의 발굴 작업을 바탕으로 한다.[11] 여기에는 고생물학과 역사학적 동물학 분야에서 지난 반세기 동안 얻은 인간과 말의 초기 역사에 대한 지식도 포함되어 있다.

예를 들면 중세학자 하임펠과 역사 이론가 코젤렉처럼 인간의 역사에서 말의 역사가 차지하는 비중에 대해서 민감한 학자들이 있다. 이들은 역사에서 전해지는 독특한 긴장감이 이들의 관찰 영역을 말의 인지 세계로 확장시키자마자 그 긴장감을 전음(全音)으로 기록한다. 코젤렉이 인식했듯이[12] 말은 근대화의 탁월한 연락원이다. "인장의 시대"로 유명한 18세기 후반, 말의 역동성이 생산, 유통, 전쟁에 투입되지 않았더라면 근대화의 첫 테이프를 끊기 어려웠을 것이고, 말이 근대화에 필요한 역학 에너지를 제공하는 다른 관점으로 역사가 흘러갔을 것이다.

한편 하임펠이 강조하며 상기시켰듯이[13] 말은 과거로의 다리 역할을 했다. 말은 카롤루스 대제 시대와 고대 인류의 역사를 이어주는 연결 고리였다. 말은 보수주의 철학자 겔렌이 하임펠과 함께 만든 표현인 "후기 문화"에서 인간들과 동물을 가축화했던 "원시인들"을 연결해주었다. 말은 대략 나폴레옹의 등장으로 시작된 근세에만 근대화의 연락원 역할을 한 것이 아니었다. 말은 우리가 역사라고 부르는 초기 역사의 모든 단계를 연결하는 연락원이었다. 돌아보면 현재 인간과 말 사이의 유대감은 신석기 시대의 우리 조상들과 말의 관계에서 시작된 듯하다. 고개를 끄떡이고, 숨을 몰아쉬고, 말발굽을 달그락거리는 존재가 카자흐스탄의 보타이와 우크라이나의 데레이프의 사람들을 아직도 자신들의 동반자로 여길까? (보수주의 사상가들에 의하면) 말은 인간과 함께 역사의 공간을 열었고, 역사의 공간이 다시 닫힐 때, 말과 인간은 제 갈 길을 가게 되었다. 한편 "역사의 종말"이라는 이론에서는 이런 길들이 다시 열릴 것이라고 주장한다. 역사가 조용히 끝나서 기록물 속으로 사라지지 않고, 말이 없어도 역사는 분명 계속 이어질 것이라고 한다. 그러나 우리가 역사를 인식하는 관점은 변해왔다. 역사는 공간적으로 성장하는 동시에 시간적으로 줄어든 것처럼 보인다.

구세계의 수많은 역사들이 단수 형태의 집합명사인 하나의 역사로 가는 입구인 근대의 문턱에 있었을 때, 역사의 공간은 지리적으로는 유럽과 소아시아에 집중되고, 문화적으로는 문자의 공간에 국한되어 있었다. 정의에 따르면 지구상에서 문자가 없는 민족과 지역은 역사가 없는 것으로 간주되었다. 이후 역사의 공간은 끊임없이 확장되어 전 세계로 뻗어나갔다. 고고학, 민족학, 고생물학, 정확성을 추구하는 학문을 바탕으로 하는 역사 인식론이라는 신기술 덕분에 이제 문헌학과 텍스트 비평에서는 문자의 존재 여부가 역사의 범주에 포함시킬 것인지를 결정짓지 않는다. 역사의 공간은 최근까지도 닫힌 우주의 관점으로 표현되고 기록 체계를 가지고 있는 민족의 행적과 아픔만을 다루어왔다. 이 공간이 갑자기 열리면서 역사가 선사시대의 인류, 동물, 식물, 풍경, 대륙 등 진화와의 상관관계로까지 넓어진 것이다. 막스 에른스트의 "비온 뒤의 유럽"에 표현된 이미지처럼 최근까지 학교에서 가르치던 역사의 이미지가 갑자기 구겨지고 축소된 듯하다.

역사 기술이 이런 요구에 반응한다고 할지라도 여전히 할 일은 많이 남아 있다. 우리가 역사를 사유하고 기술하는 새로운 방법을 찾는 과정에서 옛것을 무시할 수는 없다. 지금이 헤로도토스를 다시 읽어야 할 때인 듯하다. 고전 작가 중에서 할리카로낫소스의 헤로도토스처럼 시의성이 뛰어나고 탁월한 역사 기술가는 없을 것이다. "수많은 이야기"를 서술하고 있는 그가 얼마나 멀리, 얼마나 오랫동안 여행하며 자료를 수집했는지, 그의 주관적인 관점이 얼마나 많이 반영되었는지, 모든 것을 연구했는지 아니면 대부분 직접 만든 이야기인지는 상관없다. 또 이후에 그의 관점을 따르는 사람들이 얼마나 적은지, 그가 지나치게 인간 위주의 역사라는 온실에서 머리만 살짝 내민 것인지도 상관없다. 오비디우스보다 400년 앞서서 추방을 당했던 비운의 역사가 헤로도토스는 이야기를 지어내는 즐거움, 신과 운명에 대한 믿음을 사람들과 공유한다. 그는 거대한 개미 혹은 깃털이 있는 젊은 소녀를 통해서 고대부터 전해져 내려오는 금을 만드는 비법을 수집하고, 민족의 결혼 예식, 장례 예식, 사자 숭배 등을 철저하게 기록했다. 또한 다리우스가 왕위를 계승할 것이라는 말의 예언[14]과 통치자와 말을 함께 매장하는 스키타이인의 풍습[15]에 대해서도 서술했다. 그는 암말과 수말이 역사의 중요한 행위자이기 때문에 왕과 말을 함께 매장한다는 사실을 알고 있었다.

헤로도토스는 후손들로부터 칭송을 받은 만큼 비판도 많이 받았다. 그에 대해서 역사가의 가면을 쓴 통속작가라고 비판하는 이들도 있었고, 그의 인간중심주의 사상을 비판하는 이들도 있었다. 지금은 헤로도토스가 당시 오지에 살던 민족들의 고유한 삶과 풍속에 대해서 곤충학자가 희귀종 딱정벌레의 작은 움직임과 식욕을 다루듯이 묘사했다는 것을 아무도 문제 삼지 않는다. 어쩌면 이것은 자연과 초자연적 현상에 대한 편협한 시각이라기보다는 너그러운 시각에서 비롯된 것일지도 모른다. 헤로도토스를 공격하는 비판자보다는 그를 지지하는 숭배자들이 더 많다. 볼프강 샤데발트와 같은 인본주의자도 그중 한 명으로, 튀빙겐에서 있었던 "역사의 아버지(키케로)" 강연에서 헤로도토스를 다음과 같이 칭송한 바 있다. 즉 그를 "이런 모든 사물과 함께 인간에 의해서 발생한 일, 위대한 인간의 행적으로 본"[16] 최초의 인물로 보아야 한다는 것이다. 헤로도토스는 이탈리아의 철학자 비코에 앞서서 인간의 우주로 역사를 발견한 인물이었을까? 현대 독자들이 고대 그리스 저자들의 저서를 통해서 그의 관점이 인간에게만 치우치지 않았다는 시의성을 볼 수 있다면 어떨까? 사실 헤로도토스는 후기 인본주의보다는 다른 관점에서 읽어야 한다. 우리는 헤로도토스를 통해서 인간뿐만 아니라 돌, 구름, 신과 같은 대상도 역사 기술의 대상으로 삼아야 한다는 사실을 배울 수 있다. 그렇다면 말이 역사 기술의 대상이 되지 못할 이유가 없지 않은가?

역사에는 많은 행위자들이 있다. 수많은 사단과 탱크와 타자기로 무장한 수천 명의 사람들로 대규모 무리를 이루는 경우도 있고, 알약이나 미생물의 무리처럼 작고 눈에 보이지 않는 경우도 있다. 수천 년을 사는 것도 있고, 단 몇 시간을 사는 것도 있다. 과거에 그랬던 것처럼 미래에도 말이 그림에서 더 많은 공간을 차지할 수 있을 것인지는 역사학자가 마지막으로 결정해야 할 문제이다. 말은 수많은 행위자들 가운데 하나일 뿐이다. 말이 지난 세월 동안 중요한 역할을 해왔으며, 인간과 관계를 이루었다는 점에서 우리는 말이 특별한 행위자였다는 점을 인정해야만 한다. 말은 특히 빠르고, 역사적 의의가 있고, 아름다운 존재이다. 헤로도토스 역시 이 점을 알고 있었을 터이다.

한 마리 말의 죽음

전쟁이 끝난 후의 베스트팔렌은 복 받은 자들의 섬이었다. 19세기를 추억하게 하는 평화로운 인상은 허상이었다. 미군에 포위된 독일 국방군의 마지막 부대가 머물던 숲은 완전히 훼손당하거나 도처에 무기와 탄환 상자들이 깔린 채였다. 입산 금지명령에도 아랑곳하지 않고 시골의 사내아이들은 전쟁의 흔적인 독성이 있는 빙퇴석을 찾기 위해서 숲을 헤집고 다녔다. 우리는 우리들만의 비밀 공간인 무기고를 찾았다. 간혹 탄환 창고에서 탄환이 폭발하기도 했다. 할아버지는 우리의 비밀 공간을 알고 계셨지만 아무 말도 하지 않으셨다. 할아버지는 작업장 서랍에 공군 기관총의 갈기갈기 찢긴 탄환 2개를 보관하고 계셨다. 1945년 3월 영국의 한 사냥꾼이 쟁기로 밭을 갈고 있던 할아버지와 말을 총으로 쐈다. 할아버지는 고랑으로 내동댕이쳐졌고 총알은 말을 스치고 지나갔다. 기적적으로 모두 무사히 살아남았다. 나는 전쟁 이야기라면 귀를 쫑긋 세우며 들었지만 이 이야기만큼은 듣기 싫었다. 그때 나는 폭발해서 밭에 달라붙어 있는 총알을 상상하며 섬뜩함을 느꼈다. 말이 두 마리 있었는데 그중 한 마리는 폭발 현장에 있었고, 다른 한 마리는 마구간에 있었다. 나는 총알이 관통하면서 갑작스럽게 열이 올라서 말의 황색 가죽에 핏덩어리가 엉겨붙는 장면을 떠올리며 두려움에 사로잡힌 말의 눈빛을 상상할 수 있었다. 말이 다른 동물들과 함께 나무로 만든 쟁기의 성에가 있는 마구를 매달고, 무기력하게 뒷다리로 일어나려고 안간힘을 쓰며, 밭에 어떻게 누워 있었는지 말이다. 죽어가는, 네트워크의 행위자.

나는 말이 피 흘리는 모습을 한 번 본 적이 있다. 사지가 날씬하고 짙은 갈색 털을 가진 암말로, 이름은 코라였다. 코라는 어린 시절 내가 보았던 동물들 중에서도 가장 아름다운 동물이었다. 어머니는 주중에 코라를 타고 다녔다. 원래 이 말은 이웃 대도시에서 건축현장 관련 사업을 하는 기업인의 것이었다. 코라는 온화하고 유머가 많은 종이었지만 가끔은 변덕을 부려 간혹 목초지로 달려가서 친구들과 잠시 산책을 하곤 했다. 어느 날 산책을 하던 중에 코라는 어느 농부가 자신의 양들을 보호하기 위해서 쳐놓은 가시 철조망에 걸렸다. 앞다리의 힘줄이 찢어져서 코라는 곧바로 땅바닥에 쓰러졌다. 가죽에서 피가 철철 흘렀다. 코라는 도움을 구하는 눈빛을 보냈다. 예전에 국방군이었던 그 지역 관할 산림관이 우연히 그곳을 지나가고 있었는데, 그는 말을 쏘아 죽일 것을 권했다. 이웃으로부터 급히 소식을 듣고 찾아온 마을 경찰관도 같은 제안을 했다. 주인이 돈으로 경찰관을 매수해서 다행히 코라의 생명은 구할 수 있었다. 그날 밤 그는 당시 가장 시설이 좋다는 동물병원으로 코라를 이송했다. 코라는 일주일 동안 줄에 매달린 채 치료를 받았다. 치료를 받으며 다리를 정상적으로 쓸 수 있게 되자 코라는 다시 시골로 돌아왔고, 약간 높은 울타리 아래에서 남은 생을 보냈다. 그후, 절망에 가득 찬 말의 이미지, 풀밭에 흥건한 피, 말을 쏘아 죽여야 한다는 남자들의 목소리가 계속 꿈속에 나타나서 나를 괴롭혔다.

누가 말이 괴로워하는 모습을 견딜 수 있겠는가. 비운의 동물인 말은 죽음의 순간을 견딜 수 없었다. 긴 다리는 구부러져 꺾이고 무릎은 풀려서 맥없이 쓰러진다. 큰 몸집이 서서히 무너지는 모습과 흔들리는 눈빛을 똑바로 쳐다볼 수 있는 사람은 없다. 군인들이라면 말을 총으로 쏘아버렸을 것이다. 특히 중상을 당한 말은 안락사를 시켜야 한다. 독가스를 살포하여 말을 죽이지는 않는다. 그러나 제1차 세계대전 당시 플랑드르 지방에서는 실제로 이런 일이 벌어졌다. 사람들은 부작용일 뿐 의도한 사건은 아니라고 말했지만 말이다.

고통받는 동물의 눈빛은 세상에서 가장 야만적인 병사가 운전하는 감정의 탱크를 관통한다. "말은 불쌍했지만 사람에 대해서는 그런 감정이 전혀 들지 않았다. 마지막 날까지 말에 대해서는 안쓰러움을 느꼈다."[17] 양차 세계대전에 관한 소식, 일기나 서신 교환에서 말의 애환을 다루지 않은 경우는 없다. 괴테도 이와 비슷한 감정을 느끼지 않았을까? 프랑스 원정길에서 그는 "중상을 입은 짐승들은 애써 살아남으려고 하지 않는다"며 치명적인 중상을 입은 동물의 애환을 동물을 학대하는 인간의 모습을 통해서 묘사한다.[18] 한 비평가는 "이것은 전쟁의 애환을 묘사하는 전형적인 기법으로, 말을 통해서 그 효과가 극대화된다. 인간의 아픔을 이야기해도 사람들은 아무 느낌도 없기 때문이다"라고 했다.[19] 괴테에서 제2차 세계대전까지 150년의 기간 동안 말의 애환과 죽음은 전쟁의 아픔을 완벽하게 표현하는 파토스의 공식이었다. 파토스의 공식에서는 말을 통해서 아픔을 표현하지만 인간은 이것에 대해서는 침묵한다. 그러나 현실을 고발하려는 사람은 피카소의 "게르니카"처럼 말의 이미지를 생략할 수 없었다.

하디가 말의 죽음을 묘사하는 장면은 한 페이지를 넘지 않으며 묘사는 절제되어 있다. 5월의 아침 무렵에 어린 테스는 자고 있는 남동생과 함께 영국 남부의 좁은 시골길을 지나 집으로 마차를 타고 가고 있다. 마차를 끄는 늙고 거세한 수말만 길을 알고 있고, 테스는 꿈속을 헤매면서도 자신이 졸고 있는지도 모른다. 갑작스런 충돌음에 잠을 깬 그녀는 신음소리를 듣는다. 거리에 군중들이 시커멓게 몰려든 것을 보니 무엇인가 끔찍한 일이 벌어지고 있음이 틀림없다. 신음소리의 주인공은 늙은 암말이었다. 소리 없이 달려오는 우편마차와 충돌하여 날카로운 수레 채의 손잡이가 마치 창처럼 늙은 암말의 가슴을 찌른 것이다. "그의 생명의 피가 상처로부터 솟구쳐 올라 거리를 흥건하게 적셨다." 절망에 빠진 테스는 피가 솟아오르는 상처를 손으로 덮어보려고 하지만 소용이 없고, 그녀의 온몸은 피범벅이 된다. "그녀는 망연자실하여 멍하니 서 있었다. 암말은 꼿꼿이 서 있고 미동도 하지 않다가 갑자기 땅바닥으로 주저앉았다."[20] 테스의 아버지는 불과 몇 실링을 받고 박피공에게 늙은 말을 파는 것을 원하지 않는다. 죽은 암말, 프린츠의 사체는 다음 날 정원에 묻는다. 어린 테스가 앞으로 갈 길에 죽은 암말의 그림자가 드리워진다.

나는 말이 죽는 모습을 본 적이 없다. 나이가 많아서 죽음을 앞둔 말이 한 마리 있기는 했다. 이 말은 크고 힘센 냉혈종 종중마 브라반트였다. 이 말은 젊은 시절에는 사납고 힘이 굉장했다. 1954년 6월의 어느 날 목초지에서 수확 작업을 하다가 그는 햇빛의 온기가 저장된 돌벽의 가장자리에서 잠자고 있던 살무사의 꼬리를 밟았다. 이 살무사는 베스트팔렌 남부 골짜기에서 마지막으로 목격된 독사였다. 이후로 이 지역에서는 독이 없는 율모기와 발 없는 도마뱀만 나타났다. 바로 이 베스트팔렌의 마지막 살무사가 악마처럼 말에게 달려들어 가슴팍을 물어뜯었다. 그러나 이 말은 살무사에 물리고도 혼자 집으로 돌아왔다. 그는 살아 있다기보다는 반쯤 죽은 상태로 몸을 떨면서 자신의 방에 있었다. 힘이 없어서 잠도 이루지 못하고 먹이는 커녕 물 한 모금도 제대로 마시지 못했다. 4주일 동안 말은 시름시름 앓으면서 고통받았다. 살무사에게 물려서 생긴 피부에서 괴사가 일어나고 노란 갈기까지 독이 퍼졌다. 실력 있다는 수의사도 말이 살아남지 못할 것이라고 생각했다.[21] 주인은 한밤중에 깨서 말이 살아 있는지 확인했다. 말은 낮보다는 밤에 더 괴로워했다. 그는 조용히 자신의 방에서 몸을 흔들며 흐릿한 눈빛으로 허공을 응시했다. 4주일 후에 말은 신음소리를 내다가 깨어났다. 살무사에게 물린 자리, 가슴이 활짝 열리자 부패한 상처가 터지면서 검은 피와 고름이 흘렀다. 분비물만 몇 상자나 되었다. 말은 서서히 움직이기 시작했다. 여전히 몽롱한 상태였지만 방에서 나와 허공으로, 빛으로, 자신이 다시 서 있어야 할 곳으로, 눈이 부셔서 제대로 눈을 뜨지 못하고 힘도 없었지만, 몇 걸음 나아갔다. 말은 죽지 않고 살아났다.

주

긴 이별

1) Vgl. D. Edgerton, *The Shock of the Old. Technology and Global History since 1900*, London 2006, S. 32 ff.

2) M. Serres, *Erfindet Euch neu! Eine Liebeserklärung an die vernetzte Welt*, Berlin 2013, S. 9.

3) Vgl. E. R. Curtius, *Die französische Kultur. Eine Einführung*, 2. Aufl. Bern u. München 1975, S. 6 u. 28 ff.

4) J. Clair, *Les derniers jours*, Paris 2013, S. 135.

5) Ebda. S. 136.

6) Hegel hielt diese Vorlesung zum ersten Mal im Winter 1822/23, dann im Abstand von je zwei Jahren insgesamt noch vier Mal (WS 1824/25, 1826/27, 1828/29 und 1830/31)

7) In diversen Schriften von Alexandre Kojève, Gottfried Benn, Arnold Gehlen.

8) Vgl. A. Gehlen, "Post-Histoire" (Text eines unveröffentlichten Vortrags von 1962), in : H. Klages u. H. Quaritsch (Hgg.), *Zur geisteswissenschaftlichen Bedeutung Arnold Gehlens*, Berlin 1994, S. 885-898, hier S. 891.

9) R. Koselleck, "Der Aufbruch in die Moderne oder das Ende des Pferdezeitalters", in : Historikerpreis der Stadt Münster 2003. Dokumentation der Feierstunde am 18. Juli 2003, Münster 2003, S. 23-37.

10) R. Koselleck, Der Aufbruch, S. 25.

11) Vgl. I. Babel, *Mein Taubenschlag. Sämtliche Erzählungen*, München 2014, S. 517 f.

12) H. Heimpel, "Geschichte und Geschichtswissenschaft", in : *Vierteljahrshefte für Zeitgeschichte*, 5. Jg., 1/1957, S. 1-17, hier S. 17.

제1부 켄타우로스 동맹 : 에너지

말의 지옥

1) 1888년 제작된 라인홀트 베가스의 조각상 참조. 베가스의 조각은 베를린 박물관 섬의 구 국립박물관 정원 언저리에서 볼 수 있다.

2) M. de Guérin, *Der Kentaur*, übertragen durch Rainer Maria Rilke, Wiesbaden 1950, S. 14 f.

3) H. -E. Lessing, *Karl Drais. Zwei Räder statt vier Hufe*, Karlsruhe 2010, S. 49. Vgl. auch

ders., "Automobilität. Karl Drais und die unglaublichen Anfänge, Leipzig 2003; ders., Die apokalyptischen Draisinenreiter", in : *FAZ*, 2010. 4. 29, S. 9; ders., "Fahrräder sind die Überlebenden der Pferde", in : *FAZ* 2013. 10. 30., S. N4.

4) A. Mitscherlich, *Reiterbuch. Bilder, Gedanken und Gesänge*, Berlin 1935, S. 9 f.

5) A. Mitscherlich, *Reiterbuch*, S. 84.

6) A. Mitscherlich, *Reiterbuch*, S. 88.

7) 『세계의 소란 : 알렉산더 미처리히, 초상(*Im Getümmel der Welt. Alexander Mitscherlich-Ein Porträt*)』(2008)에서 티모 호이어는 미처리히가 나중에 재발견한 사상적 모티프가 자유를 위한 노력이라는 주장을 펼쳤지만, 내 관점은 다르다. 『승마론(*Reiterbuch*)』과 미처리히의 원숙기 작품 중에서 잘 알려진 텍스트를 연계한 이유는 두 가지이다. 하나는 현대 기술에 대한 깊은 회의 때문이고, 다른 하나는 역사심리학적 상실감이 점점 커지고 있기 때문이다.

8) Vgl. hierzu die ausgezeichnete Studie von Silke Tenberg, Vom Arbeitstier zum Sportgerät : Zur Soziologie der Mensch-Pferd-Beziehung in der Moderne, Bachelorarbeit (Social Sciences) an der Universität Osnabrück 2011.

9) Schillers Werke, *Nationalausgabe* Bd. XII, S. 89-107, sowie 427-461 (Kommentar), hier S. 97.

10) L. S. 메르시에, *Tableau de Paris*, 2 Bde., 함부르크 & 뇌샤텔 1781, 42쪽. 초판 원고는 구글 북스에서 디지털 텍스트로 이용이 가능하다. 실러는 1782년부터 1783년까지 암스테르담에서 8권으로 발표된 2쇄 원고를 읽고 발췌했다(개정판). 인용문 비교를 통해서 알 수 있듯이 게오르크 발히(파리)의 『메르시에의 회화』(1783년/1784년, 라이프치히) 독일어 완역본은 참고하지 않은 것으로 보인다(작품 12권 427쪽 참조).

11) *Schillers Werke* (wie Anm. 1), S. 97.

12) "Paris … c'est le paradis des femmes, l'enfer des mules, et le purgatoire des solliciteurs", *Nouvelles récréations et joyeux devis*, Lyon 1561, S. 114.

13) J. Florio, *Second Fruits*, London 1591, S. 205.

14) 로버트 버턴 『우울의 해부(*The Anatomy of Melancholy*)』에서 "영국은 여성들의 천국, 말의 지옥, 이탈리아는 말의 천국, 여성의 지옥"이라고 했다.

15) 2 Bde., Tübingen 1802.

16) *Morgenblatt für gebildete Leser*, Nr. 50, in Fortsetzungen vom 27.2. bis zum 1838. 3. 12., hier S. 197.

17) 암라우이의 보고는 1909년 모로코 페스에서 최초로 발행되었고, 최근 프랑스에서 재출간되었다. *Le paradis des femmes et l'enfer des chevaux. La France de 1860 vue par l'émissaire du sultan*, La Tour d'Aigues 2012. 야드 벤 아쿠르는 서문에서 텍스트의 생성 배경 및 타타위의 영향에 대하여 밝히고 있다(5-12쪽).

18) Ebda., S. 81.

19) Ebda., S. 107.

20) A. Schopenhauer, *Werke in fünf Bänden*. Bd. V: Parerga und Paralipomena, 2. Band, Zürich 1991, S. 552.

21) Vgl. S. Mercier, *Tableau de Paris*, Les heures du jour, zit. nach D. Roche, *La culture*

équestre de l'Occident XVIe-XIXe siècle. L'ombre du cheval, Bd. 1: Le cheval moteur, Paris 2008, S. 85 f.

22) 로슈의 『문화(La culture)』 86쪽 참조. 그 증거로 19세기에 도시로 밀려든 수공업자와 떠돌이 노동자들은 도시 소음으로 인한 고통을 호소했다. 프리드리히 렝거가 언급했던 대도시 빈의 소음에 관한 사례 참조.

23) Vgl. A. Farge, *Der Geschmack des Archivs*, Göttingen 2011, S. 55.

24) Vgl. G. Bouchet, *Le cheval à Paris de 1850 à 1914*, Genève 1993, S. 45.

25) 로슈의 『문화』 참조. 『말의 역사(Une historie du cheval)』에서 J. P. 디가르는 1840년 프랑스 전역에 있는 말의 수는 300만 마리에 달했고 1935년까지 300만 마리 정도로 유지되었다.

26) 로슈의 『문화』 36쪽 참조.

27) Vgl. W. J. Gordon, *The Horse World of London*, London 1893, S. 164.

28) Vgl. C. McShane and J. A. Tarr, *The Horse in the City : Living Machines in the Nineteenth Century*, Baltimore 2007, S. 16

29) Vgl. ebda.

30) So im Jahr 1866, zit. nach M. G. Lay, *Die Geschichte der Straße. Vom Trampelpfad zur Autobahn*, Frankfurt am Main 1994, S. 149.

31) M. G. 레이 참조. 『근대의 대도시(Metropolen der Moderne)』에서 렝거는 1850년 이후에 유럽은 "승합마차와 시가전차의 견인력으로 말이 사용될 때까지 도시의 거리는 상상을 초월할 정도로 많은 말똥으로 뒤덮여 있었다"고 말했다(168쪽 참조).

32) Vgl. Gordon, *Horse World*, S. 187.

33) Vgl. Gordon, *Horse World*, S. 24 f.

34) Vgl. McShane und Tarr, *The Horse*, S. 28.

35) Vgl. ebda.; Bouchet, *Le Cheval à Paris*, S. 228 ff. über die Transport-und Tötungsmethoden der Abdecker von Paris; vgl. auch Roche, *La culture*, S. 116.

36) McShane und Tarr, *The Horse*, S. 31.

37) Vgl. McShane und Tarr, *The Horse*, S. 33. Für Frankreich vgl. Roche, *La culture*, S. 70 ff.

38) Vgl. Lay, *Straße*, S. 91 ff.

39) "조심! 조심!" 거리에는 그만큼 마차, 기수, 말, 기타 위험요인들이 많았기 때문에 곳곳에서 조심하라는 소리가 들려왔다.

40) Mercier, *Tableau de Paris*, S. 55.

41) Ebda., S. 56.

42) Vgl. Lay, S. 150

43) Vgl. Roche, *La culture*, S. 113.

44) Vgl. Lay, S. 151.

45) Vgl. McShane and Tarr, *The Horse*, S. 54.

46) Vgl. Roche, *La culture*, 96.

47) 브뤼노 라투르는 문고리와 안전 벨트 등 다양한 물체를 연구했다. 라투르의 물체, 즉 『베를린의 열쇠(Berliner Schlüssel)』는 1991년 라투르가 발표한 에세이(원제는 *Inscrire dans la nature des choses ou la clef berlinoise*/옮긴이)이다. 베를린의 열쇠는 사회의 총체적 상황(혹

은 네트워크)의 접합부와 기술의 용도를 결합시키는 역할을 한다(『베를린의 열쇠』, 37쪽).
켄타우로스 동맹의 영역에서 '라투르의 물체'는 연석 혹은 등자 등이다.

48) Vgl. Roche, *La culture*, S. 97; Lay, S. 93.

49) Vgl. McShane and Tarr, *The Horse*, S. 103 ff.

50) Vgl. ebda., S. 105 ff.

51) Vgl. Gordon, *Horse World*, S. 19.

52) Vgl. Chr. Gray, "Where Horses Wet Their Whistles", in : *New York Times*, 2013. 10. 31., unter Hinweis auf eine Studie von Michele Bogart, Stony Brook University.

53) Vgl. ebda.

54) 20세기 중반까지 독일에서 귀리는 호밀 다음으로 중요한 곡물이었으며, 전 세계에서 밀과 옥수수 다음으로 중요한 곡물이었다. 현재 세계 곡물 생산량에서 귀리의 비중은 1퍼센트도 되지 않는다.

55) Roche, *La culture*, S. 70.

56) Th. Veblen, *Theorie der feinen Leute*, München 1981, S. 111.

57) Vgl. E. Kollof, "Das Pariser Fuhrwesen", S. 202.

58) 『파리의 마차(*Der Pariser Fuhrwesen*)』 206쪽 참조. 『운전술. 드라이빙(*Fahrkunst. Driving*)』에 나오는 1700년부터 지금까지 인간, 말, 마차의 모습에서 A. 퓌르거는 호화 마차로 가득 찬 풍경을 보여주고 있다.

59) M. Praz, *Der Garten der Erinnerung. Essays 1922-1980*. Band 1, Frankfurt am Main 1994, S. 268 f.

60) Vgl. St. Longstreet, *A Century on Wheels : The Story of Studebaker. A History, 1852- 1952*, New York 1952, S. 66 ff.

61) Vgl. J. P. Digard, *Une histoire du cheval. Art, techniques, société*, Paris 2004, S. 157 f.

62) Vgl. S. Giedion, *Die Herrschaft der Mechanisierung*, S. 191.

63) Vgl. McShane and Tarr, *The Horse*, S. 59

64) Dies., S. 62.

65) Vgl. dies., S. 64 f.

66) 1893년 런던의 시가전차 노선의 총 거리는 217킬로미터를 넘어섰다. 고든의 『말의 세계(*Horse World*)』 26쪽 참조.

67) Vgl. Arne Hengsbach, "Das Berliner Pferdeomnibuswesen", in : *Jahrbuch für brandenburgische Landesgeschichte* 14(1963), S. 87-108.

68) J. -P. Digard, S. 166.

69) Vgl. ebda., S. 167.

70) 맥셰인과 타르의 『말(*The Horse*)』 1쪽 참조. "19세기 인간의 말 소비는 절정에 달했다. 말의 도움 없이 인간은 홀로 부를 생산하는 대도시를 탄생시킬 수도 없었고 거주할 수도 없었을 것이다."

71) Vgl. Bouchet, *Le cheval à Paris*, S. 200. Für eine "schnelle" Geschichte der Ablösung des Pferdes durch das Automobil vgl. D. L. Lewis und L. Goldstein (Hgg.), *The Automobile and American Culture*, Ann Arbor 1983; für die "langsame" Geschichte Chr. M. Merki, *Der*

holprige Siegeszug des Automobils 1895-1930. Zur Motorisierung des Straßenverkehrs in der Schweiz, Wien 2002.

72) 그의 역작은 *Mechanization Takes Command*라는 제목으로 영어로 먼저 출간되었다(옥스 퍼드 1948). 이것은 헤닝 리터와 당시 그와 함께 투쟁했던 이들의 공적이다. 30년 후 드디어 이 고전의 독일어판이 *Die Herrschaft der Mechanisierung. Ein Beitrag zuranonymen Geschichte*라는 제목으로 1982년 프랑크푸르트 암 마인에서 출간되었다. 후기는 스타니라 우스 폰 무스가 썼다.

73) Vgl. Roche, *La culture*, S. 27.

74) Zit. nach W. Ehrenfried, "Pferde im Postdienst", in : *Archiv für deutsche Postgeschichte* 1(1987), S. 5-29, hier S. 5.

75) 속설과 달리 헨리 포드는 1917년부터 대체 부품을 준비했다. 그는 예비 부품의 발명자가 아니었다. W. A. 우즈와 같은 농기계 제조업체들은 세기 전환기 이전부터 대체 부품으로 실 험을 해왔다.

76) P. Richter, *Süddeutsche Zeitung* vom 2014. 3. 29.

시골에서의 사고

1) Vgl. Tenberg, Vom Arbeitstier, S. 15.

2) H. 퀴스터. 『태초에 곡식이 있었다 : 인간의 또다른 역사(*Am Anfang war das Korn: Eine andere Geschichte der Menschheit*)』 235쪽 참조. 귀리 생산량이 증가한 원인은 가축 사육과 먹이 수요의 증가보다는 말 개체수와 사용 범위의 증가이다.

3) J. Ritter, *Vorlesungen zur philosophischen Ästhetik*, hg. v. U. v. Bülow und M. Schweda, Göttingen 2010, S. 137.

4) G. Simmel, "Philosophie der Landschaft", in : *Die Güldenkammer*, S. 640.

5) Ritter, *Vorlesungen*, S. 136; vgl. auch H. Küster, *Die Entdeckung der Landschaft. Einführung in eine neue Wissenschaft*, München 2012, S. 30 f.

6) W. Sombart, *Die deutsche Volkswirtschaft im neunzehnten Jahrhundert und im Anfang des 20. Jahrhunderts*, Berlin 1912; hier zit. nach der 5. Aufl. Berlin 1921.

7) Sombart, *Volkswirtschaft*, S. 4.

8) Ibid.

9) L. Börne, "Monographie der deutschen Postschnecke", in : ders., *Sämtliche Schriften* Bd. I, Düsseldorf 1964, S. 639-667, hier S. 640.

10) J. W. v. Goethe, *Tagebücher*(Hist.-krit. Ausgabe), II, 1 (1790-1800), Stuttgart u. Weimar, S. 179.

11) L. Sterne, *Empfindsame Reise durch Frankreich und Italien*, München o. J., S. 44 f.

12) Vgl. Wolfgang Schivelbusch, *Geschichte der Eisenbahnreise*, München 1977, S. 35-45.

13) Vgl. auch M. Scharfe, "Straße und Chaussee. Zur Geschichte der Wegsamkeit", in : *Zeit der Postkutschen*, hg. v. K. Beyrer, Frankfurt am Main 1992, S. 137-149.

14) C. von Clausewitz, *Vom Kriege*, 19. Aufl., Bonn 1980, S. 603.

15) Ibid.

16) Clausewitz, *Vom Kriege*, S. 605.

17) Clausewitz, *Vom Kriege*, S. 261.

18) Marivaux, *Die Kutsche im Schlamm*, Zürich 1985, S. 19 f.

19) Vgl. L. Sterne, *Das Leben und die Meinungen von Tristram Shandy*, München 1974, S. 110.

20) Sombart, *Volkswirtschaft*, S. 4.

21) Г. Kafka, "Ein Landarzt", in : Gesammelte Werke in 12 Bänden, Bd. 1, *Drucke zu Lebzeiten. Schriften, Tagebücher, Briefe. Kritische Ausgabe*, Frankfurt am Main 1994, S. 253.

22) Zum Bild der Pferde in Kafkas «Landarzt» vgl. die Beobachtungen von Ernst Osterkamp in seinem wegweisenden Essay : *Die Pferde des Expressionismus. Triumph und Tod einer Metapher*, München 2010, S. 60‒64.

23) G. Flaubert, *Madame Bovary*, übers. v. E. Edl, München 2012, S. 84.

24) G. Flaubert, *Madame Bovary*, S. 48.

25) G. Flaubert, *Madame Bovary*, S. 77.

26) Auf den "sprechenden Namen" des Arztes weist E. Edl im Kommentar zu ihrer Übersetzung hin, vgl. *Madame Bovary*, S. 712.

27) Ibid.

28) G. Flaubert, *Madame Bovary*, S. 210.

29) G. Flaubert, *Madame Bovary*, S. 211.

30) G. Flaubert, *Madame Bovary*, S. 214.

31) 말의 구원자라는 의미인 히폴리투스는 테세우스와 아나조네 히폴리타 사이에서 태어난 아들이다. 히폴리투스는 마차 사고로 죽은 것으로 알려져 있다.

32) G. Flaubert, *Madame Bovary*, S. 232.

33) Vgl. M. Scharfe, "Die alte Straße", in : *Reisekultur. Von der Pilgerfahrt zum modernen Tourismus*, hg. v. H. Bausinger, K. Beyrer u. G. Korff, München 1991, S. 11‒22.

34) Vgl. Th. de Quincey, *The Englisch Mail-Coach and Other Essays*, London, Toronto and New York 1912, S. 30‒39

35) *Taschenbuch für Pferdeliebhaber, Reuter, Pferdezüchter, Pferdeärzte und Vorgesezte groser Marställe* für das Jahr 1799, S. 56.

36) Im Hellbrunner "Monatsschlössl" südlich von Salzburg.

37) F. A. de Garsault, *Traité des voitures, pour servir de supplément au nouveau par- fait maréchal, avec la construction d'une berline nouvelle nommée inversable*, Paris 1756.

38) Vgl. J. H. M. Poppe, *Geschichte der Erfindungen in den Künsten und Wissenschaften, seit der ältesten bis auf die neueste Zeit*, Bd. 3, Dresden 1829, S. 59 f.

39) J. G. Herklotz, *Beschreibung einer Maschine die das Durchgehen der Reit- und Wagenpferde verhindert*, Dresden 1802.

40) J. Riem, *Zwei untrügliche bereits erprobte Mittel, sich beim Durchgehen der Pferde gegen alle Gefahr zu schützen*, Leipzig 1805.

41) Poppe, *Geschichte der Erfindungen*, Bd. 3, S. 63.

42) Vgl. die "Bibliographie sportive" des Comte G. de Contades, *Le driving en France. 1547–1896*, Paris 1898.

43) 마차는 '극문학에서 연애 행위가 벌어지는 상자'로 묘사된다. 이 전통은 독일-프랑스 전쟁을 배경으로 한 모파상의 『비계 덩어리(*Boule de suif*)』에서 1939년 존 포드의 서부극 "역마차"로 이어졌다. 모파상의 소설과의 밀접한 관계는 루이 리외페이루의 『서부(*Der Western*)』 80쪽 참조.

44) S. Kracauer, *Jacques Offenbach und das Paris seiner Zeit*, Frankfurt am Main 1976, S. 38.

45) G. Flaubert, *Madame Bovary*, S. 318.

46) G. Flaubert, *Madame Bovary*, S. 320.

47) M. Praz, *Der Garten der Erinnerung, Essays* Bd. 1, Frankfurt am Main 1994, S. 270.

48) G. W. F. Hegel, *Werke, Bd. 9 : Enzyklopädie der philosophischen Wissenschaften* II, Frankfurt am Main 1970, S. 173.

49) K. Bücher, *Arbeit und Rhythmus*, 2. Aufl. Leipzig 1899.

50) Ebda., S. 28.

51) G. Flaubert, *Madame Bovary*, S. 319 f.

52) L. Börne 1821, zit. nach Oeser, S. 142

53) A. Corbin, *Die Sprache der Glocken. Ländliche Gefühlskultur und symbolische Ordnung im Frankreich des 19. Jahrhunderts*, Frankfurt am Main 1995, S. 22.

54) A. Corbin, *Die Sprache der Glocken*, S. 24 f.

55) W. H. Riehl, *Culturstudien aus drei Jahrhunderten*, 2. Aufl., Stuttgart 1859, S. 336.

56) W. Burkert, *Weisheit und Wissenschaft. Studien zu Pythagoras, Philolaos und Platon*, Nürnberg 1962, S. 354 (dort auch Angaben zu den Quellen bei Nikomachos u. a.).

57) W. Burkert, *Weisheit*, S. 355.

58) 마르크 블로크와 루시앙 페브르가 창간한 학술지 『아날』 기술의 역사 특별호에서 마을 대장장이의 일과 운명에 관한 설문조사 결과를 발표했다. 여기에는 도구와 연료에 관한 다양한 정보, 수의사로서 대장장이의 역할과 손기술 전문가 동원과 양성 훈련, 한 마을의 만남의 장소, 사라짐 혹은 지속 가능성을 논의할 수 있는 장으로서 대장장이의 사회적 역할 등 다양한 정보가 수록되어 있다.

59) 2014년 *ZiG* VIII/3 83–84쪽, W. 부르케르트의 "켄타우로스의 출현" 참조. 켄타우로스가 무엇을 먹고 사느냐는 질문에 대한 명확한 답은 없다. 물론 뵈클린이었다면 당황하지 않고 뮤즐리를 먹고 산다고 말했을 것이다. 뮤즐리에 귀리의 낟알이 들어있으니까 말이다.

60) P. Kipphoff, "Im Wasserbad der Gefühle", in : *Die ZEIT*, 2001. 5. 23.

서부를 향해 달리다

1) 코만치는 수족과의 전투에서 유일하게 살아남은 미국 기병대원이었다. 수족에는 생존자가 있었다. 100살까지 생존했다는 코만치는 리틀 빅혼 전투의 마지막 생존자였다. 코만치는 자신의 주인인 마일스 케오그보다 15년 더 살았다. 1891년에 코만치가 죽자 그 사체는 박제되어 1893년 시카고 세계박람회에 전시되었다. 사망 후 코만치의 사체는 여러 곳으로 옮겨지면서, 갈기와 꼬리 등 몇몇 부위가 훼손되었다. 현재 코만치는 미국 켄사스 대학교 자연사

박물관에 전시되어 있다.

2) Stillman, *Mustang*, S. 108; umfangreiche weitere Literatur zu Custer, Keogh und Comanche ebda., S. 317.

3) L. A. 디마코의 『군마 : 군마와 기수의 역사(*War House. A History of the Military Horse and Rider*)』271쪽 참조. "미국 남북전쟁 후 10만 명의 거주자가 세인트 루이스에서 서부로 이주했다. 1860년과 1870년 사이에 100만 명의 미국인들이 서부지역으로 밀려 들었다. 미시시피 강 서쪽에 정착하며 살아가던 많은 인디언들은 미국인들의 이주 행렬에 거세게 저항했다."

4) 이 책의 82쪽 참조.

5) 중세 시대에 영국의 롱 보우(Long bow) 궁수들이 전쟁터에 나타났을 때에 기병대도 이와 비슷한 경험을 했을 것이다. 실제로 화살은 기병대의 공격을 막을 수 있었다. 존 키건은 『전쟁의 얼굴(*The Face of Battle*)』에서 헨리 5세의 군대가 군사 기술의 측면에서 더 우월한 프랑스의 기병대를 물리친 비결을 연구했다.

6) Vgl. DiMarco, *War Horse*, S. 234 ff.

7) "남북전쟁에서 미국의 기병대는 과거 유럽 기병대처럼 주요 전투에 투입되지 않았다." 디마코, 『군마』238쪽.

8) Vgl. hierzu Stillman, *Mustang*, S. 93 ff.

9) "미국 기병대는 인디언의 군사력이 강한 이유가 다른 요인보다 말에 있다고 보았다. 미국 기병대는 인디언을 무너뜨리기 위해서 수많은 말을 죽였고 남은 말은 전리품으로 삼았다. 디마코, 『군마』285쪽

10) 아서 펜 감독의 1970년 작품 「작은 거인」에서 더스틴 호프만은, 인디언 종족들과 함께 성장하며 와시타 학살에 동참했던 백인 정착민의 아들 잭 크랩을 연기했다.

11) Vgl. Stillman, *Mustang*, S. 111 f.

12) Eine Ansicht, die namentlich von Maximilian zu Wied, *Reise in das innere Nord- America*, Coblenz 1839–41, befördert wurde.

13) 인디언 연구가이자 보애스의 제자인 루스 M. 언더힐은 '평원의 생활 방식'은 북아메리카 인디언의 모든 생활 방식 중에서 가장 신선하며, 이것이 1600년경 이후에 말의 소유가 가능해진 것과 관련이 있다고 말한다. "인간이 말의 이용하는 법을 발견한 사건은 금을 발견한 사건에 견줄 만하다. 평원의 인디언들은 붉은 피부의 인디언들과 달랐다. 근대의 산물인 이들은 신선한 냄새를 풍겼다." R. M. 언더힐, 『붉은 피부를 가진 자들의 미국 : 미국 인디언의 역사』144쪽 참조.

14) "인디언 전쟁에서 전사들이 적과 싸우거나 급습하기 위해서 말에서 내려서 작전을 수행할 때 말은 (현장이 아니라) 작전 지역으로 전사들을 이동시키는 것 그 이상의 역할을 했다." F. G. 로 『인디언과 말(*The Indian and the Horse*)』230쪽 참조

15) Vgl. P. S. Martin and H. E. Wright (Hgg.), *Pleistocene Extinctions : The Search for a Cause*, New Haven 1967; P. S. Martin and R. G. Klein, (Hgg.), *Quaternary Extinctions : A Prehistoric Revolution*, Tucson 1984.

16) Vgl. R. M. Denhardt, *The Horse of the Americas*, Oklahoma 1948, S. 14 ff.; R. B. Cunninghame Graham, *The Horses of the Conquest*, Oklahoma 1949, S. 19; C. Bernand u. S. Gruzinski, *Histoire du Nouveau Monde*, Paris 1991, S. 67 u. 473. Zum Reitstil a la jineta

vgl. weiter unten, S. 93 f.

17) Vgl. A. W. Crosby jr., *The Columbian Exchange. Biological and Cultural Consequences of 1492*, Westport 1972, S. 80.

18) Vgl. ebda., S. 81.

19) Ebda., S. 82.

20) F. G. 로의 『인디언과 말』에도 언급되었듯이 동시대의 보고에 따르면 아파치족은 1620년과 1630년 사이에 말을 타기 시작했다고 한다. 17세기 중반에 이들은 "전형적인 기마민족"으로 여겨졌다.

21) Vgl. S. C. Gwynne, *Empire of the Summer Moon. Quannah Parker and the Rise and Fall of the Comanches, the Most Powerful Indian Tribe in American History*, New York 2010, S. 29 f.

22) 인디언들끼리의 전쟁과 말의 역할에 대해서는 F. G. 로의 『인디언과 말』 222쪽, 특히 227쪽 참조. "말은 전쟁의 도구일 뿐만 아니라 전쟁의 목적이기도 했다. 우리가 영어로 '전쟁'이라고 하는 것은 사실 말을 약탈하는 행위였다."

23) Vgl. Gwynne, *Empire*, S. 30 f.

24) Vgl. Gwynne, *Empire*, S. 31.

25) Vgl. Gwynne, *Empire*, S. 34.

26) Vgl. J. C. Ewers, *The Horse in Blackfoot Indian Culture*, Washington 1955, S. 1.

27) 『블랙풋 인디언 문화의 말(*The Horse in Blackfoot Indian Culture*)』 3쪽 참조. 로는 『인디언과 말』에서 '방랑자의 전설'을 비판했다. 스페인 정복자들이 남아메리카로 들여온 말이 곳곳으로 퍼지면서 북아메리카 대평원과 남아메리카의 대초원에서 말의 수가 폭발적으로 증가했다. 이런 환경 덕분에 일찍이 인디언과 말의 결합 관계가 탄생할 수 있었다. 로의 『인디언과 말』 38쪽 참조.

28) 클라크 위슬러는 『아메리칸 안트로폴로지스트(*American Anthropologist*)』 16호에 "대평원 문화 발달에 있어서 말의 영향"이라는 제목의 논문을 게재했는데, 이것은 말이 대평원 인디언의 삶과 문화에 끼친 영향을 다룬 최초의 논문이다. E. 웨스트의 『대평원 인디언들의 치열한 경쟁, 금을 찾는 이들과 콜로라도 러쉬』에서도 유사한 논의가 이루어지고 있다. 위슬러의 제자인 존 C. 이워스가 1955년 발표한 『블랙풋 인디언 문화의 말』은 이 장르의 탁월한 고전으로 손꼽힌다. 1941년 이워스는 몬타나 브라우닝에 대평원 인디언 박물관을 건립하여, 큐레이터로 재직하면서 대평원 인디언에 관해서 가장 중요한 정보원인 고령의 블랙풋 인디언과 긴밀한 관계를 유지하며 관계를 맺어왔다. 1964년에 그는 미국 국립역사박물관 초대 관장으로 취임했다.

29) Vgl. F. R. Secoy, *Changing Military Patterns on the Great Plains(17th Century through Early 19th Century)*, Seattle 1953, S. 3 ff.

30) Vgl. die entsprechenden Karten in Secoy, *Changing Patterns*, S. 104-106.

31) Vgl. Ewers, *The Horse*, S. 13.

32) Ebda., S. 20 ff.

33) Vgl. ebda., S. 71 ff., 81 ff.

34) Vgl. die differenzierte Darstellung bei Roe, *Indian*, S. 188-206; West, *Contested Plains*,

S. 64 ff.

35) Vgl. West, *Contested Plains*, S. 72.

36) Vgl. Ewers, *The Horse*, S. 9 f.

37) West, *Contested Plains*, S. 64 f.

38) Vgl. Gwynne, *Empire*, S. 138 ff.

39) W. P. Webb, *The Great Plains*, New York 1931, S. 183.

40) W. P. Webb, *The Great Frontier*, Boston 1952, S. 244.

41) Vgl. DiMarco, *War Horse*, S. 234 f.

42) 단순 명료함을 위해서 창, 패검, 단검, 총 등 무기를 구성하는 요소들에 관한 내용은 생략 했다. 안장, 재갈, 등자와 같은 요소들도 일시적으로 생략되었다. 등자에 대해서는 이 책의 236쪽 참고.

43) Vgl. L. Mercier, *Les écoles espagnoles dites de la Brida et de la Gineta (ou Jineta), Revue de cavalerie*, Paris 1927, S. 301-315; J. -P. Digard, "Le creuset moyen-oriental des techniques d'équitation", in : *De la voûte céleste au terroir, du jardin au foyer. Mosaique sociographique. Textes offerts à Lucien Bernot*, Paris 1987, S. 1987, S. 613-618; L. Clare, "Les deux façons de monter à cheval en Espagne et au Portugal pendant le siècle d'or", in : J. -P. Digard (Hg.), *Des chevaux et des hommes. Équitation et société*, Lausanne 1988, S. 73-82, 이 책들은 말을 다루는 법과 스페인의 양대 승마학교를 통해서 프랑스 바로크 문학에 관한 많은 정보를 제공한다.

44) Vgl. oben, S. 86, Anm. 16.

45) Vgl. das klassische Werk von Steven Runciman, *Geschichte der Kreuzzüge*, München 1953-1960, sowie W. Montgomery Watt, *Der Einfluß des Islam auf das europäische Mittelalter*, Berlin 1988.

46) Vgl. D. Ph. Sponenberg, Virginia Tech, Blacksburg 2011 : North American Colonial Spanish Horse, http://centerforamaricasfirsthorse.org.

47) R. 뒤커는 인상적인 논문에서 아랍 말과 기마술에 대한 숭배하고 찬양하는 행위가 18세기 이후 유럽에 어떻게 전파되었고 19세기에 미국으로 어떻게 넘어갔는지 상기시키고 있다. 그는 T. A. 도지가 1880년대에 『하퍼스(*Haper's Magazine*)』지에 게재한 다양한 승마학교에 관한 논문을 근거로 이 사실을 입증하고 있다. 도지는 미국 기병대만의 특별한 근대성과 미래지향성을 간파했다. 이들의 기마술은 무겁고 경직된 유럽식 승마술에서 벗어나서 민첩 하고 우아한 아랍 승마술에 가까웠다. 뒤커는 '세상은 마치 미국 중심으로 돌아가는 듯했다' 고 쓰고 있다. "개척자 정신에서 미국의 제국주의가 탄생하기까지"(edoc.hu-berlin.de) 191쪽 참조. 마학의 역사에 관한 경험적 연구에서 스페인을 통해서 무어인의 지식이 전파되었으 며, 이들의 지식은 더 오랜 역사를 지닌 확산주의적 인류학보다 더 세심하고 세분화되어 있었다는 사실을 입증했다.

48) Vgl. M. Watt, *Einfluß*, S. 34, 37-48.

49) Vgl. S. Steiner, "Jewish Conquistadors, America's first cowboys?" in : *The American West*, Sept./Okt. 1983, S. 31-37; ders., *Dark and Dashing Horsemen*, New York 1981.

50) Vgl. S. B. Liebman, Hernando Alonso. "The First Jew on the North-American Continent",

in : *Journal of Inter-American Studies,* 5/2 (1963), S. 291-296.

51) Vgl. Denhardt, *The Horse,* Kap. 6 : El Otro Mexico, S. 87-100.

52) Steiner, "Jewish Conquistadors", S. 37.

53) Vgl. I. Raboy, *Der jüdische Cowboy,* o. O. 1942.

54) Vgl. Preliminary List of Jewish Soldiers and Sailors who served in the Spanish-American War, American Jewish Year Book 1890/91, S. 539 f.

55) 그의 작품은 캘리포니아 리버사이드의 미션 인에 걸려 있다. 이와 관련하여 2010년 7월 19일 자 F. A. Z. K. 홀름의 기사 "스테이크 하우스의 전투" 참조.

56) 레밍턴의 아이콘은 서부 영화에 가장 많은 영향을 끼쳤다. 조 헴버스는 "서부 영화 감독들은 항상 레밍턴이 시각적 영감의 원천이었다고 고백한다"고 쓰고 있다. 『서부극의 역사 (*Western-Geschichte*)』 563쪽 참조.

57) Th. Roosevelt, *Ranch Life in the Far West,* Flagstaff, Arizona, 1985.

58) Vgl. E. Jusim, *Frederic Remington, the Camera & the Old West,* Fort Worth 1983, S. 50.

59) Vgl. Jussim, *Remington,* S. 81.

60) '러프 라이더스'는 야생마와 반야생마가 안장과 고삐에 익숙해지도록 만든 이들이었다.

61) Th. Roosevelt, *The Rough Riders. A History of the First United States Volunteer Cavalry,* New York 1899, hier zit. nach der 3. Aufl. 1906.

62) Th. Roosevelt, *Rough Riders,* S. 36; Kursivierung von mir, U. R.

63) Owen Wister, *The Virginian,* 1902 zuerst erschienen, gilt als erster echter Wildwest- Roman und war Theodore Roosevelt gewidmet.

64) Vgl. unten, S. 100 ff.

65) H. 뵈링어의 『미국의 등 위에서 : 서부 영화와 갱스터 영화에서 신세계의 신화(*Auf dem Rücken Amerikas : Eine Mythologie der neuen Welt im Western und Gangsterfilm*)』 38쪽 참조. "서부 영화는 야생 서부 시대에 종지부를 찍으며 서부에 대한 옛 추억을 미화시켰다. 서부 영화의 이미지가 미국인의 의식을 형성하고 있다."

66) 이와 관련하여 뒤커의 "세상은 마치 미국을 중심으로 돌아가는 듯했다"에서 『테디의 러프 라이더스(*Teddy's Rough Riders*)』 198쪽 참조. 루스벨트는 러프 라이더의 역사에서 국경 폐쇄와 군인 모집 사이의 연관성을 밝히고 있다. 이것은 미국인들이 최초의 제국주의 전쟁이라고 부를 수밖에 없던 이유이다. 루스벨트는 사실 연대원 대부분은 남서부 출신이라고 밝혔다. "이들은 근래에 미국의 영토로 편입된 네 지역의 출신이었다. 즉 백인 문명이 유입된 지 얼마 되지 않았고 국경 지방과 생활환경이 거의 유사했다." 시어도어 루스벨트의 『러프 라이더스(*The Rough Riders*)』 14쪽.

67) 루스벨트는 "잘 알려져 있다시피 우리는 말을 타고 전투에 임하지 않았다. 그동안 우리가 준비해왔던 것을 전부 날려버린 셈이다. 이 부분이 항상 유감이었다. 우리는 적어도 9월 하바나의 대전투에 투입될 수 있을 것이라고 생각했다. 처음에 나는 러프 라이더들에게 적의 기병대를 무너뜨리는 충격전술을 훈련시켰다. 나는 한방에 제대로 적을 무너뜨릴 수 있는 무기가 말이라고 확신했다." 『러프 라이더스』 35쪽.

68) E. 모리스의 『루스벨트의 부상(*The Rise of Theodore Roosevelt*)』 275쪽 인용. M. L. 콜린스는 『저주받은 카우보이 : 시어도어 로스벨트와 미국의 서부 1883-1898(*That Damned*

Cowboy : Thedore Roosevelt and the American West 1883-1898)』에서 루스벨트에게 서부는 우리가 알고 있는 것보다 더 중요한 의미를 지니고 있음을 강조하고 있다.

69) Vgl. Düker, "Als ob sich die Welt", S. 35 ff.

70) 륀츨러는 『미국은 서부에 있다(*Im Westen ist Amerika)*』에서 자신의 주장을 논리정연하게 펼치고 있다. "야생과 문명화의 경계가 허물어지면서 '야생의 서부'는 신화가 되었다"(10쪽). 뒤커는 '세상은 마치 미국을 중심으로 돌아가는 듯했다'에서 한 단계 더 나아가, 루스벨트의 러프 라이더스를 '신화적 역사를 연극으로 각색하려는 시도'라고 표현했다.

71) 륀츨러의 『미국은 서부에 있다』 13쪽 참조. 이외에도 프랑스의 영화 역사가 장 루이 리외 페이루가 쓰고 있듯이 과거에 코디는 한 발은 무대에, 다른 한 발은 시대적 사건에 담근 채, 순환 논리 속에 있었다.

72) Hembus, *Western-Geschichte*, S. 601.

73) Vgl. Düker, "Als ob sich die Welt", S. 51.

74) Rieupeyrout, *Der Western*, S. 43.

75) Vgl. Hembus, *Western-Geschichte*, S. 196.

76) H. Melville, *Moby Dick*, München 1979, S. 245.

77) Zitiert bei Hembus, *Western-Geschichte*, S. 563.

충격

1) 1926년 4월 1일 슈타우펜베르크는 밤베르크의 제17 바이에른 기병 연대에 입대해서 1928 년부터 1929년까지 하노버 기병 학교를 다녔으며 6등으로 졸업했다. P. 호프만의 『클라우스 솅크 슈타펜 백작과 형제들(*Claus Schenk Graf von Stauffenberg und seine Brüder)*』 84쪽 및 95쪽 참조. 1942년에 그는 육군 소령으로, 군참모부 작전 부대에서 동부 지원병 연대 조직을 허가받아서 독일 군대가 코사크 기병 연대를 지원할 수 있는 길을 열었다. H. 마이어 의 『기마전사의 역사(*Geschichte der Reiterkrieger)*』 188쪽 참조.

2) Cl. v. Stauffenberg an seine Frau Nina, Brief vom 1939. 9. 17., Stefan George-Archiv Stuttgart.

3) R. 카프스친스키 『땅은 폭력의 파라다이스이다 : 현장 보도, 에세이, 40년의 인터뷰(*Die Erde ist ein gewalttätiges Paradies : Reportagen, Essays, Interviews aus vierzig Jahren)*』 14 쪽 참조. 바루얀 부스가니안은 2009년에 이 주제로 소설을 발표했다. 이 작품은 루마니아에 서 먼저 발표되고 2013년에 『속삭임의 책(*Buch des Flüsterns)*』이라는 제목으로 독일어로 번역 출간되었다. 이 작품에서 바루얀 보스가니안은 "인간 사이의 전쟁이 아니라 말 사이의 전쟁인 듯한"(479쪽) 인상을 주기 위해서 인간의 시신을 전부 매장한 후에 말의 시체만 덩그 러니 남은 전쟁터의 이미지를 묘사하고 있다. 아마 그는 카프스친스키의 이 구절을 알고 있었던 듯하다.

4) 제2차 세계대전 당시 최대 규모의 기병대 병력을 보유하고 있었던 소련 다음으로 큰 규모와 "독립적으로 작전을 수행한 마지막 기병대"를 보유하고 있던 국가가 폴란드이다. 마이어의 『기마전사들(*Reiterkrieger)*』 187쪽 참조.

5) Vgl. die Wikipedia-Seite zum Stichwort "Gefecht bei Krojanty".

6) 역사학자 야누시 피에카우키비에츠는 "폴란드의 창기병은 자살 행위를 한 것이 아니었다.

폴란드 기병대가 의도적으로 장갑차를 공격한 사례는 없다. 물론 독일 보병대와 장갑차의 공격을 받아 도움을 받거나, 폴란드 기병대가 장갑차의 공격을 받는 상황은 여러 차례 있었다. 장갑차를 최대한 빨리 피하기 위해서 목숨을 건 기동훈련을 받는 것만이 이들이 유일하게 살아남을 길이었다. 『제2차 세계대전의 말과 기병(*Pferd und Reiter im 2. Weltkrieg*)』 14쪽 참조.

7) 나중에 참여한 인터뷰에서 안제이 바이다는 현실과 차이가 있다는 점을 인정했다. 이것은 알레고리였다. 그의 영화를 보는 대부분의 관객에게 이러한 기교적 차이는 드러나지 않는다.

8) Vgl. dazu den vom Nationalmuseum Warschau herausgegebenen Katalog der Ausstellung *Ross und Reiter*, Polenmuseum Rapperswil 1999, hier bes. S. 17 ff., 22 ff.

9) H. Guderian, *Erinnerungen eines Soldaten*, Heidelberg 1951, S. 63.

10) Vgl. J. Piekalkiewicz, *Pferd und Reiter*, S. 65 ff.

11) 클라우제비츠 『전쟁에 대하여(*Vom Kriege*)』 458, 476, 513쪽 참조. "기병대는 움직임과 중대한 결정을 할 수 있는 무기였다. 확장된 공간, 대대적인 군대 행렬, 결정적 타격을 입히려는 목적에서 기병대는 우위를 차지했다. 나폴레옹의 군대가 대표적인 예이다."(513쪽)

12) J. 엘리스의 『기병대 : 기마전의 역사(*Calvalry : The History of mounted warfare*)』 157쪽 참조. 보병대 화력이 향상됨으로써, 기병대에서 보병대로 세력의 판도가 점진적으로 바뀌고 있었다. 클라우제비츠가 『전쟁에 대하여』 514쪽에서 언급했듯이, 이러한 조짐은 프로이센의 프리드리히 2세 통치 당시에 나타나고 있었다.

13) 프랑스의 역사학자 에릭 바라테이는 제1차 세계대전 당시 동물의 실상을 다룬 저서에서 인상적인 시도를 했다. 기병대의 공격이라는 현상을 기병뿐만 아니라 동물의 관점에 다룬 것이다. 에릭 바라테이, 『참호의 짐승들, 잊혀진 삶』 63쪽 참조.

14) Vgl. Meyer, *Reiterkrieger*, S. 196 ff.

15) Vgl. G. Craig, *Königgrätz. Eine Schlacht macht Weltgeschichte*, Wien 1997, S. 245 ff.

16) Vgl. M. Howard, *The Franco-Prussian War : The German Invasion of France 1870-1871*, London 1961, S. 216.

17) 디마코의 『군마』 259쪽의 독일-프랑스 전쟁의 수치 자료는 실상을 명확히 알려주고 있다. 전쟁으로 인해서 특히 동물에 대한 폭력이 고삐 풀린 듯 난무한다. 헤로도토스의 역사 기술을 통해서 알려진 바이다. 물론 동물들은 자신들이 학대당한다는 사실에 침묵할 수밖에 없지만 말이다. 헤로도토스의 『역사(*Historiai*)』 중에서 살라미스 왕의 시종이 페르시아 통치자의 군마를 앞다리를 낫으로 베어버리는 잔인한 장면과 비교해보기를 바란다. M. 크레치마르는 동양의 말과 기수를 의도적으로 원거리 무기(화살)를 사용하여 말을 제거한 예로 들었다. 『셀주크 시대 근동 지방 기마문화에 관한 연구(*Untersuchungen zur Reiterkultur Vorderasiens in der Selschukenzeit*)』 428쪽 참조. 루트비히 울란트의 『슈바벤 지방 정보 (*Schwäbische Kunde*)』에도 적군의 말의 앞다리를 잔인하게 절단하며 축제를 벌이는 어처구니없는 행동(Schwabenstreich)이 등장한다.

18) M. Howard, *Franco-Prussian War*, S. 157.

19) Vgl. DiMarco, *War Horse*, S. 261.

20) Vgl. DiMarco, *War Horse*, S. 289-308.

21) M. E. Derry, *Horses in Society : A Story of Animal Breeding and Marketing, 1800-1920*,

Toronto u. London 2006, S. 102.

22) W. Churchill, *Kreuzzug gegen das Reich des Mahdi*, Frankfurt am Main 2008, S. 340‒342.

23) Vgl. Derry, *Horses in Society*, S. 115.

24) P. Liman, *Der Kaiser*, Leipzig 1913, S. 110.

25) Vgl. Meyer, *Reiterkrieger*, S. 196.

26) F. 폰 베른하르디의 『기병대 규정 재편에 관한 의견(*Gedanken zur Neugestaltung des Kavallerie-Reglements*)』 28쪽 참조. 기병대 장군과 슐리펜 계획의 동참자들은 제1차 세계대전 발발 이전에 1908년 기병대 규정에 관한 회고록과 기병대의 임무와 미래에 관한 세 가지 건의안을 간행했다. 1899년에 『다음 전쟁에서 우리의 기병대(*Unsere Kavallerie im nächsten Kriege*)』, 1910년에 『기병대 복무(*Reiterdienst*)』, 1914년에 『기병대 지도자 양성(*Heranbildung zum Kavallerie Führer*)』가 발표되었고, 이 건의안은 『기병대의 미래(*Cavalry in future wars*)』 (1906)와 『기병대(*Calvalry*)』(1904)라는 제목으로 번역되었다.

27) Bernhardi, *Die Heranbildung*, S. 7

28) Bernhardi, *Unsere Kavallerie*, S. 6.

29) Vgl. Bernhardi, "Das Heerwesen", in : *Deutschland unter Kaiser Wilhelm II.*, Erster Band, Berlin 1914, S. 378.

30) Bernhardi, *Unsere Kavallerie*, S. 6.

31) DiMarco, *War Horse*, S. 307.

32) Vgl. T. Travers, *The Killing Ground. The British Army, the Western Front, and the Emergence of Modern Warfare 1900‒1918*, London 1987, S. 89 ff.

33) 『기관총의 사회사(*The Social History of the Machine Gun*)』에서 존 엘리스는 세계대전 당시 기존의 기병대 투입 원칙에만 집착하며 개선 의지가 없는 인물의 사례로 영국의 육군 원수 더글러스 헤이그를 들었다. 1916년 6월, 왕에게 고비용의 대량 말 사육이 필요 없다는 청원이 들어왔음에도 불구하고 헤이그는 끝까지 원칙대로 대량 말 사육을 유지했다. 존 엘리스의 『기관총의 사회사』 130쪽 참조.

34) E. Köppen, *Heeresbericht*, München 2004, S. 182 f.

35) Vgl. A. Hochschild, *Der große Krieg. Der Untergang des alten Europa im Ersten Weltkrieg 1914‒1918*, Stuttgart 2013, S. 172 u. 224.

36) Zit. nach Butler, *War Horses*, S. 79.

37) Vgl. zusammenfassend für diese Schule D. Kenyon, *Horsemen in No Man's Land : British Cavalry & Trench Warfare*, Huddersfield 2011.

38) Vgl. G. Phillips, "The obsolescence of the Arme Blanche and Technological Determinism in British Military History" in : *War in History*, IX, 1/2002, S. 39‒59.

39) R. Netz, Barbed *Wire : An Ecology of Modernity*, Middletown 2004, S. 90.

40) Ebda., S. 87 ff.; vgl. auch Hochschild, *Der große Krieg*, S. 174.

41) Vgl. dazu R. Bruneau, "La mission militaire française de remonte aux États-Unis pendant la Grande Guerre", in : D. Roche, *Le cheval et la guerre du XVe au XXe siècle*, Paris 2002.

42) G. M. 템페스트, 『진흙투성이 말들 : 서부 전선(1914‒1918)』의 "'말 못하는 생물'에게 소리를 주다." R. 푀핑헤게의 『고대에서 현재까지(*Von der Antike bis zur Gegenwart*)』 217‒234

쪽. 템페스트는 자신의 논문 "전쟁이라는 긴 얼굴 : 서부 전선 프랑스군과 영국군의 말과 전쟁의 특성"에서 서부 전선 전투에 영국군과 프랑스군에 투입한 총 270만 마리 말의 운명을 박학다식하고 상세하게 다루고 있다. S. 버틀러의『군마 : 제1차 세계 대전의 희생양, 비운의 수백만 마리 말(The War Horses: The Tragic Fate of a Million Horses Sacrificed in the First World War)』118쪽 참조. 서부 전선에서 영국군 측의 희생당한 말의 수는 25만6,000마리로 집계되고 있다(영국군의 사망자 수는 55만8,000명이다).

43) Vgl. Butler, *War Horses*, S. 101.

44) Vgl. ebda.

45) Vgl. Meyer, *Reiterkrieger*, S. 192.

46) 에릭 바라테이, 『참호의 짐승(Bêtes de tranchées)』, R. 푀핑헤게의『제1차 세계대전의 짐승들 : 문화사(Tiere im Ersten Weltkrieg: Eine Kulturgeschichte)』에서 볼 수 있듯이 제1차 세계대전 10주년 기념 및 추모 행사와 연관성과 기타 요소들을 간과할 수 없다.

47) *Animal Heroes of the Great War*, London 1926.

48) *Im Untertitel : An Appreciation of the Part Played by Animals During the War (1914-1918)*, London 1931.

49) *So war der Krieg. 200 Kampfaufnahmen aus der Front*, Berlin 1928, hier S. 101-106.

50) *Fronterinnerungen eines Pferdes*, Hamburg-Bergedorf 1929.

51) Vgl. E. M. Remarque, *Im Westen nichts Neues*, Berlin 1929, S. 66 ff.

52) 특히 세계대전 당시 영국의 캐리커처에서 독일 장교와 창기병은 고루하고 반동보수적이며 피에 굶주린 대지주 계층과 최고사령관을 대변하는 인물로 묘사되었다.

53) 윙거는 이 이름을 창작하지 않았다. 그럼에도 카프카의 소설 "아메리카"의 주인공 카를 로스만이라는 이름을 떠올리지 않을 수 없다.

54) Ernst Jünger, *Kriegstagebuch*, hg. von Helmuth Kiesel, Stuttgart 2010, S. 430.

55) Vgl. Jünger, *Kriegstagebuch*, S. 593.

56) 코젤렉은『근대의 태동 혹은 말의 시대의 종말(Der Aufbruch in die Moderne oder das Ende des Pferdezeitalters)』로 2003년 뮌스터 역사학자상을 수상했다. 2003년 7월 18일 수상 기념문서 37쪽. 마이어의『기마전사』192쪽에도 비슷한 수치(독일 국방측이 보유하고 있던 말의 수는 275만 마리였으며, 그중 150만 마리가 사망했다)가 언급되어 있다. 1943년에는 전쟁에 투입된 말의 수가 최대치를 기록했다(138만 마리). 이 수치는 W. 치거의『제2차 세계 대전 독일 군대의 수의국(Das deutsche Heeresv eterinärwesen im Zweiten Weltkrieg)』415쪽에 언급된 수치와 일치한다. 치거가 산출한 사망률에 의하면 제1차 세계대전에 투입된 말의 사망률은 68퍼센트였던 반면, 제2차 세계대전 때에는 사망률이 5-8퍼센트 감소했다. 마이어의『기마전사』186쪽에는 적위군이 투입한 말의 수는 350만 마리라고 되어 있다.

57) Meyer, *Reiterkrieger*, S. 192. Weitere Einzelheiten zum Pferdebestand von teilmoto risierten und nichtmotorisierten Einheiten bei P. L. Johnson, *Horses of the German Army in World War II*, Atglen/PA 2006, S. 9 ff.

58) Zit. nach Zieger, *Heeresveterinärwesen*, S. 421.

59) Etwa bei K. Ch. Richter, *Die Geschichte der deutschen Kavallerie 1919-1945*, Stuttgart 1978.

60) Koselleck, "Der Aufbruch", S. 37.

61) So bei N. Davies, *White Eagle, Red Star. The Polish-Soviet War, 1919-1920*, London 1983, S. 229.

62) 1920년 이후 부돈니는 정치적으로 성공가도를 달렸다. 1937년과 1938년의 장교단 숙청 작업에서 그가 가까스로 살아남을 수 있었던 이유는, 그가 지휘관으로 명성으로 날리며 스 탈린과 가까운 관계를 맺었기 때문이다.

63) Ebda., S. 268.

64) 과거 귀족과 기마술의 동맹관계에 대해서는 수많은 문헌에서 다루고 있다. 예를 들면 고대 그리스 로마와 관련된 문헌으로는 R. L. 폭스의 『고대의 세계(*Die klassische Welt)*』가 있다. 몽테뉴는 『군마(*Über Streitrosse)*』에서 유럽 귀족의 말 숭배를 희화화했다.

65) Meyer, *Reiterkrieger*, S. 195 f.

66) Zuerst 1947 in *La Corde Raide* (dt. Das Seil, 1964), dann 1960 in *La Route des Flandres* (dt. Die Straße in Flandern, 2003) und wieder 1989 in *L'acacia* (dt. Die Akazie, 1991) und 1997 in *Le Jardin des Plantes* (dt. Jardin des Plantes, 1998).

67) Cl. Simon, *Die Akazie*, Frankfurt am Main 1991, S. 283.

68) R. Barthes, *Mythen des Alltags. Vollständige Ausgabe*, Berlin 2010, S. 136.

69) Vgl. DiMarco, *War Horse*, S. 349.

말 타는 유대인 여자

1) Vgl. S. Koldehoff, "Vom unbekannten Meister zum echten Rembrandt", *Die Welt*, 2010. 11. 7.

2) Julius S. Held, Rembrandt's "Polish Rider", *Art Bulletin*, 26 : 4 (Dez. 1944), S. 246-265.

3) Handschriftl. Notiz, R. B. Kitaj Estate, zit. im Text zu der Ausstellung "R. B. Kitaj 1932-2007. Obsession" im Jüdischen Museum Berlin 2012-2013.

4) 키타이의 작품 해석자들은 마이클 포드로와 리하르트 볼하임을 자주 혼동한다. B. R. I. 코언 의 중세 전설에서 현대 메타포에서 『방황하는 유대인(*Wandering Jew)*』, B. 키르센블랫-김 블렛과 J. 카프의 『근대에 유대인이라는 존재에 관한 예술(*The Art of Being Jewish in Modern Times)*』 147-175쪽. 이 경우를 제외하면 해석자들은 그림 속의 책, 창가의 책만 본다. 이들은 여행하고 있는 이 남자가 왼쪽으로 살짝 기울어져 있다는 사실(렘브란트가 고삐를 놓은 위치)과 불안정하게 턱을 괴고 있는 모습을 간과하고 있다. 이 맥락에서 언급했 지만 포드로는 기차 여행과 내면의 상태를 연관지어서 설명하고 있다. 특히 그는 1969년부 터 1997년 은퇴할 때까지 저녁에 에식스에서 런던으로 기차 여행하는 것을 즐겼다. 그는 학생들이나 동료들과 함께 여행하면서 전시회나 새 작품에 관한 강의 아이디어에 관한 영감 을 얻고 예술사로 발전시켰다. 2008년 4월 1일 Ch. 소마레스 스미스 "더 인디펜던트" 마이클 포드로 교수(추모사).

5) Held, *Rembrandt's Rider*, S. 259.

6) Vgl. Held, *Rembrandt's Rider*, S. 260 ff.

7) M. Podro, *The Critical Historians of Art*, New Haven u. London 1982, S. 215.

8) Vgl. stlukesguild in dem Blog "RIP : R. B. Kitaj" auf wetcanvas.com, 2007. 10. 27.

9) F. Nietzsche : *Werke. Kritische Gesamtausgabe*, Siebente Abteilung, Dritter Band, "Nach-

gelassene Fragmente, Herbst 1884 bis Herbst 1885", Berlin, New York 1974, S. 292 (36[42]).

10) Vgl. C. Battegay, "Fest im Sattel. Von Herzl bis Mel Brooks : Wie die Juden aufs Pferd kamen", *Jüdische Allgemeine* 2012. 11. 20.

11) J. 호버먼의 『비유대인은 얼마나 말을 격렬하게 타는지(*How Fiercely That Gentile Rides!*)』 39쪽 참조.

12) J. 호버먼의 『비유대인은 얼마나 말을 격렬하게 타는지』 39쪽 참조. 이 주제와 관련해서 M. 새뮤얼의 『신사와 유대인, 웨스트포스트(*The Gentleman and the Jew, Westport*)』 참조. 이런 불쾌한 문화의 뿌리는 깊다. S. P. 토퍼로프는 "과거 이스라엘에서 말은 나귀 혹은 황소 처럼 길들일 수 있는 동물로 여겨졌다. 실제로 나귀는 평화의 상징이었던 반면 말은 전쟁의 상징이었다. 성경에서 말은 몇 가지 예외적인 경우(이사야 28장 28절)를 제외하면 호전적인 동물로 묘사되고 있다"고 썼다. S. P. 토퍼로프의 『유대인 사상에서 동물의 왕국(*The Animal Kingdom in Jewish Thought*)』 123쪽 참조.

13) Cl. 마그리스의 『어느 검에 대한 추측들(*Mutmaßungen über einen Säbel*)』 63쪽 참조. 실제 로는 크라스노프의 초상이 잘못 묘사된 것이다. 트로츠키는 말을 탈 줄 알았고 위기의 순간 에는 말 위에 올라서 상황을 통제하고 흩어진 병력이나 도망치는 병사들을 규합하여 전쟁에 투입했다. O. 파이지스의 『한 민족의 비극 : 1891-1924년 러시아 혁명의 시대(*Die Tragödie eines Volkes: Die Epoche der Russischen Revolution 1891-1924*)』 708쪽과 712쪽 참조.

14) F. Ph. Ingold, *Dostojewski und das Judentum*, Frankfurt am Main 1981, S. 40.

15) Vgl. ebda., S. 35 ff.

16) Ebda., S. 43 u. 45.

17) Vgl. ebda., S. 47 f.

18) M. Landmann, *Das Tier in der jüdischen Weisung*, Heidelberg 1959, S. 106 f.

19) Vgl. P. Longworth, *Die Kosaken. Legende und Geschichte*, Wiesbaden 1971, S. 88 u. passim. Jüngere Darstellungen sind in diesem Punkt naturgemäß kritischer; vgl. A. Kappeler, *Die Kosaken : Geschichte und Legenden*, München 2013. Eine Ausnahme bildet der einschlägige Wikipedia-Artikel (Stand 2015. 8. 1.), der den traditionellen Antisemitismus der Kosaken unerwähnt lässt. Zur Geschichte der Pogrome im 19. und 20. Jahrhundert vgl. J. Dekel-Chen, D. Gaunt, N. M. Meir u. I. Bartal (Hgg.), *Anti-Jewish Violence. Rethinking the Pogrom in East European History*, Bloomington u. Indianapolis 2011, sowie St. Hoffman u. E. Mendelsohn (Hgg.), *The Revolution of 1905 and Russia's Jews*, Philadelphia 2008.

20) U. Herbeck, *Das Feindbild vom "jüdischen Bolschewiken". Zur Geschichte des russischen Antisemitismus vor und während der Russischen Revolution*, Berlin 2009, S. 294.

21) Vgl. ebda., S. 300 ff.

22) Ebda., S. 294; vgl. auch Kap. 4.4 : "Die Pogrome von Budennyjs Reiterarmee im Herbst 1920", S. 384 ff.

23) I. Babel, *Tagebuch 1920*, hg. u. übers. V. P. Urban, Berlin 1990, S. 55.

24) Ebda., S. 108.

25) Ebda., S. 127.

26) Ebda., S. 40.

27) Ebda., S. 66.

28) 『기병대(*Reiterarmee*)』의 서술자는 양가감정을 자주 보이고, 코사크족과 이들의 야생성, 순수하고 혁명적인 용맹함에 대해서 경의를 표한다(C. 러플로의 『아이작 바벨의 적위군 기병대(*Issac Babel's Red Calvalry*)』 38쪽 참조). 이것은 표현주의 소설의 글쓰기 기법이다. 여기에는 자유를 사랑하는 코사크족에 대해서 경의를 표해온 '바이런'의 오랜 전통이 깃들어 있으며, 이것은 톨스토이와 같은 작가의 작품에서도 나타난다. 『1920년 일기(*Tagebuch 1920*)』에서는 바벨이 이러한 기교 없이 자신의 민족의 곁에서 이들의 애환에 한결같은 연민의 감정을 표하고 있음을 느낄 수 있다. 바벨의 일기에는 코사크족에 대한 공감이 솔직하게 표현되어 있다(48쪽, 104-107쪽 참조). 그러나 바벨의 일기에서 풍기는 형제애가 담긴 어조는 『기병대』의 서술자가 허용하는 니체의 '악마에 대한 공감'과는 다르다.

29) Ebda., S. 48.

30) Ebda., S. 124, 128.

31) Ebda., S. 78.

32) Ebda., S. 47.

33) Vgl. Longworth, *Kosaken*, S. 258.

34) T. Segev, *Es war einmal ein Palästina. Juden und Araber vor der Staatsgründung Israels*, Berlin 2005, S. 9.

제2부 도서관의 환영(幻影) : 지식

혈통과 속도

1) 크세노폰은 부지런함과 명료한 문체 때문에 '애티카의 꿀벌'이라고 불렸다. 그는 수많은 역사, 정치, 철학 저서 외에도 말을 다루는 법에 관한 두 권의 중요한 저서를 남겼다. 하나는 『승마술(*Peri Hippikes*)』이고, 다른 하나는 『승마 지도사(*Hipparchikos*)』이다. 말에 대한 애정과 체험을 바탕으로 한 두 작품은 오늘날의 독자들에게도 많은 감동을 주고 있으며 독일어로 번역되어 있다.

2) 게오르크 그라프 렌도르프, 『말 사육자를 위한 핸드북(*Handbuch für Pferdezüchter*)』(포츠담, 1881). 저자가 살아 있을 때에 네 차례의 개정판이 발행되었으며, 그의 아들 지그프리트가 두 차례 개정 작업을 했다. 1925년 베를린에서 출판된 7쇄가 2008년에 재발행되었다.

3) Vgl. R. H. Dunlop u. D. J. Williams, *Veterinary Medicine*, St. Louis u. a. 1996, Kap. 18 : "The Launching of European Veterinary Education", und Kap. 19 : "An Increasing Demand for Veterinary Schools", S. 319-350; A. v. d. Driesch u. J. Peters, *Geschichte der Tiermedizin*, Kap. 4 : "Die tierärztlichen Ausbildungsstätten", S. 133 ff.

4) Vgl. A. Meyer, "über die Entwicklung der Physiologie der Bewegung", in : ders., *Wissenschaft vom Gehen*, hier vor allem Kap. 4, S. 143 ff.

5) Vgl. St. Saracino, "Der Pferdediskurs im England des 17. Jahrhunderts", in : *Historische Zeitschrift* Bd. 300 (2015), S. 341-373, hier S. 344 ff. und 371.

6) Vgl. E. Graham, "The Duke of Newcastle's 'Love (⋯) For Good Horses': An Exploration of Meanings", in: P. Edwards et al. (Hgg.), *The Horse as Cultural Icon. The Real and the Symbolic Horse in the Early Modern World*, Leiden 2012, S. 31–70.

7) Jetzt in der Mr. and Mrs. Paul Mellon Collection, Upperville, Virginia.

8) Vgl. D. Roche, *La gloire et la puissance. Histoire de la culture équestre, XVIe–XIXe siècle*, Paris 2011, S. 217; W. Behringer, *Kulturgeschichte des Sports. Vom antiken Olympia bis ins 21. Jahrhundert*, München 2012, S. 204 ff.

9) G. Schreiber, *Glück im Sattel oder Reiter-Brevier*, Wien 1971, S. 146.

10) 빈의 궁정 승마학교는 구식 군대의 "유산"으로 명맥을 유지하고 있다.

11) Diese Geschichte erzählt auch die ältere Literatur; vgl. M. von Hutten-Czapski, *Die Geschichte des Pferdes*, Berlin 1876, S. 546 ff.; P. Goldbeck, *Entstehung und Geschichte des englischen Vollblut-Pferdes*, Saarburg 1899.

12) Vgl. M. Stoffregen-Büller, *Pferdewelt Europa. Die berühmtesten Gestüte, Reitschulen und Rennbahnen*, Münster 2003, S. 132 ff.; W. Vamplew u. J. Kay, *Encyclopedia of British Horseracing*, London 2005, passim.

13) Stoffregen-Büller, *Pferdewelt*, S. 133.

14) Vgl. W. Behringer, *Kulturgeschichte des Sports*, S. 196 f.

15) 헤롯, 이클립스, 맷첨의 혈통임을 증명하기 위해서 수말을 기준으로 계보가 작성되었다. 후손들의 이름은 각 혈통의 대가 끊기지 않고 유지되고 있다는 사실을 확인시켜주는 수단이 었다(헤롯는 바이얼리 터크의 증손자, 이클립스는 달리 아라비안의 증손자, 맷첨은 고돌핀 아라비안의 증손자이다).

16) D. Defoe, *A Tour Through the Whole Island of Great Britain*, hg. v. P. N. Furbank u. W. R. Owens, New Haven u. London 1991, S. 32. Zur Hippophilie und Rennsportb egeisterung der englischen Könige vgl. auch Saracino, "Pferdediskurs", S. 348 ff.

17) Ch. Eisenberg, *"English Sports" und deutsche Bürger. Eine Gesellschaftsgeschichte 1800–1939*, Paderborn 1999, S. 26.

18) Vgl. C. R. Hill, *Horse Power: The Politics of the Turf*, Manchester 1988.

19) O. Brunner, *Adeliges Landleben und europäischer Geist*, Salzburg 1949, S. 331 f.

20) Vgl. Vamplew u. Kay, *Encyclopedia*, S. 106 f.

21) Vgl. Eisenberg, "English sports", S. 29.

22) Vgl. Th. Veblen, *Theorie der feinen Leute*, Köln 1958, S. 62 ff.; zum Kult des schnellen Pferdes vgl. S. 111 ff.

23) Vgl. R. Black, *The Jockey Club and its Founders*, London 1893, S. 349.

24) Eisenberg, "English Sports", S. 30.

25) Ebda., S. 31.

26) Vgl. St. Deuchar, *Sporting Art in Eighteenth-Century England. A Social and Political History*, New Haven u. London 1988, S. 25 ff., S. 66.

27) N. Elias, "Sport und Gewalt", in: N. Elias u. E. Dunning, *Sport und Spannung im Prozeß der Zivilisation*, Frankfurt a. M. 2003, S. 273–315, hier S. 292.

28) Vgl. Stoffregen-Büller, *Pferdewelt*, S. 141.

29) Vgl. W. Seitter, *Menschenfassungen. Studien zur Erkenntnispolitikwissenschaft*, Weilerswist 2012, Kap. AI, "Heraldik als Erkennungssystem", S. 13-33.

30) Vgl. Goldbeck, *Entstehung*, S. 16.

31) Vgl. H. Delbrück, *Geschichte der Kriegskunst*, Bd. 4 : *Die Neuzeit*, Berlin 1962, S. 151-246 ; H. Meyer, *Geschichte der Reiterkrieger*, Stuttgart 1982, S. 176-227 (schließt eng, teilweise wörtlich an Delbrück an) ; I. A. di Marco, *War Horse*, S. 150-192.

32) 클로드 시몽의 소설『플랑드르로 가는 길(*La Route des Flandres*)』160쪽 참조. 프랑스의 구식 기병대는 에로틱한 상상력을 통해서 1940년 여름 독일 전투 폭격기의 이미지 속으로 사라진다. 158쪽부터 169쪽까지 관련 장면이 묘사되어 있다.

33) Vgl. L. Machtan, *Der Kaisersohn bei Hitler*, Hamburg 2006.

34) Vgl. N. M. Fahnenbruck, *"…reitet für Deutschland" : Pferdesport und Politik im Nationalsozialismus*, Göttingen 2013, S. 152 ff., 236 ff.

35) Vgl. Fahnenbruch, "reitet für Deutschland", S. 170 ff.

36) "독일에 도입되어 첫 성공을 거둔 영국 스포츠 경기 종목은 경마였다." 아이젠베르크「영국의 스포츠(*English sports*)」162쪽

37) Fahnenbruch, "reitet für Deutschland", S. 40 ; vgl. auch Eisenberg, "English sports", S. 163.

38) Vgl. F. Chales de Beaulieu, *Der klassische Sport*, Berlin 1942, S. 37.

39) Vgl. ders., S. 50.

40) Vgl. A. Jäger, *Das Orientalische Pferd und das Privatgestüte Seiner Majestät des Königs von Württemberg*, Stuttgart 1846 (Reprint Hildesheim 1983).

41) K. W. Ammon, *Nachrichten von der Pferdezucht der Araber und den arabischen Pferden*, Nürnberg 1834 (Reprint Hildesheim 1972), S. 37.

42)『마르바허 매거진, 프리드리히 빌헬름 하크렌더 1816-1877(*Friedrich Wilhelm Hackländer 1816-1877, Marbacher Magazin*)』81호 21쪽 참조. 왕의 개인 종마소는 1932년에 바일에서 마르바흐로 이전하여 마르바흐의 궁정 및 지역 종마소와 통합되었다.

43) R. 폰 벨트하임, "독일과 관계를 맺고 있는 영국과 몇몇의 유럽 국가, 동양 등의 말 사육에 관한 논문" 16쪽 참조. "경마라는 취미는 동양 출신 말의 순혈통을 유지하려는 노력으로 이어졌다. 이러한 취미가 없었다면 각종 귀족 종마들이 출전하는 지역 경기에서 귀족 혈통 말이 차지하는 비중이 그만큼 클 수 없었을 것이다. 점차 사라져가는 혼합 경기처럼 이러한 조건에는 간혹 변동사항이 있었다."

44) S. 세체니의『말, 말 사육, 경마에 관해서(*Über Pferde, Pferdezucht und Pferderennen*)』27쪽. 26쪽의 "경주마는 내가 아는 수많은 말 가운데 우수하고 올바른 품종이다" 참조.

45) Vgl. Eisenberg, "English sports", S. 166.

46) 알프레드 브레엠에 의하면 루이 15세의 궁정에는 "체격이 좋고 얼룩 무늬가 있는 말과 이와 유사한 바로크 말" 열풍이 불었다. 이들이 하찮게 여겼던 말, "성질이 고약한 이 말은 한 목재상의 수레에 끌려 다니며 학대당하고 있었다. 그는 하나님의 뜻을 행하는 것이라고 생각하며 목재상으로부터 이 말을 사들였다."『브레엠의 동물의 삶(*Brehms Tierleben*)』12권 689쪽.

47) A. von Arnim, "Pferdewettrennen bei Berlin (1830)", in : *A. von Arnim, Werke in sechs Bänden*, Bd. 6, *Schriften*, Frankfurt am Main 1992, S. 988–992, hier S. 990.

48) Vgl. Goldbeck, *Entstehung*, S. 8 ff.

49) Von 1660 bis 1770 sollen 160 Araber- und Berberhengste nach England eingeführt worden sein; vgl. F. Chales de Beaulieu, *Vollblut. Eine Pferderasse erobert die Welt*, Verden 1960, S. 55.

50) So Goldbeck, *Entstehung*, S. 17 unter Hinweis auf H. Goos, *Die Stamm-Mütter des englischen Vollblutpferdes*, Hamburg 1885; vgl. auch das Kap. "Sportfürsten" in Behringer, *Kulturgeschichte des Sports*, S. 184–197.

51) Vgl. oben, S. 86, 93 f.

52) Vgl. M. Jähns, *Ross und Reiter in Leben und Sprache, Glauben und Geschichte der Deutschen*, 2. Band, Leipzig 1872, S. 100 f., S. 152 f.

53) J. Burckhardt, *Gesammelte Werke, Band III, Die Kultur der Renaissance in Italien*, Darmstadt 1962, S. 197; vgl. auch Behringer, *Kulturgeschichte des Sports*, S. 186.

54) So zuletzt J. J. Sullivan, *Blood Horses : Notes of a Sportswriter's Son*, New York 2004, S. 52 f., 89; vgl. auch K. Conley, *Stud : Adventures in Breeding*, New York 2003.

55) 스터브스 가문의 기수의 초상에는 다른 가족들 외에 그의 어머니 수재나 웨지우드와 삼촌 조사이어 웨지우드가 말을 타는 모습이 묘사되어 있다. J. 브라운의 『찰스 다윈(*Charles Darwin*)』 제1부 7쪽과 도판 부분의 2쪽 참조

56) 찰스 다윈의 『종의 기원(*On the Origin of Species*)』, R. J. 우드의 『로버트 베이크웰 (1725–1795), 동물 사육의 개척자가 찰스 다윈에게 끼친 영향(*Robert Bakewell[1725- 1795], Pioneer Amminal Breeder and his influence on Charles Darwin*)』 231–242쪽 참조. 다윈은 농업 경제학자와 동물사육자의 관점에서 우드의 영향을 많이 받았다. 이것은 다윈의 『종의 기원』이 발표된 지 5년 후에 발행된 R. 바이덴함머의 논문을 통해서 확인할 수 있다. 1868년 독일의 일간지 「아우쿠스부르거 알게마이네 차이퉁(*Augusburger Allgemeine Zeitung*)」에서 한 평론가는, "다윈은 모세오경에서 순수한 혈통을 유지하라는 율법, 호메로스가 아이네이 아스의 수말의 계보를 기록하라고 하는 것, 베르길리우스가 농부들에게 종축(種畜, 우수한 새끼를 낳게 하기 위하여 기르는 우량 품종의 가축. 씨수컷과 씨암컷이 있다/옮긴이)의 계보 를 기록할 것을 권하는 이유를 입증하고 있다. 고대로부터 이어져오는 소중한 경험들이 사 라지지 않은 듯하다. 카를 대제는 귀족 수말 혈통을 유지하고자 세심한 노력을 기울였고, 아일랜드인들은 9세기의 영적 암흑기에 이미 말 교배에서 훌륭한 혈통이 있다는 사실을 알 았다." 1868년 15호 234쪽. M. E. 데리의 『상류 사회의 말: 동물 교배와 마케팅의 역사 (*Horses in Society. A Story of Animal Breeding and Marketing*)』 제1장 "순종 교배 : 과학적 방법인가 인공 교배법인가?" 3–10쪽 참조.

57) Vgl. F. Galton, *Inquiries into Human Faculty and Its Development*, London 1883, S. 55.

58) B. 로의 『경주마 교배 도표 체계(*Breeding racehorses by the figure system*)』는 로의 사후에 윌리엄 앨리슨에 의해서 출간되었다. 이 책에는 뉴마켓 출신 사진작가 클래런스 헤일리가 찍은 명마들의 사진이 수록되어 있다.

59) *Das General Stud Book*, herausgegeben von J. Weatherby, erschien erstmals 1793 und hatte

bis zum Erscheinen von Lowes Werk im Jahr 1895 bereits fünf gründliche Revisionenerlebt.

60) H. 구스의 『영국 순혈통 말의 종빈마(*Die Stamm-Mütter des englischen Vollblutpferdes*)』, J. P. 프렌첼의 영국 순혈통 말의 계보 참조. 생존해 있는 종빈마와 수말뿐만 아니라 이들에게서 태어난 수말과 교배한 암말을 혈통별로 정리했다. 모마와 경마 성적, 수마의 계보, 명마로 알려진 암말에 관한 정보 등이 함께 기록되어 있다.

61) Vgl. etwa R. Henning, *Zur Entstehung des Englischen Vollblutpferdes*, Stuttgart 1901 (Reprint Hildesheim 2007).

해부학 시간

1) Vgl. D. Roche, *La culture équestre*, Bd. 1, Kap. 7, S. 231 ff., hier S. 258 f.

2) Vgl. D. Ashton u. D. B. Hare, *Rosa Bonheur : A Life and a Legend*, New York 1981, S. 88.

3) A. T. 스튜어트와 코르넬리우스 밴더빌트의 수집품은 현재 뉴욕의 메트로폴리탄 미술관에 전시되어 있다.

4) Vgl. L. Eitner, *Géricault. His Life and Work*, London 1982, S. 125; K. Kügler, "Die Pferdedarstellungen Théodore Géricaults. Zur Entwicklung und Symbolik des Pferdemotivs in der Malerei der Neuzeit", M. A. -Arbeit Kiel 1998, S. 76.

5) So überliefert es sein erster Biograph, Ch. Clément, *Géricault. Étude biographique et critique*, Paris 1867, S. 104.

6) L. 아이트너는 『제리코(*Géricault*)』 133쪽에서 갑자기 그가 떠난 이유에 대해서 의혹을 제기했다. 제리코가 "바버리의 말들" 작업을 끝까지 마친 것인지 아니면 이미 몇 달 전에 작업을 그만둔 것인지는 여전히 확실하게 밝혀진 바가 없다.

7) 93쪽에서 휘트니는 지금까지 알려진 '바버리 레이스와 관련된 85점의 유화 및 회화 작품'을 다루었다.

8) Vgl. Behringer, *Kulturgeschichte des Sports*, S. 219.

9) Vgl. J. W. v. Goethe, *Italienische Reise*, Wiesbaden 1959, S. 508 ff.

10) Vgl. Whitney, Italy, S. 113.

11) Vgl. ebda., S. 99.

12) Vgl. Eitner, *Géricault*, S. 128 f.

13) 93쪽에서 휘트니가 화가의 작업 단계를 정확하게 연대기 순으로 재구성한 덕분에 상전이를 명확하게 확인할 수 있다.

14) Vgl. Eitner, *Géricault*, S. 126.

15) R. Simon, "L'Angleterre", in : *Géricault. Dessins & estampes des collections de l'École des Beaux-Arts*, hg. von E. Brugerolles, Paris 1997, S. 77–81, hier S. 80.

16) Vgl. Ashton u. Browne Hare, *Rosa Bonheur*, S. 83 u. 87; Brugerolles (Hg.), *Géricault*, S. 244.

17) Vgl. Ashton u. Browne Hare, *Rosa Bonheur*, S. 87.

18) Vgl. als einen Autor unter vielen, die hier zu nennen wären, I. Lavin, *Passato e presente nella storia dell'arte*, Turin 1994.

19) 애슈턴과 브라운 헤어는 『로자 보뇌르(*Rosa Bonheur*)』 82쪽에서 로자 보뇌르가 M. 리샤르

의 『군대와 전쟁에서 말에 관한 연구(*Étude du Cheval de service et de guerre*)』를 중요한 출처로 삼았다.

20) Vgl. J. F. Debord, "à propos de quelques dessins anatomiques de Géricault", in Brugerolles (Hg.), *Géricault*, S. 43-66, hier bes. S. 51 ff.

21) 오지아스 험프리의 회고록 중에서 말년의 스터브스와 나눈 대화에 이렇게 기록되어 있다. M. 워너의 『스터브스와 서러브레드의 기원(*Stubbs and the Origins of the Thoroughbred*)』 참조. M. 워너와 R. 블레이크의 『스터브스와 말(*Stubbs & the Horse*)』 101-121쪽 참조.

22) R. 무질의 『특성 없는 남자(*The Man Without Qualities*)』 제1권 13장 "천재적인 경주마는 특성없는 남자가 될 수 있다는 깨달음을 얻었다" 44쪽 참조.

23) 유명 종마인 짐크랙은 1764년부터 1769년까지 다섯 번이나 소유주가 바뀌었으며 여러 회화 작품, 특히 스터브스 작품의 모델이 되었다. F. 러셀의 『스터브스와 작품 의뢰인들 (*Stubbs und seine Aufgraggeber*)』, H. W. 로트의 『조지 스터브스 1724-1806 : 동물의 아름다움(*Gorge Stubbs 1724-1806 : Die Schönheit der Tiere*)』 78-87쪽 참조.

24) 카를로 루이니는 스터브스에 대하여 말의 해부도 묘사에서 150년 앞선 인물이라고 묘사하고 있다. 그는 해부도에 숫자와 알파벳을 붙였다. C. 루이니의 『말의 해부학과 질병, 치료 (*Anatomia del cavallo, infermità, et suoi rimedii*)』(1618) 참조

25) B. S. Albinus, *Tabulae sceleti et musculorum corporis humani*, Leiden 1747. Vgl. dazu O. Kase, "Make the knife go with the pencil" - Wissenschaft und Kunst in George Stubbs' "Anatomy of the Horse", in : H. W. Rott (Hg.), *George Stubbs*, S. 43-59, hier S. 52 ff.

26) 연구논문을 작성했던 1757년에서 1758년까지의 스터브스는 30대 초반이었다. 그는 이 작업에 적합한 동판화가를 찾지 못해서 직접 동판화 작업을 할 수밖에 없었고, 1866년에야 겨우 작업을 완료했다. 이 시기에는 이미 말 그림과 동물 그림을 전문으로 하는 화가에 대한 수요가 많았다. M. 워너 『스터브스와 서러브레드의 기원』, M. 마이런 『조지 스터브스 : 시장, 자연, 예술 사이에서(*G. Stubbs-Zwischen Markt, Natur und Kunst*)』, H. W. 로트의 『조지 스터브스 1724-1806 : 동물의 아름다움』 8-21쪽 참조.

27) 스터브스는 "휘슬 재킷"에서 초록빛이 살짝 감도는 황토색 톤의 배경을 선택했다. 이것이 작품의 중립성을 유지하며 색이 아닌 색들(non-color)의 역할을 한다.

28) So Werner Busch in : "Stubbs Ästhetik", in : H. W. Rott (Hg.), *George Stubbs*, S. 23-41, hier S. 32.

29) Vgl. etwa M. Warner, "Ecce Equus. Stubbs and the Horse of Feeling", in : M. Warner & R. Blake, *Stubbs & the Horse*, S. 1-17, hier S. 11.

30) W. Busch, "Stubbs Ästhetik", S. 39.

31) Vgl. O. Kase, "Make the Knife go with the pencil", S. 48 ff.; zu Lafosse vgl. auch S. 212.

32) Vgl. O. Kase, ebda., S. 50.

33) Vgl. U. Krenzlin, *Johann Gottfried Schadow : Die Quadriga. Vom preußischen Symbol zum Denkmal der Nation*, Frankfurt am Main 1991, S. 28.

34) Vgl. J. -O. Kempf, *Die Königliche Tierarzneischule in Berlin von Carl Gotthard Langhans. Eine baugeschichtliche Gebäudemonographie*, Berlin 2008, S. 120 ff.

35) "왕립 동물약품학교는 기병대의 요구에 맞춰 설립되었고 조직상으로는 궁정종마관리청에

소속되어 있었다." J. -O 켐프의『카를 고트하르트 랑한스의 베를린 왕립 동물약품학교 : 건축사적 관점의 건축물에 관한 단일 연구(Die Königliche Tierar zneischule in Berlin von Carl Gotthard Langhans. Eine baugeschichtliche Gebäudemo nographie)』 28쪽 참조.

36) Vgl. M. Foucault, *Die Geburt der Klinik. Eine Archäologie des ärztlichen Blicks*, München 1973.

37) "부크라니움의 꽃장식은 헬레니즘과 로마의 희생 제단의 전통으로부터 유래한다. 희생된 동물의 두개골은 희생 제단의 제물이라는 표시를 하기 위해서 끈을 비롯한 길게 늘어뜨린 장식물로 치장되었다. 장신구는 사원 건축물의 이미지에 중대한 역할을 하는 요소였다." 켐프의『카를 고트하르트 랑한스의 베를린 왕립 동물약품학교 : 건축사적 관점의 건축물에 관한 단일 연구』 179쪽.

38) Vgl. Eitner, *Géricault*, S. 231.

39) Géricault hatte Stubbs' *Anatomy* früher einmal kopiert; vgl. Eitner, *Géricault*, S. 227, 351.

40) 1824년 1월에 제리코가 사망했을 당시에도 말의 값이 완불되지 않은 상태였는데, 이 말은 7,000프랑에 바로 팔렸다. 아이트너의『제리코』280쪽.

41) Eitner, Géricault, S. 235; vgl. daran anschließend Kügler, "Pferdedarstellungen", S. 81.

42) Vgl. H. Alken, *The National Sports of Great Britain, with Descriptions in English and French*, London 1821, Tafel 6 : "Doing their best"; vgl. dazu auch St. Deuchar, *Sporting Art in Eighteenth-Century England*, New Haven 1988, sowie Kügler, "Pferdedarstellungen", S. 84 f.

43) 가령 L. 드 낭퇴이유는 "인간과 작품(L'homme et l'oeuvre)"에서 정반대의 주장을 펼쳤다. 『코네상스 데자르(Connaissance des Arts)』 특별호(1992) 14−55쪽. 낭퇴이유는 제리코의 진작 여부를 따지지 않고 눈감았다. L. 마노니의 감탄은 에티엔 쥘 마레의 눈을 더 멀게 했다. 『눈의 기억(La mémoire de l'oeil)』 150쪽. K. 퀴글러는 스포츠 화가로서 제리코를 가장 많이 인정한다. 지워진 듯한 흐릿한 배경과 '일시적 평행 이동'은 역종적인 관찰자의 위치에 신선하고 독창적인 이미지를 부여한다. 83쪽 참조.

44) Vgl. die Studie von A. Mayer, *Wissenschaft vom Gehen. Die Erforschung der Bewegung im 19. Jahrhundert*, Frankfurt am Main 2013, Kap. 4, S. 143 ff.; vgl. auch A. Rabinbach, *The Human Motor : Energy, Fatigue and the Origins of Modernity*, Princeton 1992, Kap. 4, S. 84 ff.

45) É. Duhousset, *Le cheval. Études sur les allures, l'extérieur et les proportions du cheval. Analyse de tableaux représentant des animaux. Dédié aux artistes*, Paris 1874; eine erweiterte Auflage erschien 1881 als : *Le cheval. Allures, extérieur, proportions*; vgl. auch ders., "Le cheval dans l'art", in : *Gazette des beaux-arts*, XXVIII (1884), S. 407−423, XXIX (1884), S. 46−54.

46) Vgl. L. Mannoni, *Marey*, S. 205 f.; F. Dagognet, *Etienne-Jules Marey. A Passion for the Trace*, New York 1992, S. 138 ff.

47) Vgl. Meyer, *Wissenschaft vom Gehen*, S. 155 f.

48) C. C. Hungerford, *Ernest Meissonier. Master in His Genre*, Cambridge u. New York 1999, S. 168.

49) Vgl. H. Loyrette, *Degas*, Paris 1991, S. 392.

50) Vgl. Meyer, *Wissenschaft vom Gehen*, S. 156 f.; Hungerford, *Meissonier*, S. 168.

51) 1878년에 그의 두 번째 대표작 *La Méthode graphique dans les sciences expérimentales*의 초판이 발행되었고, 1855년에 *Supplément sur le développement de la méthode graphique par la photographie neu aufgelegt*라는 제목으로 개정 증보판이 발행되었다.

52) 수십 년 동안 시각의 근대화 초창기, 영화의 초창기, 지각의 역사에 관한 연구가 봇물 터지듯 이루어지면서 특별한 관점이 형성되었다. 말이 갤럽 동작을 하는 동안 네 발이 공중에 붕 떠 있는 순간이 있는지를 두고 격렬한 논쟁이 벌어졌다. 그만큼 연구에 대한 인지도는 높았으나, 방대한 문헌이라는 산맥 속에서 말의 역사의 99퍼센트는 '미지의 영역'으로 남아 있었다. 전문가, 연구자, 감정가, 애호가는 이 점을 알면서도 도외시하고 있었다.

53) Zu Marey vgl. vor allem Mannoni, *Marey*; zu Muybridge vgl. R. Solnit, *River of Shadows : Eadweard Muybridge and the Technological Wild West*, New York und London 2003.

54) Vgl. Mannoni, *Marey*, S. 158 f.

55) Vgl. Loyrette, *Degas*, S. 385.

56) Ebda. S. 464.

57) 루브르 박물관과 오르세 박물관 관장을 역임했던 앙리 루아레트는 "마레와 머이브리지의 사진이 알려지기도 전에 말의 회화에서 "해부학적 불일치"가 나타났다고 쓰고 있다. 앙리 루아레트, 『나는 유명하지만 알려지지 않은 사람이 되고 싶다(*Je voudrais être illustre et inconnu*)』(『드가 : 무희의 화가』라는 제목으로 국내 출간/옮긴이) 123쪽.

58) Vgl. D. Sutton, *Edgar Degas : Life and Work*, New York 1986, S. 160.

59) 모사가로서 드가가 집중했던 세부 묘사가 바로 이것이었다. 알렉산더 아일링 『고전과 실험(*Klassik und Experiment*)』, 카를스루에 주립 미술관 202쪽.

감정가와 사기꾼

1) Vgl. M. Stoffregen-Büller, *Pferdewelt Europa. Die berühmtesten Gestüte, Reitschulen und Rennbahnen*, Münster 2003, S. 153 f.

2) Vgl. *Reflections in a Silver Spoon : A Memoir* by Paul Mellon with John Baskett, New York 1992, S. 265.

3) 제임스 설터가 기록하고 있듯이 폴 멜런의 새로운 열정은 버지니아 주의 풍경을 바꿔놓았다. "열정적인 사냥꾼 폴 멜런은 1920년대와 1930년대에 더 넓은 지역의 땅을 사들였다. 땅의 규모는 그 누구에게도 뒤지지 않을 정도였다. 그때부터 버지니아는 말과 사냥의 땅이 되었다. 사냥몰이를 하는 동안 희미하게 울려 퍼지는 개 짖는 소리는 사람들의 감정을 자극하고, 나무 사이에서는 말들이 불쑥 튀어나왔다. 기수들은 석루와 무덤 위에 앉아 있다가 산비탈 위아래로 오르내리며 잠시 속도를 늦췄다가 전속력으로 내달리곤 했다." 제임스 설터, 『올 댓 이즈(*All that is*)』 49쪽

4) Vgl. *Reflections*, S. 162 ff.

5) Der Katalog der Sammlung Mellon (vgl. Anm. 6) enthält zahlreiche Titel, die dem Fuchs und seinen Jägern gewidmet sind, so die Nrn. 172 : Th. Smith, *The Life of a Fox*(1843), 181 : W. C. Hobson, *Hobson's Fox-Hunting Atlas*(1848), 183 : C. Tongue, *The Fox-Hunter's Guide*(1849),

330 : E. Somerville and V. L. Martin, *Dan Russel the Fox*(1911), 324 : J. Masefield, *Reynard the Fox*(1919) und 372 : S. Sassoon Memoirs of a *Fox-Hunting Man*(1929).

6) *Books on the Horse and Horsemanship : Riding, Hunting, Breeding and Racing, 1400–1941.* A catalogue compiled by John B. Podeschi, New Haven 1981, S. IX.

7) F. H. Huth, *Works on Horses and Equitation. A Bibliographical Record of Hippology*, London 1887; Reprint in der Reihe *Documenta Hippologica* des Verlages Georg Olms, Hildcshcim u. New York 1981.

8) Vgl. Gérard de Contades, *Le Driving en France 1547–1896*, Paris 1898.

9) *Leçons de Science hippique générale ou Traité complet de l'art de connaître, de gouverner et d'élever le Cheval*, 3 Bde., Paris 1855.

10) Mennessier de la Lance, *Essai*, Bd. 1, S. 659.

11) 그의 "마과학에 대한 사랑, 18년간의 연구와 관찰이 결실을 맺어서, 매년 마과학의 보급에 유용한 글들을 모은 "독자에게 보내는 서한"이 페이퍼백으로 출간되어 독자들에게 전해졌다" F. M. F. 부빙하우젠 폰 발메로데의 "독자에게 보내는 서한"

12) Vgl. den zweiten mit Cotta abgeschlossenen Vertrag vom 1800. 3. 29., DLA Marbach, Cotta-Archiv, Verträge 2, Bouwinghausen.

13) 이 책의 169쪽 참조.

14) 요한 고트프리트 프리셀리우스가 1775년에 렘고에서 발표한 『마과학 강의 소책자 (*Handbuch der Pferdewissenschaft zu Vorlesungen*)』는 이 개념을 책의 타이틀에 포함시킨 최초의 시도인 듯하다.

15) Vgl. W. Gibson, *A new Treatise on the diseases of Horses*, London 1750; W. Osmer, *A Treatise on the Diseases and Lameness of Horses*, London 1759; J. Gaab, *Praktische Pferdearzneikunde*, Erlangen 1770; D. Robertson, *Pferdearzneikunst*, Frankfurt 1771; L. Vitet, *Médecine vétérinaire*, 3 Bde., Lyon 1771; C. W. Ammon, *Handbuch für angehende Pferdeärzte*, Frankfurt 1776.

16) Vgl. D. Roche, *La gloire et la puissance. Histoire de la culture équestre, XVIe-XIXe siècle*, Paris 2011, S. 217.

17) Henry Earl of Pembroke, *Military Equitation, or a method of breaking Horses and teaching soldiers to ride, designed for the use of the Army*, London 1778.

18) La Guérinière, dt. Übers., S. 46, Kursivierung U. R.

19) Vgl. Kempf, *Tierarzneischule*, S. 22.

20) A. von den Driesch u. J. Peters, *Geschichte der Tiermedizin. 5000 Jahre Tierheilkunde*, Stuttgart 2003, S. 126.

21) Vgl. R. Froehner, *Kulturgeschichte der Tierheilkunde*, Bd. 3, Konstanz 1968, S. 78.

22) 마학 혹은 마과학에 관한 몇몇 작품에서는 '말의 표본'과 '연구 절차'를 별도의 장으로 다루었다. 대표적인 예로 W. 바우마이스터의 『말의 외형에 관한 기초 지식(*Anleitung zur Kenntniß des Aeußern des Pferdes*)』 312쪽이 있다.

23) Cl. Bourgelat, *Traité de la conformation extérieure du cheval*, Paris 1768-1769, dt. Übers.: *Herrn Bourgelats Anweisung zur Kenntniß und Behandlung der Pferde. Aus dem*

Französischen übersetzt von Johann Knobloch, 2 Bde., Prag und Leipzig 1789.

24) 독일의 소설가 클라우디아 슈묄더스는 부르의 저서가 말 감정가라는 새로운 직업 분야를 개척했다며 그에게 영광을 돌렸다(vgl. C. Schmölders, "Der Charakter des Pferdes. Zur Physiognomik der Veterinäre um 1800", in: E. Agazzi u. M. Beller (Hgg.), *Evidenze e ambiguità della fisionomia umana*, Viareggio 1998, S. 403-422, hier S. 410). 부르는 말에 관한 전문지식을 전하는 열정적인 교사이자 학교 설립자였다. 물론 그가 이 분야 최초의 전문 교사는 아니었으나 그에 견줄만한 실력을 갖춘 사람이 없었다. 그는 자신보다 100년 앞선 인물인 솔리젤을 귀감으로 삼았다.

25) Ebda., S. 6.

26) Vgl. E. Panofsky, *The Codex Huygens and Leonardo da Vinci's Art Theory*, London 1940, S. 51-58 und T. 39-48.

27) Herrn Bourgelats, *Anweisung*, II, S. 14.

28) J. G. 나우만은 『미와 건강의 외적 징후론(*Die Schönheits- und Gesundheitszeichenl ehre*)』 에서 마과학의 핵심 분야를 다루었다. 『장교, 말 조련사, 경제학자를 위한 소책자(*Ein Handbuch für Officiere, Bereiter und Oeconomen*)』의 24쪽에 의하면 "마과학은 외적 형태는 물론이고 품종과 유용성을 바탕으로 말의 아름다움을 판단하는 기준이다."

29) F. Schiller, *Über die ästhetische Erziehung des Menschen*, 6.

30) 가령 요한 아담 케르스팅의 징후학이나 지침은 말의 두드러진 특성을 파악하고 판단하는 기준이다. 마의와 말 애호가에 관한 개관은 과거로부터 전해져오는 기본원칙과 경험을 바탕 으로 한다.

31) J. G. Naumann, *Ueber die vorzüglichsten Theile*, S. XI.

32) St. Széchenyi, *Über Pferde, Pferdezucht und Pferderennen*, Leipzig und Pesth 1830, S. 128.

33) Xenophon, "Über die Reitkunst", *Der Reiteroberst. Zwei hippologische Lehrbücher der Antike*, Heidenheim 1962, S. 22.

34) 요한 프리드리히 로젠츠바이크의 주석, 해설, 부록과 함께 1780년 라이프치히에서 발행했다.

35) 게다가 이 작품의 "부록에서는 가장 쉽고 간단하게 영국화하는 방법과 말 거래상을 통해서 얻을 수 있는 이점들"을 다루고 있다.

36) Enthüllte Geheimnisse, S. 5; zitiert nach der 3. Auflage Weimar 1840.

37) Ebda., S. 8.

38) Ebda., S.28.

39) 『말 거래상의 말투와 행동 : 아브라함 모르트겐스가 밝힌 말 거래에서 이익을 남기는 비결 (*Redensarten und Manieren der Pferdehändler: Anhang zu Abraham Mortgen's enthüllten Geheimnissen aller Handelsvortheile der Pferdehändler*)』 29쪽. 아브라함 모르트겐스의 고백 은 독자들의 관심을 끄는 데에 성공한 듯하다. 15년 후인 1839년, 부빙하우젠의 말 달력에 이어 테네커의 연감에 조제록의 속편이 발표되었다. 이 소설의 서술자는 유대인 말 거래상 이 아니라 소설 속의 다른 인물로 바뀐다. 그녀는 후대를 위해서 글을 쓰고 있었던 것이다. 이번에는 연감의 발행인인 테네커가 액자 소설의 형태로 소위 베를린의 정직한 말 거래상 모세스 아론의 이야기를 전한다. 테네커는 렌틴 박사가 복 받은 아브라함 모르트겐스에게 전하는 것에 비해서 반유대적 정서가 담긴 상투적인 표현을 자제하며 자신이 들은 이야기를

전하고 있다. 자이퍼트 폰 테네커의『말 거래상의 말투와 행동 : 아브라함 모르트겐스가 밝힌 말 거래에서 이익을 남기는 비결』,『1839년 독일과 접경 국가의 말 교배, 말 감정, 말 거래, 군사 및 학교 및 예술에서의 기마술과 수의술 연감(*Jahrbuch für Pferdezucht, Pferdek enntniß, Pferdehandel, die militärische Campagne-, Schul- und Kunstreiterei und Roßarznei kunst in Deutschland und den angegrenzenden Ländern auf das Jahr 1839)*』15호. 231-472쪽 참조.

40) W. G. Ploucquet, *Über die Hauptmängel der Pferde*, Tübingen 1790, S. 4. 41

41) Ebda., S. 22.

42) Ebda., S. 32.

43) Ebda., S. 33.

44) Ebda., S. 35.

45) Ebda., S. 72.

46) Ebda., S.77

연구자들

1) Vgl. D. Rayfield, *Lhasa war sein Traum. Die Entdeckungsreisen von Nikolai Prschewalskij in Zentralasien*, Wiesbaden 1977, S. 147 f.

2) 나중에 프르제발스키는 이 동물의 이름을 에쿠스 프르제발스키라고 명명했다. 에쿠스 프르제발스키는 가축화된 동물의 직속 조상은 아니었으나 야생말인 에쿠스 페루스의 아종(亞種)이었다. 프르제발스키 말은 중가리아 분지와 몽골 서남부 지역에만 분포한다. 이외 차이점에 대해서는 L. 보이드와 D. A. 홉 교수의『프르제발스키 말 : 멸종 위기 동물의 역사와 생물학(*Prezwalski's horse: The History and Biology of an endangered Species)*』(올버니, 1994)과 쾰른 동물원 홈페이지(http://www.koelner-zoo.de/takhi/Seiten/biologie-takhi_dt.ht ml)를 참고하기 바란다.

3) 프르제발스키는 가젤, 도마뱀붙이, 포플러 속 식물, 마황속 식물, 진달래 속 식물, 말 등 서주국 역사에서 분류학적으로 많이 사용되어온 명칭이다. 프르제발스키는 탐사 여행에서 2만 가지의 동물 제제와 1만6,000종의 식물성 제제를 가져왔다.

4) 프르제발스키 말이 발견된 이후 프르제발스키 말의 역사를 비롯해 문학, 관련 연구를 가장 이해하기 쉽게 정리한 저서로 W. 마이트의 개정판으로 출간한 S. 뵈퀴니의『프르제발스키 말 혹은 몽골 야생마. 멸종 위기에 처한 동물의 부활(*Das Prezewa lski-Pferd oder Das mongolische Wildpferd. Die Wiederbelebung einer fast ausgestorbenen Tierart)*』(인스부르크, 2008)가 있다.

5) Vgl. D. Schimmelpenninck van der Oye, *Toward the Rising Sun : Russian Ideologies of Empire and the Path to War with Japan*, Illinois 2001, Kap. 2, S. 24-41.

6) K. E. 마이어와 S. B. 브리색의『그림자의 토너먼트 : 중앙 아시아의 그레이트 게임과 황제 레이스(*Tournament of Shadows. The Great Game and the Race for Empire in Central Asia)*』(워싱턴 D. C. 1999). 9장 223-240쪽, 특히 224쪽의 학문 정복자이자 프르제발스키 말 연구의 모범으로서 연구자, 유형, 캐릭터 부분 참조. 이와 관련해서 레베카 하버마스의 '야생으로 가기 위해 태어났는가? 19세기의 선교사, 여성 연구자, 여행자'라는 제목의 강연을 참고

하길 바란다. 강연 원고는 책으로 출간되지는 않았다. 감사하게도 2014년 에르푸르트에서 있었던 레베카 하버마스의 강연에 함께 참여할 수 있었다. 특히 16쪽, 당시 이미 시대를 초월해서 영향력을 미친 '영웅적이고 다재다능한 연구 여행자들' 편을 참고하길 바란다.

7) Vgl. ebda., S. 33 ff.

8) Vgl. N. T. Rothfels, "Bring 'em back alive : Carl Hagenbeck and exotic animal and people trades in Germany, 1848-1914", Ph. D. Harvard University 1994; L. Dittrich u. A. Rieke-Müller, *Carl Hagenbeck (1844-1913). Tierhandel und Schaustellungen im Deutschen Kaiserreich*, Frankfurt am Main 1998, S. 53-64.

9) Vgl. Rayfield, *Lhasa*, S. 261.

10) Vgl. S. Bökönyi, *Das Przewalski-Pferd oder Das mongolische Wildpferd. Die Wiederbelebung einer fast ausgestorbenen Tierart*, Budapest und Innsbruck 2008.

11) 1899년 3월 4일 제국의회 회의록 (http://reichstagsprotokolle.de)

12) Vgl. F. Boas, *The Mind of Primitive Man*, New York 1911; wieder aufgenommen von B. L. Whorf, *Language, Mind and Reality*, Madras 1942, dt. als Sprache, Denken, Wirklichkeit, Reinbek 1963.

13) E. Strittmatter, *Poetik des Phantasmas. Eine imaginationstheoretische Lektüre der Werke Hartmanns von Aue*, Heidelberg 2013, S. 232.

14) Ebda., S. 233.

15) Zitiert nach M. Jähns, *Ross und Reiter in Leben und Sprache, Glauben und Geschichte der Deutschen. Eine kulturhistorische Monografie*, 2 Bde., Leipzig 1872, Bd. 1, S. 7.

16) 『말과 기수』 12쪽. 열정적인 언어정책자 엔스는 "정화된 표기법"을 사용했다. 장모음과 장단음을 지양했지만(그는 몇 부분에 "모순"이 있다는 점을 인정했다), 그림 형제와 달리 대문자 및 소문자 표기법을 철저히 지켰다.

17) Ebda. S. 13.

18) Ebda., S. 36.

19) Ebda., S. 38.

20) Vgl. ebda., S. 39.

21) Zur Auswahl seitens der Grimms vgl. St. Martus, *Die Brüder Grimm. Eine Biografie*, Berlin 2009, S. 488 ff.

22) Ebda., S. 419-462.

23) Ebda., S. 162.

24) 이것은 독일어 문화권을 비롯한 서양의 말 문화에 국한된다. 동양의 언어와 문화에 대해서는 오스트리아의 오리엔탈리스트 폰 함머의 작품이 문헌학적 관점에서 더 엄격하며 엔스보다 시기적으로도 앞섰다(vgl. J. v. Hammer-Purgstall, Das Pferd bei den Arabern, Wien 1855-56, Reprint in der Reihe *Documenta Hippologica*, Hildesheim 1981).

25) Jähns, *Ross und Reiter*, Bd. 2, S. 329.

26) Ebda., S. 330.

27) Ebda. S. 410.

28) Ebda., S. 406 f.

29) Ebda., S. 418.

30) Vgl. ebda., S. 434-445

31) Vgl. vor allem : *Das französische Heer von der Großen Revolution bis zur Gegenwart, Leipzig 1873 ; Handbuch einer Geschichte des Kriegswesens von der Urzeit bis zur Renaissance, Leipzig 1880 ; Heeresverfassungen und Völkerleben*, Berlin 1885.

32) "우리는 누가 독일을 안장 위에 태우는 데에 도움이 될지 알고 있다! 이제 말을 탈 줄 알아야 할 때이다." 엔스 『말과 기수』 1권.

33) 이 책의 192쪽 참조.

34) 마이어의 『걷기의 학문(*Wissenschaft vom Gehen*)』 146쪽의 승마교사 프랑수아즈 부셰와 아우러 자작 학교 간 논쟁을 참고하길 바란다. 두 학교에 관한 내용은 Menessier de la Lance 의 에세이 1권 44-50쪽(아우러 자작)과 85-91쪽(부셰)을 비교해보길 바란다.

35) Vgl. Rabinbach, *Human Motor*, S. 133 ff.

36) *Équitation, par le Commandant Bonnal*, Paris 1890.

37) Ebda., S. 224.

38) 로랑 만노니의 『머레이(*Marey*)』 256쪽 인용.

39) Vgl. U. Raulff, *Der unsichtbare Augenblick*, Göttingen 1999, S. 65 ff.

40) 실제로 그의 스케치에는 하위헌스의 고사본 스케치의 특성이 나타난다.

41) Vgl. E. Panofsky, *Le Codex Huygens et la théorie de l'art de Léonard de Vinci*, Paris 1996, S. 23 (Panofskys Kommentar bezieht sich auf Folio 22 des Codex).

42) So Marc Bloch in seiner Besprechung von R. Lefebvre des Noettes, "La force motrice animale à travers les âges", in : *Revue de synthèse historique*, XLI, 1926, S. 91-99, hier S. 92.

43) Vgl. R. Lefebvre des Noettes, *La force motrice animale à travers les âges*, Paris 1924, S. 30 f.

44) R. Lefebvre des Noettes, *Le cheval de selle à travers les âges : Contribution à l'histoire de l'esclavage*, 2 Bde., Paris 1931.

45) Vgl. ebda., S. 174-190.

46) Vgl. ebda., S. 185 f.

47) Vgl. ebda., S. 188. Vgl. auch ders., "La 'Nuit' du Moyen Age et son Inventaire", in : *Mercure de France 235* (1932), Nr. 813, S. 572-599.

48) M. Bloch sprach von "une sorte de sommeil de l'invention technique", in dem die Antike gelegen habe ; wie Anm. 13, S. 94.

49) 1935년 마르크 블로크는 다시 이 관점으로 돌아와서 기능이 향상된 마구와 물레방아 도입 사이의 인과론적 상관관계가 있다는 르페브르의 주장에 대해서 이론을 제기했다. 그러나 그는 값싼 인간 노동력과 기술 발명의 체증 현상 간의 연관성에 관한 핵심 명제에 대해서는 주목할 만한 가치가 있다고 보았다. 블로크는 물레방아는 고대의 발명품이지만 중세에 본격 적으로 사용되기 시작했다고 보았다.

50) Vgl. zur R. 르페브르 노에트의 비판적 수용의 역사 M. -Cl. Amouretti, "L'attelage dans l'Antiquité. Le prestige d'une erreur scientifique", in : *Annales E. S. C.* 1991, Heft 1, S. 219-232. Die wichtigsten einschlägigen Studien auf diesem Rezeptionsweg waren die große

Dissertation von P. Vigneron, *Le cheval dans l'antiquité gréco-romaine*, 2 Bde., Nancy 1968; J. Spruytte, *Études expérimentales sur l'atte lage. Contribution à l'histoire du cheval*, Paris 1977; G. Raepsaet, *Attelages et techniques de transport dans le monde gréco-romain*, Brüssel 2002.

51) L. White jr., "The Contemplation of Technology", in : ders., Machina ex deo. *Essays in the Dynamism of Western Culture*, Cambridge/Mass. 1968, S. 151-168, hier S. 157; vgl. dazu unten, S. 242 ff.

52) Vgl. J. A. Weller, Roman traction systems, http://www.humanist.de/rome/rts, S. 2.

53) 실링스는 베른에서 개최된 제6차 국제 동물학 회의에서 H. 군트라흐, 카를 슈툼프, 오스카 어 풍스트의 글을 인용해서 영리한 한스와 위장 행동에 대한 연구논문을 발표했다. 이 탁월 한 논문에는 한스가 천재적 행동을 보였던 시간이 정확하게 기록되어 있었고, 이후 "영리한 한스"를 두고 학자들의 논쟁이 벌어졌다.

54) Vgl. ebda., S. 102.

55) K. 크랄의 『생각하는 동물 : 자체 실험을 바탕으로 한 동물의 정신에 관한 논문, 영리한 한스와 나의 말들 무하메드와 차리프(*Denkende Tiere. Beiträge zur Tierseele nkunde auf Grund eigener Versuche. Der kluge Hans und meine Pferde Muhamed und Zarif*)』(라이프치 히, 1912). 이외에 이 주제에 관한 최초의 논문으로 독일의 학사 출신인 여자 농부 헤니 유츨러 킨더만의 「동물도 생각을 할 수 있을까?」(세인트 고어, 1996)가 있으며, 그중 '영리 한 한스'와 '엘버펠드의 말들'에 관한 사례를 참고하기를 바란다.

56) Ebda., S. 69.

57) P. Kurzeck, *Ein Sommer, der bleibt*, Hörbuch Berlin 2007, 4 CDs, hier CD 1.

58) 말의 심리에 둔감한 승마학교의 실무자들은 인간이 영리한 말에게 지식을 전하는 것은 일종의 "트릭"이라고 주장했다.

59) O. 풍스트 『오스텐의 말들(영리한 한스)(*Das Pferd des Herrn von Osten[Der kluge Hans]*)』. C. 슈툼프 교수의 「동물 및 인간의 심리학 실험에 관한 논문」(라이프치히, 1907) 참조. 영어 번역본 *Clever Hans(The Horse of Mr. von Osten)*은 1911년 뉴욕에서 발표되었으며 구텐베 르크 프로젝트에서 e북 *Clever Hans*를 제공하고 있다. H. 군트라흐의 '카를 슈툼프(*Carl Stumpf*)'(각주 53과 마찬가지로)에는 설득력 있는 주장과 함께 이 책의 특별한 탄생 배경과 저작자와 관련된 의문에 관한 답변이 제시되어 있다.

60) "한스는 글을 읽기는커녕 계산을 할 줄도 몰랐다. 그는 동전, 카드, 달력, 시계가 뭔지 알아 보지 못했고 탁탁 두들기거나 바로 전에 숫자를 말하는 등 다른 방법으로 자극을 주어도 전혀 반응할 수 없었다. 그에게서 음악적 재능의 흔적은 찾을 수 없었다. 풍스트 『영리한 한스』 23쪽.

61) 베를린 대학교의 심리학 연구소장 카를 슈툼프 박사는 풍스트의 지도교수였고, 1904년 9월 11일과 12일에 한스를 방문했던 조사위원회장이었다.

62) Vgl. Krall, *Denkende Tiere*, S. 7.

63) Vgl. ebda., S. 48-53.

64) Vgl. ebda., S. 59.

65) Ebda., S. 8.

66) Es handelt sich um das mehrfach zitierte Werk Kralls, *Denkende Tiere* (wie Anm. 55).

67) M. Maeterlinck, "Die Pferde von Elberfeld. Ein Beitrag zur Tierpsychologie", in : *Die neue Rundschau*, XXV, 1 (1914), S. 782-820, hier S. 788.

68) Ebda.

69) Ebda., S. 801.

70) Ebda., S. 818.

71) Vgl. ebda., S. 810 f.

72) Vgl. ebda., S. 818.

73) 1977년에 헨리 블레이크는『말과 함께 생각하기(*Thinking with Horses*)』에서 말이 인간처럼 섬세한 방식으로, 이른바 '초감각적 지각과 텔레파시'를 통해서 소통을 할 수 있다고 주장했다.

74) Vgl. ebda., S. 816.

75) Vgl. das sogenannte "Elberfeld-Fragment", in : F. Kafka, *Nachgelassene Schriften und Fragmente I*. Apparatband, hg. v. M. Pasley, Frankfurt am Main 2002, S. 71. Vgl. dazu I. Schiffermüller, "Elberfelder Protokolle. Franz Kafka und die klugen Pferde", in : R. Calzoni (Hg.), "Ein in der Phantasie durchgeführtes Experiment". *Literatur und Wissenschaft nach 1900*, Göttingen 2010, S. 77-90.

76) Kafka, "Elberfeld", S. 226 f.

77) So argumentiert etwa Schiffermüller, "Elberfelder Protokolle", S. 79.

78) Vgl. G. Deleuze u. F. Guattari, *Kafka. Für eine kleine Literatur*, Frankfurt am Main 1975.

79) D. Grünbein, "Der kluge Hans", in : *Sinn und Form LXVI*, 1(2014), S. 28-35.

80) R. Koselleck, "Der Aufbruch", S. 23-37.

81) Ebda., S. 37.

82) 이 책의 119쪽 참조.

83) Vgl. A. Alföldi, *Der frührömische Reiteradel und seine Ehrenabzeichen*, Baden-Baden 1952, hier vor allem S. 53 u. 120 f.; ders., *Die Struktur des voretruskischen Römerstaates*, Heidelberg 1974.

84) J. F. Gilliam, Text für das Gedächtnisbuch Alföldi, zit. nach dem Ms. in IAS archive, Faculty, Alföldi Box I.

85) L. White jr., *Medieval Religion and Technology. Collected Essays*, Berkeley 1978, S. XV.

86) Vgl. M. McLuhan, *Understanding Media. The Extensions of Man*, London 1964, S. 192 f.

87) 군인이 측면과 뒤에서 말에 오르는 법에 대한 크세노폰의 조언, Xen. Hipp 7, 1-2와 Vegetius I, 18 참조

88) 이것은 초기 역사에서 도구가 기마술에서 중요한 역할을 했다는 사실을 인정하는 것이다. R. 칠레와 R. 포러의『등자 형태의 변천사 : 농경민족이 사용했던 등자의 특성과 시기(*Die Steigbügel in ihrer Formenentwickelung: Charakterisierung und Datierung der Steigbügel unserer Cultuvölker*)』2쪽 참조.

89) Vgl. L. White junior, *Die mittelalterliche Technik und der Wandel der Gesellschaft*, München 1968, Kap. B., Herkunft und Verbreitung des Steigbügels, S. 25 ff.

90) Ebda., S. 31.

91) L. White jr., "The Medieval Roots of Modern Technology and Science", in ders., *Medieval Religion and Technology. Collected Essays*, Berkeley 1978, S. 75–92, hier S. 78.

92) Vgl. W. Schivelbusch, *Geschichte der Eisenbahnreise, Exkurs: Geschichte des Schocks*, S. 134–141, hier S. 135.

93) Vgl. L. White jr., *Die mittelalterliche Technik*, S. 33 ff.

94) Ebda., S. 35.

95) 1970년대에 발터 베냐민 계승자들과 1980년대와 1990년대 세부 이야기(microstoria)와 자세히 읽기의 신봉자들은 일종의 종합적 역사를 다루었다. 역사적 세부사항을 진지함과 인내심으로 다룸으로써("중요하지 않은 부분에 대한 집착") 폭넓은 해석의 파노라마에 도달할 수 있다는 것이다. 이러한 관점은 오랫동안 역사의 가정용 상비약 상자에 반드시 들어 있던 약품과 같다. 나도 간혹 이러한 작은 병들에 집착하며 킁킁거린다는 것을 인정한다.

96) P. H. 소여와 R. H. 힐턴의 『기술적 결정주의: 등자와 쟁기(*Technical Determinism: The Stirrup and the Plough*)』 중에서 "린 화이트의 중세 기술과 사회 변화" 90쪽. 화이트의 통찰력에 매료되었던 이론사가 에른스트 칸토로비츠는 전혀 다른 반응을 보였다. "그는 키, 편자, 마구, 씨앗 등 몇 가지 핵심만을 끄집어냈다. 그러나 그가 이런 사물의 도입과 연계시킨 우주는 놀라웠다. 이런 점들은 영국의 역사학자들의 마음을 사로잡았을 것이다. 이런 것들은 내가 다루고 싶어 하는 '메타물리학적' 사물보다는 '물질적' 사물에 가깝기 때문이다.

97) White, *Medieval Technology*, S. XIV.

제3부 살아 있는 은유: 파토스

나폴레옹

1) Zur Natur, Geschichte und Symbolik des Esels vgl. J. Person, *Esel. Ein Portrait*, Berlin 2013.

2) A. Rüstow, Erlenbach – Zürich 1950, S. 74.

3) Vgl. Roche, *La gloire*, Kap. "Art équestre, art de gouverner", S. 220 ff.

4) S. Freud, "Das Ich und das Es"(1923), in *GW* 13, S. 237–289, 9. Auflage, London 1987, S. 253.

5) Vgl. H. Blumenberg, *Theorie der Unbegrifflichkeit*, Frankfurt am Main 2007, S. 61.

6) Vgl. K. Pomian, *Vom Sammeln. Die Geburt des Museums*, Berlin 1988, S. 50 ff.

7) "Der König ist nicht König ohne sein Pferd." Yves Grange, "Signification du rôle politique du cheval (XVIIIe et XIXe siècles)", in: J. P. Digard (Hg.), *Des chevaux et des hommes*, Avignon 1988, S. 63–82, hier S. 65.

8) S. Lewitscharoff, *Blumenberg. Roman*, Berlin 2011, S. 10.

9) Zum Begriff der Komposition vgl. B. Latour, "Ein Versuch, das 'Kompositionistische Manifest' zu schreiben", Vortrag vor der Münchner Universitätsgesellschaft am 2010. 2. 8., http://www.heise.de/tp/artikel/32/32069/1.html.

10) H. von Kleist, *Sämtliche Werke*, München und Zürich 1962, S. 576.

11) 이런 돼지우리에서 카프카의 시골 의사는 생각지도 못했던 두 마리의 말과 만나고, 두 마리의 말은 주인공을 밤의 지옥으로 데리고 간다.

12) Ebda., S. 645.

13) Traeger, *Der reitende Papst*, S. 97.

14) 여기에서 나는 클라이스트의 작품을 낱낱이 해부하려고 한다. 말에 담긴 (종말론적인) 의미 중에서 일부를 정의의 표상이라고 볼 수 있을지는 모르지만 말이다. 두 마리 말, 즉 두 쌍의 검은 말이 카피톨 언덕의 디오스구로(제우스의 쌍둥이 아들 카스토르와 폴룩스/옮긴이)임을 암시한다. 클라이스트는 하인 헤르제가 거위가 빤히 쳐다보듯 돼지우리 지붕 위로 고개를 쑥 내밀었을 때, 이 장소를 직접 손으로 가리켜 알려주었다.

15) "가장 먼저 태양왕의 기마상을 제거하고 말의 동상을 세운" 디종과 렌은 예외였다. V. 후네케의 『유럽의 기마상: 단테에서 나폴레옹까지 말을 타고 유럽의 역사를 돌아보다 (*Europäische Reitermonumente: Ein Ritt durch die Geschichte Europas von Dante bis Napoleon*)』 284쪽 참조.

16) Vgl. ebda., S. 288.

17) Vgl. ebda., S. 13. "Noch zu Zeiten Cassiodors (ca. 490–580)", heißt es dort, "bildeten die römischen Reiterdenkmäler 'riesige Herden' ('greges abundantissimi equorum')."

18) 이런 방법으로 우리는 카이사르의 기마술과 그의 적인 갈리아의 기마술 일부를 알 수 있다. 그러나 그가 말을 타고 있는 모습은 그림으로 남아 있지 않다.

19) Vgl. Hunecke, *Reitermonumente*; U. Keller, *Reitermonumente absolutistischer Fürsten*, München 1971; J. Poeschke u. a. (Hgg.), *Praemium Virtutis III. Reiterstandbilder von der Antike bis zum Klassizismus*, München 2008.

20) 이 원칙의 예외는 빈의 헬덴 광장에 있는 오이겐 왕자의 기마입상(페른코른과 푀닝어, 1865)과 상트페테르부르크 세네트 광장의 표트르 대제의 기마입상(팔코네, 1782)이다.

21) Vgl. oben, S. 183, Anm. 29.

22) J. A. S. Oertel hat die Szene des Denkmalssturzes in New York 1852 gemalt.

23) Hunecke, *Reitermonumente*, S. 289.

24) Vgl. die ausgezeichnete Studie von D. O'Brien, *After the Revolution : Antoine-Jean Gros, Painting and Propaganda Under Napoleon*, Philadelphia 2006; sowie M. H. Brunner, *Antoine-Jean Gros. Die Napoleonischen Historienbilder*, Phil. Diss. Bonn 1979.

25) Vgl. Ch. Henry, "Bonaparte franchissant les Alpes au Grand-Saint-Bernard. Matériaux et principes d'une icône politique", in : D. Roche (Hg.), *Le cheval et la guerre du XVe au XXe siècle*, Paris 2002, S. 347–365.

26) Zit. nach Hunecke, *Reitermonumente*, S. 291.

27) So überliefert von Nicolas Villaumé, *Histoire de la révolution francaise*, 1864, S. 312, wiedergegeben nach J. Burckhardt, *Kritische Gesamtausgabe* Bd. 28 : *Geschichte des Revolutionszeitalters*, München und Basel 2009, S. 521.

28) 메르시에는 『누보 파리(*Nouveau Paris*)』 제2권의 374쪽에서 쿠통과 같은 주장을 하고 있다. "로베스피에르가 말 위에 올랐다면 그는 다시 한번 군중의 마음을 사로잡을 수 있었을

것이다."

29) 부르크하르트『혁명의 시대(*Revolutionszeitalter*)』795쪽. 요하네스 빌름스는 시에예스가 "나폴레옹 옆에서 훌륭한 모습을 갖추기 위해서" 승마 수업을 받았다는 주장에 대해서 의혹을 제기하고 있다.

30) 나폴레옹의 입장에서, 말 위에 올랐더라면 게임의 승자가 될 뻔했던 역사의 패자는 로베스피에르가 아니라 루이 16세였다. 1792년 6월 20일 목격자가 조제프 형제에게 증언했듯이 루이 16세는 혁명에 불타오르는 파리인들이 튀일리 궁을 습격했을 때에도 늑장을 피우고 있었다.

31) 영국의 역사학자이자 자연보호주의자인 질 해밀턴은 이날 나폴레옹은 평소보다 훨씬 몸집과 키가 큰 말을 타고 있었다고 한다. 질 해밀턴『머렝고 : 나폴레옹 말의 신화(*Marengo : The Myth of Napoleon's Horse*)』58쪽 참조.

32) Zit. in J. Traeger, *Der reitende Papst. Ein Beitrag zur Ikonographie des Papsttums*, München 1970, S. 12.

33) Willms, *Napoleon*, S. 225.

34) So in dem berühmten Brief an Niethammer vom 1806. 10. 13., in G. W. F. *Hegel, Briefe von und an Hegel*, Bd. 1, Hamburg 1952, S. 120.

35) G. W. F. Hegel, *Vorlesungen über die Philosophie der Weltgeschichte*, Bd. 4, Leipzig 1944, S. 930.

36) 부르크하르트는『나폴레옹 1세(*Napoleon I*)』120쪽에서 "말에 대한 애정은 '전제 정치'를 위한 부속물일 뿐이다"라고 말한다.

37) Vgl. Hamilton, Marengo, S. 151. Über Napoleons Pferde vgl. auch L. Merllié, *Le cavalier Napoléon et ses chevaux*, Paris 1980; Ph. Osché, *Les chevaux de Napoléon*, Aosta 2002, sowie die einschlägigen Artikel auf den Seiten von *Napoleonica. Revue internationale d'histoire des deux Empires napoléoniens*, hg. von der Fondation Napoléon.

38) Vgl. ebda. (unter Berufung auf Madame de Rémusat), S. 6.

39) "나폴레옹은 경사가 가파른 길을 펄쩍 뛰어오르는 것을 즐겼고 말에서 자주 떨어졌다. 그러나 이것을 말하는 사람은 없었다. 마차를 몰 때도 운이 없기는 마찬가지였다. 세인트 클라우드에서 사륜마차를 타고 갈 때에 울타리에 부딪혀 마차가 전복되는 사고가 있었다." 부르크하르트, 『나폴레옹 1세』298쪽. 나폴레옹은 사냥을 할 때에 고삐도 없이 말을 탔는데, 부르크하르트에 의하면 이는 나폴레옹이 격렬한 말 타기를 즐겼기 때문이라고 한다. 부르크하르트, 『나폴레옹 1세』304쪽.

40) Vgl. Hamilton, *Marengo*, S. 31 f.

41) "군사참모부와 용기병처럼 그는 이집트에서 맘루크의 재갈과 안장을 받아들였다. 게다가 그는 맘루크의 기병대를 전부 프랑스로 데리고 왔다. 이들은 아랍 방식으로 말을 타고 프랑스군의 전투 규정의 일부를 수용한 최초의 기병 부대였다." D. 보그로스, *Essai d'analyse du discours français sur l'équitation arabe*.

42) Vgl. ebda., S. 65 u. 70. Über die napoleonische Kavallerie und ihren Einsatz vgl. Roche, *La gloire*, S. 299 ff.

43) Vgl. Hamilton, *Marengo*, S. 91 f.; Osché, *Les chevaux*, S. 270.

44) 전시회 Chevaux et cavaliers arabes dans les arts d'Orient et d'Occident의 멋진 카탈로그 참조. 2002년 파리 L'Institut du monde arabe.

45) 프린스턴 대학교 미술관의 인기 작품인 이 그림은 몇 년 전의 보수 작업 당시 창고에서 사라졌다.

46) Vgl. die Hinweise bei Th. W. Gaethgens, "Das nazarenische Napoleon bildnis der Brüder Olivier", in : *Geschichte und Ästhetik. Festschrift für Werner Busch*, hg. von M. Kern u. a., München 2004, S. 296-312, hier S. 303.

47) Vgl. B. Baczko, "Un Washington manqué: Napoléon Bonaparte", in : ders., *Politiques de la Révolution francaise*, Paris 2008, S. 594-693, hier S. 596 ff.

48) Vgl. ebda., S. 603.

49) Vgl. ebda., S. 604 f.

50) F. Furet, "La Révolution, de Turgot à Jules Ferry", in : ders., *La Révolution française*, Paris 2007, S. 478.

51) In : Las Cases, *Mémorial de Sainte-Hélène*, hier zit. nach Baczko, Politiques, S. 681 f.

52) O. Figes, *Die Tragödie eines Volkes. Die Epoche der russischen Revolution 1891 bis 1924*, Berlin 1998, S. 712.

53) Ebda., S. 708.

54) Zit. nach W. Hegemann, *Napoleon oder "Kniefall vor dem Heros"*, Hellerau 1927, S. 579.

55) 죽을 때까지 말을 타야 하는가? 영화 「리버티 밸런스를 쏜 사나이」(1962)처럼 이 주제에 대해서는 거의 다룰 것이 없다. 이 영화에서 변호사 역할을 맡은 제임스 스튜어트는 총잡이 영웅 리버티 밸런스(리 마빈 역) 콜트를 권총, 실제로는 법전으로 이긴다.

56) 프란츠 카프카의『단편집(*Erzählungen*)』(슈투트가르트, 1995) 중『신임 변호사(*Der neue Advocat*)』167쪽 참조. 단편 소설의 모든 문장은 여기에서 인용했다.

57) R. Musil, *Der Mann ohne Eigenschaften*, Reinbek 1981, B.1, S. 35 u. 44 f.

네 번째 말 탄 사람

1) 미군 합동군사본부 공식 사이트(http://www.usstatefuneral.mdw.army.mil/military-honors/caparisoned-horse)와 'Caparisoned Horse'와 'Riderless Horse', 블랙잭이나 서전트 요크 등을 검색창에 입력했을 때에 검색되는 사이트 참조.

2) Vgl. Wikipedia, Art. "Riderless horse", zuletzt aufgerufen am 2015. 6. 24.

3) W. 브뤼크너의『장례 의식에서 말과 기수 : 역사적 예법 관례에 관한 해석 시도(*Roß und Reiter im Leichenzeremoniell: Deutungsversuch eines historischen Rechtsbrauches)*』144-209 쪽 참조. 독특하게도 저자는 J. F. 케네디의 장례식으로 글을 시작하고 끝을 맺었다(144쪽과 209쪽). 장례 행렬의 부츠는 언급되어 있지만 방향은 바뀌어 있지 않다. 망자의 안장을 돌려 놓는 습관에 대해서는 J. 폰 네겔라인의『영혼에 대한 믿음과 사자 숭배에서 말(*Das Pferd im Seelenglauben und Totenkult)*』13-15쪽 참조.

4) Vgl. auch *Handwörterbuch des deutschen Aberglaubens*, hg. von H. BächtoldStäubli, Bd. VI, Berlin u. Leipzig 1935, Sp. 1673.

5) H. Heimpel, *Die halbe Violine. Eine Jugend in der Haupt- und Residenzstadt München*,

Frankfurt 1978, S. 196 f.

6) Vgl. von Negelein, "Seelenglauben, Teil I", Heft 4, 1901, S. 406‒420, hier S. 410.

7) R. Koselleck, *Zeitschichten. Studien zur Historik*, Frankfurt am Main 2000, S. 101.

8) Ebda., S. 102.

9) 라인하르트 코젤렉, 『태동(*Aufbruch*)』 29쪽 : "말에 깔릴 수 있는 자는 정복당할 수 있다."

10) Vgl. N. Luhmann, *Macht*, Stuttgart 1975, S. 23 ff.

11) Ch. Darwin, *Der Ausdruck der Gemütsbewegungen bei dem Menschen und den Tieren*, Frankfurt am Main 2000, S. 143 f.

12) J. Burckhardt, *Erinnerungen aus Rubens*, Leipzig o. J., S. 167.

13) 화가는 말의 눈이 유난히 크고 움직임이 많다는 사실을 놓치지 않았다. 말은 시골의 다른 포유동물에 비해 눈이 훨씬 큰 데다가 시야도 넓다. M. -A. 르블랑 『말의 사고력 : 말의 인지 능력 개론(*The Mind of the Horse : An Introduction to Equine Cognition*)』 126쪽

14) *Ross und Reiter. Ihre Darstellung in der plastischen Kunst. In Gemeinschaft mit Robert Diehl herausgegeben von Albrecht Schaeffer*, Leipzig 1931, S. 11.

15) Vgl. S. Freud, "Analyse der Phobie eines fünfjährigen Knaben", in : Ders., *Gesammelte Werke* Bd. VII, London 1941, S. 243‒377.

16) Ebda., S. 280 ff.

17) Ebda., S. 358.

18) Ebda., S. 359.

19) Ebda., S. 370.

20) Zum Phänotypus und zur Geschichte des Desperado vgl. H. von Hentig, *Der Desperado. Ein Beitrag zur Psychologie des regressiven Menschen*, Berlin 1956.

21) Vgl. E. Pagels, *Apokalypse. Das letzte Buch der Bibel wird entschlüsselt*, München 2013, S. 12 f.

22) E. Jones, *On the Nightmare*, London 1949.

23) Vgl. ebda., Part III, "The Mare and the Mara : A Psycho-Analytical Contribution to Etymology", S. 241‒339.

24) Ebda., S. 246.

25) M. Jähns, *Ross und Reiter*; vgl. dazu oben, S. 223 ff.

26) Ebda., Bd. 1, S. 77, zit. bei Jones, *Nightmare*, S. 248.

27) Jones, *Nightmare*, S. 260 f.

28) 존스는 악몽을 근친상간의 욕구로만 해석해서 비판을 받았으며 바로 이 점에서 융과 비교된다. 근친상간이라는 성적 혹은 육욕적 관점에서 악몽을 해석한 존스와 프로이트와 다른 관점을 살펴보고 싶다면 J. 화이트‒루이스의 『악몽의 방어 : 임상 및 문헌 사례(*In Defense of Nightmares: Clinical and Literary Cases*)』 48‒72쪽을 참조하기 바란다.

29) J. Starobinski, *Trois fureurs*, Paris 1974 ; dt. *Besessenheit und Exorzismus. Drei Figuren der Umnachtung*, Berlin 1978, hier das 3. Kapitel, "Die Vision der Schläferin", S. 141-183.

30) Ebda., S. 179 f.

31) Vgl. ebda., S. 159.

32) Ebda., S. 160.

33) N. Powell, Fuseli : *The Nightmare*, New York 1973.

34) Starobinski, *Besessenheit*, S. 164.

35) Ebda., S. 162.

36) Ebda., S. 150.

37) Ebda., S. 162.

38) Ebda., S. 167.

39) Ebda., S. 172.

40) 원고의 장소명이 잘 보이지 않기 때문에 오류가 있을 가능성이 있다.

41) 코젤렉은 원고에 '23 XII. 02'라는 메모를 남겼다. 마르부르크의 독일 예술사 문헌 센터 사진자료실에서 소장하고 있는 코젤렉의 유품에 이 종이가 있다. 이 숫자의 의미를 해석할 수 있도록 도움을 준 펠리시타스 코젤렉과 카타리나 코젤렉에게 감사의 말을 전한다.

42) Zur Kategorie des Absurden bei Koselleck vgl. J. -E. Dunkhase, Kosellecks Gespenst. *Das Absurde in der Geschichte*, Marbach 2015, erscheint demnächst.

채찍

1) 블러드하운드갱의 노래 "더 배드 터치" 후렴구.

2) 섹스 장면을 엿보면서 쾌감을 느끼는 것은 현대에 나타난 현상이 아니다. 울리히 피스터러는 『예술의 탄생 : 창의성, 에로티시즘, 육체(*Kunst-Geburten : Kreativität, Erotik, Körper*)』의 138쪽에서 1514년 피렌체의 축제 장면을 묘사하고 있다. 이에 따르면 피렌체 델라 시뇨리아 광장에서 암말 한 마리와 수말들이 갇혀 있고 4만 명의 여성과 소녀들이 이 장면을 즐기며 구경했다고 한다.

3) P. F. Cuneo, "Horses as Love Objects : Shaping Social and Moral Identities in Hans Baldung Grien's 'Bewitched Groom'(circa 1544) and in Sixteenth-Century Hippology", in : Dies. (Hg.), *Animals and Early Modern Identity*, Burlington/VT und Farnham 2014, S. 151-168, hier S. 159 f.; vgl. auch K. Raber, "Erotic Bodies : Loving Horses", in : Dies., *Animal Bodies, Renaissance Culture*, Philadelphia 2013, S. 75-101.

4) J. J. 스로카는 『한스 발둥 그린의 작품에서 표현 및 의미 전달자로서 말(*Das Pferd als Ausdrucks-und Bedeutungsträger bei Hans Baldung Grien*)』 112쪽에서 이 동판화를 수간이라는 주제로 해석하지 않고 육감적 분위기가 철철 넘치는 일반적인 장면으로 이해하면서 수말을 "성과 여성을 유혹하는 힘의 상징"으로 해석했다. 뒤러, 발둥, 퓌슬리의 작품에서 『인간의 성적 충동의 메타포로서 말(*Das Pferd als Metapher für menschliche Triebe bei Dürer, Baldung und Füssli*)』 151-161쪽 참조.

5) 리하르트 폰 크라프트-에빙의 『사이코파티아 섹수알리스(*Psychopathia sexualis*)』 399쪽에 대상을 다루는 법이 나온다. "경험에 의하면 외양간과 마구간에서의 수간은 드문 일이 아니다." 암말을 욕보였던 기병에게 프리드리히 대제가 내린 처분은 유명하다. "그 사내는 돼지이므로 보병대로 보낸다."

6) M. Treut, Hintergründe, Homepage zu dem Film "Von Mädchen und Pferden", www. maedchen-und-pferde.de/synopsis, zuletzt abgerufen am 2015. 6. 24.

7) H. A. Euler, "Jungen und Mädchen, Pferde und Reiten", Vortrag auf der Tagung "Jugend im Wandel", Warendorf 1998. 11. 28., c:\tex\proj\hors\fn\warend98.doc, S. 1.

8) L. Rose, zit. nach K. Greiner, "Was hat die denn geritten?", in : *Süddeutsche Zeitung Magazin*, 2015. 3. 20., S. 19.

9) G. Deleuze u. F. Guattari, *Tausend Plateaus. Kapitalismus und Schizophrenie*, Berlin 1992, S. 369.

10) Für das Folgende vgl. *Herodot*, Historien IV, 110-117, Stuttgart 1971, S. 292-294.

11) Ebda., IV, 113, S. 293.

12) Ebda., IV, 114, S. 293.

13) A. Mayor, *The Amazons. Lives and Legends of Warrior Women across the Ancient World*, Princeton 2014, S. 20. Vgl. auch R. Rolle, "Amazonen in der archäologischen Realität", in : *Kleist Jahrbuch 1986*, S. 38-62, sowie das ebenfalls von Renate Rolle herausgegebene Begleitbuch zu der Ausstellung "Amazonen. Geheimnisvolle Kriegerinnen" in Speyer 2010. 5. 9.-2011. 2. 13.

14) Mayor, *Amazons*, S. 132.

15) Ebda., S. 172

16) Vgl. ebda., S. 173.

17) W. Koestenbaum, *Humiliation*, New York 2011, S. 10.

18) Ebda., S. 7.

19) 몽테뉴의 『수상록(*Essais*)』 3권 중에서 6번째 장 "마차에 대하여" 452쪽 참조. 전제 정치의 상징은 다른 상징으로 바뀔 수 있다. 이런 상징은 자발적으로 겸손과 경외의 제스처를 취하는 종의 신분일 때에 필요하다. 헤겔은 출판업자 코타에게 보내는 편지에서, 사람들이 자발적으로 그의 마차를 끌려고 했을 때 프로이센의 왕이 당황했던 모습을 묘사하고 있다. 독일 지방에서의 소요 사태가 이 사건의 배경이다. "이곳은 조용합니다. 며칠 전에는 왕께서 곡마사를 구경하러 왔다가 방문객들이 몰려들고 집으로 돌아가려는 말들을 풀어놓아 발이 묶여 있었지요. 왕께서는 말을 하찮게 여기면 안 된다고 경고하며 걸어서 집으로 돌아가겠다며 사람들에게 안심을 시켰습니다. 그 말을 들은 사람들이 만세를 불렀고 덕분에 왕은 무사히 지나갈 수 있었습니다." J. 호프마이스터 『헤겔과의 서신(*Briefe von und an Hegel*)』 제3권 341쪽.

20) Vgl. "Reinhard Brandt : Verkehrte Ordnung. Aristoteles und Phyllis - ein Motiv im Deutungswandel", in : *NZZ* 1999. 8. 14., S. 67.

21) *Lou Andreas-Salomé : Lebensrückblick, aus dem Nachlass herausgegeben von Ernst Pfeiffer, neu durchgesehene Ausgabe*, Frankfurt am Main 1968, S. 81.

22) *KSA* 4, S. 85

23) *KSA* 10, Nr. 210, S. 77.

24) L. 뤼트케하우스는 명쾌한 수필을 통해서 악명 높은 이 문장과 투르게네프의 노벨레(『첫사랑(*Erste Liebe*)』)의 상관관계와 문학적 유사성을 다루었다. 뤼트케하우스, 『니체, 채찍, 여자(*Nietsche, die Peitsche und das Weib*)』 참조.

25) Vgl. *KSA* 10, Nr. 367, S. 97.

26) Vgl. *KSA* 4, S. 86.

27) Vgl. E. Künzl, *Der römische Triumph. Siegesfeiern im antiken Rom*, München 1988, S. 42 f.

28) W. Matz, *Die Kunst des Ehebruchs. Emma, Anna, Effi und ihre Männer*, Göttingen 2014.

29) Zit. nach K. Robert, *Degas*, London 1982, S. 40.

30) Flaubert, *Madame Bovary*, S. 28.

31) Ebda., S. 449.

32) Th. Hardy, *Fern vom Treiben der Menge*, Berlin 1999, S. 24.

33) Ebda., S. 42.

34) L. Tolstoi, *Anna Karenina*, München 2009, S. 277 f.

35) Ebda., S. 292.

36) 아내에게는 차가운 어조의 3음절, 애인에게는 2음절을 사용한다. '프루프루' 등 말에게 이름을 붙이게 된 이유도 있다. 그러나 작명에 숨겨진 시학을 너무 많이 다루면 지루할 것이다.

37) Vgl. oben, "Ein Unfall auf dem Land", S. 66 f.

38) Tolstoi, *Anna Karenina*, S. 919.

39) Vgl. V. Schklowski, *Leo Tolstoi*, Frankfurt am Main 1984, S. 313; vgl. auch die folgenden Seiten (zur Entstehungsgeschichte des *Leinwandmessers*).

40) (기관차와 증기선 등) 기술의 약진에 관한 레오 막스의 고전주의적 연구논문의 제목을 보면 미국의 야생성이 파라다이스처럼 느껴진다. 레오 막스 『정원의 기계 : 미국의 기술 과 목가적 이상(*The Machine in the Garden: Technology and the Pastoral Ideal in America*)』

41) Vgl. Th. Hardy, *Tess. Eine reine Frau*, München 2012, S. 112 ff.

42) Ebda., S. 416 ff.

43) Vgl. Tolstoi, *Anna Karenina*, S. 295-304.

44) Ebda., S. 302.

45) Ebda., S. 303.

46) Ebda., S. 319.

47) Ebda., S. 1152 f.

48) Ebda., S. 1172.

49) Ebda., S. 104.

50) Vgl. Starobinski, "Die Skala der Temperaturen - Körperlesung in *Madame Bovary*", in : Ders., *Kleine Geschichte des Körpergefühls*, Frankfurt am Main 1991, S. 34-72.

51) Zit. Nach Starobinski, "Die Skala", S. 65.

52) J. W. v. Goethe, *Die Leiden des jungen Werther*, Goethes Werke (Hamburger Ausgabe) Bd. VI, Romane und Novellen I, München 1998, S. 70 f.

토리노, 겨울 동화

1) *Der gefährliche Augenblick*, so lautet der Titel des nächsten Bildbandes, den Jünger federführend betreut und der 1931 in Berlin erscheint.

2) 율리아 엥케는 젊은 전사들의 세계대전에 관한 화보집에서 이 부분에 초점을 맞추었다. 엥케의 『위험의 순간 : 전쟁과 감정. 1914-1934(*Augenblicke der Gefahr. Der Krieg und die*

Sinne. 1914-1934)』(뮌헨, 2006) 39쪽 참조.

3) Zur emotionalen Wirkung von Bildern tierischer Kriegsteilnehmer vgl. auch H. Kean, *Animal Rights : Political and Social Change in Britain since 1800*, S. 171 f.

4) S. Neitzel und H. Welzer, *Soldaten. Protokolle vom Kämpfen, Töten und Sterben*, Frankfurt am Main 2011, S. 85.

5) Zuerst abgedruckt in der *Illustrierten Kriegszeitung* der k. u. k. 32. Infanterie Truppendivision vom 1917. 1. 10.; wieder abgedr. in J. Roth, "Der sterbende Gaul", in : *Werke* in 6 Bänden, Bd. 1, Anhang, Köln 1989, S. 1103.

6) 『플랑드르로 가는 길』 109쪽에서 시몽은 "잠시 후 그는 깨달았다. 그것은 말라붙어 각이 진 진흙 덩어리가 아니라……말이었다. 좀더 정확하게 말하면 그것은 한때 말이라는 생명체였다……."

7) 예외가 이 법칙을 입증한다. 138쪽의 예루살렘의 말을 탄 경찰관 참조.

8) 로자 룩셈부르크가 소피 리프크네히트에게 보낸 로자 룩셈부르크가 소피 리프크네히트에게 보낸 감동적인 편지 구절 참조(1917년 12월 24일). 이 편지에는 보병대가 물소를 괴롭히는 모습이 묘사되어 있는데, 그녀는 물소를 "나의 사랑스럽고 불쌍한 형제여"라고 했다. 카를 크라우스도 『인류의 마지막 날(*Die letzten Tage der Mens cheit*)』에서 도나 백작의 익사한 말에서 이 유명한 구절을 사용했다.

9) 엘제 라스커쉴러 『쿠담 거리에서(*Am Kurfürstendamm*)』 48-50쪽의 "지난 겨울 나를 슬프게 했던 일은……" 참조.

10) C. Rowe, *Die Mathematik der idealen Villa*, Basel 1998, S. 7.

11) Vgl. Mercier, *Tableau de Paris*, vor allem das Kapitel "Fiacres", S. 67 ff.

12) Vgl. zu diesem Thema K. Hamburger, *Das Mitleid*, Stuttgart 1985 ; H. Ritter, Die Schreie der Verwundeten. Versuch über die Grausamkeit, München 2013 ; U. Frevert, Vergängliche Gefühle, Göttingen 2013, Kap. III., Mitleid und Empathie, S. 44-74.

13) 첫 원고에서 나는 이 문장에서 세 가지 인물상, 즉 구타당하는 말, 부상당한 군인, 노동하는 아이만 묘사했다(2014년 1월 11일 자 「노이에 취르허 차이퉁(*Neue Zürcher Zeitung*)」 "견딜 수 없는 풍경 : 연민의 인물상"). 고아라는 네 번째 인물을 상기시켜준 에른스트 할터에게 감사 인사를 전하고 싶다.

14) 부상당한 자들이 또 한번 포병대의 전차가 지나가면서 바퀴와 말편자에 박살나고 짓이겨지는 장면은 뒤낭의 묘사 중 가장 잔인하다(38쪽 참조). 그는 말을 "기수들보다 더 인간적인 모습으로" 묘사한다. "말은 말편자에 밟힐 때마다 광란과 분노에 휩싸인 전쟁의 희생자들을 도와준다"(27쪽 참조).

15) Vgl. *Geschichte der Kinderarbeit in Deutschland*, Bd. 1 : *Geschichte*, von J. Kuczynski, Bd. 2 : *Dokumente*, von R. Hoppe, Berlin 1958.

16) E. P. Thompson, *Die Entstehung der englischen Arbeiterklasse*, Frankfurt am Main 1987, Bd. I, S. 378.

17) E. Halter, "Johanna Spyri, Marlitt und ihr verwaistes Jahrhundert", in : *Ders., Heidi. Karrieren einer Figur*, Zürich 2001, S. 10.

18) Vgl. ebda., S. 12.

19) Vgl. ebda., S. 15.

20) So Queen Victoria gegenüber ihrem Innenminister, zit. nach H. Ritvo, *The Animal Estate : The English and Other Creatures in the Victorian Age*, Cambridge/Mass. U. London 1987, S. 126.

21) 원래 제목은 '소에 대한 잔인하고 부적절한 처우 방지를 위한 청원'이었으나, 이것은 말, 나귀, 노새 등 모든 역용동물로 확대해석하여 적용할 수 있다.

22) Vgl. die mittlerweile klassische Studie von Keith Thomas, *Man and the Natural World : A History of the Modern Sensibility*, New York 1983, Kap. IV, "Compassion for the brute creation", S. 143‒191, sowie die ausgezeichnete Bremer Phil. Diss. von Mieke Roscher, *Ein Königreich für Tiere. Die Geschichte der britischen Tierrechtsbewegung*, Marburg 2009, S. 47 ff., sowie H. Ritvo, *Animal Estate*, 125 ff., und H. Kean, *Animal Rights*, S. 13 ff.

23) Zit. nach Roscher, *Königreich*, S. 51.

24) Vgl. Kean, *Animal Rights*, S. 20.

25) J. Bentham, *An Introduction to the Principles of Morals and Legislation*, London 1970, S. 283.

26) Vgl. K. Miele, "Horse-Sense : Understanding the Working Horse in Victorian London", in : *Victorian Literature and Culture* 37 (2009), S. 129‒140.

27) Vgl. Donald, *Picturing Animals*, S. 215‒232 u. S. 347 (mit weiteren Literaturangaben).

28) 인간과 짐승의 상황에 대한 곰페르츠의 윤리의식 연구는 1824년 SPCA가 창립되던 해에 발표되었다. 이것은 영국 동물 보호 협회의 창립 성명이자 모든 자연보호운동의 원전으로 여겨진다.

29) Vgl. Roscher, *Königreich*, S. 111 f.; M. Zerbel, "Tierschutzbewegung", in : *Handbuch zur "Völkischen Bewegung" 1871‒1918*, hg. v. U. Puschner, München 1996, S. 546‒557.

30) Vgl. S. und F. W. von Preußen, *Friedrich der Große. Vom anständigen Umgang mit Tieren*, Göttingen 2012, S. 77‒83.

31) 베르너 부시를 해석한 것에 대하여 지적해준 바바라 피히트에게 감사 인사를 전한다.

32) Chr. A. Dann, *Bitte der armen Thiere, der unvernünftigen Geschöpfe, an ihre vernünftigen Mitgeschöpfe und Herrn die Menschen*(1822) und ders., *Nothgedrungener durch viele Beispiele beleuchteter Aufruf an alle Menschen von Nachdenken und Gefühl zu gemeinschaftlicher Beherzigung und Linderung der unsäglichen Leiden der in unserer Umgebung lebenden Thiere*(1832). Beide Texte in : *Wider die Tierquälerei : Frühe Aufrufe zum Tierschutz aus dem württembergischen Pietismus*, hg. v. M. H. Jung, Leipzig 2002.

33) Vgl. M. H. Jung, "Nachwort", in : *Wider die Tierquälerei*, S. 113‒120, hier S. 113.

34) Dann, *Bitte der armen Thiere*, S. 29.

35) M. H. Jung, "Die Anfänge der deutschen Tierschutzbewegung im 19. Jahrhundert", in : *Zeitschrift für württembergische Landesgeschichte*, Stuttgart 1997, S. 205‒239, hier S. 226.

36) Vgl. ebda., S. 239.

37) Vgl. F. Th. Vischer, "Noch ein vergebliches Wort gegen den himmelschreienden Thierschund im Lande Württemberg", in : *Der Beobachter*, Nr. 327 vom 1947. 11. 28. Die beiden folgenden Stücke in Nr. 328, 1847. 11. 30. und Nr. 329 vom 1847. 12. 1.

38) F. Th. Vischer, *Briefe aus Italien*, München 1908, S. 94, Brief vom 1840. 1. 25.

39) 피셔의 『이탈리아에서 온 편지(*Briefe aus Italien*)』 133쪽. 1840년 3월 7일 편지. 1869년 피셔의 풍자적 소설 『또 한 사람(*Auch Einer*)』에서 마부와의 싸움이 한 번 더 나오며, 이 소설의 줄거리는 주인공의 체험을 바탕으로 한다. 과거에 피셔가 개와 말을 학대하는 장면을 목격하며 분개했던 다른 사건들도 다시 등장한다. 『또 한 사람』 35쪽과 296쪽 참조.

40) F. Th. Vischer, *Kritische Gänge*, 6 Bde., NF, Stuttgart 1860-1873, Bd. 1, S. 155 f.

41) F. Th. Vischer, "Noch ein Wort über Tiermißhandlung in Italien", in : ders., *Kritische Gänge*, Bd. 6, München 1922, S. 326-336, hier S. 326.

42) Ebda., S. 328.

43) Ebda., S. 331.

44) 미케 로셔의 『동물을 위한 왕국(*Königreich für Tiere*)』 113쪽 참조. 가톨릭교도들과 유대인들은 짐승이 도살당하는 모습을 보면서도 짐승의 고통에는 무관심하다. 이런 점에서 이들은 비난을 받는 것이다. 철학자 미하엘 란트만은 이 모든 행위가 일부는 세부적이고 일부는 종교적 동기에서 되었다고 논쟁을 마무리 짓는다. 『유대인의 지시를 받는 동물(*Das Tier in der jüdischen Weisung*)』 참조.

45) F. Nietzsche, *Werke III*, München 1984, S. 835.

46) 니체 전기 작가인 쿠르트 파울 얀츠는 이런 관점을 취하고 있다. "니체는 동물에 대해서 별다른 친밀함을 표현한 적이 없다. 그는 동물을 자신의 본능 안에 감추어진 생물로서 윤리적 편견과 상반되는 불안한 위치, 자신의 밑바탕에 깔린 본능에 낯설어 하는 인간과는 상반된 위치를 추상적으로 표현하는 데에 이용할 뿐이다." C. P. 얀츠 『프리드리히 니체 전기 (*Friedrich Nietsche Biographie*)』 제3권 "나약함의 시대(Die Jahre des Siechtums)" 34쪽 참조. 바네사 렘은 『니체의 동물 철학 : 인류의 문화, 정치, 동물성(*Nietsche's Animal Philosophy : Culture, Politics, and the Animality of the Human Being*)』에서 얀츠의 주장을 뒷받침하고 있다.

47) 그러나 니체가 실제 동물을 염두에 둔 적도 있다. 1867년에서 1868년까지 겨울 기마 포병대에서 복무 중일 때였다. 그는 짧은 기간일지라도 자랑스런 기병으로 복무했다는 행운을 누렸으나 1868년 3월 중순에 불의의 사고로 "포병대에서 가장 성미가 사납고 불안한 동물" 와 함께 심각한 사고를 당해서 오랫동안 병을 앓다가 제대했다. R. 벤더스와 St. 외터만, 『프리드리히 니체 : 그림과 텍스트로 보는 연대기(*Friedrich Nietzsche : Chronik in Bildern und Texten*)』 172-179쪽 참조.

48) So in der Überlieferung durch E. F. Podach, *Nietzsches Zusammenbruch*, Heidelberg 1930.

49) 1938년 "토리노"라는 정적인 시의 마지막 구절 참조 : "유럽의 포도 알맹이들이 익어가는 동안/ 파우, 바이로이트, 엡섬에는 소용돌이가 치고/ 그는 승합마차를 끄는 두 마리의 말을 꼭 끌고 있었네/ 하숙집 주인이 그를 집으로 데리고 갈 때까지" 여기에서 승합마차를 끄는 두 마리 말이라는 표현은 운을 맞추기 위해서라고 보는 것이 타당하다.

50) 다비드 피노는 토리노에서 니체가 묵었던 하숙집 주인이자 간이매점의 소유자였다.

51) E. F. Podach, *Nietzsches Zusammenbruch*, Heidelberg 1930, S. 82.

52) Sein Buch *La catastrofe di Nietzsche a Torino*, Turin 1978, ist auch auf Deutsch erschienen : A. Verrecchia, *Zarathustras Ende. Die Katastrophe Nietzsches in Turin*, Wien 1986.

53) Vgl. Verrecchia, *Zarathustras Ende*, S. 261.

54) Ebda., S. 260.

55) A. 베르키아 『자라투스트라의 끝(*Zarathustras Ende*)』의 262-272쪽에 키스와 '형제'라는 단어에 대한 설명이 있다. 모든 서술자들이 이후 토리노에서의 니체의 말년을 이야기할 때에 이 일화를 풍부하게 곁들였고 자연선택의 기능은 서사에 맡겼다.

56) Vgl. u. a. Janz, *Friedrich Nietzsche*, Bd. 3, S. 34 f.

57) F. Nietzsche an Reinhart von Scydlitz, Brief vom 13. 5. 1888, in : F. Nietzsche : *Briefwechsel. Kritische Gesamtausgabe*, Dritte Abteilung, Fünfter Band, Briefe Januar 1887 - Januar 1889, Berlin, New York 1984, S. 314.

58) 이 책의 250-251쪽 참조.

59) Vgl. F. Dostojewskij, *Verbrechen und Strafe*, 6. Aufl., Zürich 1994, S. 77-83.

60) Vgl. G. Pochhammer, "Tierquälerei, Doping, Betrug", *Süddeutsche Zeitung*, 4. 3. 2015, S. 24

61) '구원'이라는 개념은 병든 가축과 애완동물을 죽이는 행위와 관련하여 사용되었다.

제4부 잊힌 주인공 : 역사

이빨과 시간

1) Th. Hardy, *Fern vom Treiben der Menge*, Frankfurt am Main 1990, S. 141.

2) 야스퍼스와 1949년 그의 저서는 절대 코젤렉의 관심을 끌 수 없었다. 55년이 지난 후 인터뷰 중에 코젤렉은 야스퍼스의 작품이 발표되었을 때에 냉소와 조소를 퍼부었던 기억을 떠올렸다. R. 코젤렉과 카르스텐 두트, 『경험된 역사 : 두 대화(*Erfahrene Geschichte : Zwei Geschichte*)』 37쪽

3) 글렌 보어속은 최근 발표한 야스퍼스의 『'축의 시대'에 관한 논문집(*The Axial Age and Its Consequences*)』에 관한 논의에서, 헤겔은 역사의 전환점을 그리스도가 인간이 된 사건을 들며 이것을 '천사(Angel)'라고 표현한 반면 야스퍼스는 '축'이라고 표현했다고 말하고 있다. G. W. 보어속, 『인류의 전환점에 대한 상반된 견해?(*A Different Turning Point for Mankind?*)』 56-58쪽 참조.

4) K. Jaspers, *Vom Ursprung und Ziel der Geschichte*, München 1949, S. 37.

5) Vgl. A. Weber, *Das Tragische und die Geschichte*, Hamburg 1943, S. 60.

6) Ebda., S. 58 f.

7) O. Spengler, "Der Streitwagen und seine Bedeutung für den Gang der Weltgeschichte", in ders., *Reden und Aufsätze*, München 1937, S. 148-152, hier S. 149.

8) Ebda., S. 150.

9) H. Freyer, *Weltgeschichte Europas*, 2 Bde., Wiesbaden 1948, Erster Band, S. 25.

10) Ebda., S. 26 und 28 f.

11) Ebda., S. 33 und 35.

12) Jaspers, *Ursprung und Ziel*, S. 70.

13) Ebda., S. 37; Kursivierung von mir, U. R.

14) 1939년 라이프치히에서 출간된 얇은 책자는 전년도인 1938년 베를린의 근동—이집트 학회에서 있었던 강연 내용을 바탕으로 한 것이다. 아울러 이 책은 쾨니히스베르크 대학교의 고전 고고학부 대학교수 자격취득 논문으로 발표하는 데에 도움이 되었다. 1917년 이 책은 개정된 내용 없이 힐데스하임에서 재인쇄되었다. 아울러 전쟁 후 비르클레호프의 학교 교사로 요제프 비스너를 알게 된 하인츠 보러에게, 제목과 관련해서 감사 인사를 전한다.

15) Vgl. Wiesner, *Fahren und Reiten*, S. 24 und 29.

16) Ebda., S. 37.

17) Vgl. ebda., S. 34.

18) Ebda., S. 39.

19) 이것은 테오도르 폰타네의 소설 『폭풍 앞에서(*Vor dem Sturm*)』에 등장하는 바메 장군의 관점이다. "나는 훈족과 몽골족의 민족 이동을 묘사한 세계 역사의 관점에서 본다면 우리는 그 옛날 경기병 정신을 통해서 항상 안장 위에 있었다는 문장부터 잘못 되었다고 생각한다." 『폭풍 앞에서』 제1권 187쪽.

20) 알렉산더 뤼스토프의 『현재의 위치 결정 : 세계사적 문화 비평(*Ortsbestimmung der Gegenwart : Eine universalgeschichtliche Kulturkritik*)』 제1권의 "통치의 기원" 68쪽 참조. 초기 역사에서 소과 동물과 말고 동물과의 관계에 대한 고찰에서 뤼스토프는 인상적인 문장을 남긴다. "세계사적으로 동물의 대표는 말이다." 같은 책 66쪽 참조.

21) Canetti, *Masse*, II, S. 10.

22) G. Deleuze und F. Guattari, *Anti-Ödipus. Kapitalismus und Schizophrenie I*, Frankfurt am Main 1974, S. 250.

23) P. Raulwing, *Horses, Chariots and Indo-Europeans*, Archaeolingua Series Minor 13, Budapest 2000, S. 61.

24) 보어속은 "야스퍼스는 고고학을 전혀 몰랐다"고 쓰고 있다. 영웅 이미지에 대한 고고학과 전통에 대해서 그는 F. 브누아의 *L'hé-roisation équestre*를 인용했다.

25) Vgl. N. Di Cosmo, Inner Asian Ways of Warfare in Historical Perspective, in : ders. (Hg.), *Warfare in Inner Asian History (500–1800)*, Leiden 2002, S. 1–20, hier S. 2–4 (mit Hinweisen auf weiterführende Literatur).

26) J. K. Fairbank, *Chinese Ways in Warfare*, Cambridge, Mass. 1974, S. 13.

27) D. W. Anthony, *The Horse, the Wheel, and Language*, Princeton 2007, S. 222.

28) Ebda., S. 223.

29) Ebda., S. 224.

30) So die Archäologin Marsha Levine, zit. nach A. Hyland, *The Horse in the Ancient World*, Phoenix Mill 2003, S. 3.

31) Vgl. V. Horn, *Das Pferd im Alten Orient*, Hildesheim 1995, S. 20 f. Zur Diskussion um die Funde aus Dereivka vgl. zuletzt H. Parzinger, *Die Kinder des Prometheus. Eine Geschichte der Menschheit vor der Erfindung der Schrift*, München 2014, S. 390.

32) 앤서니의 『말(*The Horse*)』 205쪽 참조. "말타기는 말의 뼈에 흔적을 남긴다. 그러나 재갈은 이빨에 흔적을 남기고 이빨은 매우 잘 보존된다. 재갈은 말이 마차를 끌거나 인간이 말을 탈 때에 뒤에서부터 조종을 하는 데에 사용된다. 말을 앞에서 끌 때에는 재갈이 필요 없

다.……이빨에 남아 있는 재갈의 흔적은 인간이 말을 탔거나 말이 마차를 끌었다는 흔적이다. (코끈이나 조마용 고삐 등) 다른 형태의 제어 수단이 흔적도 없이 남아 있을 수 있기 때문에, 재갈의 흔적이 없으면 아무것도 알 수 없다. 재갈이 있다는 것은 인간이 말을 타고 말이 마차를 끌었다는 분명한 흔적이다."

33) Vgl. Anthony, *The Horse*, S. 220.

34) Vgl. ebda., S. 221.

35) Hyland, *Ancient World*, S. 5. Vgl. in ähnlichem Sinn auch Ch. Baumer, *The History of Central Asia*. Bd. 1 : *The Age of the Steppe Warriors*, London 2012, S. 84 f.

36) Vgl. J. Clutton-Brock, *Horse Power : A History of the Horse and the Donkey in Human Societies*, Cambridge/Mass. 1992, 20 ff.; E. West, "The Impact of Horse Culture", www.gilderlehrman.org/history-by-era/early-settlements/essays/impact-horse-cultures

37) J. Osterhammel, *Die Verwandlung der Welt. Eine Geschichte des 19. Jahrhunderts*, München 2009, S. 483.

38) R. H. Thurston, "Der thierische Körper als Kraftmaschine. Aus dem Englischen von Prof. Dr. Reuleaux", in : *Prometheus VI*, 40-42 (1895). Der Aufsatz fasste die Hauptthesen des Buches von Thurston, "The Animal as a Prime Mover", New York 1894, zusammen.

39) Vgl. F. Cottrell, *Energy and Society : The Relation Between Energy, Social Change, and Economic Development*, Wetport/Conn. 1955.

40) Ebda., S. 6.

41) Ebda., S. 20.

점령

1) E. Canetti, *Masse und Macht*, München 1994, Bd. 2, S. 48.

2) Vgl. Zedlers Wörterbuch, Art. "Soldatentestament"

3) Vgl. Pausanias, *Beschreibung Griechenlands*, übers. von J. H. Chr. Schubart, Berlin o. J., S. 78.

4) Vgl. Herodot, *Historien*, 6, 102-120.

5) 『문학의 지정학 : 미디어 우주 공간 질서의 측정(*Die Geopolitik der Literatur: Eine Vermessung der medialen Weltraumordnung*)』에 관한 연구에서 닐스 웨버는 미디어 이론의 전위적 커뮤니케이션 공간을 위한 '공간의 통속화'라고 비판했다. 공간에 대한 '비통속적 이론'이라면 역사 속에서 말이 가지고 있었던 벡터 기능에 시선을 돌리는 것이 유익할 것이다.

6) 예를 들면 사회학자 마르쿠스 쇼러는 공간 제거, 이른바 시간의 해체를 주장하며 지난 20년간 현재 통용되고 있는 이론을 반박해왔다. 그는 「공간, 장소, 국경 : 공간의 사회학으로 가는 길」이라는 제목의 대학 교수 자격 취득 논문에서 "정반대로……공간은 이전에 분리되었던 장소의 상호 도달 가능성을 통해서 생성된다"고 했다. 이런 면에서 미디어는 '점진적 공간 손실'이 아니라 '끊임없는 공간 증대……'로 이끈다. 모든 미디어는 추가적인 공간을 개척하고 창조하기 때문이다(164쪽 참조).

7) 세르토의 『행동의 기술(*Kunst des Handelns*)』 218쪽. 동시대 독일인 역사가 중에서 나는 카를 슐뢰겔이 유일하게 일관성 있고 구체적으로 공간의 역사와 (군사적, 이데올로기적, 학

문적, 예술적, 일상적) 운동의 공간에 관한 이론을 발전시켜왔다고 생각한다. 그는 공간에 대한 자신만의 역사학과 시학을 완성했다. 관련 저서로는 『문명화의 역사와 지정학에 관해서(*Über Zivilisationsgeschichte und Geopolitik*)』와 『동시성의 내러티브 혹은 역사 서술 가능성의 한계(*Narrative der Gleichzeitigkeit oder die Grenzen der Erzählbarkeit von Geschichte*)』, 『접경국 유럽 : 새로운 대륙으로 가는 길목(*Grenzland Europa : Unterwegs auf einem neuen Kontinent*)』 등이 있다. 그의 지도학적 관점의 역사는 내가 제안한 '벡터'의 관점과 호환 가능하다. 최근 그가 시작한 '공산주의의 고고학(Archäologie)'은 이런 관점에서 철도를 러시아의 공간과 정보 커뮤니케이션 공간의 생산자로 기술하고 있다.

8) H. Bergson, *Schöpferische Entwicklung*, Jena 1912, S. 209 f.

9) Vgl. H. Bergson, *Zeit und Freiheit*, Jena 1920, S. 72.

10) 베르그송의 『창조적 진화(*Schöpferische Entwicklung*)』 312쪽 참조. 번역은 조지의 연인이자 베르그송의 사촌인 거투르트 칸토로비츠가 했다.

11) 안타깝게도 얀 판 브레베른의 「마라톤」 외에는 기억의 공간을 말의 감각을 완전히 배제하고 완벽하게 기술하고 있는 논문이 없다. 말의 운동 요소는 비셔의 비판의 대상으로만 등장하는 것이 아니다. 얀 폰 브레베른의 『이미지와 기억의 장소(*Bild und Erinnerungsort*)』, 카를 로트만의 『마라톤 전투(*Schlachtfeld von Marathon*)』 참조.

12) De Certeau, *Kunst des Handelns*, S. 218.

13) Vgl. C. Schmitt, *Der Nomos der Erde im Völkerrecht des Jus Publicum Europaeum*, 3. Aufl. Berlin 1988, S. 16 ff. u. 48 ff.

14) Vgl. A. W. Crosby jr., *The Columbian Exchange. Biological and Cultural Consequences of 1492*, Westport 1972, S. 79.

15) Ebda., S. 81.

16) F. Schürmann, "Herrschaftsstrategien und der Einsatz von Pferden im südwestlichen Afrika, ca. 1790-1890", in : R. Pöppinghege (Hg.), *Tiere im Krieg*, Paderborn 2009, S. 65-84, hier S. 83.

17) Vgl. W. W. Howard, *Horrors of Armenia : The Story of an Eye-witness*, New York 1896.

18) W. W. Howard, "The Rush to Oklahoma", in *Harper's Weekly*, 1889. 5. 18., S. 391-394, hier S. 392.

19) 「오클라호마 랜드러시, 역사의 증인」 www.eyewitnesstohistory.com (2006) 참조. 론 하워드 감독의 「파 앤드 어웨이」 (1992)의 인상적인 마지막 장면 참조. 이 장면에서는 1893년의 랜드러시가 파노라마처럼 펼쳐진다(해당 장면은 유튜브로 볼 수 있다).

20) Dies zeigt I. Hobson, "Oklahoma, USA, and Kafka's Nature Theater", in : A. Flores (Hg.), *The Kafka Debate : New Perspectives For Our Time*, New York 1977, S. 273-278, hier S. 274 f.

21) Vgl. R. Stach, *Kafka. Die frühen Jahre*, Frankfurt am Main 2014, S. 451 u. 566 ; H. Binder, *Kafka in Paris*, München 1999, S. 108 ff.

22) A. von Chamisso, "Das Riesenspielzeug", in : *Sämtliche Werke* Bd. 1, München 1975, S. 336.

23) Zu Lynn White jr. vgl. oben, S. 242 ff.

24) Vgl. P. Edwards, *Horse and Man in Early Modern England*, London 2007.

25) Zu McShane und Tarr vgl. oben, S. 36 ff.

26) Zu G. M. Tempest vgl. oben, S. 420, Anm. 42.

27) 이와 관련해서 페르낭 브로델의 짧고 간결한 논평 "추방에 대항한 투쟁"을 언급하지 않을 수 없다. 브로델의 『세계로 가는 열쇠로서의 역사 : 1941년 독일 전쟁 포로기의 강연 (*Geschichte als Schlüssel zur Welt. Vorlesungen in deutscher Kriegsgefa ngenschaft 1941*)』 (슈투트가르트, 2013) 126쪽 참조.

28) Vgl. W. Kaschuba, *Die Überwindung der Distanz. Zeit und Raum in der europäischen Moderne*, Frankfurt am Main 2004, insbes. das Kap. "Fahrplan und 'Prinzip Post'", S. 43~47 ; P. Borscheid, *Das Tempo-Virus. Eine Kulturgeschichte der Beschleunigung*, Frankfurt am Main 2004.

29) Vgl. B. Latour, *Wir sind nie modern gewesen. Versuch einer symmetrischen Anthropologie*, Frankfurt am Main 2008, S. 142 und 144.

30) Ebda., S. 138.

31) Ebda., S. 141 f.

32) A. -G. Haudricourt, *La technologie science humaine. Recherches d'histoire et d'ethnologie des techniques*, Paris 1987, S. 141. 이 인용문의 출처인 논문 "Contribution à la géographie et à l'ethnologie de la voiture"은 1948년에 처음 발표되었다.

33) B. Latour, *Der Berliner Schlüssel. Erkundungen eines Liebhabers der Wissenschaften*, Berlin 1996, S. 76.

34) Haudricourt, *La technologie*, S. 141.

35) Haudricourt, *La technologie*, S. 142.

36) A. de Gaudemar, "Haudricourt, retour à la terre", in : *Libération* 1996. 8. 22., S. 28.

37) A. -G. Haudricourt, *Des gestes aux techniques. Essai sur les techniques dans les sociétés pré-machinistes, Texte inédit présenté et commenté par J. -F. Bert*, Paris 2010, S. 129.

38) Vgl. M. Heidegger, *Sein und Zeit*, 12. Aufl., Tübingen 1972, S. 68 ff.

생략의 동물

1) 이러한 기지를 알려준 야코프 헤싱에게 감사 인사를 전한다.

2) R. Netz, *Barbed Wire : An Ecology of Modernity*, Middletown/Conn. 2004, S. 74.

3) M. 바움의 『말을 타고 질주할 때 내 심장이 뛴다 : 괴테의 일상과 작품에서 말을 모티브로 한 시(*Es schlug mein Herz, geschwind zu Pferde!: Zur Poesie des Pferdemotivs in Goethes Alltag und in seinem Werk*)』의 75쪽. 정반대의 관점이었던 폴 비릴리오는 안장이 놓인 말과 "움직이는 자리, 움직이는 가구, 말처럼 움직이는 가구"와의 유사성을 찾았다. 그는 의자를 정적이고 휴식을 취하기 위한 물체가 아니라, 신체의 공간적 변화를 뒷받침하는 물체로 해석한 것이다. 폴 비릴리오, 『부정적 지평선(*Der negative Horizont*)』 34쪽 참조.

4) Zitiert nach E. -G. Güse u. M. Oppel (Hgg.), *Goethes Gartenhaus*, Weimar 2008, S. 59.

5) W. Benjamin, *Kritiken und Rezensionen, Gesammelte Schriften* Bd. 3, Frankfurt am Main 1972, S. 253.

6) Virilio, *Der negative Horizont*, S. 38.

7) Schaeffer, *Ross und Reiter*, S. 10.

8) Ebda.

9) Ebda., S. 11.

10) Vgl. H. Blumenberg, *Löwen*, Frankfurt am Main 2001.

11) 앙리 미쇼는 이런 오류를 수정하려고 노력했다 : "Le pigeon est un obsédé sexuel(자연의 역사)"라는 장의 초반부에 'Le pigeon est un obsede sexuel(비둘기는 성도착자)'라고 되어 있다.

12) O. Weiniger, *Über die letzten Dinge*, Wien u. Leipzig 1904, S. 125.

13) A. 바르부르크의 『한 권에 담은 작품집(*Werk in einem Band*)』(베를린, M. 트레믈 외 발행, 2010). 참고. 특히 "초기 르네상스 회화에 도입된 고대 그리스를 모방한 이상적인 양식"(1914) 281-310쪽 참조. E. H. 곰브리치의 『아비 바르부르크, 지식인의 전기(*Aby Warburg. Eine intelektuelle Biographie*)』(프랑크푸르트 암 마인, 1981) 228-245쪽 참조.

14) Warburg, *Werke*, Eintritt des antikisierenden Idealstils, S. 295.

15) Zit. nach Gombrich, *Aby Warburg*, S. 56.

16) Vgl. W. Hogrebe, *Ahnung und Erkenntnis. Brouillon zu einer Theorie des natürlichen Erkennens*, Frankfurt am Main 1996

헤로도토스

1) Vgl. Behringer, *Kulturgeschichte des Sports*, S. 194.

2) 이 주제와 관련해서 지겐에서 열린 전시회 '루시앙 프로이트와 동물'의 카탈로그 참조(지겐, 2015).

3) E. Kris, O. Kurz, *Die Legende vom Künstler. Ein geschichtlicher Versuch*, Frankfurt am Main 1980.

4) Ebda., S. 90.

5) Vgl. B. Grzimek, *Und immer wieder Pferde*, München 1977, S. 105 ff.

6) 라캉은 '거울 단계'에 관한 고찰을 1936년 마리안바트에서 개최된 제14차 국제심리분석회의에서 발표했고 1949년에는 이를 보완하여 논문으로 발표했다.

7) Vgl. Saracino, *Pferdediskurs*, S. 342 u. 358 f.

8) Vgl. M. -A. Leblanc, *The Mind of the Horse. An Introduction to Equine Cognition*, Cambridge/Mass. 2013, hier besonders Kap. 2 u. 3, S. 22-70.

9) Vgl. M. Tomasello, *Eine Naturgeschichte des menschlichen Denkens*, Berlin 2014.

10) Vgl. dazu oben, S. 351 ff.

11) Vgl. dazu aus jüngster Zeit Baumer, *The History of Central Asia*.

12) Vgl. Koselleck, "Der Aufbruch", S. 37.

13) Vgl. H. Heimpel, "Geschichte und Geschichtswissenschaft", S. 17.

14) Vgl. Herodot, *Historien*, III, 83 ff.

15) Vgl. ebda., IV, 71-73; vgl. F. Hartog, *Le miroir d'Hérodote. Essai sur la représentation de l'autre*, Paris 2001, S. 248, über die Pferdebegräbnisse der Skythen.

16) W. Schadewaldt, *Die Anfänge der Geschichtsschreibung bei den Griechen. Tübinger*

Vorlesungen Band 2, Frankfurt am Main 1982, S. 128.

17) S. Neitzel u. H. Welzel, *Soldaten*, wie oben, S. 441, Anm. 4.

18) 18 Goethe, *Hamburger Ausgabe*, Bd. 10, S. 238.

19) M. Baum, *Pferdemotiv*, S. 15.

20) T. Hardy, *Tess. Eine reine Frau*, München 2012, S. 41.

21) 살무사에 물렸을 때의 독물학과 병리학에 관해시는 O. 레서의『동종요법 강의, 특별 부록 : 약물학, C : 동물성 물질(*Lehrbuch der Homöopathie, Spezieller Teil : Arzne-imittelehre, C : Tierstoffe*)』(올름/도나우, 1961) 211쪽 참조.

역자 후기

우리나라 사람들에게 말은 친근한 동물은 아니다. 농경문화권인 우리나라에서는 말보다는 소, 돼지, 닭이 더 친근하다. 승마나 경마 문화 역시 그들만의 문화라는 인식이 강하기 때문인 것 같다. 400쪽이 넘는 인문학 책의 번역을 의뢰받는 순간 역자로서 비장한 각오와 부담감, 온갖 감정이 다 들었다. 특히 독일어권 인문학 서적은 번역을 해도 잘 읽히지 않아서 번역을 시작하는 날부터 역자 교정이 끝날 때까지 신경이 바짝 곤두서기 때문이다. 그런데 '말의 역사'라니, 너무 지루해서 책이 한 권도 안 팔리면 어떡하나 하는 걱정까지 들었다. 출판사에서 이 책을 선택한 이유가 있겠지 하면서도 말이다. 제목과 "긴 이별"만 읽었을 때에는 그랬다.

정말 쓸데없는 걱정이었다. 첫 페이지를 펴는 순간 푹 빠져들지는 않았지만 '볼매(볼수록 매력 있는 책)'였다. 한 가지 주제를 심층 분석하고 해부하듯 파헤치는 것이 독일 저자들의 주특기인데, 이 책이 딱 그런 책이었다. 대학 시절 독일 소설가 파트리크 쥐스킨트의 『향수(*Das Parfum*)』를 펼쳤을 때의 기억이 떠올랐다. 한 가지 주제를 어떻게 그렇게 깊이 파고들 수 있는지 감탄했었다.

이 책은 크게 4부로 나뉜다. 제1부 '에너지'에서는 운동 에너지로서의 말을, 제2부 '지식'에서는 말에 관한 모든 것을, 제3부 '파토스'에서는 말에 담긴 상징을, 제4부 '역사'에서는 말과 관련된 역사를 다루고 있다. 제목만 보면 대학 교재처럼 말에 관한 역사를 건조하게 늘어놓은 책처럼 느껴질지 모르는데, 전혀 그렇지 않다. 분명 역사와 문화를 다룬 책인데 어느 순간 박식한 옆집 아저씨가 재미있으면서도 학구적으로 말 이야기를 풀어나가는 듯한 느낌이 들면서, 나는 어느덧 책에 푹 빠져 있었다. 마학의 역사를 읽다가 독일 출판업자의 일화를 접하기도 하고, 말 그림 이야기를 읽다가 도상학과 경마 문화를 자연스럽게 알게 되고, 말에 담긴 상징을 읽다가 프랑스혁명과 문학을 접하게 된다. 저자의 표현처럼 말에 대한 애정이 담긴 수필 같은 책이다.

이 책의 핵심 구조이면서 내가 가장 흥미롭다고 여겼던 부분은 말을 벡터라는 개념에 접목시켜 해석한 것이었다. 벡터라는 개념은 자연과학 전공자들에게는 생소하지 않겠지만 일반인들에게는 암호와 같은 단어이다. 벡터를 이해하려면 스칼라라는 개념도 알아야 한다. 스칼라는 방향을 가지고 있지 않고, 크기만 가지고 있는 물리량, 질량, 온도, 에너지 등으로 대표된다. 반면 벡터는 크기와 방향을 가지고 있는 양을 말하며, 속도, 가속도, 힘 등이 벡터이며 화살표로 표시한다. 스칼라의 합은 주어진 값의 합이지만, 벡터의 합에는 방향의 값까지 반영된다. 저자는 이 벡터라는 개념을 이용해, 말과 인간이 만났을 때에 일으키는 시너지 효과를 설명한다. 말에 올라타는 순간 인간은 왕처럼 높은 존재가 되고, 말을 통해서 성적 욕구를 투영시키기도 한다. 인간이 말을 타고 달릴 때 에너지는 벡터의 합처럼 폭발적으로 증가해, 주변 영토를 정복하면서 문명이 발달한다. 그러나 증기기관의 발명을 계기로 산업혁명이 일어난 후 인류 사회는 농경문화에서 기계문명으로 전환된다. 인간에게 기동력을 제공하는 수단이자 동반자로서 인간의 삶에서 뗄 수 없는 존재이던 말이 기계로 대체되면서, 말은 우리 주변에서 서서히 모습을 감추고 인간과 말은 이별을 준비하게 된다. 아날로그 세계를 살아왔던 저자는 인류의 동반자인 말과의 이별에 대하여 철학, 역사학, 심리학, 문학, 과학, 인류학, 예술사학 등 다양한 분야를 자연스럽게 넘나들며 해박한 지식을 풀어놓는다. 착취당하는 동물, 연민의 동물, 욕정의 동물, 정복의 동물, 두려움의 동물. 저자가 말이라는 동물을 통해 서술한 것은, 말이라는 동물이 역사가 아닌, 인류의 역사였던 것이다.

　요즘 독자들은 조금이라도 지루하거나 무거운 주제의 책은 일단 목록에서 지우고 본다. 재미, 자극, 핫이슈, 키워드, 빠름, 변화에 노출되어 있고, 고전도 한 편을 정독하는 것이 아니라 요약본을 통해서 접한다. 대부분의 독자들이 책의 내용과 저자의 작품 세계를 음미할 틈 없이, 책을 지식의 수단으로 채우는 것이 아닌가 하는 안타까운 생각이 든다. 『말의 마지막 노래』가 많은 독자들에게 차분히 앉아서 읽는 즐거움을 맛볼 수 있는 책이 되기를 기대해본다.

2019년 가을
강영옥

인명 색인